企业所得税手册

ENTERPRISE INCOME TAX

刘心一　刘翠微◉编著

经济管理出版社
ECONOMY & MANAGEMENT PUBLISHING HOUSE

图书在版编目（CIP）数据

企业所得税手册/刘心一、刘翠微编著. —北京：经济管理出版社，2010.3

ISBN 978-7-5096-0904-0

Ⅰ. ①企… Ⅱ. ①刘…②刘… Ⅲ. ①企业所得税法—中国—手册 ②企业—所得税—税收管理—中国—手册 Ⅳ. ①D922.222-62 ②F812.424-62

中国版本图书馆 CIP 数据核字（2010）第 021681 号

出版发行：经济管理出版社

北京市海淀区北蜂窝 8 号中雅大厦 11 层

电话：(010)51915602　　邮编：100038

印刷：世界知识印刷厂　　经销：新华书店

组稿编辑：贾晓建　　责任编辑：贾晓建

技术编辑：杨国强　　责任校对：超　凡　曹　平

787mm×1092mm/16　　37.75 印张　　942 千字

2010 年 4 月第 1 版　　2010 年 4 月第 1 次印刷

印数：1—5000 册　　定价：78.00 元

书号：ISBN 978-7-5096-0904-0

·版权所有　翻印必究·

凡购本社图书，如有印装错误，由本社读者服务部负责调换。联系地址：北京阜外月坛北小街 2 号

电话：(010)68022974　　邮编：100836

前 言

中国在经历了30年的改革开放历程之后，终于从2008年1月1日起统一了企业所得税制度。这可谓是中国历史上的一个重大事件！

与原外商投资企业和外国企业所得税法以及企业所得税暂行条例相比，新企业所得税法有了重大变化：一是法律层次得到提升，改变了过去内资企业所得税以暂行条例（行政法规）形式立法的做法；二是制度体系更加完整，在完善所得税制基本要素的基础上，充实了反避税等内容；三是制度规定更加科学，借鉴国际通行的所得税处理办法和国际税制改革新经验，在纳税人分类及义务的判定、税率的设置、税前扣除的规范、优惠政策的调整、反避税规则的引入等方面，体现了国际惯例和前瞻性；四是更加符合我国经济发展状况，根据我国经济社会发展的新要求，建立税收优惠政策新体系，实施务实的过渡优惠措施，服务我国经济社会发展。

企业所得税是中国的主体税种之一。它既关乎财政收入的多寡，也关乎企业甚至个人税收负担的轻重，是故，它是一个极其重要的税种。

由于企业所得税是一种直接税，很难将其税收负担转嫁于他人，因此，纳税人和负税人往往是同一个企业，所以，它是企业的实际负担或真实负担，并表现为企业净收入的直接减少，因而，企业对此的感受是十分深刻的。同时，由于企业所得税决定着企业的税后利润，因此，企业所得税也会影响到个人股东的股息收入。

在市场经济中，企业都想取得较多的收入，以便不断发展成长，这本无可厚非。然而，基于税收是收入的减项，在依法纳税的社会里，企业总是面对着这样的情况：一是税收不可不缴；二是税收不能不明不白地缴；三是想依法少缴税。这是因为，要想取得较多的税后净收入，其途径之一就是合法节税。为了节税，企业的首要准备就是要熟悉新企业所得税法。

中国企业所得税的税法规定，包括税收法律、税收法规和税收规章等三个层次，内容很多，且随着时间的推移，还伴有一些变化，这就使得人们在利用税法规定的过程中深感麻烦并难以准确把握。为此，我们对新企业所得税法颁布几年来的税法规定进行了全面梳理，并分门别类地予以系统化，化繁为简，化难为易。同时，为了方便大家的查找和运用，我们还编写了企业所得税的会计核算、节税规划和与之相关的必备知识，附录了一些重要法规。这样，就形成了《企业所得税手册》一书。在书的正文中，企业所得税法及其实施细则的规定统一用“税法规定”来表述，之外的其他税收规定则注明了该项规定的发文文号，并可在书的附录中找到相应的发文名称。

本书由国家税务总局刘心一研究员与财政部财政科学研究所刘翠微副研究员合作编著。

本书是一本极具实用价值的书，可满足企业、教育、机关、科研、咨询等社会各界的广泛需求。一册在手，成才致富全有！

作 者

2010年3月28日于北京

目 录

第一章 绪 论

《中华人民共和国企业所得税法》已由第十届全国人民代表大会第五次会议于 2007 年 3 月 16 日通过；同日，由中华人民共和国主席令第六十三号公布，自 2008 年 1 月 1 日起施行。它是新中国成立以来真正意义上统一的第一部企业所得税法，是一座里程碑！

企业所得税是当代中国税收制度中的一个主要税种，无论是对国家还是对企业来说都极为重要，因此，人们必须对它有足够的了解。

第一节 何谓企业所得税

企业所得税是对在中华人民共和国境内，企业和其他取得收入的组织（以下统称企业）的应税所得，依法课征的一种所得税。

一、“所得”是现代税收的重要税源

所得税是国家对于人民或营利组织在一定期间内获取的所得所课征的税收。所得税是对人税，而不是对物税。因为，所得税虽然是依照物的数额而课征的税，但它只是依照物对于所有人的价值如何，来判断其所有人的纳税能力，以求达到公平负担的目的而课征的对人税。

在现代市场经济国家中，税源大都来自所得，只是在极有限的范围之内才将财产作为税源。实质上，财产亦是“过去的所得”，一种所得存量。而“税源”乃指支付税收的“财源”。

同时，应当明了，在所得中所负担的，除了包括所得税在内的直接税以外，还有间接税，如消费税等。所不同的，所得税是直接对所得课税，而间接税则是对所得进行的间接课税。

从宏观经济或整体经济上说，国民所得的统计中有五个总量：国民生产总值、国民生产净值、国民所得、个人所得和个人可支配所得。而税收则是来源于国民生产总值（现在的或过去的）之中，无论是直接税、间接税，或者是所得税、商品税、财产税和其他税。

从微观经济或民间部门（企业部门和家计部门）而言，有古老的源泉说和现代的净资产增加说。源泉说认为，只有年年继续不断取得的才是所得。因此，只有在每年的社会再生产过程中所继续不断产生的工资、利润、利息和地租才是所得，而财产在转移过程中不创造价值，只是“位移”，所以不被视为所得。现代的净资产增加说则认为，不论所得产生的原因为何，在一定期间内净资产的增加，即一定期间内的期末资产额减去负债额后的净资产额，若大于该期间的期初资产额减去负债额后的净资产额，则认定其有所得产生，无论是经常所得，还是偶然所得。

二、法人税

所得税是以人为课税主体，以所得为课税客体的一类税的总称。因此，凡人有所得即应缴纳所得税。这里所说的人是指纳税义务人。而纳税人又有自然人和法人之分。自然人在法律上是指在民事上能享受权利和承担义务的公民；法人在法律上则是指根据法律参加民事活动的组织，如公司、社团等。法人享受与其业务有关的民事权利，承担相应的民事义务。所以，所得税亦分为自然人所得税及法人所得税。前者，因自然人在所得税法中称为个人，故又可称为个人所得税。一般说来，法人有如下一些类别：

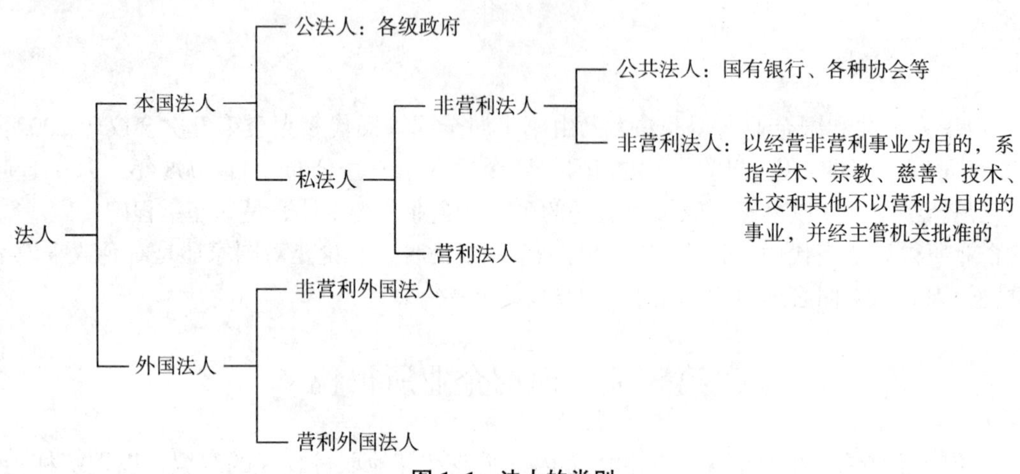

图 1–1　法人的类别

若依上述的法人类别来说明法人税课税的一般情况，则为：

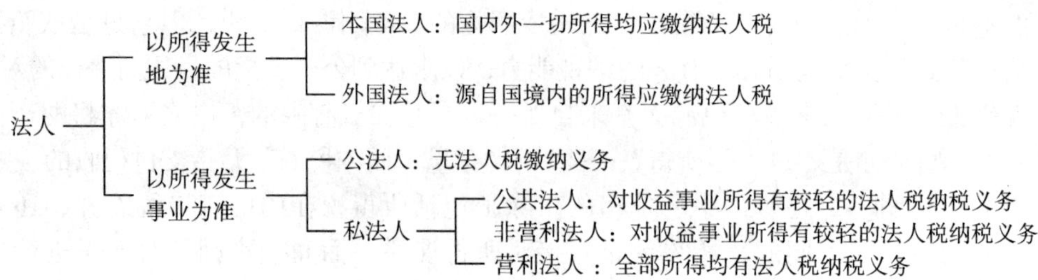

图 1–2　法人税的课征范围及其程度

在法人所得税方面，由于法人，特别是营利法人，多是以公司形态出现，所以有些国家又把法人所得税称为公司所得税。在中国，除了对公司课征所得税外，还对公司以外的其他企业所得课税，而公司也是企业中的一类，故在中国称为企业所得税。这就是说，由于课税范围大小的不同，而有法人所得税、公司所得税与企业所得税在名词上的区别，但三者在课税依据上是完全相同的。为有利于叙述起见，本节下面均以公司所得税代表之。

由此可知，公司所得税或企业所得税是就公司或企业的所得额所课征的一类税收。其所得额的计算，与按会计制度规定编制利润表时计算本期利润的原则相同，即以当年收入总额减去各项成本、费用、损失之后的利润总额为所得额。按照税法规定，此利润总额在经过“纳税调整”之后即为“应纳税所得额”。

第二节 课征公司所得税的理由①

所得税制度，在英国实行很早。英国所得税起源，可追溯到1192年，英国人民依照个人地租与商品的收入，征集一笔税款为王赎身。这已开所得税之端，唯其形式尚未具备。

现行所得税制度，当以1798年的英国为起点，流传至今，中经许多理财专家之手的修改，始有现行制度的完备。

按照现代税收理论，一般说来，所得税具有普遍、公平、连续、可靠等特性。而征收公司所得税的重要理由，更是基于其公平性。在当代经济社会中，公司经营非常普遍，并且在法律上与个人和股东个人不同。因此，在公司利润没作分配之前，仍为公司的所得，当然也就不能对其征收个人所得税。如果公司所得可不征税，则当公司盈利时，就可能将利润保留而不作分配，以逃避缴纳个人所得税，出现税收负担不公平的现象。因此，在各国的所得税制中，既有个人所得税制度，也有公司所得税制度。

一、课征所得税的理由

环顾世界各国，无不课征所得税。究其理由，主要有以下几点：

（一）所得是表示个人纳税能力的最确实标准

人民负担的各种税收，无论间接税还是直接税，都是以个人的所得来偿付。但两者的课税方法不同。间接税如消费税等，是按照人民消费能力及消费需要来课税的，不考虑纳税人的纳税能力如何。而直接税如所得税等，是依纳税人的纳税能力所课征的税，考虑了个人生活的必需，力求税负分配上的公平。

（二）所得税有矫正税收负担不公平的效力

由于社会、政治、经济、财政上的需要，各国均都课征消费税。但消费税的税负分配，极不公平。因此，只有用课征所得税的方法来矫正。因为，在所得税制中，除了允许生计扣除外，小所得者可予少课税或免税，而大所得者可依其应纳税所得额的大小，课以累进税，从而达成税负分配的公平。

（三）所得税的收入具有确实性

一国利用其有限的资源，可以不断地生产所得，从而使税源确实有保障。何况，在正常情况下，经济稳定增长，亦使税源扩大，税收增加，以适应政府经费日益膨胀的需要。同时可依此来编制税收计划和财政预算，可获得其数额的确实性。

（四）所得税的收入富于弹性，适合经济和财政上的需要

首先，所得税因其累进性，而有反周期的作用。其次，所得税不仅可以满足正常经济条件下的财政需要，而且也可以满足特殊情况下的财政需要。因为，所得税可依收入预算的需要来决定税率：在上年财政决算有盈余时，可降低所得税税率，以增加人民的所得；在国家经费需要扩大时，可提高所得税税率，以增加财政的供应。虽然也可通过增减间接税税率的方法来增减税收收入，但由于间接税明显的不公平性，故不应经常采用。

二、课征公司所得税的主要论据

一般说来，课征公司所得税的论据主要有利益说、国家财政收入保障说、社会成本分摊

---

① 于宗先主编：《经济百科全书》4，联经出版事业公司出版，1986年5月初版。本章第三节同。

说和支付能力说四种。

(一) 利益说

有国家才有公司，“公司乃国家之创造物”。因此，公司的一切权利与利益，是由国家主权赋予的。而国家对公司征收所得税，可看作是公司享受其特权或利益所付出的必要代价。公司除享有一般特权外，还享有一些个别权利，如股东的有限责任、股份便于转让、公司具有永续生命、易于筹集大量资金、职权集中便于经营及公司之间重组的可能性等，从而支持公司规模的扩大、权利的发展与产品市场的开拓，这些特性使公司建立在特权与利益之上，故而主张国家有权对公司课征所得税。

在现代经济社会里，在公司的销售价格中已包含了正常的利润，在收入不小于成本时，企业才可以继续地进行生产经营。因此，政府批准公司的开办，因享有特权而获得的利益，与公司的经营所得息息相关，故而对公司征收所得税应是必然。

(二) 国家财政收入保障说

税收制度的建立，旨在发展经济，培养税源，增加税收，保证必要财政支出的需要。在经济发达国家随着经济的发展，公司所得税在税收总额中的比重日益提高，且公司来源之股息、利息所得占整个个人所得税的比重也愈来愈大，故公司所得税就成为税收的主要来源。而在发展中国家，其公司部门在国民经济中所占的分量虽然有限，但因公司的扩张与国民经济的发展是息息相关的，并且由于直接税具有高度的税收弹性，故亦可考虑征收公司所得税。具体说来：

1. 公司的定义容易确定，较为健全的会计制度与记录对计算净所得提供了可靠的保证，也便于税务机关实施税收征管，并且，在一些经济比较发达的国家，企业部门中的大部分活动是由公司来实现的，故对公司征收的所得税具有集中和额大的特点。

2. 在个人所得中，由于公司来源所得占个人所得的比重越来越高，在整体税收结构中，对同一笔所得，如先课征公司所得税，再课征个人所得税，因其具有累进性，而可达到调节大所得者的目标。

3. 在经济全球化的大背景下，国际贸易日益发展，在世界上，许多国家都实行公司所得税制度，就国家财政收入的权益而言，建立公司所得税制度亦属一种国际惯例；否则，如不建立公司所得税制度，则一国的所得将被他国所征收，即一国的利益通过他国的公司所得税而转至他国，这不但使母国放弃了应有的国际税收管辖权，还随之而失去了一笔可观的财政收入，政治上和经济上均蒙受其害！

(三) 社会成本分摊说

所谓社会成本，其主要内容包括以下两个方面：

1. 在政府为维持社会治安、建立公共设施、进行人才培训与提供社会保障的财政支出中，收益最多者为公司部门。

2. 因公司的存在而常常会给社会增加困扰和损害，例如，公司排放对空气和水源的污染，公司产生的噪声对环境的破坏，公司车辆对交通拥挤的影响等，这些外部性损失或损害，即这些本应由公司负担的社会成本，只能由政府部门通过财政支出去解决，而其资金来源，即最终负担者仍应为公司，其取得方式就是对公司课征公司所得税。只有这样，才能使公司所得与费用相当，以实现社会的相对公平。

（四）支付能力说

支付能力可依照所得税的课税原则，即以所得税为调节社会财富分配的重要手段，在维护人的基本生活水平的原则下，重课财产与巨额所得；或者，按照最小牺牲说，认为一个能支付多寡，而不感到有大牺牲者，便能显示其支付能力，因此，便可将其支付能力说引用到对付税能力的衡量上。

所谓的付税能力，系指纳税人支付税款的结果对整个社会公认目标的干扰为最少者。换言之，付税能力的标准，不仅有牺牲最小的道德关联，也包含有社会所得与财富平均的经济观念。此外，社会有用性亦为决定付税能力的标准。如果作为社会用途的所得与财富，较其他所得与财富为少时，依经济观点，应予课税。

总而言之，无论是从利益说的观点，还是从国家财政收入保障说、社会成本分摊说以及支付能力说的观点来看，公司所得均有课税之必要。何况，随着经济的发展，公司规模的扩大，以及企业管理的改善，公司所得也将增加，故而使公司所得具有税收增长潜力，也就是说，公司所得是一种不断成长的税源。这样，也就为社会的永续发展提供了源源不断的财源保障。再者，由于会计制度的保障，使公司所得税的征收管理变得规范、容易。此外，公司所得税还可以防止一些大企业所产生的某些弊端。由此可见，对于国家财政收入的需要来说，公司所得税不失为国家的主要财源。

第三节 公司所得税的类型

基于公司所得税与个人所得税的关系，公司所得税可分为两大类型，即以实质法人说为理论基础的独立课税论和以拟制法人说为理论基础的合并课税论。

一、实质法人说下的独立课税论

实质法人说认为，法人是一个单独的权利义务主体，可以拥有财产，相应地，也可以成为诉讼对象。因此，法人的所得与股东所能分配的盈余（公司所得税后之利润）应分别课税，且公司所得税与个人所得税之间不应有任何联系，而是分别独立存在。所以，在将公司的税后利润分配给股东时，需要再缴纳个人所得税，故而有重复课税现象的发生，并导致以下三种扭曲效果：

1. 公司部门与非公司部门之间的扭曲效果。投资者通常将其资金运用划分为公司部门与非公司部门两部分，以平衡税后报酬率。在独立课税论下的公司所得税，由于对公司所得课税过重，会使资源配置流向非公司部门。因此，公司所得税的课征将使公司部门的产出过少，而使非公司部门的产出过多。如果把资金由非公司部门移向公司部门，将会使国民所得增加。

2. 股利与保留利润之间的扭曲。在独立课税论下的公司所得税鼓励公司保留其利润，而不分配，以避免股利的重复课税。这样一来，就会使资金市场受到扭曲，将使聚集了许多保留利润的公司从事原来须依赖外来资金而不愿做的投资计划。另外，有些刚刚规划着的公司，因为必须依赖外来资金而不得不放弃投资计划。

3. 债与募股之间财源筹措方式上的扭曲。在独立课税论下的公司所得税鼓励以举债方式筹措财源，因为，其利息支出按税法规定可以在税前扣除，而股利不但不能在税前扣除，在分配时还将课征个人所得税。这种风险可能增加公司风险及破产的可能性。

由上可知，重复课税现象除因上述的扭曲效果而降低资金的市场效率外，还有累退现象，即所得越高者，其重复课税的程度反而越低；而公司就可借利润的保留方式为其股东逃避累进税负，造成不公平现象。

为防止公司借利润保留方式为其高所得股东逃避个人所得税累进税负的现象，在采取公司所得税与个人所得税两税重复课征的国家，税法都要对公司的未分配利润加以限制。

是故，独立课税论下的公司所得税，是根据法人实在说，在对公司所得课征了公司所得税之后，还要对分配给股东的课征公司所得税之后的利润（税后利润），即股东所得，课征个人所得税。这就是说，对公司所得课征与对股东所得课征是完全分离的。由于实施这种公司所得税制度的时间比较早，也比较长，故又称之为传统制度或古典制度。

中国现行的企业所得税制度，可以说，实行的是独立课税制，企业所得税的课征与个人所得税的课征不发生直接联系，而是“两税”分别课征。所以，上述弊端也将随着市场经济的发展而日益显现出来。

二、拟制法人说的合并课税论

拟制法人说认为，法人是法律所虚拟者，法人与股东之间有着不可分割的关系，因此，公司所得与股东所得应合二为一，即合并课税论。在合并课税论中，又因合并程度及合并阶段的不同而分为数种合并课税的公司所得税制度。

（一）公司利润的合并

公司利润的合并又有合伙法和卡特尔式完全合并法之分。

1. 合伙法。即每年的利润不论公司分配与否，均不予课征公司所得税，而是按公司的利润全额依各股东应分得的利润，计入股东个人的所得内，仅课征个人所得税的方法。这种方法有如对合伙人只计征其所分得的合伙利润。该方法在实质上已完全废止公司所得税，故不应称之为公司所得税制度，而不过只是公司所得与个人所得完全合并课税的一种方法而已。

2. 卡特尔式完全合并法。即把公司保留利润也当作股东已收到的股利来处理。换言之，公司阶段课征公司所得税之后的利润，不论其分配与否，均将税后利润设算分配给每一股东，并按此课征个人所得税。这时，公司所得税形同个别股东的扣缴税款。由于税务行政上执行的困难，目前，在世界上，尚无一个国家采用，仅为一种理想税制。

上述两种合并课税方法，许多学者称之为完全合并，实际上未被采用。所以，一般所称之合并课税的公司所得税制度，在实际上，仅限于股利所得部分之合并课税，即若在制度设计中完全消除股利所得部分的重复课税者，为完全合并课税；如只能消除股利所得中重复课税的一部分者，则称之为部分合并课税。

（二）股利合并课税

股利合并课税办法，依消除重复课税的环节的不同，有公司阶段、股东阶段和混合制之分。

1. 公司阶段。即在公司阶段消除股利所得重复课税的办法。主要方法有以下三种：

（1）双轨税率制。即将公司所得税率分割成两种不同的税率，按公司利润分配与否，分别适用。即对已分配利润者适用较低税率，对保留利润者适用较高税率。

（2）股利支付减除法。即公司税前利润减除所支付股利的一个百分数之后，才为公司的应税所得，或者说，股利支付被视同为费用列支，而免课公司所得税。

（3）已付股利税额抵减法。

2. 股东阶段。就是在股东阶段消除重复课税的办法。其方法也有以下三种：

（1）股利所得设算抵缴法，或称股利所得扣抵法。这种方法是对股东的股利所得已缴纳的公司所得税，可在个人总税负中予以抵扣。该种合并课税的公司所得税制度，就利润分配部分来说，实际上已名存实亡，而成为股利所得的扣缴税，股利所得部分的重复课税现象被完全消除，使各类所得的税负趋于一致，从而也就消除了财源筹措方式中举债与募股之间的扭曲效果。

（2）股利所得免税法。即自股东个人的应税所得中，扣除股利所得的一个百分数，免征个人所得税的办法。许多国家将其作为鼓励投资的一种税收优惠措施。

（3）全部抵扣法。

3. 混合制。即同时在公司阶段与股东阶段，允许公司分配利润采取部分合并课税方式。即一般均适用公司阶段的双轨税率制，使公司分配利润适用较低税率课税，并配合在股东阶段采取股利所得设算抵扣制。这种税收制度在税务处理时比较复杂。

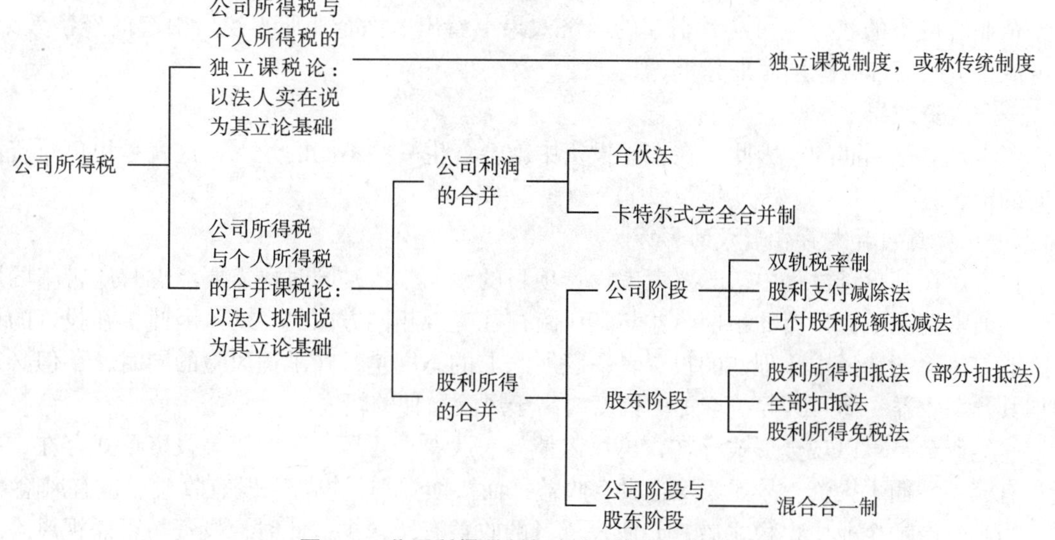

图 1–3 公司所得税制与个人所得税制的关系

三、公司所得税与个人所得税的协调

国际经验表明，为了防止纳税人采取各种方法将所得转移到税负较低的纳税实体而进行套税，致使税收收入减少，不但要实行合并课税下的所得税制，而且还需经常对公司所得税与个人所得税进行协调。如果个人所得税的最高税率低于公司所得税的税率，公司就可将利润作为工资发放给职工，或将财产所有权转让给个人等方式，以减少应交的税款。如果个人所得税的最高税率高于公司所得税的税率，那么，公司就会保留利润而不进行分配，从延期纳税中得到好处。尽管完全防止套税行为是非常困难的，但使个人所得税的最高边际税率与公司所得税的税率相等就可限制这种行为。在中国，企业所得税的税率经历了一个从高到低的过程，而在现行的所得税制度中，个人所得税的最高边际税率（45%）远高于企业所得税税率（25%），基本可防止上述的套税行为。

在公司内部也可能发生套税行为。为了节税，公司可以通过设立不具有法人资格的分公司，或者，设立具有法人资格的子公司来达成其目标。为了防止套税行为，即防止公司将其利润在亏损或低利的子公司之间进行再分配，其通常采取的办法是，不允许公司统一核算利润或汇总纳税的办法，也就是说，子公司必须实行独立核算，单独纳税。

为使税收不影响企业的投资决策，可采取的方法有：对股利给予税收抵免，并在股东个人环节征收个人所得税，或对股息不实行全额征税，或在公司环节取消利息扣除。

在通过股票筹资的情况下，应当对股利和资本利得都征税，这可使公司发行新股票和保留利润的税负相等。一般说来，在独立课税论下，公司所得税对企业举债筹资有利；而在对资本利得课税的情况下，对企业发行新股票和保留利润之间的选择上几乎没有倾斜。然而，在合并课税论下的公司所得税，尽管对股利给予税收抵免可以减轻股票筹资方式的税负，但如果对公司股票交易征收资本利得税，也会使公司股利再分配给股东的税负高于保留利润的税负。避免以上税收扭曲的办法是，对股利实行减免税，股票交易的资本利得免税。

第四节 企业所得税的效应

企业所得税的效应，可从其引起的经济效果上看出。而企业所得税所引起的经济效果，又可从投资层面和分配层面来分析。①②

一、投资效果

资本是追逐利润的，因此，在实际投资中就会产生一些不同的效果，这就是税负对资本投向的影响。

（一）税负对资本存在形式的影响

投资者在其投资过程中，既要考虑投资项目的预期收益，同时也需要考虑其所带来的风险。在通常情况下，投资的预期收益与其风险往往呈现相同方向的变动。因此，在投资的预期收益与风险的选择中，理性的投资者一般所采取的态度是，在承担风险的同时，不但必须增加其预期收益，而且其收益增加的幅度要高于风险增加的幅度。

一笔资金，可以现金形式存在，也可以债券、股票、建厂、开商店等投资形式存在，前者具有流动性而不投资，故无风险也没有收益；而买债券则是投资，既有收益，也有风险。

当政府课征企业所得税之后，必使投资者的收益有所减少，此时，投资与否需视风险降低的程度，也就是说，在课征企业所得税的同时，政府有何政策来补偿投资风险。这种补偿，可有两种极端的情况：一是可以完全补偿；二是完全得不到补偿。

在课征企业所得税的情况下，如果风险可由政府给予相同税负的承担，则课征企业所得税不但不会减少投资，反而有使投资增加的趋势。

在课征企业所得税的情况下，如果政府对于风险不予补偿的话，风险程度不受课税的影响，其收益率因课税而有所降低。这时，投资者的投资行为是否改变端视总风险的情况。也就是说，投资者既需考虑所得效果，亦须同时考虑替代效果。即课征企业所得税之后，由于替代效果的存在，会使资产结构的风险减少；而由于所得效果的存在，会使资产结构的风险增加，因此，在课税后，风险增加与否需视上述两个效果正负相抵后的数值才能判定。如果所得效果大于替代效果，则投资者将继续投资或加大投资。这就是说，当课税之后，投资者的收益率会降低。如果这种降低，可以带来更多的安全，或者，更少的风险，即课税之后，

① 李金桐著：《租税各论》，五南图书出版公司印行，1984年9月再版。
② 林华德著：《财政学》，三民书局印行，1988年3月修订再版。

因替代效果使风险减少了，投资者就会愿意牺牲一些收益以得到更多的安全或更少的风险，而愿意继续投资。反之，如果所得效果小于替代效果，则投资者宁可增加现金或握有现金，而减少投资或不予投资。

（二）资本与劳动的替代

在长期中，虽然某些产业的企业所得税的税负可能转嫁给消费者，但是，其税负的部分或全部仍然可能由股东来负担，因此，就有可能减少对资本的有效需求，改变劳动与资本的价格比率，从而减少资本密集型产业，鼓励劳动密集型产业，发生以劳动替代资本的效果，直至某一生产要素的价格等于其边际收入产量，恢复生产者的均衡状态为止。

（三）企业所得税有限制高风险企业成长的趋向

企业所得税的课征，因为企业借款利息可以在税前扣除，而有利于企业借款；并因股利不能税前扣除而不利于企业发行股票。再者，企业发行股票，须承担较大的风险，而如果举债，则其承受的风险将较小。

（四）促使资本流向税负较低者

企业所得税的课征，将有利于个人企业和合伙企业，因为，他们不在企业所得税的课税范围之内，从而相对节省了一笔企业所得税税款，于是，就有可能促使资本向个人企业和合伙企业的流动。

（五）促使资本流向税负较低的地区或产业

企业所得税税负或税率的高低，直接影响资本的流向，即发生投资地区或投资产业的选择。在投资条件为一定的情况下，投资往往会选择低税区或有税收优惠的产业。

二、分配效果

企业所得税的分配效果，可从以下几个方面来予以说明。

（一）税负转嫁的程度

企业所得税的税基为企业利润。古典经济学家认为，企业所追求的目标为企业利润最大化，为此，企业的生产规模直至边际收益等于边际成本为止。而企业所得税是对企业利润的课税，即对总收入与总成本的差额的课税，从而使得边际收入曲线与边际成本曲线不致发生改变，所能改变的只是企业利润总额的减少，也就是说，不会因课征企业所得税而改变原有的均衡状态，因此，企业不能通过市场将企业所得税税负转嫁出去。

而现代经济学者们则认为，在短期内，企业所得税的转嫁不至于发生；而在长期中，企业所得税则有部分转嫁的可能，特别是在总购买力增加的情况下，企业税前利润未予最大化时，这种转嫁更容易发生。

（二）股利所得的差别待遇

在独立课税论下，对企业利润先课征企业所得税，然后，在课征企业所得税之后的税后利润分配给股东个人时，还需缴纳个人所得税，因此，股东个人不但负担了个人所得税税负，同时也负担了分配利润的企业所得税税负。其结果是，股利所得“两税合并”后的税负，较之其他种类所得之税负，有相当差别的待遇。因此，企业所得税应被看作是累进的。

第五节 中国企业所得税制度的沿革

中国从议立所得税制度开始，展延至今，实现了统一的企业所得税制度，已有100多年的历史了，其间，不但经历了漫长的曲折艰辛过程，也充分表现了中华民族的高超智慧。

一、中国所得税的倡议与实现①

新中国成立以前，中国的所得税制度尚处于初创阶段。

（一）所得税制度的酝酿时期

由于旧中国长期处于半殖民地半封建社会，市场经济发展缓慢，因而缺乏实行所得税制的社会经济条件。直至清朝末年，才有采行所得税的创意。当年，因国用困乏，每年岁入常常超过岁出2000余万元，故有创办所得税制度之议。曾拟定税法，提交资政院，但累议累辍，且议尚未决而国体已变。

民国成立后，当时的财政部又有创办所得税制度的拟议，1913年拟有推行所得税制度的提案，并于1914年1月公布所得税条例草案，共27条，其内容分课税所得为两部分：

1. 法人所得及除国债外的公债及社债利息所得，按比例税率课征，法人所得的适用税率为20‰，公债社债利息所得的适用税率为15‰。法人所得课税后分配时，不再计入第二种所得课税。这是中国最早设想的企业所得税形态。

2. 不属于第一种之各种所得，采用超额累进税率，在500元以下者免税，超过500元至2000元者，其适用税率为5‰，凡所得增多，每逾一级，其超过之额，按5增加，递变其适用税率。此项所得税条例，于1914年公布，但当年并未实行。

1915年，财政部以上项所得税条例，课税范围太广，手续较繁，而同时举办困难甚多，故欲分为数期，逐渐推行，遂于同年8月，拟定有第一期实施细则，规定应纳所得税的种类。属于第一种者，为当商、银行商、盐商及由官厅特许或注册的公司、行栈。属于第二种者，为议院岁费、官吏俸给、年金、给予金，及从事其他各业者之薪给。原议俟第一期办理就绪，即将课税种类扩张，施行第二期所得税，以冀普及。乃逾时未久，复以领受国家的给予者先行提倡，故又将第一期施行细则修改，课征所得税对象，只以受国家的给予者为限，旋以袁世凯称帝，云南起义，使所得税制度终未实行。

（二）所得税制度的试办时期

民国政府奠都南京后，于1918年第一次财政会议，又创意开办所得税。于1919年，财政部复又重申前议，详加讨论，众以开办新税，税率贵能从轻，修正1914年的所得税条例，及1915年订定的所得税条例实施细则，其内容较为周详，曾拟对法人所得课税的税率，改为累进税率。至1920年财政部乃下决心推行所得税，并于7月1日特设所得税筹备处，派孔祥容为督办。当时呈准将第一期实施细则废止，另订先后征收税目，令行各省财政厅估领，并将所得税用途，提交国务会议议决，以大总统命令公布，指定所得税款，悉数拨作教育实业之用。至1921年1月间，财政部公布所得税条例实施细则、所得税征收税目、所得税调用及审查委员会议事规程、所得税征收规则、所得税款储拨章程等，并定于是年1月实行征税。乃以各省议会及商会，纷纷通电请求缓办，财政部不得已准予展缓3个月，而各省商民仍多反对，虽展期已届，亦无法推进。财政部乃将所得税筹备处归并于赋税司，增设第六科，将官俸所得税继续办理。但至1926年，全年税收甚微，总共只收入10311.67元，不敷开支，其后则无形中陷于停顿。

1927年夏，国民党中央党部以党员抚恤金需款甚急，特创办公务人员所得捐，以资补

---

① 匡球著：《中国抗战时期税制概要》，中国财经出版社出版，1988年4月第1版。

助。曾颁布所得捐条例及征收细则，规定月薪 50 元以下者免税，50 元以上者征收 1%，在 100 元以上者征收 2%，此外，月薪迭增 100 元，税率亦迭增 1%，此与所得税制内的官吏所得税相似。推行以后，尚有成效。每月收入可达 7 万元左右。

南京政府成立后，又筹议举办所得税。1928 年，第一次全国财政会议，曾讨论所得税条例草案，决议将来实施时，交实施委员会计议。至 1929 年 1 月，财政部将 1914 年的所得税条例重行修正公布，大体上与 1914 年公布的旧条例相似，其修正要点有三：

1. 法人所得改用累进税制课税；
2. 国债利息所得亦须课税，适用税率为 15‰；
3. 免税额由 500 元提高至 2000 元。

同时，复将 1921 年所订的所得税实施细则，按照修正条例加以改订，并制定有分期实施办法：规定第一期开征者为营利事业及债券利息之所得，由财政部送交凯米尔（美籍财政顾问）设计委员会审议。该会曾于 1929 年 9 月提出一份关于所得税的报告书，认为中国当时尚不具备实行所得税之条件，其理由为：

1. 就所得税性质而言，中国不具备；
2. 就私人账目而言，中国工商会计不科学；
3. 就行政效率而言，中国行政机关不健全。

由此，1929 年的所得税制度，欲行未果，遂遭搁置。此后，关于开办所得税的倡议，又消沉多时。

对凯米尔的报告书，当时，就有财税学者胡善恒提出过异议。他认为，我国施行所得税的问题，历届政府，皆未认清其重要性。世之论者，既未说出可否施行的理由，政府亦以此项赋税，在初办时收入难期充实，不足以济政府的急需，尚无举办的意思与意志。凯米尔报告书中，亦称尚不适行于我国今日。若是仔细考察，岂是真不够施行。所得税的施行，在理论上已成必要，在事实自当逐步推行。推行的程序，可先就泉源可以统制之处下手，如各种公私团体，再则推行于工商业及财产所得。至于土地农业所得，因其遍布于全国，仍以划作专税为宜。一国税源，当仰给于工商业，苟能于工商业行通，则税收必渐可加多。习惯的养成，必假以时日，并须应用各种方法，以破除障碍。迟行一日，即失去一日的机会。若谓税制的施行，必有待于环境，孰若于施行之际，同时造成可以容纳此项税制的环境。若静待此项税制环境的酿成，恐终无实现之一日。抑现行所得捐之制，有特种用途，收入并非归入国库。人民自不视为正当的负担。此项所得捐制之施行，给予国民一极坏之印象，养成人民不愿负担的心理，是反增重所得税前途的障碍。国家苟欲施行所得税，即当堂堂正正，以国家命令行之，若是割据国家的税源，即是破坏国家财政的统一。①

（三）所得税制度的实施时期

1934 年，为废除苛捐杂税并减轻田赋附加，当局召开了第二次全国财政会议，筹划税制改革，提议开办所得税，并为对日抗战作财政战备。及至 1935 年 7 月，财政部发布推行良税去除苛捐杂税之宣言，并订有所得税原则及所得税法草案，1936 年通过了所得税原则 8 项，国民政府立法院于 1936 年 7 月制定《所得税暂行条例》，计 22 条，于同年 7 月 21 日明令公布。是年 8 月，行政院通过《所得税暂行条例实施细则》，计 49 条，于 8 月 22 日以院令

① 胡善恒著：《赋税论》，商务印书馆印刷，1934 年 11 月初版。

公布，并决定自1936年10月1日起实施。

此项所得税暂行条例，仿效英国税制，采分类税制，将所得分为三大类：营利事业所得、薪给报酬所得和证券存款利息所得。其中，营利事业所得，采累进税率课征，适用税率由3%累进至10%。当时因应各地商会之要求，以及银行、钱庄扣缴手续筹办之不及，首先开征第二类甲项公务员薪给报酬所得税及第三类甲项公债利息所得税，直至1937年1月1日，始全部正式开征。从此，中国就建立起了包括企业所得税在内的所得税制度，且可谓之为中国所得税制度正式诞生之日。是年7月7日进入对日全面抗战。

至1942年1月，通货膨胀已甚严重，1936年公布的《所得税暂行条例》已不能适应当前的经济形势，且为加强战时财政收入，财政部着手讨论修改所得税法，决议将原有所得税暂行条例修改为所得税法，并另颁《财产租赁出卖所得税法》，增加财产租赁所得税及财产出卖所得税，采用五种分类所得税制度，并按立法程序完成立法，于1943年公布实施。

1945年抗战胜利后，一方面基于物价暴涨，地主、商人获致暴利，财富分配益显不均；另一方面，分类所得税制不易就个人之全部所得施行累进课征，所得税量能课税之优点无以发挥，国民政府乃于1946年再度修订所得税法，改采分类综合所得税制。仍将所得分为营利事业所得、薪给报酬所得、证券存款所得、财产租赁所得和一时所得等五大类。因政权更替，事实上，1946年的所得税制度并未实施。

新中国成立后，其企业所得税制度也经历了一个漫长的演进过程。

二、新中国成立以后的所得税历程

以法人或自然人在一定时间内的所得额为征税对象的所得税，是中国国内税收的主体税种之一。新中国成立之后，1950年1月，政务院发布了《全国税政实施细则》，统一了全国税政，建立了包括薪给报酬所得税（未开征）、存款利息所得税（1950年12月改称为利息所得税）和工商业所得税在内的统一的所得税体系。当时，工商业所得税并不是一个独立的税种，而是工商业税中按所得额征收的部分。1958年工商税制改革时，将工商业税中的营业税并入所得税，这样，工商业税中就只有所得税部分了，故改称为工商所得税。1959年停征利息所得税后，当时中国的所得税制实际上就只剩下工商所得税一种了。并且，主要是对集体工商业企业和一部分私营、个体工商业户以及未纳入国家预算管理的全民所有制单位征收。

中国对国营企业从新中国成立起就采取了利润上交的办法。1956年，地方税务机关就被赋予监交当地中央、省两级国营企业利润的职责，其间，曾一度由地方税务机关代管由财政部派驻各地大型中央级国营企业驻厂员的工作。

为了实现特定时期的政策意图，1980年9月10日，第五届全国人民代表大会第三次会议审议通过并发布了《中华人民共和国中外合资经营企业所得税法》，从此开始，到2007年底，一直实行的是，对内资企业和外资企业分别设置的不同的企业所得税制度。

三、国内企业所得税制度的建立与发展

国内企业所得税制度也是先按所有制（经济）性质分别设置，然后，随着经济制度的发展，逐步走向了统一。

（一）国营企业所得税制度的建立

中国国内企业所得税制度的建立是由“两步利改税”开始的。

国营企业“利改税”的推行。1979年4月，中共中央召开中央工作会议，决定对经济管理体制进行重大的改革。中国的税制改革也由此而启动。其中，包括对国营企业逐步推行以税代利，即将新中国成立以来实行了 30 多年的国营企业上交利润的制度，改革为缴纳企业所得税的制度，简称利改税，并部署利改税要分两步走：第一步，实行税利并存，在企业实现的利润中，先征收一部分所得税，对税后利润采取多种形式在国家与企业之间进行分配；第二步，在价格体系基本趋于合理的基础上，根据盈利多少征收所得税。

1.“利改税”的第一步改革。1983 年 4 月 24 日，国务院批转了财政部《关于全国利改税工作会议的报告》和《关于国营企业利改税试行办法》，决定从 1983 年 1 月 1 日起开始在全国范围内实行利改税的第一步改革。同年 4 月 29 日，财政部检发了《关于对国营企业征收所得税的暂行规定》，制定了对国营企业征收所得税的具体办法。该年 6 月 1 日，开始对国营企业普遍征收所得税。这也就是中国独立实行企业所得税制度的开端。

《关于国营企业利改税试行办法》的主要内容有两方面：第一，凡有盈利的国营大中型企业（包括金融保险组织），均需根据实现的利润，按 55%的税利缴纳所得税。企业缴纳所得税后的利润，一部分上交国家，一部分按国家核定的留利水平留给企业。上交国家的部分，可根据不同的情况，分别按下列办法处理：①递增包干上交办法；②固定比例上交办法；③缴纳调节税办法，即按企业上交国家的利润部分占实现利润的比例，确定调节税税率，利润基数部分按调节税税率缴纳，比上年增长的部分，减征 60%的调节税；④定额包干上交办法，仅限于矿山企业执行。对税后利润略低于或略高于国家核定留利水平的企业，在缴纳所得税后，可以不再上交利润，国家也不再减征所得税。但对达不到国家核定的留利，差额较大的，可在一定期限内适当减征所得税。第二，凡有盈利的国营小型企业，应根据实现的利润，按八级超额累进税率缴纳所得税。缴税以后，由企业自负盈亏，国家不再拨款。但对税后利润较多的企业，国家可以收取一定的承包费，或者按固定数额上交一部分利润。这个办法从 1983 年 1 月 1 日起实行。

2.“利改税”的第二步改革。为解决利改税第一步的缺陷，国家决定进行利改税的第二步改革。1984 年 9 月 7 日，国务院向全国人民代表大会常委会提交了《关于提请授权国务院改革工商税制和发布有关税收条例（草案）的议案》。同年 9 月 18 日，六届全国人大常委会七次会议通过了国务院提交的议案，决定授权国务院在实施国营企业利改税和改革工商税制的过程中拟定有关税收条例，以草案形式发布试行。同日，国务院根据全国人大常委会的决定，发出《批转财政部关于在国营企业推行第二步利改税报告的通知》，并发布了《中华人民共和国国营企业所得税条例（草案）》和《国营企业调节税征收办法》，同意《国营企业第二步利改税试行办法》从 1984 年 10 月 1 日起试行。

第二步利改税确定的国营企业所得税制的主要内容是：对国营大中型企业按 55%的比例税率征收国营企业所得税。同第一步利改税时相比，国营企业所得税主要在两方面进行了调整：一是制定了新的八级超额累进税率，对小型国营企业改按新税率征收，平均税负降低了 3%~5%，也使每一级的实际税负趋于合理。二是对饮食服务行业征收了统一的所得税，一律按八级超额累进税率征收所得税。

第二步利改税对保证国家财政收入的稳定增长，进一步扩大企业自主权，改变企业吃国家“大锅饭”的局面，缓解价格不合理的矛盾，强化税收对经济的调节作用，起了一定的作用。同时，它对于把国家和企业之间的分配关系纳入法制轨道、政企分离及整个经济体制改革，起了积极的作用。

（二）集体企业所得税制度的改革

1950 年 1 月政务院公布的《工商业税暂行条例》包括营业税和所得税两部分。当时所得税的纳税人主要是私营工商业、个体工商业，集体企业所占比重很小。1958 年对工商业税制进行了重大改革，把工商业税中的营业税部分与商品流通税、货物税、印花税合并为工商统一税，所得税遂成为一个独立的税种，称之为“工商所得税”。由于对私营工商业的社会主义改造已基本完成，城乡个体工商业户也大部分组织起来，成为合作商业或手工业合作社，同时，国家对实行定息的公私合营企业停征了所得税，改为向国家上交利润，从此，工商所得税主要是向城镇集体所有制企业征收。1966 年 10 月，国务院批转财政部《关于农村人民公社、生产队所办企业试行按比例税率征收所得税的报告》，对农村社队企业改按 20%的比例税率征税。中共十一届三中全会后，国家进行经济体制改革，调整了对集体企业征收所得税的政策，对合作商店，自 1980 年 10 月起改按手工业合作社八级超额累进税率征税；对农村社队企业，从 1981 年起也改按八级超额累进税率征收所得税。

1983 年和 1984 年两步利改税的改革，建立了国营企业所得税制度，并且把预算外国营企业也纳入了国营企业所得税的征税范围，对小型国营企业执行新的八级超额累进税率。为了平衡集体企业与小型国营企业的税负，根据工商所得税的适用范围主要是集体企业，而其他企业所得税都是按经济性质设置税种的实际情况，1985 年 4 月 11 日，国务院发布了《中华人民共和国集体企业所得税暂行条例》，将原来的工商所得税更名为集体企业所得税，并规定，从 1985 年度起实施。至此，集体企业所得税就成为中国企业所得税制度中的一个独立税种。集体企业适用从 10%到 55%的八级超额累进税率。

（三）私营企业所得税制度的建立

新中国成立后，1950 年 1 月政务院公布的《工商业税暂行条例》包括营业税和所得税两部分，当时的所得税主要是对私营资本主义工商企业征收。在社会主义改造时期，对私营资本主义工商企业的利润实行“四马分肥”的分配形式，其中所得税约占 34.5%。1956 年对私改造基本完成以后，私营资本主义工商企业已经改造成为公私合营企业，同国营企业一样，不再缴纳所得税，而改为上交利润。实际上，私营企业已不存在了。

改革开放以后，随着私营企业的发展，1988 年 6 月 25 日，国务院发布了《中华人民共和国私营企业暂行条例》和《中华人民共和国私营企业所得税暂行条例》。自此，中国的私营企业所得税制度又重新建立起来了。私营企业实行 35%的比例税率。

（四）1994 年的企业所得税改革

为适应 1992 年中国共产党第十二次代表大会提出的建立社会主义市场经济体制的要求，根据中共中央关于加快改革开放的部署，经过几年的酝酿，1994 年我国进行了一次重大的税制改革，而对企业所得税的改革也成为其中的重要一环。企业所得税改革的基本思路是：第一步，1994 年起统一内资企业所得税，下一步再统一内外资企业所得税。这样做的目的，主要是考虑可以争取时间以便税收法规的早日出台。因为，在当时条件下，对外商投资企业的税收优惠如何处理，是对外开放的一项重要政策，需要时间予以慎重研究。改革的主要内容是取消按企业所有制形式设置所得税的做法，归并了原来按国营企业、集体企业和私营企业分类计征的三个企业所得税税种，并用税法规范企业所得税前的扣除项目和标准，稳定税基，硬化所得税。统一的内资企业所得税出台后，不再执行承包企业所得税的做法。

1993 年 12 月 13 日，国务院颁布了《中华人民共和国企业所得税暂行条例》，自 1994 年

1月1日起施行。企业所得税实行33%的比例税率，考虑到部分企业盈利水平低的实际情况，增设了两档优惠税率：27%和18%。从此，我国先完成了内资企业所得税的统一。

四、外商投资企业所得税的建立与发展

中共十一届三中全会决定实行对外开放政策。为此，中共中央和国务院采取了一系列重大措施。1979年7月1日，第五届全国人民代表大会第二次会议审议通过并发布了《中华人民共和国中外合资经营企业法》。在这部法中，对税收问题作出三项原则性规定：一是合营企业的利润应按中国税法规定缴纳企业所得税；二是具有世界先进技术水平的合营企业开始获利的头两年至三年可以申请减免所得税；三是外国合营者将分得的净利润用于在中国境内再投资时，可以申请退还已缴纳的部分所得税。

中国的原有工商税收制度是适应单一公有制经济为基础的。在对外开放前，仅对少数外资银行按照1950年颁布的《工商业税暂行条例》中有关所得税的规定征收工商所得税。改革开放后，这种规定已不适应新情况的需要，急需制定相应的符合国际税收通常做法的所得税法，以配合中外合资经营企业法的实施。

（一）中外合资经营企业所得税法的制定与实施

1980年9月10日，第五届全国人民代表大会第三次会议审议通过并发布了《中华人民共和国中外合资经营企业所得税法》。同年12月14日，经国务院批准，财政部公布了《中华人民共和国中外合资经营企业所得税法施行细则》。

中外合资经营企业所得税法的纳税人是中外合资经营企业和合作企业中的外国合营者，采用30%的税率，另按缴纳的企业所得税税额征收10%的地方所得税，两项合计的负担率为33%。对外国合营者从企业分得的利润，于汇出时按汇出额征收10%的所得税。

（二）外国企业所得税法的公布实施

由于中外合资经营企业所得税法作为合营企业法相配套的税收法律，只适用于中外合资经营企业，从对外征税企业所得税来说，还没有完全解决吸收外商直接投资办企业的征税问题。对在中国境内设立机构，独立经营或同中国公司、企业合作生产经营的外国企业，以及没有在中国境内设立机构，而有来源于中国的股息、利息、特许权使用费等项投资所得的征税问题，仍然需要通过相应的立法来解决。此外，为适应利用外资合作开发海洋石油资源的需要，以及一些其他的新情况，亦需要尽快明确税收问题。

同时，随着中国对外经济交往和技术交流的发展，到1982年初，已有12个国家提出要同中国谈判签订避免双重征税协定。协定适用的税种范围主要是对所得的征税。而中外合资经营企业所得税法，对一些来源于中国的所得，如对投资所得征收预提税等，没有明确的征税规定，这样，就不利于按照平等互利原则处理在对外经济交往中所涉及的国际间的税收利益。因此，也急需制定一部外国企业所得税法。

1981年12月13日，第五届全国人民代表大会第四次会议审议通过并公布了《中华人民共和国外国企业所得税法》。经国务院批准，财政部于1982年2月21日公布了《中华人民共和国外国企业所得税法实施细则》。外国企业所得税法采用超额累进税率，按年所得额的多少分别制定五级税率：最低一级是年所得额不超过25万元的部分，税率为20%；最高一级是年所得额超过100万元的部分，税率为40%。另按企业年所得额征收10%的地方所得税。对外国企业在中国境内没有机构、场所而有来源于中国的股息、利息、租金、特许权使用费等项投资所得，税法规定税率为20%，税款由支付款项的单位在每次支付的款项中扣缴，这就是通常所说的预提所得税。

（三）两部涉外企业所得税法的合并

虽然中外合资经营企业所得税法和外国企业所得税法的公布实施，对于贯彻对外开放的方针政策，吸引外商投资，促进对外经济技术合作的发展，都起了积极的作用，但是，随着开放面的不断扩大，以及吸收外资、引进技术的规模、渠道和方式都有了很大的发展，继续实行按照不同的投资组合方式分别立法征税，已不能很好地适应形势发展的需要。概括起来说，原有两个涉外企业所得税法存在着税法的适用范围不规范，合作企业和外资企业税负偏高，税收优惠差别过大等问题，不利于以更多的灵活方式吸收外商投资，不利于参照国际税收的通常做法合理规范中国税收管辖原则，也不利于外商灵活地选择投资方式。要解决这些问题，就必须重新立法。

1991 年 4 月 9 日，经第七届全国人民代表大会第四次会议审议，通过并发布了《中华人民共和国外商投资企业和外国企业所得税法》，从而实现了两部涉外企业所得税法的合并。

从总体上看，新税法是以不增加税负、不减少税收优惠为原则制定的。凡是原税法中的一些行之有效、已被普遍接受的条文，都予以保留。仅是根据近 10 年的实践经验和参照国际上的通常做法，本着完善税制的精神加以合理调整和补充。在合并两法的基础上实现了三个统一，即：

1. 统一税率。新税法改变了原税法对合营企业实行比例税率，而对合作企业、外资企业和在华没有营业机构场所和外国企业实行超额累进税率的做法，改为实行统一的比例税率，企业所得税税率为 30%，地方所得税税率为 3%，合计税率为 33%。税率形式和税负水平的统一，有利于投资者选择投资方式和计算投资收益。

2. 统一税收优惠。对鼓励外商投资的定期减免税优惠，按照产业政策，统一限于生产企业。对从事旅游、商业、服务业的企业，排除法定的给予定期减免税优惠的范围之外。对合作企业和外资企业由原来仅限于从事农业、林业、牧业等利润水平低的行业给予定期减免税，扩大到从事生产性项目的企业，并延长了减免税的期限。这样做，有利于引导外资投向，更好地为发展中国国民经济服务。

3. 统一税收管辖原则。在税收上对法人居民纳税义务与非居民纳税义务的确定，统一明确以企业总机构所在地为准。把原来仅明确合营企业负有全面纳税义务，其境内、境外所得要汇总纳税，改为外商投资企业的总机构设在中国境内，负有全面纳税义务，就来源于中国境内、境外的所得缴纳所得税。而外国企业仅负有有限纳税义务，只就来源于中国境内的所得缴纳所得税。这样，在税收上对法人居民与非法人居民的判定就有了统一的标准，便于中国对外合理地行使税收管辖权。

外商投资企业和外国企业所得税法的公布实施，不仅实现了税率、税收优惠待遇和税收管辖原则的统一，而且在税基不被侵蚀的可控性和应纳税所得额的计算等方面，也更加规范化和科学合理，更有利于同国际税收接轨，从而促进对外经济技术合作的发展。

五、统一企业所得税制

随着中国社会主义市场经济体制的建立和完善，特别是中国在加入世界贸易组织之后，一方面，中国的企业制度改革和社会经济发展呈现出新的特点，客观上要求建立公平、统一、透明的税收制度与之相配套；另一方面，内资企业与外资企业分别实行两套不同的税法，在实际执行中也暴露了一些问题，如内资、外资企业所得税制度差异较大，在税收优惠、税前扣除等方面存在外资企业偏松、内资企业偏紧的问题，造成企业之间税负不公平等，也需要统一企业所得税法。

2007 年 3 月 16 日，中华人民共和国第十届全国人民代表大会第五次会议审议通过并公布了《中华人民共和国企业所得税法》，自 2008 年 1 月 1 日起施行。由此，在中国诞生了第一部统一的企业所得税法。

2007 年 11 月 28 日国务院第 197 次常务会议通过了《中华人民共和国企业所得税法实施条例》，2007 年 12 月 11 日，国务院予以公布，自 2008 年 1 月 1 日起施行。

（一）企业所得税改革的主要内容

1. 统一内资、外资企业的企业所得税法。

（1）新企业所得税为法人所得税，即公司所得税，因此，规定个人独资和合伙企业不再作为企业所得税的纳税义务人，其经营利润作为投资者个人的收入征收个人所得税。

（2）界定纳税人身份及其义务。将企业区分为居民和非居民，并相应承担全面纳税义务和有限纳税义务，即居民企业取得的境内、境外所得，都在本国负有纳税义务，一般称全面纳税义务；非居民企业只就来源于我国境内的所得纳税，一般称有限纳税义务。

判定居民企业和非居民企业拟采用“注册地标准”，即“居民企业是指依照中国法律、法规设立的公司、企业和有经营活动的事业单位、社会团体、民办非企业单位、基金会及其他组织”，“非居民企业是指在中国境内设立机构、场所从事经营活动，或虽未设立机构、场所而有来源于中国境内所得的外国公司、企业和其他组织”。这主要是指外国公司、企业和其他组织在中国依法设立的常设机构、代办处等。

2. 统一并适当降低企业所得税税率。基本税率为 25%，小型微利企业适用照顾性税率为 20%。在国际上，该税率属于中等偏下水平，这有利于中国继续贯彻改革开放的方针，保持中国税制的国际竞争力，进一步吸引外商投资。

3. 统一和规范税前扣除办法和标准。统一内、外资企业的税前扣除范围和标准，解决内资企业税前扣除严于外资企业的问题。税前扣除的改革是内资往外资靠，放松扣除限制。

新税法将对允许扣除部分作原则性规定。与生产经营有关的合理支出可以在税前扣除。取消内资企业的“计税工资”制度。提高捐赠扣除比例。提高广告费的税前列支比例。增大研究开发费用。

4. 统一税收优惠政策。调整税收优惠政策。以产业倾斜为主、地区倾斜为辅，缩小区域性税负差距；区域性优惠政策由沿海向西部地区转移；取消由财政等公共支出解决的优惠政策；优惠形式改为直接减免、降低税率、加速折旧、税前扣除、税收抵免等多种方式。对居民的股息红利收入等给予减免税照顾。外资企业在税收上享受的某些税收优惠待遇将逐步取消，对现行的所得税优惠政策应给予五年的过渡期。

5. 统一税收征管要求。新企业所得税法统一了适用于内外资企业的全面反避税措施，统一了总分机构企业实行汇总纳税的办法，统一了内外资企业的纳税申报表，同时，对内外资企业所得税的预缴申报、年度申报和汇算清缴等征管工作也作了统一规定，这有利于落实各项企业所得税政策，全面加强企业所得税的管理。

统一企业所得税法，有利于进一步完善中国社会主义市场经济体制，有利于为企业创造公平竞争的税收环境，有利于促进经济增长方式转变和产业结构升级，有利于促进区域经济的协调发展，有利于提高中国利用外资的质量和水平，有利于推动中国税制的现代化建设。

总之，统一企业所得税法，是完善中国市场经济体制的客观需要，乃历史所趋。

（二）企业所得税法规中关键性政策的设计思路

1. 实际管理机构界定旨在保护税收权益。借鉴国际经验，新税法明确实行法人所得税制度，并采用了规范的居民企业和非居民企业的概念。

法人所得税制下的纳税人认定的关键是着重把握居民企业和非居民企业的标准。新税法采用注册地和实际管理机构所在地的双重标准来判断居民企业和非居民企业。注册地较易理解和掌握，实际管理机构所在地的判断则较难理解。

从国际上来看，特别近十几年的国际实践看，实际管理机构一般是指对企业的生产经营活动实施日常管理的地点，但在法律层面，也包括作出重要经营决策的地点。在处理方式上，税法中一般只作出原则性规定或不规定，然后逐步通过案例判定形成具体标准。为维护国家税收主权，防止纳税人通过一些主观安排逃避纳税义务，中国税收法规采取了适当扩展实际管理机构范围的做法，将其规定为：对企业的生产经营、人员、账务、财产等实施实质性全面管理和控制的机构。这样有利于今后根据企业的实际情况作出判断，能更好地保护我国的税收权益，具体的判断标准，可根据征管实践由部门规章去解决。

2. 纳入预算的财政拨款为不征税收入。新税法在收入总额的规定中新增加了不征税收入的概念，财政拨款等三项收入为不征税收入，企业收到的各种财政补贴是否属于财政拨款的范畴呢？

税法规定的不征税收入之中的“财政拨款”界定为：各级政府对纳入预算管理的事业单位、社会团体等组织拨付的财政资金，但国务院和国务院财政、税务主管部门另有规定的除外。这就在一般意义上排除了各级政府对企业拨付的各种价格补贴、税收返还等财政性资金，相当于采用了较窄口径的财政拨款定义。之所以这样规定，主要考虑：一是企业取得的财政补贴形式多种多样，既有减免的流转税，也有给予企业从事特定事项的财政补贴，都导致企业净资产增加和经济利益流入，予以征税符合立法精神；二是当前个别地方政府片面为了招商引资，采取各种财政补贴等变相“减免税”形式给予企业优惠，侵蚀了国家税收，对企业从政府取得的财政补贴收入征税，有利于加强财政补贴收入和减免税的规范管理；三是按照现行财务会计制度规定，财政补贴给企业的收入，在会计上作为政府补助，列作企业的营业外收入，税收在此问题上应与会计制度一致。

3. “合理”工资薪金才能税前扣除。新税法对企业实际发生的各项支出作出了统一规范，规定对企业发生的真实合理的成本费用支出予以税前据实扣除。

关于工资税前扣除，税法规定，企业合理的工资、薪金予以据实扣除，这意味着取消实行多年的内资企业计税工资制度，切实减轻了内资企业的负担。但允许据实扣除的工资、薪金必须是“合理的”，对明显不合理的工资、薪金，则不予扣除。对一般雇员而言，企业按市场原则所支付的报酬应该认为是合理的，但也可能出现一些特殊情况，如在企业内任职的股东及与其有密切关系的亲属通过多发工资变相分配股利的，或者国有及国有控股企业管理层的工资违反国有资产管理部门规定变相提高的，这些复杂多样的工资、薪金情况都将对企业所得税的税基产生侵蚀，因此，从加强税基管理的角度出发，在工资、薪金之前加上了“合理的”的限定。今后，国家税务总局将通过制定《工资扣除管理办法》对“合理的”予以明确。

4. 业务招待费按发生额60%的比例、最高不超过当年销售（营业）收入的5‰扣除。税法规定：企业发生的与生产经营活动有关的业务招待费，按照发生额的60%扣除，但最高不得超过当年销售（营业）收入的5‰。

业务招待费是由商业招待和个人消费混合而成的，其中个人消费的部分属于非经营性支出，不应该税前扣除。因此，就需要对业务招待费进行一定的比例限制。但商业招待和个人消费之间通常是难以划分的，国际上的处理办法一般是在二者之间人为规定一个划分比例，比如意大利，业务招待费的30%属于商业招待可在税前扣除，加拿大为80%，美国、新西兰为50%。借鉴国际做法，结合现行按销售收入比例限制扣除的经验，我国采取了两者结合的措施，将业务招待费扣除比例规定为发生额的60%，同时规定最高不得超过当年销售（营业）收入的5‰。

5. 广告宣传费按销售收入的15%扣除，当年未扣除部分结转以后年度扣除。税收法规对广告费和业务宣传费的扣除是合并在一起考虑的，规定企业每一纳税年度发生的符合条件的广告费和业务宣传费，除国务院财政、税务主管部门另有规定外，不超过当年销售（营业）收入15%的部分，准予扣除；超过部分，准予在以后纳税年度结转扣除。

广告费具有一次性投入大、受益期长的特点，因而应该视同资本化支出，不能在发生当期一次性扣除。业务宣传费与广告费性质相似，也应一并进行限制。税法规定按销售（营业）收入的15%扣除，并允许将当年扣除不完的部分向以后纳税年度结转扣除。同时，考虑到部分行业和企业的广告费、业务宣传费发生情况较为特殊，需要根据其实际情况作出具体规定，为此，增加了“除国务院财政、税务主管部门另有规定外”，以便以后根据不同行业的广告费和业务宣传费实际发生情况，根据新税法的授权在部门规章中作出具体的扣除规定。

6. 间接抵免有利企业“走出去”。新税法规定，居民企业来自间接控制的境外公司的股息、红利等权益性投资收益所负担的境外所得税，可以实行间接抵免。并且将居民企业对境外公司的间接控制规定为控股20%。新税法保留了现行对境外所得直接负担的所得税给予抵免的办法，又引入了对股息、红利间接负担的所得税给予抵免，即间接抵免的方法。实行间接抵免，有利于我国居民企业“走出去”，提高国际竞争力。从国际惯例看，实行间接抵免一般都要求以居民企业对外国公司有实质性股权参与为前提。美国、加拿大、英国、澳大利亚、墨西哥等国规定，本国公司直接或间接拥有外国公司10%以上有表决权的股票的，实行间接抵免；日本、西班牙规定的比例为25%以上。我国税法中首次引入间接抵免办法，参考其他国家的做法，税法规定控股比例为20%。

7. 高新技术企业按领域划分。新税法根据国民经济和社会发展的实际需要，借鉴国际上的成功经验，按照“简税制、宽税基、低税率、严征管”的要求，对现行内外资企业所得税优惠政策进行了全面的调整和整合，实现了两个转变：政策体系上将以区域优惠为主转变为以产业优惠为主、区域优惠为辅，优惠方式上将以直接税额式减免转变为直接税额式减免和间接税基式减免相结合。

对高新技术企业认定有三个重要问题。第一，高新技术企业的范围问题。税收法规将高新技术企业的界定范围，由现行按高新技术产品划分改为按高新技术领域划分，规定产品（服务）应属于《国家重点支持的高新技术领域》的范围，以解决现行政策执行中产品列举不全、覆盖面偏窄、前瞻性不足等问题。第二，高新技术企业的具体认定标准问题。税法原则规定研究开发费用占销售收入的比例、高新技术产品（服务）收入占企业总收入的比例、科技人员占企业职工总数的比例不低于规定比例，以及其他条件。具体的指标将在国务院科技、财政、税务主管部门会同国务院有关部门制定的认定办法中明确，以便今后根据发展的需要适时调整。第三，核心自主知识产权问题。若将高新技术企业的首要条件界定为拥有“自主知识产权”，在考虑到目前国家并没有对“自主知识产权”进行正式界定的情况，如果将其理解为企业自身拥有的知识产权，则把商标权、外观设计、著作权等与企业核心技术竞争力关系不大的也包括在内，则其范围就显得过于宽泛。因此，税收法规最后采用“核心自主知识产权”作为高新技术企业的认定条件之一，相对容易操作，也突出了技术创新导向。其内涵主要是企业拥有的并对企业主要产品或服务在技术上发挥核心支持作用的知识产权。

8. 小型微利企业年应纳税所得额不超过 30 万元。税收法规把年度应纳税所得额、从业人数、资产总额作为小型微利企业的界定指标。小型微利企业的标准为：工业企业年度应纳税所得额不超过 30 万元，从业人数不超过 100 人，资产总额不超过 3000 万元；其他企业，年度应纳税所得额不超过 30 万元，从业人数不超过 80 人，资产总额不超过 1000 万元。与现行的内资企业年应纳税所得额 3 万元以下的减按 18%的税率征税、3 万元至 10 万元的减按 27%的税率征税政策相比，优惠范围扩大，优惠力度有较大幅度提高。

税收法规中之所以将年度应纳税所得额界定为 30 万元，是经过认真测算的，按此标准将约有 40%左右的企业适用 20%的低税率。

9. 非营利组织的营利性收入也要缴税。新税法规定，符合条件的非营利组织的收入为免税收入。同时，税收法规规定，符合条件的非营利组织的收入，不包括非营利组织从事营利性活动取得的收入。

从世界各国对非营利组织的税收优惠来看，一般区分营利性收入和非营利性收入而给予不同的税收待遇。目前我国相关管理办法规定，非营利组织一般不能从事营利性活动。因此，为规范此类组织的活动，防止其从事经营性活动可能带来的税收漏洞，税法明确规定，对非营利组织的营利性活动取得的收入，不予免税。但考虑到有些非营利组织将取得的营利性收入也全部用于公益事业，属于国家重点鼓励的对象，故加上了“国务院财政、税务主管部门另有规定的除外”的规定。

10. 股息、红利持有 12 个月以上免税。新税法规定，符合条件的居民企业之间的股息、红利等权益性投资收益为免税收入。

对居民企业之间的股息、红利收入免征企业所得税，是对股息、红利所得消除双重征税的做法。根据老税法规定，内资企业如从低税率的企业取得股息、红利收入要补税率差。实施新税法后，为更好体现税收政策优惠意图，使西部大开发有关企业、高新技术企业、小型微利企业等享受到低税率优惠政策的好处，税法明确对来自于所有非上市企业，以及连续持有上市公司股票 12 个月以上取得的股息、红利收入，给予免税，不再实行补税率差的做法。考虑到税收政策应鼓励企业对生产经营的直接投资，而以股票方式取得且连续持有时间较短（短于 12 个月）的间接投资，并不以股息、红利收入为主要目的，其主要目的是从二级市场获得股票运营收益，不应成为税收优惠鼓励的目标。

11. 取得第一笔生产经营收入的年度为减免税起始年度。税收法规规定，企业从事国家重点扶持的公共基础设施项目的投资经营的所得，自项目取得第一笔生产经营收入的纳税年度起，享受“三免三减半”的税收待遇。

原外资企业所得税法以获利年度作为企业减免税的起始日，这样的规定在实践中产生了企业推迟获利年度来避税的问题，税收征管难度大。税收法规采用从企业取得第一笔生产经营收入所属纳税年度起计算减免税的新办法，一方面可以避免企业通过推迟获利年度来延期享受减免税待遇的做法；另一方面也可兼顾项目投资规模大、建设周期长的情况，较原内资企业从开业之日起计算减免税优惠，更为符合实际；还可鼓励企业缩短建设周期，尽快实现盈利，提高投资效益。

12. 特别纳税调整强化反避税手段。根据企业所得税法有关特别纳税调整的规定，借鉴国际反避税经验，税收法规对关联交易中的关联方、关联业务的调整方法、独立交易原则、预约定价安排、提供资料义务、核定征收、防范受控外国企业避税、防范资本弱化、一般反避税条款，以及对补征税款加收利息等方面作了明确规定。

这些规定强化了反避税手段，有利于防范和制止避税行为，维护国家利益。应特别强调，税务机关实施特别纳税调整后，除应补缴税款外，还需缴纳按税款所属期银行贷款利率计算的利息另加 5 个百分点的利息。对能够及时向税务机关提供有关资料的，可以免除 5 个百分点的加收利息。

13. 汇总纳税具体办法另行制定。新税法实行法人所得税的模式，因此，不具有法人资格的营业机构应该自动汇总计算纳税，但汇总纳税容易引发地区间税源转移问题，纳税人和地方政府都极为关注。

根据新税法的规定，不具有法人资格的营业机构应实行法人汇总纳税制度，由此将出现一些地区间税源转移问题，应予合理、妥善解决实行企业所得税法后引起的税收转移问题，处理好地区间利益关系。具体办法将由国务院财政、税务主管部门另行制定，报经国务院批准后实施。

14. 法人母子公司不再合并纳税。新税法规定，除国务院另有规定外，企业之间不得合并缴纳企业所得税。

从 1994 年起，我国对经国务院批准成立的 120 家大型试点企业集团，实行合并缴纳企业所得税政策。当初政策出发点是在母子公司之间核算不真实、企业集团政企不分的情况下，减轻企业负担，支持企业集团发展。新税法实施后，从规范税制来讲，作为独立法人的母子公司也应分别独立纳税。对个别确需合并纳税的，由国务院另行规定。

第六节　税制要素

一项税收制度是由许多税制要素构成的。税制要素又称税法要素，是指构成一种课税规定的基本因素。一项税收制度是由许多税制要素构成的，其中有些基本要素是国家在制定一项税收制度时必须明确规定的内容。这些基本要素的内容包括：纳税义务人、征税对象、计税依据、税率、税额计算、减税免税、纳税环节、纳税地点、纳税期限、税款缴纳、违章处罚等。这些被法律赋予不同内容的税制要素的有机整体，就构成了一个一个的税种。并且，在每一个税种中，这些税制要素都会对纳税人的应纳税额产生实际影响。因此，通过研究和利用每个税种中的税制要素规定，纳税人就可从中找到节税的途径和方法。现将税制要素的有关内容介绍如下：

一、纳税义务人

需从多方面来理解纳税义务人的内涵。

（一）纳税人

纳税义务人简称纳税人，为课税主体，是指税法规定的直接负有纳税义务的单位和个人(法人和自然人)。法人是指依法成立并能独立行使法定权利和承担法律义务的社会组织，如企业、社团等。自然人则是指依法在民事上能享受权利和承担义务的公民个人。不同税种的纳税人是由课税对象的性质决定的。各该税种的纳税人是由其课税对象的性质决定的。如个人所得税的纳税人是家庭或公民个人。

（二）负税人

纳税人不一定就是负税人。负税人是税款的实际负担者。它是与纳税人相联系而又有区别的一个概念。纳税人是纳税的法律主体，而负税人则是纳税的经济主体。在市场经济中，由于税收负担的运动（税负转嫁），纳税人不一定就是负税人。当纳税人所缴纳的税款是由自己负担时，纳税人就是负税人；当纳税人将其所缴纳的税款通过价格转嫁给其他人负担时，纳税人就不是负税人。一般情况下，间接税的纳税人可能不是负税人，如增值税；直接税的纳税人可能是负税人，如个人所得税。

（三）居民纳税人与非居民纳税人

各国基于自己拥有的税收管辖权，对跨国所得往往要界定纳税人身份及其义务。将个人区分为居民纳税人和非居民纳税人，即税收居民和非税收居民，并相应承担全面纳税义务和有限纳税义务，即居民个人取得的境内、境外所得，都在本国负有纳税义务，一般称全面纳税义务；非居民个人只就来源于本国境内的所得纳税，一般称有限纳税义务。

各国判定居民个人和非居民个人所采用的标准不尽相同。一般说来，主要有公民标准、户籍标准和时间标准等三个。但具体到某一个国家，可能用其中的一个或两个，或者同时用三个。

1. 公民标准。又称之为法律标准。按照一国的法律规定，如果一个人拥有该国国籍，或者，为该国法律上所认定的公民，那么，该人则为该国的税收居民，该国就可对其行使公民管辖权，就其在全世界的收入征税。例如美国。

2. 户籍标准。又称之为住所标准。如果一个人在一个行使居民管辖权的国家拥有永久性的住所，那么，该人则为该国的税收居民，从而要承担本国的无限纳税义务。相反，对住所不在本国境内者，该标准则视其为非税收居民，只在本国承担有限纳税义务。如法国、中国等。

所谓“住所”，一般是指具有永久性、固定性的特征，通常为家庭、配偶和财产的所在地。

3. 时间标准。又称之为居所标准。如果一个人在一个行使居民管辖权的国家拥有临时性居所或者非长期居住的居所，并且，其居住期限达到了税法规定的时间，则判定该人为该国的税收居民。多数国家一般以纳税人在该国停留的时间来计算，凡达到该国税法规定标准的即为该国的税收居民；反之，则为非税收居民。至于其具体时间标准，各国的规定往往不同。如英国、德国、加拿大、澳大利亚、瑞典等国，规定为183天；中国、美国、日本等国规定为365天。但只有极少数国家规定为几十天。

（四）纳税义务人与税收义务人

一般说来，税收义务人包括：纳税义务人、税收担保责任人、税收征收义务人、税收申报义务人、提供担保责任人、账册及会计记录制作义务人和其他义务人等。由此可见，纳税义务人只是税收义务人中的一种，即税收债务人。

二、征税对象

征税对象又称课税对象、课税客体，是指对什么征税，是征税的标的物。征税对象可以是商品、劳务、所得、财产，也可以是资源、行为等。每一种税都有其特定的征税对象。征税对象的全体（集合）就构成了该税种的征税范围。因此，征税对象实质上规定了不同税种的征税领域。凡是列为征税对象的，就属于该税种的征税范围；凡是未列为征税对象的，就不属于该税种的征税范围。

税目是征税对象的具体化，反映具体的征税范围，代表征税的广度。不是所有的税种都规定税目，有些税种的征税对象简单、明确，没有另行规定税目的必要。但是，从大多数税种来看，征税对象都比较复杂，且税种内部不同征税对象之间又需要采取不同的税率档次进行调节，这样，就需要对征税对象作进一步的划分，做出具体的界限规定，这个规定的界限范围，就是税目。

税目有两类，一是列举品目，即一一列举应税商品、经营项目的方法来规定税目，必要时还可以在税目下面进一步划分若干子目；另一是概括品目，即概括用应税商品或经营项目的大类来规定税目。

三、计税依据

计税依据是计算应纳税额的根据，是征税对象量的表现。

（一）征税对象和计税依据有着密切的联系

征税对象是从质的方面对征税的规定，解决对什么征税的问题；计税依据是从量的方面对征税的规定，解决税款如何计量的问题。如作为征税对象的“所得”只说明是对纳税人的“所得”课税，而作为计税依据的“所得额”则是应税“所得”的额。

（二）计税依据的类别

计税依据分两类：一类是从价计征的计税金额，如销售额、营业额、增值额、所得额、收益额等；另一类是从量计征的计税数量，如重量、数量、体积、容积等。

（三）税基是计税依据之一

税基是计税基础或课税基础的简称。

在狭义上，税基是指据以计算应纳税额的基数。它包括实物量和价值量两类。实物量如土地的亩数、车船的辆数及吨位数等。价值量如销售收入、所得额等。

税基是计税依据之一。在税率一定的情况下，税基的数额与税额成正比。同时，税基又制约着税率的具体形式和使用标准。税基为实物量时，税率多为定额税率。税基为价值量时，税率多为百分比形式的比例税率或累进税率。

税基与征税对象的数额既有联系，也有区别。在许多情况下，税基直接是征税对象数额的某种表现形式，如营业税的营业额。但在有的情况下，税基只是征税对象数额的一部分，如在企业所得税中，征税对象数额是全部所得额，而税基只是应纳税所得额。

在广义上，税基是课税时的经济基础。常说的税基广大，是指税源普遍；而税基狭小，则是指税源不丰。

（四）各项扣除

由于个人所得税是对自然人的所得征收的一种税，所以，在税法规定中，对纳税人取得的收入必须允许扣除其为取得该项收入而发生的各项支出。同时，为了保证自然人的家庭和个人生存和发展的需要，对其所需的生计费用、赡养费用、教育费用等也必须允许扣除。由此可见，个人所得税的计税依据，即个人应纳税所得额，是在按税法规定进行了各项扣除之后的所得额。

四、税率

税率是应纳税额与征税对象或计税依据的征收比例或征收额度。它是计算税额的尺度，代表课税的深度，关系着国家的收入大小和纳税人的负担程度，因而它是税收政策的中心环节。我国现行税率有三种：比例税率、累进税率和定额税率。

（一）比例税率

比例税率是对同一征税对象不论数额大小，均按同一比例征税，税额与征税对象之间的比例是固定的。

比例税率在具体运用上，有统一比例税率和差别比例税率之分。差别比例税率主要包括：产品比例税率、行业比例税率、地区比例税率和幅度比例税率等。

（二）累进税率

累进税率是按照计税依据数额的大小，规定不同等级的税率：计税依据数额越大，税率越高；反之，税率就越低。

累进税率又分为全额累进税率和超额累进税率两种。全额累进税率是征税对象的全部计税依据数额都按与之相适应的等级的税率征税；当其计税依据提高到另一个级距时，对征税对象全额都按提高后的相应级别的税率征税。超额累进税率是把征税对象的计税依据按数额大小划分为若干等级部分，对每个等级部分分别规定相应的税率，分别计算税额，一定数量的计税依据可以同时适用几个等级部分的税率。

与累进税率相联系的尚有加倍征税和加成征税。加倍征税是指在按规定税率计算出税额后，再加征一定倍数的税额。加成征税是指在按规定税率计算出税额后，再加征一定成数的税额。

还有一个与累进税率相反的概念，那就是累退税率。所谓累退税率，系指随计税依据数量（金额）的增加而呈阶梯式下降的税率。目前我国未用。

（三）定额税率

定额税率，是税率的一种特殊形式。它是按照计税依据的一定单位直接规定税额。由于它一般适用于从量征收，所以又称固定税额或单位税额，如按单位产量、重量、面积等直接规定税额。在具体运用上，又分为如下几种：统一固定税额和产品固定税额、地区差别固定税额、幅度固定税额、分级分类固定税额。

五、税额计算

税额计算是根据纳税人的生产经营及其他一些具体情况，对其应税产品（商品 ）或项目，按照规定的税率，采取一定的计算方法，计算出纳税人的应纳税额。税额计算是税收制度中比较重要的税制要素。每一项税收制度都明确地规定了应纳税额的计算公式，虽然各个税种中计算税额的具体公式不尽相同，但基本的形式还是相同的，即：

应纳税额 = 计税依据 × 适用税率

六、减税免税

减税免税是对某些纳税人或征税对象给予鼓励和照顾的一种特殊规定。减税是对应纳税额少征一部分税款；免税是对应纳税额全部免征。除了税法列举的减税免税项目以外，一般的减税免税项目都属于定期减免性质，规定有具体的减免期限，到期就应恢复征税。

按照减税免税的性质，大体可分为三类：法定减免、临时减免和特定减免。

法定减免是指在各种税的基本法规中规定的减税免税。它体现了该税种减税免税的基本原则规定，具有长期的适用性。法定减免需在基本法规中明确列举减税免税项目、减税免税的范围和时间。

临时减免又称困难减免，是指除了法定减免和特定减免以外的其他临时性减税免税。它通常是定期的或一次性的减税免税。

特定减免是指根据社会经济情况的发展变化和发挥税收调节的需要而规定的减税免税。税收返还属于特定减免。

七、纳税环节

纳税环节是指对处于不断运动中的征税对象，选定的应该缴纳税款的环节。纳税环节有广义和狭义之分。广义的纳税环节是指在国民经济环流中的税收分布点；狭义的纳税环节是指某一商品从生产到消费所要经过的许多环节中，税法规定征税的环节。

八、纳税地点

纳税地点是指税法规定缴纳税款的地点。主要有如下几种规定：

1. 就地纳税，即由纳税人向所在地的主管税务机关申报纳税，如个人所得税等。

2. 营业行为所在地缴纳，即纳税人到外地从事经营活动，其应纳税额应向其营业行为所在地的税务机关缴纳，如设置分支机构、直接从事自产产品的零售业务、非工业企业委托外地企业加工产品等。

3. 外销纳税，即固定工商业户到外地销售货物时，凡持有主管税务机关开具的外销证明的，回所在地税务机关纳税；凡未办理外销证明的，其应纳税额应向销售地税务机关缴纳。

4. 汇总缴纳，即纳税人按行业汇总在国家金库所在地北京纳税。如我国的铁路运输企业、民航运输企业和邮电通信企业的企业所得税，就由铁道部、民航总局和邮电部分别在北京汇总缴纳。

5. 口岸纳税，是指关税等的纳税人，除了采取集中纳税方式之外，其应纳的进出口关税或进口商品增值税、消费税或进口税，都应向进出口口岸的海关缴纳。

九、纳税期限

纳税期限是指纳税人在发生纳税义务后，应缴纳税款的期限。由于纳税人对纳税期限内所取得的应税收入需要一定时间进行计算和办理纳税手续，因此，纳税期限还包括纳税期限届满后的税款缴库期限。例如，增值税税法规定：纳税人以一个月为一期纳税的，自期满之日起十日内，申报纳税；以一日、三日、五日、十日或者十五日为一期纳税的，自期满之日起五日内预缴税款，于次月一日起十日内申报纳税并结清上月应纳税款。

纳税期限有两种形式：按期纳税和按次纳税。合理、正确确定纳税期限，是保证税款及时、均衡入库的重要条件，所以，确定纳税期限应掌握以下原则：

1. 要适应各经济部门和各征税对象的特点。如农业税一般分夏秋两季征收；企业所得税实行按季预缴，年终汇算清缴，多退少补。

2. 应兼顾纳税人缴纳税款的多少。如增值税的纳税期限分别为一日、三日、五日、十日、十五日或者一个月。

3. 对一些税种和一些情况应考虑其纳税行为的特殊性，实行按次纳税的办法。如增值税纳税人的具体纳税期限，由主管税务机关根据纳税人应纳税额的大小分别核定；不能按照固定期限纳税的，可以按次纳税。

十、税款缴纳

税款缴纳是指纳税人或税务机关在规定的纳税期限里，采取一定的方法将税款及时足额地缴入或征入国库。税款缴纳入库的方法根据税种的不同和管理需要而有所不同，一般可分为纳税人自己申报缴纳和由代扣代缴义务人代扣代缴两种。纳税人自己申报缴纳又可分为分期预缴和年终汇算清缴。

十一、违章处罚

违章处罚是指对纳税人的违反税法行为即违章行为给予必要的经济或刑事处罚。违章基本上包括两类：一类是纳税人违反税法总精神，如偷税、骗税、抗税等，从而损害了国家的利益；另一类是违反各种税收征管制度，如税务登记、纳税申报等，因而损害了税法的严肃性。上述行为都要依法受到处罚。对于这些违章行为，首先是要考虑给予必要的经济处罚；对于情节严重、行为恶劣的纳税人，将依法处以刑法。

第七节　税收名词释义

在实际的税收征纳活动中，常用一些专门性的税收术语。它有理论上的和实务上的。由于本书是一本实用性较强的书籍，所以，下面主要介绍一些实务上必须了解的税收名词，以助读者对操作性实务的深入理解，并达成税法的立法意图和纳税人的节税目的。

一、税收

税收又称“赋税”、“租税”、“捐税”、“税”等。

税收是为实现国家职能，满足公共需要，以国家为主体，凭借政府权力，按照法律规定，强制地、无偿地、规范地向纳税人征收的钱财。

因此，从本质上说，税收是人民的需要；税收是公共商品的价格；税收是一种债务。

（一）人民需要税收

社会主义国家之所以要课征税收，是基于人民的需要。马克思的“社会扣除”原理，阐明了税收的本质。他的著名的社会产品分配公式二次六项扣除可简述如下：

一次，经济需要（社会发展费用）：①补偿基金，②扩大再生产基金，③生产后备基金；二次，社会消费需要（社会维持费用）：①国家行政管理费用，②共同费用，③社会保险。

社会总产品通过上述扣除之后，剩余部分才可以在集体中的个别生产者之间进行“按劳分配”。

人必须存在于社会之中，要维持社会的存在，就要有社会维持费用。社会要不断发展，于是要有社会发展费用。马克思的各项扣除，说的正是这些内容。所以，税收就是社会维持费用和社会发展费用的强制分担。

（二）税收是公共商品的价格

在广袤的商品世界中，基本上可将其分为两大类：私人商品和公共商品。用来满足人类私欲的商品，称为私人商品；用来满足公欲的商品，称为公共商品。通过市场机制，研究私人商品的生产、分配、交换、消费，以及扩大再生产的问题，乃是私经济的核心，也就是经济学研究的主要范围。而通过国家的政治过程或政府的作用，研究如何利用公共商品来满足人类公欲的问题乃是公经济的核心，也就是财政税收所要研究的主要范围。

为了明确公共商品的性质，我们应当把商品本身与由商品所提供的服务加以区别，即前者是“商品”，而后者则是“效能特质”。“商品”与“效能特质”之间客观存在着一种技术性关系，个人对“公共商品”的消费，不是从“商品”中直接得用的，而是从“商品”产生出来的“效能特质”来得到满足的。譬如，公路、汽车、汽油等是“商品”，而根据“商品”的互相配合所产生出来的运输、噪声、污染和拥挤等就是“效能特质”。这里不是把道路“商品”作为直接消费，而是把由“商品”产生出来的“效能特质”作为消费。这就意味着“商品”是中间生产品或者是生产要素，而“效能特质”才是最终的生产品。这也就意味着，家计是在进行着一种生产。

在现代市场经济中，民间部门（企业部门和家计部门）生产私人商品，政府部门生产和提供公共商品。政府预算支出所形成的是公共商品；而公共商品的价格是税收。所以，公共商品的消费者，就是税收的纳税义务人。由于公共商品在供应上的整体性，在分配上的不可分割性，在交换上的非直接性，在消费上的无敌对性和无排他性，使得公共商品的价格即税收，就社会总体而言，只能是一个概数，并力求其公平。

（三）税收是一种债务

国家从它产生之日起，随着国家职能的展开，从焚烧原始森林、开拓耕地、疏导江河治水、教民稼穑、树艺五谷，到立学校、立司法机关，处理人伦和人际关系，建立庞大的国防军，都是为了公共需要。而办理这些事，国家都需要支配和消耗一定的人力资源和物力资财，税收就是补偿国家的费用的。

及至现代，从税收法律关系的性质看，是国家对纳税人请求履行税收债务的关系。它是国家和纳税人之间依照税法产生的课税权利和纳税义务关系。在税法之下，国家是税收债权人，有权要求纳税人负担税收债务，履行缴纳税款的义务；纳税人是税收债务人，有义务向国家缴纳应纳之税款。因此，对纳税人而言，税收是一种债务，是公法上的债务。通常使用“纳税义务”来代替“税收债务”一词。税收债务也是一种金钱债务。

所以说，就税收的本质而言，可用以下三个概念来表述：人民需要税收；税收是公共商品的价格；税收是一种债务。实际上，它们之间是相互联系的，缺一不可。首先，社会主义国家之所以要课征税收，是基于人民的需要，或者说是公共需要、社会需要或国家需要。在中国的现在，国家是人民的国家，人民国家为人民服务。所以，人民的需要也就是国家的需要。其次，国家具有对内、对外的职能，具有经济、社会、政治的职能。国家之所以需要税收，是为了实现其职能。政府是国家的行政机关。政府为了实现国家的职能，即为了满足公共需要，就要以财政支出或政府支出的形式向人民大众提供公共商品，而公共商品的价格是税收，所以公共商品的消费者就是纳税义务人。再次，由于公共商品在供应上的整体性，在分配上的社会性，在交换上的非直接性，在消费上的无敌对性和无排他性，使税收价格不能像民间商品那样具体明确，只能就社会总体计算，按一个概数，依照税法，把税收价格落实到每一个消费者身上。因此，就使得公共商品的消费者在消费公共商品时无法也不能立即付款，从而形成了一笔以税收价格表示的对政府的债务，即税收债务。这种公法上的债务，只有在消费者即纳税义务人依照税法缴纳税款后，才会消失。

二、税法

税法是国家立法机关颁布的征税人与纳税人之间在税收的权利、义务关系等方面所应遵循的法律规范的总称。

依法律效力的不同，可分为税收法律、税收法规和税收规章等类型。税收法律是由国家最高权力机关按照法定程序制定并发布的，通常以法的形式，具有最高的法律效力；税收法规是国家最高行政机关根据国家最高权力机关的授权，制定并颁布的，具有正式的法律效力，通常采用税收条例、决定、办法、通知和规定等形式；税收规章一是指国家的财政、税务和海关等职能部门根据授权所制定的关于解释税收法律和税收法规的法律文件，通常以征税规定、通知、办法、函等形式公布，是国家税收法律的一部分；二是指地方政府及其有权税务机关在权力范围内所制定的税收法规和征税规章。

依税法内容的不同，可分为税收实体法和税收程序法。税收实体法是确认税收法律关系主体的实质性权利和义务的法律规范。基于税收法律关系的中心是税收债务关系，即是作为税收债权人的国家或政府对作为税收债务人的纳税人请求履行税收债务的关系，税收债务当事人及其内容与成立、变更或消灭有关的法律总称为税收实体法，又称之为税收债务法。产生纳税义务成立法律效果的法律要件有：纳税人，征税对象，计税依据，税率等。这些课税要件就构成了以单个税种表现的税收实体法，如《中华人民共和国增值税暂行条例》等。而税收程序法是指有关税收的确定与征收的执行程序的法律。它包括税收的确定程序和税收的缴纳程序，如《中华人民共和国税收征收管理法》。

三、税种

税种即税收种类的简称，它是构成一国税收制度体系的基本单元。如增值税、企业所得税等。一个税种的确立，是通过其课税对象来规定的。不同的课税对象规定着不同的税种。不同的税种有着不同的功能。而税种则是由税制要素构成的。在不同的国家，构成其税收制度的税种数量不尽一致，有多有少。

四、税收制度

税收制度简称税制，是指由各个不同税种构成的、政府对民间课税的整个体系。它包括税收法律、税收法规和税收规章。

依税源分，税收可分为所得税、消费税和财产税。所得税是依据所得的大小来课征的税收，我国的所得税如企业所得税、个人所得税等。消费税是以消费的多少来课征的税收，也称之为商品及劳务税，并因税基的不同而分为国内消费税与国境税，我国的国内消费税如增值税、消费税和营业税等；主要的国境税为关税和进口税等。财产税是以财产价值的高低来征收的税收，如农业税、土地增值税、房产税等。

依税收负担是否可以转嫁分，税收可分为直接税与间接税。税负可通过市场价格机制转由他人负担的为间接税；不能转由他人负担的为直接税。按现在的实证研究结果，几乎所有的税收都可以转嫁。因此，现代的说法是，纳税人按自己的名分内的财产或所得缴纳的税收为直接税；纳税人以代缴的身份，协助政府向社会征收的税收称为间接税。因此，在事实上，直接税是指财产税和所得税，而间接税则是指消费税。

从税收收入的归属来分，可分为独立税制、分成制、补助款制和混合制。独立税制，是指各级政府都有其各自的税目收入。分成制，是指各级政府对某些税目收入实行分配。补助款制，由上级政府拨款以补助下级政府。混合制，是上述三种方法的混合使用。

五、税制要素

税制要素又称税法要素，是指构成一种课税规定的基本因素。一项税收制度是由许多税制要素构成的，其中有些基本要素是国家在制定一项税收制度时必须明确规定的内容。这些基本要素的内容包括：纳税义务人、征税对象、计税依据、税目、税率、税额计算、减税免税、纳税环节、纳税地点、纳税期限、税款缴纳、违章处罚等（详见本章第六节）。

六、纳税义务人

纳税义务人简称纳税人，为课税主体，是指税法规定的直接负有纳税义务的单位和个人（法人和自然人）。法人是指依法成立并能独立行使法定权利和承担法律义务的社会组织，如企业、社团等。各税种的纳税人是由其课税对象的性质决定的。纳税人不一定就是负税人。

七、扣缴义务人

扣缴义务人又称代扣代缴义务人，扣缴人是指税法规定负有代扣代缴税款义务的单位和个人。实行源泉扣缴的税种和应税项目，税法除规定纳税人外，还规定了税款扣缴义务人。对税法规定的扣缴义务人，税务机关应向其颁发代扣代缴证书，明确其代扣代缴义务。对不履行代扣代缴义务的，税务机关应视情节轻重予以适当处置，并责令其补交税款。

八、税负转嫁

税负转嫁是指，税收的缴纳人将其缴纳的税收的一部分或者全部，通过商品交易活动或者其他手段，转移给其他人负担的过程。

税负转嫁是有条件的。有些税收不能发生任何转嫁，能够发生税负转嫁的主要是那些与商品价格联系紧密的税收，其中有些部分还要经过多次的税收转嫁才能找到归宿。人们依据这种税负转嫁与归宿理论把各种税收分成直接税和间接税两类，税负能够转嫁的税称为间接税，税负不能转嫁的称为直接税。

虽然间接税是可以进行税收转嫁的，但并不是每个纳税人在任何情况下都能把它转嫁出去。纳税人能否把间接税在理论上的转嫁变为现实，要受课税对象的性质及其供求弹性的大小、价格与成本的变动、课税的范围、课税方法以及税率的形式及其高低等诸因素的制约。

九、负税人

负税人即税款的实际负担者。它是与纳税人相联系而又有区别的一个概念。纳税人是纳税的法律主体，而负税人则是纳税的经济主体。在市场经济中，由于税收负担的运动（税负转嫁），纳税人不一定就是负税人。当纳税人所缴纳的税款是由自己负担时，纳税人就是负税人；当纳税人将其所缴纳的税款通过价格转嫁给其他人负担时，纳税人就不是负税人。一般情况下，间接税的纳税人可能不是负税人，直接税的纳税人可能是负税人。

十、直接税与间接税

依据税收的性质，可以是直接税或间接税，它们往往决定着税负转嫁的能力。直接税与间接税之间的区别，主要是以税收负担为标准来划分的。

（一）直接税

凡纳税人在表面上已尽了纳税义务，在实际上也是负担税收的人，即纳税人与负税人为同一人，那么，这种税收就称为直接税。一般而言，因直接税无法导致税负转嫁所必需的市场交易，所以，越是直接的税种就越是难以转嫁，如企业所得税、个人所得税、遗产税与赠与税等都是直接税。

（二）间接税

凡纳税人在表面上虽然尽了纳税义务，但事实上已将付出的税款加在价格之上，或者，用其他方法转嫁给他人负担，即纳税人与负税人不是同一个人，那么，这种税收就称为间接税。间接税常与更多的市场交易有密切的关系，则将税收负担冲击点转移至另一个归宿点的可能性就越大。如增值税、消费税、营业税和关税等都是间接税。

十一、国内税收

按税收收入的来源地，一个国家或一个地区的税收可分为国内税收、国际税收和进出口税收等三类。按中国的现行税收制度，亦如此。

国内税收即国内税，是指对一个国家范围之内的征税对象进行课征的税收。由于增值税和消费税既是国内税的组成部分，也是进出口税的组成部分；以及居民纳税人的国外所得，所以，国内税收是指除进出口税收和国外所得以外的其他税收。

十二、国际税收

国际税收是指两个或两个以上的主权国家或地区，由于对参与国际经济活动的纳税人行使税收管辖权而发生的国家间财权利益的税收分配关系。它不是一个税种的称谓。

国际税收有广义和狭义之分。广义的国际税收是指对商品和劳务（主要是关税）、所得、一般财产价值课税等引起的国家间的税收分配关系。而狭义的国际税收是指两个或两个以上的主权国家或地区对纳税人的跨国所得或一般财产价值等同时课税而形成的国家之间税收分配关系。

十三、进出口税收

进出口税收即进出口税，又称之为出入境税，是海关对出入国境或关境的征税对象课征的税收，包括进口税和出口税。中国的进出口税收包括：海关征收的出入境关税和船舶吨税；海关代征的进口货物的增值税、消费税；以及海关征收的行李和邮递物品进口税（包括关税、增值税和消费税）等。

十四、税收管辖权

税收管辖权是指一个主权国家在税收管理方面所行使的在一定范围内的征税权力，是国家主权在税收领域中的体现。税收管辖权具有独立性和排他性。所谓的独立性，是指一个国家对本国的税收立法和税务管理方面具有独立的管辖能力；而所谓的排他性是指一国在处理本国的税收事务时不受外来势力的控制和干扰。

行使税收管辖权的原则，没有统一的国际法规。但税收管辖权的行使要受国家政治权力所能达到的范围的制约。这种范围包括两个方面：一是以地域的概念，即以该国疆界内的全部空间，包括领土、领海和领空来确定；二是以人的概念来确定，包括该国的所有居民和公民。据此，一个国家行使税收管辖权又可分为属地主义和属人主义两种原则；地域管辖权、居民管辖权和公民管辖权三种分类。

目前，世界上绝大多数国家都同时实行地域管辖权和居民管辖权：对具有该国居民身份的纳税人，实行居民管辖权；对该国非居民身份的纳税人，则实行地域管辖权。而实行公民管辖权的国家则较少，具体情况如表 1-1。

十五、地域管辖权

地域管辖权是按照属地原则确立的，亦称“收入来源地管辖权”，是指一国政府只能对在该国领土范围内发生的收入与所得行使征税权力。实行地域管辖权的国家或地区的征税依据，不是以纳税人的身份，而是以纳税人的收入和所得的来源地为标准。按此，不论纳税人是否为本国居民或公民，只要有来源于本国境内的收入和所得就要对其行使征税权力。

十六、居民管辖权

居民管辖权是按照属人原则确立的，又称之为居住管辖权，是指一个国家对其居民取得

表 1–1 实行税收管辖权国家和地区情况表

税收管辖权	主要国家和地区
同时实行地域管辖权和居民管辖权	中国、阿富汗、澳大利亚、孟加拉国、斐济、印度、印度尼西亚、日本、韩国、马来西亚、新西兰、新加坡、比利时、巴基斯坦、斯里兰卡、泰国、西萨摩亚、哥伦比亚、洪都拉斯、秘鲁、西班牙、奥地利、捷克、斯洛伐克、丹麦、德国、希腊、芬兰、爱尔兰、意大利、卢森堡、摩纳哥、荷兰、挪威、波兰、瑞典、瑞士、英国、法国、加拿大、俄罗斯等
仅行使地域管辖权	中国香港、文莱、巴拿马、巴西、乌拉圭、委内瑞拉、阿根廷、玻利维亚、多米尼加、厄瓜多尔、危地马拉、尼加拉瓜等
同时实行地域管辖权和公民管辖权	罗马尼亚、菲律宾等
同时实行地域管辖权、居民管辖权和公民管辖权	美国、墨西哥等

的来自境内和境外的收入和所得行使征税权力。实行居民管辖权的国家和地区的征税依据是纳税人的居民身份，而不考虑其收入和所得是来源于国内还是国外，只要纳税人是该国的居民，该国政府就有权对其来源于境内和境外的一切收入和所得进行征税。因此，对于纳税人居民身份的确认，是一国居民管辖权中的重要内容。在各国的现行税收法规中，居民这个概念，既包括自然人（居民个人），也包括法人（居民法人：团体、企业或公司）。但是，对居民身份的确认标准各国不尽相同，有的是按居住期限，也有的是按是否有永久性住所等。

十七、公民管辖权

公民管辖权是按照属人原则确立的，也叫国籍管辖权，是指一个国家对其公民取得的境内和境外的收入和所得行使征税权力。这里所说的公民，有时也称之为国民，是指取得一国法律资格，并具有该国国籍的人，包括个人、团体、企业或公司。实行公民管辖权的国家的征税依据，是纳税人的该国公民身份，而不论其居住在哪个国家。只要纳税人是该国的公民，该国政府就有权对其不论来自何地的收入和所得行使征税权。

十八、国际间重复课税

国际间重复课税是指两个和两个以上国家或地区对跨国或地区从事经济活动的同一纳税人所发生的同一征税对象同时征收相同或类似的税收。其中，较为普遍的是双重课税。一般具有以下特点：

1. 纳税主体的双重性。这是指对同一纳税人的同一征税对象，由两个或多个国家或地区同时行使征税权。

2. 纳税客体的双重性。这是指同一纳税人的同一征税对象同时负有向两个或多个国家或地区纳税的义务。

3. 税种的同一性或类似性。这是指两个对同一纳税人的同一征税对象所征收的是相同或类似的税收。

世界各国在国际税收的实践中，多根据本国的实际情况，以单边或双边方式，采用不同的方法来避免国际间的重复课税。

十九、国际税收协定

国际税收协定又称国际税收条约，它是两个或两个以上的主权国家为了协调相互间的税收分配关系，防止国际间重复课税及国际间的税收逃漏，处理跨国纳税人征税事务问题和其他有关税收方面的关系，按照国际法有关主权和平等的原则，由有关国家政府谈判签订的具有法律效力的书面协议或条约。国际税收协定属于国际法范畴。因此，税收协定对于有关国家具有国际法的约束力。国际税收协定按参加国的多少，可分为双边协定或多边协定。

二十、税收抵免

税收抵免又称为税额扣抵、税收扣抵、税收抵减，是指纳税人按照税法规定或税收协定直接抵减其应纳税额的一种税收形式。它包括两方面的内容：投资抵免和为避免重复课税而依法进行的抵免，且后者还包括国内税收抵免和国际税收抵免两方面的内容。

（一）投资抵免

投资抵免，是在常态的折旧费用之外，另于税收上有所减轻。其目的是政府为了改善产业结构，鼓励利用国产设备，促进经济的持续发展，而制定有关税收规定以鼓励投资者的投资。当作为投资者的纳税人增加某项应税活动时，给予一定百分比或金额的税额抵减，在其应缴纳税额中直接予以扣除，并在扣减时间上有所限定。因其性质类似政府对企业投资的一种补助，故也常常称之为投资津贴。投资抵免是世界各国常用的刺激投资和经济增长的主要税收优惠政策之一，在西方发达国家已使用多年。按中国现行税法规定，投资抵免政策主要用在企业购买国产设备方面。

（二）避免重复课税的税收抵免

避免重复课税的税收抵免，从严格意义上说虽不属于税收优惠范畴，但仍然具有节税的作用。

1. 国内避免重复课税的税收抵免。在企业的所得中，有一部分是来源于国内其他企业分回的税后所得，为避免重复课税，按税法规定，可将已缴纳的税额从本企业的汇总应纳税额中扣除。

2. 国际避免重复课税的税收抵免。避免国际重复课税的税收抵免，是指居住国（国籍国）政府在本国税法规定的限度内，允许本国居民（公民）在非居住国（非国籍国）缴纳的所得税和一般财产税，从本国的汇总应纳税额中扣除。

二十一、抵免限额

抵免限额是指税收抵免的最高限额，即对跨国纳税人在外国已纳税款进行抵免的限度。

二十二、税收饶让

税收饶让是指纳税人从国外或国内其他地方获得的所得税减免优惠，按税收协定或税法规定，在计算其应纳税额时，视同已征税款予以扣除，从而获得实实在在的税收利益的一种方法。

二十三、独立交易原则

独立交易原则亦称公平独立原则、公平交易原则或正常交易原则等，是指完全独立的无关联关系的企业或个人，依据市场条件下所采用的计价标准或价格来处理其相互之间的收入和费用分配的原则。独立交易原则目前已被世界大多数国家接受和采纳，成为税务当局处理关联企业间收入和费用分配的指导原则。

二十四、税收优惠

税收优惠是指国家运用税收政策在税收法律、行政法规中规定对某一部分特定纳税人或课税对象给予减轻或免除税收负担的一种措施。企业所得税的税收优惠方式包括免税、减税、加计扣除、加速折旧、减计收入、税额抵免等。

二十五、减税

减税是从应纳税额中减征部分税款。

二十六、免税

免税是免征某一税种、某一项目的全部税款。由于减税、免税是对某些纳税人或课税对象鼓励或照顾的一种特殊措施，所不同者，只是优惠的程度不同而已，故通常人们将减税与免税合称为减免税。例如新办的第三产业企业，可按产业政策在一定期限内减征或者免征所得税。除了税收法规列举的减免税项目以外，一般的减税或免税都属于定期的减税或免税性质，规定有具体的减免税期限，到期就应恢复缴税。减税、免税既是税制要素，也是税收优惠中最普遍的形式。

二十七、加计扣除

加计扣除是指按照税法规定准予对生产经营活动中所发生的实际费用，按一定比例加多计算，并在应纳税所得额中扣除，进而减少应纳税所得额的一种税收优惠措施。

二十八、加速折旧

加速折旧是指按照税法规定准予采取缩短折旧年限、提高折旧率的办法，加快折旧的速度，以减少应纳税所得额的一种税收优惠措施。

二十九、减计收入

减计收入是指按照税法规定准予对经营活动取得的应税收入，按一定比例减少计算，进而减少应纳税所得额的一种税收优惠措施。

三十、税额抵免

税额抵免是指按照税法规定可直接冲抵应纳税额的一种税收优惠措施。例如，我国现行政策规定，凡在我国投资于符合国家产业政策的技术改造项目的企业，其项目所需国产设备投资的 40%，可从设备购置当年比上一年新增的企业所得税中予以抵免。

三十一、一般纳税调整

一般纳税调整是指按照税法规定在计算应纳税所得额时，如果企业财务、会计处理办法同税收法律、行政法规的规定不一致，应当依照税收法律、行政法规的规定计算纳税所作的税务调整，并据此重新调整计算纳税。如国债利息收入，会计上作为收入处理，而按照税法规定则作为免税收入，在计算缴纳企业所得税时需作纳税调整。

三十二、特别纳税调整

特别纳税调整是指税务机关出于实施反避税的目的而对纳税人特定纳税事项所做的税务调整，包括针对纳税人转让定价、资本弱化、避税港避税及其他避税情况所进行的税务调整。

三十三、关联业务往来

关联业务往来是指具有关联关系的企业或者个人之间发生的转移资源或义务的经济业务事项。其中，关联关系是指具有下列关系之一的企业或者个人：

1. 在资金、经营、购销等方面，存在直接或者间接的拥有或者控制关系；
2. 直接或者间接地同为第三者所拥有或者控制；
3. 在利益上具有相关联的其他关系。

三十四、预约定价

预约定价也称为预约定价协议或预约定价安排，是纳税人与其关联方在关联交易发生之前，向税务机关提出申请，主管税务机关和纳税人之间通过事先制定一系列合理的标准（包括关联交易所适用的转让定价原则和计算方法等)，来解决和确定未来一个固定时期内关联交易的定价及相应的税收问题。预约定价是国际通行的一种转让定价调整方法。

三十五、实际管理机构

实际管理机构是指跨国企业的实际有效的指挥、控制和管理中心，是行使居民税收管辖权的国家判定法人居民身份的主要标准。实际管理机构所在地的认定，一般以股东大会的场所、董事会的场所以及行使指挥监督权力的场所等因素来综合判断。

三十六、源泉扣缴

源泉扣缴是指以所得支付者为扣缴义务人，在每次向纳税人支付有关所得款项时，代为扣缴税款的做法。实行源泉扣缴的最大优点在于可以有效保护税源，保证国家的财政收入，防止偷逃税，简化纳税手续。

三十七、汇算清缴

汇算清缴是指纳税人在纳税年度终了后规定的时间内，依照税收法律、法规、规章以及其他有关企业所得税的规定，自行计算全年应纳税所得额和应纳所得税税额，根据月度或季度预缴的所得税数额，确定该年度应补或者应退税额，并填写年度企业所得税纳税申报表，向主管税务机关办理年度企业所得税纳税申报、提供税务机关要求提供的有关资料、结清全年企业所得税税款的行为。

三十八、逃税

逃税（tax evasion）是国外常常使用的一个名词。逃税是指纳税人逃避纳税义务，使政府减少或甚至没有税收收入的一种行为。逃税有两种含义：一种是广义的逃税，是指纳税人采取各种（合法的或非法的）手段逃避纳税义务的行为；另一种是狭义的逃税，是指纳税人采用非法的手段减少或不履行纳税义务的行为。因此，逃税有两种：不完全违法的逃税为避税；完全违法的逃税为偷税。

避税也有两种：一种是所谓“合法的逃税”，即避税只是违反了税法的精神，但不违反税法的条文。这是因为，纳税人熟悉税法，以致在他们的经济行为上，使他们的经济利益达到最高限度，而负担最低限度的税收；另一种则是消费者的主动选择：政府为了“寓禁于征”，对于法律上禁止或限制的商品课以重税，消费者为避重就轻，而选择消费低税的商品，因而少纳了税款，此时，纳税人既不违反税法，也不违反税法精神，此乃一种节税行为。

违法的逃税是指偷税，包括骗税、走私等。

三十九、偷税

我国税收征收管理法对偷税有规定：纳税人伪造、变造、隐匿、擅自销毁账簿、记账凭证，或者在账簿上多列支出或者不列、少列收入，或者经税务机关通知申报而拒不申报或者进行虚假的纳税申报，不缴或者少缴应纳税款的，是偷税。

偷税的手法通常有：伪造、涂改、销毁账册、票据或记账凭证；少报、隐瞒应税项目、销售收入和经营利润；虚增成本、乱摊费用、缩小利润数额；转移资产、收入和利润；骗取减税免税等。

对纳税人偷税的，由税务机关追缴其不缴或者少缴的税款、滞纳金，并处不缴或者少缴的税款百分之五十以上五倍以下的罚款；构成犯罪的，依法追究刑事责任。由此可见，偷税是违法行为，政府必须予以严禁和打击。

四十、骗税

骗税是指纳税人采取欺骗手段，骗取国家的出口退税款的行为。

以假报出口或者其他欺骗手段，骗取国家出口退税款的，由税务机关追缴其骗取的退税款，并处骗取税款一倍以上五倍以下的罚款；构成犯罪的，依法追究刑事责任。对骗取国家出口退税款的，税务机关可以在规定期间内停止为其办理出口退税。

为纳税人、扣缴义务人非法提供银行账户、发票、证明或者其他方便，导致未缴、少缴税款或者骗取国家出口退税款的，税务机关除没收其违法所得外，可以处未缴、少缴或者骗取的税款一倍以下的罚款。

四十一、漏税

漏税是指纳税人（包括代征人）并非故意不依照税法规定而发生未缴纳或少缴纳税款的行为。一般是由于办税人员不了解、不熟悉税法规定，或财务制度不健全，或工作粗心大意，因而错用税率，漏报应税项目，少计应税数量，错算销售收入和经营利润，造成少缴、漏缴税款，或漏扣应扣税款等。

纳税人、扣缴义务人在规定期限内不缴或者少缴应纳或者应解缴的税款，经税务机关责令限期缴纳，逾期仍未缴纳的，税务机关除依照《税收征收管理法》第四十条的规定采取强制执行措施追缴其不缴或者少缴的税款外，可以处不缴或者少缴的税款百分之五十以上五倍以下的罚款。

纳税人拒绝代扣、代收税款的，扣缴义务人应当向税务机关报告，由税务机关直接向纳税人追缴税款、滞纳金；纳税人拒不缴纳的，依照上述规定执行。

四十二、欠税

欠税是指纳税人（包括代征人）超过税务机关核定的纳税期限，未缴纳或少缴纳应纳税款的行为。可见，欠税是一种滞纳税收的行为。普通的滞纳税收，都与资金不足而无法缴税有关，但是这个名词也包括有足够的资金但拒不纳税的情形。在一般情况下，滞纳税收仅可逃避一时的税收，因为，政府在追缴欠税时，不但对纳税人的财产及将来收益有留置权，还可采取强制执行措施，甚至罚款。所以，纳税人的欠税必须设法缴清。

欠缴税款的纳税人或者他的法定代表人需要出境的，应当在出境前向税务机关结清应纳税款、滞纳金或者提供担保。欠缴税款的纳税人或者其法定代表人在出境前未按照规定结清应纳税款、滞纳金或者提供纳税担保的，税务机关可以通知出入境管理机关阻止其出境。阻止出境的具体办法，由国家税务总局会同公安部制定。

纳税人欠缴应纳税款，采取转移或者隐匿财产的手段，妨碍税务机关追缴欠缴的税款的，由税务机关追缴欠缴的税款、滞纳金，并处欠缴税款百分之五十以上五倍以下的罚款；构成犯罪的，依法追究刑事责任。

四十三、抗税

抗税是纳税人（包括代征人）以暴力、威胁方法拒不缴纳税款的行为。所谓暴力，主要是指对税务人员人身施加攻击或强制，如殴打、捆绑、扣押、禁闭等。此外，为阻挠征税而捣毁税务人员的交通、通信设备，冲击、打砸税务机关的，也属实施暴力。所谓威胁，是指将以暴力加害或者毁其财物、损毁名誉等方式对税务人员进行精神强制。

抗税的表现形式有：拒不依照税法规定缴纳税款；拒绝接受税务机关依法进行的惩处；以各种借口抵制接受税务机关的纳税通知，拒不纳税；拒不依照法定手续办理纳税申报和提供纳税资料；拒绝接受税务机关依法进行纳税检查；聚众闹事，威胁、冲击税务机关和殴打、围攻、侮辱税务人员等。

抗税者，除由税务机关追缴其拒缴的税款、滞纳金外，依法追究刑事责任。情节轻微，未构成犯罪的，由税务机关追缴其拒缴的税款、滞纳金，并处拒缴税款一倍以上五倍以下的罚款。

四十四、避税

避税是指纳税人通过个人或企业纳税手续的人为安排，利用税法的漏洞、特例和缺陷，以规避或减轻其纳税义务的行为。这里所说的税法漏洞是指税法中由于各种原因遗漏的规定或规定的不完善的地方。这里所说的税法特例，是指在规范的税法中因政策等需要的一些特殊情况所作的某种不规范规定。而税法缺陷是指税法规定的错误地方。

四十五、节税

节税是人们省钱的一种新方法。节税就是合法或者不违法地少缴税。

如果要说得更全面一点，节税则是指纳税人在了解税收法规与节税方法和税收规划技术之后，利用政府在税收法规中赋予纳税人的税收减免的鼓励（税收优惠政策）或选用税法规定的机会，以及运用价格进行税收转嫁，通过最适当的安排与抉择，而获取减轻税负的效益的一种行为。节税行为，既符合法律规范，也符合道德规范。按照税收法规，纳税人既有纳税的义务，也有节税的权利。

也就是说，节税是在符合税法立法精神的条件下，让纳税人应缴纳的税收减少。节税业务是高明人的一种合法行为。由于节税是纳税人的行为，所以节税是可以控制的。在市场经济中，做生意要看别人的脸色，而节税是纳税人的一种主动行动，因而就比做生意容易多了。

四十六、税收规划

税收规划或节税规划，是指纳税人在其生产经营活动中，在符合税收法规的前提下，以节税（经济纳税）为目的，运用现代管理理论与方法，对纳税活动进行预测、比较、决策与计划的一系列管理活动的总称。节税规划是企业制定的一种战略型的税收计划。它是根据现行税法来预测投资的税负及其回报率，以尽量减轻税负为目的的。

如果要更具体地说，税收规划则是指纳税人在面对多种纳税方案时，从中选择出一个最优方案来，以减轻纳税人的税收负担，或延迟纳税人的纳税时间，以达成降低税收成本或获得应纳税款的时间价值的目的。

人们时常把税收规划称作节税规划、纳税规划等，而不加区别。也就是说，税收规划、节税规划、纳税规划的意义或内涵等同。本书在写作的过程中，亦将它们作为同一概念而经常混用。

事实上，节税与税收规划既有联系，也有差别。节税是目的，税收规划是实现节税所必需的管理活动；当然，无节税需要即无税收规划的必要。但应明确的是，税收规划是专指纳税人在进行节税时所制定的规划，而不是税务机关的事。

第八节　新企业所得税法精神宣传提纲

为统一新企业所得税法及其实施条例的宣传口径，提高宣传的准确性和效果，税务总局编写了《新企业所得税法精神宣传提纲》，现发给你们，供宣传使用（国税函〔2008〕159号）。

一、新企业所得税法及其实施条例的制定背景

为进一步完善社会主义市场经济体制，适应经济社会发展新形势的要求，为各类企业创造公平竞争的税收环境，根据党的十六届三中全会关于“统一各类企业税收制度”的精神，2007 年 3 月 16 日，第十届全国人民代表大会第五次会议审议通过了《中华人民共和国企业所得税法》（以下简称新企业所得税法），同日胡锦涛主席签署中华人民共和国主席令第 63 号，自 2008 年 1 月 1 日起施行。

新企业所得税法第五十九条规定，国务院根据本法制定实施条例。为了保障新企业所得税法的顺利实施，财政部、税务总局、国务院法制办会同有关部门根据新企业所得税法规定，认真总结实践经验，充分借鉴国际惯例，对需要在实施条例中明确的重要概念、重大税收政策以及征管问题作了深入研究论证，在此基础上起草了《中华人民共和国企业所得税法实施条例（草案）》，报送国务院审议。2007 年 11 月 28 日，国务院第 197 次常务会议审议原则通过。12 月 6 日，温家宝总理签署国务院令第 512 号，正式发布《中华人民共和国企业所得税法实施条例》（以下简称实施条例），自 2008 年 1 月 1 日起与新企业所得税法同步实施。

二、新企业所得税法及其实施条例与原税法相比的重大变化

与外商投资企业和外国企业所得税法及其实施细则、企业所得税暂行条例相比，新企业所得税法及其实施条例的重大变化，表现在以下方面：一是法律层次得到提升，改变了过去内资企业所得税以暂行条例（行政法规）形式立法的做法；二是制度体系更加完整，在完善所得税制基本要素的基础上，充实了反避税等内容；三是制度规定更加科学，借鉴国际通行的所得税处理办法和国际税制改革新经验，在纳税人分类及义务的判定、税率的设置、税前扣除的规范、优惠政策的调整、反避税规则的引入等方面，体现了国际惯例和前瞻性；四是更加符合我国经济发展状况，根据我国经济社会发展的新要求，建立税收优惠政策新体系，实施务实的过渡优惠措施，服务我国经济社会发展。

三、新企业所得税法及其实施条例的主要内容

新企业所得税法实现了五个方面的统一，具体是：统一税法并适用于所有内外资企业，统一并适当降低税率，统一并规范税前扣除范围和标准，统一并规范税收优惠政策，统一并规范税收征管要求。除了上述“五个统一”外，新企业所得税法还规定了两类过渡优惠政策。一是对新税法公布前已经批准设立、享受企业所得税低税率和定期减免税优惠的老企业，给予过渡性照顾。二是对法律设置的发展对外经济合作和技术交流的特定地区内，以及国务院已规定执行上述地区特殊政策的地区内新设立的国家需要重点扶持的高新技术企业，给予过渡性税收优惠。同时，国家已确定的其他鼓励类企业，可以按照国务院规定享受减免税优惠政策。

为了保证新企业所得税法的可操作性，实施条例按照新企业所得税法的框架，对新企业所得税法的规定逐条逐项细化，明确了重要概念、重大政策以及征管问题。主要内容包括：一是明确界定了新企业所得税法的若干重要概念，如实际管理机构、公益性捐赠、非营利组织、不征税收入、免税收入等；二是进一步明确了企业所得税重大政策，具体包括：收入、扣除的具体范围和标准，资产的税务处理，境外所得税抵免的具体办法，优惠政策的具体项目范围、优惠方式和优惠管理办法等；三是进一步规范了企业所得税征收管理的程序性要求，具体包括特别纳税调整中的关联交易调整、预约定价、受控外国公司、资本弱化等措施的范围、标准和具体办法，纳税地点，预缴税和汇算清缴方法，纳税申报期限，货币折算等。

四、新企业所得税制度体系建设的总体设想

新企业所得税法及其实施条例出台后，对企业所得税的基本税制要素、重大政策问题以及主要的税收处理作了明确规定，但由于企业所得税涉及各行各业，与企业生产经营的方方面面密切相关，还无法做到对所有企业、所有经济交易事项的所得税处理逐一规定。比如实施条例中仅规定了企业重组的所得税处理原则，没有对各种形式的企业重组的所得税处理予以具体明确；居民企业汇总纳税的所得税管理也没有作具体规定。因此，针对企业所得税制度的特点，结合我国20多年的税收立法实践，新企业所得税法及其实施条例出台后，国务院财政、税务主管部门还将根据新企业所得税法及其实施条例的规定，针对一些具体的操作性问题，研究制定部门规章和具体操作的规范性文件，作为新企业所得税法及其实施条例的配套制度。通过这样的制度安排，形成企业所得税法律、行政法规和规章及其规范性文件的三个层次的制度框架，形成一个体系完备、符合国际惯例、便于操作的企业所得税制度体系。

五、纳税人范围的确定

考虑到实践中从事生产经营经济主体的组织形式多样，为充分体现税收公平、中性的原则，新企业所得税法及其实施条例改变过去内资企业所得税以独立核算的三个条件来判定纳税人标准的做法，将以公司制和非公司制形式存在的企业和取得收入的组织确定为企业所得税纳税人，具体包括国有企业、集体企业、私营企业、联营企业、股份制企业、中外合资经营企业、中外合作经营企业、外国企业、外资企业、事业单位、社会团体、民办非企业单位和从事经营活动的其他组织，保持与国际上大多数国家的做法协调一致。

同时考虑到个人独资企业、合伙企业属于自然人性质企业，没有法人资格，股东承担无限责任，因此，新企业所得税法及其实施条例将依照中国法律、行政法规成立的个人独资企业、合伙企业排除在企业所得税纳税人之外。

六、纳税人和纳税义务的确定

税收管辖权是一国政府在税收管理方面的主权，是国家主权的重要组成部分。为了更好地有效行使我国税收管辖权，最大限度地维护我国的税收利益，新企业所得税法根据国际通行做法，选择了地域管辖权和居民管辖权相结合的双重管辖权标准，把纳税人分为居民企业和非居民企业，分别确定不同的纳税义务。居民企业承担全面纳税义务，就来源于我国境内、境外的全部所得纳税；非居民企业承担有限纳税义务，一般只就来源于我国境内的所得纳税。

新企业所得税法划分居民企业和非居民企业采用“注册地标准”和“实际管理机构标准”的双重标准。实施条例根据注册地标准，将依法在中国境内成立的企业，具体界定为依照中国法律、行政法规在中国境内成立的企业、事业单位、社会团体以及其他取得收入的组织，为居民企业。尽管登记注册地标准便于识别居民企业身份，但同时考虑到目前许多企业为规避一国税负和转移税收负担，往往在低税率地区或避税港注册登记，设立基地公司，人为选择注册地以规避税收负担，因此，新企业所得税法同时采用实际管理机构标准，规定在外国（地区）注册的企业、但实际管理机构在我国境内的，也认定为居民企业，需承担无限纳税义务。实施条例对实际管理机构的概念作了界定，即实际管理机构是指对企业的生产经营、人员、账务、财产等实施实质性全面管理和控制的机构。

七、应纳税所得额计算的基本原则

实施条例规定，企业应纳税所得额的计算，以权责发生制为原则。权责发生制要求，属

于当期的收入和费用，不论款项是否收付，均作为当期的收入和费用；不属于当期的收入和费用，即使款项已经在当期收付，均不作为当期的收入和费用。权责发生制从企业经济权利和经济义务是否发生作为计算应纳税所得额的依据，注重强调企业收入与费用的时间配比，要求企业收入费用的确认时间不得提前或滞后。企业在不同纳税期间享受不同的税收优惠政策时，坚持按权责发生制原则计算应纳税所得额，可以有效防止企业利用收入和支出确认时间的不同规避税收。另外，企业会计准则规定，企业要以权责发生制为原则确认当期收入或费用，计算企业生产经营成果。新企业所得税法与会计采用同一原则确认当期收入或费用，有利于减少两者的差异，减轻纳税人税收遵从成本。

但由于信用制度在商业活动广泛采用，有些交易虽然权责已经确认，但交易时间较长，超过一个或几个纳税期间。为了保证税收收入的均衡性和防止企业避税，新企业所得税法及其实施条例中也采取了有别于权责发生制的情况，例如长期工程或劳务合同等交易事项。

八、确认货币性收入和非货币性收入的原则

为防止纳税人将应征税的经济利益排除在应税收入之外，新企业所得税法将企业以货币形式和非货币形式取得的收入，都作为收入总额。实施条例将企业取得收入的货币形式，界定为取得的现金、存款、应收账款、应收票据、准备持有至到期的债券投资以及债务的豁免等；企业取得收入的非货币形式，界定为固定资产、生物资产、无形资产、股权投资、存货、不准备持有至到期的债券投资、劳务以及有关权益等。由于取得收入的货币形式的金额是确定的，而取得收入的非货币形式的金额不确定，企业在计算非货币形式收入时，必须按一定标准折算为确定的金额。实施条例规定，企业以非货币形式取得的收入，按照公允价值确定收入额。公允价值，是指按照市场价格确定的价值。

九、对于持续时间跨越纳税年度的收入的确认

企业受托加工、制造大型机械设备、船舶等，以及从事建筑、安装、装配工程业务和提供劳务，持续时间通常分属于不同的纳税年度，甚至会跨越数个纳税年度，而且涉及的金额一般比较大。为了及时反映各纳税年度的应税收入，一般情况下，不能等到合同完工时或进行结算时才确定应税收入。企业按照完工进度或者完成的工作量对跨年度的特殊劳务确认收入和扣除进行纳税，也有利于保证跨纳税年度的收入在不同纳税年度得到及时确认，保证税收收入的均衡入库。因此，实施条例对企业受托加工、制造大型机械设备、船舶等，以及从事建筑、安装、装配工程业务和提供劳务，持续时间跨越纳税年度的，应当按照纳税年度内完工进度或者完成的工作量确定收入。

除受托加工、制造大型机械设备、船舶等，以及从事建筑、安装、装配工程业务和提供劳务之外，其他跨纳税年度的经营活动，通常情况下持续时间短、金额小，按照纳税年度内完工进度或者完成的工作量确定应税收入没有实际意义。另外，这些经营活动在纳税年度末收入和相关的成本费用不易确定，相关的经济利益能否流入企业也不易判断，因此，一般不采用按照纳税年度内完工进度或者完成的工作量确定收入的办法。

十、不征税收入的具体确认

考虑到我国企业所得税纳税人的组织形式多样，除企业外，有的以非政府形式（如事业单位）存在，有的以公益慈善组织形式存在，还有的以社会团体形式存在等。这些组织中有些主要承担行政性或公共事务职能，不从事或很少从事营利性活动，收入来源主要靠财政拨款、行政事业性收费等，纳入预算管理，对这些收入征税没有实际意义。因此，新企业所得税法引入“不征税收入”概念。实施条例将不征税收入的财政拨款，界定为各级人民政府对纳入预算管理的事业单位、社会团体等组织拨付的财政资金，但国务院和国务院财政、税务主管部门另有规定的除外。这里面包含了两层意思：一是作为不征税收入的财政拨款，原则上不包括各级人民政府对企业拨付的各种价格补贴、税收返还等财政性资金，这样有利于加强财政补贴收入和减免税的规范管理，同时与现行财务会计制度处理保持一致；二是对于一些国家重点支持的政策性补贴以及税收返还等，为了提高财政资金的使用效率，根据需要，有可能也给予不征税收入的待遇，但这种待遇应由国务院和国务院财政、税务主管部门来明确。

十一、税前扣除的一般框架

按照企业所得税的国际惯例，一般对税前扣除进行总体上的肯定性概括处理（一般扣除规则），辅之以特定的禁止扣除的规定（禁止扣除规则），同时又规定了允许税前扣除的特别规则（特殊扣除规则）。在具体运用上，一般扣除规则服从于禁止扣除规则，同时禁止扣除规则又让位于特殊扣除规则。例如，为获得长期利润而发生的资本性支出是企业实际发生的合理相关的支出，原则上应允许扣除，但禁止扣除规则规定资本性资产不得“即时”扣除，同时又规定了资本性资产通过折旧摊销等方式允许在当年及以后年度分期扣除的特别规则。新企业所得税法明确对企业实际发生的与取得收入有关的、合理的支出允许税前扣除的一般规则，同时明确不得税前扣除项目的禁止扣除规则，又规定了允许扣除的特殊项目。这些一般扣除规则、禁止扣除规则和特殊扣除规则，构成了我国企业所得税制度税前扣除的一般框架。

新的企业所得税法及其实施条例中采取税前扣除一般框架的安排，可以避免将企业所有的支出项目一一列举，同时给纳税人、税务机关和司法部门提供一个合理的框架，简化了对扣除项目的定性工作。

十二、税前扣除的相关性和合理性原则

相关性和合理性是企业所得税税前扣除的基本要求和重要条件。实施条例规定，支出税前扣除的相关性是指与取得收入直接相关的支出。对相关性的具体判断一般是从支出发生的根源和性质方面进行分析，而不是看费用支出的结果。如企业经理人员因个人原因发生的法律诉讼，虽然经理人员摆脱法律纠纷有利于其全身心投入企业的经营管理，结果可能确实对企业经营会有好处，但这些诉讼费用从性质和根源上分析属于经理人员的个人支出，因而不允许作为企业的支出在税前扣除。

同时，相关性要求为限制取得的不征税收入所形成的支出不得扣除提供了依据。实施条例规定，企业的不征税收入用于支出所形成的费用或财产，不得扣除或计算对应的折旧、摊销扣除。由于不征税收入是企业非营利性活动取得的收入，不属于企业所得税的应税收入，与企业的应税收入没有关联，因此，对取得的不征税收入所形成的支出，不符合相关性原则，不得在税前扣除。

实施条例规定，支出税前扣除的合理性是指符合生产经营活动常规，应当计入当期损益或者有关资产成本的必要和正常的支出。合理性的具体判断，主要是发生的支出其计算和分配方法是否符合一般经营常规。例如企业发生的业务招待费与所成交的业务额或业务的利润水平是否相吻合，工资水平与社会整体或同行业工资水平是否差异过大。

十三、工资薪金支出的税前扣除

新企业所得税法第八条规定，企业实际发生的与取得收入有关的、合理的支出，包括成本、费用、税金、损失和其他支出，准予在计算应纳税所得额时扣除。据此，实施条例规定，企业发生的合理的工资薪金支出，准予扣除。同时将工资薪金支出进一步界定为企业每一纳税年度支付给在本企业任职或者受雇的员工的所有现金或者非现金形式的劳动报酬，包括基本工资、奖金、津贴、补贴、年终加薪、加班工资，以及与任职或者受雇有关的其他支出。

对工资支出合理性的判断，主要包括两个方面：一是雇员实际提供了服务；二是报酬总额在数量上是合理的。实际操作中主要考虑雇员的职责、过去的报酬情况，以及雇员的业务量和复杂程度等相关因素。同时，还要考虑当地同行业职工平均工资水平。

十四、职工福利费的税前扣除

实施条例规定，企业发生的职工福利费支出，不超过工资薪金总额14%的部分，准予扣除。这与原内、外资企业所得税对职工福利费的处理做法一致。目前，我国发票管理制度尚待完善、发票管理亟待加强，纳税人的税法遵从意识有待提高，对职工福利费的税前扣除实行比例限制，有利于保护税基，防止企业利用给职工搞福利为名侵蚀税基，减少税收漏洞。

十五、业务招待费的税前扣除

业务招待是正常的商业做法，但商业招待又不可避免包括个人消费的成分，在许多情况下，无法将商业招待与个人消费区分开。因此，国际上许多国家采取对企业业务招待费支出在税前“打折”扣除的做法，比如意大利，业务招待费的30%属于商业招待可在税前扣除，加拿大为80%，美国、新西兰为50%。借鉴国际做法，结合原税法按销售收入比例限制扣除的经验，同时考虑到业务招待费管理难度大，坚持从严控制的要求，实施条例规定，将企业发生的与生产经营活动有关的业务招待费，按照发生额的60%扣除，且扣除总额全年最高不得超过当年销售（营业）收入的5‰。

十六、广告费和业务宣传费的税前扣除

过去，内资企业对广告费和业务宣传费支出分别实行比例扣除的政策，外资企业则允许据实扣除。实施条例第四十四条规定，企业每一纳税年度发生的符合条件的广告费和业务宣传费支出合并计算，除国务院财政、税务主管部门另有规定外，不超过当年销售（营业）收入15%的部分，准予扣除；超过部分，准予在以后纳税年度结转扣除。这主要考虑：一是许多行业反映，业务宣传费与广告费性质相似，应统一处理；二是广告费和业务宣传费是企业正常经营必需的营销费用，应允许在税前扣除；三是广告费具有一次投入大、受益期长的特点；四是目前我国的广告市场不规范，有的甚至以虚假广告欺骗消费者。实行每年比例限制扣除，有利于收入与支出配比，符合广告费支出一次投入大、受益期长的特点，也有利于规范广告费和业务宣传费支出。

十七、公益性捐赠的税前扣除

允许公益性捐赠支出按一定比例在税前扣除，主要是为了鼓励企业支持社会公益事业，促进我国社会公益事业的发展。新企业所得税法规定，企业发生的公益性捐赠支出，在年度利润总额12%以内的部分，准予在计算应纳税所得额时扣除。

实施条例将公益性捐赠界定为，企业通过公益性社会团体或者县级以上人民政府及其部门，用于《中华人民共和国公益事业捐赠法》规定的公益事业的捐赠。同时规定，将计算公益性捐赠扣除比例的基数由应纳税所得额改为企业会计利润总额，并将年度利润总额界定为企业依照国家统一会计制度的规定计算的年度会计利润。这样更方便公益性捐赠税前扣除的计算，有利于纳税人正确申报，体现了国家对发展社会公益性事业的支持。

十八、资产税务处理的原则

考虑到过去在资产取得、持有、使用、处置等税务处理上税法与财务会计制度存在一定的差异，并且主要是时间性差异，纳税调整繁琐，税务机关税收执行成本和纳税人遵从成本都较高，实施条例在资产税务处理的规定上，对资产分类、取得计税成本等问题，尽量与财务会计制度保持一致，比如固定资产取得计税成本与会计账面价值基本保持一致、残值处理一致，只是在折旧年限上有所差异，这样可以降低纳税人纳税调整的负担。

在企业重组的所得税处理方面，考虑到目前企业重组形式多样，发展变化较快，所得税处理较为复杂，很难用几个简单条款把企业重组的所有形式都规范清楚，有些规定还需要根据实际经验作适当调整，为保持实施条例的稳定性，实施条例第七十五条只对企业重组所得税处理内容进行了原则性概括，具体规定将在部门规章中明确。

十九、境外所得的税收抵免

为实施“走出去”战略，提高我国企业国际竞争力，新企业所得税法保留了现行对境外所得直接负担的税收采取抵免法，同时引入了股息红利负担税收的间接抵免方式。从国际惯例看，实行间接抵免一般要求以居民企业对外国公司有实质性股权参与为前提。如美国、加拿大、英国、澳大利亚、墨西哥等国规定，本国公司直接或间接拥有外国公司10%以上有表决权的股票的，实行间接抵免；日本、西班牙规定的比例为25%以上。新企业所得税法中首次引入间接抵免，税收征管经验相对不足，为严格税收征管，实施条例规定，居民企业直接持有或间接持有外国企业20%以上股份，可以实行间接抵免。

间接抵免的母子公司的层次问题，目前各国的规定有所不同，如德国、日本为两层，西班牙为三层，美国为六层，英国不限层次。考虑到我国企业的海外投资状况和我国税收的征管水平，实施条例对间接抵免的规定比较原则，具体抵免层次和计算方法等详细规定，将在部门规章或规范性文件中具体明确。

二十、优惠政策的具体范围和方法

按照新企业所得税法有关优惠的规定，实施条例对优惠范围和方法作了进一步明确。主要内容包括：

一是明确了免征和减半征收企业所得税的从事农、林、牧、渔业项目的所得的具体范围。

二是明确了企业从事港口码头、机场、铁路、公路、电力、水利等基础设施项目投资经营所得，给予“三免三减半”的优惠。

三是明确企业从事符合条件的环境保护、节能节水项目的所得，给予“三免三减半”的优惠。

四是明确了符合国家产业政策规定的综合利用资源生产的产品所取得的收入，可以在计算应纳税所得额时，减按90%计入收入总额。

五是明确了企业购置用于环境保护、节能节水、安全生产等专用设备的投资额的10%，可以从企业当年的应纳税额中抵免。

六是借鉴国际通行做法，按照便于税收征管的原则，规定了小型微利企业的标准：

(1) 工业企业，年度应纳税所得额不超过30万元，从业人数不超过100人，资产总额不超过3000万元；

（2）其他企业，年度应纳税所得额不超过30万元，从业人数不超过80人，资产总额不超过1000万元。

七是明确了促进技术创新和科技进步的五个方面的优惠：第一，企业从事符合条件的技术转让所得可以免征、减半征收企业所得税。第二，国家需要重点扶持的高新技术企业，减按15%的税率征收企业所得税。第三，企业开发新技术、新产品、新工艺发生的研究开发费用，可以在计算应纳税所得额时再加计扣除50%。第四，创业投资企业采取股权投资方式投资于未上市的中小高新技术企业2年以上的，可以按照其投资额的70%在股权持有满2年的当年抵扣该创业投资企业的应纳税所得额。第五，企业的固定资产由于技术进步等原因，确需加速折旧的，可以缩短折旧年限或者采取加速折旧的方法。

八是明确了安置残疾人员的企业支付给残疾职工的工资加计扣除100%。

二十一、农林牧渔项目减税或免税规定

对农林牧渔项目实行不同的税收优惠政策，可以更好地体现国家政策的引导作用，突出优惠政策的导向性。粮食、蔬菜、肉类、水果等农产品，关系到国计民生，是维持人们基本生存条件的生活必需品，应当列为税收优惠政策重点鼓励的对象。同时为生产此类产品的服务业也应同样扶持，因此，实施条例中将此类归为免税项目。花卉、饮料和香料作物，以及海水养殖、内陆养殖，一般盈利水平较高，也不是人们基本生活必需品，在优惠力度上应与基本生活需要的农产品等免税有所区别，因此，实行减半征收。

二十二、高新技术企业执行15%优惠税率的规定

与原税收优惠政策相比，新企业所得税法对高新技术企业优惠的主要变化，表现在以下三方面：一是扩大高新技术企业的生产经营范围。实施条例将高新技术企业的界定范围，由现行按高新技术产品划分改为按高新技术领域划分，规定产品（服务）应在《国家重点支持的高新技术领域》的范围之内，以解决现行政策执行中产品列举不全、覆盖面偏窄、前瞻性欠缺等问题。二是明确高新技术企业的具体认定标准。实施条例将高新技术企业的认定标准原则化处理，对研究开发费用占销售收入的比例、高新技术产品（服务）收入占企业总收入的比例、科技人员占企业职工总数的比例以及其他条件等具体标准，放在由国务院科技、财政、税务主管部门会同国务院有关部门制订的认定办法中，便于今后根据发展需要适时调整。三是强调核心自主知识产权问题。实施条例最后采用“核心自主知识产权”作为高新技术企业的认定条件之一，相对容易操作，突出技术创新导向。

二十三、非营利组织收入的征免税

实施条例从八个方面对非营利组织作了具体规定，明确了非营利组织享受税收优惠的条件。从世界各国对非营利组织的税收优惠来看，一般区分营利性收入和非营利性收入给予不同的税收待遇。考虑到按照相关管理规定，我国的非营利组织一般不能从事营利性活动，为规范此类组织的活动，防止从事经营性活动可能带来的税收漏洞，实施条例规定，对非营利组织从事非营利性活动取得的收入给予免税，但从事营利性活动取得的收入则要征税。

二十四、居民企业之间的股息红利收入

原税法规定，内资企业之间的股息红利收入，低税率企业分配给高税率企业要补税率差。鉴于股息红利是税后利润分配形成的，对居民企业之间的股息红利收入免征企业所得税，是国际上消除法律性双重征税的通行做法，新企业所得税法也采取了这一做法。为更好体现税收优惠意图，保证企业投资充分享受到西部大开发、高新技术企业、小型微利企业等实行低税率的好处，实施条例明确不再要求补税率差。

鉴于以股票方式取得且连续持有时间较短（短于 12 个月）的投资，并不以股息、红利收入为主要目的，主要是从二级市场获得股票转让收益，而且买卖和变动频繁，税收管理难度大，因此，实施条例将持有上市公司股票的时间短于 12 个月的股息红利收入排除在免税范围之外。对来自所有非上市企业，以及持有股份 12 个月以上取得的股息红利收入，适用免税政策。

二十五、享受税率 20%税收优惠的小型微利企业的具体标准

实施条例采取了按照工业企业和其他企业分类划分小型微利企业的办法，兼顾行业特点和政策的操作管理。在具体标准上，实施条例借鉴国际做法，结合我国国情，把年度应纳税所得额、从业人数、资产总额作为小型微利企业的界定指标。不论工业企业还是其他企业，将年度应纳税所得额确定为 30 万元，大大高于现行标准。同时将工业企业的从业人数界定为不超过 100 人，资产总额不超过 3000 万元；其他企业从业人数不超过 80 人，资产总额不超过 1000 万元。

二十六、公共基础设施的优惠

重点基础设施投资大，回收期长，关系国计民生，实施条例规定，对企业从事港口码头、机场、铁路、公路、电力、水利等项目投资经营所得，给予“三免三减半”的优惠。与原来的“两免三减半”相比，减免期限作了适当延长，缓解基础设施建设初期的经营困难。

原外资企业所得税法规定以获利年度为企业减免税的起始日，在实践中出现了一些企业用推迟获利年度来避税的问题，税收征管难度大。实施条例规定了从企业取得第一笔生产经营收入所属纳税年度起计算减免税起始日的新办法，可以兼顾项目投资规模大、建设周期长的情况，较原内资企业从开业之日起计算减免税优惠，更为符合实际，也促使企业缩短建设周期，尽快实现盈利，提高投资效益。

二十七、汇出境外利润的预提税

为解决改革开放初期我国资金不足，吸引外资，原税法规定，对汇出境外的利润暂免征收预提所得税。按照国际通行做法，来源国对汇出境外的利润有优先征税权，一般征收预提所得税，税率多在 10%以上，如越南、泰国税率为 10%，美国、匈牙利、菲律宾、哥伦比亚的税率分别为 30%、20%、15%、7%。如果税收协定规定减免的，可以按照协定规定减免，如我国与美国的协定税率为 10%，内地与中国香港地区的安排为 5%（25%以上股权）或 10%。

新企业所得税法及其实施条例借鉴国际惯例，规定对汇出境外利润减按 10%的税率征收企业所得税，没有给予普遍的免税政策，这样有利于通过双边互惠维护我国税收权益和“走出去”企业的利益。

二十八、对股息、红利和利息、租金、特许权使用费征收预提税

对非居民企业在中国境内未设立机构、场所而取得的股息、红利等权益性投资收益和利息、租金、特许权使用费所得，或者是虽设立机构、场所，但取得的上述所得与其机构、场所没有实际联系，按收入全额征收预提所得税，是国际上的通行做法，在我国目前与其他国家签订的税收协定中也遵循了这种国际惯例。由于收入取得在我国境内，但在我国境内没有机构场所，无法确定应纳税所得额，实施条例参照国际通常的做法，规定对此类所得按收入全额作为计税依据，同时规定比企业营业利润适用的所得税税率稍低税率扣缴所得税。

二十九、指定非居民企业应纳税款的代扣代缴义务人

由于外国企业在中国境内从事工程承包和提供劳务业务具有临时性和流动性特点，税收管理难度大，税款易于流失，国际、国内税收征管实践经验表明，采取一些特殊的税收征管措施是必要的，赋予税务机关指定扣缴义务人的权限也是一个行之有效的办法。原《中华人民共和国外商投资企业和外国企业所得税法》也有这方面的规定。为避免税务机关随意指定，特别是要防止其成为地区间争抢税源的手段，实施条例明确规定，税务机关指定非居民企业在中国境内取得工程价款或者劳务费的支付人为扣缴义务人，必须是以下几种特定情形：

(1) 预计工程作业或者提供劳务期限不足一个纳税年度，且有证据表明不履行纳税义务的；

(2) 没有办理税务登记或者临时税务登记，且未委托中国境内的代理人履行纳税义务的；

(3) 未按照规定期限办理企业所得税纳税申报或者预缴申报的。

三十、规定特别纳税调整的意义

新企业所得税法及其实施条例专门规定了特别纳税调整条款，确立了我国企业所得税的反避税制度。这是在总结完善原来转让定价税制和调查实践基础上，借鉴国际反避税立法经验，结合我国税收征管实践基础上作出的具体规定，目的是制约和打击各种避税行为。这是我国首次较为全面的反避税立法。主要考虑：

一是税收法律体系建设的需要。我国 2001 年修订的《税收征收管理法》对关联交易的处理做出原则性规定，这些原则性规定远远不能满足企业所得税实体税法的要求，还需要从实体法的角度，对关联交易的税收处理以及其他反避税措施做出规定。新企业所得税法丰富和扩展了征管法的反避税规定，增加了成本分摊协议、提供资料义务、受控外国企业、资本弱化、一般反避税条款以及加收利息等规定，是对反避税的全面规范。

二是参照国际通行做法，维护我国税收权益的需要。随着我国对外经济开放度的不断提高，跨国经济往来愈加频繁，如果不加强对反避税的立法和管理，国家税收权益将会受到损害。近年来，各国都非常关注跨国公司避税问题，从完善反避税立法和加强管理两方面采取措施，防止本国税收转移到国外，维护本国税收权益。

三十一、特别纳税调整的主要内容

新企业所得税法及其实施条例规定的特别纳税调整的主要内容，一是明确提出了转让定价的核心原则——“独立交易原则”，增列了成本分摊协议条款，强化了纳税人、关联方和可比企业对转让定价调查的协助义务。这些规定有利于防止跨国集团利用转让定价向国外转移利润，侵蚀我国税基。二是规定了受控外国企业、资本弱化、一般反避税等相关条款，对反避税制度作了进一步规范。三是赋予了税务机关必要的反避税处置权，规定了加收利息条款。新企业所得税法通过上述反避税措施的安排，建立了比较全面、规范、与国际惯例接轨的企业所得税反避税制度。

三十二、独立交易原则的判断

实施条例规定，独立交易原则是指没有关联关系的交易各方之间按照公平成交价格和营业常规进行业务往来所遵循的原则。在判断关联企业与其关联方之间的业务往来是否符合独立交易原则时，强调将关联交易定价或利润水平与可比情形下没有关联关系的交易定价和利润水平进行比较，如果存在差异，就说明因为关联关系的存在而导致企业没有遵循正常市场交易原则和营业常规，从而违背了独立交易原则。

三十三、关联方的界定

新企业所得税法明确规定，企业与其关联方之间的业务往来，不符合独立交易原则而减少企业或者其关联方应纳税收入或者所得额的，主管税务机关有权按照合理方法调整。实施条例在总结我国对关联方税收管理实践的基础上，借鉴国际上成熟的做法，将有下列情况之一的企业、其他组织或者个人界定为关联方。即：

（1）在资金、经营、购销等方面存在直接或者间接的控制关系；

（2）直接或者间接地同为第三者控制；

（3）在利益上具有相关联的其他关系。

三十四、对不符合独立交易原则的合理调整方法

按照新企业所得税法的规定，在判定纳税人的关联交易不符合独立交易原则，减少了应税收入或者所得额之后，税务机关可以运用合理方法进行纳税调整。从国际上通行的转让定价调整方法看，合理方法是指符合独立交易原则的定价原则和方法，实施条例采取国际上通行的做法，规定转让定价具体调整方法包括：

（1）可比非受控法；

（2）再销售价格法；

（3）成本加成法；

（4）交易净利润法；

（5）利润分割法；

（6）其他符合独立交易原则的方法。

三十五、成本分摊协议

新企业所得税法第四十二条第二款借鉴了国际通行做法，将成本分摊协议引入我国税收立法。成本分摊协议是企业间签订的一种契约性协议，签约各方约定在研发或劳务活动中共摊成本、共担风险，并按照预期收益与成本相配比的原则合理分享收益。企业与其关联方共同开发、受让无形资产，或者共同提供、接受劳务时，应预先在各参与方之间达成协议安排，采用合理方法分摊上述活动发生的成本，即必须遵循独立交易原则：在可比情形下没有关联关系的企业之间共同开发、受让无形资产，或者共同提供、接受劳务所能接受的协议分配方法分摊上述活动发生的成本。

三十六、反避税核定方法

新企业所得税法增加了核定征收条款，规定企业不提供与其关联方之间业务往来资料，或者提供虚假、不完整资料，未能真实反映其关联业务往来情况的，税务机关可以核定其应纳税所得额。这是维护国家税收权益、明确纳税人履行举证责任和解决反避税调查调整日趋复杂、案件旷日持久不能结案等困难的重要规定，这也是世界上许多国家采用的通常做法。

实施条例对税务机关实施特别纳税调整采用的核定应纳税所得额的具体方法作了明确：

（1）参照同类或者类似企业的利润率水平核定；

（2）按照成本加合理的费用和利润的方法核定；

（3）按照关联企业集团整体利润的合理比例核定；

（4）按照其他合理方法核定。

三十七、受控外国企业反避税规则

为了防止企业在低税率国家或地区建立受控外国企业，将利润保留在外国企业不分配或

少量分配，逃避国内纳税义务，我国参照国际上一些国家的做法，引入了受控外国公司的反避税措施，从以下三个方面进行了明确。

（1）明确了构成受控外国企业的控制关系。具体包括：①居民企业或者中国居民直接或者间接单一持有外国企业10%以上有表决权股份，且由其共同持有该外国企业50%以上股份；②居民企业，或者居民企业和中国居民持股比例没有达到第①项规定的标准，但在股份、资金、经营、购销等方面对该外国企业构成实质控制。

（2）明确了实际税负偏低的判定标准。即实际税负明显低于新企业所得税法第四条第一款规定税率水平，是指低于新企业所得税法第四条第一款规定税率的50%。

（3）明确了中国居民的含义，即是指根据《中华人民共和国个人所得税法》的规定，其从中国境内、境外取得的所得在中国缴纳个人所得税的个人。

三十八、资本弱化条款

企业投资方式有权益投资和债权投资。由于以下两方面原则，企业往往愿意采用债权投资，相应减少权益投资。首先，由于债务人支付给债权人的利息可以在税前抵扣，而股东获得的收益即股息却不能在税前扣除，选择借债的融资方式比权益的融资方式，从税收的角度来说更具有优势；其次，许多国家对非居民纳税人获得的利息征收的预提所得税税率，通常比对股息征收的企业所得税税率低，采用债权投资比采用股权投资的税收负担低。对于债务人和债权人同属于一个利益集团的跨国公司来说，就有动机通过操纵融资方式，降低集团整体的税收负担。纳税人在为投资经营而筹措资金时，常常刻意设计资金来源结构，加大借入资金比例，扩大债务与权益的比率，人为形成“资本弱化”。因此，许多国家在税法上对关联方之间的债权性投资与权益性投资比例做出限制，防范企业通过操纵各种债务形式的支付手段，增加税前扣除、降低税收负担。

实施条例对债权性投资和权益性投资作了界定，债权性投资及权益性投资的比例和标准由国务院财政、税务主管部门另行规定。

三十九、一般反避税条款

新企业所得税法借鉴了国外立法经验，将一般反避税条款作为兜底的补充性条款，主要目的在于打击和遏制以规避税收为主要目的，其他反避税措施又无法涉及的避税行为。如果对主要目的是为了获取税收利益而并非出于正常商业目的安排不进行制约，势必造成对其他企业的不公平，破坏公平市场环境。一般反避税条款用以弥补特别反避税条款的不足，有利于增强税法的威慑力。面对各种各样新的避税手法，必须要有相应的应对措施。

一般反避税条款规定对不具有合理商业目的的安排进行调整，是指税务机关有权对以减少、免除或者推迟缴纳税款为主要目的的安排进行调整。不具有合理商业目的的安排通常具有以下特征：一是必须存在一个安排，即人为规划的一个或一系列行动或交易；二是企业必须从该安排中获取“税收利益”，即减少企业的应纳税收入或者所得额；三是企业获取税收利益是其安排的主要目的。满足以上三个特征，可推断该安排已经构成了避税事实。

四十、特别纳税调整的加收利息

新企业所得税法借鉴国际通行做法，增加对反避税调整补税加收利息的条款，明确规定，税务机关按照特别纳税调整的规定对纳税人做出纳税调整，需要补征税款的，除补征税款外，还应当按照国务院的规定加收利息，以此加大企业避税成本，打击各种避税行为，维护国家税收权益。

鉴于反避税调查一般涉及的年份较长，调整补缴税款的性质与其他形式补缴税款有一定的差别，因此，实施条例规定加收利息按照税款所属纳税年度中国人民银行公布的与补税期间同期的人民币贷款基准利率加5个百分点计算。企业与其关联方之间的业务往来，不符合独立交易原则，或者企业实施其他不具有合理商业目的的安排的，税务机关有权在该业务发生的纳税年度起10年内，进行纳税调整。

四十一、对原税收优惠实行过渡性措施

新企业所得税法规定，对原税收法律、行政法规规定的低税率和定期减免税、特定地区和西部大开发地区，实行过渡性优惠政策。《国务院关于实施企业所得税过渡优惠政策的通知》（国发〔2007〕39号）对企业所得税优惠政策过渡问题作了具体明确：

1. 新税法公布前批准设立的企业税收优惠过渡办法。企业按照原税收法律、行政法规和具有行政法规效力文件规定享受的企业所得税优惠政策，按以下办法实施过渡：

（1）自2008年1月1日起，原享受低税率优惠政策的企业，在新税法施行后5年内逐步过渡到法定税率。其中：享受企业所得税15%税率的企业，2008年按18%税率执行，2009年按20%税率执行，2010年按22%税率执行，2011年按24%税率执行，2012年按25%税率执行；原执行24%税率的企业，2008年起按25%税率执行。

（2）自2008年1月1日起，原享受企业所得税“两免三减半”、“五免五减半”等定期减免税优惠的企业，新税法施行后继续按原税收法律、行政法规及相关文件规定的优惠办法及年限享受至期满为止，但因未获利而尚未享受税收优惠的，其优惠期限从2008年度起计算。

（3）享受上述过渡优惠政策的企业，是指2007年3月16日以前经工商等登记管理机关登记设立的企业；实施过渡优惠政策的项目和范围按《实施企业所得税过渡优惠政策表》执行。

2. 继续执行西部大开发税收优惠政策。即《财政部、国家税务总局、海关总署关于西部大开发税收优惠政策问题的通知》（财税〔2001〕202号）中规定的西部大开发企业所得税优惠政策继续执行。

3. 实施企业税收过渡优惠政策的其他规定。

（1）享受企业所得税过渡优惠政策的企业，应按照新税法和实施条例中有关收入和扣除的规定计算应纳税所得额，并按有关规定计算享受税收优惠。

（2）企业所得税过渡优惠政策与新税法及实施条例规定的优惠政策存在交叉的，由企业选择最优惠的政策执行，不得叠加享受，且一经选择，不得改变。

四十二、解决跨地区汇总纳税后地区间税源转移问题

新企业所得税法规定，不具有法人资格的营业机构应实行法人汇总纳税制度，由此会出现地区间税源转移问题。经请示国务院同意，将按照“统一核算、分级管理、就地预缴、集中清算、财政调库”的原则，合理确定总、分机构所在地区的企业所得税分享比例和办法，妥善解决实施新企业所得税法后引起的税收转移问题，处理好地区间利益分配关系。

第二章　企业所得税的纳税人和征税对象

《中华人民共和国企业所得税法》和《中华人民共和国企业所得税法实施条例》自 2008 年 1 月 1 日起施行。1991 年 4 月 9 日第七届全国人民代表大会第四次会议通过的《中华人民共和国外商投资企业和外国企业所得税法》和 1993 年 12 月 13 日国务院发布的《中华人民共和国企业所得税暂行条例》同时废止。1991 年 6 月 30 日国务院发布的《中华人民共和国外商投资企业和外国企业所得税法实施细则》和 1994 年 2 月 4 日财政部发布的《中华人民共和国企业所得税暂行条例实施细则》同时废止。

企业所得税法规定，中华人民共和国政府同外国政府订立的有关税收的协定与本法有不同规定的，依照协定的规定办理。

从税收法律关系上看，纳税人是课税主体，征税对象是课税客体，它们是企业所得税法中的两个最基本的税制要素。

第一节　企业所得税的纳税人

企业所得税的纳税人或纳税义务人，是指企业所得税法规规定的负有纳税义务的企业和其他取得收入的组织，即规定对"谁"征税的问题。

一、企业所得税的纳税人

在中华人民共和国境内，企业和其他取得收入的组织（以下统称企业）为企业所得税的纳税人，依照本法的规定缴纳企业所得税。

个人独资企业、合伙企业不适用企业所得税法。这里所称个人独资企业、合伙企业，是指依照中国法律、行政法规成立的个人独资企业、合伙企业。

二、居民企业和非居民企业

企业分为居民企业和非居民企业。

（一）居民企业

企业所得税法所称居民企业，是指依法在中国境内成立，或者依照外国（地区）法律成立但实际管理机构在中国境内的企业。

上述所称依法在中国境内成立的企业，包括依照中国法律、行政法规在中国境内成立的企业、事业单位、社会团体以及其他取得收入的组织。

上述所称依照外国（地区）法律成立的企业，包括依照外国（地区）法律成立的企业和其他取得收入的组织。

上述所称实际管理机构，是指对企业的生产经营、人员、账务、财产等实施实质性全面管理和控制的机构。

（二）非居民企业

企业所得税法所称非居民企业，是指依照外国（地区）法律成立且实际管理机构不在中国境内，但在中国境内设立机构、场所的，或者在中国境内未设立机构、场所，但有来源于中国境内所得的企业。

这里所称机构、场所，是指在中国境内从事生产经营活动的机构、场所，包括：

（1）管理机构、营业机构、办事机构；

（2）工厂、农场、开采自然资源的场所；

（3）提供劳务的场所；

（4）从事建筑、安装、装配、修理、勘探等工程作业的场所；

（5）其他从事生产经营活动的机构、场所。

非居民企业委托营业代理人在中国境内从事生产经营活动的，包括委托单位或者个人经常代其签订合同，或者储存、交付货物等，该营业代理人视为非居民企业在中国境内设立的机构、场所。

三、在香港特别行政区、澳门特别行政区和台湾地区成立的企业

税法规定，在香港特别行政区、澳门特别行政区和台湾地区成立的企业，参照适用企业所得税法第二条第二款［即上述二（一）之第一款］、第三款的有关规定［即上述二（二）之第一款］。

四、境外注册中资控股企业依据实际管理机构标准认定为居民企业（国税发〔2009〕82号）

1. 境外中资企业是指由中国境内的企业或企业集团作为主要控股投资者，在境外依据外国（地区）法律注册成立的企业。

2. 境外中资企业同时符合以下条件的，根据企业所得税法第二条第二款和实施条例第四条的规定［见本节二（一）之一、四款］，应判定其为实际管理机构在中国境内的居民企业（以下称非境内注册居民企业），并实施相应的税收管理，就其来源于中国境内、境外的所得征收企业所得税。

（1）企业负责实施日常生产经营管理运作的高层管理人员及其高层管理部门履行职责的场所主要位于中国境内；

（2）企业的财务决策（如借款、放款、融资、财务风险管理等）和人事决策（如任命、解聘和薪酬等）由位于中国境内的机构或人员决定，或需要得到位于中国境内的机构或人员批准；

（3）企业的主要财产、会计账簿、公司印章、董事会和股东会议纪要档案等位于或存放于中国境内；

（4）企业1/2（含1/2）以上有投票权的董事或高层管理人员经常居住于中国境内。

3. 对于实际管理机构的判断，应当遵循实质重于形式的原则。

4. 非境内注册居民企业从中国境内其他居民企业取得的股息、红利等权益性投资收益，按照企业所得税法第二十六条和实施条例第八十三条的规定，作为其免税收入。非境内注册居民企业的投资者从该居民企业分得的股息红利等权益性投资收益，根据实施条例第七条第（四）款的规定，属于来源于中国境内的所得，应当征收企业所得税；该权益性投资收益中符合企业所得税法第二十六条和实施条例第八十三条规定的部分，可作为收益人的免税收入。

5. 非境内注册居民企业在中国境内投资设立的企业，其外商投资企业的税收法律地位不变。

6. 境外中资企业被判定为非境内注册居民企业的，按照企业所得税法第四十五条以及受控外国企业管理的有关规定，不视为受控外国企业，但其所控制的其他受控外国企业仍应按照有关规定进行税务处理。

7. 境外中资企业可向其实际管理机构所在地或中国主要投资者所在地主管税务机关提出居民企业申请，主管税务机关对其居民企业身份进行初步审核后，层报国家税务总局确认；境外中资企业未提出居民企业申请的，其中国主要投资者的主管税务机关可以根据所掌握的情况对其是否属于中国居民企业做出初步判定，层报国家税务总局确认。

境外中资企业或其中国主要投资者向税务机关提出居民企业申请时，应同时向税务机关提供如下资料：

（1）企业法律身份证明文件；

（2）企业集团组织结构说明及生产经营概况；

（3）企业最近一个年度的公证会计师审计报告；

（4）负责企业生产经营等事项的高层管理机构履行职责的场所的地址证明；

（5）企业董事及高层管理人员在中国境内居住记录；

（6）企业重大事项的董事会决议及会议记录；

（7）主管税务机关要求的其他资料。

8. 境外中资企业被认定为中国居民企业后成为双重居民身份的，按照中国与相关国家（或地区）签署的税收协定（或安排）的规定执行。

9. 本通知自 2008 年 1 月 1 日起执行。

第二节　企业所得税的征税对象

企业所得税的征税对象，是指其征税的目的物，规定对“什么”征税的问题。

一、居民企业的征税对象及其确定

1. 居民企业应当就其来源于中国境内、境外的所得缴纳企业所得税。

这里所称所得，包括销售货物所得、提供劳务所得、转让财产所得、股息红利等权益性投资所得、利息所得、租金所得、特许权使用费所得、接受捐赠所得和其他所得。

上述所称来源于中国境内、境外的所得，按照以下原则确定：

（1）销售货物所得，按照交易活动发生地确定；

（2）提供劳务所得，按照劳务发生地确定；

（3）转让财产所得：不动产转让所得按照不动产所在地确定，动产转让所得按照转让动产的企业或者机构、场所所在地确定，权益性投资资产转让所得按照被投资企业所在地确定；

（4）股息、红利等权益性投资所得，按照分配所得的企业所在地确定；

（5）利息所得、租金所得、特许权使用费所得，按照负担、支付所得的企业或者机构、场所所在地确定，或者按照负担、支付所得的个人的住所地确定；

（6）其他所得，由国务院财政、税务主管部门确定。

2. 居民企业在中国境内设立机构、场所的，应当就其所设机构、场所取得的来源于中国境内的所得，以及发生在中国境外但与其所设机构、场所有实际联系的所得，缴纳企业所得税。

二、非居民企业的征税对象及其确定

非居民企业在中国境内未设立机构、场所的，或者虽设立机构、场所但取得的所得与其所设机构、场所没有实际联系的，应当就其来源于中国境内的所得缴纳企业所得税。

上述所称所得，包括销售货物所得、提供劳务所得、转让财产所得、股息红利等权益性投资所得、利息所得、租金所得、特许权使用费所得、接受捐赠所得和其他所得。

上述所称实际联系，是指非居民企业在中国境内设立的机构、场所拥有据以取得所得的股权、债权，以及拥有、管理、控制据以取得所得的财产等。

第三章 企业所得税的应纳税所得额

应纳税所得额的确定，是计算企业所得税应纳税额的关键。这是因为，在适用税率为一定的条件下，应纳税所得额的大小决定着应纳税额的多少。

企业所得税法规对应纳税所得额的确定作了明确的规定。

第一节 应纳税所得额的确定

企业所得税应纳税所得额的确定，是企业的收入总额减去准予税前扣除项目的金额，企业所得税法规对此作了明确的规定。

一、应纳税所得额的计算公式

税法规定，企业每一纳税年度的收入总额，减除不征税收入、免税收入、各项扣除以及允许弥补的以前年度亏损后的余额，为应纳税所得额。这里所称亏损，是指企业依照企业所得税法规的规定将每一纳税年度的收入总额减除不征税收入、免税收入和各项扣除后小于零的数额。

其计算公式为：

应纳税所得额 = 收入总额 - 不征税收入 - 免税收入 - 各项扣除 - 允许弥补的以前年度亏损

二、应纳税所得额的计算依据

在计算应纳税所得额时，企业财务、会计处理办法与税收法律、行政法规的规定不一致的，应当依照税收法律、行政法规的规定计算。

三、适用的会计原则

企业应纳税所得额的计算，以权责发生制为原则，属于当期的收入和费用，不论款项是否收付，均作为当期的收入和费用；不属于当期的收入和费用，即使款项已经在当期收付，也不作为当期的收入和费用。本条例和国务院财政、税务主管部门另有规定的除外。

第二节 非居民企业应纳税所得额的确定

对非居民企业应纳税所得额的确定，税收法规也相应地作出了明确的规定。

1. 税法规定，非居民企业取得本法第三条第三款规定（即非居民企业在中国境内未设立机构、场所的，或者虽设立机构、场所但取得的所得与其所设机构、场所没有实际联系的，应当就其来源于中国境内的所得缴纳企业所得税）的所得，按照下列方法计算其应纳税所得额：

（1）股息、红利等权益性投资收益和利息、租金、特许权使用费所得，以收入全额为应纳税所得额。这里所称收入全额，是指非居民企业向支付人收取的全部价款和价外费用。

（2）转让财产所得，以收入全额减除财产净值后的余额为应纳税所得额。这里所称财产净值，是指有关资产、财产的计税基础减除已经按照规定扣除的折旧、折耗、摊销、准备金等后的余额。这里所称收入全额，是指非居民企业向支付人收取的全部价款和价外费用。

（3）其他所得，参照前两项规定的方法计算应纳税所得额。

2. 依照企业所得税法对非居民企业应当缴纳的企业所得税实行源泉扣缴的，应当依照上述规定计算应纳税所得额。

3. 上述所称支付人，是指依照有关法律规定或者合同约定对非居民企业直接负有支付相关款项义务的单位或者个人。

第三节　计算应纳税所得额的特别规定

针对一些特殊情况，企业所得税法规对计算征收企业所得税作了一些特别规定。

一、非居民企业船舶、航空运输收入计算征收企业所得税问题（国税函〔2008〕952 号）

1. 非居民企业在我国境内从事船舶、航空等国际运输业务的，以其在中国境内起运客货收入总额的 5%为应纳税所得额。

2. 纳税人的应纳税额，按照每次从中国境内起运旅客、货物出境取得的收入总额，依照 1.25%的计征率计算征收企业所得税。调整后的综合计征率为 4.25%，其中营业税为 3%，企业所得税为 1.25%。

本规定自 2008 年 1 月 1 日起执行。

二、合伙企业合伙人所得税问题（财税〔2008〕159 号）

1. 本规定所称合伙企业是指依照中国法律、行政法规成立的合伙企业。

2. 合伙企业以每一个合伙人为纳税义务人。合伙企业合伙人是自然人的，缴纳个人所得税；合伙人是法人和其他组织的，缴纳企业所得税。

3. 合伙企业生产经营所得和其他所得采取“先分后税”的原则。具体应纳税所得额的计算按照《关于个人独资企业和合伙企业投资者征收个人所得税的规定》（财税〔2000〕91 号）及《财政部　国家税务总局关于调整个体工商户个人独资企业和合伙企业个人所得税税前扣除标准有关问题的通知》（财税〔2008〕65 号）的有关规定执行。

前款所称生产经营所得和其他所得，包括合伙企业分配给所有合伙人的所得和企业当年留存的所得（利润）。

4. 合伙企业的合伙人按照下列原则确定应纳税所得额：

（1）合伙企业的合伙人以合伙企业的生产经营所得和其他所得，按照合伙协议约定的分配比例确定应纳税所得额。

（2）合伙协议未约定或者约定不明确的，以全部生产经营所得和其他所得，按照合伙人协商决定的分配比例确定应纳税所得额。

（3）协商不成的，以全部生产经营所得和其他所得，按照合伙人实缴出资比例确定应纳税所得额。

（4）无法确定出资比例的，以全部生产经营所得和其他所得，按照合伙人数量平均计算每个合伙人的应纳税所得额。

合伙协议不得约定将全部利润分配给部分合伙人。

5. 合伙企业的合伙人是法人和其他组织的，合伙人在计算其缴纳企业所得税时，不得用合伙企业的亏损抵减其盈利。

上述规定自 2008 年 1 月 1 日起执行。此前规定与本规定有抵触的，以本规定为准。

三、债务重组所得企业所得税处理问题（国税函〔2009〕1 号）

《企业债务重组业务所得税处理办法》（国家税务总局令第 6 号）自 2003 年 3 月 1 日起执行。此前，企业债务重组中因豁免债务等取得的债务重组所得，应按照当时的会计准则处理，即“以低于债务账面价值的现金清偿某项债务的，债务人应将重组债务的账面价值与支付的现金之间的差额；或以债务转为资本清偿某项债务的，债务人应将重组债务的账面价值与债权人因放弃债权而享有股权的份额之间的差额”，确认为资本公积。

四、广西合山煤业有限责任公司取得补偿款的所得税处理（国税函〔2009〕18 号）

根据《中华人民共和国企业所得税法》及其实施条例规定的权责发生制原则，广西合山煤业有限责任公司取得的未来煤矿开采期间因增加排水或防止浸没支出等而获得的补偿款，应确认为递延收益，按直线法在取得补偿款当年及以后的 10 年内分期计入应纳税所得，如实际开采年限短于 10 年，应在最后一个开采年度将尚未计入应纳税所得的赔偿款全部计入应纳税所得。

五、递延所得的衔接处理（国税函〔2009〕98 号）

企业按原税法规定已作递延所得确认的项目，其余额可在原规定的递延期间的剩余期间内继续均匀计入各纳税期间的应纳税所得额。

第四章　企业所得税收入的内容与实现

由于企业是一个营利性的组织，所以，凡为企业者均应有其收入。按会计准则第 14 号——收入的规定，收入是指企业在日常活动中形成的、会导致所有者权益增加的、与所有者投入资本无关的经济利益的总流入。在企业所得税法中，“收入总额”这一概念说明，企业取得的各项收入均须纳入企业所得税的征税范围之内。不过，在收入总额中，税收法规还规定了一些收入为非税收入。

企业收入总额确定是正确计算企业应纳税所得额的第一步。

第一节　收入总额的内容

税法规定，企业以货币形式和非货币形式从各种来源取得的收入，为收入总额。这里所称企业取得收入的货币形式，包括现金、存款、应收账款、应收票据、准备持有至到期的债券投资以及债务的豁免等。这里所称企业取得收入的非货币形式，包括固定资产、生物资产、无形资产、股权投资、存货、不准备持有至到期的债券投资、劳务以及有关权益等。这里所称企业以非货币形式取得的收入，应当按照公允价值确定收入额。这里所称公允价值，是指按照市场价格确定的价值。

一、收入总额的内容

收入总额包括：

1. 销售货物收入。这里所称销售货物收入，是指企业销售商品、产品、原材料、包装物、低值易耗品以及其他存货取得的收入。

2. 提供劳务收入。这里所称提供劳务收入，是指企业从事建筑安装、修理修配、交通运输、仓储租赁、金融保险、邮电通信、咨询经纪、文化体育、科学研究、技术服务、教育培训、餐饮住宿、中介代理、卫生保健、社区服务、旅游、娱乐、加工以及其他劳务服务活动取得的收入。

3. 转让财产收入。这里所称转让财产收入，是指企业转让固定资产、生物资产、无形资产、股权、债权等财产取得的收入。

4. 股息、红利等权益性投资收益。这里所称股息、红利等权益性投资收益是指企业因权益性投资从被投资方取得的收入。

股息、红利等权益性投资收益，除国务院财政、税务主管部门另有规定外，按照被投资方作出利润分配决定的日期确认收入的实现。

5. 利息收入。这里所称利息收入，是指企业将资金提供他人使用但不构成权益性投资，或者因他人占用本企业资金取得的收入，包括存款利息、贷款利息、债券利息、欠款利息等收入。

利息收入，按照合同约定的债务人应付利息的日期确认收入的实现。

6. 租金收入。这里所称租金收入，是指企业提供固定资产、包装物或者其他有形资产的使用权取得的收入。

租金收入，按照合同约定的承租人应付租金的日期确认收入的实现。

7. 特许权使用费收入。这里所称特许权使用费收入，是指企业提供专利权、非专利技术、商标权、著作权以及其他特许权的使用权取得的收入。

特许权使用费收入，按照合同约定的特许权使用人应付特许权使用费的日期确认收入的实现。

8. 接受捐赠收入。这里所称接受捐赠收入，是指企业接受的来自其他企业、组织或者个人无偿给予的货币性资产、非货币性资产。

接受捐赠收入，按照实际收到捐赠资产的日期确认收入的实现。

9. 其他收入。这里所称其他收入，是指企业取得的除上述第1项至第8项规定的收入外的其他收入，包括企业资产溢余收入、逾期未退包装物押金收入、确实无法偿付的应付款项、已作坏账损失处理后又收回的应收款项、债务重组收入、补贴收入、违约金收入、汇兑收益等。

二、视同销售

企业发生非货币性资产交换，以及将货物、财产、劳务用于捐赠、偿债、赞助、集资、广告、样品、职工福利或者利润分配等用途的，应当视同销售货物、转让财产或者提供劳务，但国务院财政、税务主管部门另有规定的除外。

第二节　收入的实现

由于企业在销售商品或劳务时，其发出商品和收到货款的时间往往是不一致的，因此，在计算企业应纳税所得额时，收入的确定便成了一个非常重要的问题。在税法规定的会计原则下，收入的确定包括不可分割的两部分：收入时间的确定与收入数量的确定。也就是说，只有在确定了收入的归属期和该期间内的收入金额之后，才有可能确定应纳税所得额。

一、税法规定

1. 企业的下列生产经营业务可以分期确认收入的实现：

（1）以分期收款方式销售货物的，按照合同约定的收款日期确认收入的实现；

（2）企业受托加工制造大型机械设备、船舶、飞机，以及从事建筑、安装、装配工程业务或者提供其他劳务等，持续时间超过12个月的，按照纳税年度内完工进度或者完成的工作量确认收入的实现。

2. 采取产品分成方式取得收入的，按照企业分得产品的日期确认收入的实现，其收入额按照产品的公允价值确定。

二、确认企业所得税收入的规定（国税函〔2008〕875号）

（一）除企业所得税法及实施条例另有规定外，企业销售收入的确认，必须遵循权责发生制原则和实质重于形式原则

1. 企业销售商品同时满足下列条件的，应确认收入的实现：

(1) 商品销售合同已经签订，企业已将商品所有权相关的主要风险和报酬转移给购货方；

(2) 企业对已售出的商品既没有保留通常与所有权相联系的继续管理权，也没有实施有效控制；

(3) 收入的金额能够可靠地计量；

(4) 已发生或将发生的销售方的成本能够可靠地核算。

2. 符合上款收入确认条件，采取下列商品销售方式的，应按以下规定确认收入实现时间：

(1) 销售商品采用托收承付方式的，在办妥托收手续时确认收入。

(2) 销售商品采取预收款方式的，在发出商品时确认收入。

(3) 销售商品需要安装和检验的，在购买方接受商品以及安装和检验完毕时确认收入。如果安装程序比较简单，可在发出商品时确认收入。

(4) 销售商品采用支付手续费方式委托代销的，在收到代销清单时确认收入。

3. 采用售后回购方式销售商品的，销售的商品按售价确认收入，回购的商品作为购进商品处理。有证据表明不符合销售收入确认条件的，如以销售商品方式进行融资，收到的款项应确认为负债，回购价格大于原售价的，差额应在回购期间确认为利息费用。

4. 销售商品以旧换新的，销售商品应当按照销售商品收入确认条件确认收入，回收的商品作为购进商品处理。

5. 企业为促进商品销售而在商品价格上给予的价格扣除属于商业折扣，商品销售涉及商业折扣的，应当按照扣除商业折扣后的金额确定销售商品收入金额。

债权人为鼓励债务人在规定的期限内付款而向债务人提供的债务扣除属于现金折扣，销售商品涉及现金折扣的，应当按扣除现金折扣前的金额确定销售商品收入金额，现金折扣在实际发生时作为财务费用扣除。

企业因售出商品的质量不合格等原因而在售价上给予的减让属于销售折让；企业因售出商品质量、品种不符合要求等原因而发生的退货属于销售退回。企业已经确认销售收入的售出商品发生销售折让和销售退回，应当在发生当期冲减当期销售商品收入。

(二) 企业在各个纳税期末，提供劳务交易的结果能够可靠估计的，应采用完工进度(完工百分比)法确认提供劳务收入

1. 提供劳务交易的结果能够可靠估计，是指同时满足下列条件：

(1) 收入的金额能够可靠地计量；

(2) 交易的完工进度能够可靠地确定；

(3) 交易中已发生和将发生的成本能够可靠地核算。

2. 企业提供劳务完工进度的确定，可选用下列方法：

(1) 已完工作的测量；

(2) 已提供劳务占劳务总量的比例；

(3) 发生成本占总成本的比例。

3. 企业应按照从接受劳务方已收或应收的合同或协议价款确定劳务收入总额，根据纳税期末提供劳务收入总额乘以完工进度扣除以前纳税年度累计已确认提供劳务收入后的金额，确认为当期劳务收入；同时，按照提供劳务估计总成本乘以完工进度扣除以前纳税期间累计已确认劳务成本后的金额，结转为当期劳务成本。

4. 下列提供劳务满足收入确认条件的，应按规定确认收入：

(1) 安装费。应根据安装完工进度确认收入。安装工作是商品销售附带条件的，安装费在确认商品销售实现时确认收入。

(2) 宣传媒介的收费。应在相关的广告或商业行为出现于公众面前时确认收入。广告的制作费，应根据制作广告的完工进度确认收入。

(3) 软件费。为特定客户开发软件的收费，应根据开发的完工进度确认收入。

(4) 服务费。包含在商品售价内可区分的服务费，在提供服务的期间分期确认收入。

(5) 艺术表演、招待宴会和其他特殊活动的收费。在相关活动发生时确认收入。收费涉及几项活动的，预收的款项应合理分配给每项活动，分别确认收入。

(6) 会员费。申请入会或加入会员，只允许取得会籍，所有其他服务或商品都要另行收费的，在取得该会员费时确认收入。申请入会或加入会员后，会员在会员期内不再付费就可得到各种服务或商品，或者以低于非会员的价格销售商品或提供服务的，该会员费应在整个受益期内分期确认收入。

(7) 特许权费。属于提供设备和其他有形资产的特许权费，在交付资产或转移资产所有权时确认收入；属于提供初始及后续服务的特许权费，在提供服务时确认收入。

(8) 劳务费。长期为客户提供重复的劳务收取的劳务费，在相关劳务活动发生时确认收入。

5. 企业以买一赠一等方式组合销售本企业商品的，不属于捐赠，应将总的销售金额按各项商品的公允价值的比例来分摊确认各项的销售收入。

三、企业处置资产的所得税处理规定（国税函〔2008〕828 号）

根据《中华人民共和国企业所得税法实施条例》第二十五条规定（即本章第一节之二），现就企业处置资产的所得税处理问题规定如下：

1. 企业发生下列情形的处置资产，除将资产转移至境外以外，由于资产所有权属在形式和实质上均不发生改变，可作为内部处置资产，不视同销售确认收入，相关资产的计税基础延续计算。

(1) 将资产用于生产、制造、加工另一产品；

(2) 改变资产形状、结构或性能；

(3) 改变资产用途（如自建商品房转为自用或经营）；

(4) 将资产在总机构及其分支机构之间转移；

(5) 上述两种或两种以上情形的混合；

(6) 其他不改变资产所有权属的用途。

2. 企业将资产移送他人的下列情形，因资产所有权属已发生改变而不属于内部处置资产，应按规定视同销售确定收入。

(1) 用于市场推广或销售；

(2) 用于交际应酬；

(3) 用于职工奖励或福利；

(4) 用于股息分配；

(5) 用于对外捐赠；

(6) 其他改变资产所有权属的用途。

3. 企业发生本规定第二条规定情形时，属于企业自制的资产，应按企业同类资产同期对外销售价格确定销售收入；属于外购的资产，可按购入时的价格确定销售收入。

4. 本规定自2008年1月1日起执行。对2008年1月1日以前发生的处置资产，2008年1月1日以后尚未进行税务处理的，按本规定执行。

四、外国投资者从外商投资企业取得利润的优惠政策（财税〔2008〕1号）

2008年1月1日之前外商投资企业形成的累积未分配利润，在2008年以后分配给外国投资者的，免征企业所得税；2008年及以后年度外商投资企业新增利润分配给外国投资者的，依法缴纳企业所得税。

五、利息收入、租金收入和特许权使用费收入的衔接确认（国税函〔2009〕98号）

新税法实施前已按其他方式计入当期收入的利息收入、租金收入、特许权使用费收入，在新税法实施后，凡与按合同约定支付时间确认的收入额发生变化的，应将该收入额减去以前年度已按照其他方式确认的收入额后的差额，确认为当期收入。

第三节　不征税收入

在企业所得税的税收法规中，对一些非税收入作出了明确的规定。

一、税法规定

收入总额中的下列收入为不征税收入：

1. 财政拨款。这里所称财政拨款，是指各级人民政府对纳入预算管理的事业单位、社会团体等组织拨付的财政资金，但国务院和国务院财政、税务主管部门另有规定的除外。

2. 依法收取并纳入财政管理的行政事业性收费、政府性基金。这里所称行政事业性收费，是指依照法律法规等有关规定，按照国务院规定程序批准，在实施社会公共管理，以及在向公民、法人或者其他组织提供特定公共服务过程中，向特定对象收取并纳入财政管理的费用。这里所称政府性基金，是指企业依照法律、行政法规等有关规定，代政府收取的具有专项用途的财政资金。

3. 国务院规定的其他不征税收入。这里所称国务院规定的其他不征税收入，是指企业取得的，由国务院财政、税务主管部门规定专项用途并经国务院批准的财政性资金。

二、不征收企业所得税的特别规定

（一）中国国旅集团有限公司重组上市资产评估增值不征收企业所得税（财税〔2008〕82号）

为支持中国国旅集团有限公司整体改制上市工作，经国务院批准，现对其改制过程中资产评估增值涉及的企业所得税政策问题明确如下：

1. 中国国旅集团有限公司在整体改制上市过程中发生的资产评估增值42612.36万元，直接转计中国国旅集团有限公司的资本公积，作为国有资本，不征收企业所得税。

2. 对上述经过评估的资产，中国国旅集团有限公司及其所属子公司可按评估后的资产价值计提折旧或摊销，并在企业所得税税前扣除。

（二）鼓励证券投资基金发展的优惠政策（财税〔2008〕1号）

1. 对证券投资基金从证券市场中取得的收入，包括买卖股票、债券的差价收入，股权的股息、红利收入，债券的利息收入及其他收入，暂不征收企业所得税。

2. 对投资者从证券投资基金分配中取得的收入，暂不征收企业所得税。

3. 对证券投资基金管理人运用基金买卖股票、债券的差价收入，暂不征收企业所得税。

（三）股权分置改革中上市公司取得资产及债务豁免对价收入征免所得税问题（国税函〔2009〕375号）

根据《财政部　国家税务总局关于企业所得税若干优惠政策的通知》（财税〔2008〕1号）的规定，《财政部　国家税务总局关于股权分置试点改革有关税收政策问题的通知》（财税〔2005〕103号）的有关规定，自2008年1月1日起继续执行到股权分置试点改革结束。

股权分置改革中，上市公司因股权分置改革而接受的非流通股股东作为对价注入资产和被非流通股股东豁免债务，上市公司应增加注册资本或资本公积，不征收企业所得税。

三、企业不征税收入的所得税处理

税法规定，企业的不征税收入用于支出所形成的费用或者财产，不得扣除或者计算对应的折旧、摊销扣除。

即企业的不征税收入用于支出所形成的费用，不得在计算应纳税所得额时扣除；企业的不征税收入用于支出所形成的资产，其计算的折旧、摊销不得在计算应纳税所得额时扣除。

上述规定自2008年1月1日起执行（财税〔2009〕87号）。

第四节　财政性资金、行政事业性收费、政府性基金的企业所得税政策

根据《中华人民共和国企业所得税法》及《中华人民共和国企业所得税法实施条例》的有关规定，现对财政性资金、行政事业性收费、政府性基金有关企业所得税政策问题明确如下（财税〔2008〕151号）：

一、财政性资金

1. 企业取得的各类财政性资金，除属于国家投资和资金使用后要求归还本金的以外，均应计入企业当年收入总额。

2. 对企业取得的由国务院财政、税务主管部门规定专项用途并经国务院批准的财政性资金，准予作为不征税收入，在计算应纳税所得额时从收入总额中减除。

3. 纳入预算管理的事业单位、社会团体等组织按照核定的预算和经费报领关系收到的由财政部门或上级单位拨入的财政补助收入，准予作为不征税收入，在计算应纳税所得额时从收入总额中减除，但国务院和国务院财政、税务主管部门另有规定的除外。

本条所称财政性资金，是指企业取得的来源于政府及其有关部门的财政补助、补贴、贷款贴息，以及其他各类财政专项资金，包括直接减免的增值税和即征即退、先征后退、先征后返的各种税收，但不包括企业按规定取得的出口退税款；所称国家投资，是指国家以投资者身份投入企业并按有关规定相应增加企业实收资本（股本）的直接投资。

二、关于政府性基金和行政事业性收费

1. 企业按照规定缴纳的、由国务院或财政部批准设立的政府性基金以及由国务院和省、自治区、直辖市人民政府及其财政、价格主管部门批准设立的行政事业性收费，准予在计算应纳税所得额时扣除。

企业缴纳的不符合上述审批管理权限设立的基金、收费，不得在计算应纳税所得额时扣除。

2. 企业收取的各种基金、收费，应计入企业当年收入总额。

3. 对企业依照法律、法规及国务院有关规定收取并上缴财政的政府性基金和行政事业性收费，准予作为不征税收入，于上缴财政的当年在计算应纳税所得额时从收入总额中减除；未上缴财政的部分，不得从收入总额中减除。

三、专项用途财政性资金的企业所得税处理问题（财税〔2009〕87号）

根据《中华人民共和国企业所得税法》及《中华人民共和国企业所得税法实施条例》（国务院令第512号，以下简称实施条例）的有关规定，经国务院批准，现就企业取得的专项用途财政性资金有关企业所得税处理问题通知如下：

1. 对企业在2008年1月1日至2010年12月31日期间从县级以上各级人民政府财政部门及其他部门取得的应计入收入总额的财政性资金，凡同时符合以下条件的，可以作为不征税收入，在计算应纳税所得额时从收入总额中减除：

（1）企业能够提供资金拨付文件，且文件中规定该资金的专项用途；

（2）财政部门或其他拨付资金的政府部门对该资金有专门的资金管理办法或具体管理要求；

（3）企业对该资金以及以该资金发生的支出单独进行核算。

2. 根据实施条例第二十八条的规定，上述不征税收入用于支出所形成的费用，不得在计算应纳税所得额时扣除；用于支出所形成的资产，其计算的折旧、摊销不得在计算应纳税所得额时扣除。

3. 企业将符合本通知第一条规定条件的财政性资金作不征税收入处理后，在5年（60个月）内未发生支出且未缴回财政或其他拨付资金的政府部门的部分，应重新计入取得该资金第六年的收入总额；重新计入收入总额的财政性资金发生的支出，允许在计算应纳税所得额时扣除。

第五章　成本、费用和损失的扣除范围

在计算企业的应纳税所得额时，企业的成本、费用和损失，是收入总额的减项。由于有的税收法规与相关的财务制度存在着差异，故使得成本、费用和损失的税前扣除存有范围。

第一节　成本、费用和损失扣除范围的一般规定

企业所得税法及其实施细则对成本、费用和损失的扣除范围作了一般性的规定。

一、可税前扣除的成本、费用和损失

企业应纳税所得额的确定，是其收入总额减去税法准予在税前扣除项目的金额。准予扣除项目金额包括：

1. 税前允许列支的成本、费用和损失：

（1）财务制度规定允许税前列支，税法也规定可以列支的成本、费用和损失；

（2）财务制度和税法均准予在税前列支的成本、费用和损失，但两者的具体列支标准不同，有差异，在计算应纳税所得额时，要求把企业已按财务制度列支的项目金额按税法规定标准进行调整。这些需要调整的项目，称为纳税调整项目。

2. 税法规定的免税收入。

3. 税法规定准予抵扣应纳税所得额的项目金额。

因此，企业当期的应纳税所得额，等于其收入总额减去税法允许在税前列支的成本、费用和损失及纳税调整项目金额、免税收入和应抵扣应纳税所得额的项目金额后的余额。于是，上述公式又可写成：

应纳税所得额 = 收入总额 – 税法允许在税前列支的成本、费用和损失 – 纳税调整项目金额 – 免税收入 – 应抵扣应纳税所得额的项目金额

其中：

纳税调整项目金额 = 纳税调整增加额 – 纳税调整减少额

二、税前扣除的一般规定

1. 企业实际发生的与取得收入有关的、合理的支出，包括成本、费用、税金、损失和其他支出，准予在计算应纳税所得额时扣除。

（1）这里所称有关的支出，是指与取得收入直接相关的支出。这里所称合理的支出，是指符合生产经营活动常规，应当计入当期损益或者有关资产成本的必要和正常的支出。

（2）这里所称成本，是指企业在生产经营活动中发生的销售成本、销货成本、业务支出以及其他耗费。

（3）这里所称费用，是指企业在生产经营活动中发生的销售费用、管理费用和财务费

用，已经计入成本的有关费用除外。

（4）这里所称税金，是指企业发生的除企业所得税和允许抵扣的增值税以外的各项税金及其附加。

（5）这里所称损失，是指企业在生产经营活动中发生的固定资产和存货的盘亏、毁损、报废损失，转让财产损失，呆账损失，坏账损失，自然灾害等不可抗力因素造成的损失以及其他损失。

企业发生的损失，减除责任人赔偿和保险赔款后的余额，依照国务院财政、税务主管部门的规定扣除。

企业已经作为损失处理的资产，在以后纳税年度又全部收回或者部分收回时，应当计入当期收入。

（6）这里所称其他支出，是指除成本、费用、税金、损失外，企业在生产经营活动中发生的与生产经营活动有关的、合理的支出。

2. 企业发生的支出应当区分收益性支出和资本性支出。收益性支出在发生当期直接扣除；资本性支出应当分期扣除或者计入有关资产成本，不得在发生当期直接扣除。

企业的不征税收入用于支出所形成的费用或者财产，不得扣除或者计算对应的折旧、摊销扣除。

除企业所得税法规另有规定外，企业实际发生的成本、费用、税金、损失和其他支出，不得重复扣除。

第二节　成本、费用和损失扣除范围的分项规定

在成本、费用和损失扣除范围一般规定的基础上，税收法规还作了一些具体的规定。

一、工资薪金支出

税法规定，企业发生的合理的工资薪金支出，准予扣除。

（一）工资薪金的内涵

税法规定，这里所称工资薪金，是指企业每一纳税年度支付给在本企业任职或者受雇的员工的所有现金形式或者非现金形式的劳动报酬，包括基本工资、奖金、津贴、补贴、年终加薪、加班工资，以及与员工任职或者受雇有关的其他支出。

（二）关于合理工资薪金问题（国税函〔2009〕3号）

这里所称的“合理工资薪金”，是指企业按照股东大会、董事会、薪酬委员会或相关管理机构制订的工资薪金制度规定实际发放给员工的工资薪金。税务机关在对工资薪金进行合理性确认时，可按以下原则掌握：

（1）企业制订了较为规范的员工工资薪金制度；

（2）企业所制订的工资薪金制度符合行业及地区水平；

（3）企业在一定时期所发放的工资薪金是相对固定的，工资薪金的调整是有序进行的；

（4）企业对实际发放的工资薪金，已依法履行了代扣代缴个人所得税义务；

（5）有关工资薪金的安排，不以减少或逃避税款为目的。

（三）工效挂钩企业工资储备基金的衔接处理（国税函〔2009〕98号）

原执行工效挂钩办法的企业，在2008年1月1日以前已按规定提取，但因未实际发放

而未在税前扣除的工资储备基金余额，2008 年及以后年度实际发放时，可在实际发放年度企业所得税前据实扣除。

二、保险费用

1. 税法规定，企业依照国务院有关主管部门或者省级人民政府规定的范围和标准为职工缴纳的基本养老保险费、基本医疗保险费、失业保险费、工伤保险费、生育保险费等基本社会保险费和住房公积金，准予扣除。

企业为投资者或者职工支付的补充养老保险费、补充医疗保险费，在国务院财政、税务主管部门规定的范围和标准内，准予扣除。

2. 税法规定，除企业依照国家有关规定为特殊工种职工支付的人身安全保险费和国务院财政、税务主管部门规定可以扣除的其他商业保险费外，企业为投资者或者职工支付的商业保险费，不得扣除。

3. 补充养老保险费、补充医疗保险费的企业所得税政策（财税〔2009〕27 号）。自 2008 年 1 月 1 日起，企业根据国家有关政策规定，为在本企业任职或者受雇的全体员工支付的补充养老保险费、补充医疗保险费，分别在不超过职工工资总额 5%标准内的部分，在计算应纳税所得额时准予扣除；超过的部分，不予扣除。

三、借款费用

1. 税法规定，企业在生产经营活动中发生的合理的不需要资本化的借款费用，准予扣除。

企业为购置、建造固定资产、无形资产和经过 12 个月以上的建造才能达到预定可销售状态的存货发生借款的，在有关资产购置、建造期间发生的合理的借款费用，应当作为资本性支出计入有关资产的成本，并依照本规定扣除。

2. 税法规定，企业在生产经营活动中发生的下列利息支出，准予扣除：

（1）非金融企业向金融企业借款的利息支出、金融企业的各项存款利息支出和同业拆借利息支出、企业经批准发行债券的利息支出；

（2）非金融企业向非金融企业借款的利息支出，不超过按照金融企业同期同类贷款利率计算的数额的部分。

3. 税法规定，企业在货币交易中，以及纳税年度终了时将人民币以外的货币性资产、负债按照期末即期人民币汇率中间价折算为人民币时产生的汇兑损失，除已经计入有关资产成本以及与向所有者进行利润分配相关的部分外，准予扣除。

4. 企业投资者投资未到位而发生的利息支出企业所得税前扣除问题（国税函〔2009〕312 号）。关于企业由于投资者投资未到位而发生的利息支出扣除问题，根据《中华人民共和国企业所得税法实施条例》第二十七条规定，凡企业投资者在规定期限内未缴足其应缴资本额的，该企业对外借款所发生的利息，相当于投资者实缴资本额与在规定期限内应缴资本额的差额应计付的利息，其不属于企业合理的支出，应由企业投资者负担，不得在计算企业应纳税所得额时扣除。

具体计算不得扣除的利息，应以企业一个年度内每一账面实收资本与借款余额保持不变的期间作为一个计算期，每一计算期内不得扣除的借款利息按该期间借款利息发生额乘以该期间企业未缴足的注册资本占借款总额的比例计算，公式为：

企业每一计算期不得扣除的借款利息 = 该期间借款利息额 × 该期间未缴足注册资本额 ÷ 该期间借款额

企业一个年度内不得扣除的借款利息总额为该年度内每一计算期不得扣除的借款利息额之和。

5. 中国农业银行重组改制的企业所得税问题（国税函〔2009〕374 号）。经国务院批准，中国农业银行在 2008 年度进行了股份制改革。现将中国农业银行股份制改革过程中有关企业所得税问题通知如下：

（1）关于补提以前年度应付利息税前扣除问题。中国农业银行对股改前没有提足的应付利息，可按照权责发生制的原则予以补提并准予在 2008 年度企业所得税前扣除。

（2）关于未获税务审批各类资产损失税前扣除问题。中国农业银行股改前须经主管税务机关审批但未审批就已在税前扣除的资产损失项目，应重新履行审批手续，经主管税务机关审核确认后，对符合损失确认条件的，可以按规定在损失发生年度企业所得税前扣除；对已在税前扣除但不符合损失确认条件的，统一调增 2008 年度的应纳税所得额。

（3）关于少计收益税务处理问题。中国农业银行股改前少计的收益，在 2008 年度统一补缴企业所得税。

6. 企业向自然人借款的利息支出企业所得税税前扣除问题（国税函〔2009〕777 号）

（1）企业向股东或其他与企业有关联关系的自然人借款的利息支出，应根据《中华人民共和国企业所得税法》（以下简称税法）第四十六条及《财政部、国家税务总局关于企业关联方利息支出税前扣除标准有关税收政策问题的通知》（财税〔2008〕121 号）规定的条件，计算企业所得税扣除额（详见第二十二章第四节之三）。

（2）企业向除（1）规定以外的内部职工或其他人员借款的利息支出，其借款情况同时符合以下条件的，其利息支出在不超过按照金融企业同期同类贷款利率计算的数额的部分，根据税法第八条和税法实施条例第二十七条规定，准予扣除。

①企业与个人之间的借贷是真实、合法、有效的，并且不具有非法集资目的或其他违反法律、法规的行为；

②企业与个人之间签订了借款合同。

四、职工福利费、工会经费、职工教育经费

（一）*税法规定*

1. 企业发生的职工福利费支出，不超过工资薪金总额 14%的部分，准予扣除。

（1）上述规定的企业职工福利费，包括以下内容（国税函〔2009〕3 号）：

①尚未实行分离办社会职能的企业，其内设福利部门所发生的设备、设施和人员费用，包括职工食堂、职工浴室、理发室、医务所、托儿所、疗养院等集体福利部门的设备、设施及维修保养费用和福利部门工作人员的工资薪金、社会保险费、住房公积金、劳务费等。

②为职工卫生保健、生活、住房、交通等所发放的各项补贴和非货币性福利，包括企业向职工发放的因公外地就医费用、未实行医疗统筹企业职工医疗费用、职工供养直系亲属医疗补贴、供暖费补贴、职工防暑降温费、职工困难补贴、救济费、职工食堂经费补贴、职工交通补贴等。

③按照其他规定发生的其他职工福利费，包括丧葬补助费、抚恤费、安家费、探亲假路费等。

（2）关于职工福利费核算问题（国税函〔2009〕3 号）。企业发生的职工福利费，应该单独设置账册，进行准确核算。没有单独设置账册准确核算的，税务机关应责令企业在规定的期限内进行改正。逾期仍未改正的，税务机关可对企业发生的职工福利费进行合理的核定。

2. 企业拨缴的工会经费，不超过工资薪金总额 2%的部分，准予扣除。

3. 除国务院财政、税务主管部门另有规定外，企业发生的职工教育经费支出，不超过工资薪金总额2.5%的部分，准予扣除；超过部分，准予在以后纳税年度结转扣除。

（二）关于工资薪金总额问题（国税函〔2009〕3号）

上述所称的“工资薪金总额”，是指企业按照规定［见本节一之（二）］实际发放的工资薪金总和，不包括企业的职工福利费、职工教育经费、工会经费以及养老保险费、医疗保险费、失业保险费、工伤保险费、生育保险费等社会保险费和住房公积金。属于国有性质的企业，其工资薪金，不得超过政府有关部门给予的限定数额；超过部分，不得计入企业工资薪金总额，也不得在计算企业应纳税所得额时扣除。

（三）以前年度职工福利费余额的衔接处理（国税函〔2009〕98号）

根据《国家税务总局关于做好2007年度企业所得税汇算清缴工作的补充通知》（国税函〔2008〕264号）的规定，企业2008年以前按照规定计提但尚未使用的职工福利费余额，2008年及以后年度发生的职工福利费，应首先冲减上述的职工福利费余额，不足部分按新税法规定扣除；仍有余额的，继续留在以后年度使用。企业2008年以前节余的职工福利费，已在税前扣除，属于职工权益，如果改变用途的，应调整增加企业应纳税所得额。

（四）以前年度职工教育经费余额的衔接处理（国税函〔2009〕98号）

对于在2008年以前已经计提但尚未使用的职工教育经费余额，2008年及以后新发生的职工教育经费应先从余额中冲减。仍有余额的，留在以后年度继续使用。

五、业务招待费

1. 税法规定，企业发生的与生产经营活动有关的业务招待费支出，按照发生额的60%扣除，但最高不得超过当年销售（营业）收入的5‰。

2. 销售（营业）收入基数的确定。企业在计算业务招待费扣除限额时，其销售（营业）收入额应包括《实施条例》第二十五条规定的视同销售（营业）收入额（国税函〔2009〕202号）。

六、广告费

（一）税法规定

企业发生的符合条件的广告费和业务宣传费支出，除国务院财政、税务主管部门另有规定外，不超过当年销售（营业）收入15%的部分，准予扣除；超过部分，准予在以后纳税年度结转扣除。

（二）销售（营业）收入基数的确定（国税函〔2009〕202号）

企业在计算广告费和业务宣传费等费用扣除限额时，其销售（营业）收入额应包括《实施条例》第二十五条规定的视同销售（营业）收入额。

（三）部分行业广告费和业务宣传费税前扣除政策（财税〔2009〕72号）

根据《中华人民共和国企业所得税法实施条例》（国务院令第512号）第四十四条规定［即上述（一）］，现就部分行业广告费和业务宣传费支出税前扣除政策通知如下：

1. 对化妆品制造、医药制造和饮料制造（不含酒类制造，下同）企业发生的广告费和业务宣传费支出，不超过当年销售（营业）收入30%的部分，准予扣除；超过部分，准予在以后纳税年度结转扣除。

2. 对采取特许经营模式的饮料制造企业，饮料品牌使用方发生的不超过当年销售（营业）收入30%的广告费和业务宣传费支出可以在本企业扣除，也可以将其中的部分或全部归集至饮料品牌持有方或管理方，由饮料品牌持有方或管理方作为销售费用据实在企业所得税前扣除。饮料品牌持有方或管理方在计算本企业广告费和业务宣传费支出企业所得税税前扣除限额时，可将饮料品牌使用方归集至本企业的广告费和业务宣传费剔除。饮料品牌持有方或管理方应当将上述广告费和业务宣传费单独核算，并将品牌使用方当年销售（营业）收入数据资料以及广告费和业务宣传费支出的证明材料专案保存以备检查。

前款所称饮料企业特许经营模式指由饮料品牌持有方或管理方授权品牌使用方在指定地区生产及销售其产成品，并将可以由双方共同为该品牌产品承担的广告费及业务宣传费用统一归集至品牌持有方或管理方承担的营业模式。

3. 烟草企业的烟草广告费和业务宣传费支出，一律不得在计算应纳税所得额时扣除。

4. 本通知自 2008 年 1 月 1 日起至 2010 年 12 月 31 日止执行。

（四）以前年度未扣除的广告费的衔接处理（国税函〔2009〕98 号）

企业在 2008 年以前按照原政策规定已发生但尚未扣除的广告费，2008 年实行新税法后，其尚未扣除的余额，加上当年度新发生的广告费和业务宣传费后，按照新税法规定的比例计算扣除。

七、按规定提取的用于环境保护、生态恢复等方面的专项资金

税法规定，企业依照法律、行政法规有关规定提取的用于环境保护、生态恢复等方面的专项资金，准予扣除。上述专项资金提取后改变用途的，不得扣除。

八、财产保险费

税法规定，企业参加财产保险，按照规定缴纳的保险费，准予扣除。

九、租赁费

税法规定，企业根据生产经营活动的需要租入固定资产支付的租赁费，按照以下方法扣除：

1. 以经营租赁方式租入固定资产发生的租赁费支出，按照租赁期限均匀扣除；

2. 以融资租赁方式租入固定资产发生的租赁费支出，按照规定构成融资租入固定资产价值的部分应当提取折旧费用，分期扣除。

十、劳动保护支出

税法规定，企业发生的合理的劳动保护支出，准予扣除。

十一、境外总机构费用

非居民企业在中国境内设立的机构、场所，就其中国境外总机构发生的与该机构、场所生产经营有关的费用，能够提供总机构出具的费用汇集范围、定额、分配依据和方法等证明文件，并合理分摊的，准予扣除。

十二、捐赠支出

税法规定，企业发生的公益性捐赠支出，在年度利润总额 12%以内的部分，即不超过年度利润总额 12%的部分，准予在计算应纳税所得额时扣除。这里所称年度利润总额，是指企业依照国家统一会计制度的规定计算的年度会计利润。这里所称公益性捐赠，是指企业通过公益性社会团体或者县级以上人民政府及其部门，用于《中华人民共和国公益事业捐赠法》规定的公益事业的捐赠。

上述所称公益性社会团体，是指同时符合下列条件的基金会、慈善组织等社会团体：

（1）依法登记，具有法人资格；

（2）以发展公益事业为宗旨，且不以营利为目的；

（3）全部资产及其增值为该法人所有；

(4) 收益和营运结余主要用于符合该法人设立目的的事业；

(5) 终止后的剩余财产不归属任何个人或者营利组织；

(6) 不经营与其设立目的无关的业务；

(7) 有健全的财务会计制度；

(8) 捐赠者不以任何形式参与社会团体财产的分配；

(9) 国务院财政、税务主管部门会同国务院民政部门等登记管理部门规定的其他条件。

详见第十章第四节《公益性捐赠税前扣除办法》。

十三、2008 年 1 月 1 日以前计提的各类准备金余额处理问题（国税函〔2009〕202 号）

根据《实施条例》第五十五条规定，除财政部和国家税务总局核准计提的准备金可以税前扣除外，其他行业、企业计提的各项资产减值准备、风险准备等准备金均不得税前扣除。

2008 年 1 月 1 日前按照原企业所得税法规定计提的各类准备金，2008 年 1 月 1 日以后，未经财政部和国家税务总局核准的，企业以后年度实际发生的相应损失，应先冲减各项准备金余额。

十四、保险公司再保险业务赔款支出税前扣除问题（国税函〔2009〕313 号）

根据《中华人民共和国企业所得税法实施条例》第九条的规定，从事再保险业务的保险公司（以下称再保险公司）发生的再保险业务赔款支出，按照权责发生制的原则，应在收到从事直保业务公司（以下称直保公司）再保险业务赔款账单时，作为企业当期成本费用扣除。为便于再保险公司再保险业务的核算，凡在次年企业所得税汇算清缴前，再保险公司收到直保公司再保险业务赔款账单中属于上年度的赔款，准予调整作为上年度的成本费用扣除，同时调整已计提的未决赔款准备金；次年汇算清缴后收到直保公司再保险业务赔款账单的，按该赔款账单上发生的赔款支出，在收单年度作为成本费用扣除。

第三节　不得扣除的项目

在计算应纳税所得额时，税收法规规定了一些不得在税前扣除的项目。

在计算应纳税所得额时，下列支出不得扣除：

1. 向投资者支付的股息、红利等权益性投资收益款项。

2. 企业所得税税款。

3. 税收滞纳金。

4. 罚金、罚款和被没收财物的损失。

5. 企业所得税法第九条规定（即企业发生的公益性捐赠支出，在年度利润总额 12%以内的部分，准予在计算应纳税所得额时扣除）以外的捐赠支出。

6. 赞助支出。这里所称赞助支出，是指企业发生的与生产经营活动无关的各种非广告性质支出。

7. 未经核定的准备金支出。企业所得税法第十条第（七）项所称未经核定的准备金支出，是指不符合国务院财政、税务主管部门规定的各项资产减值准备、风险准备等准备金支出。

8. 与取得收入无关的其他支出。

9. 企业之间支付的管理费、企业内营业机构之间支付的租金和特许权使用费，以及非银行企业内营业机构之间支付的利息，不得扣除。

第六章　固定资产的税务处理

企业所得税法所称固定资产，是指企业为生产产品、提供劳务、出租或者经营管理而持有的、使用时间超过12个月的非货币性资产，包括房屋、建筑物、机器、机械、运输工具以及其他与生产经营活动有关的设备、器具、工具等。

第一节　固定资产的计税基础

企业所得税法规对固定资产的计税基础作出了明确的规定。

一、固定资产的计税基础

企业的各项资产，包括固定资产、生物资产、无形资产、长期待摊费用、投资资产、存货等，以历史成本为计税基础。

上述所称历史成本，是指企业取得该项资产时实际发生的支出。

企业持有各项资产期间资产增值或者减值，除国务院财政、税务主管部门规定可以确认损益外，不得调整该资产的计税基础。

二、确定固定资产计税基础的方法

固定资产按照以下方法确定计税基础：

（1）外购的固定资产，以购买价款和支付的相关税费以及直接归属于使该资产达到预定用途发生的其他支出为计税基础；

（2）自行建造的固定资产，以竣工结算前发生的支出为计税基础；

（3）融资租入的固定资产，以租赁合同约定的付款总额和承租人在签订租赁合同过程中发生的相关费用为计税基础，租赁合同未约定付款总额的，以该资产的公允价值和承租人在签订租赁合同过程中发生的相关费用为计税基础；

（4）盘盈的固定资产，以同类固定资产的重置完全价值为计税基础；

（5）通过捐赠、投资、非货币性资产交换、债务重组等方式取得的固定资产，以该资产的公允价值和支付的相关税费为计税基础；

（6）改建的固定资产，除企业所得税法第十三条第（一）项和第（二）项规定的支出（即已足额提取折旧的固定资产的改建支出、租入固定资产的改建支出）外，以改建过程中发生的改建支出增加计税基础。

第二节　固定资产折旧或摊销的一般规定

税法规定，在计算应纳税所得额时，企业按照规定计算的固定资产折旧，准予扣除。

一、固定资产折旧

固定资产按照直线法计算的折旧，准予扣除。

企业应当自固定资产投入使用月份的次月起计算折旧；停止使用的固定资产，应当自停止使用月份的次月起停止计算折旧。

企业应当根据固定资产的性质和使用情况，合理确定固定资产的预计净残值。固定资产的预计净残值一经确定，不得变更。

二、固定资产折旧年限

除国务院财政、税务主管部门另有规定外，固定资产计算折旧的最低年限如下：

（1）房屋、建筑物，为20年；

（2）飞机、火车、轮船、机器、机械和其他生产设备，为10年；

（3）与生产经营活动有关的器具、工具、家具等，为5年；

（4）飞机、火车、轮船以外的运输工具，为4年；

（5）电子设备，为3年。

三、从事开采石油、天然气等矿产资源企业的固定资产折旧

从事开采石油、天然气等矿产资源的企业，在开始商业性生产前发生的费用和有关固定资产的折耗、折旧方法，由国务院财政、税务主管部门另行规定。

四、不得计算折旧扣除的项目

下列固定资产不得计算折旧扣除：

（1）房屋、建筑物以外未投入使用的固定资产；

（2）以经营租赁方式租入的固定资产；

（3）以融资租赁方式租出的固定资产；

（4）已足额提取折旧仍继续使用的固定资产；

（5）与经营活动无关的固定资产；

（6）单独估价作为固定资产入账的土地；

（7）其他不得计算折旧扣除的固定资产。

五、已购置固定资产预计净残值和折旧年限的衔接问题（国税函〔2009〕98号）

新税法实施前已投入使用的固定资产，企业已按原税法规定预计净残值并计提的折旧，不做调整。新税法实施后，对此类继续使用的固定资产，可以重新确定其残值，并就其尚未计提折旧的余额，按照新税法规定的折旧年限减去已经计提折旧的年限后的剩余年限，按照新税法规定的折旧方法计算折旧。新税法实施后，固定资产原确定的折旧年限不违背新税法规定原则的，也可以继续执行。

第三节　企业固定资产加速折旧的所得税处理

税收法规规定了有关固定资产加速折旧的所得税处理问题。

一、税法规定

税法规定，企业的固定资产由于技术进步等原因，确需加速折旧的，可以缩短折旧年限或者采取加速折旧的方法。这里所称可以采取缩短折旧年限或者采取加速折旧的方法的固定资产，包括：

(1) 由于技术进步，产品更新换代较快的固定资产；

(2) 常年处于强震动、高腐蚀状态的固定资产。

采取缩短折旧年限方法的，最低折旧年限不得低于税收法规规定折旧年限的 60%；采取加速折旧方法的，可以采取双倍余额递减法或者年数总和法。

二、企业固定资产实行加速折旧的所得税处理（国税发〔2009〕81 号）

1. 根据《企业所得税法》第三十二条及《实施条例》第九十八条的相关规定，企业拥有并用于生产经营的主要或关键的固定资产，由于以下原因确需加速（请见本节一）折旧的，可以缩短折旧年限或者采取加速折旧的方法：

(1) 由于技术进步，产品更新换代较快的；

(2) 常年处于强震动、高腐蚀状态的。

2. 企业拥有并使用的固定资产符合本通知第一条规定的，可按以下情况分别处理：

(1) 企业过去没有使用过与该项固定资产功能相同或类似的固定资产，但有充分的证据证明该固定资产的预计使用年限短于《实施条例》规定的计算折旧最低年限的，企业可根据该固定资产的预计使用年限和本通知的规定，对该固定资产采取缩短折旧年限或者加速折旧的方法。

(2) 企业在原有的固定资产未达到《实施条例》规定的最低折旧年限前，使用功能相同或类似的新固定资产替代旧固定资产的，企业可根据旧固定资产的实际使用年限和本通知的规定，对新替代的固定资产采取缩短折旧年限或者加速折旧的方法。

3. 企业采取缩短折旧年限方法的，对其购置的新固定资产，最低折旧年限不得低于《实施条例》第六十条规定的折旧年限的 60%；若为购置已使用过的固定资产，其最低折旧年限不得低于《实施条例》规定的最低折旧年限减去已使用年限后剩余年限的 60%。最低折旧年限一经确定，一般不得变更。

4. 企业拥有并使用符合本通知第一条规定条件的固定资产采取加速折旧方法的，可以采用双倍余额递减法或者年数总和法。加速折旧方法一经确定，一般不得变更。

(1) 双倍余额递减法，是指在不考虑固定资产预计净残值的情况下，根据每期期初固定资产原值减去累计折旧后的金额和双倍的直线法折旧率计算固定资产折旧的一种方法。应用这种方法计算折旧额时，由于每年年初固定资产净值没有减去预计净残值，所以在计算固定资产折旧额时，应在其折旧年限到期前的两年期间，将固定资产净值减去预计净残值后的余额平均摊销。计算公式如下：

年折旧率 = 2 ÷ 预计使用寿命（年）× 100%

月折旧率 = 年折旧率 ÷ 12

月折旧额 = 月初固定资产账面净值 × 月折旧率

(2) 年数总和法，又称年限合计法，是指将固定资产的原值减去预计净残值后的余额，乘以一个以固定资产尚可使用寿命为分子、以预计使用寿命逐年数字之和为分母的逐年递减的分数计算每年的折旧额。计算公式如下：

年折旧率 = 尚可使用年限 ÷ 预计使用寿命的年数总和 × 100%

月折旧率 = 年折旧率 ÷ 12

月折旧额 =（固定资产原值 − 预计净残值）× 月折旧率

5. 企业确需对固定资产采取缩短折旧年限或者加速折旧方法的，应在取得该固定资产后一个月内，向其企业所得税主管税务机关（以下简称“主管税务机关”）备案，并报送以下资料：

（1）固定资产的功能、预计使用年限短于《实施条例》规定计算折旧的最低年限的理由、证明资料及有关情况的说明；

（2）被替代的旧固定资产的功能、使用及处置等情况的说明；

（3）固定资产加速折旧拟采用的方法和折旧额的说明；

（4）主管税务机关要求报送的其他资料。

企业主管税务机关应在企业所得税年度纳税评估时，对企业采取加速折旧的固定资产的使用环境及状况进行实地核查。对不符合加速折旧规定条件的，主管税务机关有权要求企业停止该项固定资产加速折旧。

6. 对于采取缩短折旧年限的固定资产，足额计提折旧后继续使用而未进行处置（包括报废等情形）超过 12 个月的，今后对其更新替代、改造改建后形成的功能相同或者类似的固定资产，不得再采取缩短折旧年限的方法。

7. 对于企业采取缩短折旧年限或者采取加速折旧方法的，主管税务机关应设立相应的税收管理台账，并加强监督，实施跟踪管理。对发现不符合《实施条例》第九十八条及本通知规定的，主管税务机关要及时责令企业进行纳税调整。

8. 适用总、分机构汇总纳税的企业，对其所属分支机构使用的符合《实施条例》第九十八条及本通知规定情形的固定资产采取缩短折旧年限或者采取加速折旧方法的，由其总机构向其所在地主管税务机关备案。分支机构所在地主管税务机关应负责配合总机构所在地主管税务机关实施跟踪管理。

9. 本通知自 2008 年 1 月 1 日起执行。

第七章　生产性生物资产的税务处理

税法规定所称生产性生物资产，是指企业为生产农产品、提供劳务或者出租等而持有的生物资产，包括经济林、薪炭林、产畜和役畜等。

第一节　生产性生物资产的计税基础

企业所得税法规对确定生产性生物资产的计税基础作出了明确的规定。

一、生产性生物资产的计税基础

企业的各项资产，包括固定资产、生物资产、无形资产、长期待摊费用、投资资产、存货等，以历史成本为计税基础。

上述所称历史成本，是指企业取得该项资产时实际发生的支出。

企业持有各项资产期间资产增值或者减值，除国务院财政、税务主管部门规定可以确认损益外，不得调整该资产的计税基础。

二、确定生产性生物资产的计税基础的方法

生产性生物资产按照以下方法确定计税基础：

(1) 外购的生产性生物资产，以购买价款和支付的相关税费为计税基础；

(2) 通过捐赠、投资、非货币性资产交换、债务重组等方式取得的生产性生物资产，以该资产的公允价值和支付的相关税费为计税基础。

第二节　生产性生物资产的折旧

企业所得税法规对确定生产性生物资产的折旧作出了明确的规定。

一、生产性生物资产的折旧

生产性生物资产按照直线法计算的折旧，准予扣除。

企业应当自生产性生物资产投入使用月份的次月起计算折旧；停止使用的生产性生物资产，应当自停止使用月份的次月起停止计算折旧。

企业应当根据生产性生物资产的性质和使用情况，合理确定生产性生物资产的预计净残值。生产性生物资产的预计净残值一经确定，不得变更。

二、生产性生物资产折旧年限

生产性生物资产计算折旧的最低年限如下：

(1) 林木类生产性生物资产，为 10 年；

(2) 畜类生产性生物资产，为 3 年。

第八章　无形资产的税务处理

税法规定所称无形资产，是指企业为生产产品、提供劳务、出租或者经营管理而持有的、没有实物形态的非货币性长期资产，包括专利权、商标权、著作权、土地使用权、非专利技术、商誉等。

第一节　无形资产的计税基础

企业所得税法规对确定无形资产的计税基础作出了明确的规定。

一、无形资产的计税基础

企业的各项资产，包括固定资产、生物资产、无形资产、长期待摊费用、投资资产、存货等，以历史成本为计税基础。

上述所称历史成本，是指企业取得该项资产时实际发生的支出。

企业持有各项资产期间资产增值或者减值，除国务院财政、税务主管部门规定可以确认损益外，不得调整该资产的计税基础。

二、确定无形资产计税基础的方法

无形资产按照以下方法确定计税基础：

（1）外购的无形资产，以购买价款和支付的相关税费以及直接归属于使该资产达到预定用途发生的其他支出为计税基础；

（2）自行开发的无形资产，以开发过程中该资产符合资本化条件后至达到预定用途前发生的支出为计税基础；

（3）通过捐赠、投资、非货币性资产交换、债务重组等方式取得的无形资产，以该资产的公允价值和支付的相关税费为计税基础。

第二节　无形资产摊销的年限

企业所得税法规对无形资产摊销的年限作出了明确的规定。

一、无形资产摊销的年限

无形资产的摊销年限不得低于 10 年。

二、投资或者受让的无形资产摊销年限

作为投资或者受让的无形资产，有关法律规定或者合同约定了使用年限的，可以按照规定或者约定的使用年限分期摊销。

第三节 无形资产的税前扣除

企业所得税法规对无形资产的计税前扣除作出了明确的规定。

一、准予税前扣除的无形资产

在计算应纳税所得额时，企业按照规定计算的无形资产摊销费用，准予扣除：

(1) 无形资产按照直线法计算的摊销费用，准予扣除；

(2) 外购商誉的支出，在企业整体转让或者清算时，准予扣除。

二、不予税前扣除的无形资产

下列无形资产不得计算摊销费用扣除：

(1) 自行开发的支出已在计算应纳税所得额时扣除的无形资产；

(2) 自创商誉；

(3) 与经营活动无关的无形资产；

(4) 其他不得计算摊销费用扣除的无形资产。

第九章　长期待摊费用、投资资产、存货等的税务处理

对长期待摊费用、投资资产、存货等资产的税务处理，税收法规都作了明确的规定。

第一节　长期待摊费用的税务处理

按企业会计制度的规定，长期待摊费用是指，企业已经支出，但摊销期限在1年以上(不含1年）的各项费用，包括固定资产修理支出、租入固定资产的改良支出以及摊销期限在1年以上的其他待摊费用。

企业所得税法规对长期待摊费用的税务处理作了明确规定。

一、长期待摊费用、投资资产、存货等的计税基础

企业的各项资产，包括固定资产、生物资产、无形资产、长期待摊费用、投资资产、存货等，以历史成本为计税基础。

上述所称历史成本，是指企业取得该项资产时实际发生的支出。

企业持有各项资产期间资产增值或者减值，除国务院财政、税务主管部门规定可以确认损益外，不得调整该资产的计税基础。

二、长期待摊费用的税前扣除

在计算应纳税所得额时，企业发生的下列支出作为长期待摊费用，按照规定摊销的，准予扣除：

1. 已足额提取折旧的固定资产的改建支出。该项规定的支出，按照固定资产预计尚可使用年限分期摊销。

2. 租入固定资产的改建支出。该项规定的支出，按照合同约定的剩余租赁期限分期摊销。

上述第1项和第2项所称固定资产的改建支出，是指改变房屋或者建筑物结构、延长使用年限等发生的支出。

改建的固定资产延长使用年限的，除企业所得税法第十三条第（一）项和第（二）项规定（即上述之1、2）外，应当适当延长折旧年限。

3. 固定资产的大修理支出。该项所称固定资产的大修理支出，是指同时符合下列条件的支出：

（1）修理支出达到取得固定资产时的计税基础50%以上；

（2）修理后固定资产的使用年限延长2年以上。

固定资产的大修理支出，按照固定资产尚可使用年限分期摊销。

4. 其他应当作为长期待摊费用的支出。该项所称其他应当作为长期待摊费用的支出，自

支出发生月份的次月起，分期摊销，摊销年限不得低于3年。

三、开（筹）办费的衔接处理（国税函〔2009〕98号）

新税法中开（筹）办费未明确列作长期待摊费用，企业可以在开始经营之日的当年一次性扣除，也可以按照新税法有关长期待摊费用的规定处理，但一经选定，不得改变。

企业在新税法实施以前年度的未摊销完的开办费，也可根据上述规定处理。

第二节 投资资产成本的税务处理

企业会计制度将投资定义为：企业为通过分配来增加财富，或为谋求其他利益，而将资产让渡给其他单位所获得的另一项资产。

按照投资性质分类，可以分为权益性投资、债权性投资和混合性投资等。

权益性投资，是指为获取另一企业的控制权，或对另一企业实施重大影响，或为其他目的进行的。如对另一个企业的普通股股票进行投资，属于权益性投资。

债权性投资，是指为取得债权所作的投资。这种投资的目的不是为了获得另一企业的剩余资产，而是为了获取高于银行存款利率的利息，并保证按期收回本息。如购买公司债券，属于债权性投资。

混合性投资，往往表现为混合性证券投资，是指既有权益性投资性质，又有债权性投资性质的投资。如购买另一企业发行的优先股股票，购买可转换公司债券等，属于混合性投资。

企业所得税法规对投资资产成本的税务处理作了明确规定。

一、投资资产的成本的扣除

企业对外投资期间，投资资产的成本在计算应纳税所得额时不得扣除。这里所称投资资产，是指企业对外进行权益性投资和债权性投资形成的资产。

企业在转让或者处置投资资产时，投资资产的成本，准予扣除。

二、投资资产成本的确定方法

投资资产按照以下方法确定成本：

1. 通过支付现金方式取得的投资资产，以购买价款为成本；

2. 通过支付现金以外的方式取得的投资资产，以该资产的公允价值和支付的相关税费为成本。

第三节 存货的税务处理

按企业会计准则，存货，是指企业在日常活动中持有以备出售的产成品或商品、处在生产过程中的在产品、在生产过程或提供劳务过程中耗用的材料和物料等。

企业所得税法规对存货的税务处理作了明确规定。

一、存货成本的扣除

企业使用或者销售存货，按照规定计算的存货成本，准予在计算应纳税所得额时扣除。这里所称存货，是指企业持有以备出售的产成品或者商品、处在生产过程中的在产品、在生产过程或者提供劳务过程中耗用的材料和物料等。

二、存货成本的确定方法

存货按照以下方法确定成本：

1. 通过支付现金方式取得的存货，以购买价款和支付的相关税费为成本；

2. 通过支付现金以外的方式取得的存货，以该存货的公允价值和支付的相关税费为成本；

3. 生产性生物资产收获的农产品，以产出或者采收过程中发生的材料费、人工费和分摊的间接费用等必要支出为成本。

三、存货成本的计算方法

企业使用或者销售的存货的成本计算方法，可以在先进先出法、加权平均法、个别计价法中选用一种。计价方法一经选用，不得随意变更。

第四节　转让资产的税务处理

按会计准则的规定，资产是指企业过去的交易或者事项形成的、由企业拥有或者控制的、预期会给企业带来经济利益的资源。

企业所得税法规对转让资产的税务处理作了明确规定。

一、企业转让资产的净值可税前扣除

企业转让资产，该项资产的净值，准予在计算应纳税所得额时扣除。这里所称财产净值，是指有关资产、财产的计税基础减除已经按照规定扣除的折旧、折耗、摊销、准备金等后的余额。

二、资产转让所得或损失的确认

除国务院财政、税务主管部门另有规定外，企业在重组过程中，应当在交易发生时确认有关资产的转让所得或者损失，相关资产应当按照交易价格重新确定计税基础。

第十章　收入、扣除的具体范围、标准和资产税务处理办法

税法规定，所规定的收入、扣除的具体范围、标准和资产的税务处理的具体办法，由国务院财政、税务主管部门规定。

第一节　企业资产损失的税前扣除政策

根据《中华人民共和国企业所得税法》和《中华人民共和国企业所得税法实施条例》（国务院令第512号）的有关规定，现就企业资产损失在计算企业所得税应纳税所得额时的扣除政策通知如下（财税〔2009〕57号）：

1. 本通知所称资产损失，是指企业在生产经营活动中实际发生的、与取得应税收入有关的资产损失，包括现金损失，存款损失，坏账损失，贷款损失，股权投资损失，固定资产和存货的盘亏、毁损、报废、被盗损失，自然灾害等不可抗力因素造成的损失以及其他损失。

2. 企业清查出的现金短缺减除责任人赔偿后的余额，作为现金损失在计算应纳税所得额时扣除。

3. 企业将货币性资金存入法定具有吸收存款职能的机构，因该机构依法破产、清算，或者政府责令停业、关闭等原因，确实不能收回的部分，作为存款损失在计算应纳税所得额时扣除。

4. 企业除贷款类债权外的应收、预付账款符合下列条件之一的，减除可收回金额后确认的无法收回的应收、预付款项，可以作为坏账损失在计算应纳税所得额时扣除：

（1）债务人依法宣告破产、关闭、解散、被撤销，或者被依法注销、吊销营业执照，其清算财产不足清偿的；

（2）债务人死亡，或者依法被宣告失踪、死亡，其财产或者遗产不足清偿的；

（3）债务人逾期3年以上未清偿，且有确凿证据证明已无力清偿债务的；

（4）与债务人达成债务重组协议或法院批准破产重整计划后，无法追偿的；

（5）因自然灾害、战争等不可抗力导致无法收回的；

（6）国务院财政、税务主管部门规定的其他条件。

5. 企业经采取所有可能的措施和实施必要的程序之后，符合下列条件之一的贷款类债权，可以作为贷款损失在计算应纳税所得额时扣除：

（1）借款人和担保人依法宣告破产、关闭、解散、被撤销，并终止法人资格，或者已完全停止经营活动，被依法注销、吊销营业执照，对借款人和担保人进行追偿后，未能收回的债权；

（2）借款人死亡，或者依法被宣告失踪、死亡，依法对其财产或者遗产进行清偿，并对担保人进行追偿后，未能收回的债权；

（3）借款人遭受重大自然灾害或者意外事故，损失巨大且不能获得保险补偿，或者以保险赔偿后，确实无力偿还部分或者全部债务，对借款人财产进行清偿和对担保人进行追偿后，未能收回的债权；

（4）借款人触犯刑律，依法受到制裁，其财产不足归还所借债务，又无其他债务承担者，经追偿后确实无法收回的债权；

（5）由于借款人和担保人不能偿还到期债务，企业诉诸法律，经法院对借款人和担保人强制执行，借款人和担保人均无财产可执行，法院裁定执行程序终结或终止（中止）后，仍无法收回的债权；

（6）由于借款人和担保人不能偿还到期债务，企业诉诸法律后，经法院调解或经债权人会议通过，与借款人和担保人达成和解协议或重整协议，在借款人和担保人履行完还款义务后，无法追偿的剩余债权；

（7）由于上述（1）至（6）项原因借款人不能偿还到期债务，企业依法取得抵债资产，抵债金额小于贷款本息的差额，经追偿后仍无法收回的债权；

（8）开立信用证、办理承兑汇票、开具保函等发生垫款时，凡开证申请人和保证人由于上述（1）至（7）项原因，无法偿还垫款，金融企业经追偿后仍无法收回的垫款；

（9）银行卡持卡人和担保人由于上述（1）至（7）项原因，未能还清透支款项，金融企业经追偿后仍无法收回的透支款项；

（10）助学贷款逾期后，在金融企业确定的有效追索期限内，依法处置助学贷款抵押物（质押物），并向担保人追索连带责任后，仍无法收回的贷款；

（11）经国务院专案批准核销的贷款类债权；

（12）国务院财政、税务主管部门规定的其他条件。

6. 企业的股权投资符合下列条件之一的，减除可收回金额后确认的无法收回的股权投资，可以作为股权投资损失在计算应纳税所得额时扣除：

（1）被投资方依法宣告破产、关闭、解散、被撤销，或者被依法注销、吊销营业执照的；

（2）被投资方财务状况严重恶化，累计发生巨额亏损，已连续停止经营3年以上，且无重新恢复经营改组计划的；

（3）对被投资方不具有控制权，投资期限届满或者投资期限已超过10年，且被投资单位因连续3年经营亏损导致资不抵债的；

（4）被投资方财务状况严重恶化，累计发生巨额亏损，已完成清算或清算期超过3年以上的；

（5）国务院财政、税务主管部门规定的其他条件。

7. 对企业盘亏的固定资产或存货，以该固定资产的账面净值或存货的成本减除责任人赔偿后的余额，作为固定资产或存货盘亏损失在计算应纳税所得额时扣除。

8. 对企业毁损、报废的固定资产或存货，以该固定资产的账面净值或存货的成本减除残值、保险赔款和责任人赔偿后的余额，作为固定资产或存货毁损、报废损失在计算应纳税所得额时扣除。

9. 对企业被盗的固定资产或存货，以该固定资产的账面净值或存货的成本减除保险赔款和责任人赔偿后的余额，作为固定资产或存货被盗损失在计算应纳税所得额时扣除。

10. 企业因存货盘亏、毁损、报废、被盗等原因不得从增值税销项税额中抵扣的进项税额，可以与存货损失一起在计算应纳税所得额时扣除。

11. 企业在计算应纳税所得额时已经扣除的资产损失，在以后纳税年度全部或者部分收回时，其收回部分应当作为收入计入收回当期的应纳税所得额。

12. 企业境内、境外营业机构发生的资产损失应分开核算，对境外营业机构由于发生资产损失而产生的亏损，不得在计算境内应纳税所得额时扣除。

13. 企业对其扣除的各项资产损失，应当提供能够证明资产损失确属已实际发生的合法证据，包括具有法律效力的外部证据、具有法定资质的中介机构的经济鉴证证明、具有法定资质的专业机构的技术鉴定证明等。

14. 本通知自 2008 年 1 月 1 日起执行。

第二节　企业资产损失税前扣除管理办法

第一章　总　则

第一条　根据《中华人民共和国企业所得税法》及其实施条例、《中华人民共和国税收征收管理法》及其实施细则、《财政部、国家税务总局关于企业资产损失税前扣除政策的通知》（财税〔2009〕57 号，见本章第一节）等税收法律、法规和政策规定，制定本办法。（国税发〔2009〕88 号）

第二条　本办法所称资产是指企业拥有或者控制的、用于经营管理活动且与取得应税收入有关的资产，包括现金、银行存款、应收及预付款项（包括应收票据）等货币资产，存货、固定资产、在建工程、生产性生物资产等非货币资产，以及债权性投资和股权（权益）性投资。

第三条　企业发生的上述资产损失，应在按税收规定实际确认或者实际发生的当年申报扣除，不得提前或延后扣除。

因各类原因导致资产损失未能在发生当年准确计算并按期扣除的，经税务机关批准后，可追补确认在损失发生的年度税前扣除，并相应调整该资产损失发生年度的应纳所得税额。调整后计算的多缴税额，应按照有关规定予以退税，或者抵顶企业当期应纳税款。

企业以前年度未能扣除的资产损失企业所得税处理如下（国税函〔2009〕772 号）：

1. 根据《国家税务总局关于印发〈企业资产损失税前扣除管理办法〉的通知》（国税发〔2009〕88 号）第三条规定的精神，企业以前年度（包括 2008 年度新企业所得税法实施以前年度）发生，按当时企业所得税有关规定符合资产损失确认条件的损失，在当年因为各种原因未能扣除的，不能结转在以后年度扣除；可以按照《中华人民共和国企业所得税法》和《中华人民共和国税收征收管理法》的有关规定，追补确认在该项资产损失发生的年度扣除，而不能改变该项资产损失发生的所属年度。

2. 企业因以前年度资产损失未在税前扣除而多缴纳的企业所得税税款，可在审批确认年度企业所得税应纳税款中予以抵缴，抵缴不足的，可以在以后年度递延抵缴。

3. 企业资产损失发生年度扣除追补确认的损失后如出现亏损，首先应调整资产损失发生年度的亏损额，然后按弥补亏损的原则计算以后年度多缴的企业所得税税款，并按前款办法进行税务处理。

第四条　企业发生的资产损失，按本办法规定须经有关税务机关审批的，应在规定时间内按程序及时申报和审批。

第二章　资产损失税前扣除的审批

第五条　企业实际发生的资产损失按税务管理方式可分为自行计算扣除的资产损失和须经税务机关审批后才能扣除的资产损失。

下列资产损失，属于由企业自行计算扣除的资产损失：

（一）企业在正常经营管理活动中因销售、转让、变卖固定资产、生产性生物资产、存货发生的资产损失；

（二）企业各项存货发生的正常损耗；

（三）企业固定资产达到或超过使用年限而正常报废清理的损失；

（四）企业生产性生物资产达到或超过使用年限而正常死亡发生的资产损失；

（五）企业按照有关规定通过证券交易场所、银行间市场买卖债券、股票、基金以及金融衍生产品等发生的损失；

（六）其他经国家税务总局确认不需经税务机关审批的其他资产损失。

上述以外的资产损失，属于需经税务机关审批后才能扣除的资产损失。

企业发生的资产损失，凡无法准确辨别是否属于自行计算扣除的资产损失，可向税务机关提出审批申请。

第六条　税务机关对企业资产损失税前扣除的审批是对纳税人按规定提供的申报材料与法定条件进行符合性审查。企业资产损失税前扣除不实行层层审批，企业可直接向有权审批税务机关申请。税务机关审批权限如下：

（一）企业因国务院决定事项所形成的资产损失，由国家税务总局规定资产损失的具体审批事项后，报省级税务机关负责审批。

（二）其他资产损失按属地审批的原则，由企业所在地管辖的省级税务机关根据损失金额大小、证据涉及地区等因素，适当划分审批权限。

（三）企业捆绑资产所发生的损失，由企业总机构所在地税务机关审批。

第七条　负责审批的税务机关应对企业资产损失税前扣除审批申请即报即批。作出审批决定的时限为：

（一）由省级税务机关负责审批的，自受理之日起30个工作日内；

（二）由省级以下税务机关负责审批的，其审批时限由省级税务机关确定，但审批时限最长不得超过省级税务机关负责审批的时限。

因情况复杂需要核实，在规定期限内不能作出审批决定的，经本级税务机关负责人批准，可以适当延长期限，但延期期限不得超过30天。同时，应将延长期限的理由告知申请人。

第八条　税务机关受理企业当年的资产损失审批申请的截止日为本年度终了后第45日。企业因特殊原因不能按时申请审批的，经负责审批的税务机关同意后可适当延期申请。

第九条　企业资产损失税前扣除，在企业自行计算扣除或者按照审批权限由有关税务机关按照规定进行审批扣除后，应由企业主管税务机关进行实地核查确认追踪管理。各级税务机关应将资产损失审批纳入岗位责任制考核体系，根据本办法的要求，规范程序，明确责任，建立健全监督制约机制和责任追究制度。

第三章 资产损失确认证据

第十条 企业发生属于由企业自行计算扣除的资产损失，应按照企业内部管理控制的要求，做好资产损失的确认工作，并保留好有关资产会计核算资料和原始凭证及内部审批证明等证据，以备税务机关日常检查。

企业按规定向税务机关报送资产损失税前扣除申请时，均应提供能够证明资产损失确属已实际发生的合法证据，包括：具有法律效力的外部证据和特定事项的企业内部证据。

第十一条 具有法律效力的外部证据，是指司法机关、行政机关、专业技术鉴定部门等依法出具的与本企业资产损失相关的具有法律效力的书面文件，主要包括：

（一）司法机关的判决或者裁定；

（二）公安机关的立案结案证明、回复；

（三）工商部门出具的注销、吊销及停业证明；

（四）企业的破产清算公告或清偿文件；

（五）行政机关的公文；

（六）国家及授权专业技术鉴定部门的鉴定报告；

（七）具有法定资质的中介机构的经济鉴定证明；

（八）经济仲裁机构的仲裁文书；

（九）保险公司对投保资产出具的出险调查单、理赔计算单等；

（十）符合法律条件的其他证据。

第十二条 特定事项的企业内部证据，是指会计核算制度健全，内部控制制度完善的企业，对各项资产发生毁损、报废、盘亏、死亡、变质等内部证明或承担责任的声明，主要包括：

（一）有关会计核算资料和原始凭证；

（二）资产盘点表；

（三）相关经济行为的业务合同；

（四）企业内部技术鉴定部门的鉴定文件或资料（数额较大、影响较大的资产损失项目，应聘请行业内的专家参加鉴定和论证）；

（五）企业内部核批文件及有关情况说明；

（六）对责任人由于经营管理责任造成损失的责任认定及赔偿情况说明；

（七）法定代表人、企业负责人和企业财务负责人对特定事项真实性承担法律责任的声明。

第四章 现金等货币资产损失的认定

第十三条 企业货币资产损失包括现金损失、银行存款损失和应收（预付）账款损失等。

第十四条 企业清查出的现金短缺扣除责任人赔偿后的余额，确认为现金损失。现金损失确认应提供以下证据：

（一）现金保管人确认的现金盘点表（包括倒推至基准日的记录）；

（二）现金保管人对于短款的说明及相关核准文件；

（三）对责任人由于管理责任造成损失的责任认定及赔偿情况的说明；

（四）涉及刑事犯罪的，应提供司法机关的涉案材料。

第十五条 企业将货币性资金存入法定具有吸收存款职能的机构，因该机构依法破产、清算，或者政府责令停业、关闭等原因，确实不能收回的部分，确认为存款损失。存款损失应提供以下相关证据：

（一）企业存款的原始凭据；

（二）法定具有吸收存款职能的机构破产、清算的法律文件；

（三）政府责令停业、关闭文件等外部证据；

（四）清算后剩余资产分配的文件。

第十六条　企业应收、预付账款发生符合坏账损失条件的，申请坏账损失税前扣除，应提供下列相关依据：

（一）法院的破产公告和破产清算的清偿文件；

（二）法院的败诉判决书、裁决书，或者胜诉但被法院裁定终（中）止执行的法律文书；

（三）工商部门的注销、吊销证明；

（四）政府部门有关撤销、责令关闭的行政决定文件；

（五）公安等有关部门的死亡、失踪证明；

（六）逾期三年以上及已无力清偿债务的确凿证明；

（七）与债务人的债务重组协议及其相关证明；

（八）其他相关证明。

第十七条　逾期不能收回的应收款项中，单笔数额较小、不足以弥补清收成本的，由企业作出专项说明，对确实不能收回的部分，认定为损失。

第十八条　逾期三年以上的应收款项，企业有依法催收磋商记录，确认债务人已资不抵债、连续三年亏损或连续停止经营三年以上的，并能认定三年内没有任何业务往来，可以认定为损失。

第五章　非货币资产损失的认定

第十九条　企业非货币资产损失包括存货损失、固定资产损失、在建工程损失、生物资产损失等。

第二十条　存货盘亏损失，其盘亏金额扣除责任人赔偿后的余额部分，依据下列证据认定损失：

（一）存货盘点表；

（二）存货保管人对于盘亏的情况说明；

（三）盘亏存货的价值确定依据（包括相关入库手续、相同相近存货采购发票价格或其他确定依据）；

（四）企业内部有关责任认定、责任人赔偿说明和内部核批文件。

第二十一条　存货报废、毁损和变质损失，其账面价值扣除残值及保险赔偿或责任赔偿后的余额部分，依据下列相关证据认定损失：

（一）单项或批量金额较小（占企业同类存货10%以下、或减少当年应纳税所得、增加亏损10%以下、或10万元以下。下同）的存货，由企业内部有关技术部门出具技术鉴定证明；

（二）单项或批量金额超过上述规定标准的较大存货，应取得专业技术鉴定部门的鉴定报告或者具有法定资质中介机构出具的经济鉴定证明；

（三）涉及保险索赔的，应当有保险公司理赔情况说明；

（四）企业内部关于存货报废、毁损、变质情况说明及审批文件；

（五）残值情况说明；

（六）企业内部有关责任认定、责任赔偿说明和内部核批文件。

第二十二条 存货被盗损失，其账面价值扣除保险理赔以及责任赔偿后的余额部分，依据下列证据认定损失：

（一）向公安机关的报案记录，公安机关立案、破案和结案的证明材料；

（二）涉及责任人的责任认定及赔偿情况说明；

（三）涉及保险索赔的，应当有保险公司理赔情况说明。

第二十三条 固定资产盘亏、丢失损失，其账面净值扣除责任人赔偿后的余额部分，依据下列证据确认损失：

（一）固定资产盘点表；

（二）盘亏、丢失情况说明，单项或批量金额较大的固定资产盘亏、丢失，企业应逐项作出专项说明，并出具具有法定资质中介机构出具的经济鉴定证明；

（三）企业内部有关责任认定和内部核准文件等。

第二十四条 固定资产报废、毁损损失，其账面净值扣除残值、保险赔偿和责任人赔偿后的余额部分，依据下列相关证据认定损失：

（一）企业内部有关部门出具的鉴定证明；

（二）单项或批量金额较小的固定资产报废、毁损，可由企业逐项作出说明，并出具内部有关技术部门的技术鉴定证明；

单项或批量金额较大的固定资产报废、毁损，企业应逐项作出专项说明，并出具专业技术鉴定机构的鉴定报告，也可以同时附送中介机构的经济鉴定证明。

（三）自然灾害等不可抗力原因造成固定资产毁损、报废的，应当有相关职能部门出具的鉴定报告，如消防部门出具受灾证明，公安部门出具的事故现场处理报告、车辆报损证明，房管部门的房屋拆除证明，锅炉、电梯等安检部门的检验报告等；

（四）企业固定资产报废、毁损情况说明及内部核批文件；

（五）涉及保险索赔的，应当有保险公司理赔情况说明。

第二十五条 固定资产被盗损失，其账面净值扣除保险理赔以及责任赔偿后的余额部分，依据下列证据认定损失：

（一）向公安机关的报案记录，公安机关立案、破案和结案的证明材料；

（二）涉及责任人的责任认定及赔偿情况说明；

（三）涉及保险索赔的，应当有保险公司理赔情况说明。

第二十六条 在建工程停建、废弃和报废、拆除损失，其账面价值扣除残值后的余额部分，依据下列证据认定损失：

（一）国家明令停建项目的文件；

（二）有关政府部门出具的工程停建、拆除文件；

（三）企业对报废、废弃的在建工程项目出具的鉴定意见和原因说明及核批文件，单项数额较大的在建工程项目报废，应当有专业技术鉴定部门的鉴定报告；

（四）工程项目实际投资额的确定依据。

第二十七条 在建工程自然灾害和意外事故毁损损失，其账面价值扣除残值、保险赔偿及责任赔偿后的余额部分，依据下列证据认定损失：

（一）有关自然灾害或者意外事故证明；

（二）涉及保险索赔的，应当有保险理赔说明；

（三）企业内部有关责任认定、责任人赔偿说明和核准文件。

第二十八条　工程物资发生损失的，比照本办法存货损失的规定进行认定。

第二十九条　生产性生物资产盘亏损失，其账面净值扣除责任人赔偿后的余额部分，依据下列证据确认损失：

（一）生产性生物资产盘点表；

（二）盘亏情况说明，单项或批量金额较大的生产性生物资产，企业应逐项作出专项说明；

（三）企业内部有关责任认定和内部核准文件等。

第三十条　因森林病虫害、疫情、死亡而产生的生产性生物资产损失，其账面净值扣除残值、保险赔偿和责任人赔偿后的余额部分，依据下列相关证据认定损失：

（一）企业内部有关部门出具的鉴定证明；

（二）单项或批量金额较大的生产性生物资产森林病虫害、疫情、死亡，企业应逐项作出专项说明，并出具专业技术鉴定部门的鉴定报告；

（三）因不可抗力原因造成生产性生物资产森林病虫害、疫情、死亡，应当有相关职能部门出具的鉴定报告，如林业部门出具的森林病虫害证明、卫生防疫部门出具的疫情证明、消防部门出具的受灾证明、公安部门出具的事故现场处理报告等；

（四）企业生产性生物资产森林病虫害、疫情、死亡情况说明及内部核批文件；

（五）涉及保险索赔的，应当有保险公司理赔情况说明。

第三十一条　对被盗伐、被盗、丢失而产生的生产性生物资产损失，其账面净值扣除保险理赔以及责任赔偿后的余额部分，依据下列证据认定损失：

（一）生产性生物资产被盗后，向公安机关的报案记录或公安机关立案、破案和结案的证明材料；

（二）涉及责任人的责任认定及赔偿情况说明；

（三）涉及保险索赔的，应当有保险公司理赔情况说明。

第三十二条　企业由于未能按期赎回抵押资产，使抵押资产被拍卖或变卖，其账面净值大于变卖价值的差额部分，依据拍卖或变卖证明，认定为资产损失。

第六章　投资损失的认定

第三十三条　企业投资损失包括债权性投资损失和股权（权益）性投资损失。

第三十四条　下列各类符合坏账损失条件的债权投资，依据下列相关证据认定损失：

（一）债务人和担保人依法宣告破产、关闭、解散或撤销，并终止法人资格，企业对债务人和担保人进行追偿后，未能收回的债权，应提交债务人和担保人破产、关闭、解散证明、撤销文件、县级及县级以上工商行政管理部门注销证明和资产清偿证明。

（二）债务人死亡，或者依法宣告失踪或者死亡，企业依法对其资产或者遗产进行清偿，并对担保人进行追偿后，未能收回的债权，应提交债务人和担保人债务人死亡失踪证明，资产或者遗产清偿证明。

（三）债务人遭受重大自然灾害或意外事故，损失巨大且不能获得保险补偿，确实无力偿还的债务；或者保险赔偿清偿后，确实无力偿还的债务，企业对其资产进行清偿和对担保人进行追偿后，未能收回的债权，应提交债务人遭受重大自然灾害或意外事故证明，保险赔偿证明、资产清偿证明。

（四）债务人和担保人虽未依法宣告破产、关闭、解散或撤销，但已完全停止经营活动，被县及县以上工商行政管理部门依法吊销营业执照，企业对债务人和担保人进行追偿后，未收回的债权，应提交债务人和担保人被县及县以上工商行政管理部门注销或吊销证明和资产清偿证明。

（五）债务人和担保人虽未依法宣告破产、关闭、解散或撤销，但已完全停止经营活动或下落不明，连续两年以上未参加工商年检，企业对债务人和担保人进行追偿后，未收回的债权，应提交县及县以上工商行政管理部门查询证明和资产清偿证明。

（六）债务人触犯刑律，依法受到制裁，其资产不足归还所借债务，又无其他债务承担者，经追偿后确实无法收回的债权，应提交法院裁定证明和资产清偿证明。

（七）债务人和担保人不能偿还到期债务，企业诉诸法律，经法院对债务人和担保人强制执行，债务人和担保人均无资产可执行，法院裁定终结或终止执行后，企业仍无法收回的债权。应提交法院强制执行证明和资产清偿证明，其中终止执行的，还应按市场公允价估算债务人和担保人的资产，如果其价值不足以清偿属于《破产法》规定的优先清偿项目，由企业出具专项说明，可将应收债权全额确定为债权损失；如果清偿《破产法》规定的优先清偿项目后仍有结余但不足以清偿所欠债务的，按所欠债务的比例确定企业应收债权的损失金额。

对同一债务人有多项债权的，可以按类推的原则确认债权损失金额。

（八）企业对债务人和担保人诉诸法律后，因债务人和担保人主体资格不符或消亡，同时又无其他债务承担人，被法院驳回起诉或裁定免除（或免除部分）债务人责任，或因借款合同、担保合同等权利凭证遗失或法律追溯失效，法院不予受理或不予支持，经追偿后确实无法收回的债权，应提交法院驳回起诉的证明，或裁定免除债务人责任的判决书、裁定书或民事调解书，或法院不予受理或不予支持证明。

（九）债务人由于上述一至八项原因不能偿还到期债务，企业依法取得抵债资产，但仍不足以抵偿相关的债权，经追偿后仍无法收回的金额，应提交抵债资产接收、抵债金额确定证明和上述一至八项相关的证明。

（十）债务人由于上述一至九项原因不能偿还到期债务，企业依法进行债务重组而发生的损失，应提交损失原因证明材料、具有法律效力的债务重组方案。

（十一）企业经批准采取打包出售、公开拍卖、招标等市场方式出售、转让股权、债权的，其出售转让价格低于账面价值的差额，应提交资产处置方案、出售转让合同（或协议）、成交及入账证明、资产账面价值清单。

（十二）企业因内部控制制度不健全、操作程序不规范或因业务创新但政策不明确、不配套等原因而形成的损失，应由企业承担的金额，应提交损失原因证明材料或业务监管部门定性证明、损失专项说明。

（十三）企业因刑事案件原因形成的损失，应由企业承担的金额或经公安机关立案侦察2年以上仍无法追回的金额，应提交损失原因证明材料，公、检、法部门的立案侦察情况或判决书。

（十四）金融企业对于余额在500万元以下（含500万元）的抵押（质押）贷款，农村信用社、村镇银行为50万元以下（含50万元）的抵押（质押）贷款，经追索1年以上，仍无法收回的金额，应提交损失原因证明材料、追索记录（包括电话追索、信件追索和上门追索等原始记录，并由经办人员和负责人签章确认）等。

（十五）经国务院专案批准核销的债权，应提交国务院批准文件或经国务院同意后由国务院有关部门批准的文件。

第三十五条 金融企业符合坏账条件的银行卡透支款项以及相关的已计入应纳税所得额的其他应收款项，依据下列相关证据认定损失：

（一）持卡人和担保人依法宣告破产，资产经法定清偿后，未能还清的款项，应提交法院破产证明和资产清偿证明。

（二）持卡人和担保人死亡或依法宣告失踪或者死亡，以其资产或遗产清偿后，未能还清的款项，应提交死亡或失踪证明和资产或遗产清偿证明。

（三）经诉讼或仲裁并经强制执行程序后，仍无法收回的款项，应提交诉讼判决书或仲裁书和强制执行证明。

（四）持卡人和担保人因经营管理不善、资不抵债，经有关部门批准关闭，被县及县级以上工商行政管理部门注销、吊销营业执照，以其资产清偿后，仍未能还清的款项，应提交有关管理部门批准持卡人关闭的文件和工商行政管理部门注销持卡人营业执照的证明。

（五）余额在2万元以下（含2万元），经追索2年以上，仍无法收回的款项，应提交追索记录，包括电话追索、信件追索和上门追索等原始记录，并由经办人员和负责人签章确认。

第三十六条 金融企业符合坏账条件的助学贷款，依据下列相关证据认定损失：

（一）债务人死亡，或者依法宣告失踪或者死亡，或丧失完全民事行为能力或劳动能力，无继承人或受遗赠人，在依法处置其助学贷款抵押物（质押物）及债务人的私有资产，并向担保人追索连带责任后，仍未能归还的贷款，应提交债务人死亡或者失踪的宣告，或公安部门、医院出具的债务人死亡证明；司法部门出具的债务人丧失完全民事能力的证明，或经县以上医院出具的债务人丧失劳动能力的证明，以及对助学贷款抵押物（质押物）处理和对担保人的追索情况。

（二）经诉讼并经强制执行程序后，在依法处置其助学贷款抵押物（质押物）及债务人的私有资产，并向担保人追索连带责任后，仍未能归还的贷款，应提交法院判决书或法院在案件无法继续执行时作出的终结裁定书，以及对助学贷款抵押物（质押物）处理和对担保人的追索情况。

（三）贷款逾期后，在企业确定的有效追索期限内，依法处置其助学贷款抵押物（质押物）及债务人的私有资产，同时向担保人追索连带责任后，仍未能归还的贷款，应提交对助学贷款抵押物（质押物）和对担保人的追索情况。

第三十七条 企业符合条件的股权（权益）性投资损失，应依据下列相关证据认定损失：

（一）企业法定代表人、主要负责人和财务负责人签章证实有关投资损失的书面声明；

（二）有关被投资方破产公告、破产清偿文件；工商部门注销、吊销文件；政府有关部门的行政决定文件；终止经营、停止交易的法律或其他证明文件；

（三）有关资产的成本和价值回收情况说明；

（四）被投资方清算剩余资产分配情况的证明。

第三十八条 企业的股权（权益）投资当有确凿证据表明已形成资产损失时，应扣除责任人的保险赔款、变价收入或可收回金额后，再确认发生的资产损失。

可收回金额一律暂定为账面余额的5%。

第三十九条 企业委托金融机构向其他单位贷款，接受贷款单位不能按期偿还的，比照本办法进行处理。

第四十条 企业委托符合法定资格要求的机构进行理财，应按业务实质和《中华人民共和国企业所得税法》及实施条例的规定区分为债权性投资和股权（权益）性投资，并按相关投资确认损失的条件和证据要求申报委托理财损失。

第四十一条 企业对外提供与本企业应纳税收入有关的担保，因被担保人不能按期偿还债务而承担连带还款责任，经清查和追索，被担保人无偿还能力，对无法追回的，比照本办法应收账款损失进行处理。

与本企业应纳税收入有关的担保是指企业对外提供的与本企业投资、融资、材料采购、产品销售等主要生产经营活动密切相关的担保。

企业为其他独立纳税人提供的与本企业应纳税收入无关的贷款担保等，因被担保方还不清贷款而由该担保人承担的本息等，不得申报扣除。

第四十二条 下列股权和债权不得确认为在企业所得税前扣除的损失：

（一）债务人或者担保人有经济偿还能力，不论何种原因，未按期偿还的企业债权；

（二）违反法律、法规的规定，以各种形式、借口逃废或者悬空的企业债权；

（三）行政干预逃废或者悬空的企业债权；

（四）企业未向债务人和担保人追偿的债权；

（五）企业发生非经营活动的债权；

（六）国家规定可以从事贷款业务以外的企业因资金直接拆借而发生的损失；

（七）其他不应当核销的企业债权和股权。

第七章 责 任

第四十三条 税务机关应按本办法规定的时间和程序，本着公正、透明、廉洁、高效和方便纳税人的原则，及时受理和审批纳税人申报的资产损失审批事项。非因客观原因未能及时受理或审批的，或者未按规定程序进行审批和核实造成审批错误的，应按《中华人民共和国税收征收管理法》和税收执法责任制的有关规定追究责任。

上一级税务机关应对下一级税务机关每一纳税年度审批的资产损失事项进行抽查监督。

第四十四条 税务机关对企业申请税前扣除的资产损失的审批不改变企业的依法申报责任，企业采用伪造、变造有关资料证明等手段多列多报资产损失，或本办法规定需要审批而未审批直接税前扣除资产损失造成少缴税款的，税务机关根据《中华人民共和国税收征收管理法》的有关规定进行处理。

因税务机关责任审批或核实错误，造成企业未缴或少缴税款的，按《中华人民共和国税收征收管理法》第五十二条规定执行。

第四十五条 税务机关对企业自行申报扣除和经审批扣除的资产损失进行纳税检查时，根据实质重于形式原则对有关证据的真实性、合法性和合理性进行审查，对有确凿证据证明由于不真实、不合法或不合理的证据或估计而造成的税前扣除，应依法进行纳税调整，并区分情况分清责任，按规定对纳税人和有关责任人依法进行处罚。有关技术鉴定部门或中介机构为纳税人提供虚假证明而税前扣除资产损失，导致未缴、少缴税款的，按《中华人民共和国税收征收管理法》及其实施细则的规定处理。

第八章 附 则

第四十六条 各省、自治区、直辖市和计划单列市国家税务局、地方税务局可以根据本办法，对企业资产损失税前扣除制定具体实施办法。

第四十七条 本办法自2008年1月1日起执行。

第三节 企业研究开发费用税前扣除管理办法

第一条 为鼓励企业开展研究开发活动，规范企业研究开发费用的税前扣除及有关税收优惠政策的执行，根据《中华人民共和国企业所得税法》及其实施条例、《中华人民共和国税收征收管理法》及其实施细则和《国务院关于印发实施〈国家中长期科学和技术发展规划纲要（2006—2020）〉若干配套政策的通知》（国发〔2006〕6号）的有关规定，制定本办法（国税发〔2008〕116号）。

第二条 本办法适用于财务核算健全并能准确归集研究开发费用的居民企业（以下简称企业）。

第三条 本办法所称研究开发活动是指企业为获得科学与技术（不包括人文、社会科学）新知识，创造性运用科学技术新知识，或实质性改进技术、工艺、产品（服务）而持续进行的具有明确目标的研究开发活动。

创造性运用科学技术新知识，或实质性改进技术、工艺、产品（服务），是指企业通过研究开发活动在技术、工艺、产品（服务）方面的创新取得了有价值的成果，对本地区（省、自治区、直辖市或计划单列市）相关行业的技术、工艺领先具有推动作用，不包括企业产品（服务）的常规性升级或对公开的科研成果直接应用等活动（如直接采用公开的新工艺、材料、装置、产品、服务或知识等）。

第四条 企业从事《国家重点支持的高新技术领域》（请见第十三章第三节）和国家发展改革委员会等部门公布的《当前优先发展的高技术产业化重点领域指南（2007年度）》规定项目的研究开发活动，其在一个纳税年度中实际发生的下列费用支出，允许在计算应纳税所得额时按照规定实行加计扣除。

（一）新产品设计费、新工艺规程制定费以及与研发活动直接相关的技术图书资料费、资料翻译费。

（二）从事研发活动直接消耗的材料、燃料和动力费用。

（三）在职直接从事研发活动人员的工资、薪金、奖金、津贴、补贴。

（四）专门用于研发活动的仪器、设备的折旧费或租赁费。

（五）专门用于研发活动的软件、专利权、非专利技术等无形资产的摊销费用。

（六）专门用于中间试验和产品试制的模具、工艺装备开发及制造费。

（七）勘探开发技术的现场试验费。

（八）研发成果的论证、评审、验收费用。

第五条 对企业共同合作开发的项目，凡符合上述条件的，由合作各方就自身承担的研发费用分别按照规定计算加计扣除。

第六条 对企业委托给外单位进行开发的研发费用，凡符合上述条件的，由委托方按照规定计算加计扣除，受托方不得再进行加计扣除。

对委托开发的项目，受托方应向委托方提供该研发项目的费用支出明细情况，否则，该委托开发项目的费用支出不得实行加计扣除。

第七条 企业根据财务会计核算和研发项目的实际情况，对发生的研发费用进行收益化或资本化处理的，可按下述规定计算加计扣除：

（一）研发费用计入当期损益未形成无形资产的，允许再按其当年研发费用实际发生额的50%，直接抵扣当年的应纳税所得额。

（二）研发费用形成无形资产的，按照该无形资产成本的150%在税前摊销。除法律另有规定外，摊销年限不得低于10年。

第八条 法律、行政法规和国家税务总局规定不允许企业所得税前扣除的费用和支出项目，均不允许计入研究开发费用。

第九条 企业未设立专门的研发机构或企业研发机构同时承担生产经营任务的，应对研发费用和生产经营费用分开进行核算，准确、合理地计算各项研究开发费用支出，对划分不清的，不得实行加计扣除。

第十条 企业必须对研究开发费用实行专账管理，同时必须按照本办法附表的规定项目，准确归集填写年度可加计扣除的各项研究开发费用实际发生金额。企业应于年度汇算清缴所得税申报时向主管税务机关报送本办法规定的相应资料。申报的研究开发费用不真实或者资料不齐全的，不得享受研究开发费用加计扣除，主管税务机关有权对企业申报的结果进行合理调整。

企业在一个纳税年度内进行多个研究开发活动的，应按照不同开发项目分别归集可加计扣除的研究开发费用额。

第十一条 企业申请研究开发费加计扣除时，应向主管税务机关报送如下资料：

（一）自主、委托、合作研究开发项目计划书和研究开发费预算。

（二）自主、委托、合作研究开发专门机构或项目组的编制情况和专业人员名单。

（三）自主、委托、合作研究开发项目当年研究开发费用发生情况归集表。

（四）企业总经理办公会或董事会关于自主、委托、合作研究开发项目立项的决议文件。

（五）委托、合作研究开发项目的合同或协议。

（六）研究开发项目的效用情况说明、研究成果报告等资料。

第十二条 企业实际发生的研究开发费，在年度中间预缴所得税时，允许据实计算扣除，在年度终了进行所得税年度申报和汇算清缴时，再依照本办法的规定计算加计扣除。

第十三条 主管税务机关对企业申报的研究开发项目有异议的，可要求企业提供政府科技部门的鉴定意见书。

第十四条 企业研究开发费各项目的实际发生额归集不准确、汇总额计算不准确的，主管税务机关有权调整其税前扣除额或加计扣除额。

第十五条 企业集团根据生产经营和科技开发的实际情况，对技术要求高、投资数额大，需要由集团公司进行集中开发的研究开发项目，其实际发生的研究开发费，可以按照合理的分摊方法在受益集团成员公司间进行分摊。

第十六条 企业集团采取合理分摊研究开发费的，企业集团应提供集中研究开发项目的协议或合同，该协议或合同应明确规定参与各方在该研究开发项目中的权利和义务、费用分摊方法等内容。如不提供协议或合同，研究开发费不得加计扣除。

第十七条　企业集团采取合理分摊研究开发费的，企业集团集中研究开发项目实际发生的研究开发费，应当按照权利和义务、费用支出和收益分享一致的原则，合理确定研究开发费用的分摊方法。

第十八条　企业集团采取合理分摊研究开发费的，企业集团母公司负责编制集中研究开发项目的立项书、研究开发费用预算表、决算表和决算分摊表。

第十九条　税企双方对企业集团集中研究开发费的分摊方法和金额有争议的，如企业集团成员公司设在不同省、自治区、直辖市和计划单列市的，企业按照国家税务总局的裁决意见扣除实际分摊的研究开发费；企业集团成员公司在同一省、自治区、直辖市和计划单列市的，企业按照省税务机关的裁决意见扣除实际分摊的研究开发费。

第二十条　本办法从2008年1月1日起执行。

表10-1　________研发项目

可加计扣除研究开发费用情况归集表

（已计入无形资产成本的费用除外）

纳税人名称（公章）：　　　　　　　　　　　　　　　　纳税人识别号：

____年度（　季度）　　　　　　　　　　　　　　　　　金额单位：元

序号	费用项目	发生额
1	一、研发活动直接消耗的材料、燃料和动力费用	
2	1. 材料	
3	2. 燃料	
4	3. 动力费用	
5		
6	二、直接从事研发活动的本企业在职人员费用	
7	1. 工资、薪金	
8	2. 津贴、补贴	
9	3. 奖金	
10		
11		
12	三、专门用于研发活动的有关折旧费 （按规定一次或分次摊入管理费的仪器和设备除外）	
13	1. 仪器	
14	2. 设备	
15		
16	四、专门用于研发活动的有关租赁费	
17	1. 仪器	
18	2. 设备	
19		
20	五、专门用于研发活动的有关无形资产摊销费	
21	1. 软件	
22	2. 专利权	
23	3. 非专利技术	
24		
25	六、专门用于中间试验和产品试制的模具、工艺装备开发及制造费	
26		

续表

序号	费用项目	发生额
27	七、研发成果论证、鉴定、评审、验收费用	
28		
29	八、与研发活动直接相关的其他费用	
30	1. 新产品设计费	
31	2. 新工艺规程制定费	
32	3. 技术图书资料费	
33	4. 资料翻译费	
34		
35	合计数（1+2+3…+34）	
36	从有关部门和母公司取得的研究开发费专项拨款	
37	加计扣除额（35－36）×50%	

第四节　公益性捐赠税前扣除办法

税法规定，企业发生的公益性捐赠支出，在年度利润总额12%以内的部分，准予在计算应纳税所得额时扣除。这里所称之公益性捐赠，是指企业通过公益性社会团体或者县级以上人民政府及其部门，用于《中华人民共和国公益事业捐赠法》规定的公益事业的捐赠。

对公益性捐赠所得税税前扣除有关问题明确如下（财税〔2008〕160号）：

1. 企业通过公益性社会团体或者县级以上人民政府及其部门，用于公益事业的捐赠支出，在年度利润总额12%以内的部分，准予在计算应纳税所得额时扣除。年度利润总额，是指企业依照国家统一会计制度的规定计算的大于零的数额。

2. 个人通过社会团体、国家机关向公益事业的捐赠支出，按照现行税收法律、行政法规及相关政策规定准予在所得税税前扣除。

3. 本通知第一条（即上述1）所称的用于公益事业的捐赠支出，是指《中华人民共和国公益事业捐赠法》规定的向公益事业的捐赠支出，具体范围包括：

（1）救助灾害、救济贫困、扶助残疾人等困难的社会群体和个人的活动；

（2）教育、科学、文化、卫生、体育事业；

（3）环境保护、社会公共设施建设；

（4）促进社会发展和进步的其他社会公共和福利事业。

4. 本通知第一条（即上述1）所称的公益性社会团体和第二条（即上述2）所称的社会团体均指依据国务院发布的《基金会管理条例》和《社会团体登记管理条例》的规定，经民政部门依法登记、符合以下条件的基金会、慈善组织等公益性社会团体：

（1）符合《中华人民共和国企业所得税法实施条例》第五十二条第（一）项到第（八）项规定的条件（见十二章第一节之八（1）到（8））；

（2）申请前3年内未受到行政处罚；

（3）基金会在民政部门依法登记3年以上（含3年）的，应当在申请前连续2年年度检查合格，或最近1年年度检查合格且社会组织评估等级在3A以上（含3A），登记3年以下1年以上（含1年）的，应当在申请前1年年度检查合格或社会组织评估等级在3A以上

（含 3A），登记 1 年以下的基金会具备本款第（1）项、第（2）项规定的条件；

（4）公益性社会团体（不含基金会）在民政部门依法登记 3 年以上，净资产不低于登记的活动资金数额，申请前连续 2 年年度检查合格，或最近 1 年年度检查合格且社会组织评估等级在 3A 以上（含 3A），申请前连续 3 年每年用于公益活动的支出不低于上年总收入的 70%（含 70%），同时需达到当年总支出的 50%以上（含 50%）。

前款所称年度检查合格是指民政部门对基金会、公益性社会团体（不含基金会）进行年度检查，作出年度检查合格的结论；社会组织评估等级在 3A 以上（含 3A）是指社会组织在民政部门主导的社会组织评估中被评为 3A、4A、5A 级别，且评估结果在有效期内。

5. 本通知第一条所称的县级以上人民政府及其部门和第二条所称的国家机关均指县级（含县级，下同）以上人民政府及其组成部门和直属机构。

6. 符合本通知第四条规定的基金会、慈善组织等公益性社会团体，可按程序申请公益性捐赠税前扣除资格。

（1）经民政部批准成立的公益性社会团体，可分别向财政部、国家税务总局、民政部提出申请。

（2）经省级民政部门批准成立的基金会，可分别向省级财政、税务（国、地税，下同）、民政部门提出申请。经地方县级以上人民政府民政部门批准成立的公益性社会团体（不含基金会），可分别向省、自治区、直辖市和计划单列市财政、税务、民政部门提出申请。

（3）民政部门负责对公益性社会团体的资格进行初步审核，财政、税务部门会同民政部门对公益性社会团体的捐赠税前扣除资格联合进行审核确认。

（4）对符合条件的公益性社会团体，按照上述管理权限，由财政部、国家税务总局和民政部及省、自治区、直辖市和计划单列市财政、税务和民政部门分别定期予以公布。

7. 申请捐赠税前扣除资格的公益性社会团体，需报送以下材料：

（1）申请报告；

（2）民政部或地方县级以上人民政府民政部门颁发的登记证书复印件；

（3）组织章程；

（4）申请前相应年度的资金来源、使用情况，财务报告，公益活动的明细，注册会计师的审计报告；

（5）民政部门出具的申请前相应年度的年度检查结论、社会组织评估结论。

8. 公益性社会团体和县级以上人民政府及其组成部门和直属机构在接受捐赠时，应按照行政管理级次分别使用由财政部或省、自治区、直辖市财政部门印制的公益性捐赠票据，并加盖本单位的印章；对个人索取捐赠票据的，应予以开具。

新设立的基金会在申请获得捐赠税前扣除资格后，原始基金的捐赠人可凭捐赠票据依法享受税前扣除。

9. 公益性社会团体和县级以上人民政府及其组成部门和直属机构在接受捐赠时，捐赠资产的价值，按以下原则确认：

（1）接受捐赠的货币性资产，应当按照实际收到的金额计算。

（2）接受捐赠的非货币性资产，应当以其公允价值计算。捐赠方在向公益性社会团体和县级以上人民政府及其组成部门和直属机构捐赠时，应当提供注明捐赠非货币性资产公允价值的证明，如果不能提供上述证明，公益性社会团体和县级以上人民政府及其组成部门和直属机构不得向其开具公益性捐赠票据。

10. 存在以下情形之一的公益性社会团体，应取消公益性捐赠税前扣除资格：

（1）年度检查不合格或最近一次社会组织评估等级低于3A的；

（2）在申请公益性捐赠税前扣除资格时有弄虚作假行为的；

（3）存在偷税行为或为他人偷税提供便利的；

（4）存在违反该组织章程的活动，或者接受的捐赠款项用于组织章程规定用途之外的支出等情况的；

（5）受到行政处罚的。

被取消公益性捐赠税前扣除资格的公益性社会团体，存在本条第（1）项情形的，1年内不得重新申请公益性捐赠税前扣除资格，存在第（2）项、第（3）项、第（4）项、第（5）项情形的，3年内不得重新申请公益性捐赠税前扣除资格。

对本条第（3）项、第（4）项情形，应对其接受捐赠收入和其他各项收入依法补征企业所得税。

11. 本通知从2008年1月1日起执行。本通知发布前已经取得和未取得捐赠税前扣除资格的公益性社会团体，均应按本通知的规定提出申请。《财政部　国家税务总局关于公益救济性捐赠税前扣除政策及相关管理问题的通知》（财税〔2007〕6号）停止执行。

第五节　特定事项捐赠的税前扣除

政府对某些特定事项捐赠的税前扣除作出了规定。

一、特定事项捐赠的税前扣除（国税函〔2009〕202号）

企业发生为汶川地震灾后重建、举办北京奥运会和上海世博会等特定事项的捐赠，按照《财政部　海关总署　国家税务总局关于支持汶川地震灾后恢复重建有关税收政策问题的通知》（财税〔2008〕104号）、《财政部　国家税务总局　海关总署关于29届奥运会税收政策问题的通知》（财税〔2003〕10号）、《财政部　国家税务总局关于2010年上海世博会有关税收政策问题的通知》（财税〔2005〕180号）等相关规定，可以据实全额扣除。企业发生的其他捐赠，应按《企业所得税法》第九条及《实施条例》第五十一、五十二、五十三条的规定计算扣除。

二、通过公益性群众团体的公益性捐赠的税前扣除（财税〔2009〕124号）

为贯彻落实《中华人民共和国企业所得税法》和《中华人民共和国个人所得税法》，现对企业和个人通过依照《社会团体登记管理条例》规定不需进行社团登记的人民团体以及经国务院批准免予登记的社会团体（以下统称群众团体）的公益性捐赠所得税税前扣除有关问题明确如下：

1. 企业通过公益性群众团体用于公益事业的捐赠支出，在年度利润总额12%以内的部分，准予在计算应纳税所得额时扣除。年度利润总额，是指企业依照国家统一会计制度的规定计算的大于零的数额。

2. 个人通过公益性群众团体向公益事业的捐赠支出，按照现行税收法律、行政法规及相关政策规定准予在所得税税前扣除。

3. 本通知第一条和第二条所称的公益事业，是指《中华人民共和国公益事业捐赠法》规定的下列事项：

（1）救助灾害、救济贫困、扶助残疾人等困难的社会群体和个人的活动；

（2）教育、科学、文化、卫生、体育事业；

（3）环境保护、社会公共设施建设；

（4）促进社会发展和进步的其他社会公共和福利事业。

4. 本通知第一条和第二条所称的公益性群众团体，是指同时符合以下条件的群众团体：

（1）符合《中华人民共和国企业所得税法实施条例》第五十二条第（一）项至第（八）项规定的条件；

（2）县级以上各级机构编制部门直接管理其机构编制；

（3）对接受捐赠的收入以及用捐赠收入进行的支出单独进行核算，且申请前连续 3 年接受捐赠的总收入中用于公益事业的支出比例不低于 70%。

5. 符合本通知第四条规定的公益性群众团体，可按程序申请公益性捐赠税前扣除资格。

（1）由中央机构编制部门直接管理其机构编制的群众团体，向财政部、国家税务总局提出申请。

（2）由县级以上地方各级机构编制部门直接管理其机构编制的群众团体，向省、自治区、直辖市和计划单列市财政、税务部门提出申请。

（3）对符合条件的公益性群众团体，按照上述管理权限，由财政部、国家税务总局和省、自治区、直辖市、计划单列市财政、税务部门分别每年联合公布名单。名单应当包括继续获得公益性捐赠税前扣除资格和新获得公益性捐赠税前扣除资格的群众团体，企业和个人在名单所属年度内向名单内的群众团体进行的公益性捐赠支出，可以按规定进行税前扣除。

6. 申请公益性捐赠税前扣除资格的群众团体，需报送以下材料：

（1）申请报告；

（2）县级以上各级党委、政府或机构编制部门印发的“三定”规定；

（3）组织章程；

（4）申请前相应年度的受赠资金来源、使用情况，财务报告，公益活动的明细，注册会计师的审计报告或注册税务师的鉴证报告。

7. 公益性群众团体在接受捐赠时，应按照行政管理级次分别使用由财政部或省、自治区、直辖市财政部门印制的公益性捐赠票据或者《非税收入一般缴款书》收据联，并加盖本单位的印章；对个人索取捐赠票据的，应予以开具。

8. 公益性群众团体接受捐赠的资产价值，按以下原则确认：

（1）接受捐赠的货币性资产，应当按照实际收到的金额计算。

（2）接受捐赠的非货币性资产，应当以其公允价值计算。捐赠方在向公益性群众团体捐赠时，应当提供注明捐赠非货币性资产公允价值的证明，如果不能提供上述证明，公益性群众团体不得向其开具公益性捐赠票据或者《非税收入一般缴款书》收据联。

9. 对存在以下情形之一的公益性群众团体，应取消其公益性捐赠税前扣除资格：

（1）前 3 年接受捐赠的总收入中用于公益事业的支出比例低于 70%的；

（2）在申请公益性捐赠税前扣除资格时有弄虚作假行为的；

（3）存在逃避缴纳税款行为或为他人逃避缴纳税款提供便利的；

（4）存在违反该组织章程的活动，或者接受的捐赠款项用于组织章程规定用途之外的支出等情况的；

（5）受到行政处罚的。

被取消公益性捐赠税前扣除资格的公益性群众团体，存在本条第（2）项、第（3）项、第（4）项、第（5）项情形的，3 年内不得重新申请公益性捐赠税前扣除资格。

对存在本条第（3）项、第（4）项情形的公益性群众团体，应对其接受捐赠收入和其他各项收入依法补征企业所得税。

10. 对于通过公益性群众团体发生的公益性捐赠支出，主管税务机关应对照财政、税务部门联合发布的名单，接受捐赠的群众团体位于名单内，则企业或个人在名单所属年度发生的公益性捐赠支出可按规定进行税前扣除；接受捐赠的群众团体不在名单内，或虽在名单内但企业或个人发生的公益性捐赠支出不属于名单所属年度的，不得扣除。

11. 获得公益性捐赠税前扣除资格的公益性群众团体，应自不符合本通知第四条规定条件之一或存在本通知第九条规定情形之一之日起 15 日内向主管税务机关报告，主管税务机关可暂时明确其获得资格的次年内企业向该群众团体的公益性捐赠支出，不得税前扣除，同时提请财政部、国家税务总局或省级财政、税务部门明确其获得资格的次年不具有公益性捐赠税前扣除资格。

12. 本通知从 2008 年 1 月 1 日起执行。本通知发布前已经取得和未取得公益性捐赠税前扣除资格的群众团体，均应按本通知规定提出申请。

第六节 企业手续费及佣金支出税前扣除政策

为规范企业所得税税前扣除，加强企业所得税管理，根据《中华人民共和国企业所得税法》和《中华人民共和国企业所得税法实施条例》（以下合称新税法）有关规定，现将企业发生的手续费及佣金支出税前扣除政策问题通知如下（财税〔2009〕29 号）：

1. 企业发生与生产经营有关的手续费及佣金支出，不超过以下规定计算限额以内的部分，准予扣除；超过部分，不得扣除。

（1）保险企业：财产保险企业按当年全部保费收入扣除退保金等后余额的 15%（含本数，下同）计算限额；人身保险企业按当年全部保费收入扣除退保金等后余额的 10%计算限额。

（2）其他企业：按与具有合法经营资格中介服务机构或个人（不含交易双方及其雇员、代理人和代表人等）所签订服务协议或合同确认的收入金额的 5%计算限额。

2. 企业应与具有合法经营资格中介服务企业或个人签订代办协议或合同，并按国家有关规定支付手续费及佣金。除委托个人代理外，企业以现金等非转账方式支付的手续费及佣金不得在税前扣除。企业为发行权益性证券支付给有关证券承销机构的手续费及佣金不得在税前扣除。

3. 企业不得将手续费及佣金支出计入回扣、业务提成、返利、进场费等费用。

4. 企业已计入固定资产、无形资产等相关资产的手续费及佣金支出，应当通过折旧、摊销等方式分期扣除，不得在发生当期直接扣除。

5. 企业支付的手续费及佣金不得直接冲减服务协议或合同金额，并如实入账。

6. 企业应当如实向当地主管税务机关提供当年手续费及佣金计算分配表和其他相关资料，并依法取得合法真实凭证。

7. 本通知自印发之日起实施。新税法实施之日至本通知印发之日前企业手续费及佣金所得税税前扣除事项按本通知规定处理。

第七节 金融企业贷款损失准备金的企业所得税税前扣除

根据《中华人民共和国企业所得税法》及《中华人民共和国企业所得税法实施条例》的有关规定，现就政策性银行、商业银行、财务公司和城乡信用社等国家允许从事贷款业务的金融企业提取的贷款损失准备税前扣除政策问题，通知如下（财税〔2009〕64号）：

1. 准予提取贷款损失准备的贷款资产范围包括：

（1）贷款（含抵押、质押、担保等贷款）；

（2）银行卡透支、贴现、信用垫款（含银行承兑汇票垫款、信用证垫款、担保垫款等）、进出口押汇、同业拆出等各项具有贷款特征的风险资产；

（3）由金融企业转贷并承担对外还款责任的国外贷款，包括国际金融组织贷款、外国买方信贷、外国政府贷款、日本国际协力银行不附条件贷款和外国政府混合贷款等资产。

2. 金融企业准予当年税前扣除的贷款损失准备计算公式如下：

准予当年税前扣除的贷款损失准备=本年末准予提取贷款损失准备的贷款资产余额×1%-截至上年末已在税前扣除的贷款损失准备余额

金融企业按上述公式计算的数额如为负数，应当相应调增当年应纳税所得额。

3. 金融企业的委托贷款、代理贷款、国债投资、应收股利、上交央行准备金以及金融企业剥离的债权和股权、应收财政贴息、央行款项等不承担风险和损失的资产，不得提取贷款损失准备在税前扣除。

4. 金融企业发生的符合条件的贷款损失，按规定报经税务机关审批后，应先冲减已在税前扣除的贷款损失准备，不足冲减部分可据实在计算当年应纳税所得额时扣除。

5. 本通知自2008年1月1日起至2010年12月31日止执行。

第八节 金融企业涉农贷款和中小企业贷款损失准备金税前扣除政策

根据《国务院办公厅关于当前金融促进经济发展的若干意见》（国办发〔2008〕126号）有关规定，现就金融企业涉农贷款和中小企业贷款损失准备金税前扣除政策，通知如下（财税〔2009〕99号）：

1. 金融企业根据《贷款风险分类指导原则》（银发〔2001〕416号），对其涉农贷款和中小企业贷款进行风险分类后，按照以下比例计提的贷款损失专项准备金，准予在计算应纳税所得额时扣除：

（1）关注类贷款，计提比例为2%；

（2）次级类贷款，计提比例为25%；

（3）可疑类贷款，计提比例为50%；

（4）损失类贷款，计提比例为100%。

2. 本通知所称涉农贷款，是指《涉农贷款专项统计制度》（银发〔2007〕246号）统计的以下贷款：

（1）农户贷款；

（2）农村企业及各类组织贷款。

本条所称农户贷款，是指金融企业发放给农户的所有贷款。农户贷款的判定应以贷款发放时的承贷主体是否属于农户为准。农户，是指长期（1年以上）居住在乡镇（不包括城关镇）行政管理区域内的住户，还包括长期居住在城关镇所辖行政村范围内的住户和户口不在本地而在本地居住1年以上的住户，国有农场的职工和农村个体工商户。位于乡镇（不包括城关镇）行政管理区域内和在城关镇所辖行政村范围内的国有经济的机关、团体、学校、企事业单位的集体户；有本地户口，但举家外出谋生1年以上的住户，无论是否保留承包耕地均不属于农户。农户以户为统计单位，既可以从事农业生产经营，也可以从事非农业生产经营。

本条所称农村企业及各类组织贷款，是指金融企业发放给注册地位于农村区域的企业及各类组织的所有贷款。农村区域，是指除地级及以上城市的城市行政区及其市辖建制镇之外的区域。

3. 本通知所称中小企业贷款，是指金融企业对年销售额和资产总额均不超过2亿元的企业的贷款。

4. 金融企业发生的符合条件的涉农贷款和中小企业贷款损失，应先冲减已在税前扣除的贷款损失准备金，不足冲减部分可据实在计算应纳税所得额时扣除。

5. 本通知自2008年1月1日起至2010年12月31日止执行。

第九节 证券行业准备金支出的企业所得税税前扣除

根据《中华人民共和国企业所得税法》和《中华人民共和国企业所得税法实施条例》的有关规定，现就证券行业准备金支出企业所得税税前扣除有关政策问题明确如下（财税〔2009〕33号）：

一、证券类准备金

（一）证券交易所风险基金

上海、深圳证券交易所依据《证券交易所风险基金管理暂行办法》（证监发〔2000〕22号）的有关规定，按证券交易所交易收取经手费的20%、会员年费的10%提取的证券交易所风险基金，在各基金净资产不超过10亿元的额度内，准予在企业所得税税前扣除。

（二）证券结算风险基金

1. 中国证券登记结算公司所属上海分公司、深圳分公司依据《证券结算风险基金管理办法》（证监发〔2006〕65号）的有关规定，按证券登记结算公司业务收入的20%提取的证券结算风险基金，在各基金净资产不超过30亿元的额度内，准予在企业所得税税前扣除。

2. 证券公司依据《证券结算风险基金管理办法》（证监发〔2006〕65号）的有关规定，作为结算会员按人民币普通股和基金成交金额的十万分之三、国债现货成交金额的十万分之一、1天期国债回购成交额的千万分之五、2天期国债回购成交额的千万分之十、3天期国债回购成交额的千万分之十五、4天期国债回购成交额的千万分之二十、7天期国债回购成交额的千万分之五十、14天期国债回购成交额的十万分之一、28天期国债回购成交额的十万分之二、91天期国债回购成交额的十万分之六、182天期国债回购成交额的十万分之十二逐日交纳的证券结算风险基金，准予在企业所得税税前扣除。

（三）证券投资者保护基金

1. 上海、深圳证券交易所依据《证券投资者保护基金管理办法》（证监会令第 27 号）的有关规定，在风险基金分别达到规定的上限后，按交易经手费的 20%缴纳的证券投资者保护基金，准予在企业所得税税前扣除。

2. 证券公司依据《证券投资者保护基金管理办法》（证监会令第 27 号）的有关规定，按其营业收入 0.5%~5%缴纳的证券投资者保护基金，准予在企业所得税税前扣除。

二、期货类准备金

（一）期货交易所风险准备金

上海期货交易所、大连商品交易所、郑州商品交易所和中国金融期货交易所依据《期货交易管理条例》（国务院令第 489 号）、《期货交易所管理办法》（证监会令第 42 号）和《商品期货交易财务管理暂行规定》（财商字〔1997〕44 号）的有关规定，分别按向会员收取手续费收入的 20%计提的风险准备金，在风险准备金余额达到有关规定的额度内，准予在企业所得税税前扣除。

（二）期货公司风险准备金

期货公司依据《期货公司管理办法》（证监会令第 43 号）和《商品期货交易财务管理暂行规定》（财商字〔1997〕44 号）的有关规定，从其收取的交易手续费收入减去应付期货交易所手续费后的净收入的 5%提取的期货公司风险准备金，准予在企业所得税税前扣除。

（三）期货投资者保障基金

1. 上海期货交易所、大连商品交易所、郑州商品交易所和中国金融期货交易所依据《期货投资者保障基金管理暂行办法》（证监会令第 38 号）的有关规定，按其向期货公司会员收取的交易手续费的 3%缴纳的期货投资者保障基金，在基金总额达到有关规定的额度内，准予在企业所得税税前扣除。

2. 期货公司依据《期货投资者保障基金管理暂行办法》（证监会令第 38 号）的有关规定，从其收取的交易手续费中按照代理交易额的千万分之五至千万分之十的比例缴纳的期货投资者保障基金，在基金总额达到有关规定的额度内，准予在企业所得税税前扣除。

三、上述准备金如发生清算、退还，应按规定补征企业所得税

本通知自 2008 年 1 月 1 日起至 2010 年 12 月 31 日止执行。

第十节　保险公司准备金支出的企业所得税税前扣除

根据《中华人民共和国企业所得税法》和《中华人民共和国企业所得税法实施条例》（国务院令第 512 号）的有关规定，现就保险公司准备金支出企业所得税税前扣除有关问题明确如下（财税〔2009〕48 号）：

1. 保险公司按下列规定缴纳的保险保障基金，准予据实税前扣除：

（1）非投资型财产保险业务，不得超过保费收入的 0.8%；投资型财产保险业务，有保证收益的，不得超过业务收入的 0.08%，无保证收益的，不得超过业务收入的 0.05%。

（2）有保证收益的人寿保险业务，不得超过业务收入的 0.15%；无保证收益的人寿保险业务，不得超过业务收入的 0.05%。

(3) 短期健康保险业务，不得超过保费收入的0.8%；长期健康保险业务，不得超过保费收入的0.15%。

(4) 非投资型意外伤害保险业务，不得超过保费收入的0.8%；投资型意外伤害保险业务，有保证收益的，不得超过业务收入的0.08%，无保证收益的，不得超过业务收入的0.05%。

保险保障基金，是指按照《中华人民共和国保险法》和《保险保障基金管理办法》(保监会、财政部、人民银行令2008年第2号) 规定缴纳形成的，在规定情形下用于救助保单持有人、保单受让公司或者处置保险业风险的非政府性行业风险救助基金。

保费收入，是指投保人按照保险合同约定，向保险公司支付的保险费。

业务收入，是指投保人按照保险合同约定，为购买相应的保险产品支付给保险公司的全部金额。

非投资型财产保险业务，是指仅具有保险保障功能而不具有投资理财功能的财产保险业务。

投资型财产保险业务，是指兼具有保险保障与投资理财功能的财产保险业务。

有保证收益，是指保险产品在投资收益方面提供固定收益或最低收益保障。

无保证收益，是指保险产品在投资收益方面不提供收益保证，投保人承担全部投资风险。

2. 保险公司有下列情形之一的，其缴纳的保险保障基金不得在税前扣除：

(1) 财产保险公司的保险保障基金余额达到公司总资产6%的。

(2) 人身保险公司的保险保障基金余额达到公司总资产1%的。

3. 保险公司按规定提取的未到期责任准备金、寿险责任准备金、长期健康险责任准备金、未决赔款准备金，准予在税前扣除。

(1) 未到期责任准备金、寿险责任准备金、长期健康险责任准备金依据精算师或出具专项审计报告的中介机构确定的金额提取。

未到期责任准备金，是指保险人为尚未终止的非寿险保险责任提取的准备金。

寿险责任准备金，是指保险人为尚未终止的人寿保险责任提取的准备金。

长期健康险责任准备金，是指保险人为尚未终止的长期健康保险责任提取的准备金。

(2) 未决赔款准备金分已发生已报案未决赔款准备金、已发生未报案未决赔款准备金和理赔费用准备金。已发生已报案未决赔款准备金，按最高不超过当期已经提出的保险赔款或者给付金额的100%提取；已发生未报案未决赔款准备金按不超过当年实际赔款支出额的8%提取。

未决赔款准备金，是指保险人为非寿险保险事故已发生尚未结案的赔案提取的准备金。

已发生已报案未决赔款准备金，是指保险人为非寿险保险事故已经发生并已向保险人提出索赔、尚未结案的赔案提取的准备金。

已发生未报案未决赔款准备金，是指保险人为非寿险保险事故已经发生、尚未向保险人提出索赔的赔案提取的准备金。

理赔费用准备金，是指保险人为非寿险保险事故已发生尚未结案的赔案可能发生的律师费、诉讼费、损失检验费、相关理赔人员薪酬等费用提取的准备金。

4. 保险公司实际发生的各种保险赔款、给付，应首先冲抵按规定提取的准备金，不足冲抵部分，准予在当年税前扣除。

5. 本通知自2008年1月1日至2010年12月31日执行。

第十一节　保险公司提取农业巨灾风险准备金企业所得税税前扣除

为积极支持解决“三农”问题，促进保险公司拓展农业保险业务，提高农业巨灾发生后恢复生产能力，根据《中华人民共和国企业所得税法》和《中华人民共和国企业所得税法实施条例》的有关规定，现对保险公司计提农业保险巨灾风险准备金企业所得税税前扣除问题通知如下（财税〔2009〕110号）：

1. 保险公司经营中央财政和地方财政保费补贴的种植业险种（以下简称补贴险种）的，按不超过补贴险种当年保费收入25%的比例计提的巨灾风险准备金，准予在企业所得税前据实扣除。具体计算公式如下：

本年度扣除的巨灾风险准备金＝本年度保费收入×25%－上年度已在税前扣除的巨灾风险准备金结存余额

按上述公式计算的数额如为负数，应调增当年应纳税所得额。

2. 保险公司应当按专款专用原则建立健全巨灾风险准备金管理使用制度。在向主管税务机关报送企业所得税纳税申报表时，同时附送巨灾风险准备金提取、使用情况的说明和报表。

3. 本通知自2008年1月1日起至2010年12月31日止执行。

第十二节　企业关联方利息支出的税前扣除标准

为规范企业利息支出税前扣除，加强企业所得税管理，根据《中华人民共和国企业所得税法》（以下简称税法）第四十六条和《中华人民共和国企业所得税法实施条例》（国务院令第512号，以下简称实施条例）第一百一十九条的规定，现将企业接受关联方债权性投资利息支出税前扣除的政策问题通知如下（财税〔2008〕121号）：

1. 在计算应纳税所得额时，企业实际支付给关联方的利息支出，不超过以下规定比例和税法及其实施条例有关规定计算的部分，准予扣除，超过的部分不得在发生当期和以后年度扣除。

企业实际支付给关联方的利息支出，除符合本规定第2条规定外，其接受关联方债权性投资与其权益性投资比例为：

（1）金融企业，为5∶1；

（2）其他企业，为2∶1。

2. 企业如果能够按照税法及其实施条例的有关规定提供相关资料，并证明相关交易活动符合独立交易原则的；或者该企业的实际税负不高于境内关联方的，其实际支付给境内关联方的利息支出，在计算应纳税所得额时准予扣除。

3. 企业同时从事金融业务和非金融业务，其实际支付给关联方的利息支出，应按照合理方法分开计算；没有按照合理方法分开计算的，一律按本规定第1条有关其他企业的比例计算准予税前扣除的利息支出。

4. 企业自关联方取得的不符合规定的利息收入应按照有关规定缴纳企业所得税。

第十三节 中小企业信用担保机构准备金的税前扣除

根据《中华人民共和国企业所得税法》和《中华人民共和国企业所得税法实施条例》的有关规定，现就中小企业信用担保机构有关税前扣除政策问题通知如下（财税〔2009〕62号）：

1. 中小企业信用担保机构可按照不超过当年年末担保责任余额1%的比例计提担保赔偿准备，允许在企业所得税税前扣除。

2. 中小企业信用担保机构可按照不超过当年担保费收入50%的比例计提未到期责任准备，允许在企业所得税税前扣除，同时将上年度计提的未到期责任准备余额转为当期收入。

3. 中小企业信用担保机构实际发生的代偿损失，应依次冲减已在税前扣除的担保赔偿准备和在税后利润中提取的一般风险准备，不足冲减部分据实在企业所得税税前扣除。

4. 本通知所称中小企业信用担保机构是指以中小企业为服务对象的信用担保机构。

5. 本通知自2008年1月1日起至2010年12月31日止执行。

第十四节 企业重组业务的企业所得税处理

政府对企业重组业务的企业所得税处理作了明确规定。

一、税法规定

除国务院财政、税务主管部门另有规定外，企业在重组过程中，应当在交易发生时确认有关资产的转让所得或损失，相关资产应当按照交易价格重新确定计税基础。

二、企业重组业务企业所得税处理若干问题（财税〔2009〕59号）

根据《中华人民共和国企业所得税法》第二十条和《中华人民共和国企业所得税法实施条例》（国务院令第512号）第七十五条规定，现就企业重组所涉及的企业所得税具体处理问题通知如下：

1. 本通知所称企业重组，是指企业在日常经营活动以外发生的法律结构或经济结构重大改变的交易，包括企业法律形式改变、债务重组、股权收购、资产收购、合并、分立等。

（1）企业法律形式改变，是指企业注册名称、住所以及企业组织形式等的简单改变，但符合本通知规定其他重组的类型除外。

（2）债务重组，是指在债务人发生财务困难的情况下，债权人按照其与债务人达成的书面协议或者法院裁定书，就其债务人的债务作出让步的事项。

（3）股权收购，是指一家企业（以下称为“收购企业”）购买另一家企业（以下称为“被收购企业”）的股权，以实现对被收购企业控制的交易。收购企业支付对价的形式包括股权支付、非股权支付或两者的组合。

（4）资产收购，是指一家企业（以下称为“受让企业”）购买另一家企业（以下称为“转让企业”）实质经营性资产的交易。受让企业支付对价的形式包括股权支付、非股权支付或两者的组合。

（5）合并，是指一家或多家企业（以下称为“被合并企业”）将其全部资产和负债转让给另一家现存或新设企业（以下称为“合并企业”），被合并企业股东换取合并企业的股权或非股权支付，实现两个或两个以上企业的依法合并。

（6）分立，是指一家企业（以下称为“被分立企业”）将部分或全部资产分离转让给现存或新设的企业（以下称为“分立企业”），被分立企业股东换取分立企业的股权或非股权支付，实现企业的依法分立。

2. 本通知所称股权支付，是指企业重组中购买、换取资产的一方支付的对价中，以本企业或其控股企业的股权、股份作为支付的形式；所称非股权支付，是指以本企业的现金、银行存款、应收款项、本企业或其控股企业股权和股份以外的有价证券、存货、固定资产、其他资产以及承担债务等作为支付的形式。

3. 企业重组的税务处理区分不同条件分别适用一般性税务处理规定和特殊性税务处理规定。

4. 企业重组，除符合本通知规定适用特殊性税务处理规定的外，按以下规定进行税务处理：

（1）企业由法人转变为个人独资企业、合伙企业等非法人组织，或将登记注册地转移至中华人民共和国境外（包括港澳台地区），应视同企业进行清算、分配，股东重新投资成立新企业。企业的全部资产以及股东投资的计税基础均应以公允价值为基础确定。

企业发生其他法律形式简单改变的，可直接变更税务登记，除另有规定外，有关企业所得税纳税事项（包括亏损结转、税收优惠等权益和义务）由变更后企业承继，但因住所发生变化而不符合税收优惠条件的除外。

（2）企业债务重组，相关交易应按以下规定处理：

①以非货币资产清偿债务，应当分解为转让相关非货币性资产、按非货币性资产公允价值清偿债务两项业务，确认相关资产的所得或损失。

②发生债权转股权的，应当分解为债务清偿和股权投资两项业务，确认有关债务清偿所得或损失。

③债务人应当按照支付的债务清偿额低于债务计税基础的差额，确认债务重组所得；债权人应当按照收到的债务清偿额低于债权计税基础的差额，确认债务重组损失。

④债务人的相关所得税纳税事项原则上保持不变。

（3）企业股权收购、资产收购重组交易，相关交易应按以下规定处理：

①被收购方应确认股权、资产转让所得或损失。

②收购方取得股权或资产的计税基础应以公允价值为基础确定。

③被收购企业的相关所得税事项原则上保持不变。

（4）企业合并，当事各方应按下列规定处理：

①合并企业应按公允价值确定接受被合并企业各项资产和负债的计税基础。

②被合并企业及其股东都应按清算进行所得税处理。

③被合并企业的亏损不得在合并企业结转弥补。

（5）企业分立，当事各方应按下列规定处理：

①被分立企业对分立出去的资产应按公允价值确认资产转让所得或损失。

②分立企业应按公允价值确认接受资产的计税基础。

③被分立企业继续存在时，其股东取得的对价应视同被分立企业分配进行处理。

④被分立企业不再继续存在时，被分立企业及其股东都应按清算进行所得税处理。

⑤企业分立相关企业的亏损不得相互结转弥补。

5. 企业重组同时符合下列条件的，适用特殊性税务处理规定：

（1）具有合理的商业目的，且不以减少、免除或者推迟缴纳税款为主要目的。

（2）被收购、合并或分立部分的资产或股权比例符合本通知规定的比例。

（3）企业重组后的连续 12 个月内不改变重组资产原来的实质性经营活动。

（4）重组交易对价中涉及股权支付金额符合本通知规定比例。

（5）企业重组中取得股权支付的原主要股东，在重组后连续 12 个月内，不得转让所取得的股权。

6. 企业重组符合本通知第五条规定条件的，交易各方对其交易中的股权支付部分，可以按以下规定进行特殊性税务处理：

（1）企业债务重组确认的应纳税所得额占该企业当年应纳税所得额 50%以上，可以在 5 个纳税年度的期间内，均匀计入各年度的应纳税所得额。

企业发生债权转股权业务，对债务清偿和股权投资两项业务暂不确认有关债务清偿所得或损失，股权投资的计税基础以原债权的计税基础确定。企业的其他相关所得税事项保持不变。

（2）股权收购，收购企业购买的股权不低于被收购企业全部股权的 75%，且收购企业在该股权收购发生时的股权支付金额不低于其交易支付总额的 85%，可以选择按以下规定处理：

①被收购企业的股东取得收购企业股权的计税基础，以被收购股权的原有计税基础确定。

②收购企业取得被收购企业股权的计税基础，以被收购股权的原有计税基础确定。

③收购企业、被收购企业的原有各项资产和负债的计税基础和其他相关所得税事项保持不变。

（3）资产收购，受让企业收购的资产不低于转让企业全部资产的 75%，且受让企业在该资产收购发生时的股权支付金额不低于其交易支付总额的 85%，可以选择按以下规定处理：

①转让企业取得受让企业股权的计税基础，以被转让资产的原有计税基础确定。

②受让企业取得转让企业资产的计税基础，以被转让资产的原有计税基础确定。

（4）企业合并，企业股东在该企业合并发生时取得的股权支付金额不低于其交易支付总额的 85%，以及同一控制下且不需要支付对价的企业合并，可以选择按以下规定处理：

①合并企业接受被合并企业资产和负债的计税基础，以被合并企业的原有计税基础确定。

②被合并企业合并前的相关所得税事项由合并企业承继。

③可由合并企业弥补的被合并企业亏损的限额 = 被合并企业净资产公允价值 × 截至合并业务发生当年年末国家发行的最长期限的国债利率。

④被合并企业股东取得合并企业股权的计税基础，以其原持有的被合并企业股权的计税基础确定。

（5）企业分立，被分立企业所有股东按原持股比例取得分立企业的股权，分立企业和被分立企业均不改变原来的实质经营活动，且被分立企业股东在该企业分立发生时取得的股权支付金额不低于其交易支付总额的 85%，可以选择按以下规定处理：

①分立企业接受被分立企业资产和负债的计税基础，以被分立企业的原有计税基础确定。

②被分立企业已分立出去资产相应的所得税事项由分立企业承继。

③被分立企业未超过法定弥补期限的亏损额可按分立资产占全部资产的比例进行分配，由分立企业继续弥补。

④被分立企业的股东取得分立企业的股权（以下简称“新股”），如需部分或全部放弃原持有的被分立企业的股权（以下简称“旧股”），“新股”的计税基础应以放弃“旧股”的计税基础确定。如不需放弃“旧股”，则其取得“新股”的计税基础可从以下两种方法中选择确定：直接将“新股”的计税基础确定为零；或者以被分立企业分立出去的净资产占被分立企业全部净资产的比例先调减原持有的“旧股”的计税基础，再将调减的计税基础平均分配到“新股”上。

（6）重组交易各方按本条（1）至（5）项规定对交易中股权支付暂不确认有关资产的转让所得或损失的，其非股权支付仍应在交易当期确认相应的资产转让所得或损失，并调整相应资产的计税基础。

非股权支付对应的资产转让所得或损失 =（被转让资产的公允价值 – 被转让资产的计税基础）×（非股权支付金额 ÷ 被转让资产的公允价值）

7. 企业发生涉及中国境内与境外之间（包括港澳台地区）的股权和资产收购交易，除应符合本通知第五条规定的条件外，还应同时符合下列条件，才可选择适用特殊性税务处理规定：

（1）非居民企业向其 100%直接控股的另一非居民企业转让其拥有的居民企业股权，没有因此造成以后该项股权转让所得预提税负担变化，且转让方非居民企业向主管税务机关书面承诺在 3 年（含 3 年）内不转让其拥有受让方非居民企业的股权；

（2）非居民企业向与其具有 100%直接控股关系的居民企业转让其拥有的另一居民企业股权；

（3）居民企业以其拥有的资产或股权向其 100%直接控股的非居民企业进行投资；

（4）财政部、国家税务总局核准的其他情形。

8. 本通知第 7 条第（3）项所指的居民企业以其拥有的资产或股权向其 100%直接控股关系的非居民企业进行投资，其资产或股权转让收益如选择特殊性税务处理，可以在 10 个纳税年度内均匀计入各年度应纳税所得额。

9. 在企业吸收合并中，合并后的存续企业性质及适用税收优惠的条件未发生改变的，可以继续享受合并前该企业剩余期限的税收优惠，其优惠金额按存续企业合并前一年的应纳税所得额（亏损计为零）计算。

在企业存续分立中，分立后的存续企业性质及适用税收优惠的条件未发生改变的，可以继续享受分立前该企业剩余期限的税收优惠，其优惠金额按该企业分立前一年的应纳税所得额（亏损计为零）乘以分立后存续企业资产占分立前该企业全部资产的比例计算。

10. 企业在重组发生前后连续 12 个月内分步对其资产、股权进行交易，应根据实质重于形式原则将上述交易作为一项企业重组交易进行处理。

11. 企业发生符合本通知规定的特殊性重组条件并选择特殊性税务处理的，当事各方应在该重组业务完成当年企业所得税年度申报时，向主管税务机关提交书面备案资料，证明其符合各类特殊性重组规定的条件。企业未按规定书面备案的，一律不得按特殊重组业务进行税务处理。

12. 对企业在重组过程中涉及的需要特别处理的企业所得税事项，由国务院财政、税务主管部门另行规定。

13. 本通知自 2008 年 1 月 1 日起执行。

第十五节　房地产开发经营业务企业所得税处理办法

第一章　总　则

第一条　根据《中华人民共和国企业所得税法》及其实施条例、《中华人民共和国税收征收管理法》及其实施细则等有关税收法律、行政法规的规定，制定本办法（国税发〔2009〕31号）。

第二条　本办法适用于中国境内从事房地产开发经营业务的企业（以下简称“企业”）。

第三条　企业房地产开发经营业务包括土地的开发，建造、销售住宅、商业用房以及其他建筑物、附着物、配套设施等开发产品。除土地开发之外，其他开发产品符合下列条件之一的，应视为已经完工：

（一）开发产品竣工证明材料已报房地产管理部门备案。

（二）开发产品已开始投入使用。

（三）开发产品已取得了初始产权证明。

第四条　企业出现《中华人民共和国税收征收管理法》第三十五条规定的情形，税务机关可对其以往应缴的企业所得税按核定征收方式进行征收管理，并逐步规范，同时按《中华人民共和国税收征收管理法》等税收法律、行政法规的规定进行处理，但不得事先确定企业的所得税按核定征收方式进行征收、管理。

第二章　收入的税务处理

第五条　开发产品销售收入的范围为销售开发产品过程中取得的全部价款，包括现金、现金等价物及其他经济利益。企业代有关部门、单位和企业收取的各种基金、费用和附加等，凡纳入开发产品价内或由企业开具发票的，应按规定全部确认为销售收入；未纳入开发产品价内并由企业之外的其他收取部门、单位开具发票的，可作为代收代缴款项进行管理。

第六条　企业通过正式签订《房地产销售合同》或《房地产预售合同》所取得的收入，应确认为销售收入的实现，具体按以下规定确认：

（一）采取一次性全额收款方式销售开发产品的，应于实际收讫价款或取得索取价款凭据（权利）之日，确认收入的实现。

（二）采取分期收款方式销售开发产品的，应按销售合同或协议约定的价款和付款日确认收入的实现。付款方提前付款的，在实际付款日确认收入的实现。

（三）采取银行按揭方式销售开发产品的，应按销售合同或协议约定的价款确定收入额，其首付款应于实际收到日确认收入的实现，余款在银行按揭贷款办理转账之日确认收入的实现。

（四）采取委托方式销售开发产品的，应按以下原则确认收入的实现：

1. 采取支付手续费方式委托销售开发产品的，应按销售合同或协议中约定的价款于收到受托方已销开发产品清单之日确认收入的实现。

2. 采取视同买断方式委托销售开发产品的，属于企业与购买方签订销售合同或协议，或企业、受托方、购买方三方共同签订销售合同或协议的，如果销售合同或协议中约定的价格高于买断价格，则应按销售合同或协议中约定的价格计算的价款于收到受托方已销开发产品清单之日确认收入的实现；如果属于前两种情况中销售合同或协议中约定的价格低于买断价格，以及属于受托方与购买方签订销售合同或协议的，则应按买断价格计算的价款于收到受托方已销开发产品清单之日确认收入的实现。

3. 采取基价（保底价）并实行超基价双方分成方式委托销售开发产品的，属于由企业与购买方签订销售合同或协议，或企业、受托方、购买方三方共同签订销售合同或协议的，如果销售合同或协议中约定的价格高于基价，则应按销售合同或协议中约定的价格计算的价款于收到受托方已销开发产品清单之日确认收入的实现，企业按规定支付受托方的分成额，不得直接从销售收入中减除；如果销售合同或协议约定的价格低于基价的，则应按基价计算的价款于收到受托方已销开发产品清单之日确认收入的实现。属于由受托方与购买方直接签订销售合同的，则应按基价加上按规定取得的分成额于收到受托方已销开发产品清单之日确认收入的实现。

4. 采取包销方式委托销售开发产品的，包销期内可根据包销合同的有关约定，参照上述1至3项规定确认收入的实现；包销期满后尚未出售的开发产品，企业应根据包销合同或协议约定的价款和付款方式确认收入的实现。

第七条 企业将开发产品用于捐赠、赞助、职工福利、奖励、对外投资、分配给股东或投资人、抵偿债务、换取其他企事业单位和个人的非货币性资产等行为，应视同销售，于开发产品所有权或使用权转移，或于实际取得利益权利时确认收入（或利润）的实现。确认收入（或利润）的方法和顺序为：

（一）按本企业近期或本年度最近月份同类开发产品市场销售价格确定；

（二）由主管税务机关参照当地同类开发产品市场公允价值确定；

（三）按开发产品的成本利润率确定。开发产品的成本利润率不得低于15%，具体比例由主管税务机关确定。

第八条 企业销售未完工开发产品的计税毛利率由各省、自治区、直辖市国家税务局、地方税务局按下列规定进行确定：

（一）开发项目位于省、自治区、直辖市和计划单列市人民政府所在地城市城区和郊区的，不得低于15%。

（二）开发项目位于地及地级市城区及郊区的，不得低于10%。

（三）开发项目位于其他地区的，不得低于5%。

（四）属于经济适用房、限价房和危改房的，不得低于3%。

第九条 企业销售未完工开发产品取得的收入，应先按预计计税毛利率分季（或月）计算出预计毛利额，计入当期应纳税所得额。开发产品完工后，企业应及时结算其计税成本并计算此前销售收入的实际毛利额，同时将其实际毛利额与其对应的预计毛利额之间的差额，计入当年度企业本项目与其他项目合并计算的应纳税所得额。

在年度纳税申报时，企业须出具对该项开发产品实际毛利额与预计毛利额之间差异调整情况的报告以及税务机关需要的其他相关资料。

第十条 企业新建的开发产品在尚未完工或办理房地产初始登记、取得产权证前，与承租人签订租赁预约协议的，自开发产品交付承租人使用之日起，出租方取得的预租价款按租金确认收入的实现。

第三章 成本、费用扣除的税务处理

第十一条 企业在进行成本、费用的核算与扣除时，必须按规定区分期间费用和开发产品计税成本、已销开发产品计税成本与未销开发产品计税成本。

第十二条 企业发生的期间费用、已销开发产品计税成本、营业税金及附加、土地增值税准予当期按规定扣除。

第十三条 开发产品计税成本的核算应按第四章的规定进行处理。

第十四条 已销开发产品的计税成本，按当期已实现销售的可售面积和可售面积单位工程成本确认。可售面积单位工程成本和已销开发产品的计税成本按下列公式计算确定：

可售面积单位工程成本 = 成本对象总成本 ÷ 成本对象总可售面积

已销开发产品的计税成本 = 已实现销售的可售面积 × 可售面积单位工程成本

第十五条 企业对尚未出售的已完工开发产品和按照有关法律、法规或合同规定对已售开发产品（包括共用部位、共用设施设备）进行日常维护、保养、修理等实际发生的维修费用，准予在当期据实扣除。

第十六条 企业将已计入销售收入的共用部位、共用设施设备维修基金按规定移交给有关部门、单位的，应于移交时扣除。

第十七条 企业在开发区内建造的会所、物业管理场所、电站、热力站、水厂、文体场馆、幼儿园等配套设施，按以下规定进行处理：

（一）属于非营利性且产权属于全体业主的，或无偿赠与地方政府、公用事业单位的，可将其视为公共配套设施，其建造费用按公共配套设施费的有关规定进行处理。

（二）属于营利性的，或产权归企业所有的，或未明确产权归属的，或无偿赠与地方政府、公用事业单位以外其他单位的，应当单独核算其成本。除企业自用应按建造固定资产进行处理外，其他一律按建造开发产品进行处理。

第十八条 企业在开发区内建造的邮电通信、学校、医疗设施应单独核算成本，其中，由企业与国家有关业务管理部门、单位合资建设，完工后有偿移交的，国家有关业务管理部门、单位给予的经济补偿可直接抵扣该项目的建造成本，抵扣后的差额应调整当期应纳税所得额。

第十九条 企业采取银行按揭方式销售开发产品的，凡约定企业为购买方的按揭贷款提供担保的，其销售开发产品时向银行提供的保证金（担保金）不得从销售收入中减除，也不得作为费用在当期税前扣除，但实际发生损失时可据实扣除。

第二十条 企业委托境外机构销售开发产品的，其支付境外机构的销售费用（含佣金或手续费）不超过委托销售收入10%的部分，准予据实扣除。

第二十一条 企业的利息支出按以下规定进行处理：

（一）企业为建造开发产品借入资金而发生的符合税收规定的借款费用，可按企业会计准则的规定进行归集和分配，其中属于财务费用性质的借款费用，可直接在税前扣除。

（二）企业集团或其成员企业统一向金融机构借款分摊集团内部其他成员企业使用的，借入方凡能出具从金融机构取得借款的证明文件，可以在使用借款的企业间合理的分摊利息费用，使用借款的企业分摊的合理利息准予在税前扣除。

第二十二条 企业因国家无偿收回土地使用权而形成的损失，可作为财产损失按有关规定在税前扣除。

第二十三条 企业开发产品（以成本对象为计量单位）整体报废或毁损，其净损失按有关规定审核确认后准予在税前扣除。

第二十四条 企业开发产品转为自用的，其实际使用时间累计未超过12个月又销售的，不得在税前扣除折旧费用。

第四章 计税成本的核算

第二十五条 计税成本是指企业在开发、建造开发产品（包括固定资产，下同）过程中所发生的按照税收规定进行核算与计量的应归入某项成本对象的各项费用。

第二十六条 成本对象是指为归集和分配开发产品开发、建造过程中的各项耗费而确定的费用承担项目。计税成本对象的确定原则如下：

（一）可否销售原则。开发产品能够对外经营销售的，应作为独立的计税成本对象进行成本核算；不能对外经营销售的，可先作为过渡性成本对象进行归集，然后再将其相关成本摊入能够对外经营销售的成本对象。

（二）分类归集原则。对同一开发地点、竣工时间相近、产品结构类型没有明显差异的群体开发的项目，可作为一个成本对象进行核算。

（三）功能区分原则。开发项目某组成部分相对独立，且具有不同使用功能时，可以作为独立的成本对象进行核算。

（四）定价差异原则。开发产品因其产品类型或功能不同等而导致其预期售价存在较大差异的，应分别作为成本对象进行核算。

（五）成本差异原则。开发产品因建筑上存在明显差异可能导致其建造成本出现较大差异的，要分别作为成本对象进行核算。

（六）权益区分原则。开发项目属于受托代建的或多方合作开发的，应结合上述原则分别划分成本对象进行核算。

成本对象由企业在开工之前合理确定，并报主管税务机关备案。成本对象一经确定，不能随意更改或相互混淆，如确需改变成本对象的，应征得主管税务机关同意。

第二十七条 开发产品计税成本支出的内容如下：

（一）土地征用费及拆迁补偿费。指为取得土地开发使用权（或开发权）而发生的各项费用，主要包括土地买价或出让金、大市政配套费、契税、耕地占用税、土地使用费、土地闲置费、土地变更用途和超面积补交的地价及相关税费、拆迁补偿支出、安置及动迁支出、回迁房建造支出、农作物补偿费、危房补偿费等。

（二）前期工程费。指项目开发前期发生的水文地质勘察、测绘、规划、设计、可行性研究、筹建、场地通平等前期费用。

（三）建筑安装工程费。指开发项目开发过程中发生的各项建筑安装费用。主要包括开发项目建筑工程费和开发项目安装工程费等。

（四）基础设施建设费。指开发项目在开发过程中所发生的各项基础设施支出，主要包括开发项目内道路、供水、供电、供气、排污、排洪、通信、照明等社区管网工程费和环境卫生、园林绿化等园林环境工程费。

（五）公共配套设施费。指开发项目内发生的、独立的、非营利性的，且产权属于全体业主的，或无偿赠与地方政府、政府公用事业单位的公共配套设施支出。

（六）开发间接费。指企业为直接组织和管理开发项目所发生的，且不能将其归属于特定成本对象的成本费用性支出。主要包括管理人员工资、职工福利费、折旧费、修理费、办公费、水电费、劳动保护费、工程管理费、周转房摊销以及项目营销设施建造费等。

第二十八条 企业计税成本核算的一般程序如下：

（一）对当期实际发生的各项支出，按其性质、经济用途及发生的地点、时间区进行整理、归类，并将其区分为应计入成本对象的成本和应在当期税前扣除的期间费用。同时还应按规定对有关预提费用和待摊费用进行计量与确认。

（二）对应计入成本对象中的各项实际支出、预提费用、待摊费用等合理的划分为直接成本、间接成本和共同成本，并按规定将其合理的归集、分配至已完工成本对象、在建成本对象和未建成本对象。

（三）对期前已完工成本对象应负担的成本费用按已销开发产品、未销开发产品和固定资产进行分配，其中应由已销开发产品负担的部分，在当期纳税申报时进行扣除，未销开发产品应负担的成本费用待其实际销售时再予扣除。

（四）对本期已完工成本对象分类为开发产品和固定资产并对其计税成本进行结算。其中属于开发产品的，应按可售面积计算其单位工程成本，据此再计算已销开发产品计税成本和未销开发产品计税成本。对本期已销开发产品的计税成本，准予在当期扣除，未销开发产品计税成本待其实际销售时再予扣除。

（五）对本期未完工和尚未建造的成本对象应当负担的成本费用，应按分别建立明细台账，待开发产品完工后再予结算。

第二十九条 企业开发、建造的开发产品应按制造成本法进行计量与核算。其中，应计入开发产品成本中的费用属于直接成本和能够分清成本对象的间接成本，直接计入成本对象；共同成本和不能分清负担对象的间接成本，应按受益的原则和配比的原则分配至各成本对象，具体分配方法可按以下规定选择其一：

（一）占地面积法。指按已动工开发成本对象占地面积占开发用地总面积的比例进行分配。

1. 一次性开发的，按某一成本对象占地面积占全部成本对象占地总面积的比例进行分配。

2. 分期开发的，首先按本期全部成本对象占地面积占开发用地总面积的比例进行分配，然后再按某一成本对象占地面积占期内全部成本对象占地总面积的比例进行分配。

期内全部成本对象应负担的占地面积为期内开发用地占地面积减除应由各期成本对象共同负担的占地面积。

（二）建筑面积法。指按已动工开发成本对象建筑面积占开发用地总建筑面积的比例进行分配。

1. 一次性开发的，按某一成本对象建筑面积占全部成本对象建筑面积的比例进行分配。

2. 分期开发的，首先按期内成本对象建筑面积占开发用地计划建筑面积的比例进行分配，然后再按某一成本对象建筑面积占期内成本对象总建筑面积的比例进行分配。

（三）直接成本法。指按期内某一成本对象的直接开发成本占期内全部成本对象直接开发成本的比例进行分配。

（四）预算造价法。指按期内某一成本对象预算造价占期内全部成本对象预算造价的比例进行分配。

第三十条 企业下列成本应按以下方法进行分配：

（一）土地成本，一般按占地面积法进行分配。如果确需结合其他方法进行分配的，应商税务机关同意。

土地开发同时连接房地产开发的，属于一次性取得土地分期开发房地产的情况，其土地开发成本经商税务机关同意后可先按土地整体预算成本进行分配，待土地整体开发完毕再行调整。

（二）单独作为过渡性成本对象核算的公共配套设施开发成本，应按建筑面积法进行分配。

（三）借款费用属于不同成本对象共同负担的，按直接成本法或按预算造价法进行分配。

（四）其他成本项目的分配法由企业自行确定。

第三十一条　企业以非货币交易方式取得土地使用权的，应按下列规定确定其成本。

（一）企业、单位以换取开发产品为目的，将土地使用权投资企业的，按下列规定进行处理：

1. 换取的开发产品如为该项土地开发、建造的，接受投资的企业在接受土地使用权时暂不确认其成本，待首次分出开发产品时，再按应分出开发产品（包括首次分出的和以后应分出的）的市场公允价值和土地使用权转移过程中应支付的相关税费计算确认该项土地使用权的成本。如涉及补价，土地使用权的取得成本还应加上应支付的补价款或减除应收到的补价款。

2. 换取的开发产品如为其他土地开发、建造的，接受投资的企业在投资交易发生时，按应付出开发产品市场公允价值和土地使用权转移过程中应支付的相关税费计算确认该项土地使用权的成本。如涉及补价，土地使用权的取得成本还应加上应支付的补价款或减除应收到的补价款。

（二）企业、单位以股权的形式，将土地使用权投资企业的，接受投资的企业应在投资交易发生时，按该项土地使用权的市场公允价值和土地使用权转移过程中应支付的相关税费计算确认该项土地使用权的取得成本。如涉及补价，土地使用权的取得成本还应加上应支付的补价款或减除应收到的补价款。

第三十二条　除以下几项预提（应付）费用外，计税成本均应为实际发生的成本。

（一）出包工程未最终办理结算而未取得全额发票的，在证明资料充分的前提下，其发票不足金额可以预提，但最高不得超过合同总金额的10%。

（二）公共配套设施尚未建造或尚未完工的，可按预算造价合理预提建造费用。此类公共配套设施必须符合已在售房合同、协议或广告、模型中明确承诺建造且不可撤销，或按照法律法规规定必须配套建造的条件。

（三）应向政府上交但尚未上交的报批报建费用、物业完善费用可以按规定预提。物业完善费用是指按规定应由企业承担的物业管理基金、公建维修基金或其他专项基金。

第三十三条　企业单独建造的停车场所，应作为成本对象单独核算。利用地下基础设施形成的停车场所，作为公共配套设施进行处理。

第三十四条　企业在结算计税成本时其实际发生的支出应当取得但未取得合法凭据的，不得计入计税成本，待实际取得合法凭据时，再按规定计入计税成本。

第三十五条　开发产品完工以后，企业可在完工年度企业所得税汇算清缴前选择确定计税成本核算的终止日，不得滞后。凡已完工开发产品在完工年度未按规定结算计税成本，主管税务机关有权确定或核定其计税成本，据此进行纳税调整，并按《中华人民共和国税收征收管理法》的有关规定对其进行处理。

第五章　特定事项的税务处理

第三十六条　企业以本企业为主体联合其他企业、单位、个人合作或合资开发房地产项目，且该项目未成立独立法人公司的，按下列规定进行处理。

（一）凡开发合同或协议中约定向投资各方（即合作、合资方，下同）分配开发产品的，企业在首次分配开发产品时，如该项目已经结算计税成本，其应分配给投资方开发产品的计税成本与其投资额之间的差额计入当期应纳税所得额；如未结算计税成本，则将投资方的投资额视同销售收入进行相关的税务处理。

（二）凡开发合同或协议中约定分配项目利润的，应按以下规定进行处理：

1. 企业应将该项目形成的营业利润额并入当期应纳税所得额统一申报缴纳企业所得税，不得在税前分配该项目的利润。同时不能因接受投资方投资额而在成本中摊销或在税前扣除相关的利息支出。

2. 投资方取得该项目的营业利润应视同股息、红利进行相关的税务处理。

第三十七条 企业以换取开发产品为目的，将土地使用权投资其他企业房地产开发项目的，按以下规定进行处理：

企业应在首次取得开发产品时，将其分解为转让土地使用权和购入开发产品两项经济业务进行所得税处理，并按应从该项目取得的开发产品（包括首次取得的和以后应取得的）的市场公允价值计算确认土地使用权转让所得或损失。

第六章 附 则

第三十八条 从事房地产开发经营业务的外商投资企业在2007年12月31日前存有销售未完工开发产品取得的收入，至该项开发产品完工后，一律按本办法第九条规定的办法进行税务处理。

第三十九条 本通知自2008年1月1日起执行。

第十六节 母子公司间提供服务支付费用的企业所得税处理

根据《中华人民共和国企业所得税法》及其实施条例的有关规定，现就在中国境内，属于不同独立法人的母子公司之间提供服务支付费用有关企业所得税处理问题通知如下（国税发〔2008〕86号）：

1. 母公司为其子公司（以下简称“子公司”）提供各种服务而发生的费用，应按照独立企业之间公平交易原则确定服务的价格，作为企业正常的劳务费用进行税务处理。

母子公司未按照独立企业之间的业务往来收取价款的，税务机关有权予以调整。

2. 母公司向其子公司提供各项服务，双方应签订服务合同或协议，明确规定提供服务的内容、收费标准及金额等，凡按上述合同或协议规定所发生的服务费，母公司应作为营业收入申报纳税；子公司作为成本费用在税前扣除。

3. 母公司向其多个子公司提供同类项服务，其收取的服务费可以采取分项签订合同或协议收取；也可以采取服务分摊协议的方式，即由母公司与各子公司签订服务费用分摊合同或协议，以母公司为其子公司提供服务所发生的实际费用并附加一定比例利润作为向子公司收取的总服务费，在各服务受益子公司（包括盈利企业、亏损企业和享受减免税企业）之间按《中华人民共和国企业所得税法》第四十一条第二款规定合理分摊。即：“企业与其关联方共同开发、受让无形资产，或者共同提供、接受劳务发生的成本，在计算应纳税所得额时应当按照独立交易原则进行分摊。”

4. 母公司以管理费形式向子公司提取费用，子公司因此支付给母公司的管理费，不得在税前扣除。

5. 子公司申报税前扣除向母公司支付的服务费用，应向主管税务机关提供与母公司签订的服务合同或者协议等与税前扣除该项费用相关的材料。不能提供相关材料的，支付的服务费用不得税前扣除。

第十一章　企业所得税税率

企业所得税税率有基本税率、非居民企业适用税率、优惠税率和计征率等，分别适用相关的企业。

第一节　企业所得税的基本税率

新企业所得税法规定了企业所得税的基本税率和非居民企业的适用税率。

一、企业所得税的基本税率

企业所得税的税率为25%。

二、非居民企业的适用税率和优惠税率

对非居民企业而言，其来源于中国境内的所得在缴纳企业所得税时，虽有适用税率和优惠税率之分，但优惠税率则是适用税率减征的结果，它们之间并不矛盾，因此，优惠税率是非居民企业的实际适用税率。

1. 非居民企业的适用税率。税法规定，非居民企业取得企业所得税法第三条第三款规定的所得，即：非居民企业在中国境内未设立机构、场所的，或者虽设立机构、场所但取得的所得与其所设机构、场所没有实际联系的，应当就其来源于中国境内的所得缴纳企业所得税，其适用税率为20%。

2. 非居民企业的优惠税率。税法规定，非居民企业取得企业所得税法第三条第三款规定的所得（上述1），减按10%的税率征收企业所得税。

3. 非居民企业取得B股等股票股息征收企业所得税问题（国税函〔2009〕394号）。根据《中华人民共和国企业所得税法》及其实施条例规定，在中国境内外公开发行、上市股票（A股、B股和海外股）的中国居民企业，在向非居民企业股东派发2008年及以后年度股息时，应统一按10%的税率代扣代缴企业所得税。非居民企业股东需要享受税收协定待遇的，依照税收协定执行的有关规定办理。

第二节　企业所得税的优惠税率

企业所得税法规对某些税项规定了优惠税率。

一、小型微利企业的优惠税率

1. 税法规定，符合条件的小型微利企业，减按20%的税率征收企业所得税。这里所称符合条件的小型微利企业，是指从事国家非限制和禁止行业，并符合下列条件的企业：

（1）工业企业，年度应纳税所得额不超过30万元，从业人数不超过100人，资产总额不超过3000万元；

(2) 其他企业，年度应纳税所得额不超过30万元，从业人数不超过80人，资产总额不超过1000万元。

上述（1）项和（2）项所称从业人数，是指与企业建立劳动关系的职工人数和企业接受的劳务派遣用工人数之和；从业人数和资产总额指标，按企业全年月平均值确定，具体计算公式如下：

月平均值 = (月初值 + 月末值) ÷ 2

全年月平均值 = 全年各月平均值之和 ÷ 12

年度中间开业或者终止经营活动的，以其实际经营期作为一个纳税年度确定上述相关指标（财税〔2009〕69号）。

税法规定的上述小型微利企业待遇，应适用于具备建账核算自身应纳税所得额条件的企业，按照《企业所得税核定征收办法》(国税发〔2008〕30号，见第三十章第三节）缴纳企业所得税的企业，在不具备准确核算应纳税所得额条件前，暂不适用小型微利企业适用税率(财税〔2009〕69号)。

2. 小型微利企业的企业所得税政策（财税〔2009〕133号）。为有效应对国际金融危机，扶持中小企业发展，经国务院批准，现就小型微利企业所得税政策通知如下：

（1）自2010年1月1日至2010年12月31日，对年应纳税所得额低于3万元（含3万元）的小型微利企业，其所得减按50%计入应纳税所得额，按20%的税率缴纳企业所得税。

(2) 本通知所称小型微利企业，是指符合《中华人民共和国企业所得税法》及其实施条例以及相关税收政策规定的小型微利企业。

二、非居民企业不享受小型微利企业所得税优惠政策（国税函〔2008〕650号）

企业所得税法第二十八条（即上述1）规定的小型微利企业是指企业的全部生产经营活动产生的所得均负有我国企业所得税纳税义务的企业。因此，仅就来源于我国所得负有我国纳税义务的非居民企业，不适用该条规定的对符合条件的小型微利企业减按20%税率征收企业所得税的政策。

三、高新技术企业的优惠税率

税法规定，国家需要重点扶持的高新技术企业，减按15%的税率征收企业所得税。这里所称国家需要重点扶持的高新技术企业，是指拥有核心自主知识产权，并同时符合下列条件的企业：

（1）产品（服务）属于《国家重点支持的高新技术领域》规定的范围；

（2）研究开发费用占销售收入的比例不低于规定比例；

（3）高新技术产品（服务）收入占企业总收入的比例不低于规定比例；

（4）科技人员占企业职工总数的比例不低于规定比例；

（5）高新技术企业认定管理办法规定的其他条件。

《国家重点支持的高新技术领域》和高新技术企业认定管理办法由国务院科技、财政、税务主管部门商国务院有关部门制订，报国务院批准后公布施行。

第三节　企业所得税的计征率

企业所得税法规对某些特殊税项规定了计征率。计征率是为便于征收管理，以税法规定的基本税率为基础，经过适当换算，将税率转换为按收入课征的比率。

非居民企业船舶、航空运输收入计算征收企业所得税问题（国税函〔2008〕952 号）。

1. 非居民企业在我国境内从事船舶、航空等国际运输业务的，以其在中国境内起运客货收入总额的 5%为应纳税所得额。

2. 纳税人的应纳税额，按照每次从中国境内起运旅客、货物出境取得的收入总额，依照 1.25%的计征率计算征收企业所得税。调整后的综合计征率为 4.25%，其中营业税为 3%，企业所得税为 1.25%。

本规定自 2008 年 1 月 1 日起执行。

第十二章　企业所得税的税收优惠政策

在企业所得税的税收法规中，订立有许多税收优惠政策，其内容有的比较简单，有的则比较多，为使纳税人有效运用，对内容比较多的税收优惠政策，本书将单独按章节分别予以介绍。

第一节　企业所得税的法定优惠

企业所得税法及其实施细则中列有一系列税收优惠政策，为叙述方便起见，我们将其称之为法定优惠。该法定优惠是财政部、国家税务总局在制定税收优惠规章时的依据，为总览全貌，本书将其汇总，集中介绍。同时，对部分税收规章规定的一些具有普遍适应性的税收优惠条款也将列入本节，以便应用。

在随后各章节里，将分别介绍财政部、国家税务总局根据法定优惠制定的细化了的税收优惠政策，使纳税人运用时更具操作性。

一、产业优惠

税法规定，国家对重点扶持和鼓励发展的产业和项目，给予企业所得税优惠。

二、免税收入

企业的下列收入为免税收入：

1. 国债利息收入。该项所称国债利息收入，是指企业持有国务院财政部门发行的国债取得的利息收入。

2. 符合条件的居民企业之间的股息、红利等权益性投资收益。该项所称符合条件的居民企业之间的股息、红利等权益性投资收益，是指居民企业直接投资于其他居民企业取得的投资收益。该项所称股息、红利等权益性投资收益，不包括连续持有居民企业公开发行并上市流通的股票不足 12 个月取得的投资收益。

2008 年 1 月 1 日以后，居民企业之间分配属于 2007 年度及以前年度的累积未分配利润而形成的股息、红利等权益性投资收益，均应按照企业所得税法第二十六条及实施条例第十七条、第八十三条的规定处理（即上述规定及第四章第一节一、4 之规定）（财税〔2009〕69 号）。

3. 在中国境内设立机构、场所的非居民企业从居民企业取得与该机构、场所有实际联系的股息、红利等权益性投资收益。该项所称股息、红利等权益性投资收益，不包括连续持有居民企业公开发行并上市流通的股票不足 12 个月取得的投资收益。

4. 符合条件的非营利组织的收入。该项所称符合条件的非营利组织的收入，不包括非营利组织从事营利性活动取得的收入，但国务院财政、税务主管部门另有规定的除外。

（1）上述所称符合条件的非营利组织，是指同时符合下列条件的组织：

①依法履行非营利组织登记手续；

②从事公益性或者非营利性活动；

③取得的收入除用于与该组织有关的、合理的支出外，全部用于登记核定或者章程规定的公益性或者非营利性事业；

④财产及其孳息不用于分配；

⑤按照登记核定或者章程规定，该组织注销后的剩余财产用于公益性或者非营利性目的，或者由登记管理机关转赠给与该组织性质、宗旨相同的组织，并向社会公告；

⑥投入人对投入该组织的财产不保留或者享有任何财产权利；

⑦工作人员工资福利开支控制在规定的比例内，不变相分配该组织的财产。

上述规定的非营利组织的认定管理办法由国务院财政、税务主管部门会同国务院有关部门制定。

（2）非营利组织企业所得税免税收入范围。非营利组织的下列收入为免税收入（财税〔2009〕122号）：

①接受其他单位或者个人捐赠的收入；

②除《中华人民共和国企业所得税法》第七条规定的财政拨款以外的其他政府补助收入，但不包括因政府购买服务取得的收入；

③按照省级以上民政、财政部门规定收取的会费；

④不征税收入和免税收入孳生的银行存款利息收入；

⑤财政部、国家税务总局规定的其他收入。

本规定从2008年1月1日起执行。

三、减免税规定

税法规定，企业的下列所得，可以免征、减征企业所得税：

1. 从事农、林、牧、渔业项目的所得。该项规定的企业从事农、林、牧、渔业项目的所得，可以免征、减征企业所得税，是指：

（1）企业从事下列项目的所得，免征企业所得税：

①蔬菜、谷物、薯类、油料、豆类、棉花、麻类、糖料、水果、坚果的种植；

②农作物新品种的选育；

③中药材的种植；

④林木的培育和种植；

⑤牲畜、家禽的饲养；

⑥林产品的采集；

⑦灌溉、农产品初加工、兽医、农技推广、农机作业和维修等农、林、牧、渔服务业项目；

⑧远洋捕捞。

（2）企业从事下列项目的所得，减半征收企业所得税：

①花卉、茶以及其他饮料作物和香料作物的种植；

②海水养殖、内陆养殖。

企业从事国家限制和禁止发展的项目，不得享受本条规定的企业所得税优惠。

2. 从事国家重点扶持的公共基础设施项目投资经营的所得。该项所称国家重点扶持的公共基础设施项目，是指《公共基础设施项目企业所得税优惠目录》规定的港口码头、机场、铁路、公路、城市公共交通、电力、水利等项目。该企业所得税优惠目录，由国务院财政、税务主管部门商国务院有关部门制订，报国务院批准后公布施行。

企业从事上述规定的国家重点扶持的公共基础设施项目的投资经营的所得，自项目取得第一笔生产经营收入所属纳税年度起，第一年至第三年免征企业所得税，第四年至第六年减半征收企业所得税。

企业承包经营、承包建设和内部自建自用本条规定的项目，不得享受本条规定的企业所得税优惠。

依照上述规定享受减免税优惠的项目，在减免税期限内转让的，受让方自受让之日起，可以在剩余期限内享受规定的减免税优惠；减免税期限届满后转让的，受让方不得就该项目重复享受减免税优惠。

3. 税法规定，企业购置用于环境保护、节能节水、安全生产等专用设备的投资额，可以按一定比例实行税额抵免。

从事符合条件的环境保护、节能节水项目的所得。该项所称符合条件的环境保护、节能节水项目，包括公共污水处理、公共垃圾处理、沼气综合开发利用、节能减排技术改造、海水淡化等。项目的具体条件和范围由国务院财政、税务主管部门商国务院有关部门制订，报国务院批准后公布施行。

企业从事上述规定的符合条件的环境保护、节能节水项目的所得，自项目取得第一笔生产经营收入所属纳税年度起，第一年至第三年免征企业所得税，第四年至第六年减半征收企业所得税。

依照上述规定享受减免税优惠的项目，在减免税期限内转让的，受让方自受让之日起，可以在剩余期限内享受规定的减免税优惠；减免税期限届满后转让的，受让方不得就该项目重复享受减免税优惠。

4. 符合条件的技术转让所得。该项所称符合条件的技术转让所得免征、减征企业所得税，是指一个纳税年度内，居民企业技术转让所得不超过 500 万元的部分，免征企业所得税；超过 500 万元的部分，减半征收企业所得税。

5. 下列所得可以免征企业所得税：

（1）外国政府向中国政府提供贷款取得的利息所得。

（2）国际金融组织向中国政府和居民企业提供优惠贷款取得的利息所得。

上述所称国际金融组织，包括国际货币基金组织、世界银行、亚洲开发银行、国际开发协会、国际农业发展基金、欧洲投资银行以及财政部和国家税务总局确定的其他国际金融组织；所称优惠贷款，是指低于金融企业同期同类贷款利率水平的贷款（财税〔2009〕69 号）。

（3）经国务院批准的其他所得。

四、优惠税率

1. 税法规定，符合条件的小型微利企业，减按 20%的税率征收企业所得税。这里所称符合条件的小型微利企业，是指从事国家非限制和禁止行业，并符合下列条件的企业：

（1）工业企业，年度应纳税所得额不超过 30 万元，从业人数不超过 100 人，资产总额不超过 3000 万元；

（2）其他企业，年度应纳税所得额不超过30万元，从业人数不超过80人，资产总额不超过1000万元。

2. 税法规定，国家需要重点扶持的高新技术企业，减按15%的税率征收企业所得税。这里所称国家需要重点扶持的高新技术企业，是指拥有核心自主知识产权，并同时符合下列条件的企业：

（1）产品（服务）属于《国家重点支持的高新技术领域》规定的范围；

（2）研究开发费用占销售收入的比例不低于规定比例；

（3）高新技术产品（服务）收入占企业总收入的比例不低于规定比例；

（4）科技人员占企业职工总数的比例不低于规定比例；

（5）高新技术企业认定管理办法规定的其他条件。

《国家重点支持的高新技术领域》和高新技术企业认定管理办法由国务院科技、财政、税务主管部门商国务院有关部门制订，报国务院批准后公布施行（详见第十三章）。

3. 非居民企业不享受小型微利企业所得税优惠政策（国税函〔2008〕650号）。

企业所得税法第二十八条（即上述1）规定的小型微利企业是指企业的全部生产经营活动产生的所得均负有我国企业所得税纳税义务的企业。因此，仅就来源于我国所得负有我国纳税义务的非居民企业，不适用该条规定的对符合条件的小型微利企业减按20%税率征收企业所得税的政策。

4. 企业所得税法第三条第三款规定的所得（即非居民企业在中国境内未设立机构、场所的，或者虽设立机构、场所但取得的所得与其所设机构、场所没有实际联系的，应当就其来源于中国境内的所得缴纳企业所得税）。非居民企业取得该项规定的所得，减按10%的税率征收企业所得税。

五、民族自治地方的税收优惠

1. 税法第二十九条规定，民族自治地方的自治机关对本民族自治地方的企业应缴纳的企业所得税中属于地方分享的部分，可以决定减征或者免征。自治州、自治县决定减征或者免征的，须报省、自治区、直辖市人民政府批准。这里所称民族自治地方，是指依照《中华人民共和国民族区域自治法》的规定，实行民族区域自治的自治区、自治州、自治县。

2. 对民族自治地方内国家限制和禁止行业的企业，不得减征或者免征企业所得税。

3. 根据新税法第二十九条（即上述1）有关"民族自治地方的自治机关对本民族自治地方的企业应缴纳的企业所得税中属于地方分享的部分，可以决定减征或者免征"的规定，对2008年1月1日后民族自治地方批准享受减免税的企业，一律按新税法第二十九条的规定执行，即对民族自治地方的企业减免企业所得税，仅限于减免企业所得税中属于地方分享的部分，不得减免属于中央分享的部分。民族自治地方在新税法实施前已经按照《财政部　国家税务总局　海关总署关于西部大开发税收优惠政策问题的通知》（财税〔2001〕202号）第二条第2款（见第二十一章第四节之一（二）2）有关减免税规定批准享受减免企业所得税（包括减免中央分享企业所得税的部分）的，自2008年1月1日起计算，对减免税期限在5年以内（含5年）的，继续执行至期满后停止；对减免税期限超过5年的，从第六年起按新税法第二十九条规定执行（财税〔2008〕21号）。

六、加计扣除

税法规定，企业的下列支出，可以在计算应纳税所得额时加计扣除：

1. 开发新技术、新产品、新工艺发生的研究开发费用。该项所称研究开发费用的加计扣除，是指企业为开发新技术、新产品、新工艺发生的研究开发费用，未形成无形资产计入当期损益的，在按照规定据实扣除的基础上，按照研究开发费用的50%加计扣除；形成无形资产的，按照无形资产成本的150%摊销。

2. 安置残疾人员及国家鼓励安置的其他就业人员所支付的工资。该项所称企业安置残疾人员所支付的工资的加计扣除，是指企业安置残疾人员的，在按照支付给残疾职工工资据实扣除的基础上，按照支付给残疾职工工资的100%加计扣除。残疾人员的范围适用《中华人民共和国残疾人保障法》的有关规定。

该项所称企业安置国家鼓励安置的其他就业人员所支付的工资的加计扣除办法，由国务院另行规定。

3. 技术开发费的加计扣除形成的亏损的处理（国税函〔2009〕98 号）。为便于各地汇算清缴工作的开展，现就新税法实施前企业发生税务事项衔接问题通知如下：

企业技术开发费加计扣除部分已形成企业年度亏损，可以用以后年度所得弥补，但结转年限最长不得超过 5 年。

七、创业投资抵扣

税法规定，创业投资企业从事国家需要重点扶持和鼓励的创业投资，可以按投资额的一定比例抵扣应纳税所得额。这里所称抵扣应纳税所得额，是指创业投资企业采取股权投资方式投资于未上市的中小高新技术企业 2 年以上的，可以按照其投资额的 70%在股权持有满 2 年的当年抵扣该创业投资企业的应纳税所得额；当年不足抵扣的，可以在以后纳税年度结转抵扣。

上述所称投资于未上市的中小高新技术企业 2 年以上的，包括发生在 2008 年 1 月 1 日以前满 2 年的投资；所称中小高新技术企业是指按照《高新技术企业认定管理办法》（国科发火〔2008〕172 号）和《高新技术企业认定管理工作指引》（国科发火〔2008〕362 号）取得高新技术企业资格，且年销售额和资产总额均不超过 2 亿元、从业人数不超过 500 人的企业，其中 2007 年底前已取得高新技术企业资格的，在其规定有效期内不需重新认定（财税〔2009〕69 号）。

八、捐赠支出的扣除

税法规定，企业发生的公益性捐赠支出，在年度利润总额 12%以内的部分，即不超过年度利润总额 12%的部分，准予在计算应纳税所得额时扣除。年度利润总额，是指企业依照国家统一会计制度的规定计算的年度会计利润。

上述所称之公益性捐赠，是指企业通过公益性社会团体或者县级以上人民政府及其部门，用于《中华人民共和国公益事业捐赠法》规定的公益事业的捐赠。

上述所称公益性社会团体，是指同时符合下列条件的基金会、慈善组织等社会团体：

（1）依法登记，具有法人资格；

（2）以发展公益事业为宗旨，且不以营利为目的；

（3）全部资产及其增值为该法人所有；

（4）收益和营运结余主要用于符合该法人设立目的的事业；

（5）终止后的剩余财产不归属任何个人或者营利组织；

（6）不经营与其设立目的无关的业务；

（7）有健全的财务会计制度；

（8）捐赠者不以任何形式参与社会团体财产的分配；

（9）国务院财政、税务主管部门会同国务院民政部门等登记管理部门规定的其他条件。

九、加速折旧

税法规定，企业的固定资产由于技术进步等原因，确需加速折旧的，可以缩短折旧年限或者采取加速折旧的方法。这里所称可以采取缩短折旧年限或者采取加速折旧的方法的固定资产，包括：

（1）由于技术进步，产品更新换代较快的固定资产；

（2）常年处于强震动、高腐蚀状态的固定资产。

采取缩短折旧年限方法的，最低折旧年限不得低于税收法规规定折旧年限的60%；采取加速折旧方法的，可以采取双倍余额递减法或者年数总和法（详见第六章第三节之二）。

十、企业综合利用资源的收入减计

税法规定，企业综合利用资源，生产符合国家产业政策规定的产品所取得的收入，可以在计算应纳税所得额时减计收入。这里所称减计收入，是指企业以《资源综合利用企业所得税优惠目录》规定的资源作为主要原材料，生产国家非限制和禁止并符合国家和行业相关标准的产品取得的收入，减按90%计入收入总额。该企业所得税优惠目录，由国务院财政、税务主管部门商国务院有关部门制订，报国务院批准后公布施行。

上述所称原材料占生产产品材料的比例不得低于《资源综合利用企业所得税优惠目录》规定的标准。

十一、小型微利企业应纳税所得额减计

小型微利企业的企业所得税政策（财税〔2009〕133号）。为有效应对国际金融危机，扶持中小企业发展，经国务院批准，现就小型微利企业所得税政策通知如下：

（1）自2010年1月1日至2010年12月31日，对年应纳税所得额低于3万元（含3万元）的小型微利企业，其所得减按50%计入应纳税所得额，按20%的税率缴纳企业所得税。

（2）本通知所称小型微利企业，是指符合《中华人民共和国企业所得税法》及其实施条例以及相关税收政策规定的小型微利企业。

十二、税额抵免

税法规定，企业购置用于环境保护、节能节水、安全生产等专用设备的投资额，可以按一定比例实行税额抵免。这里所称税额抵免，是指企业购置并实际使用《环境保护专用设备企业所得税优惠目录》、《节能节水专用设备企业所得税优惠目录》和《安全生产专用设备企业所得税优惠目录》规定的环境保护、节能节水、安全生产等专用设备的，该专用设备的投资额的10%可以从企业当年的应纳税额中抵免；当年不足抵免的，可以在以后5个纳税年度结转抵免。该等企业所得税优惠目录，由国务院财政、税务主管部门商国务院有关部门制订，报国务院批准后公布施行。

享受上述规定的企业所得税优惠的企业，应当实际购置并自身实际投入使用上述规定的专用设备；企业购置上述专用设备在5年内转让、出租的，应当停止享受企业所得税优惠，并补缴已经抵免的企业所得税税款。

上述规定的购置并实际使用的环境保护、节能节水和安全生产专用设备，包括承租方企业以融资租赁方式租入的并在融资租赁合同中约定租赁期届满时租赁设备所有权转移给承租方企业，且符合规定条件的上述专用设备。凡融资租赁期届满后租赁设备所有权未转移至承租方企业的，承租方企业应停止享受抵免企业所得税优惠，并补缴已经抵免的企业所得税税款（财税〔2009〕69号）。

十三、弥补亏损

税法规定，企业纳税年度发生的亏损，准予向以后年度结转，用以后年度的所得弥补，但结转年限最长不得超过5年。

十四、适用不同企业所得税优惠待遇的项目应单独计算所得

税收法规规定，企业同时从事适用不同企业所得税待遇的项目的，其优惠项目应当单独计算所得，并合理分摊企业的期间费用；没有单独计算的，不得享受企业所得税优惠。

十五、停止执行的税收优惠政策

停止执行企业购买国产设备投资抵免企业所得税政策（国税发〔2008〕52号）。现就实施新企业所得税法后，企业购买国产设备投资抵免企业所得税的政策问题通知如下：自2008年1月1日起，停止执行企业购买国产设备投资抵免企业所得税的政策。

十六、除规定者外，2008年1月1日之前实施的其他企业所得税优惠政策一律废止（财税〔2008〕1号）

除《中华人民共和国企业所得税法》、《中华人民共和国企业所得税法实施条例》、《国务院关于实施企业所得税过渡优惠政策的通知》（国发〔2007〕39号），《国务院关于经济特区和上海浦东新区新设立高新技术企业实行过渡性税收优惠的通知》（国发〔2007〕40号）及本通知（财税〔2008〕1号）规定的优惠政策以外，2008年1月1日之前实施的其他企业所得税优惠政策一律废止。各地区、各部门一律不得越权制定企业所得税的优惠政策。

上述企业所得税若干优惠政策的通知（财税〔2008〕1号）规定的优惠政策有：

1. 关于鼓励软件产业和集成电路产业发展的优惠政策（见第十八章第一节）。
2. 关于鼓励证券投资基金发展的优惠政策［见第四章第三节之二（二）］。
3. 关于其他有关行业、企业的优惠政策（见第二十章）。
4. 关于外国投资者从外商投资企业取得利润的优惠政策（见第四章第二节之四）。

第二节　从事农、林、牧、渔业项目企业的税收优惠

企业从事农、林、牧、渔业项目的所得，可以免征、减征企业所得税。

一、税法规定

税法规定，企业从事农、林、牧、渔业项目的所得，可以免征、减征企业所得税。该项规定的企业从事农、林、牧、渔业项目的所得，可以免征、减征企业所得税，是指：

（1）企业从事下列项目的所得，免征企业所得税：

①蔬菜、谷物、薯类、油料、豆类、棉花、麻类、糖料、水果、坚果的种植；

②农作物新品种的选育；

③中药材的种植；

④林木的培育和种植；

⑤牲畜、家禽的饲养；

⑥林产品的采集；

⑦灌溉、农产品初加工、兽医、农技推广、农机作业和维修等农、林、牧、渔服务业项目；

⑧远洋捕捞。

（2）企业从事下列项目的所得，减半征收企业所得税：

①花卉、茶以及其他饮料作物和香料作物的种植；

②海水养殖、内陆养殖。

企业从事国家限制和禁止发展的项目，不得享受本条规定的企业所得税优惠。

二、其他税收规定

（一）贯彻落实从事农、林、牧、渔业项目企业所得税优惠政策有关事项（国税函〔2008〕850号）

为更好地贯彻落实《中华人民共和国企业所得税法》及其实施条例规定的从事农、林、牧、渔业项目的企业所得税优惠政策（即本节一），现将有关事项通知如下：

1.《中华人民共和国企业所得税法实施条例》第八十六条规定的农、林、牧、渔业项目企业所得税优惠政策，各地可直接贯彻执行。对属已明确的免税项目，如有征税的，要及时退还税款。

农、林、牧、渔业项目中尚需进一步细化规定的农产品初加工等少数项目，税务总局正与相关部门抓紧研究，拟于近期下发执行。对从事此类项目的企业，因有特殊困难，不能按期缴纳企业所得税税款的，可按《中华人民共和国税收征收管理法》及其实施细则的相关规定，申请延期缴纳税款。

2. 各地可暂按《国家税务总局关于印发〈税收减免管理办法（试行）〉的通知》（国税发〔2005〕129号，请见本章第七节）规定的程序，办理《中华人民共和国企业所得税法》及其实施条例规定的从事农、林、牧、渔业项目的企业所得税优惠政策事宜。

3. 各级国税局、地税局要密切配合，确保从事农、林、牧、渔业项目的企业所得税优惠政策执行口径一致。各地对执行中发现的新情况和新问题要及时向税务总局（所得税司）反映，确保政策落实到位。

（二）黑龙江垦区国有农场土地承包费缴纳企业所得税问题（国税函〔2009〕779号）

黑龙江垦区国有农场实行以家庭承包经营为基础、统分结合的双层经营体制。国有农场作为法人单位，将所拥有的土地发包给农场职工经营，农场职工以家庭为单位成为家庭承包户，属于农场内部非法人组织。农场对家庭承包户实施农业生产经营和企业行政的统一管理，统一为农场职工上交养老、医疗、失业、工伤、生育五项社会保险和农业保险费；家庭承包户按内部合同规定承包，就其农、林、牧、渔业生产取得的收入，以土地承包费名义向农场上缴。

上述承包形式属于农场内部承包经营的形式，黑龙江垦区国有农场从家庭农场承包户以“土地承包费”形式取得的从事农、林、牧、渔业生产的收入，属于农场“从事农、林、牧、渔业项目”的所得，可以适用《中华人民共和国企业所得税法》第二十七条及《中华人民共和国企业所得税法实施细则》第八十六条规定的企业所得税优惠政策（见本节一）。

第三节 享受企业所得税优惠政策的农产品初加工范围

税法规定，企业的农产品初加工所得，可以免征、减征企业所得税。

《享受企业所得税优惠政策的农产品初加工范围（试行）》自2008年1月1日起执行（财税〔2008〕149号）。

一、种植业类

（一）粮食初加工

1. 小麦初加工。通过对小麦进行清理、配麦、磨粉、筛理、分级、包装等简单加工处理，制成的小麦面粉及各种专用粉。

2. 稻米初加工。通过对稻谷进行清理、脱壳、碾米（或不碾米）、烘干、分级、包装等简单加工处理，制成的成品粮及其初制品，具体包括大米、蒸谷米。

3. 玉米初加工。通过对玉米籽粒进行清理、浸泡、粉碎、分离、脱水、干燥、分级、包装等简单加工处理，生产的玉米粉、玉米碴、玉米片等；鲜嫩玉米经筛选、脱皮、洗涤、速冻、分级、包装等简单加工处理，生产的鲜食玉米（速冻黏玉米、甜玉米、花色玉米、玉米籽粒）。

4. 薯类初加工。通过对马铃薯、甘薯等薯类进行清洗、去皮、磋磨、切制、干燥、冷冻、分级、包装等简单加工处理，制成薯类初级制品。具体包括：薯粉、薯片、薯条。

5. 食用豆类初加工。通过对大豆、绿豆、红小豆等食用豆类进行清理去杂、浸洗、晾晒、分级、包装等简单加工处理，制成的豆面粉、黄豆芽、绿豆芽。

6. 其他类粮食初加工。通过对燕麦、荞麦、高粱、谷子等杂粮进行清理去杂、脱壳、烘干、磨粉、轧片、冷却、包装等简单加工处理，制成的燕麦米、燕麦粉、燕麦麸皮、燕麦片、荞麦米、荞麦面、小米、小米面、高粱米、高粱面。

（二）林木产品初加工

通过将伐倒的乔木、竹（含活立木、竹）去枝、去梢、去皮、去叶、锯段等简单加工处理，制成的原木、原竹、锯材。

（三）园艺植物初加工

1. 蔬菜初加工。

（1）将新鲜蔬菜通过清洗、挑选、切割、预冷、分级、包装等简单加工处理，制成净菜、切割蔬菜。

（2）利用冷藏设施，将新鲜蔬菜通过低温储藏，以备淡季供应的速冻蔬菜，如速冻茄果类、叶类、豆类、瓜类、葱蒜类、柿子椒、蒜薹。

（3）将植物的根、茎、叶、花、果、种子和食用菌通过干制等简单加工处理，制成的初制干菜，如黄花菜、玉兰片、萝卜干、冬菜、梅干菜、木耳、香菇、平菇。

*以蔬菜为原料制作的各类蔬菜罐头（罐头是指以金属罐、玻璃瓶经排气密封的各种食品，下同）及碾磨后的园艺植物（如胡椒粉、花椒粉等）不属于初加工范围。

2. 水果初加工。通过对新鲜水果（含各类山野果）清洗、脱壳、切块（片）、分类、储藏保鲜、速冻、干燥、分级、包装等简单加工处理，制成的各类水果、果干、原浆果汁、果仁、坚果。

3. 花卉及观赏植物初加工。通过对观赏用、绿化及其他各种用途的花卉及植物进行保鲜、储藏、烘干、分级、包装等简单加工处理，制成的各类鲜、干花。

（四）油料植物初加工

通过对菜籽、花生、大豆、葵花籽、蓖麻籽、芝麻、胡麻籽、茶子、桐子、棉籽、红花籽及米糠等粮食的副产品等，进行清理、热炒、磨坯、榨油（搅油、墩油）、浸出等简单加工处理，制成的植物毛油和饼粕等副产品。具体包括菜籽油、花生油、豆油、葵花油、蓖麻籽油、芝麻油、胡麻籽油、茶子油、桐子油、棉籽油、红花油、米糠油以及油料饼粕、豆饼、棉籽饼。

* 精炼植物油不属于初加工范围。

（五）糖料植物初加工

通过对各种糖料植物，如甘蔗、甜菜、甜菊等，进行清洗、切割、压榨等简单加工处理，制成的制糖初级原料产品。

（六）茶叶初加工

通过对茶树上采摘下来的鲜叶和嫩芽进行杀青（萎凋、摇青）、揉捻、发酵、烘干、分级、包装等简单加工处理，制成的初制毛茶。

* 精制茶、边销茶、紧压茶和掺兑各种药物的茶及茶饮料不属于初加工范围。

（七）药用植物初加工

通过对各种药用植物的根、茎、皮、叶、花、果实、种子等，进行挑选、整理、捆扎、清洗、晾晒、切碎、蒸煮、炒制等简单加工处理，制成的片、丝、块、段等中药材。

* 加工的各类中成药不属于初加工范围。

（八）纤维植物初加工

1. 棉花初加工。通过轧花、剥绒等脱绒工序简单加工处理，制成的皮棉、短绒、棉籽。

2. 麻类初加工。通过对各种麻类作物（大麻、黄麻、槿麻、苎麻、苘麻、亚麻、罗布麻、蕉麻、剑麻等）进行脱胶、抽丝等简单加工处理，制成的干（洗）麻、纱条、丝、绳。

3. 蚕茧初加工。通过烘干、杀蛹、缫丝、煮剥、拉丝等简单加工处理，制成的蚕、蛹、生丝、丝棉。

（九）热带、南亚热带作物初加工

通过对热带、南亚热带作物去除杂质、脱水、干燥、分级、包装等简单加工处理，制成的工业初级原料。具体包括：天然橡胶生胶和天然浓缩胶乳、生咖啡豆、胡椒籽、肉桂油、桉油、香茅油、木薯淀粉、木薯干片、坚果。

二、畜牧业类

（一）畜禽类初加工

1. 肉类初加工。通过对畜禽类动物（包括各类牲畜、家禽和人工驯养、繁殖的野生动物以及其他经济动物）宰杀、去头、去蹄、去皮、去内脏、分割、切块或切片、冷藏或冷冻、分级、包装等简单加工处理，制成的分割肉、保鲜肉、冷藏肉、冷冻肉、绞肉、肉块、肉片、肉丁。

2. 蛋类初加工。通过对鲜蛋进行清洗、干燥、分级、包装、冷藏等简单加工处理，制成的各种分级、包装的鲜蛋、冷藏蛋。

3. 奶类初加工。通过对鲜奶进行净化、均质、杀菌或灭菌、灌装等简单加工处理，制成的巴氏杀菌奶、超高温灭菌奶。

4. 皮类初加工。通过对畜禽类动物皮张剥取、浸泡、刮里、晾干或熏干等简单加工处理，制成的生皮、生皮张。

5. 毛类初加工。通过对畜禽类动物毛、绒或羽绒分级、去杂、清洗等简单加工处理，制成的洗净毛、洗净绒或羽绒。

6. 蜂产品初加工。通过去杂、过滤、浓缩、熔化、磨碎、冷冻简单加工处理，制成的蜂蜜、蜂蜡、蜂胶、蜂花粉。

* 肉类罐头、肉类熟制品、蛋类罐头、各类酸奶、奶酪、奶油、王浆粉、各种蜂产品口服液、胶囊不属于初加工范围。

（二）饲料类初加工

1. 植物类饲料初加工。通过碾磨、破碎、压榨、干燥、酿制、发酵等简单加工处理，制成的糠麸、饼粕、糟渣、树叶粉。

2. 动物类饲料初加工。通过破碎、烘干、制粉等简单加工处理，制成的鱼粉、虾粉、骨粉、肉粉、血粉、羽毛粉、乳清粉。

3. 添加剂类初加工。通过粉碎、发酵、干燥等简单加工处理，制成的矿石粉、饲用酵母。

（三）牧草类初加工

通过对牧草、牧草种子、农作物秸秆等，进行收割、打捆、粉碎、压块、成粒、分选、青贮、氨化、微化等简单加工处理，制成的干草、草捆、草粉、草块或草饼、草颗粒、牧草种籽以及草皮、秸秆粉（块、粒）。

三、渔业类

（一）水生动物初加工

将水产动物（鱼、虾、蟹、鳖、贝、棘皮类、软体类、腔肠类、两栖类、海兽类动物等）整体或去头、去鳞（皮、壳）、去内脏、去骨（刺）、擂溃或切块、切片，经冰鲜、冷冻、冷藏等保鲜防腐处理、包装等简单加工处理，制成的水产动物初制品。

* 熟制的水产品和各类水产品的罐头以及调味烤制的水产食品不属于初加工范围。

（二）水生植物初加工

将水生植物（海带、裙带菜、紫菜、龙须菜、麒麟菜、江篱、浒苔、羊栖菜、莼菜等）整体或去根、去边梢、切段，经热烫、冷冻、冷藏等保鲜防腐处理、包装等简单加工处理的初制品，以及整体或去根、去边梢、切段，经晾晒、干燥（脱水）、包装、粉碎等简单加工处理的初制品。

* 罐装（包括软罐）产品不属于初加工范围。

第四节 技术转让所得减免企业所得税规定

企业的技术转让所得，按税法规定可以免征、减征企业所得税。

一、税法规定

符合条件的技术转让所得，可以免征、减征企业所得税。该项所称符合条件的技术转让所得免征、减征企业所得税，是指一个纳税年度内，居民企业技术转让所得不超过500万元的部分，免征企业所得税；超过500万元的部分，减半征收企业所得税。

二、技术转让所得减免企业所得税问题（国税函〔2009〕212号）

1. 根据企业所得税法第二十七条第（四）项规定（即本节一），享受减免企业所得税优惠的技术转让应符合以下条件：

（1）享受优惠的技术转让主体是企业所得税法规定的居民企业；

（2）技术转让属于财政部、国家税务总局规定的范围；

（3）境内技术转让经省级以上科技部门认定；

（4）向境外转让技术经省级以上商务部门认定；

（5）国务院税务主管部门规定的其他条件。

2. 符合条件的技术转让所得应按以下方法计算：

技术转让所得 = 技术转让收入 – 技术转让成本 – 相关税费

技术转让收入是指当事人履行技术转让合同后获得的价款，不包括销售或转让设备、仪器、零部件、原材料等非技术性收入。不属于与技术转让项目密不可分的技术咨询、技术服务、技术培训等收入，不得计入技术转让收入。

技术转让成本是指转让的无形资产的净值，即该无形资产的计税基础减除在资产使用期间按照规定计算的摊销扣除额后的余额。

相关税费是指技术转让过程中实际发生的有关税费，包括除企业所得税和允许抵扣的增值税以外的各项税金及其附加、合同签订费用、律师费等相关费用及其他支出。

3. 享受技术转让所得减免企业所得税优惠的企业，应单独计算技术转让所得，并合理分摊企业的期间费用；没有单独计算的，不得享受技术转让所得企业所得税优惠。

4. 企业发生技术转让，应在纳税年度终了后至报送年度纳税申报表以前，向主管税务机关办理减免税备案手续。

（1）企业发生境内技术转让，向主管税务机关备案时应报送以下资料：

①技术转让合同（副本）；

②省级以上科技部门出具的技术合同登记证明；

③技术转让所得归集、分摊、计算的相关资料；

④实际缴纳相关税费的证明资料；

⑤主管税务机关要求提供的其他资料。

（2）企业向境外转让技术，向主管税务机关备案时应报送以下资料：

①技术出口合同（副本）；

②省级以上商务部门出具的技术出口合同登记证书或技术出口许可证；

③技术出口合同数据表；

④技术转让所得归集、分摊、计算的相关资料；

⑤实际缴纳相关税费的证明资料；

⑥主管税务机关要求提供的其他资料。

5. 本通知自2008年1月1日起执行。

第五节 安置残疾人员就业的企业所得税优惠政策

企业安置残疾人员的工资，可按税法规定加计扣除。

一、税法规定

企业的下列支出，可以在计算应纳税所得额时加计扣除：

安置残疾人员及国家鼓励安置的其他就业人员所支付的工资。该项所称企业安置残疾人员所支付的工资的加计扣除，是指企业安置残疾人员的，在按照支付给残疾职工工资据实扣除的基础上，按照支付给残疾职工工资的100%加计扣除。残疾人员的范围适用《中华人民共和国残疾人保障法》的有关规定。

该项所称企业安置国家鼓励安置的其他就业人员所支付的工资的加计扣除办法，由国务院另行规定。

二、安置残疾人员就业有关的企业所得税优惠政策（财税〔2009〕70号）

根据《中华人民共和国企业所得税法》和《中华人民共和国企业所得税法实施条例》（国务院令第512号）的有关规定，现就企业安置残疾人员就业有关企业所得税优惠政策问题，通知如下：

1. 企业安置残疾人员的，在按照支付给残疾职工工资据实扣除的基础上，可以在计算应纳税所得额时按照支付给残疾职工工资的100%加计扣除。

企业就支付给残疾职工的工资，在进行企业所得税预缴申报时，允许据实计算扣除；在年度终了进行企业所得税年度申报和汇算清缴时，再依照本条第一款的规定计算加计扣除。

2. 残疾人员的范围适用《中华人民共和国残疾人保障法》的有关规定。

3. 企业享受安置残疾职工工资100%加计扣除应同时具备如下条件：

（1）依法与安置的每位残疾人签订了1年以上（含1年）的劳动合同或服务协议，并且安置的每位残疾人在企业实际上岗工作。

（2）为安置的每位残疾人按月足额缴纳了企业所在区县人民政府根据国家政策规定的基本养老保险、基本医疗保险、失业保险和工伤保险等社会保险。

（3）定期通过银行等金融机构向安置的每位残疾人实际支付了不低于企业所在区县适用的经省级人民政府批准的最低工资标准的工资。

（4）具备安置残疾人上岗工作的基本设施。

4. 企业应在年度终了进行企业所得税年度申报和汇算清缴时，向主管税务机关报送上述3规定的相关资料、已安置残疾职工名单及其《中华人民共和国残疾人证》或《中华人民共和国残疾军人证（1至8级）》复印件和主管税务机关要求提供的其他资料，办理享受企业所得税加计扣除优惠的备案手续。

5. 在企业汇算清缴结束后，主管税务机关在对企业进行日常管理、纳税评估和纳税检查时，应对安置残疾人员企业所得税加计扣除优惠的情况进行核实。

6. 本通知自2008年1月1日起执行。

第六节　创业投资企业所得税优惠

创业投资企业可按税法规定享受创业投资抵扣。

一、创业投资抵扣

税法规定，创业投资企业从事国家需要重点扶持和鼓励的创业投资，可以按投资额的一定比例抵扣应纳税所得额。这里所称抵扣应纳税所得额，是指创业投资企业采取股权投资方式投资于未上市的中小高新技术企业2年以上的，可以按照其投资额的70%在股权持有满2年的当年抵扣该创业投资企业的应纳税所得额；当年不足抵扣的，可以在以后纳税年度结转抵扣。

上述所称投资于未上市的中小高新技术企业2年以上的，包括发生在2008年1月1日以前满2年的投资；所称中小高新技术企业是指按照《高新技术企业认定管理办法》（国科发火〔2008〕172号）和《高新技术企业认定管理工作指引》（国科发火〔2008〕362号）取得高新技术企业资格，且年销售额和资产总额均不超过2亿元、从业人数不超过500人的企业，其中2007年底前已取得高新技术企业资格的，在其规定有效期内不需重新认定（财税〔2009〕69号）。

二、实施创业投资企业所得税优惠问题（国税发〔2009〕87号）

1. 创业投资企业是指依照《创业投资企业管理暂行办法》（国家发展和改革委员会等10部委令2005年第39号，以下简称《暂行办法》）和《外商投资创业投资企业管理规定》（商务部等5部委令2003年第2号）在中华人民共和国境内设立的专门从事创业投资活动的企业或其他经济组织。

2. 创业投资企业采取股权投资方式投资于未上市的中小高新技术企业2年（24个月）以上，凡符合以下条件的，可以按照其对中小高新技术企业投资额的70%，在股权持有满2年的当年抵扣该创业投资企业的应纳税所得额；当年不足抵扣的，可以在以后纳税年度结转抵扣。

（1）经营范围符合《暂行办法》规定，且工商登记为“创业投资有限责任公司”、“创业投资股份有限公司”等专业性法人创业投资企业。

（2）按照《暂行办法》规定的条件和程序完成备案，经备案管理部门年度检查核实，投资运作符合《暂行办法》的有关规定。

（3）创业投资企业投资的中小高新技术企业，除应按照科技部、财政部、国家税务总局《关于印发〈高新技术企业认定管理办法〉的通知》（国科发火〔2008〕172号）和《关于印发〈高新技术企业认定管理工作指引〉的通知》（国科发火〔2008〕362号）的规定，通过高新技术企业认定以外，还应符合职工人数不超过500人，年销售（营业）额不超过2亿元，资产总额不超过2亿元的条件。

2007年底前按原有规定取得高新技术企业资格的中小高新技术企业，且在2008年继续符合新的高新技术企业标准的，向其投资满24个月的计算，可自创业投资企业实际向其投资的时间起计算。

（4）财政部、国家税务总局规定的其他条件。

3. 中小企业接受创业投资之后，经认定符合高新技术企业标准的，应自其被认定为高新技术企业的年度起，计算创业投资企业的投资期限。该期限内中小企业接受创业投资后，企业规模超过中小企业标准，但仍符合高新技术企业标准的，不影响创业投资企业享受有关税收优惠。

4. 创业投资企业申请享受投资抵扣应纳税所得额，应在其报送申请投资抵扣应纳税所得额年度纳税申报表以前，向主管税务机关报送以下资料备案：

（1）经备案管理部门核实后出具的年检合格通知书（副本）；

（2）关于创业投资企业投资运作情况的说明；

（3）中小高新技术企业投资合同或章程的复印件、实际所投资金验资报告等相关材料；

（4）中小高新技术企业基本情况［包括企业职工人数、年销售（营业）额、资产总额等］说明；

（5）由省、自治区、直辖市和计划单列市高新技术企业认定管理机构出具的中小高新技术企业有效的高新技术企业证书（复印件）。

5. 本通知自 2008 年 1 月 1 日起执行。

第七节 企业所得税的减免税管理

为使税收优惠政策落到实处，以发挥其效用，国家税务主管部门制定了相关的管理规定。

一、企业所得税减免税管理问题（国税发〔2008〕111 号）

为有效落实《中华人民共和国企业所得税法》及其实施条例和其他税收法规规定的企业所得税减免税优惠政策，现将企业所得税减免税管理问题通知如下：

1. 企业所得税的各类减免税应按照《国家税务总局关于印发〈税收减免管理办法（试行）〉的通知》（国税发〔2005〕129 号）的相关规定办理（见本章第八节）。

国税发〔2005〕129 号文件规定与《中华人民共和国企业所得税法》及其实施条例规定不一致的，按《中华人民共和国企业所得税法》及其实施条例的规定执行。

2. 企业所得税减免税实行审批管理的，必须是《中华人民共和国企业所得税法》及其实施条例等法律法规和国务院明确规定需要审批的内容。

对列入备案管理的企业所得税减免的范围、方式，由各省、自治区、直辖市和计划单列市国家税务局、地方税务局（企业所得税管理部门）自行研究确定，但同一省、自治区、直辖市和计划单列市范围内必须一致。

3. 企业所得税减免税期限超过一个纳税年度的，主管税务机关可以进行一次性确认，但每年必须对相关减免税条件进行审核，对情况变化导致不符合减免税条件的，应停止享受减免税政策。

4. 企业所得税减免税有资质认定要求的，纳税人须先取得有关资质认定，税务部门在办理减免税手续时，可进一步简化手续，具体认定方式由各省、自治区、直辖市和计划单列市国家税务局、地方税务局研究确定。

5. 对各类企业所得税减免税管理，税务机关应本着精简、高效、便利的原则，方便纳税人，减少报送资料，简化手续。

6. 本通知自 2008 年 1 月 1 日起执行。

二、企业所得税税收优惠管理问题的补充（国税函〔2009〕255号）

《国家税务总局关于企业所得税减免税管理问题的通知》（国税发〔2008〕111号，见本节一）下发后，一些地区反映在落实企业所得税优惠政策过程中，有些问题还需要进一步明确。经研究，现将企业所得税税收优惠管理有关问题补充明确如下：

1. 列入企业所得税优惠管理的各类企业所得税优惠包括免税收入、定期减免税、优惠税率、加计扣除、抵扣应纳税所得额、加速折旧、减计收入、税额抵免和其他专项优惠政策。

2. 除国务院明确的企业所得税过渡类优惠政策、执行新税法后继续保留执行的原企业所得税优惠政策、新企业所得税法第二十九条规定的民族自治地方企业减免税优惠政策，以及国务院另行规定实行审批管理的企业所得税优惠政策外，其他各类企业所得税优惠政策，均实行备案管理。

3. 备案管理的具体方式分为事先备案和事后报送相关资料两种。具体划分除国家税务总局确定的外，由各省、自治区、直辖市和计划单列市国家税务局和地方税务局在协商一致的基础上确定。

列入事先备案的税收优惠，纳税人应向税务机关报送相关资料，提请备案，经税务机关登记备案后执行。对需要事先向税务机关备案而未按规定备案的，纳税人不得享受税收优惠；经税务机关审核不符合税收优惠条件的，税务机关应书面通知纳税人不得享受税收优惠。

列入事后报送相关资料的税收优惠，纳税人应按照新企业所得税法及其实施条例和其他有关税收规定，在年度纳税申报时附报相关资料，主管税务机关审核后如发现其不符合享受税收优惠政策的条件，应取消其自行享受的税收优惠，并相应追缴税款。

4. 今后国家制定的各项税收优惠政策，凡未明确为审批事项的，均实行备案管理。

5. 本通知自2008年1月1日起执行。各省、自治区、直辖市和计划单列市国家税务局、地方税务局可根据本规定和其他有关企业所得税减免税的规定，制定具体管理办法。

第八节 税收减免管理办法

第一章 总 则（国税发〔2005〕129号）

第一条 为规范和加强减免税管理工作，根据《中华人民共和国税收征收管理法》（以下简称税收征管法）及其实施细则和有关税收法律、法规、规章对减免税的规定，制定本办法。

第二条 本办法所称的减免税是指依据税收法律、法规以及国家有关税收规定（以下简称税法规定）给予纳税人减税、免税。减税是指从应纳税款中减征部分税款；免税是指免征某一税种、某一项目的税款。

第三条 各级税务机关应遵循依法、公开、公正、高效、便利的原则，规范减免税管理。

第四条 减免税分为报批类减免税和备案类减免税。报批类减免税是指应由税务机关审批的减免税项目；备案类减免税是指取消审批手续的减免税项目和不需税务机关审批的减免税项目。

第五条 纳税人享受报批类减免税，应提交相应资料，提出申请，经按本办法规定具有审批权限的税务机关（以下简称有权税务机关）审批确认后执行。未按规定申请或虽申请但未经有权税务机关审批确认的，纳税人不得享受减免税。

纳税人享受备案类减免税，应提请备案，经税务机关登记备案后，自登记备案之日起执行。纳税人未按规定备案的，一律不得减免税。

第六条 纳税人同时从事减免项目与非减免项目的，应分别核算，独立计算减免项目的计税依据以及减免税额度。不能分别核算的，不能享受减免税；核算不清的，由税务机关按合理方法核定。

第七条 纳税人依法可以享受减免税待遇，但未享受而多缴税款的，凡属于无明确规定需经税务机关审批或没有规定申请期限的，纳税人可以在税收征管法第五十一条规定的期限内申请减免税，要求退还多缴的税款，但不加算银行同期存款利息。

第八条 减免税审批机关由税收法律、法规、规章设定。凡规定应由国家税务总局审批的，经由各省、自治区、直辖市和计划单列市税务机关上报国家税务总局；凡规定应由省级税务机关及省级以下税务机关审批的，由各省级税务机关审批或确定审批权限，原则上由纳税人所在地的县（区）税务机关审批；对减免税金额较大或减免税条件复杂的项目，各省、自治区、直辖市和计划单列市税务机关可根据效能与便民、监督与责任的原则适当划分审批权限。

各级税务机关应按照规定的权限和程序进行减免税审批，禁止越权和违规审批减免税。

第二章 减免税的申请、申报和审批实施

第九条 纳税人申请报批类减免税的，应当在政策规定的减免税期限内，向主管税务机关提出书面申请，并报送以下资料：

（一）减免税申请报告，列明减免税理由、依据、范围、期限、数量、金额等。

（二）财务会计报表、纳税申报表。

（三）有关部门出具的证明材料。

（四）税务机关要求提供的其他资料。

纳税人报送的材料应真实、准确、齐全。税务机关不得要求纳税人提交与其申请的减免税项目无关的技术资料和其他材料。

第十条 纳税人可以向主管税务机关申请减免税，也可以直接向有权审批的税务机关申请。

由纳税人所在地主管税务机关受理、应当由上级税务机关审批的减免税申请，主管税务机关应当自受理申请之日起10个工作日内直接上报有权审批的上级税务机关。

第十一条 税务机关对纳税人提出的减免税申请，应当根据以下情况分别作出处理：

（一）申请的减免税项目，依法不需要由税务机关审查后执行的，应当即时告知纳税人不受理。

（二）申请的减免税材料不详或存在错误的，应当告知并允许纳税人更正。

（三）申请的减免税材料不齐全或者不符合法定形式的，应在5个工作日内一次告知纳税人需要补正的全部内容。

（四）申请的减免税材料齐全、符合法定形式的，或者纳税人按照税务机关的要求提交全部补正减免税材料的，应当受理纳税人的申请。

第十二条 税务机关受理或者不予受理减免税申请，应当出具加盖本机关专用印章和注明日期的书面凭证。

第十三条 减免税审批是对纳税人提供的资料与减免税法定条件的相关性进行的审核，不改变纳税人真实申报责任。

税务机关需要对申请材料的内容进行实地核实的，应当指派2名以上工作人员按规定程

序进行实地核查，并将核查情况记录在案。上级税务机关对减免税实地核查工作量大、耗时长的，可委托企业所在地区县级税务机关具体组织实施。

第十四条　减免税期限超过1个纳税年度的，进行一次性审批。

纳税人享受减免税的条件发生变化的，应自发生变化之日起15个工作日内向税务机关报告，经税务机关审核后，停止其减免税。

第十五条　有审批权的税务机关对纳税人的减免税申请，应按以下规定时限及时完成审批工作，作出审批决定：

县、区级税务机关负责审批的减免税，必须在20个工作日作出审批决定；地市级税务机关负责审批的，必须在30个工作日内作出审批决定；省级税务机关负责审批的，必须在60个工作日内作出审批决定。在规定期限内不能作出决定的，经本级税务机关负责人批准，可以延长10个工作日，并将延长期限的理由告知纳税人。

第十六条　减免税申请符合法定条件、标准的，有权税务机关应当在规定的期限内作出准予减免税的书面决定。依法不予减免税的，应当说明理由，并告知纳税人享有依法申请行政复议或者提起行政诉讼的权利。

第十七条　税务机关作出的减免税审批决定，应当自作出决定之日起10个工作日内向纳税人送达减免税审批书面决定。

第十八条　减免税批复未下达前，纳税人应按规定办理申报缴纳税款。

第十九条　纳税人在执行备案类减免税之前，必须向主管税务机关申报以下资料备案：

（一）减免税政策的执行情况。

（二）主管税务机关要求提供的有关资料。

主管税务机关应在受理纳税人减免税备案后7个工作日内完成登记备案工作，并告知纳税人执行。

第三章　减免税的监督管理

第二十条　纳税人已享受减免税的，应当纳入正常申报，进行减免税申报。

纳税人享受减免税到期的，应当申报缴纳税款。

税务机关和税收管理员应当对纳税人已享受减免税情况加强管理监督。

第二十一条　税务机关应结合纳税检查、执法检查或其他专项检查，每年定期对纳税人减免税事项进行清查、清理，加强监督检查，主要内容包括：

（一）纳税人是否符合减免税的资格条件，是否以隐瞒有关情况或者提供虚假材料等手段骗取减免税。

（二）纳税人享受减免税的条件发生变化时，是否根据变化情况经税务机关重新审查后办理减免税。

（三）减免税税款有规定用途的，纳税人是否按规定用途使用减免税款；有规定减免税期限的，是否到期恢复纳税。

（四）是否存在纳税人未经税务机关批准自行享受减免税的情况。

（五）已享受减免税是否未申报。

第二十二条　减免税的审批采取谁审批谁负责制度，各级税务机关应将减免税审批纳入岗位责任制考核体系中，建立税收行政执法责任追究制度。

（一）建立健全审批跟踪反馈制度。各级税务机关应当定期对审批工作情况进行跟踪与反馈，适时完善审批工作机制。

（二）建立审批案卷评查制度。各级审批机关应当建立各类审批资料案卷，妥善保管各类案卷资料，上级税务机关应定期对案卷资料进行评查。

（三）建立层级监督制度。上级税务机关应建立经常性的监督的制度，加强对下级税务机关减免税审批工作的监督，包括是否按本办法规定的权限、条件、时限等实施减免税审批工作。

第二十三条 税务机关应按本办法规定的时间和程序，按照公正透明、廉洁高效和方便纳税人的原则，及时受理和审批纳税人申请的减免税事项。非因客观原因未能及时受理或审批的，或者未按规定程序审批和核实造成审批错误的，应按税收征管法和税收执法责任制的有关规定追究责任。

第二十四条 纳税人实际经营情况不符合减免税规定条件的或采用欺骗手段获取减免税的、享受减免税条件发生变化未及时向税务机关报告的，以及未按本办法规定程序报批而自行减免税的，税务机关按照税收征管法有关规定予以处理。

因税务机关责任审批或核实错误，造成企业未缴或少缴税款，应按税收征管法第五十二条规定执行。

税务机关越权减免税的，按照税收征管法第八十四条的规定处理。

第二十五条 税务机关应按照实质重于形式原则对企业的实际经营情况进行事后监督检查。检查中，发现有关专业技术或经济鉴证部门认定失误的，应及时与有关认定部门协调沟通，提请纠正，及时取消有关纳税人的优惠资格，督促追究有关责任人的法律责任。有关部门非法提供证明的，导致未缴、少缴税款的，按《中华人民共和国税收征收管理法实施细则》第九十三条规定予以处理。

第四章 减免税的备案

第二十六条 主管税务机关应设立纳税人减免税管理台账，详细登记减免税的批准时间、项目、年限、金额，建立减免税动态管理监控机制。

第二十七条 属于“风、火、水、震”等严重自然灾害及国家确定的“老、少、边、穷”地区以及西部地区新办企业年度减免属于中央收入的税收达到或超过100万元的，国家税务总局不再审批，审批权限由各省级税务机关具体确定。审批税务机关应分户将减免税情况（包括减免税项目、减免依据、减免金额等）报省级税务机关备案。

第二十八条 各省、自治区、直辖市和计划单列市税务机关应在每年6月底前书面向国家税务总局报送上年度减免税情况和总结报告。由国家税务总局审批的减免税事项的落实情况应由省级税务机关书面报告。

减免税总结报告内容包括：减免税基本情况和分析；减免税政策落实情况及存在问题；减免税管理经验以及建议。

第二十九条 减免税的核算统计办法另行规定下发。

第五章 附 则

第三十条 本办法自2005年10月1日起执行。以前规定与本办法相抵触的，按本办法执行。

第三十一条 各省、自治区、直辖市和计划单列市国家税务局、地方税务局可根据本办法制定具体实施方案。

第十三章　高新技术企业的税收优惠

科技部、财政部、国家税务总局根据《中华人民共和国企业所得税法》、《中华人民共和国企业所得税法实施条例》的有关规定，经国务院批准，制定了《高新技术企业认定管理办法》及其附件《国家重点支持的高新技术领域》，并印发执行（国科发火〔2008〕172号）。

第一节　高新技术企业的税收优惠政策

为促进高新技术企业的发展，国家制定了相应的税收优惠政策。

一、税法规定

国家需要重点扶持的高新技术企业，减按15%的税率征收企业所得税。这里所称国家需要重点扶持的高新技术企业，是指拥有核心自主知识产权，并同时符合下列条件的企业：

（1）产品（服务）属于《国家重点支持的高新技术领域》规定的范围；

（2）研究开发费用占销售收入的比例不低于规定比例；

（3）高新技术产品（服务）收入占企业总收入的比例不低于规定比例；

（4）科技人员占企业职工总数的比例不低于规定比例；

（5）高新技术企业认定管理办法规定的其他条件。

《国家重点支持的高新技术领域》和高新技术企业认定管理办法由国务院科技、财政、税务主管部门商国务院有关部门制订，报国务院批准后公布施行。

二、实施高新技术企业所得税优惠问题（国税函〔2009〕203号）

为贯彻落实高新技术企业所得税优惠及其过渡性优惠政策，根据《中华人民共和国企业所得税法》（以下简称企业所得税法）及《中华人民共和国企业所得税法实施条例》（以下简称实施条例）以及相关税收规定，现对有关问题通知如下：

1. 当年可减按15%的税率征收企业所得税或按照《国务院关于经济特区和上海浦东新区新设立高新技术企业实行过渡性税收优惠的通知》（国发〔2007〕40号）享受过渡性税收优惠的高新技术企业，在实际实施有关税收优惠的当年，减免税条件发生变化的，应按《科学技术部　财政部　国家税务总局关于印发〈高新技术企业认定管理办法〉的通知》（国科发火〔2008〕172号）第九条第二款的规定处理（见本章第二节）。

2. 原依法享受企业所得税定期减免税优惠尚未期满同时符合本通知第一条规定条件的高新技术企业，根据《高新技术企业认定管理办法》以及《科学技术部　财政部　国家税务总局关于印发〈高新技术企业认定管理工作指引〉的通知》（国科发火〔2008〕362号，见本章第四节）的相关规定，在按照新标准取得认定机构颁发的高新技术企业资格证书之后，可以在2008年1月1日后，享受对尚未到期的定期减免税优惠执行到期满的过渡政策。

3. 2006年1月1日至2007年3月16日期间成立，截止到2007年底仍未获利（弥补完以前年度亏损后应纳税所得额为零）的高新技术企业，根据《高新技术企业认定管理办法》以及《高新技术企业认定管理工作指引》的相关规定，按照新标准取得认定机构颁发的高新技术企业证书后，可依据企业所得税法第五十七条的规定，免税期限自2008年1月1日起计算。

4. 认定（复审）合格的高新技术企业，自认定（复审）批准的有效期当年开始，可申请享受企业所得税优惠。企业取得省、自治区、直辖市、计划单列市高新技术企业认定管理机构颁发的高新技术企业证书后，可持“高新技术企业证书”及其复印件和有关资料，向主管税务机关申请办理减免税手续。手续办理完毕后，高新技术企业可按15%的税率进行所得税预缴申报或享受过渡性税收优惠。

5. 纳税年度终了后至报送年度纳税申报表以前，已办理减免税手续的企业应向主管税务机关备案以下资料：

（1）产品（服务）属于《国家重点支持的高新技术领域》（见本章第三节）规定的范围的说明；

（2）企业年度研究开发费用结构明细表（见附件，即表13–1）；

（3）企业当年高新技术产品（服务）收入占企业总收入的比例说明；

（4）企业具有大学专科以上学历的科技人员占企业当年职工总数的比例说明、研发人员占企业当年职工总数的比例说明。

以上资料的计算、填报口径参照《高新技术企业认定管理工作指引》的有关规定执行。

6. 未取得高新技术企业资格，或虽取得高新技术企业资格但不符合企业所得税法及实施条例以及本通知有关规定条件的企业，不得享受高新技术企业的优惠；已享受优惠的，应追缴其已减免的企业所得税税款。

7. 本通知自2008年1月1日起执行。

表13–1 企业年度研究开发费用结构明细表

附件： ______年度 单位：万元

科目 \ 累计发生额 \ 研发项目编号	RD01	RD02	RD03	…	RD…	合计
内部研究开发投入额						
其中：人员人工						
直接投入						
折旧费用与长期费用摊销						
设计费						
设备调试费						
无形资产摊销						
其他费用						
委托外部研究开发投入额						
其中：境内的外部研发投入额						
研究开发投入额（内、外部）小计						

企业填报人签字（签章）： 法定代表人签字（签章）：
日期： 日期：
企业公章：

第二节 高新技术企业认定管理办法

第一章 总 则

第一条 为扶持和鼓励高新技术企业的发展，根据《中华人民共和国企业所得税法》(以下称《企业所得税法》)、《中华人民共和国企业所得税法实施条例》(以下称《实施条例》)有关规定，特制定本办法（国科发火〔2008〕172号)。

第二条 本办法所称的高新技术企业是指：在《国家重点支持的高新技术领域》(见附件，即本章第三节）内，持续进行研究开发与技术成果转化，形成企业核心自主知识产权，并以此为基础开展经营活动，在中国境内（不包括港、澳、台地区）注册1年以上的居民企业。

第三条 高新技术企业认定管理工作应遵循突出企业主体、鼓励技术创新、实施动态管理、坚持公平公正的原则。

第四条 依据本办法认定的高新技术企业，可依照《企业所得税法》及其《实施条例》、《中华人民共和国税收征收管理法》(以下称《税收征管法》)及《中华人民共和国税收征收管理法实施细则》(以下称《实施细则》)等有关规定，申请享受税收优惠政策。

第五条 科技部、财政部、税务总局负责指导、管理和监督全国高新技术企业认定工作。

第二章 组织与实施

第六条 科技部、财政部、税务总局组成全国高新技术企业认定管理工作领导小组（以下称“领导小组”)，其主要职责为：

(一）确定全国高新技术企业认定管理工作方向，审议高新技术企业认定管理工作报告；

(二）协调、解决认定及相关政策落实中的重大问题；

(三）裁决高新技术企业认定事项中的重大争议，监督、检查各地区认定工作；

(四）对高新技术企业认定工作出现重大问题的地区，提出整改意见。

第七条 领导小组下设办公室。办公室设在科技部，其主要职责为：

(一）提交高新技术企业认定管理工作报告；

(二）组织实施对高新技术企业认定管理工作的检查；

(三）负责高新技术企业认定工作的专家资格的备案管理；

(四）建立并管理“高新技术企业认定管理工作网”；

(五）领导小组交办的其他工作。

第八条 各省、自治区、直辖市、计划单列市科技行政管理部门同本级财政、税务部门组成本地区高新技术企业认定管理机构（以下称“认定机构”)，根据本办法开展下列工作：

(一）负责本行政区域内的高新技术企业认定工作；

(二）接受企业提出的高新技术企业资格复审；

(三）负责对已认定企业进行监督检查，受理、核实并处理有关举报；

(四）选择参与高新技术企业认定工作的专家并报领导小组办公室备案。

第九条 企业取得高新技术企业资格后，应依照本办法第四条的规定到主管税务机关办理减税、免税手续。

享受减税、免税优惠的高新技术企业，减税、免税条件发生变化的，应当自发生变化之日起15日内向主管税务机关报告；不再符合减税、免税条件的，应当依法履行纳税义务；未依法纳税的，主管税务机关应当予以追缴。同时，主管税务机关在执行税收优惠政策过程中，发现企业不具备高新技术企业资格的，应提请认定机构复核。复核期间，可暂停企业享受减免税优惠。

第三章 条件与程序

第十条 高新技术企业认定须同时满足以下条件：

（一）在中国境内（不含港、澳、台地区）注册的企业，近三年内通过自主研发、受让、受赠、并购等方式，或通过5年以上的独占许可方式，对其主要产品（服务）的核心技术拥有自主知识产权；

（二）产品（服务）属于《国家重点支持的高新技术领域》规定的范围；

（三）具有大学专科以上学历的科技人员占企业当年职工总数的30%以上，其中研发人员占企业当年职工总数的10%以上；

（四）企业为获得科学技术（不包括人文、社会科学）新知识，创造性运用科学技术新知识，或实质性改进技术、产品（服务）而持续进行了研究开发活动，且近三个会计年度的研究开发费用总额占销售收入总额的比例符合如下要求：

1. 最近一年销售收入小于5000万元的企业，比例不低于6%；

2. 最近一年销售收入在5000万元至20000万元的企业，比例不低于4%；

3. 最近一年销售收入在20000万元以上的企业，比例不低于3%。

其中，企业在中国境内发生的研究开发费用总额占全部研究开发费用总额的比例不低于60%。企业注册成立时间不足三年的，按实际经营年限计算；

（五）高新技术产品（服务）收入占企业当年总收入的60%以上；

（六）企业研究开发组织管理水平、科技成果转化能力、自主知识产权数量、销售与总资产成长性等指标符合《高新技术企业认定管理工作指引》（另行制定）的要求。

第十一条 高新技术企业认定的程序如下：

（一）企业自我评价及申请

企业登录"高新技术企业认定管理工作网"，对照本办法第十条规定条件，进行自我评价。认为符合认定条件的，企业可向认定机构提出认定申请。

（二）提交下列申请材料

1. 高新技术企业认定申请书；

2. 企业营业执照副本、税务登记证（复印件）；

3. 知识产权证书（独占许可合同）、生产批文，新产品或新技术证明（查新）材料、产品质量检验报告、省级以上科技计划立项证明，以及其他相关证明材料；

4. 企业职工人数、学历结构以及研发人员占企业职工的比例说明；

5. 经具有资质的中介机构鉴证的企业近三个会计年度研究开发费用情况表（实际年限不足三年的按实际经营年限），并附研究开发活动说明材料；

6. 经具有资质的中介机构鉴证的企业近三个会计年度的财务报表（含资产负债表、损益表、现金流量表，实际年限不足三年的按实际经营年限）以及技术性收入的情况表。

（三）合规性审查

认定机构应建立高新技术企业认定评审专家库；依据企业的申请材料，抽取专家库内专家对申报企业进行审查，提出认定意见。

(四) 认定、公示与备案

认定机构对企业进行认定。经认定的高新技术企业在“高新技术企业认定管理工作网”上公示15个工作日，没有异议的，报送领导小组办公室备案，在“高新技术企业认定管理工作网”上公告认定结果，并向企业颁发统一印制的“高新技术企业证书”。

第十二条　高新技术企业资格自颁发证书之日起有效期为三年。企业应在期满前三个月内提出复审申请，不提出复审申请或复审不合格的，其高新技术企业资格到期自动失效。

第十三条　高新技术企业复审须提交近三年开展研究开发等技术创新活动的报告。

复审时应重点审查第十条（四）款，对符合条件的，按照第十一条（四）款进行公示与备案。

通过复审的高新技术企业资格有效期为三年。期满后，企业再次提出认定申请的，按本办法第十一条的规定办理。

第十四条　高新技术企业经营业务、生产技术活动等发生重大变化（如并购、重组、转业等）的，应在十五日内向认定管理机构报告；变化后不符合本办法规定条件的，应自当年起终止其高新技术企业资格；需要申请高新技术企业认定的，按本办法第十一条的规定办理。

高新技术企业更名的，由认定机构确认并经公示、备案后重新核发认定证书，编号与有效期不变。

第四章　罚　则

第十五条　已认定的高新技术企业有下述情况之一的，应取消其资格：

(一) 在申请认定过程中提供虚假信息的；

(二) 有偷、骗税等行为的；

(三) 发生重大安全、质量事故的；

(四) 有环境等违法、违规行为，受到有关部门处罚的。

被取消高新技术企业资格的企业，认定机构在5年内不再受理该企业的认定申请。

第十六条　参与高新技术企业认定工作的各类机构和人员对所承担认定工作负有诚信以及合规义务，并对申报认定企业的有关资料信息负有保密义务。违反高新技术企业认定工作相关要求和纪律的，给予相应处理。

第五章　附　则

第十七条　原《国家高新技术产业开发区外高新技术企业认定条件和办法》（国科发火字〔1996〕018号）、原《国家高新技术产业开发区高新技术企业认定条件和办法》（国科发火字〔2000〕324号），自本办法实施之日起停止执行。

第十八条　本办法由科技部、财政部、税务总局负责解释。

第十九条　科技部、财政部、税务总局另行制定《高新技术企业认定管理工作指引》。

第二十条　本办法自2008年1月1日起实施。

第三节　国家重点支持的高新技术领域

国家重点支持的高新技术领域（国科发火〔2008〕172号，附件）。

一、电子信息技术

(一) 软件

1. 系统软件。操作系统软件技术,包括实时操作系统技术;小型专用操作系统技术;数据库管理系统技术;基于 EFI 的通用或专用 BIOS 系统技术等。

2. 支撑软件。测试支撑环境与平台技术;软件管理工具套件技术;数据挖掘与数据呈现、分析工具技术;虚拟现实(包括游戏类)的软件开发环境与工具技术;面向特定应用领域的软件生成环境与工具套件技术;模块封装、企业服务总线(ESB)、服务绑定等的工具软件技术;面向行业应用及基于相关封装技术的软件构件库技术等。

3. 中间件软件。中间件软件包括:行业应用的关键业务控制;基于浏览器/服务器(B/S)和面向 Web 服务及 SOA 架构的应用服务器;面向业务流程再造;支持异种智能终端间数据传输的控制等。

4. 嵌入式软件。嵌入式图形用户界面技术;嵌入式数据库管理技术;嵌入式网络技术;嵌入式 Java 平台技术;嵌入式软件开发环境构建技术;嵌入式支撑软件层中的其他关键软件模块研发及生成技术;面向特定应用领域的嵌入式软件支撑平台(包括:智能手机软件平台、信息家电软件平台、汽车电子软件平台等)技术;嵌入式系统整体解决方案的技术研发等。

5. 计算机辅助工程管理软件。用于工程规划、工程管理/产品设计、开发、生产制造等过程中使用的软件工作平台或软件工具。包括:基于模型数字化定义(MBD)技术的计算机辅助产品设计、制造及工艺软件技术;面向行业的产品数据分析和管理软件技术;基于计算机协同工作的辅助设计软件技术;快速成型的产品设计和制造软件技术;具有行业特色的专用计算机辅助工程管理/产品开发工具技术;产品全生命周期管理(PLM)系统软件技术;计算机辅助工程(CAE)相关软件技术等。

6. 中文及多语种处理软件。中文及多语种处理软件是指针对中国语言文字(包括汉语和少数民族语言文字)和外国语言文字开发的识别、编辑、翻译、印刷等方面的应用软件。包括:基于智能技术的中、外文字识别软件技术;字处理类(包括少数民族语言)文字处理软件技术;基于先进语言学理论的中文翻译软件技术;语音识别软件和语音合成软件技术;集成中文手写识别、语音识别/合成、机器翻译等多项智能中文处理技术的应用软件技术;具有多语种交叉的软件应用开发环境和平台构建技术等。

7. 图形和图像软件。支持多通道输入/输出的用户界面软件技术;基于内容的图形图像检索及管理软件技术;基于海量图像数据的服务软件技术;具有交互功能与可量测计算能力的 3D 软件技术;具有真实感的 3D 模型与 3D 景观生成软件技术;遥感图像处理与分析软件技术等。

8. 金融信息化软件。金融信息化软件是指面向银行、证券、保险行业等金融领域服务业务创新的软件。包括:支持网上财、税、库、行、海关等联网业务运作的软件技术;基于金融领域管理主题的数据仓库或数据集市及其应用等技术;金融行业领域的财务评估、评级软件技术;金融领域新型服务模式的软件技术等。

9. 地理信息系统。网络环境下多系统运行的 GIS 软件平台构建技术;基于 3D/4D(即带有时间标识)技术的 GIS 开发平台构建技术;组件式和可移动应用的 GIS 软件包技术等。

10. 电子商务软件。基于 Web 服务(Web Services)及面向服务体系架构(SOA)的电子商务应用集成环境及其生成工具软件或套件的技术；面向电子交易或事务处理服务的各类支持平台、软件工具或套件的技术；支持电子商务协同应用的软件环境、平台或工具套件的技术；面向桌面和移动终端设备应用的信息搜索与服务软件或工具的技术；面向行业的电子商务评估软件或工具的技术；支持新的交易模式的工具软件和应用软件技术等。

11. 电子政务软件。用于构建电子政务系统或平台的软件构件及工具套件技术；跨系统的电子政务协同应用软件环境、平台、工具等技术；应急事件联动系统的应用软件技术；面向电子政务应用的现场及移动监管稽核软件和工具技术；面向电子政务应用的跨业务系统工作流软件技术；异构系统下政务信息交换及共享软件技术；面向电子政务应用的决策支持软件和工具技术等。

12. 企业管理软件。数据分析与决策支持的商业智能（BI）软件技术；基于 RFID 和 GPS 应用的现代物流管理软件技术；企业集群协同的供应链管理（SCM）软件技术；面向客户个性化服务的客户关系管理（CRM）软件技术等。

（二）微电子技术

1. 集成电路设计技术。自主品牌 ICCAD 工具版本优化和技术提升，包括设计环境管理器、原理图编辑、版图编辑、自动版图生成、版图验证以及参数提取与反标等工具；器件模型、参数提取以及仿真工具等专用技术。

2. 集成电路产品设计技术。音视频电路、电源电路等量大面广的集成电路产品设计开发；专用集成电路芯片开发；具有自主知识产权的高端通用芯片 CPU、DSP 等的开发与产业化；符合国家标准、具有自主知识产权、重点整机配套的集成电路产品，3G 移动终端电路、数字电视电路、无线局域网电路等。

3. 集成电路封装技术。小外型有引线扁平封装（SOP）、四边有引线塑料扁平封装（PQFP）、有引线塑封芯片载体（PLCC）等高密度塑封的大生产技术研究，成品率达到 99% 以上；新型的封装形式，包括采用薄型载带封装、塑料针栅阵列（PGA）、球栅阵列（PBGA）、多芯片组装（MCM）、芯片倒装焊（FlipChip）、WLP（Wafer Level Package）、CSMP（Chip Size Module Package）、3D（3 Dimension）等封装工艺技术。

4. 集成电路测试技术。集成电路品种的测试软件，包括圆片（Wafer）测试及成品测试。芯片设计分析验证测试软件；提高集成电路测试系统使用效率的软/硬件工具、设计测试自动连接工具等。

5. 集成电路芯片制造技术。CMOS 工艺技术、CMOS 加工技术、BiCMOS 技术以及各种与 CMOS 兼容工艺的 SoC 产品的工业化技术；双极型工艺技术，CMOS 加工技术与 BiCMOS 加工技术；宽带隙半导体基集成电路工艺技术；电力电子集成器件工艺技术。

6. 集成光电子器件技术。半导体大功率高速激光器；大功率泵浦激光器；高速 PIN-FET 模块；阵列探测器；10Gbit/s-40Gbit/s 光发射及接收模块；用于高传输速率多模光纤技术的光发射与接收器件；非线性光电器件；平面波导器件（PLC）（包括 CWDM 复用/解复用、OADM 分插复用、光开关、可调光衰减器等）。

（三）计算机及网络技术

1. 计算机及终端技术。手持和移动计算机（HPC、PPC、PDA）；具有特定功能的行业应用终端，包括金融、公安、税务、教育、交通、民政等行业的应用中，集信息采集（包括条形码、RFID、视频等）、认证支付和无线连接等功能的便携式智能终端等；基于电信网络或/

和计算机网络的智能终端等。

2. 各类计算机外围设备技术。具有自主知识产权的计算机外围设备，包括打印机、复印机等；计算机外围设备的关键部件，包括打印机硒鼓、墨盒、色带等；计算机使用的安全存储设备，存储、移动存储设备等；基于 USB 技术、蓝牙技术、闪联技术标准的各类外部设备及器材；基于标识管理和强认证技术；基于视频、射频等识别技术。

3. 网络技术。基于标准协议的（如 SNMP 和 ITSM 等）的应用于企业网和行业专网的信息服务管理和网络管理软件，包括监控软件、IP 业务管理软件等；ISP、ICP 的增值业务软件和应用平台等；用于企业和家庭的中、低端无线网络设备，包括无线接入点、无线网关、无线网桥、无线路由器、无线网卡等；以及符合蓝牙、UWB 标准的近距离（几米到十几米）无线收发技术等；由 IPv4 向 IPv6 过渡的中、低端网络设备和终端。

4. 空间信息获取及综合应用集成系统。空间数据获取系统，包括低空遥感系统、基于导航定位的精密测量与检测系统、与 PDA 及移动通信部件一体化的数据获取设备等；导航定位综合应用集成系统，包括基于“北斗一号”卫星导航定位应用的主动/被动的导航、定位设备及公众服务系统；基于位置服务（LBS）技术的应用系统平台；时空数据库的构建及其应用技术等。

5. 面向行业及企业信息化的应用系统。融合多种通信手段的企业信息通信集成技术；智能化的知识管理；工作流、多媒体；基于 SOA 架构建立的企业信息化集成应用。

6. 传感器网络节点、软件和系统。面向特定行业的传感器网络节点、软件或应用系统；传感器网络节点的硬件平台和模块、嵌入式软件平台及协议软件等；传感器网络节点的网络接口产品模块、软件等。

* 采用 OEM 或 CKD 方式的集成生产项目除外。

（四）通信技术

1. 光传输技术。可用于城域网和接入网的新型光传输设备技术，包括：中/低端新型多业务光传输设备和系统；新型光接入设备和系统；新型低成本小型化波分复用传输设备和系统；光传输设备中新型关键模块光传输系统仿真计算等专用软件。

2. 小型接入设备技术。适合国内的网络状况和用户特殊应用需求的小型接入设备技术，包括：各类综合接入设备，各种互联网接入设备（IAD）；利用无线接入、电力线接入、CATV 接入等的行业专用接入设备（包括远程监控等）；其他新型中小型综合接入设备。

3. 无线接入技术。调制方式多样、能适应复杂使用环境的移动通信接入技术的无线接入设备及其关键部件，包括：宽带无线接入设备，如包括基站、终端、网关等；基于 IEEE802.11 等协议的基站与无线局域网终端设备；基于 IEEE802.16 等协议的宽带无线城域网终端设备、系统和技术；各类高效率天线终端设备和特种天线技术和设备等；固定无线接入设备；各种无线城域网设备和系统，包括增强型 WLAN 基站和终端等。

4. 移动通信系统的配套技术。适用于移动通信网络等的系列配套技术，包括：3G 系统的直放站（含天线）配套设备；用于各种基站间互联的各种传输设备；移动通信网络规划优化软件与工具；基站与天线的 RF 信号光纤拉远传输设备；移动通信的网络测试、监视和分析仪表等；数字集群系统的配套技术；其他基于移动通信网络的行业应用的配套技术。

5. 软交换和 VoIP 系统。基于分组交换原理的下一代网络系统和设备技术，包括：中小型 IP 电话系统及设备；面向特定行业和企业应用、集成 VoIP 功能的呼叫中心系统及设备；

VoIP 系统的监测和监控技术等。

6. 业务运营支撑管理系统。网络和资源管理系统；结算和计费系统；业务管理和性能分析系统；经营分析与决策支持系统；客户服务管理系统；服务质量管理系统；各类通信设备的测试系统；适用于上述系统的组件产品，包括各类中间件等。

7. 电信网络增值业务应用系统。固定网、2.5G/3G 移动、互联网等网络的增值业务应用软件技术，包括：各类增值业务的综合开发平台；流媒体、手机可视电话、手机 QQ、IPTV 等的应用系统；基于电信网、互联网等的增值业务和应用系统；基于 P2P 技术的各类应用系统，包括即时通信系统等；基于现有网络技术的增值业务平台；支持网络融合和业务融合的增值业务应用平台及系统。

（五）广播电视技术

1. 演播室设备技术。与数字电视系统相适应的各类数字化电子设备技术，包括：演播室数字视频服务器、数字视频切换控制台、数字音视频非线性编辑服务器；节目的电子交换、节目制播系统软件、面向数字媒体版权保护的加解密和密钥管理、数字版权保护等系统；适合我国地面电视标准的地面数字电视传输设备；地面—有线合一的数字电视传输设备；符合我国标准的具有自主知识产权的数字电视发射与转发设备；卫星数字电视调制器、有线数字电视调制器、地面数字电视调制器；广播电视监控系统及设备；用于 IP 网络、移动接收服务网络的数据网关，数据协议转发服务器；有线数字电视和卫星数字电视运营商的运营支撑系统；以电子节目指南、综合信息发布、数据广播以及交互电视等构成的业务应用系统。

2. 交互信息处理系统。能够实现交互式控制的服务端系统技术。

3. 信息保护系统。能够实现各种信息媒体整体版权保护的系统技术。

4. 数字地面电视技术。可提高收发机性能的技术，与单频组网、覆盖补点、专用测试等应用相关的技术，包括：数字电视单频网适配器；广播信号覆盖补点器；GB20600-2006 广播信号发生器；GB20600-2006 广播信号分析仪等。

5. 地面无线数字广播电视技术。符合国家《地面数字电视广播传输标准》的设备技术，包括：数字广播电视发射机；数字广播电视复用器；数字广播电视信道编码调制器；无线地面数字广播技术。

6. 专业音视频信息处理系统。公共交通、公共场所等各类专业级网络化的音视频处理系统技术。

7. 光发射、接收技术。具备自主知识产权的光发射和光接收设备的技术，包括：激光器模块；光电转换模块；调幅返送光发射机；室外型宽带光接收机等。

8. 电台、电视台自动化技术。适合电台、电视台开展音频及视像节目编、采、播业务的技术，包括：具备发射机单机模拟量、开关量的选择与采集，控制信号接口选择功能的设备；能对发射机工作状态实现控制、监测、记录、分析、诊断、显示、报警等功能的设备；能对全系统实现数据处理的计算机设备；能对发射机房多机系统实现自动化控制管理的设备等。

9. 网络运营综合管理系统。基于卫星、有线、无线电视传输的、能实现分级网络运营管理、能实现全网传输设备的维护、设置及业务管理一体化的软件系统的技术，包括：广播影视传输覆盖网的管理系统；有线电视分配网网络管理系统等。

10. IPTV 技术。电信、计算机和广电三大网络的业务应用融合的技术，包括：IPTV 路由器和交换器；IPTV 终端设备；IPTV 监管系统和设备；IPTV 前端设备等。

11. 高端个人媒体信息服务平台。移动办公软件技术，包括：个人信息综合处理平台；便携式个人信息综合处理终端等。

* 采用 OEM 或 CKD 方式的集成生产项目除外。

（六）新型电子元器件

1. 半导体发光技术。半导体发光二极管用外延片制造技术，生长高效高亮度低光衰高抗静电的外延片技术，包括：采用 GaN 基外延片/Si 基外延片/蓝宝石衬底外延片技术；半导体发光二极管制作技术；大功率高效高亮度低光衰高抗静电的发光二极管技术；高效高亮度低光衰高抗静电的发光二极管技术；半导体照明用长寿命高效荧光粉、热匹配性能和密封性能好的封装树脂材料和热沉材料技术等。

2. 片式和集成无源元件技术。片式复合网络、片式 EMI/EMP 复合元件和 LTCC 集成无源元件；片式高温、高频、大容量多层陶瓷电容器（MLCC）；片式 NTC、PTC 热敏电阻和片式多层压敏电阻；片式高频、高稳定、高精度频率器件等。

3. 片式半导体器件技术。小型、超小型有引线及无引线产品；采用低弧度键合、超薄封装的相关产品；功率型有引线及无引线产品等。

4. 中高档机电组件技术。符合工业标准的超小型高密度高传输速度的连接器；新一代通信继电器，小体积、大电流、组合式继电器和固体光 MOS 继电器；高保真、高灵敏度、低功耗电声器件；刚挠结合板和 HDI 高密度积层板等。

（七）信息安全技术

1. 安全测评类。网络与系统的安全性能进行测试与评估技术；对安全产品的功能、性能进行测试与评估，能满足行业或用户对安全产品自测评需求的技术等。

2. 安全管理类。具备安全集中管理、控制与审计分析等功能的综合安全管理类技术；具备安全策略、安全控制措施的统一配置、分发和审核功能的安全管理类技术等。

3. 安全应用类。具有电子政务相关应用安全软件及相关技术；具有电子商务相关应用安全软件及相关技术；具有公众信息服务相关应用安全软件及相关技术等。

4. 安全基础类。操作系统安全的相关支撑技术；数据库安全管理的相关支撑技术；安全路由和交换设备的研发和生产技术；安全中间件技术；可信计算和标识认证相关支撑技术等。

5. 网络安全类。网络攻击防护技术；网络异常监控技术；无线与移动安全接入技术；恶意代码防护技术；网络内容安全管理技术等。

6. 专用安全类。密码及其应用技术；安全隔离与交换等边界防护技术；屏蔽、抑制及干扰类电磁泄漏发射防护和检测技术；存储设备和介质中信息的防护、销毁及存储介质的使用管理技术；高速安全芯片技术；安全事件取证和证据保全技术等。

* 市场前景不明朗、低水平重复，以及简单的技术引进类信息安全软件及其相关产品除外。

（八）智能交通技术

1. 先进的交通管理和控制技术。具备可扩展性的适于中小城市信号设备和控制技术；可支持多种下端协议的上端控制系统的软件技术研发；交通应急指挥管理相关设备的技术研发和生产；网络环境下的外场交通数据综合接入设备的技术研发和生产；交通事件自动检测和事件管理的软件技术研发等。

2. 交通基础信息采集、处理设备及相关软件技术。采用微波、主被动红外、激光、超声波技术（不含视频）设备，可用于采集交通量、速度、车型、占有率、车头时距等交通流参数；车辆、站场枢纽客流统计检测设备生产及分析技术；用于公众服务的动态交通信息融合、处理软件技术研发；交通基础设施状态监测设备的软件研发和生产技术；内河船舶交通量自动检测设备技术研发等。

3. 先进的公共交通管理设备和系统技术。大容量快速公交系统（BRT）运营调度管理系统（含车、路边设备）技术研发；公交（含大容量公交）自动售检票系统技术研发，要能够支持现金、信用卡、预付费卡等多种支付方式；大中城市公共交通运营组织与调度管理相关设备和系统的技术研发等。

4. 车载电子设备和系统技术。具有实时接收数据能力，并可进行本地路径动态规划功能的车载导航设备的研发及生产；符合国家标准的电子不停车收费系统技术研发；车载安全驾驶辅助产品生产技术等。

二、生物与新医药技术

（一）医药生物技术

1. 新型疫苗。具有自主知识产权且未曾在国内外上市销售的、预防重大疾病的新型高效基因工程疫苗，包括：预防流行性呼吸系统疾病、艾滋病、肝炎、出血热、大流行感冒、疟疾、狂犬病、钩虫病、血吸虫病等人类疾病和肿瘤的新型疫苗、联合疫苗等，疫苗生产用合格实验动物，培养细胞及菌种等。

2. 基因工程药物。具有自主知识产权，用于心脑血管疾病、肿瘤、艾滋病、血友病等重大疾病以及其他单基因遗传病治疗的基因工程药物、基因治疗药物、靶向药物，重组人血白蛋白制品等。

3. 重大疾病的基因治疗。用于恶性肿瘤、心血管疾病、神经性疾病的基因治疗及其关键技术和产品，具有自主知识产权的重大疾病基因治疗类产品，包括：恶性肿瘤、遗传性疾病、自身免疫性疾病、神经性疾病、心血管疾病和糖尿病等的基因治疗产品；基因治疗药物输送系统等。

4. 单克隆抗体系列产品与检测试剂。用于肝炎、艾滋病、血吸虫病、人禽流感、性病等传染性疾病和肿瘤、出生缺陷及吸毒等早期检测、诊断的单克隆抗体试剂，食品中微生物、生物毒素、农药兽药残留检测用单克隆抗体及试剂盒；重大动植物疫病、转基因生物检测用单克隆抗体及试剂盒，造血干细胞移植的分离、纯化和检测所需的单克隆抗体系列产品；抗肿瘤及抗表皮生长因子单克隆抗体药物；单克隆抗体药物研究关键技术和系统；先进的单克隆抗体规模化制备集成技术、工艺和成套设备；新型基因扩增（PCR）诊断试剂及检测试剂盒和人源化/性基因工程抗体。

5. 蛋白质/多肽/核酸类药物。面向重大疾病——抗肿瘤蛋白药物（如肿瘤坏死因子），心脑血管系统蛋白药物（如纤溶酶原，重组溶血栓），神经系统蛋白药物尤其是抑郁药物，老年痴呆药物，肌肉关节疾病的蛋白质治疗药物，以及抗病毒等严重传染病蛋白药物的研究与产业化技术；各类细胞因子（如促红细胞生成素，促人血小板生长因子，干扰素，集落刺激因子，白细胞介素，肿瘤坏死因子，趋化因子，转化生长因子，生长因子）等多肽药物的开发技术；抗病毒、抗肿瘤及治疗自身免疫病的核酸类药物及相关中间体的研究及产业化技术等。

6. 生物芯片。重大疾病、传染病、遗传病、地方病等诊断用芯片，生物安全检测用芯片，研究用芯片，进出口检验检疫芯片，生物芯片数据获取、处理和分析设备及软件等。

7. 生物技术加工天然药物。采用细胞大规模培养、生物转化技术开发生物资源和中药资源，包括：动植物细胞大规模培养技术，发酵法生产濒危、名贵、紧缺药用原料和动植物组织中分离提取生物活性物质原料及新药等。

8. 生物分离、装置、试剂及相关检测试剂。适用于基因工程、细胞工程、发酵工程、天然药物的生产、药物活性成分等分离用的高精度、自动化、程序化、连续高效的设备和介质，以及适用于生物制品厂的生产装置等，包括：生物、医药用新型高效分离介质及装置；生物、医药用新型高效膜分离组件及装置；生物、医药用新型高效层析介质及装置；生物、医药用新型发酵技术与装置；生物反应和生物分离的过程集成技术；生物、医药研究、生产及其检测用试剂、试剂盒等。

9. 新生物技术。具有明确应用前景的新生物技术，包括：治疗疾病的干细胞技术及用于基因治疗、新药开发和生物医学的 RNAi 技术；用于生物医药研究的纳米技术；能提高多肽药物的稳定性和半衰期，降低免疫原性的多肽修饰技术；海洋生物技术。

（二）中药、天然药物

1. 创新药物。拥有自主知识产权、符合现代新药开发技术要求的中药、天然药物新药，包括：从中药、天然药物中提取的有效成分、有效部位，以及新发现的中药材和中药材新的药用部位及制剂等。

2. 中药新品种的开发。由中药、天然药物制成的新的复方制剂，对名优中成药及民族药的二次开发，以及新型中药给药系统品种，包括：透皮制剂、缓控速释制剂、靶向制剂、定位制剂等；作为中药质量控制所必需的中药标准品的开发与应用技术。

3. 中药资源可持续利用。珍贵和濒危野生动植物资源的种植（养殖）、良种选育技术；珍贵和濒危野生药材代用品及人工制品；符合种植规范和管理要求的中药材；中药材去除重金属和农药残留新技术、新产品的研究等。

（三）化学药

1. 创新药物。拥有自主知识产权的创新药物，包括：通过合成或半合成的方法制得的原料药及其制剂；天然物质中提取或通过发酵提取的新的有效单体及其制剂；用拆分或合成等方法制得的已知药物中的单一光学异构体及其制剂；由已上市销售的多组分药物制备为较少组分的药物；新的复方制剂；已有药物新的适应症等。

2. 心脑血管疾病治疗药物。抗高血压药物；抗冠心病药物；抗心衰药物；抗血栓药物；治疗脑卒中新药等。

3. 抗肿瘤药物。抗恶性肿瘤细胞侵袭转移药物；放化疗增敏药物；肿瘤化学预防及用于癌前病变治疗的药物；作用于肿瘤细胞信号传递系统的新药；其他新型抗肿瘤药物；肿瘤辅助治疗（包括镇痛、止吐、增强免疫功能、肿瘤引起的高钙血症等）药物等。

4. 抗感染药物（包括抗细菌、抗真菌、抗原虫药等）。大环内酯类抗生素；头孢菌素抗生素；非典型 β-内酰胺类抗生素；抗真菌药物；喹诺酮类抗菌药；四环素类抗菌药；手性硝基咪唑类抗原虫、抗厌氧菌药物；多肽类抗生素等。

5. 老年病治疗药物。防治骨质疏松新药；老年痴呆治疗新药；慢性阻塞性肺病治疗新药；前列腺炎及前列腺肥大治疗药物；帕金森氏病治疗药物；便秘治疗药物等。

6. 精神神经系统药物。抗抑郁药；抗焦虑药；精神病治疗药；偏头痛治疗药；儿童注意力缺乏综合症治疗药；癫痫治疗药等。

7. 计划生育药物。女用避孕药；男用避孕药；事后避孕药；抗早孕药等。

8. 重大传染病治疗药物。艾滋病治疗药物；传染性肝炎治疗药物；结核病防治药物；血吸虫病防治药物；流感、禽流感、非典型肺炎等呼吸道传染病的防治药物等。

9. 治疗代谢综合症的药物。糖尿病及其并发症治疗药物；血脂调节药；脂肪肝治疗药物；肥胖症治疗药物等。

10. 罕见病用药（Orphan Drugs）及诊断用药。罕见病用药；解毒药；诊断用药等（包括X-射线、超声、CT、NMR 对比增强剂等）。

11. 手性药物和重大工艺创新的药物及药物中间体。手性药物技术（包括：外消旋药物的拆分，无效对映体的转化及生物转化合成技术；包结拆分和手性药物的制备技术；手性药物的生物催化合成技术；新型手性体的设计与合成技术；工业化不对称催化技术；由糖合成手性纯天然化合物和其类似物的开发技术；拆分试剂，手性辅助剂，手性分析用试剂，手性源化合物的开发与应用技术等）；能大幅度降低现有药物生产成本的重大工艺创新；节能降耗明显的重大工艺改进；能大幅度减少环境污染的重大工艺改进；市场急需的、有较大出口创汇潜力的药物及药物中间体；改进药物晶型的重大工艺改进等。

* 简单的改变制备工艺的品种除外。

（四）新剂型及制剂技术

1. 缓、控、速释制剂技术——固体、液体及复方。具有控制药物释放速度的缓、控、速释制剂技术，包括：透皮吸收制剂技术；注射缓、控释制剂（长效储库型注射剂）技术；口服（含舌下）缓、控、速释制剂技术；缓释微丸胶囊（直径为 5~250μm）制剂技术；黏膜、腔道、眼用等其他缓、控释制剂技术等。

2. 靶向给药系统。采用脂类、类脂蛋白质及生物降解高分子成分作为载体，将药物包封或嵌构而成的各种类型的新型靶向给药系统，包括：结肠靶向给药（口服）系统及技术；心脑靶向给药（口服、注射）系统及技术；淋巴靶向给药（注射）系统及技术；能实现 2 级靶向、3 级靶向药物制剂的系统及技术等。

3. 给药新技术及药物新剂型。高效、速效、长效、靶向给药新型药物，药物控释纳米材料，新型给药技术和装备，缓释、控释、透皮吸收制剂技术，蛋白或多肽类药物的口服制剂技术。包括：纳米技术、脂质体技术、微囊释放新技术等。

4. 制剂新辅料。β-环糊精衍生物、微晶纤维素和微粉硅胶等固体制剂用辅料，具有掩盖药物的不良口感、提高光敏药物的稳定性、减少药物对胃肠道的刺激性、使药物在指定部位释放等作用的包衣材料，包括：纤维素衍生物和丙烯酸树脂类衍生物等；注射用辅料，包括：注射用 β-环糊精衍生物、注射用卵磷脂和注射用豆磷脂等。控、缓释口服制剂，黏膜给药和靶向给药制剂，眼用药物，皮肤给药等特殊药用辅料。

* 简单改变剂型和给药途径的技术除外。

（五）医疗仪器技术、设备与医学专用软件

1. 医学影像技术。X-射线摄影成像技术（高频，中频）、新型高性能超声诊断技术（彩色 B 超）、功能影像和分子影像成像技术、新型图像识别和分析系统以及其他新型医学成像技术，包括：电阻抗成像技术、光 CT 技术等。

2. 治疗、急救及康复技术。新型微创外科手术器具及其配套装置；植入式电子刺激装置；新型急救装置；各类介入式治疗技术与设备；以治疗计划系统为核心的数字化精确放射治疗技术以及医用激光设备等。

3. 电生理检测、监护技术。数字化新型电生理检测和监护设备技术；适用于基层医院、社区医疗、生殖健康服务机构，以及能面向家庭的各类新型无创和微创检测诊断技术、监护设备和康复设备；高灵敏度、高可靠性的新型医用传感器及其模块组件等。

4. 医学检验技术。体现自动化和信息化的应急生化检验装置、常规生化分析仪器、常规临床检验仪器以及具有明确的临床诊断价值的新技术，采用新工艺、新方法或新材料的其他医学检验技术和设备等。

5. 医学专用网络环境下的软件。医用标准化语言编译及电子病历（EMR）系统；电子健康档案系统；重大疾病专科临床信息系统；社区医疗健康信息系统以及实用三维数字医学影像后处理系统等。

* 机理不清、治疗效果不确定的产品除外。

（六）轻工和化工生物技术

1. 生物催化技术。具有重要市场前景及自主知识产权的生物催化技术，包括：用于合成精细化学品的生物催化技术；新型高效酶催化剂品种和新用途；新型酶和细胞固定化方法及反应器；生物手性化学品的合成；生物法合成多肽类物质；有生物活性的新型糖类和糖醇类等。

2. 微生物发酵新技术。高效菌种的选育和新型发酵工程和代谢工程技术，包括：微生物发酵生产的新产品及其化学改性新产品；微生物发酵新技术和新型反应器；新功能微生物的选育方法和发酵过程的优化、控制新方法以及采用代谢工程手段提高发酵水平的新方法；传统发酵产品的技术改造和生产新工艺等；重大发酵产品中可提高资源利用度，减少排污量的清洁生产新技术和新工艺等。

3. 新型、高效工业酶制剂。对提高效率、降低能耗和减少排污有显著效果的绿色化学处理工艺及新型、高效工业酶制剂，包括：有机合成用酶制剂；纺织工业用酶、洗涤剂用酶、食品用酶、制药工业用酶、饲料用酶、环保用酶等酶制剂，酶制剂质量评价技术及标准；生物新材料用酶；生物新能源用酶等。

4. 天然产物有效成分的分离提取技术。可提高资源利用率的、从天然动植物中提取有效成分制备高附加值精细化学品的分离提取技术，包括：天然产物有效成分的分离提取新技术；天然产物有效成分的全合成、化学改性及深加工新技术；天然产物中分离高附加值的新产品；高效分离纯化技术集成及装备的开发与生产；从动植物原料加工废弃物中进一步分离提取有效成分的新技术等。

5. 生物反应及分离技术。高效生物反应器，高密度表达系统技术，大规模高效分离技术、介质和设备，大型分离系统及在线检测控制装置，基因工程、细胞工程和蛋白质工程产品专用分离设备，生物过程参数传感器和自控系统。

6. 功能性食品及生物技术在食品安全领域的应用。辅助降血脂、降血压、降血糖功能食品；抗氧化功能食品；减肥功能食品；辅助改善老年记忆功能食品；功能化传统食品；以及功能性食品有效成分检测技术和功能因子生物活性稳态化技术；食品安全的生物检测技术等。

（七）现代农业技术

1. 农林植物优良新品种与优质高效安全生产技术。优质、高效、高产优良新品种技术；水肥资源高效利用型新品种技术；抗病虫、抗寒、抗旱、耐盐碱等抗逆新品种技术；新型、环保肥料与植物生长调节剂及高效安全施用技术。

2. 畜禽水产优良新品种与健康养殖技术。畜禽水产优良新品种及快繁技术；珍稀动物、珍稀水产养殖技术；畜牧业、水产业健康养殖技术和模式；畜牧水产业环境调控和修复技术与模式；安全、优质、专用、新型饲料及饲料添加剂生产和高效利用技术；畜牧水产业质量安全监控、评价、检测技术；优质奶牛新品种及规模化、集约化饲养与管理技术。

3. 重大农林植物灾害与动物疫病防控技术。重大农林植物病虫鼠草害、重大旱涝等气象灾害以及森林火灾监测、预警、防控新技术；主要植物病虫害及抗药性检测、诊断技术；环保型农药创制、高效安全施用与区域性农林重大生物灾害可持续控制技术；畜禽水产重大疾病监测预警、预防控制、快速诊断、应急处理技术；烈性动物传染病、动物源性人畜共患病高效特异性疫苗生产技术；高效安全新型兽药及技术质量监测等技术。

4. 农产品精深加工与现代储运。农业产业链综合开发和利用技术；农产品加工资源节约和综合利用技术；农产品分级、包装和品牌管理技术；农业产业链标准化管理技术；大宗粮油绿色储运、鲜活农产品保鲜及物流配送、农林产品及特种资源增值加工、农林副产品资源化利用；农副产品精深加工和清洁生态型加工技术与设备；农产品质量安全评价、快速检测、全程质量控制等技术。

5. 现代农业装备与信息化技术。新型农作物、牧草、林木种子收获、清选、加工设备；新型农田作业机械、设施农业技术装备与高效施肥、施药机械和设备；新型畜禽、水产规模化养殖以及牧草、饲料加工、林产机械和新型农产品产地处理技术装备；农业生产过程监测、控制及决策系统与技术；精准农业技术、遥感技术与估产及农村信息化服务系统与技术。

6. 水资源可持续利用与节水农业。水源保护、水环境修复、节水灌溉、非常规水源灌溉利用、旱作节水和农作物高效保水等新技术、新材料、新工艺和新产品。

7. 农业生物技术。新型畜禽生物兽药和生物疫苗，生物肥料，生物农药及生物饲料等。

三、航空航天技术

1. 民用飞机技术。民用飞机综合航空电子、飞行控制技术；安全及救生技术；民用航空发动机及重要部件；小型、超小型飞机（含无人驾驶飞机）专用发动机及重要部件。

* 无动力运动滑翔机、教练机等除外。

2. 空中管制系统。民用航空卫星通信、导航、监视及航空交通管理系统（CNS/ATM）管制工作站系统、CNS/ATM 网关系统、飞行流量管理系统和自动化管制系统等；先进的空中管制空域设计与评估系统，数字化放行（PDC）系统，自动终端信息服务（D-ATIS）系统，空中交通进离港排序辅助决策系统，空管监视数据融合处理系统，飞行计划集成系统，卫星导航地面增强系统，自动相关监视系统和多点相关定位系统等。

3. 新一代民用航空运行保障系统。新型民用航空综合性公共信息网络平台、安全管理系统、天气观测和预报系统、适航审定系统；新型先进的机场安全检查系统、货物及行李自动运检系统、机场运行保障系统。

* 通用独立的机场运行保障信息显示、控制设备及仪器除外。

4. 卫星通信应用系统。通信卫星地面用户终端、便携式多媒体终端、卫星地面上行系统、卫星地面差放站以及采用卫星通信新技术（新协议）的高性价比地面通信系统，宽带/高频/激光卫星通信系统等；与卫星固定通信业务、卫星移动通信业务、电视卫星直播业务（卫星数字音频广播）和互联网宽带接入业务相关的四大业务地面终端设备及关键配套部件；高精度地面终端综合检测仪器与系统。

*3 位半以下便携式通用测试仪表等除外。

5. 卫星导航应用服务系统。卫星导航多模增强应用服务系统（含连续观测网络、实时通信网络、数据处理中心和公共服务平台）、基于位置信息的综合服务系统及其应用服务终端（与无线通信网络结合的全球导航卫星系统技术和室内定位技术）、具有导航、通信、视听等多种功能的车载、船载等移动信息系统；个人导航信息终端；兼容型卫星导航接收机；卫星导航专用芯片、SOC 系统、小型嵌入系统；嵌入式软件。

四、新材料技术

（一）金属材料

1. 铝、镁、钛轻合金材料深加工技术。环保、节能新工艺新技术生产高纯金属镁、高洁净镁合金和高强度、高韧性、耐腐蚀铝合金、镁合金、钛合金材料，及其在航空、汽车、信息、高速列车等行业的应用技术；大断面、中空大型钛合金及铝合金板材，镁及镁合金的液态铸轧技术，镁、铝、钛合金的线、板、带、薄板（箔）、铸件、锻件、异型材等系列化产品的加工与焊接技术，后加工成型技术和着色、防腐技术以及相关的配套设备；精密压铸技术生产高性能铝合金、镁合金材及铸件；钛及钛合金低成本生产技术及其应用技术，钛及钛合金焊接管生产技术。

* 高污染高能耗皮江法生产金属镁及镁合金、常规铝合金、仿不锈钢铝建材和一般民用铝制品除外。

2. 高性能金属材料及特殊合金材料生产技术。先进高温合金材料及其民用制品生产技术；超细晶粒的高强度、高韧性、强耐蚀钢铁材料生产技术；为提高钢铁材料洁净度、均匀度、组织细度等影响材料性能，提高冶金行业资源、能源利用效率，实现节能、环保，促进钢铁行业可持续发展的配套相关材料、部件制造技术；高强度、高韧性、高导性、耐腐蚀、高抗磨、耐高（低）温等特殊钢材料、高温合金材料、工模具材料制造技术；超细组织钢铁材料的轧制工艺、先进微合金化、高均质连铸坯、高洁净钢的冶炼工艺，高强度耐热合金钢及铸锻工艺和焊接技术，高性能碳素结构钢、高强度低合金钢、超高强度钢、高牌号冷轧硅钢生产工艺；高性能铜合金材（高强、高导、无铅黄铜等）生产技术、采用金属横向强迫塑性变形和冷轧一次成型工艺生产热交换器用铜及铜合金无缝高翅片管技术；通过连铸、拉拔制成合金管线材技术。

* 高能耗、高污染的“地条钢”和一般建筑用钢、常规铸造、常规机加工项目除外。

3. 超细及纳米粉体及粉末冶金新材料工艺技术。高纯超细粉、纳米粉体和多功能金属复合粉生产技术，包括铜、镍、钴、钼、镁、钛等有色金属和特殊铁基合金粉末冶金材料粉体成型和烧结致密化技术；采用粉末预处理、烧结扩散制成高性能铜等有色金属预合金粉制造技术；高性能、特殊用途钨、钼深加工材料及应用技术，超细晶粒（纳米晶）硬质合金材料及高端硬质合金刀具等制造技术。

* 超细钨粉及碳化钨粉和传统工艺生产常规粉末冶金材料及制品除外。

4. 低成本、高性能金属复合材料加工成型技术。耐高压、耐磨损、抗腐蚀、改善导电、导热性等方面具有明显优势的金属与多种材料复合的新材料及结构件制、热交换器用铜铝复合管材新工艺；低密度、高强度、高弹性模量、耐疲劳的颗粒增强、纤维增强的铝基复合材料产业化的成型加工技术以及低成本高性能的增强剂生产技术。

*铝塑复合管材、钢（铝）塑门窗等一般民用产品除外。

5. 电子元器件用金属功能材料制造技术。制取电容器用高压、超高比容钽粉的金属热还原、球团化造粒、热处理、脱氧等技术；制成超细径电容器用钽丝的粉末冶金方法成型烧结技术；特种导电和焊接用集成电路引线及引线框架材料、电子级无铅焊料、焊球、焊粉、焊膏、贱金属专用电子浆料制造技术；异形接触点材料和大功率无银触头材料制造技术；高磁能积、高内禀矫顽力高性能铁氧体永磁材料和高导磁、低功耗、抗电磁干扰的软磁体材料（高于 OP8F、CL11F、PW40 牌号性能）制造技术，片式电感器用高磁导率、低温烧结铁氧体（NiCuZn）、高性能屏蔽材料、锂离子电池负极载体、覆铜板用的高均匀性超薄铜箔制造技术；电真空用无夹杂、无气孔不锈钢及无氧铜材料规模化生产技术。

*常规电力电工用金属电线、电缆及漆包线材料，贵金属浆料及阴极、阳极铝箔等除外。

6. 半导体材料生产技术。经拉晶、切割、研磨、抛光、清洗加工制成的直径大于 8 英寸超大规模集成电路用硅单晶及抛光片和外延片加工技术；太阳能电池用大直径（8 英寸）硅单晶片拉晶技术；低成本、低能耗多晶硅材料及产品产业化技术；大直径红外光学锗单晶材料及大面积宽带隙半导体（氮化镓、碳化硅、氧化锌等）单晶和外延材料制造技术。高纯铜、高纯镍、高纯钴、高纯银、高纯铑、高纯铋、高纯锑、高纯铟、高纯镓等高纯及超纯有色金属材料精炼提纯技术等。

7. 低成本超导材料实用化技术。实用化超导线材、块材、薄膜的制备技术和应用技术。

8. 特殊功能有色金属材料及应用技术。形状记忆钛镍合金、铜合金材及制品；高阻尼铜合金材；高电位、高电容量镁牺牲阳极；高性能新型释汞、吸汞、吸气材料等。

9. 高性能稀土功能材料及其应用技术。高纯度稀土氧化物和稀土单质分离、提取的无污染、生产过程废弃物综合回收的新工艺技术；生产高性能烧结钕铁硼永磁材料和各向异性黏结钕铁硼永磁材料及新型稀土永磁材料新工艺技术；新型高性能稀土发光显示材料，LCD 显示器用稀土荧光粉、PDP 显示器用低压（电压几百伏）荧光粉和绿色节能电光源材料制备和应用技术，高亮度、长余辉红色稀土贮光荧光粉制备和应用技术；大尺寸稀土超磁致伸缩材料及应用技术；稀土激光晶体和玻璃稀土精密陶瓷材料，稀土磁光存储材料，稀土磁致冷材料和巨磁阻材料，稀土生物功能材料制备和应用技术。应用于燃气、石化和环保领域的新型高效稀土催化剂和满足欧Ⅳ标准的稀土汽车尾气催化剂制造技术；高性能稀土镁、铝、铜等有色金属材料熔铸加工技术；用于集成电路、平面显示、光学玻璃的高纯、超细稀土抛光材料制备技术。

*性能为 N45 以下和磁能积加内禀矫顽力之和小于 60 的常规烧结 NdFeB 永磁体，灯用三基色荧光粉、绿黄色长余辉稀土发光粉和普通 CRT 荧光粉除外。

10. 金属及非金属材料先进制备、加工和成型技术。用来制造高性能、多功能的高精、超宽、薄壁、特细、超长的新型材料及先进加工和成型技术；超细和纳米晶粒组织的快速凝固制造技术及超大形变加工技术；高速、高精、超宽、薄壁连铸连轧和高度自动化生产板、带、箔技术；金属半固态成型和近终成型技术；短流程生产工艺技术；超细、高纯、低氧含量、无（少）夹杂合金粉末的制备技术，以及实现致密化、组织均匀化、结构功能一体化或梯度化的粉末冶金成型与烧结技术（包括机械合金化粉末，快速凝固非晶纳米晶粉末，高压水及限制式惰性气体气雾化粉末；温压成型、注射成型、喷射成型、热等静压成型、高速压制等成型；压力烧结、微波、激光、放电、等离子等快速致密化烧结技术及低温烧结）；摩擦焊接技术；物理和化学表面改性技术。

*常规铸造、常规机加工项目，电弧喷涂、镀锌磷化、电镀硬铬（铜）、火焰喷涂、喷焊、渗氮渗碳等中低档表面工程技术用以修复部件的项目除外。

（二）机非金属材料

1. 高性能结构陶瓷强化增韧技术。制造强度高、耐高温、耐磨损、耐腐蚀、耐冲刷、抗氧化、耐烧蚀等优越性能结构陶瓷的超细粉末制备技术、控制烧结工艺和晶界工程及强化、增韧技术；现代工业用陶瓷结构件制备技术；可替代进口和特殊用途的高性能陶瓷结构件制备技术；有重要应用前景的高性能陶瓷基复合材料和超硬复合材料制备技术；陶瓷—金属复合材料，高温过滤及净化用多孔陶瓷材料，连续陶瓷纤维及其复合材料制备技术，高性能、细晶氧化铝产品，低温复相陶瓷产品、碳化硅陶瓷产品等制备技术。

2. 高性能功能陶瓷制造技术。通过成分优化调节，生产高性能功能陶瓷的粉末制备、成型及烧结工艺控制技术，包括大规模集成电路封装、贴片专用高性能电子陶瓷材料制造技术；微电子和真空电子用新型高频高导热绝缘陶瓷材料制造技术；新型微波器件及电容器用介电陶瓷和铁电陶瓷材料制造技术；传感器和执行器用各类敏感功能陶瓷材料制造技术；激光元件（激光调制、激光窗口等）用功能陶瓷材料制造技术；光传输、光转换、光放大、红外透过、光开关、光存储、光电耦合等用途的光功能陶瓷、薄膜制造技术等。

3. 人工晶体生长技术。新型非线性光学晶体、激光晶体材料制备技术；高机电耦合系数、高稳定性铁电、压电晶体材料制备技术；特殊应用的光学晶体材料制备技术；低成本高性能的类金刚石膜和金刚石膜制品制备技术；衰减时间短、能量分辨率高、光产额高的新型闪烁晶体材料制备技术等。

*钽酸锂、铌酸锂、钒酸钇、六面顶金刚石、蓝宝石和石英晶体除外。

4. 功能玻璃制造技术。具有特殊性能和功能的玻璃或无机非晶态材料的制造技术。包括光传输或成像用玻璃制造技术；光电、压电、激光、电磁、耐辐射、闪烁体等功能玻璃制造技术；屏蔽电磁波玻璃制造技术；新型高强度玻璃制造技术；生物体和固定酶生物化学功能玻璃制造技术；新型玻璃滤光片、光学纤维面板、光学纤维倒像器、X-射线像增强器用微通道板制造技术等。

5. 节能与环保用新型无机非金属材料制造技术。替代传统材料，可显著降低能源消耗的无污染节能材料制造技术；与新能源开发和利用相关的无机非金属材料制造技术；高透光新型透明陶瓷制造技术；环保用高性能多孔陶瓷材料制造技术；低辐射镀膜玻璃及多层膜结构玻璃及高强单片铯钾防火玻璃制造技术等。

（三）高分子材料

1. 高性能高分子结构材料的制备技术。高强、耐高温、耐磨、超韧的高性能高分子结构材料的聚合物合成技术，分子设计技术，先进的改性技术等，包括特种工程塑料制备技术；具有特殊功能、特殊用途的高附加值热塑性树脂制备技术；关键的聚合物单体制备技术等，如有机硅、有机氟等聚合物的单体制造技术。

2. 新型高分子功能材料的制备及应用技术。新化合物的合成、物理及化学改性等先进的加工成型技术，膜组件；光电信息，高分子材料；液晶高分子材料；形状记忆高分子材料；高分子相变材料，高分子转光材料；具有特殊功能，高附加值的特种高分子材料及以上材料的应用技术。

3. 高分子材料的低成本、高性能化技术。高分子化合物或新的复合材料的改性技术、共混技术等；高刚性、高韧性、高电性、高耐热的聚合物合金或改性材料技术；新型热塑性弹性体；具有特殊用途、高附加值的新型改性高分子材料技术。

* 以下普通材料除外：普通塑料的一般改性专用料；普通电线、电缆专用料；流延、吹塑、拉伸法生产的通用薄膜；普通管材、管件异型材；普通橡胶制品；以聚乙烯、聚丙烯为基材的降解材料；普通 PS、PU 发泡材料；普通塑料板材等。

4. 新型橡胶的合成技术及橡胶新材料。橡胶新品种的分子设计技术；接枝、共聚技术；卤化技术；充油、充碳黑技术等；特种合成橡胶材料；新型橡胶功能材料及制品；重大的橡胶基复合新材料技术。

5. 新型纤维材料。成纤聚合物的接枝、共聚、改性及纺丝新技术；成纤聚合物制备的具有特殊性能或功能化纤维；高性能纤维产品；环境友好及可降解型纤维。

* 服装面料、衬布、纱线、常规或性能仅略有改善的纤维及服装；常规的非织造布、涂层布或压层纺织品、一般功能性纤维产品等除外。

6. 环境友好型高分子材料的制备技术及高分子材料的循环再利用技术。以可再生的生物质为原料制备新型高分子材料技术；全降解塑料制备技术；子午线轮胎翻新工艺；废弃橡胶循环再利用技术。

* 淀粉填充的不完全降解塑料及制品；单纯填充材料；废旧高分子直接回用、单纯降解塑料制品等除外。

7. 高分子材料的加工应用技术。采用现代橡胶加工设备和现代加工工艺的共混、改性、配方技术；高比强度、大型、外型结构复杂的热塑性塑料制备技术；大型先进的橡塑加工设备、高精密的橡塑设备技术；先进的模具设计和制造技术等。

（四）生物医用材料

1. 介入治疗器具材料。可降解血管内支架；减少血栓形成或在狭窄的表面涂层或改性的血管内支架；具有特殊功能的非血管管腔支架；介入导管，包括 PTCA 导管（导丝）等；介入栓塞式封堵器械及基栓塞剂等。

* 一般性能的支架和导管（包括导丝）除外。

2. 心血管外科用新型生物材料及产品。材料编织的人工血管；生物复合型人工血管；人工心脏瓣膜或瓣膜成形环等。

* 性能一般的单叶、双叶金属人工心脏瓣膜及传统生化改性技术处理的生物瓣膜或其他产品除外。

3. 骨科内置物。可降解固定材料；可降解人工骨移植材料；可生物降解的骨、神经修复生物活性材料等。

* 一般性人工关节和骨科内固定材料除外。

4. 口腔材料。牙种植体；高耐磨复合树脂充填材料；非创伤性牙体修复材料（ART）；金属烤瓷制品；硅橡胶类印模材料等。

* 一般的复合树脂充填材料、种植体、银汞合金、藻酸盐印模材料除外。

5. 组织工程用材料及产品。组织器官缺损修复用可降解材料；组织工程技术产品，包括组织工程骨、皮肤等；组织诱导性支架材料等。

6. 载体材料、控释系统用材料。生物活性物质载体材料；药物控释系统用材料等。

7. 专用手术器械及材料。微创外科器械；手术各科的专用或精细手术器械；外科手术灌洗液等。

（五）精细化学品

1. 电子化学品。集成电路和分立器件用化学品；印刷线路板生产和组装用化学品；显示器件用化学品。包括高分辨率光刻胶及配套化学品；印制电路板（PCB）加工用化学品；超净高纯试剂及特种（电子）气体；先进的封装材料；彩色液晶显示器用化学品；研磨抛光用化学品等。

2. 新型催化剂技术。重要精细化学品合成催化剂；新型石油加工催化剂；新型生物催化技术及催化剂；环保用新型、高效催化剂；有机合成新型催化剂；聚烯烃用新型高效催化剂；催化剂载体用新材料及各种新型助催化材料等。

3. 新型橡塑助剂技术。新型环保型橡胶助剂；加工型助剂新品种；新型、高效、复合橡塑助剂新产品。

4. 超细功能材料技术。采用最新粉体材料的结构、形态、尺寸控制技术、粒子表面处理和改性技术、高分散均匀复合技术等。

* 常规的粉体材料除外。

5. 功能精细化学品。环境友好的新型水处理剂及其他高效水处理材料；新型造纸专用化学品；适用于保护性开采和提高石油采收率的新型油田化学品；新型表面活性剂；高性能、水性化功能涂料及助剂；新型纺织染整助剂；高性能环保型胶粘剂；新型安全环保颜料和染料；高性能环境友好型皮革化学品。

* 以下产品除外：生物降解功能差或毒性大的表面活性剂；通用溶剂型涂料，通用水性建筑涂料及普通防锈涂料，低档涂料及助剂；普通打印墨水；低水平重复生产的精细化学品等。

五、高技术服务业

1. 共性技术。具有自主知识产权、面向行业特定需求的共性技术，包括：行业共性技术标准研究、制定与推广业务，专利分析等。

2. 现代物流。具备自主知识产权的现代物流管理系统或平台技术；具备自主知识产权的供应链管理系统或平台技术等。

3. 集成电路。基于具有自主知识产权的集成电路产品专有设计技术（含掩模板制作专有技术），包括：芯片设计软件、IP 核、布图等，提供专业化的集成电路产品设计与掩模板制作服务；基于具有自主知识产权的集成电路产品测试软、硬件技术，为客户的集成电路产品（含对圆片和半成品）研发和生产提供测试；基于具有自主知识产权的集成电路芯片加工及封装技术与生产设备，为客户提供圆片加工和封装加工。

* 双列直插（DIP）、金属封装、陶瓷封装技术除外。

4. 业务流程外包（BPO）。依托行业，利用其自有技术，为行业内企业提供有一定规模的、高度知识和技术密集型的服务；面向行业、产业以及政府的特定业务，基于自主知识产权的服务平台，为客户提供高度知识和技术密集型的业务整体解决方案等。

5. 文化创意产业支撑技术。具有自主知识产权的文化创意产业支撑技术。包括：终端播放技术、后台服务和运营管理平台支撑技术、内容制作技术（虚拟现实、三维重构等）、移动通信服务技术等。

* 仅仅对国外创意进行简单外包、简单模仿或简单离岸制造，既无知识产权，也无核心竞争力，产品内容涉及色情、暴力、意识形态、造成文化侵蚀、有害青少年身心健康的除外。

6. 公共服务。有明显行业特色和广泛用户群基础的信息化共性服务，包括：客户信息化规划咨询、信息化系统的运行维护、网络信息安全服务等。

7. 技术咨询服务。信息化系统咨询服务、方案设计、集成性规划等。

8. 精密复杂模具设计。具备一定的信息化、数字化高端技术条件，为中小企业提供先进精密复杂模具制造技术、设计服务（包括汽车等相关产品高精密模具设计等）。

9. 生物医药技术。为生物、医药的研究提供符合国家新药研究规范的高水平的安全、有效、可控性评价服务。包括：毒理、药理、药代、毒代、药物筛选与评价，以及药物质量标准的制定、杂质对照品的制备及标化；为研究药物缓、控释等新型制剂提供先进的技术服务，中试放大的技术服务等。

10. 工业设计。能够创造和发展产品或系统的概念和规格，使其功能、价值和外观达到最优化，同时满足用户与生产商的要求。

六、新能源及节能技术

（一）可再生清洁能源技术

1. 太阳能。

（1）太阳能热利用技术。包括新型高效、低成本的太阳能热水器技术；太阳能建筑一体化技术及热水器建筑模块技术；太阳能采暖和制冷技术；太阳能中高温（80℃~200℃）利用技术等。

* 简单重复生产的产品除外。

（2）太阳能光伏发电技术。包括高效、低成本晶体硅太阳光伏电池技术（包括厚度 250 微米以下的薄片电池和效率≥16% 的高效电池）。新型高效、低成本新型及薄膜太阳能电池技术，包括非晶硅薄膜电池，化合物薄膜电池，纳米染料电池，异质结太阳电池，有机太阳电池，低倍和高倍聚光太阳电池，第三代新型太阳电池等。并网光伏技术，包括与建筑结合的光伏发电（BIPV）技术，大型（MW 级以上）荒漠光伏电站技术，光伏建筑专用模块，并网逆变器，专用控制、监测系统，自动向日跟踪系统等。光伏发电综合利用技术，包括太阳能照明产品（包括 LED 产品），太阳能制氢，太阳能水泵，太阳能空调，太阳能动力车、船，太阳能工业和通信电源、太阳能光伏村落和户用成套电源等。

* 简单太阳电池组件的封装和低水平的重复性生产除外。

（3）太阳能热发电技术。高温（300℃~1500℃）太阳能热发电技术、产品和工程开发，包括塔式热发电，槽式热发电，碟式热发电和菲涅尔透镜聚光式太阳能热发电等。

2. 风能。

（1）1.5MW 以上风力发电技术。适应中国气候、复杂地形条件的 1.5MW 以上风力发电机组的总体设计、总装技术及关键部件的设计制造技术等。

（2）风电场配套技术。风资源评估分析、风电场设计和优化、风电场监视与控制、风电接入系统设计及电网稳定性分析、短期发电量预测及调度匹配、风电场平稳过渡及控制等技术。

3. 生物质能。

(1) 生物质发电关键技术及发电原料预处理技术。包括直燃（混燃）发电系统耦合技术，蒸汽余热回收技术，热效率≥85%、燃烧过程不结渣、不产生新污染，具有广泛原料适应性的生物质直燃发电装置；能保证生物质在燃烧设备中充分燃烧的原料装卸、输送技术，能有效分离生物质中的Cl等腐蚀性物质的预处理技术等。

(2) 生物质固体燃料致密加工成型技术。吨成型燃料的加工过程能耗低于80Kwh/t，成型燃料密度1~1.4g/cm^3，水分小于12%，加工过程机械化和自动化的生物质致密加工成型技术。包括木质纤维碾切搭接技术，成型模板设计技术，一体化、可移动颗粒燃料生产设备的系统耦合技术等。

(3) 生物质固体燃料高效燃烧技术。热效率≥85%、不结渣、废气符合排放标准的生物质固体燃料高效燃烧技术与装置等。

(4) 生物质气化和液化技术。高转化率热解气化、热解过程工艺条件的系统优化耦合及控制、可凝性有机物（焦油）高效净化处理、生物质气化过程液体、固体产品综合利用技术与装置，生物质气化效率≥70%；燃气热值≥5.0MJ/Nm^3；燃气中可凝性有机物≤10mg/Nm^3。高效厌氧发酵、有机肥生产、无废水排放技术与装置，有机废弃物产气率≥200L/kg。

以流化床为基础的生物质热裂解、催化裂解提升液化产品热值技术与装置；生物质直接催化热裂解生产生物柴油技术与装置等。

(5) 非粮生物液体燃料生产技术。非粮生物液体燃料包括非粮（糖）的甜高粱、薯类原料生产的乙醇，以及用非食用油原料生产的生物柴油。

甜高粱生产乙醇技术包括原料保存技术，高效产乙醇菌种的筛选与构建技术，快速固体发酵技术与机械化生产和自动化控制装置；低能耗的高粱秆榨汁、保存与发酵技术；发酵时间≤48小时，糖转化率≥92%，乙醇收率≥90%（相对于理论值），吨燃料乙醇能耗≤500kg，水耗≤5吨，无废水排放。

薯类淀粉原料生产乙醇技术包括无蒸煮糖化技术、浓醪发酵技术、纤维素利用技术、废水处理技术；发酵时间≤60小时，糖转化率≥95%，乙醇收率≥92%（相对于理论值），吨燃料乙醇能耗≤500kg，水耗≤8吨，废水COD≤100ppm。

非食用油原料生产的生物柴油技术包括超临界、亚临界、共溶剂、固体碱（酸）催化、酶催化技术与装置；生物柴油收率≥99.6%（相对于理论转化率），甘油纯度≥99%，吨生物柴油水耗≤0.35吨，能耗≤20kg标煤。

(6) 大中型生物质能利用技术。生物质固体燃料致密加工成型设备能力≥500kg/h，沼气装置日生产能力≥1000m^3，甜高粱燃料乙醇厂生产能力≥5万吨/年，薯类燃料乙醇厂生产能力≥10万吨/年，生物柴油厂生产能力≥3万吨/年。

4. 地热能利用。高温地热能发电和地热能综合利用技术，包括：地热采暖，地热工业加工，地热供热水，地热养殖、种植，地热洗浴、医疗等；以及利用地源热泵实现采暖、空调的技术。

（二）核能及氢能

1. 核能技术。百万千瓦级先进压水堆核电站关键技术，铀浓缩技术及关键设备、高性能燃料零件技术、铀钚混合氧化物燃料技术，先进乏燃料后处理技术，核辐射安全与监测技术，放射性废物处理和处置技术，快中子堆和高温气冷堆核电站技术。

2. 氢能技术。天然气制氢技术，化工、冶金副产煤气制氢技术，低成本电解水制氢技术，生物质制氢、微生物制氢技术，金属贮氢、高压容器贮氢、化合物贮氢技术，氢加注设备和加氢站技术，超高纯度氢的制备技术，以氢为燃料的发动机与发电系统。

（三）新型高效能量转换与储存技术

1. 新型动力电池（组）、高性能电池（组）。已有研究工作基础并可实现中试或产业化生产的动力电池（组）、高性能电池（组）和相关技术产品的研究，包括：镍氢电池（组）与相关产品；锂离子动力电池（组）与相关产品；新型高容量、高功率电池与相关产品；电池管理系统；动力电池高性价比关键材料等。

2. 燃料电池、热电转换技术。小型燃料电池的关键部件及相关产品；直接醇类燃料电池的关键部件；实现热电转换技术的关键部件及其相关产品等。

（四）高效节能技术

1. 钢铁企业低热值煤气发电技术。钢铁企业余压、余热、余能回收利用关键技术，包括高炉煤气余压能量回收透平发电技术（TRT）、低热值煤气燃气轮机联合循环发电技术（CCPP）等。

2. 蓄热式燃烧技术。工业炉窑和电站、民用锅炉的高效蓄热式燃烧技术等。

3. 低温余热发电技术。水泥、冶金、石油化工等行业低温余热蒸汽发电关键技术。

4. 废弃燃气发电技术。沼气、煤层气、高炉煤气、焦炉尾气等工业废弃燃气发电关键技术。

* 高热值燃气发电技术及产品除外。

5. 蒸汽余压、余热、余能回收利用技术。冷凝水、低参数蒸汽等回收利用新技术。

6. 输配电系统优化技术。电能质量优化（包括在先动态谐波治理、先进无功功率补偿等）新技术，电网优化运行分析、设计、管理（包括企业电网优化配置、用电设备功率合理分配等）软件及硬件新技术。

7. 高泵热泵技术。地源、水源、空气源、太阳能复合式等高温热泵技术；空调冷凝热回收利用等技术。

8. 蓄冷蓄热技术。用于剩余能量储存（包括与之相关转化、移送、利用）新技术。

9. 能源系统管理、优化与控制技术。工业、建筑领域的能量系统优化设计、能源审计、优化控制、优化运行管理软件技术，特别是能量系统节能综合优化技术。

10. 节能监测技术。自动化、智能化、网络化、功能全、测量范围广、适应性强的能源测量、记录和节能检测新技术。

11. 节能量检测与节能效果确认技术。工业、建筑领域节能改造项目节能量检测与节能效果确认（M&V）软件技术。

七、资源与环境技术

（一）水污染控制技术

1. 城镇污水处理技术。城市污水生物处理新技术及生物与化学联合处理技术；中、小城镇生活污水低能耗处理技术；村镇生活污水；村镇小型源分离处理技术，低能耗生活污水处理技术。

2. 工业废水处理技术。有毒难降解工业废水处理技术，有毒有害化工和放射性废水处理技术，湿式催化氧化技术；重金属废水集成化处理和回收技术与成套装置，煤化工等行业高氨氮废水处理技术与装置，固定化微生物高效脱氮技术；采油废水处理及回注，高含盐废水处理工艺与技术；高浓度工业有机废水处理工艺与技术，高效厌氧生物反应器；高效生物填料，薄膜负载型光催化材料，膜材料及组件，高效水处理药剂的研制，新型复合型絮凝剂处理高浓度、高色度印染废水技术。

3. 城市和工业节水和废水资源化技术。生产过程工业冷却水重复利用药剂、技术，管网水质在线检测和防漏技术；各类工业废水深度处理回用集成技术；城市污水处理再生水生产的集成技术；工业、城市废水处理中污泥的处理、处置和资源化技术。

4. 面源水污染的控制技术。规模化农业面源污染控制技术及生态处理技术；水产养殖水循环利用和污染控制技术；畜禽养殖场废水厌氧处理沼气高效利用技术。

5. 雨水、海水、苦咸水利用技术。雨水收集利用与回渗技术与装置，苦咸水淡化技术；海水膜法低成本淡化技术及关键材料，规模化海水淡化技术；海水、卤水直接利用及综合利用技术。

6. 饮用水安全保障技术。灵敏、快速水质在线检测技术；饮用水有机物的高级催化氧化技术，高效膜过滤技术，安全消毒技术，高效控藻、除藻和藻毒素去除技术；饮用水有机物高效吸附剂、高效混凝剂及强化混凝技术；农村饮用水除氟、除砷技术与装置，边远地区和农村饮用水安全消毒小型设备和技术。

（二）大气污染控制技术

1. 煤燃烧污染防治技术。高效低耗烟气脱硫、脱硝技术：燃煤电厂烟气脱硫技术及副产品综合利用技术，烟气脱硫关键技术，烟气脱硝选择性催化还原技术；煤、煤化工转化过程中的废气污染防治技术；高效长寿命除尘技术。

2. 机动车排放控制技术。机动车控制用高性能蜂窝载体，满足欧Ⅲ、Ⅳ标准汽车净化技术；满足欧Ⅲ、Ⅳ标准的柴油车净化技术：颗粒物捕集器及再生技术；催化氧化与还原技术；满足欧Ⅱ、Ⅲ标准摩托车净化技术。

3. 工业可挥发性有机污染物防治技术。高效长寿命的吸附材料和吸附回收装置；高效低耗催化材料与燃烧装置；低浓度污染物的高效吸附—催化技术及联合燃烧装置；恶臭废气的捕集与防治技术；油气回收分离技术：针对油库、加油站油气的挥发性有机化合物（VOCs）控制技术。

4. 局部环境空气质量提高与污染防治技术。城市公共设施空气环境的消毒杀菌、除尘、净化和提高空气氧含量技术。

5. 其他重污染行业空气污染防治技术。高性能除尘滤料和高性能电、袋组合式除尘技术；特殊行业工业排放的有毒有害废气、二噁英、恶臭气体的控制技术；工业排放温室气体的减排技术，碳减排及碳转化利用技术。

（三）固体废弃物的处理与综合利用技术

1. 危险固体废弃物的处置技术。危险废物高效焚烧技术，焚烧渣、飞灰熔融技术；危险废物安全填埋处置技术，危险废物固化技术、设备和固化药剂；医疗废物收运、高温消毒处理技术；有害化学品处理技术，放射性废物处理与整备技术与装备；电子废物处置、回收和再利用技术。

2. 工业固体废弃物的资源综合利用技术。利用工业固体废弃物生产复合材料、尾矿微晶玻璃、轻质建材、地膜、水泥替代物、工程结构制品等技术；电厂粉煤灰及煤矿矸石、冶金废渣等废弃物的资源回收与综合利用技术；废弃物资源化处理技术。

3. 有机固体废物的处理和资源化技术。利用农作物秸秆等废弃植物纤维生产复合板材及其他建材制品的技术；有机垃圾破碎、分选等预处理技术；填埋物气体回收利用技术；填埋场高效防渗技术；小城镇垃圾处理适用技术。

（四）环境监测技术

1. 在线连续自动监测技术。环境空气质量自动监测系统（粉尘、细颗粒物、二氧化硫、氮氧化物、酸沉降、沙尘天气、机动车排气等）；地表水水质自动监测系统（化学需氧量、余氯、BOD 水质、氨氮、石油类、挥发酚、微量有机污染物、总氮、总磷等等）；污染源自动监测系统（傅立叶红外测量烟气污染物、烟气含湿量；砷、总铅、总锌；氰化物、氟化物等）；大气中超细颗粒物、有机污染物等采样分析技术。

2. 应急监测技术。便携式现场快速测定技术，污染事故应急监测等危险废物特性鉴别、环境监控及灾害预警技术；移动式应急环境监测技术（便携式快速有毒有害气体监测仪及测试组件；便携式水质监测仪与测试组件；便携式工业危险物、重金属、有毒有害化合物的快速监测专用仪器及系统）；应急安全供水技术；应急处理火灾、泄漏造成的环境污染技术。

3. 生态环境监测技术。海洋环境监测技术，环境遥感监测系统；脆弱生态资源环境监控及灾害预警技术；多物种生物在线检测技术，水中微量有机污染物的富集技术，持久性有机污染物采样、分析技术。

（五）生态环境建设与保护技术

水土流失防治技术，沙漠化防治技术，天然林保护、植被恢复和重建技术，林草综合加工技术及配套机械设备；湿地保护、恢复与利用及其监测技术，矿山生态恢复、污染土壤修复，非点源污染控制技术；持久性有机污染物（POPs）替代技术；国家生物多样性预警监测和评价技术，系统生态功能区恢复与重建技术。

（六）清洁生产与循环经济技术

1. 重点行业污染减排和“零排放”关键技术。电镀、皮革、酿造、化工、冶金、造纸、钢铁、电子等行业污染减排关键技术；上述行业工艺过程中废气、废水、废物资源化回收利用技术。

2. 污水和固体废物回收利用技术。污水深度处理安全消毒和高值利用技术；城市景观水深度脱氮除磷处理技术；矿产废渣资源化利用技术；工业无机、有机固体废物资源化处理技术。

3. 清洁生产关键技术。煤洁净燃烧、能量梯级利用技术；有毒有害原材料、破坏臭氧层物质替代技术。

4. 绿色制造关键技术。绿色基础材料及其制备技术，高效、节能、环保和可循环的新型制造工艺及装备，机电产品表面修复和再制造技术，绿色制造技术在产品开发、加工制造、销售服务及回收利用等产品全生命周期中的应用。

（七）资源高效开发与综合利用技术

1. 提高资源回收利用率的采矿、选矿技术。复杂难采矿床规模化开采及开发利用产业化技术；复杂多金属矿高效分离技术；难处理氧化矿高效分离与提取技术；多金属硫化矿电化学控制浮选技术；就地浸矿及生物提取技术；采选过程智能控制及信息化技术。

2. 共、伴生矿产的分选提取技术。综合回收共、伴生矿物的联合选矿技术；共伴生非金属矿物的回收深加工技术；伴生稀贵金属元素富集提取分离技术。

3. 极低品位资源和尾矿资源综合利用技术。极低品位、难选冶金属矿有价金属综合回收利用技术；大用量、低成本、高附加值尾矿微晶玻璃技术；尾矿中有价元素综合回收技术。

* 一些常规的污染控制技术除外：①常规工艺技术装备组合的水处理技术；②城市混合垃圾和畜禽粪便制肥技术；③20 吨以下的锅炉脱硫除尘技术；④油烟净化技术（吸附、静电、喷淋）；⑤技术含量低的用工业废物制造建材项目；⑥一次性餐具及相关材料技术；⑦未经安全评价的用于治理环境污染的生物菌剂技术；⑧室内空气净化空气清新剂及常规消毒技术。

八、高新技术改造传统产业

（一）工业生产过程控制系统

1. 现场总线及工业以太网技术。符合国际、国内自动化行业普遍采用的主流技术标准（包括：IEC61158、PROFIBUS、FF、DeviceNet、PROFINET、EtherNet/IP、EPA、MODBUS/TCP 等）的现场总线及工业以太网技术。

2. 可编程序控制器（PLC）。包括符合 IEC61131 标准、可靠性高、具有新技术特点的 PLC 技术；集成了嵌入式系统、单片机、数模混合等新技术成果的 PLC 技术等。

* 以 OEM 方式集成的 PLC 产品除外。

3. 基于 PC 的控制系统。以“工业 PC 机 + 软逻辑（SoftPLC）”、可编程序先进控制器（PAC）、现场总线及工业以太网为网络、连接远程 I/O 及其他现场设备组成的分布式控制系统。

4. 新一代的工业控制计算机。面向图形的操作系统和应用要求，能够解决处理器和显示设备瓶颈问题，采用地址、数据多路复用的高性能 32 位和 64 位总线技术，具有在不关闭系统的情况下“即插即用”功能的高可用系统和容错系统。

（二）高性能、智能化仪器仪表

1. 新型自动化仪表技术。适用于实时在线分析、新型现场控制系统、e 网控制系统、基于工业控制计算机和可编程控制的开放式控制系统和特种测控装备，能满足重大工程项目在智能化、高精度、高可靠性、大量程、耐腐蚀、全密封和防爆等特殊要求的新型自动化仪器仪表技术。

* 一般传统的流量、温度、物位、压力计或变送器除外。

2. 面向行业的传感器技术。面向行业和重大工程配套，采用新工艺、新结构，具有高稳定性、高可靠性、高精度、智能化的专用传感器技术。

3. 新型传感器技术。包括阵列传感器、多维传感器 、复合型传感器、直接输出数字量或频率量的新型敏感器以及采用新传感转换原理的新型传感器等。

* 采用传统工艺且性能没有显著提高的传感器（包括：热电偶、热电阻、电位器、电容、电感、差动变压器、电涡流、应变、压电、磁电等原理的传感器） 除外。

4. 科学分析仪器、检测仪器技术。等离子光谱仪、近红外光谱仪、非制冷红外焦平面热像仪、微型专用色谱仪；特定领域的专用仪器，包括：农业技术品质和食品营养成分检测、农药及残留量检测、土壤速测等农业和食品专用仪器；海洋仪器；大气、水和固体废弃物安全监测和预警等核心专用仪器，各种灾害监测仪器；生命科学用分离分析仪器等。

*传统的气相色谱仪除外。

5. 精确制造中的测控仪器技术。包括网络化、协同化、开放型的测控系统；精密成型制造及超精密加工制造中的测控仪器仪表；亚微米到纳米级制造中的测控仪器仪表；制造过程中的无损检测仪器仪表；激光加工中的测控仪器仪表等。

（三）先进制造技术

1. 先进制造系统及数控加工技术。具有先进制造技术和制造工艺的单元设备、制造系统、生产线等，包括：复合加工、组合加工、绿色制造、快速制造、微米/纳米制造等相关装备和系统；CAD/CAPP/CAM/PDM 技术在内的数字化设计制造系统，现代集成制造系统应用软件、平台及工具，生产计划与实时优化调度系统/ERP 管理软件，虚拟制造（VM）技术，网络制造系统；智能型开放式数控系统、伺服驱动、数控装备、数控编程软件和应用软件、数控加工、数控工艺在内的先进数控技术；中高档数控设备和关键功能部件及关键配套零部件技术等。

*低附加值的和低技术含量的零部件加工技术除外。

2. 机器人技术。新一代工业机器人；服务机器人；医疗机器人；水切割机器人；激光切割机器人；AGV 以及制造工厂的仓储物流设备；机器人周边设备；特种机器人；开放式机器人控制技术；虚拟现实（VR）技术；机器人伺服驱动技术；基于机器人的自动加工成套技术；信息机器人技术等。

*性能和结构一般的没有知识产权的普通机器人除外。

3. 激光加工技术。激光切割加工技术；激光焊接加工技术；材料激光表面改性处理技术；激光雕刻技术和激光三维制造技术以及激光发生器制造和控制系统技术等。

4. 电力电子技术。包括具有节能、高效、良好的控制性能和特种传动技术的应用系统；大容量化、高频化、智能化、小功率器件芯片方片化的电力半导体器件；多功能化、智能控制化、绿色环保化的模块；面向工业设备、物流系统、城市交通系统、信息与自动化系统等的高性能特种电机及其控制和驱动技术等。

*性能一般的电源变换产品除外。

5. 纺织及轻工行业专用设备技术。包括采用高精度驱动、智能化控制、高可靠性技术等开发的纺织机械专用配套部件；建立在计算机及网络技术应用基础上的在线检测控制系统和高性能的产品检测仪器；以控制、计量、检测、调整为一体的、带有闭环控制的环保型包装机械，袋成型、充填、封口设备，无菌包装设备；具有辅助操作自动化和联机自动化的柔性版印刷、防伪印刷、条形码印刷设备、数字直接制版机；精密型注塑机、精密挤出成型及复合挤出成型装备等。

*性能一般的普通纺织机械、性能一般的包装机械及柔性版印刷机、卷筒进料多色凹版印刷机、不干胶商标印刷机除外。

（四）新型机械

1. 机械基础件及模具技术。包括数控机床等重点主机配套用精密轴承；高性能、高可靠性、长寿命液压、气动控制元件；精密、复杂、长寿命塑料模具及冲压模具；快速成型和快速经济模具制造新技术等。

*常规通用工艺技术，性能、结构、精度、寿命一般的普通机械基础件、普通塑料模具和冷冲压模具除外。

2. 通用机械和新型机械。包括采用新原理，在功能、结构上有重大创新的新型阀门技术和新型泵技术；有核心专利技术或自主知识产权，利用新传动原理、新机械结构和新加工工艺的新型机械技术等。

* 性能一般的各类普通泵和阀门除外。

(五) 电力系统信息化与自动化技术

1. 采用新型原理、新型元器件的电力自动化装置。包括采用新型原理、新型元器件和计算机技术开发用于电力生产、输送和供用电各环节的自动化装置；可明显提高系统可靠性、提高生产效率、保证系统安全和供电质量的技术。包括：发电机组新型励磁装置和调速装置，新型安全监控装置和采用新技术的电网监测、控制装置等。

2. 采用数字化、信息化技术，提高设备性能及自动化水平的技术。采用数字化和信息化技术，符合国际标准、具有开放性和通用性、高精度和高可靠的新型装置，包括：采用现场总线技术、具有综合状态检测功能的智能化开关柜；具有控制、保护和监测功能的数字化、智能化、集成化和网络化的终端装置；电力设备在线数字化状态检测与监控装置；电能质量检测、控制与综合治理装置；基于 IEC61850 通信协议的变电站综合自动化系统；采用虚拟仪器技术的电力系统用仪器设备；用于新型电能（包括核能发电）系统的连续、高效、安全、可靠的发、输、配电设备中的新技术和新装置等。

3. 电力系统应用软件。与发电、变电、输电、配电和用电各领域有关的控制、调度、管理和故障诊断等方面的高级应用软件，以提高电力系统和电力设备的自动化水平、保障安全经济运行、提高设备效率及管理水平，包括：电力系统优化控制软件；新型输配电在线安全监控及决策软件；电力系统调度自动化软件；电力设备管理及状态检修软件，继电保护信息管理及故障诊断专家系统软件；电力建设工程项目管理软件；节能运行管理专家系统软件；用电管理软件以及电能质量在线评估、仿真分析软件等。

4. 用于输配电系统和企业的新型节电装置。采用新原理、新技术和新型元器件，能够补偿无功功率、提高功率因数、减少电能损耗、改善电能质量的新型节电装置，包括：用于企业的新型节电装置；用于企业的节能、节电控制装置及其综合管理系统，用于输配电系统的先进无功功率控制装置以及区域的在线动态谐波治理装置等。

* 传统的高、低压开关设备，常规的发、供、配电设备除外。

(六) 汽车行业相关技术

1. 汽车发动机零部件技术。用于乘用车汽油机、乘用车柴油机、商用车柴油机等，具有自主知识产权的先进汽车发动机零部件技术，包括：汽油机电控燃油喷射系统、稀薄燃烧技术、可变进气技术、增压技术、排气净化技术；柴油机电控高压喷射技术、增压中冷技术、排气净化技术，新型代用燃料发动机技术等；新型混合动力驱动系统技术；新型电动驱动系统技术；氢发动机技术、燃料电池动力系统技术；新型动力电池组合技术等。

2. 汽车关键零部件技术。具有自主知识产权的新型汽车关键零部件，包括：传动系统、制动系统、转向系统、悬挂系统、车身附件、汽车电器、进排气系统、新型混合动力传动系统、新型纯电动传动系统、轮毂电机、新型代用燃料发动机转换器、新型动力电池等。

3. 汽车电子技术。汽车电子控制系统，包括：车身稳定系统、悬架控制系统、驱动力分配系统、制动力分配系统、制动防抱死系统、安全气囊、自动避障系统、自动停车系统、车载故障诊断系统、车身总线系统、智能雨刷、智能防盗系统等。

新型混合动力驱动管理系统、车用动力电池组管理系统、新型电动车用传感器、电动车用大功率电子器件、电动车用新型集成芯片、电动车电器系统用安全保护部件等。

4. 汽车零部件前端技术。新能源汽车的配套零部件技术，包括：混合动力系统技术；燃料电池动力系统技术；氢发动机技术；合成燃料技术等。

第四节　高新技术企业认定管理工作指引

《高新技术企业认定管理办法》（国科发火〔2008〕172 号，以下称《认定办法》）及《国家重点支持的高新技术领域》（请见本章第二、三节）已经印发给你们。为确保认定管理工作高效、规范，根据《认定办法》第十九条的规定，现将《高新技术企业认定管理工作指引》（以下称《工作指引》）印发给你们，并就有关事项通知如下（国科发火〔2008〕362 号）：

1. 各省、自治区、直辖市及计划单列市的科技、财政、税务部门应充分认识高新技术企业认定管理工作的重要性，密切配合，及时成立认定管理机构，共同做好本地区高新技术企业认定和税收优惠政策的落实工作。

2. 2007 年底前国家高新技术产业开发区（包括北京市新技术产业开发试验区）内、外已按原认定办法认定的仍在有效期内的高新技术企业资格依然有效，但在按《认定办法》和《工作指引》重新认定合格后方可依照《企业所得税法》及其实施条例等有关规定享受企业所得税优惠政策。企业可提前按《认定办法》和《工作指引》申请重新认定，亦可在资格到期后申请重新认定。

3. 对原依法享受企业所得税定期减免税优惠未期满的高新技术企业，可依照《国务院关于实施企业所得税过渡优惠政策的通知》（国发〔2007〕39 号）的有关规定执行。

4. 对经济特区和上海浦东新区内新设立并按《认定办法》和《工作指引》认定的高新技术企业，按《国务院关于经济特区和上海浦东新区新设立高新技术企业实行过渡性税收优惠的通知》（国发〔2007〕40 号）的有关规定执行。

5. 高新技术企业认定管理工作政策性强、专业要求高，各地应配备骨干人员，保障认定工作所需经费，及时对本地区在认定工作中出现的新情况、新问题提出切实可行的政策建议。

《高新技术企业认定管理工作指引》的全文如下：

根据《高新技术企业认定管理办法》（以下称《认定办法》）和《国家重点支持的高新技术领域》（以下称《重点领域》）的规定，为明确高新技术企业认定管理工作中各相关单位的职责，确定企业研究开发活动及费用归集标准，明晰各指标内涵及其测度方法，确保认定管理工作规范、高效地开展，特制定《高新技术企业认定管理工作指引》（以下称《工作指引》）。各相关单位应依据《认定办法》、《重点领域》，结合本《工作指引》，开展高新技术企业认定管理工作。

依照《认定办法》、《重点领域》，结合本《工作指引》所认定的高新技术企业即为《中华人民共和国企业所得税法》（以下称《企业所得税法》）第二十八条所称国家需要重点扶持的高新技术企业。

一、领导小组和认定机构

科技部、财政部、税务总局组成全国高新技术企业认定管理工作领导小组（以下称“领导小组”），领导小组下设办公室（设在科技部火炬高技术产业开发中心），负责处理日常工作。

省、自治区、直辖市、计划单列市科技行政管理部门同本级财政部门、税务部门组成本地区高新技术企业认定管理机构（以下称“认定机构”），认定机构下设办公室（设在省级、计划单列市科技行政主管部门），由科技、财政、税务部门相关人员组成，负责处理日常工作。

领导小组和办公室及认定机构的主要职责见《认定办法》。

二、认定与申请享受税收政策的有关程序

（一）认定

1. 自我评价。企业应对照《认定办法》第十条进行自我评价。认为符合条件的在“高新技术企业认定管理工作网”（网址：www.innocom.gov.cn）进行注册登记。

2. 注册登记。企业登录“高新技术企业认定管理工作网”，按要求填写《企业注册登记表》（附 1，即表 13–2），并通过网络系统上传至认定机构。

表 13–2　　企业注册登记表

附 1：

<table>
<tr><td>企业名称</td><td colspan="5"></td><td>注册时间</td><td></td></tr>
<tr><td>主营产品（服务）
所属技术领域</td><td colspan="5"></td><td>注册类型</td><td></td></tr>
<tr><td>法人代码</td><td colspan="5"></td><td>税务登记号</td><td></td></tr>
<tr><td>通信地址</td><td colspan="5"></td><td>邮政编码</td><td></td></tr>
<tr><td rowspan="2">企业法定代表人</td><td>姓名</td><td></td><td>手机</td><td colspan="2"></td><td>身份证号</td><td></td></tr>
<tr><td>电话</td><td></td><td>传真</td><td colspan="2"></td><td>E-mail</td><td></td></tr>
<tr><td rowspan="2">联系人</td><td>姓名</td><td></td><td>手机</td><td colspan="4"></td></tr>
<tr><td>电话</td><td></td><td>传真</td><td colspan="2"></td><td>E-mail</td><td></td></tr>
<tr><td colspan="2">企业是否上市</td><td>□是　□否</td><td colspan="4">企业上市代码</td><td></td></tr>
<tr><td rowspan="12">股权结构
（本表可续加）</td><td rowspan="4">中国公民</td><td>姓　名</td><td colspan="4">身份证（护照）号</td><td>投资额（万元）</td></tr>
<tr><td></td><td colspan="4"></td><td></td></tr>
<tr><td></td><td colspan="4"></td><td></td></tr>
<tr><td></td><td colspan="4"></td><td></td></tr>
<tr><td rowspan="3">外籍公民</td><td></td><td colspan="4"></td><td></td></tr>
<tr><td></td><td colspan="4"></td><td></td></tr>
<tr><td></td><td colspan="4"></td><td></td></tr>
<tr><td rowspan="3">中国企
业法人</td><td colspan="3">名称</td><td colspan="2">法人代码</td><td>投资额（万元）</td></tr>
<tr><td colspan="3"></td><td colspan="2"></td><td></td></tr>
<tr><td colspan="3"></td><td colspan="2"></td><td></td></tr>
<tr><td rowspan="2">外国企业
法人</td><td colspan="3"></td><td colspan="2"></td><td></td></tr>
<tr><td colspan="3"></td><td colspan="2"></td><td></td></tr>
<tr><td colspan="2">是否引入风险投资</td><td colspan="3">□是　□否</td><td colspan="2">投资额（万元）</td><td></td></tr>
</table>

认定机构应及时完成企业身份确认并将用户名和密码告知企业。

3. 准备并提交材料。企业根据获得的用户名和密码进入网上认定管理系统，按要求将下列材料提交认定机构：

（1）《高新技术企业认定申请书》（附 2，即表 13–3）；

（2）企业营业执照副本、税务登记证书（复印件）；

表 13–3　　　　　　　　　　　　**高新技术企业认定申请书**

附 2：

企业名称（盖章）：____________

企业所在地区：______省______市（区）

认定机构办公室：____________

填报日期：______年____月____日

科技部、财政部、国家税务总局编制

二〇〇八年七月

填　报　说　明

企业应参照《高新技术企业认定管理办法》、《国家重点支持的高新技术领域》（国科发火〔2008〕172 号）和《高新技术企业认定管理工作指引》（国科发火〔2008〕362 号）的要求填报。

本表内的所有财务数据须出自具有资质的中介机构的专项审计报告。

1. 企业应如实填报所附各表。要求文字简洁，数据准确、翔实。

2. 表内栏目不得空缺，无内容时填写“0”；数据有小数时，按四舍五入取整数填写。

3. “研发项目”：详见《工作指引》四、(一)、1 中“研究开发活动定义”。

4. “技术领域”是指：《国家重点支持的高新技术领域》中规定的内容。

“其他领域”是指：《国家重点支持的高新技术领域》以外的内容。

5. “近 3 年”是指：申报当年以前的连续 3 年（不含申报当年）。

6. “企业近 1 年财务状况”是指：企业申报当年前 1 个财政年度的财务数据。

“销售收入”是指：产品收入和技术服务收入之和。

“总资产”是指：流动资金、长期投资、固定资产、无形资产、递延资产和其他资产等的总和，等于企业负债与所有者权益之和。

7. “技术来源”是指：企业自有技术、其他企业技术、中央属科研院所、地方属科研院所、大专院校、引进技术本企业消化创新、国外技术。

8. “知识产权类别”是指：已授权的专利（发明、实用新型、外观设计）、软件著作权、集成电路布图设计专有权、植物新品种。

9. “知识产权获得方式”是指：自主研发、受让、受赠、并购，或拥有 5 年以上的独占许可。

10. “高新技术产品（服务）收入”是指：企业符合《重点领域》要求的产品（服务）的销售收入与技术性收入的总和。

11. RD 代表研究开发项目编号；PS 代表高新技术产品（服务）编号。RD 和 PS 后取两位数（01、02、……）。

一、企业基本信息表

<table>
<tr><td>主营产品（服务）所属技术领域</td><td colspan="6">□电子信息技术　□生物与新医药技术　□航空航天技术
□新材料技术　□高技术服务业　□新能源及节能技术
□资源与环境技术　□高新技术改造传统产业　□其他领域</td></tr>
<tr><td rowspan="3">近 3 年内获得的自主知识产权数（件）</td><td>发明专利</td><td></td><td>实用新型</td><td></td><td>外观设计</td><td></td></tr>
<tr><td colspan="2">软件著作权</td><td></td><td colspan="2">集成电路布图设计专有权</td><td></td></tr>
<tr><td colspan="2">植物新品种</td><td></td><td colspan="2">其他</td><td></td></tr>
<tr><td rowspan="2">人力资源情况</td><td colspan="2">职工总数（人）</td><td></td><td colspan="2">大专以上学历科技人员数（人）</td><td></td></tr>
<tr><td colspan="2">从事研究开发人员数（人）</td><td></td><td colspan="2">留学归国人员数（人）</td><td></td></tr>
<tr><td rowspan="3">近 3 年每年销售收入（万元）</td><td>第 1 年</td><td colspan="2"></td><td rowspan="3">近 3 年每年总资产（万元）</td><td>第 1 年</td><td></td></tr>
<tr><td>第 2 年</td><td colspan="2"></td><td>第 2 年</td><td></td></tr>
<tr><td>第 3 年</td><td colspan="2"></td><td>第 3 年</td><td></td></tr>
<tr><td colspan="4">近 1 年高新技术产品（服务）收入（万元）</td><td colspan="3"></td></tr>
<tr><td colspan="3">近 3 年研究开发费用总额（万元）</td><td></td><td colspan="2">其中：在中国境内研发费用总额（万元）</td><td></td></tr>
<tr><td>管理与研究开发人员情况（限 400 字）</td><td colspan="6"></td></tr>
<tr><td>科技成果转化及研究开发管理情况（限 400 字）</td><td colspan="6"></td></tr>
</table>

二、企业研究开发项目情况表（近3年执行的项目，按单一项目填报）

项目编号：RD…

<table>
<tr><td>项目名称</td><td colspan="3"></td><td>起止时间</td><td colspan="2"></td></tr>
<tr><td>技术领域</td><td colspan="2"></td><td colspan="2">本项目研发人员数</td><td colspan="2"></td></tr>
<tr><td>技术来源</td><td colspan="6"></td></tr>
<tr><td rowspan="3">研发经费总预算（万元）</td><td rowspan="3"></td><td rowspan="3">研发经费近3年总支出（万元）</td><td rowspan="3"></td><td rowspan="3">其中：</td><td>第1年</td><td></td></tr>
<tr><td>第2年</td><td></td></tr>
<tr><td>第3年</td><td></td></tr>
<tr><td>立项目的及组织实施方式（限400字）</td><td colspan="6"></td></tr>
<tr><td>核心技术及创新点（限400字）</td><td colspan="6"></td></tr>
<tr><td>取得的阶段性成果（限400字）</td><td colspan="6"></td></tr>
</table>

三、上年度高新技术产品（服务）情况［按单一产品（服务）填报］

编号：PS…

<table>
<tr><td>产品（服务）名称</td><td colspan="5"></td></tr>
<tr><td>技术领域</td><td></td><td>技术来源</td><td></td><td>上年度销售收入（万元）</td><td></td></tr>
<tr><td>关键技术及主要技术指标（限400字）</td><td colspan="5"></td></tr>
<tr><td>与同类产品（服务）的竞争优势（限400字）</td><td colspan="5"></td></tr>
<tr><td>产品（服务）获得知识产权情况（限400字）</td><td colspan="5"></td></tr>
</table>

四、近3年内获得的自主知识产权汇总表

序号	授权项目名称	类别	授权日期	授权号	获得方式	所属项目编号
						PS…（RD…）

五、企业年度研究开发费用结构明细表（按近3年每年分别填报）

______年度 单位：万元

科目 \ 研发项目编号 累计发生额	RD01	RD02	RD03	…	RD…	合计
内部研究开发投入额						
其中：人员人工						
直接投入						
折旧费用与长期费用摊销						
设计费						
设备调试费						
无形资产摊销						
其他费用						
委托外部研究开发投入额						
其中：境内的外部研发投入额						
研究开发投入额（内、外部）小计						

企业填报人签字： 中介机构签字（公章）：

日 期： 日 期：

（3）经具有资质并符合本《工作指引》相关条件的中介机构鉴证的企业近三个会计年度研究开发费用（实际年限不足三年的按实际经营年限）、近一个会计年度高新技术产品（服务）收入专项审计报告；

（4）经具有资质的中介机构鉴证的企业近三个会计年度的财务报表（含资产负债表、利润及利润分配表、现金流量表，实际年限不足三年的按实际经营年限）；

（5）技术创新活动证明材料，包括知识产权证书、独占许可协议、生产批文，新产品或新技术证明（查新）材料、产品质量检验报告，省级（含计划单列市）以上科技计划立项证明，以及其他相关证明材料。

4. 组织审查与认定。

（1）认定机构收到企业申请材料后，按技术领域从专家库中随机抽取不少于5名相关专家，并将电子材料（隐去企业身份信息）通过网络工作系统分发给所选专家。

（2）认定机构收到专家的评价意见和中介机构的专项审计报告后，对申请企业提出认定意见，并确定高新技术企业认定名单。

上述工作应在收到企业申请材料后60个工作日内完成。

5. 公示及颁发证书。经认定的高新技术企业，在“高新技术企业认定管理工作网”上公示15个工作日。公示有异议的，由认定机构对有关问题进行查实处理，属实的应取消高新技术企业资格；公示无异议的，填写“高新技术企业认定机构审批备案汇总表”，报领导小组办公室备案后，在“高新技术企业认定管理工作网”上公告认定结果，并由认定机构颁发“高新技术企业证书”（加盖科技、财政、税务部门公章）。

具体认定流程如图13-1所示。

6. 高新技术企业资格自颁发证书之日起生效，有效期为3年。

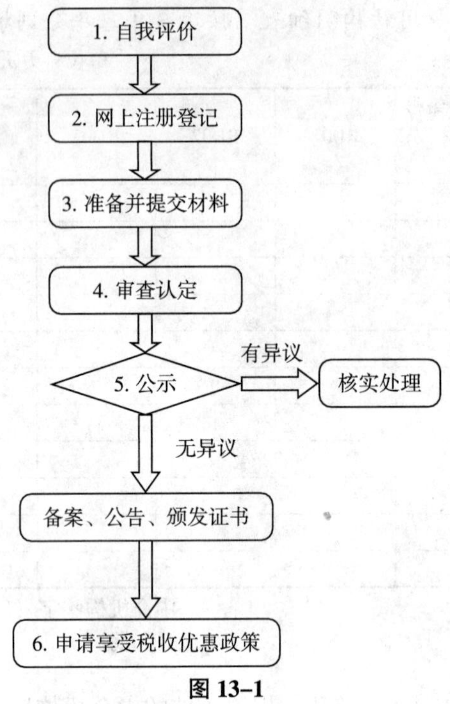

图 13–1

（二）复审

1. 高新技术企业资格期满前 3 个月内企业应提出复审申请（复审申请书同附 2，即表 13–3），不提出复审申请或复审不合格的，其高新技术企业资格到期自动失效。

2. 高新技术企业复审须提交近三个会计年度开展研究开发等技术创新活动的报告，经具有资质并符合本《工作指引》相关条件的中介机构出具的近三个会计年度企业研究与开发费用、近一个会计年度高新技术产品（服务）收入专项审计报告。

复审时应对照《认定办法》第十条进行审查，重点审查第（四）款。对符合条件的企业，按照第十一条第（四）款进行公示与备案，并由认定机构重新颁发“高新技术企业证书”（加盖科技、财政、税务部门公章）。

通过复审的高新技术企业资格自颁发“高新技术企业证书”之日起有效期为 3 年。有效期满后，企业再次提出认定申请的，按初次申请办理。

（三）申请享受税收政策

1. 认定（复审）合格的高新技术企业，自认定（复审）当年起可依照《企业所得税法》及《中华人民共和国企业所得税法实施条例》（以下称《实施条例》）、《中华人民共和国税收征收管理法》（以下称《税收征管法》）、《中华人民共和国税收征收管理法实施细则》（以下称《实施细则》）和《认定办法》等有关规定，申请享受税收优惠政策。

2. 未取得高新技术企业资格或不符合《企业所得税法》及其《实施条例》、《税收征管法》及其《实施细则》，以及《认定办法》等有关规定条件的企业，不得享受税收优惠。

（四）复核

对高新技术企业资格及其相关税收政策落实产生争议的，凡属于《认定办法》第十四条、第十五条情况的企业，按《认定办法》规定办理；属于对是否符合第十条第（四）款产生争议的，应组织复核，即采用企业自认定前三个会计年度（企业实际经营不满三年的，按实际经营时间）至争议发生之日的研究开发费用总额与同期销售收入总额之比是否符合《认定办法》第十条第（四）款规定，判别企业是否应继续保留高新技术企业资格和享受税收优惠政策。

三、中介机构和专家

（一）中介机构

1. 中介机构的条件。

(1) 具备独立执业资格，成立 3 年以上，近 3 年内无不良记录；

(2) 承担认定工作当年的注册会计师人数占职工全年月平均人数的比例不低于 20%，全年月平均职工人数在 20 人以上；

(3) 熟悉高新技术企业认定工作的相关政策。

2. 中介机构的职责。

(1) 接受企业委托，依据《认定办法》和《工作指引》客观公正地对企业的研究开发费用和高新技术产品（服务）收入进行专项审计，出具审计报告。

(2) 中介机构应据实出具专项审计报告，发现有弄虚作假等行为的，取消其参与认定工作资格，并在"高新技术企业认定管理工作网"上公告。

（二）专家

1. 专家条件。

(1) 具有中华人民共和国公民资格，在中国大陆境内居住和工作。

(2) 具有高级技术职称，并具有《重点领域》内相关专业背景和实践经验，对该技术领域的发展及市场状况有较全面的了解。

(3) 具有良好的职业道德，坚持原则，办事公正。

(4) 了解国家科技、经济及产业政策，熟悉高新技术企业认定工作有关要求。

2. 专家库及专家选取办法。

(1) 专家库内的专家应具备《重点领域》内相关技术专长。应结合当地实际情况，在相关技术领域内熟悉子领域技术的专家数量不少于评审所需专家的 5 倍。

(2) 建立专家聘任制度，专家库内的专家实行动态管理，并由认定机构将专家备案表（附 3，即表 13–4）统一报领导小组办公室备案。

(3) 认定机构根据企业主营产品（服务）所属技术领域，随机抽取该领域专家开展认定工作。

3. 专家职责。

(1) 审查企业申报的研究开发项目是否符合《认定办法》及《工作指引》的要求。

(2) 按照独立公正的原则对企业的研究开发活动情况、核心自主知识产权及主营业务等进行评价，并填写《高新技术企业认定专家评价表》（附 4，即表 13–5），按要求上传给认定机构。

(3) 填写《高新技术企业认定专家组综合评价表》（附 5，即表 13–6），按要求上传给认定机构，为认定机构提供咨询意见。

4. 专家纪律。

(1) 应按照《认定办法》、《工作指引》的要求，独立、客观、公正地对企业进行评价。

(2) 不得压制不同观点和其他专家意见，不得做出与客观事实不符的评价。

表 13–4　　　　　　　　**高新技术企业认定专家库专家备案表**

附 3：

工作单位（盖章）：

姓　　名：________________

职务/职称：________________

认定机构办公室：________________

填报日期：______年____月____日

科技部、财政部、国家税务总局编制

二〇〇八年七月

<table>
<tr><td rowspan="8">基本情况</td><td colspan="2">姓名</td><td></td><td>性别</td><td></td><td>出生日期</td><td colspan="2"></td></tr>
<tr><td colspan="2">职务</td><td></td><td>职称</td><td></td><td>身份证号</td><td colspan="2"></td></tr>
<tr><td colspan="3">工作单位、处（室）</td><td colspan="5"></td></tr>
<tr><td colspan="2">单位类型</td><td colspan="6">□科研院所　□行业管理部门　□大专院校
□企业　□其他________</td></tr>
<tr><td colspan="2">通讯地址</td><td colspan="3">省　　市</td><td>邮　编</td><td colspan="2"></td></tr>
<tr><td colspan="2">办公电话</td><td colspan="3">（　　）</td><td>传　真</td><td colspan="2">（　　）</td></tr>
<tr><td colspan="2">家庭电话</td><td colspan="3">（　　）</td><td>手　机</td><td colspan="2"></td></tr>
<tr><td colspan="2">E-mail</td><td colspan="6"></td></tr>
<tr><td rowspan="4">技术专长</td><td colspan="8">参考《国家重点支持的高新技术领域》，选择所熟悉的技术领域（例如：所熟悉的技术领域是“一、电子信息技术（一）、软件 1. 系统软件”中的内容，则可填写为：“一、（一）、1. 系统软件”。</td></tr>
<tr><td colspan="2">1</td><td colspan="6"></td></tr>
<tr><td colspan="2">2</td><td colspan="6"></td></tr>
<tr><td colspan="2">3</td><td colspan="6"></td></tr>
<tr><td rowspan="3">最终学历</td><td></td><td colspan="2">起止时间</td><td>学校及院系</td><td>专业</td><td colspan="3">学位（含访问学者）</td></tr>
<tr><td>国内</td><td colspan="2"></td><td></td><td></td><td colspan="3"></td></tr>
<tr><td>国外</td><td colspan="2"></td><td></td><td></td><td colspan="3"></td></tr>
<tr><td rowspan="6">专业研究及获奖情况</td><td colspan="4">项目名称</td><td colspan="2">项目来源</td><td colspan="2">完成、获奖情况</td></tr>
<tr><td colspan="4"></td><td colspan="2"></td><td colspan="2"></td></tr>
<tr><td colspan="4"></td><td colspan="2"></td><td colspan="2"></td></tr>
<tr><td colspan="4"></td><td colspan="2"></td><td colspan="2"></td></tr>
<tr><td colspan="4"></td><td colspan="2"></td><td colspan="2"></td></tr>
<tr><td colspan="8">注：项目来源指下达或委托任务单位，如国家、部门、地方、企业、单位自有等。奖励情况以获国家、省（部）级为主。</td></tr>
<tr><td rowspan="5">社会兼职情况</td><td colspan="3">起止时间</td><td colspan="2">兼职单位</td><td colspan="3">兼职身份</td></tr>
<tr><td colspan="3"></td><td colspan="2"></td><td colspan="3"></td></tr>
<tr><td colspan="3"></td><td colspan="2"></td><td colspan="3"></td></tr>
<tr><td colspan="3"></td><td colspan="2"></td><td colspan="3"></td></tr>
<tr><td colspan="8">注：如学会、协会、标准化技术委员会以及政府部门的各类专家委员会等。</td></tr>
</table>

表 13–5　　**高新技术企业认定专家评价表**

附 4:

申请企业受理号			主营业务所属技术领域	
职工总数（人）		大专以上学历科技人员数（人）	研发人员数（人）	
研发项目核定数		研发项目经费核定总额（万元）		
在中国境内研发费用总额核定数（万元）				
高新技术产品（服务）核定数		近 1 年高新技术产品（服务）销售收入核定额（万元）		
对企业研究开发项目及高新技术产品（服务）的评价	（依照《工作指引》的要求，简要进行综合评价）			
1. 核心自主知识产权（30 分）			得分:	
☐ A. 6 项，或 1 项发明专利 ☐ D. 3 项	☐ B. 5 项 ☐ E. 1~2 项	☐ C. 4 项 ☐ F. 0 项		
2. 科技成果转化能力（30 分）			得分:	
☐ A. 4 项以上 ☐ D. 1~2 项	☐ B. 3~4 项 ☐ E. 1 项	☐ C. 2~3 项 ☐ F. 0 项		
3. 研究开发的组织管理水平（20 分）			得分:	
☐ A. 5 项均符合要求 ☐ D. 2 项符合要求	☐ B. 4 项符合要求 ☐ E. 1 项符合要求	☐ C. 3 项符合要求 ☐ F. 均不符合要求		
4. 总资产和销售额成长性指标（20 分）			得分:	
总资产增长率:		销售增长率:		
对企业整体情况的综合评价	（依照《认定办法》规定的各项认定指标，简要进行综合评价）			
合计得分		专家签名:　　　　年　月　日		

表 13–6　　**高新技术企业认定专家组综合评价表**

附 5:

企业名称		主营产品（服务）所属技术领域		
职工总数（人）		大专以上学历科技人员数（人）		研发人员数（人）
研发项目核定数		高新技术产品（服务）核定数		
研发项目经费核定总额（万元）		近 1 年高新技术产品（服务）销售收入核定额（万元）		
在中国境内研发费用总额核定数（万元）				
大专以上学历科技人员占企业职工总数的比例（%）				
研发人员占企业职工总数的比例（%）				
近 3 年研究开发费用总额占总销售收入比例（%）				
近 3 年在中国境内研发费用总额占全部研发费用总额比例（%）				
近 1 年高新技术产品（服务）收入占当年总收入比例（%）				
综合得分		其中:	知识产权得分	
			转化能力得分	
			管理水平得分	
			成长指标得分	
对企业整体情况的综合评价（对照《认定办法》规定的各项认定指标，简要进行综合评价）:				
专家组长签字:　　　　日期:				

（3）不得披露、使用申请企业的技术经济信息和商业秘密，不得复制保留或向他人扩散评审材料，不得泄露评审结果。

（4）不得利用其特殊身份和影响，采取非正常手段为申请企业认定提供便利。

（5）未经认定机构许可不得擅自进入企业调查。

（6）不得收受申请企业给予的任何好处和利益。

四、研究开发活动确认及研究开发费用归集

测度企业研究开发费用强度是高新技术企业认定中的重要环节之一。企业须按规定如实填报研究开发活动（项目）情况表；同时企业应正确归集研发经费，由具有资质并符合本《工作指引》相关条件的中介机构进行专项审计。

（一）研究开发活动的确认

1. 研究开发活动定义。为获得科学与技术（不包括人文、社会科学）新知识，创造性运用科学技术新知识，或实质性改进技术、产品（服务）而持续进行的具有明确目标的活动。

创造性运用科学技术新知识，或实质性改进技术、产品（服务），是指企业在技术、产品（服务）方面的创新取得了有价值的进步，对本地区（省、自治区、直辖市或计划单列市）相关行业的技术进步具有推动作用，不包括企业从事的常规性升级或对某项科研成果直接应用等活动（如直接采用新的工艺、材料、装置、产品、服务或知识等）。

企业按照上述定义判断是否进行了研究开发活动（项目），并填写附 2《高新技术企业认定申请书》中的“二、企业研究开发项目情况表”。

2. 判断依据和方法。认定机构在组织专家评价过程中，可参考如下方法对企业申报的研发活动（项目）进行判断：

（1）行业标准判断法。若国家有关部门、全国（世界）性行业协会等具备相应资质的机构提供了测定科技“新知识”、“创造性运用科学技术新知识”或“具有实质性改进的技术、产品（服务）”等技术参数（标准），则优先按此参数（标准）来判断企业所进行项目是否为研究开发活动。

（2）专家判断法。如果企业所在行业中没有发布公认的研发活动测度标准，则通过本行业专家进行判断。判断的原则是：获得新知识、创造性运用新知识以及技术的实质改进应当是企业所在技术（行业）领域内可被同行业专家公认的、有价值的进步。

（3）目标或结果判定法（辅助标准）。检查研发活动（项目）的立项及预算报告，重点了解进行研发活动的目的（创新性）、计划投入资源（预算）；研发活动是否形成了最终成果或中间性成果，如专利等知识产权或其他形式的科技成果。

在采用行业标准判断法和专家判断法不易判断企业是否发生了研发活动时，以本方法作为辅助。

3. 高技术服务业的企业研究开发活动。企业为支持其在高新技术服务业领域内开发新产品（服务）、采用新工艺等，而在自然科学和工程技术方面取得新知识或实质性改进的活动；或从事国家级科技计划列入的服务业关键技术项目的开发活动。对其判断标准与四、（一）、1 及 2 款定义的一般性研究开发活动（项目）标准相同。

4. 研究开发项目的确定。研究开发项目是指“不重复的，具有独立时间、财务安排和人员配置的研究开发活动”。企业的研究开发费用是以各个研发项目为基本单位分别进行测度并加总计算的。

企业研究开发费用结构归集（样表）

科目 ＼ 累计发生额 ＼ 研发项目	A	B	C	D	E	F	G	…	n	各科目小计
研发投入额										
●内部研究开发投入	A1	B1	C1	D1	E1	F1	G1	…	n1	A1+…+n1
●人员人工	A2	B2	C2	D2	E2	F2	G2	…	n2	A1+…+n2
●直接投入	A3	B3	C3	D3	E3	F3	G3	…	n3	A1+…+n3
●折旧费用与长期费用摊销	A4	B4	C4	D4	E4	F4	G4	…	n4	A1+…+n4
●设计费	A5	B5	C5	D5	E5	F5	G5	…	n5	A1+…+n5
●装备调试费	A6	B6	C6	D6	E6	F6	G6	…	n6	A1+…+n6
●无形资产摊销	A7	B7	C7	D7	E7	F7	G7	…	n7	A1+…+n7
●其他费用	A8	B8	C8	D8	E8	F8	G8	…	n8	A1+…+n8
内部研究开发各项目费用小计：	∑A	∑B	∑C	∑D	∑E	∑F	∑G	…	∑n	
内部研究开发费用总计	∑A+∑B+∑C+∑D+∑E+∑F+∑G+…+∑n									
委托外部研究开发项目	A	B	C	D	E	F	G	…	n	合计：A+…+n
●委托外部研究开发投入额										
●其中，境内的外部研发投入额										
研究开发投入额合计	=内部研究开发费用总计+委托外部研究开发费用									

注：A、B、C、D等代表企业所申报的不同研究开发项目。

（二）研究开发费用的归集

企业应对包括直接研究开发活动和可以计入的间接研究开发活动所发生的费用进行归集，并填写附2《高新技术企业认定申请书》中的“五、企业年度研究开发费用结构明细表”。

1. 企业研究开发费用的核算。企业应按照下列样表设置高新技术企业认定专用研究开发费用辅助核算账目，提供相关凭证及明细表，并按本《工作指引》要求进行核算。

2. 各项费用科目的归集范围。

（1）人员人工。从事研究开发活动人员（也称研发人员）全年工资薪金，包括基本工资、奖金、津贴、补贴、年终加薪、加班工资以及与其任职或者受雇有关的其他支出。

（2）直接投入。企业为实施研究开发项目而购买的原材料等相关支出。如：水和燃料（包括煤气和电）使用费等；用于中间试验和产品试制达不到固定资产标准的模具、样品、样机及一般测试手段购置费、试制产品的检验费等；用于研究开发活动的仪器设备的简单维护费；以经营租赁方式租入的固定资产发生的租赁费等。

（3）折旧费用与长期费用摊销。包括为执行研究开发活动而购置的仪器和设备以及研究开发项目在用建筑物的折旧费用，包括研发设施改建、改装、装修和修理过程中发生的长期待摊费用。

（4）设计费。为新产品和新工艺的构思、开发和制造，进行工序、技术规范、操作特性方面的设计等发生的费用。

（5）装备调试费。主要包括工装准备过程中研究开发活动所发生的费用（如研制生产机器、模具和工具，改变生产和质量控制程序，或制定新方法及标准等）。

为大规模批量化和商业化生产所进行的常规性工装准备和工业工程发生的费用不能计入。

（6）无形资产摊销。因研究开发活动需要购入的专有技术（包括专利、非专利发明、许可证、专有技术、设计和计算方法等）所发生的费用摊销。

(7) 委托外部研究开发费用。是指企业委托境内其他企业、大学、研究机构、转制院所、技术专业服务机构和境外机构进行研究开发活动所发生的费用（项目成果为企业拥有，且与企业的主要经营业务紧密相关）。委托外部研究开发费用的发生金额应按照独立交易原则确定。

认定过程中，按照委托外部研究开发费用发生额的80%计入研发费用总额。

(8) 其他费用。为研究开发活动所发生的其他费用，如办公费、通信费、专利申请维护费、高新科技研发保险费等。此项费用一般不得超过研究开发总费用的10%，另有规定的除外。

3. 企业在中国境内发生的研究开发费用。是指企业内部研究开发活动实际支出的全部费用与委托境内的企业、大学、转制院所、研究机构、技术专业服务机构等进行的研究开发活动所支出的费用之和，不包括委托境外机构完成的研究开发活动所发生的费用。

五、其他重要指标

（一）核心自主知识产权

《认定办法》规定的核心自主知识产权包括：发明、实用新型以及非简单改变产品图案和形状的外观设计（主要是指：运用科学和工程技术的方法，经过研究与开发过程得到的外观设计）、软件著作权、集成电路布图设计专有权、植物新品种。

发明、实用新型、外观设计专利可以到国家知识产权局网站（http：//www.sipo.gov.cn）查询专利标记和专利号来检验专利的真实性。

对于软件著作权，可以到国家版权局中国版权保护中心的网站（http：//www.ccopyright.com.cn）查询软件著作权标记（亦称版权标记），标明作品受著作权保护的记号，检验其真伪。

本《工作指引》所称的独占许可是指在全球范围内技术接受方对协议约定的知识产权（专利、软件著作权、集成电路布图设计专有权、植物新品种等）享有5年以上排他的使用权，在此期间内技术供应方和任何第三方都不得使用该项技术。

高新技术企业认定所指的核心自主知识产权须在中国境内注册，或享有5年以上的全球范围内独占许可权利（高新技术企业的有效期应在5年以上的独占许可期内），并在中国法律的有效保护期内。

（二）企业科技人员和研究开发人员

1. 企业科技人员。是指在企业从事研发活动和其他技术活动的，累计实际工作时间在183天以上的人员。包括：直接科技人员及科技辅助人员。

2. 企业研究开发人员。主要包括研究人员、技术人员和辅助人员三类。

(1) 研究人员。是指企业内主要从事研究开发项目的专业人员。

(2) 技术人员。是指具有工程技术、自然科学和生命科学中一个或一个以上领域的技术知识和经验，在研究人员指导下参与下述工作的人员：

①关键资料的收集整理；

②编制计算机程序；

③进行实验、测试和分析；

④为实验、测试和分析准备材料和设备；

⑤记录测量数据、进行计算和编制图表；从事统计调查等。

(3) 辅助人员。是指参与研究开发活动的熟练技工。

3. 研究开发人数的统计。主要统计企业的全时工作人员，可以通过企业是否签订了劳动合同来鉴别。对于兼职或临时聘用人员，全年须在企业累计工作 183 天以上。

（三）高新技术产品（服务）收入

企业通过技术创新、开展研发活动，形成符合《重点领域》要求的产品（服务）收入与技术性收入的总和。

技术性收入主要包括以下几个部分：

1. 技术转让收入：指企业技术创新成果通过技术贸易、技术转让所获得的收入；

2. 技术承包收入：包括技术项目设计、技术工程实施所获得的收入；

3. 技术服务收入：指企业利用自己的人力、物力和数据系统等为社会和本企业外的用户提供技术方案、数据处理、测试分析及其他类型的服务所获得的收入；

4. 接受委托科研收入：指企业承担社会各方面委托研究开发、中间试验及新产品开发所获得的收入。

六、自主知识产权、研究开发组织管理水平、科技成果转化能力以及资产与销售额成长性的具体评价方法

核心自主知识产权、科技成果转化能力、研究开发的组织管理水平、成长性四项指标，用于评价企业利用科技资源进行创新、经营创新和取得创新成果等方面的情况。该四项指标采取加权记分方式，须达到 70 分以上（不含 70 分）。四项指标权重结构详见下表：

序　号	指　标	赋　值
1	核心自主知识产权	30
2	科技成果转化能力	30
3	研究开发的组织管理水平	20
4	成长性指标	20
合　计		100

（一）指标计算与赋值说明

1. 四项指标赋予不同的数值（简称“赋值”）；企业不拥有核心自主知识产权的赋值为零。

2. 每项指标分数比例分为六个档次（A、B、C、D、E、F），分别是：0.80–1.0、0.60–0.79、0.40–0.59、0.20–0.39、0.01–0.19、0。

3. 各项指标实际得分 = 本指标赋值 × 分数比例。

［例］某指标赋值 20，指标评价档次为“B”，分数比例评为 0.7，

则：实际得分 = 20 分 × 0.7 = 14 分。

4. 评价指标以申报之日前 3 个年度的数据为准。如企业创办期不足 3 年，以实际经营年限为准。

5. 各项指标的选择均为单选。

（二）各单项指标的测算依据

1. 核心自主知识产权（30）。企业拥有的专利、软件著作权、集成电路布图设计专有权、植物新品种等核心自主知识产权的数量（不含商标）。

A. 6 项，或 1 项发明专利　　B. 5 项　　C. 4 项

D. 3 项　　E. 1~2 项　　F. 0 项

[说明]

(1) 由专家对企业申报的核心自主知识产权是否符合《工作指引》要求进行评判。

(2) 同一知识产权在国内外的申请、登记只记为一项。

(3) 若知识产权的创造人与知识产权权属人分离，在计算知识产权数量时可分别计算。

(4) 专利以获得授权证书为准。

(5) 企业不具备核心自主知识产权的不能认定为高新技术企业。

2. 科技成果转化能力（30）。最近3年内科技成果转化的年平均数。

A. 4项以上　　B. 3~4项（不含3项）

C. 2~3项（不含2项）　　D. 1~2项（不含1项）

E. 1项　　F. 0项

[说明]

(1) 同一科学技术成果（专利、版权、技术使用许可证、注册的软件版权、集成电路布图设计）在国内外的申请只记为一项。

(2) 购入或出售技术成果以正式技术合同为准。

(3) 此项评价可计入技术诀窍，但价值较小的不算在内。从产品或工艺的改进表现来评价技术诀窍等的价值大小（企业可以不披露具体内容）。

(4) 技术成果转化的判断依据是：企业以技术成果形成产品、服务、样品、样机等。

3. 研究开发的组织管理水平（20）。

(1) 制定了研究开发项目立项报告；

(2) 建立了研发投入核算体系；

(3) 开展了产学研合作的研发活动；

(4) 设有研发机构并具备相应的设施和设备；

(5) 建立了研发人员的绩效考核奖励制度。

A. 5项都符合要求　　B. 4项符合要求　　C. 3项符合要求　　D. 2项符合要求

E. 1项符合要求　　F. 均不符合要求

4. 总资产和销售额成长性指标（20）。

此项指标是对反映企业经营绩效的总资产增长率和销售增长率的评价（各占10分），具体计算方法如下：

总资产增长率 = 1/2（第二年总资产额 ÷ 第一年总资产额 + 第三年总资产额 ÷ 第二年总资产额）– 1。

成长性指标（20分）	得分	指标赋值	≥0.35	≥0.25	≥0.15	≥0.05	<0.05
			A	B	C	D	E
		总资产增长率赋值（10分）					
		销售增长率赋值（10分）					

说明：

①在计算会计年度内企业未产生销售收入或成长性指标为负的按0计算；第一年销售收入为0的，按两年计算；第二年销售收入为0的，都按0计算。

②此项指标计算所依据的数据应以具有资质的中介机构鉴证的企业财务报表为准。

销售增长率 = 1/2（第二年销售额 ÷ 第一年销售额 + 第三年销售额 ÷ 第二年销售额）- 1；用计算所得的总资产增长率和销售增长率分别对照下表指标评价档次（A、B、C、D、E）评出分数比例，用分数比例乘以赋值计算出每项得分，两项得分相加计算出总资产和销售额成长性指标实际得分。

第五节　认真做好 2008 年高新技术企业认定管理工作

自 2008 年 8 月 5 日召开全国高新技术企业认定管理工作会议以来，全国大部分地区的认定工作正在按照《高新技术企业认定管理办法》和《高新技术企业认定管理工作指引》的要求稳步推进，但仍有一些地区工作措施不到位，认定工作进展缓慢。为落实中央关于扩大内需，促进经济平稳较快增长的决策部署，做好高新技术企业认定管理工作，确保今年认定工作顺利推进，现将有关事项通知如下（国科发火〔2008〕705 号）：

一、尽快建立健全工作机制，加快认定进程

各地科技、财政、税务部门务必抓紧时间，健全工作机制，在严格执行认定工作原则和规程的情况下，对符合条件的企业加快认定工作，并力争在今年底前完成。要把握工作进度，遇到问题要及时研究解决。全国高新技术企业认定管理工作领导小组办公室将对一些地区进行重点检查。

为了保证政策实施的规范化，不提倡制定本地区高新技术企业认定管理工作的“实施细则”、“实施条例”。已经制定的，须报领导小组办公室备案，有问题的要及时纠正。

二、关于核心自主知识产权

在计算企业拥有的核心自主知识产权时，企业近 3 年内（至申报日前）获得的核心自主知识产权均视为有效。

三、关于中介机构

各地认定机构要加强对中介机构的管理。中介机构要严格按照《高新技术企业认定管理办法》和《高新技术企业认定管理工作指引》的规定，以及国家有关专项审计的要求，出具专项审计报告。我们将于明年正式启用高新技术企业认定专项审计报告的统一格式，今年已经出具的审计报告不需要重做。

第十四章　资源综合利用企业的税收优惠

对企业综合利用资源，政府采取减计收入的税收优惠形式。

第一节　法定税收优惠

税法规定，企业综合利用资源，生产符合国家产业政策规定的产品所取得的收入，可以在计算应纳税所得额时减计收入。这里所称减计收入，是指企业以《资源综合利用企业所得税优惠目录》规定的资源作为主要原材料，生产国家非限制和禁止并符合国家和行业相关标准的产品取得的收入，减按 90%计入收入总额。该企业所得税优惠目录，由国务院财政、税务主管部门商国务院有关部门制订，报国务院批准后公布施行。

上述所称原材料占生产产品材料的比例不得低于《资源综合利用企业所得税优惠目录》规定的标准。

第二节　执行资源综合利用企业所得税优惠目录的规定

根据《中华人民共和国企业所得税法》和《中华人民共和国企业所得税法实施条例》（国务院令第 512 号，以下简称《实施条例》）有关规定，经国务院批准，财政部、税务总局、发展改革委公布了《资源综合利用企业所得税优惠目录》（以下简称《目录》）。现将执行《目录》的有关问题通知如下（财税〔2008〕47 号）：

1. 企业自 2008 年 1 月 1 日起以《目录》中所列资源为主要原材料，生产《目录》内符合国家或行业相关标准的产品取得的收入，在计算应纳税所得额时，减按 90%计入当年收入总额。享受上述税收优惠时，《目录》内所列资源占产品原料的比例应符合《目录》规定的技术标准。

2. 企业同时从事其他项目而取得的非资源综合利用收入，应与资源综合利用收入分开核算，没有分开核算的，不得享受优惠政策。

3. 企业从事不符合《实施条例》和《目录》规定范围、条件和技术标准的项目，不得享受资源综合利用企业所得税优惠政策。

4. 根据经济社会发展需要及企业所得税优惠政策实施情况，国务院财政、税务主管部门会同国家发展改革委等有关部门适时对《目录》内的项目进行调整和修订，并在报国务院批准后对《目录》进行更新。

第三节　资源综合利用企业所得税优惠目录（2008 年版）

《资源综合利用企业所得税优惠目录（2008 年版）》，已经国务院批准，现予以公布，自 2008 年 1 月 1 日起施行。2004 年 1 月 12 日国家发展改革委、财政部、国家税务总局发布的《资源综合利用目录（2003 年修订）》同时废止（财税〔2008〕117 号）。

表 14-1　资源综合利用企业所得税优惠目录（2008 年版）

附件：

类别	序号	综合利用的资源	生产的产品	技术标准
一、共生、伴生矿产资源	1	煤系共生、伴生矿产资源、瓦斯	高岭岩、铝钒土、膨润土，电力、热力及燃气	1. 产品原料 100%来自所列资源 2. 煤炭开发中的废弃物 3. 产品符合国家和行业标准
二、废水（液）、废气、废渣	2	煤矸石、石煤、粉煤灰、采矿和选矿废渣、冶炼废渣、工业炉渣、脱硫石膏、磷石膏、江河（渠）道的清淤（淤沙）、风积沙、建筑垃圾、生活垃圾焚烧余渣、化工废渣、工业废渣	砖（瓦）、砌块、墙板类产品、石膏类制品以及商品粉煤灰	产品原料 70%以上来自所列资源
	3	转炉渣、电炉渣、铁合金炉渣、氧化铝赤泥、化工废渣、工业废渣	铁、铁合金料、精矿粉、稀土	产品原料 100%来自所列资源
	4	化工、纺织、造纸工业废液及废渣	银、盐、锌、纤维、碱、羊毛脂、聚乙烯醇、硫化钠、亚硫酸钠、硫氰酸钠、硝酸、铁盐、铬盐、木素磺酸盐、乙酸、乙二酸、乙酸钠、盐酸、黏合剂、酒精、香兰素、饲料酵母、肥料、甘油、乙氰	产品原料 70%以上来自所列资源
	5	制盐液（苦卤）及硼酸废液	氯化钾、硝酸钾、溴素、氯化镁、氢氧化镁、无水硝、石膏、硫酸镁、硫酸钾、肥料	产品原料 70%以上来自所列资源
	6	工矿废水、城市污水	再生水	1. 产品原料 100%来自所列资源 2. 达到国家有关标准
	7	废生物质油，废弃润滑油	生物柴油及工业油料	产品原料 100%来自所列资源
	8	焦炉煤气，化工、石油（炼油）化工废气、发酵废气、火炬气、炭黑尾气	硫磺、硫酸、磷铵、硫铵、脱硫石膏，可燃气、轻烃、氢气，硫酸亚铁、有色金属，二氧化碳、干冰、甲醇、合成氨	
	9	转炉煤气、高炉煤气、火炬气以及除焦炉煤气以外的工业炉气，工业过程中的余热、余压	电力、热力	
三、再生资源	10	废旧电池、电子电器产品	金属（包括稀贵金属）、非金属	产品原料 100%来自所列资源
	11	废感光材料、废灯泡（管）	有色（稀贵）金属及其产品	产品原料 100%来自所列资源
	12	锯末、树皮、枝丫材	人造板及其制品	1. 符合产品标准 2. 产品原料 100%来自所列资源
	13	废塑料	塑料制品	产品原料 100%来自所列资源

续表

类别	序号	综合利用的资源	生产的产品	技术标准
三、再生资源	14	废、旧轮胎	翻新轮胎，胶粉	1. 产品符合 GB9037 和 GB14646 标准 2. 产品原料 100%来自所列资源 3. 符合 GB/T19208 等标准规定的性能指标
	15	废弃天然纤维；化学纤维及其制品	造纸原料、纤维纱及织物、无纺布、毡、黏合剂、再生聚酯	产品原料 100%来自所列资源
	16	农作物秸秆及壳皮（包括粮食作物秸秆、农业经济作物秸秆、粮食壳皮、玉米芯）	代木产品，电力、势力及燃气	产品原料 70%以上来自所列资源

第四节　不能享受资源综合利用减计收入的事项

税收法规对某些事项判定为不能享受资源综合利用减计收入的事项。

资源综合利用的企业所得税优惠问题（国税函〔2009〕567 号）。

江西泰和玉华水泥有限公司旋窑余热利用电厂利用该公司旋窑水泥生产过程中产生的余热发电，其生产活动虽符合《资源综合利用企业所得税优惠目录（2008 年版）》的规定范围，但由于旋窑余热利用电厂属于江西泰和玉华水泥有限公司的内设非法人分支机构，不构成企业所得税纳税人，且其余热发电产品直接供给所属公司使用，不计入企业收入，因此，旋窑余热利用电厂利用该公司旋窑水泥生产过程中产生的余热发电业务不能享受资源综合利用减计收入的企业所得税优惠政策。

第十五章　购置用于环境保护、节能节水、安全生产等专用设备的税收优惠政策

企业购置用于环境保护、节能节水、安全生产等专用设备的税收优惠，政府采取税额抵免的形式。

第一节　法定税收优惠

税法规定，企业购置用于环境保护、节能节水、安全生产等专用设备的投资额，可以按一定比例实行税额抵免。

从事符合条件的环境保护、节能节水项目的所得。该项所称符合条件的环境保护、节能节水项目，包括公共污水处理、公共垃圾处理、沼气综合开发利用、节能减排技术改造、海水淡化等。项目的具体条件和范围由国务院财政、税务主管部门商国务院有关部门制订，报国务院批准后公布施行。

企业从事上述规定的符合条件的环境保护、节能节水项目的所得，自项目取得第一笔生产经营收入所属纳税年度起，第一年至第三年免征企业所得税，第四年至第六年减半征收企业所得税。

依照上述规定享受减免税优惠的项目，在减免税期限内转让的，受让方自受让之日起，可以在剩余期限内享受规定的减免税优惠；减免税期限届满后转让的，受让方不得就该项目重复享受减免税优惠。

第二节　执行环境保护专用设备企业所得税优惠目录、节能节水专用设备企业所得税优惠目录和安全生产专用设备企业所得税优惠目录的规定

根据《中华人民共和国企业所得税法》（以下简称《企业所得税法》）和《中华人民共和国企业所得税法实施条例》（国务院令第512号）有关规定，经国务院批准，财政部、税务总局、发展改革委公布了《环境保护专用设备企业所得税优惠目录》、《节能节水专用设备企业所得税优惠目录》，财政部、税务总局、安监总局公布了《安全生产专用设备企业所得税优惠目录》（以下统称《目录》）。现将执行《目录》的有关问题通知如下（财税〔2008〕48号）：

1. 企业自2008年1月1日起购置并实际使用列入《目录》范围内的环境保护、节能节水和安全生产专用设备，可以按专用设备投资额的10%抵免当年企业所得税应纳税额；企业当年应纳税额不足抵免的，可以向以后年度结转，但结转期不得超过5个纳税年度。

2. 专用设备投资额，是指购买专用设备发票价税合计价格，但不包括按有关规定退还的增值税税款以及设备运输、安装和调试等费用。

3. 当年应纳税额，是指企业当年的应纳税所得额乘以适用税率，扣除依照企业所得税法和国务院有关税收优惠规定以及税收过渡优惠规定减征、免征税额后的余额。

4. 企业利用自筹资金和银行贷款购置专用设备的投资额，可以按企业所得税法的规定抵免企业应纳所得税额；企业利用财政拨款购置专用设备的投资额，不得抵免企业应纳所得税额。

5. 企业购置并实际投入适用、已开始享受税收优惠的专用设备，如从购置之日起 5 个纳税年度内转让、出租的，应在该专用设备停止使用当月停止享受企业所得税优惠，并补缴已经抵免的企业所得税税款。转让的受让方可以按照该专用设备投资额的 10%抵免当年企业所得税应纳税额；当年应纳税额不足抵免的，可以在以后 5 个纳税年度结转抵免。

6. 根据经济社会发展需要及企业所得税优惠政策实施情况，国务院财政、税务主管部门会同国家发展改革委、安监总局等有关部门适时对《目录》内的项目进行调整和修订，并在报国务院批准后对《目录》进行更新。

第三节 节能节水专用设备企业所得税优惠目录（2008 年版）

《节能节水专用设备企业所得税优惠目录（2008 年版）》已经国务院批准，现予以公布，自 2008 年 1 月 1 日起施行（财税〔2008〕115 号）。

表 15-1 **节能节水专用设备企业所得税优惠目录（2008 年版）**

附件 1：

序号	设备类型	设备名称	性能参数	应用领域	能效标准
一、节能设备					
1	中小型三相电动机	节能中小型三相异步电动机	电压 660V 及以下、额定功率 0.55kW~315kW 范围内，单速封闭扇冷式、N 设计的一般用途、防爆电动机。效率指标不小于节能评价值	工业生产电力拖动	GB 18613-2002
2	空气调节设备	能效等级 1 级的单元式空气调节机	名义制冷量大于 7000W，能效比达到能效等级 1 级要求	工业制冷	GB 19576-2004
		能效等级 1 级的风管送风式空调（热泵）机组	能效比达到能效等级 1 级要求	工业制冷	GB 19576-2004
		能效等级 1 级的屋顶式空调（热泵）机组	制冷量为 28kW~420kW，能效比达到能效等级 1 级要求	工业制冷	GB 19576-2004
		能效等级 1 级的冷水机组	能效比达到能效等级 1 级要求	工业制冷	GB 19577-2004
		能效等级 1 级的房间空气调节器	名义制冷量小于等于 14000W，能效比达到能效等级 1 级要求	工业制冷	GB 12021.3-2004
3	通风机	节能型离心通风机	效率达到节能评价值要求	工业生产传输	GB 19761-2005
		节能型轴流通风机	效率达到节能评价值要求	工业生产传输	
		节能型空调离心通风机	效率达到节能评价值要求	工业生产传输	

续表

序号	设备类型	设备名称	性能参数	应用领域	能效标准
4	水泵	节能型单级清水离心泵	单级清水离心泵（单吸和双吸），效率达到节能评价值要求	工业生产传输	GB 19762-2005
		节能型多级清水离心泵	多级清水离心泵，效率达到节能评价值要求	工业生产传输	
5	空气压缩机	高效空气压缩机	输入比功率应不小于节能评价值的103%	工业生产	GB 19153-2003
6	变频器	高压大容量变频器	额定电压不超过10kV、额定容量500kVA以上	高压大功率电动机	
7	配电变压器	高效油浸式配电变压器	三相10kV，无励磁调压额定容量30kVA~1600kVA的油浸式，空载损耗和负载损耗应不大于节能评价值的36%	电力输配电	GB 20052-2006
		高效干式配电变压器	三相10kV，无励磁调压，额定容量30kVA~2500kVA干式配电变压器，空载损耗和负载损耗应不大于节能评价值的36%	电力输配电	
8	高压电动机	节能型三相异步高压电动机	机座号355-560，效率指标不小于节能评价值	工业生产电力拖动	
9	节电器	电机轻载节电器	额定电压不超过10kV、50/60Hz、额定容量500kVA~2500kVA，节电率达到30%以上	工业生产电力拖动	
10	交流接触器	永磁式交流接触器	1000V及以下的电压：50Hz交流电源供电、额定电流1000A及以下的接触器，功耗小于0.5VA	电力控制	
11	用电过程优化控制器	配电系统节电设备	额定电压不超过10kV、50/60Hz、额定容量不超过2500kVA。采用微电脑实时控制。具有电压自动检测控制、时间+电压控制、电压梯度控制模式，可根据不同的输入电压、不同时间及工艺要求进行过程能量优化控制的功能	工业生产及商用配电系统	
12	工业锅炉	热水锅炉	热效率在GB/T17954-2000表2中一级指标的基础上再提高5%	工业生产	GB/T 17954-2000
		蒸汽锅炉			
13	工业加热装置	铜锭感应加热炉	额定功率1600kW，加热处理每吨铜锭，单耗电量从250kW·h/t降到180kW·h/t	铜加工业	GB 5959.3-1988 GB/10067.3-2005
		高阻抗电弧炉	容量40T，熔炼每吨钢节能20kW·h/t电极消耗降低15%~20%	铜铁冶炼	GB 5959.2-1998 GB/10067.2-2005
14	节煤、节油、节气关键件	汽车电磁风扇离合器	不少于3级变速；第2级变速是柔性连接	汽车节能	QC/T 777-2007
二、节水设备					
15	洗衣机	工业洗衣机	单位洗涤容量用水量≤15L/kg，洗净率>35%	适用于商业用工业洗衣机（水洗机），不包括干洗机和隧道式洗涤机组	QB/T 2323-2004工业洗衣机中6.3.10条，6.3.8a条
16	换热器	空冷式换热器	强度和密封性能：经管束压力试验符合GB/T 15386-1994的要求	适用于设计压力≤35MPa的空冷式换热器。不适用于铝或其他有色金属制受压元件的空冷式换热器	GB/T 15386-1994中8.3条

续表

序号	设备类型	设备名称	性能参数	应用领域	能效标准
17	冷却塔	冷却塔	冷却能力：实测冷却能力与设计冷却能力的百分比≥95%；飘水率：冷却水量≤1000m³/h 的冷却塔不得有明显飘水现象，冷却水量>1000m³/h 的冷却塔飘水率<0.01%	适用于用水冷却的冷却塔	GB 7190.1-1997 GB 7190.2-1997
18	灌溉机具	喷灌机	机械行业标准	农业、园林、林业灌溉	机械行业标准
19		滴灌带（管）	铺设长度 80m 以上，滴水均匀度>90%，工作压力>0.1MPa，滴灌带能够承受 130N（滴灌管能够承受 180N）的拉力不破裂、不渗漏	适用于棉花、蔬菜、果树等经济作物的滴灌	

第四节 环境保护专用设备企业所得税优惠目录（2008 年版）

《环境保护专用设备企业所得税优惠目录（2008 年版）》，已经国务院批准，现予以公布，自 2008 年 1 月 1 日起施行（财税〔2008〕115 号）。

表 15-2 环境保护专用设备企业所得税优惠目录（2008 年版）

附件 2：

序号	类别	设备名称	性能参数	应用领域
1	一、水污染治理设备	高负荷厌氧 EGSB 反应器	有机负荷≥20kg/m³·d；BOD_5 去除率≥90%	工业废水处理和垃圾渗滤液处理
2		膜生物反应器	进水水质：COD<400mg/L；BOD_5<200mg/L；pH 值：6~9；NH_4-N≤20mg/L；工作通量≥120L/m²·h；水回收率≥95%；出水达到《城市污水再生利用城市杂用水水质》（GB/T 18920）。使用寿命≥5 年	生活污水处理和中水回用处理
3		反渗透过滤器	采用聚酰胺复合反渗透膜，净水寿命（膜材料的更换周期）≥2年；对规定分子量物质的截留率应达到设计的额定制	工业废水处理
4		重金属离子去除器	对重金属离子（Cr^{3+}，Cu^{2+}，Ni^{2+}，Pb^{2+}，Cd^{2+}，Hg^{2+}等）去除率≥99.9%，废渣达到无害化处理	工业废水处理
5		紫外消毒灯	杀菌效率≥99.99%；紫外剂量≥16mj/cm²；灯管寿命≥9000h；设备耐压：0.1~0.8MPa/cm²；使用寿命≥10 年	城市污水处理和工业废水处理
6		污泥浓缩脱水一体机	脱水后泥饼含固率≥25%	城市污水处理和工业废水处理
7		污泥干化机	单台蒸发水量 1t/h~15t/h；单台污泥日处理能力≥100t；干化后污泥固含量≥80%	污水处理
8	二、大气污染防治设备	湿法脱硫专用喷嘴	流量≥40m³/h；雾化浆滴平均直径≤2100μm；流速：额定值±10%；喷雾角：额定值±10%；粒径分布均匀度：0.8~1.2；流量密度变化幅度：±10%	燃煤发电机组脱硫
9		湿法脱硫专用除雾器	在除雾器出口雾滴夹带的浓度≤75mg/Nm³，除雾器阻力≤150Pa；临界分离粒径≤25~35μm	燃煤发电机组脱硫
10		袋式除尘器	除尘效率≥99.5%；排放浓度≤40mg/m³；出口温度≤120℃；林格曼一级；设备阻力低<1200Pa；漏风率≤3%；耐压强度>5kPa；滤带寿命≥3 年；耐高温、耐腐蚀	发电机组、工业锅炉、工业窑炉除尘
11		型煤锅炉	热效率>80%，煤渣含炭量≤2%；低热负荷燃烧运行良好；各项污染物排放指标均低于《锅炉大气污染物排放标准》（GB 13271）	用于采暖、洗浴、饮用水、制冷的热水锅炉

续表

序号	类别	设备名称	性能参数	应用领域
12	三、固体废物处置设备	危险废弃物焚烧炉	处理量>10t/d；焚烧温度：危险废物≥1100℃、多氯联苯≥1200℃、医院临床废物≥850℃；烟气停留时间>2s；残渣热灼减率<5%；焚烧炉燃烧效率>65%；烟气排放达到《危险废物焚烧污染控制标准》（GB 18484）	工业、医疗垃圾和危险废弃物焚烧处理
13		医疗废物高温高压灭菌锅	灭菌温度≥1100℃，压力≥200kPa，灭菌时间25min，干燥时间≤15min。灭菌效率99.99%，气体中的微生物被截流的效率99.99%。达到100%灭活，排水排气均达到国家相应的排放标准	医疗废物处理
14	四、环境监测仪器仪表	在线固定污染源排放烟气连续监测仪	含尘量测量范围：0–200–2000mg/m³；精度：±2%；气体污染物测量范围：SO_2/NOx：0–250–2500mg/m³；CO：0–500–5000mg/m³；气体污染物测量精度：±1%满量程；流速测量范围：0~35m/s；流速测量精度：±0.2m/s；压力：±3000Pa；精度：±1%；温度：0℃~200℃；精度：±1℃；湿度：0~20%；精度：±2%满量程	大气污染源监测
15		化学需氧量水质在线自动监测仪	COD：0~20000mg/L；具有数据远程传输功能；精度：±2%；分辨率：1mg/L；误差：<5%；最短测量周期：5min	水质污染监测
16		5日生物需氧量水质自动分析仪	BOD_5：0~500mg/L；精度：±2%；分辨率：15ppm；具有数据远程传输功能	水质污染监测
17	五、清洁生产设备	WSA冷凝器（湿式催化转化冷凝器）	用低浓度（1%~4%）二氧化硫烟气制硫酸，产出硫酸浓度>96%，二氧化硫转化率>99%，设备使用寿命10~15年	有色金属冶炼和化工生产
18		电热回转窑	日处理高砷烟尘物料4~9t，电功率189kW，窑内温度456℃，砷直接回收率92%~96%，生产白砷质量为三氧化二砷含量大于95%	有色金属冶炼
19		少空气干燥器	工业用干燥器节能效果50%以上，具备可调控的干燥曲线设置系统，启动程序和干燥过程自动完成	陶瓷、电瓷、耐火材料生产

第五节　安全生产专用设备企业所得税优惠目录（2008年版）

《安全生产专用设备企业所得税优惠目录（2008年版）》已经国务院批准，现予以公布，自2008年1月1日起施行（财税〔2008〕118号）。

表15–3　　安全生产专用设备企业所得税优惠目录（2008年版）

附件3：

序号	设备名称	技术指标	参照标准	功能及作用	适用范围
	一、煤矿				
01	瓦斯含量、压力测试设备		国家煤矿安全监察局强制执行安全标志管理检验标准	随时监测煤矿瓦斯含量及涌出量，防止发生瓦斯事故	有有害气体的矿井
02	瓦斯突出预测预报设备		国家煤矿安全监察局强制执行安全标志管理检验标准	预测高瓦斯矿井瓦斯变化情况，防止瓦斯突出	有有害气体的矿井
03	瓦斯抽放监测设备		国家煤矿安全监察局强制执行安全标志管理检验标准	降低煤矿瓦斯含量，保证瓦斯不超标，确保安全生产	有有害气体的矿井
04	煤矿井下瓦斯抽采用钻机		国家煤矿安全监察局强制执行安全标志管理检验标准	抽采煤矿瓦斯，防止瓦斯事故	有瓦斯灾害的矿井
05	瓦斯抽放泵		国家煤矿安全监察局强制执行安全标志管理检验标准	降低煤矿瓦斯含量，保证瓦斯不超标，确保安全生产	有瓦斯灾害的矿井

续表

序号	设备名称	技术指标	参照标准	功能及作用	适用范围
06	瓦斯抽放封孔泵		国家煤矿安全监察局强制执行安全标志管理检验标准	降低煤矿瓦斯含量，保证瓦斯不超标，确保安全生产	有瓦斯灾害的矿井
07	矿井井下超前探测设备		国家煤矿安全监察局强制执行安全标志管理检验标准	探测断层、含水层等地质构造，防治突出、冲击地压、透水事故	有瓦斯、冲击地压和水害的矿井
08	矿井井下安全监测监控及人员定位监测设备		国家煤矿安全监察局强制执行安全标志管理检验标准	监测煤矿井下动态，防止违章作业	用于煤矿安全监测监控
09	一氧化碳检测警报仪器		国家煤矿安全监察局强制执行安全标志管理检验标准	防止一氧化碳超标	用于煤矿安全监测
10	粉尘监测仪表及降尘设备		国家煤矿安全监察局强制执行安全标志管理检验标准	监测煤矿地下煤尘变化情况，防止发生煤尘爆炸事故	有粉尘灾害的矿井
11	煤层火灾预测预报设备		国家煤矿安全监察局强制执行安全标志管理检验标准	预测煤矿火灾事故	有火灾危险的矿井
12	采煤工作面矿压监测装备		国家煤矿安全监察局强制执行安全标志管理检验标准	检测煤矿地下顶板压力，防止发生冒顶事故	易发生顶板事故的矿井
13	矿井自动化排水监控设备		国家煤矿安全监察局强制执行安全标志管理检验标准	监测煤矿地下涌水量，防止发生透水事故	有水患威胁的矿井
14	煤矿井下通信设备		国家煤矿安全监察局强制执行安全标志管理检验标准	确保井下通信畅通，防止因通信不畅发生事故	煤矿安全生产调度
15	隔爆型低压检漏设备	GB 3836.1-4-2000 爆炸性气体环境用电气设备	国家煤矿安全监察局强制执行安全标志管理检验标准	检测煤矿地下电器设备，防止漏电产生电火花	有爆炸性气体环境的矿井
16	隔爆型电气综合保护设备	GB 3836.1-4-2000 爆炸性气体环境用电气设备	国家煤矿安全监察局强制执行安全标志管理检验标准	检测煤矿地下电器设备，防止漏电产生电火花	有爆炸性气体环境的矿井
17	防爆型功率因数补偿设备	GB 3836.1-4-2000 爆炸性气体环境用电气设备	国家煤矿安全监察局强制执行安全标志管理检验标准	防止煤矿设备因电压不足，影响通风、排水	有爆炸性气体环境的矿井
18	矿用隔爆移动变电站	GB 3836.1-4-2000 爆炸性气体环境用电气设备	国家煤矿安全监察局强制执行安全标志管理检验标准	防止煤矿爆炸性气体发生爆炸	有爆炸性气体环境的矿井
19	矿井供电电容电流自动补偿设备	GB 3836.1-4-2000 爆炸性气体环境用电气设备	国家煤矿安全监察局强制执行安全标志管理检验标准	防止煤矿设备因电压、电流不足，影响设备正常运行	有爆炸性气体环境的矿井
	二、非煤矿山				
20	无轨设备自动灭火系统			在无轨设备作业过程中发生火灾时，自动灭火保证人身和设备安全	适用露天矿山作业
21	烟雾传感器			检测坑内烟尘的浓度，并报警	适用于产生烟雾的矿山作业

续表

序号	设备名称	技术指标	参照标准	功能及作用	适用范围
22	斜井提升用捞车器			当斜井提升钢丝绳断绳时，可以捞住人车，防止坠入井底，造成人身事故	矿山斜井提升
23	70℃防火调节阀			炸药库通风管路调节	矿山企业炸药库监测
24	井下低压不接地系统绝缘检漏装置			对井下低压IT系统进行漏电监视，保证井下作业人员人身安全	矿山井下
25	带张力自动平衡悬挂装置的多绳提升容器			提升过程中，自动平衡各钢丝绳张力，防止钢丝绳张力过大造成断绳和人身伤亡事故	矿井提升设备保护
26	带BF型钢丝绳罐道罐笼防坠器的罐笼			确保钢丝绳断绳时能够抓住钢丝绳，避免人身伤亡	带BF型钢丝绳罐道罐笼保护
27	带木罐道罐笼防坠器的罐笼			确保钢丝绳断绳时能够抓住钢丝绳，避免人身伤亡	带木罐道罐笼保护
28	带制动器的斜井人车			当钢丝绳断绳时，人车立即在轨道上制动，避免人身伤亡事故	矿山斜井提升
三、危险化学品					
29	毒性气体检测报警器	毒性气体浓度超限报警	《作业环境气体检测报警仪通用技术要求》GB 12358-1990	测定作业环境毒气含量，防止发生中毒事故	含有毒性气体的作业环境
30	地下管道探测器	埋地管道泄漏检测报警		检测埋地管道泄漏情况	探测埋地管道泄漏点专用设备
31	管道防腐检测仪	检测管道防腐涂层厚度的变化		检测管道腐蚀情况	生产装置、井场、长输管线
32	氧气检测报警器	氧气超低、超高浓度报警	《作业环境气体检测报警仪通用技术要求》GB 12358-1990	检测密闭作业空间氧气含量，防止含量过低或过高引发事故	密闭空间作业
33	便携式二氧化碳检测报警器	二氧化碳气体超高浓度报警	《作业环境气体检测报警仪通用技术要求》GB 12358-1990	检测密闭作业空间二氧化碳含量	密闭空间作业
34	便携式可燃气体检测报警器	可燃气体浓度超限报警	《可燃气体探测器》GB 15322-2003	检测作业场所可燃气体含量	可燃气体是指列入《危险化学品名录》(2002年版本，国家安全生产监督管理局公告〔2003〕第1号，如有更新版本以最新版本为准)中的可燃气体
35	送风式长管呼吸器	正压送风，防止作业环境气体被劳动者吸入	《长管面具》GB 6220-86	有毒有害物质作业和救援场所作业人员防护	有毒有害物质作业和救援场所
四、烟花爆竹行业					
36	静电火花感度仪	火工药品及电火工品静电放电火花敏感度		监测并预防静电火花的产生	烟花爆竹生产

续表

序号	设备名称	技术指标	参照标准	功能及作用	适用范围
	五、公路行业				
37	路况快速检测系统（CiCS）	以车流速度（0~100km/h）快速检测路况指标：路面损坏（裂缝）等数据、道路平整度、路面车辙、路面纹理深度、道路前方图像。自动采集上述5项路面状况指标；对检测数据自动处理识别；路面裂缝等识别准确率达到95%以上	《公路技术状况评定标准》	用于道路缺陷及安全隐患检测	用于道路施工
	六、铁路行业				
38	红外线轴温探测智能跟踪设备（THDS）	适应列车运行速度5~160公里/小时；自动计轴计辆：计轴误差<3×10⁻⁶，计辆误差<3×10⁻⁵；热轴故障预报兑现率：区间探测站：>60%；系统可维护性：机械部分<10分钟，电气部分<3分钟；适应温湿度工作条件：室外设备环境-40℃~+60℃，室内温度0℃~+40℃，室内相对温度<95%，室外相对温度<85%	运装管验〔2003〕276号	车辆轴温监测，防止轴温过高发生事故	车辆热轴
39	货车运行故障动态检测成套设备（TFDS）	适应车速（公里/小时）5~140km/h，自动计轴计量计轴误差：<3×10⁻⁶，计量误差：<3×10⁻⁵，故障信息存储容量≥两年（一个段修期），图像传输速率≤2分钟/百辆，摄像机分辨率≥640×480，抓拍速率≥50帧/秒，补偿光源开启关闭响应时间≤1秒，保护门开启、关闭反应时间≤2秒，室外设备适应温度-40℃~70℃	运装管验〔2004〕141号	货车运行故障动态监测，预防事故发生	货车
40	货车运行状态地面安全监测成套设备（TPDS）	称重范围：最大轴重25t；计量方式：双向全自动轴、转向架动态计量；通过速度不限；检测精度：列车以45km/h及以下速度通过时超载检测精度优于5‰，45~60km/h速度通过时超载检测精度优于1%，60km/h以上重车超载检测准确度优于3%；识别车轮踏面擦伤：监测速度范围20~90km/h；识别车辆蛇行运动失稳：车辆运行速度不限；允许超载：为额定载荷的250%	运装管验〔2002〕306号	货车最大轴重、转向动态、通过速度等方面监测	货车运行状态

续表

序号	设备名称	技术指标	参照标准	功能及作用	适用范围
	七、民航行业				
41	发动机火警探测器	10-61096-97/899315-05/473597-5	FAR23	设备校准灭火、火警探测	飞机发动机
42	防冰控制系统温度控制器	2915-5	FAA TSO-C43，C16	防冰、防水控制系统温度控制	利用发动机引气给气机大翼和发动机整流包皮提供防冰防止这些部位结冰使飞机失去控制
	防冰控制系统温度控制面板	233W、233N、69、233A 系统		同上	
	防冰面板	233N3204-1019		同上	
	防冰活门	C 146009-2/3215618-4/172625-7/810502-3/7612B000/7646B000/326975/38E93-5		同上	
	防冰控制系统结冰探测器	0871HT3/0871DL6		同上	
	防冰控制系统窗温控制器	S283T007-3/785897-2/785897-3/624066-3/624066-5/83000-05602/83000-05604		同上	
八、应急救援设备类					
43	正压式空气呼吸器	具有耐高温、阻燃、绝缘、防腐、防水、重量轻、气密性好等性能气瓶工作压力 30MPa，背架应为高强度的非金属材料制成，面罩防结雾，一级减压阀输出端应具有他救接口，使用地间不得低于 45 分钟	GA 124-2004《正压式消防空气呼吸器》	对人体呼吸器官的防护	用于现场作业时，对人体呼吸器官的防护装具，供作业人员在浓烟、毒气性气体或严重缺氧的环境中使用
44	隔绝式正压氧气呼吸器	防护时间 1h 以上，氧浓度不得低于 21%	MT 86-2000《隔绝式正压氧气呼吸器》	煤矿井下危险场所救护人员防护	煤矿井下
45	全防型滤毒罐	对有毒气体和蒸气、有毒颗粒及放射性粒子、细菌具有良好的过滤性能，NBC 防护标准储存期限不低于 5 年	GB/T 2892-1995《过滤式防毒面具滤毒罐性能试验方法》	对危险作业人员呼吸保护	用于危险场所呼吸保护与防毒面罩配套使用
46	消防报警机		GBJ 116-88	初期火灾报警	用于机库、器材库及厂房内预报初期火灾，提示人员疏散
47	核放射探测仪	可自动声光报警、显示所检测射线的强度，持续工作时间不少于 70 小时	GB 10257-1988《核仪器与核辐射探测器质量检测规则》	快速寻找并确定 α、β、γ 射线污染源的位置	用于 α、β、γ 射线污染源的作业环境
48	可燃气体检测仪	可检测 10 种以上易燃易爆气体的体积浓度	GB 15322-2003《可燃气体探测器》	易燃易爆气体检测	用于检测事故现场易燃易爆气体

续表

序号	设备名称	技术指标	参照标准	功能及作用	适用范围
49	压缩氧自救器	具有防爆合格证和MA标志定量供氧量1.2~1.6L/min、通气阻力196Pa、吸气温度45℃、手动补给60L/min、二氧化碳吸收剂用量350g、氧气瓶额定充气压力20MPa、排气阀开启压力200~400Pa	MT 711-1997《隔绝式压缩氧自救器》	发生缺氧或在有毒有害气体环境中工作人员佩用自救逃生	用于煤矿井下发生缺氧或在有毒有害气体环境中矿工佩用它可以自救逃生
50	矿山救护指挥车	具有高底盘，功率大，起步快，越野性能好，汽车性能应达到：爬坡度在30%以上；最小离地间隙在220mm以上；行车速度在120km/h以上；配有无线通信系统、卫星定位系统和警灯警报装置	QC/T 457-2002《救护车汽车标准》 GB 14-91《用无线电话机技术要求和试验方法》 GB 50313-2000《城市通信指挥系统设计规范》	矿山发生事故救援指挥	用于矿山事故抢险的救援指挥

第六节　环境保护、节能节水项目企业所得税优惠目录

《环境保护、节能节水项目企业所得税优惠目录（试行）》，已经国务院批准，现予以公布，自2008年1月1日起施行（财税〔2009〕166号）。

表 15-4　　环境保护、节能节水项目企业所得税优惠目录（试行）

附件 4：

序号	类别	项目	条　　件
1	公共污水处理	城镇污水处理项目	1. 根据全国城镇污水处理设施建设规划等全国性规划设立； 2. 专门从事城镇污水的收集、贮存、运输、处置以及污泥处置（含符合国家产业政策和准入条件的水泥窑协同处置）； 3. 根据国家规定获得污水处理特许经营权，或符合环境保护行政主管部门规定的生活污水类污染治理设施运营资质条件； 4. 项目设计、施工和运行管理人员具备国家相应职业资格； 5. 项目按照国家法律法规要求，通过相关验收； 6. 项目经设区的市或者市级以上环境保护行政主管部门总量核查； 7. 排放水符合国家及地方规定的水污染物排放标准和重点水污染物排放总量控制指标； 8. 国务院财政、税务主管部门规定的其他条件。
		工业废水处理项目	1. 根据全国重点流域水污染防治规划等全国性规划设立，但按照国家规定作为企业必备配套设施的自用的污水处理项目除外； 2. 专门从事工业污水的收集、贮存、运输、处置以及污泥处置（含符合国家产业政策和准入条件的水泥窑协同处置）； 3. 符合环境保护行政主管部门规定的工业废水类污染治理设施运营资质条件； 4. 项目设计、施工和运行管理人员具备国家相应职业资格； 5. 项目按照国家法律法规要求，通过相关验收； 6. 项目经设区的市或者市级以上环境保护行政主管部门总量核查； 7. 排放水符合国家及地方规定的水污染物排放标准和重点水污染物排放总量控制指标； 8. 国务院财政、税务主管部门规定的其他条件。

续表

序号	类别	项目	条　　件
2	公共垃圾处理	生活垃圾处理项目	1. 根据全国城镇垃圾处理设施建设规划等全国性规划设立； 2. 专门从事生活垃圾的收集、贮存、运输、处置； 3. 采用符合国家规定标准的卫生填埋、焚烧、热解、堆肥、水泥窑协同处置等工艺，其中：水泥窑协同处置要符合国家产业政策和准入条件； 4. 根据国家规定获得垃圾处理特许经营权，或符合环境保护行政主管部门规定的生活垃圾类污染治理设施运营资质条件； 5. 项目设计、施工和运行管理人员具备国家相应职业资格； 6. 按照国家法律法规要求，通过相关验收； 7. 项目经设区的市或者市级以上环境保护行政主管部门总量核查； 8. 国务院财政、税务主管部门规定的其他条件。
		工业固体废物处理项目 危险废物处理项目	1. 根据全国危险废物处置设施建设规划等全国性规划设立，但按照国家规定作为企业必备配套设施的自用的废弃物处理项目除外； 2. 专门从事工业固体废物或危险废物的收集、贮存、运输、处置； 3. 采用符合国家规定标准的卫生填埋、焚烧、热解、堆肥、水泥窑协同处置等工艺，其中：水泥窑协同处置要符合国家产业政策和准入条件； 4. 工业固体废物处理项目符合环境保护行政主管部门规定的工业固体废物类污染治理设施运营资质条件，危险废物处理项目取得县级以上人民政府环境保护行政主管部门颁发的危险废物经营许可证； 5. 项目设计、施工和运行管理人员具备国家相应职业资格； 6. 按照国家法律法规要求，通过相关验收； 7. 项目经设区的市或者市级以上环境保护行政主管部门总量核查； 8. 国务院财政、税务主管部门规定的其他条件。
3	沼气综合开发利用	畜禽养殖场和养殖小区沼气工程项目	1. 单体装置容积不小于300立方米，年平均日产沼气量不低于300立方米/天，且符合国家有关沼气工程技术规范的项目； 2. 废水排放、废渣处置、沼气利用符合国家和地方有关标准，不产生二次污染； 3. 项目包括完整的发酵原料的预处理设施、沼渣和沼液的综合利用或进一步处理系统，沼气净化、储存、输配和利用系统； 4. 项目设计、施工和运行管理人员具备国家相应职业资格； 5. 项目按照国家法律法规要求，通过相关验收； 6. 国务院财政、税务主管部门规定的其他条件。
4	节能减排技术改造	1. 既有高能耗建筑节能改造项目 2. 既有建筑太阳能光热、光电建筑一体化技术或浅层地能热泵技术改造项目 3. 既有居住建筑供热计量及节能改造项目 4. 工业锅炉、工业窑炉节能技术改造项目 5. 电机系统节能、能量系统优化技术改造项目 6. 煤炭工业复合式干法选煤技术改造项目 7. 钢铁行业干式除尘技术改造项目 8. 有色金属行业干式除尘净化技术改造项目	1. 具有独立法人资质，且注册资金不低于100万元的节能减排技术服务公司以合同能源管理的形式，通过以节省能源费用或节能量来支付项目成本的节能减排技术改造项目； 2. 项目应符合国家产业政策，并达到国家有关节能和环境标准； 3. 经建筑能效测评机构检测，既有高能耗建筑节能改造和北方既有居住建筑供热计量及节能改造达到现行节能强制性标准要求，既有建筑太阳能光热、光电建筑一体化技术或浅层地能热泵技术改造后达到现行国家有关标准要求； 4. 经省级节能节水主管部门验收，工业锅炉、工业窑炉技术改造和电机系统节能、能量系统优化技术改造项目年节能量折算后不小于1000吨标准煤，煤炭工业复合式干法选煤技术改造、钢铁行业干式除尘技术改造和有色金属行业干式除尘净化技术改造项目年节水量不小于200万立方米； 5. 项目应纳税所得额的计算应符合独立交易原则； 6. 国务院财政、税务主管部门规定的其他条件。

续表

序号	类别	项目	条件
4	节能减排技术改造	9. 燃煤电厂烟气脱硫技术改造项目	1. 按照国家有关法律法规设立的，具有独立法人资质，且注册资金不低于500万元的专门从事脱硫服务的公司从事的符合规定的脱硫技术改造项目； 2. 改造后，采用干法或半干法脱硫的项目脱硫效率应高于85%，采用湿法或其他方法脱硫的项目脱硫效率应高于98%； 3. 项目改造后经国家有关部门评估，综合效益良好； 4. 设施能够稳定运行，达到环境保护行政主管部门对二氧化硫的排放总量及浓度控制要求； 5. 项目应纳税所得额的计算应符合独立交易原则； 6. 国务院财政、税务主管部门规定的其他条件。
5	海水淡化	用作工业、生活用水的海水淡化项目	1. 符合《海水利用专项规划》中规定的发展重点以及区域布局等要求； 2. 规模不小于淡水产量10000吨/日； 3. 热法海水淡化项目的物能消耗指标为吨水耗电量小于1.8千瓦时/吨、造水比大于8，膜法海水淡化项目的能耗指标为吨水耗电量小于4.0千瓦时/吨； 4. 国务院财政、税务主管部门规定的其他条件。
		用作海岛军民饮用水的海水淡化项目	1. 符合《海水利用专项规划》中规定的发展重点以及区域布局等要求； 2. 热法海水淡化项目的物能消耗指标为吨水耗电量小于1.8千瓦时/吨、造水比大于8，膜法海水淡化项目的能耗指标为吨水耗电量小于4.0千瓦时/吨； 3. 国务院财政、税务主管部门规定的其他条件。

第十六章　公共基础设施项目企业所得税优惠政策

企业从事国家重点扶持的公共基础设施项目投资经营的所得，政府采取了减免税的形式。

第一节　法定税收优惠

税法规定，企业从事国家重点扶持的公共基础设施项目投资经营的所得，可以减征、免征企业所得税。

从事国家重点扶持的公共基础设施项目投资经营的所得。该项所称国家重点扶持的公共基础设施项目，是指《公共基础设施项目企业所得税优惠目录》规定的港口码头、机场、铁路、公路、城市公共交通、电力、水利等项目。该企业所得税优惠目录，由国务院财政、税务主管部门商国务院有关部门制订，报国务院批准后公布施行。

企业从事上述规定的国家重点扶持的公共基础设施项目的投资经营的所得，自项目取得第一笔生产经营收入所属纳税年度起，第一年至第三年免征企业所得税，第四年至第六年减半征收企业所得税。

企业承包经营、承包建设和内部自建自用本条规定的项目，不得享受本条规定的企业所得税优惠。

依照上述规定享受减免税优惠的项目，在减免税期限内转让的，受让方自受让之日起，可以在剩余期限内享受规定的减免税优惠；减免税期限届满后转让的，受让方不得就该项目重复享受减免税优惠。

第二节　执行公共基础设施项目企业所得税优惠目录的规定

根据《中华人民共和国企业所得税法》（以下简称《企业所得税法》）和《中华人民共和国企业所得税法实施条例》（国务院令第 512 号）的有关规定，经国务院批准，财政部　税务总局发展改革委公布了《公共基础设施项目企业所得税优惠目录》（以下简称《目录》）。现将执行《目录》的有关问题通知如下（财税〔2008〕46 号）：

1. 企业从事《目录》内符合相关条件和技术标准及国家投资管理相关规定、于 2008 年 1 月 1 日后经批准的公共基础设施项目，其投资经营的所得，自该项目取得第一笔生产经营收入所属纳税年度起，第一年至第三年免征企业所得税，第四年至第六年减半征收企业所得税。

第一笔生产经营收入，是指公共基础设施项目已建成并投入运营后所取得的第一笔收入。

2. 企业同时从事不在《目录》范围内的项目取得的所得，应与享受优惠的公共基础设施项目所得分开核算，并合理分摊期间费用，没有分开核算的，不得享受上述企业所得税优惠政策。

3. 企业承包经营、承包建设和内部自建自用公共基础设施项目，不得享受上述企业所得税优惠。

4. 根据经济社会发展需要及企业所得税优惠政策实施情况，国务院财政、税务主管部门会同国家发展改革委等有关部门适时对《目录》内的项目进行调整和修订，并在报国务院批准后对《目录》进行更新。

第三节　实施国家重点扶持的公共基础设施项目企业所得税优惠问题

为贯彻落实《中华人民共和国企业所得税法》及其实施条例关于国家重点扶持的公共基础设施项目企业所得税优惠政策，促进国家重点扶持的公共基础设施项目建设，现将实施该项优惠政策的有关问题通知如下（国税发〔2009〕80 号）：

1. 对居民企业（以下简称《企业》）经有关部门批准，从事符合《公共基础设施项目企业所得税优惠目录》（以下简称《目录》）规定范围、条件和标准的公共基础设施项目的投资经营所得，自该项目取得第一笔生产经营收入所属纳税年度起，第一年至第三年免征企业所得税，第四年至第六年减半征收企业所得税。

企业从事承包经营、承包建设和内部自建自用《目录》规定项目的所得，不得享受前款规定的企业所得税优惠。

2. 本通知所称第一笔生产经营收入，是指公共基础设施项目建成并投入运营（包括试运营）后所取得的第一笔主营业务收入。

3. 本通知所称承包经营，是指与从事该项目经营的法人主体相独立的另一法人经营主体，通过承包该项目的经营管理而取得劳务性收益的经营活动。

4. 本通知所称承包建设，是指与从事该项目经营的法人主体相独立的另一法人经营主体，通过承包该项目的工程建设而取得建筑劳务收益的经营活动。

5. 本通知所称内部自建自用，是指项目的建设仅作为本企业主体经营业务的设施，满足本企业自身的生产经营活动需要，而不属于向他人提供公共服务业务的公共基础设施建设项目。

6. 企业同时从事不在《目录》范围的生产经营项目取得的所得，应与享受优惠的公共基础设施项目经营所得分开核算，并合理分摊企业的期间共同费用；没有单独核算的，不得享受上述企业所得税优惠。

期间共同费用的合理分摊比例可以按照投资额、销售收入、资产额、人员工资等参数确定。上述比例一经确定，不得随意变更。凡特殊情况需要改变的，需报主管税务机关核准。

7. 从事《目录》范围项目投资的居民企业应于从该项目取得的第一笔生产经营收入后 15 日内向主管税务机关备案并报送如下材料后，方可享受有关企业所得税优惠：

（1）有关部门批准该项目文件复印件；

（2）该项目完工验收报告复印件；

（3）该项目投资额验资报告复印件；

（4）税务机关要求提供的其他资料。

8. 企业因生产经营发生变化或因《目录》调整，不再符合本办法规定减免税条件的，企业应当自发生变化 15 日内向主管税务机关提交书面报告并停止享受优惠，依法缴纳企业所得税。

9. 企业在减免税期限内转让所享受减免税优惠的项目，受让方承续经营该项目的，可自受让之日起，在剩余优惠期限内享受规定的减免税优惠；减免税期限届满后转让的，受让方不得就该项目重复享受减免税优惠。

10. 税务机关应结合纳税检查、执法检查或其他专项检查，每年定期对企业享受公共基础设施项目企业所得税减免税款事项进行核查，核查的主要内容包括：

（1）企业是否继续符合减免所得税的资格条件，所提供的有关情况证明材料是否真实。

（2）企业享受减免企业所得税的条件发生变化时，是否及时将变化情况报送税务机关，并根据本办法规定对适用优惠进行了调整。

11. 企业实际经营情况不符合企业所得税减免税规定条件的或采取虚假申报等手段获取减免税的、享受减免税条件发生变化未及时向税务机关报告的，以及未按本办法规定程序报送备案资料而自行减免税的，企业主管税务机关应按照税收征管法有关规定进行处理。

12. 本通知自 2008 年 1 月 1 日起执行。

第四节 公共基础设施项目企业所得税优惠目录（2008 年版）

《公共基础设施项目企业所得税优惠目录（2008 年版）》已经国务院批准，现予以公布，自 2008 年 1 月 1 日起施行（财税〔2008〕116 号）。

表 16-1　公共基础设施项目企业所得税优惠目录（2008 年版）

附件：

序号	类型	项　目	范围、条件及技术标准
1	港口码头	码头、泊位、通航建筑物新建项目	由省级以上政府投资主管部门核准的沿海港口万吨级及以上泊位、内河千吨级及以上泊位、滚装泊位、内河航运枢纽新建项目
2	机场	民用机场新建项目	由国务院核准的民用机场新建项目，包括民用机场迁建、军航机场军民合用改造项目
3	铁路	铁路新线建设项目	由省级以上政府投资主管部门或国务院行业主管部门核准的客运专线、城际轨道交通和Ⅲ级及以上铁路建设项目
4		既有线路改造项目	由省级以上政府投资主管部门或国务院行业主管部门核准的铁路电气化改造、增建二线项目以及其他改造投入达到项目固定资产账面原值 75%以上的改造项目
5	公路	公路新建项目	由省级以上政府投资主管部门核准的一级以上的公路建设项目
6	城市公共交通	城市快速轨道交通新建项目	由国务院核准的城市地铁、轻轨新建项目
7	电力	水力发电新建项目（包括控制性水利枢纽工程）	由国务院投资主管部门核准的在主要河流上新建的水电项目，总装机容量在 25 万千瓦及以上的新建水电项目，以及抽水蓄能电站项目
8		核电站新建项目	由国务院核准的核电站新建项目
9		电网（输变电设施）新建项目	由国务院投资主管部门核准的 330kv 及以上跨省及长度超过 200km 的变流输变电新建项目，500kv 及以上直流输变电新建项目；由省级以上政府投资主管部门核准的革命老区、老少边穷地区电网新建工程项目；农网输变电新建项目
10		风力发电新建项目	由政府投资主管部门核准的风力发电新建项目
11		海洋能发电新建项目	由省级以上政府投资主管部门核准的海洋能发电新建项目
12		太阳能发电新建项目	由政府投资主管部门核准的太阳能发电新建项目
13		地热发电新建项目	由政府投资主管部门核准的地热发电新建项目

续表

序号	类型	项　目	范围、条件及技术标准
14	水利	灌区配套设施及农业节水灌溉工程新建项目	由政府投资主管部门核准的灌区水源工程、灌排系统工程、节水工程
15		地表水水源工程新建项目	由政府投资主管部门核准的水库、塘堰、水窖及配套工程
16		调水工程新建项目	由政府投资主管部门核准的取水、输水、配水工程
17		农村人畜饮水工程新项目	由政府投资主管部门核准的农村人畜饮水工程中取水、输水、净化水、配水工程
18		牧区水利工程新建项目	由政府投资主管部门核准的牧区水利工程中的取水、输配水、节水灌溉及配套工程

第十七章　国家认定企业技术中心的税收优惠政策

为贯彻落实《中共中央关于制定国民经济和社会发展第十一个五年规划的建议》和《中共中央、国务院关于实施科技规划纲要增强自主创新能力的决定》，充分发挥国家认定企业技术中心在建立以企业为主体、市场为导向、产学研相结合的技术创新体系中的重要作用，规范和加强国家认定企业技术中心的认定和评价工作，特制定《国家认定企业技术中心管理办法》，现予公布，自2007年5月20日起施行（国家税务总局令第53号发布，2007年4月19日）。

第一节　国家认定企业技术中心管理办法

第一章　总　则

第一条　为贯彻落实《中共中央关于制定国民经济和社会发展第十一个五年规划的建议》和《中共中央、国务院关于实施科技规划纲要增强自主创新能力的决定》，充分发挥国家认定企业技术中心在建立以企业为主体、市场为导向、产学研相结合的技术创新体系中的重要作用，规范和加强国家认定企业技术中心的认定和评价工作，依据《中华人民共和国科学技术进步法》，特制定本办法。

第二条　为推进企业技术中心建设，确立企业技术创新和科技投入的主体地位，对国民经济主要产业中技术创新能力较强、创新业绩显著、具有重要示范作用的企业技术中心，国家予以认定，并给予相应的优惠政策，以鼓励和引导企业不断提高自主创新能力。

第三条　国家发展改革委、科技部、财政部、海关总署、国家税务总局负责国家认定企业技术中心的认定工作。国家发展改革委牵头对企业技术中心建设进行宏观指导，并牵头负责国家认定企业技术中心认定的具体组织工作和评价工作。

第二章　认　定

第四条　国家认定企业技术中心的认定每年组织一次，受理认定申请的截止日期为每年5月15日。

第五条　申请企业应具备以下基本条件：

（一）有较强的经济技术实力和较好的经济效益，在国民经济各主要行业中具有显著的规模优势和竞争优势。

（二）领导层重视技术创新工作，具有较强的市场和创新意识，能为技术中心建设创造良好的条件。

（三）具有较完善的研究、开发、试验条件，有较强的技术创新能力和较高的研究开发投入，拥有自主知识产权的核心技术、知名品牌，并具有国际竞争力，研究开发与创新水平在同行业中处于领先地位。

（四）拥有技术水平高、实践经验丰富的技术带头人，拥有一定规模的技术人才队伍，在同行业中具有较强的创新人才优势。

（五）技术中心组织体系健全，发展规划和目标明确，具有稳定的产学研合作机制，建立了知识产权管理体系，技术创新绩效显著。

（六）企业两年内（指申请国家认定企业技术中心当年的5月15日起向前推算两年）未发生下列情况：1. 因偷税、骗取出口退税等税收违法行为受到行政刑事处理。2. 涉嫌涉税违法已被税务部门立案审查。3. 走私行为。

（七）已认定为省市（部门）认定企业技术中心两年以上。

（八）科技活动经费支出额、专职研究与试验发展人员数、技术开发仪器设备原值等三项指标不低于限定性指标的最低标准（详见附件3）。

第六条 认定程序：

（一）地方企业向省、自治区、直辖市、计划单列市相关主管部门（以下简称“相关主管部门”）提出申请并按要求上报申请材料，申请材料包括：《国家认定企业技术中心申请报告》（见附件一）和《企业技术中心评价材料》（见附件2，即表17-1）。

（二）相关主管部门会同同级科技、财政、海关、税务等部门对企业上报的申请材料进行审查，按照国家有关要求，确定推荐企业名单。相关主管部门会同同级科技部门将推荐企业的申请材料（一式三份）在规定时间内上报国家发展改革委，同时将推荐企业名单抄报科技部、抄送同级财政部门、主管海关、国家税务局。

（三）国务院有关部门、计划单列企业集团、中央管理企业可按要求将推荐企业的申请材料直接上报国家发展改革委，同时将推荐企业名单抄送科技部、财政部、海关总署、国家税务总局。

（四）国家发展改革委委托中介评估机构，按照《企业技术中心评价指标体系》（见附件3）对企业申请材料进行初评。

（五）依据初评结果，国家发展改革委牵头商科技部、财政部、海关总署、国家税务总局等有关部门，组织专家择优进行综合评审。

（六）国家发展改革委会同科技部、财政部、海关总署、国家税务总局依据国家产业政策、国家进口税收税式支出的总体原则及年度方案、初评结果、专家评审意见等进行综合审查后，择优确定国家认定企业技术中心名单。

第七条 已是国家认定企业技术中心的企业，其控股子公司企业技术中心如具备国家认定企业技术中心条件，且从事业务领域与母公司不同，可申请作为该企业国家认定企业技术中心的分中心，申请材料和认定程序与国家认定企业技术中心相同。

第八条 国家发展改革委会同科技部、财政部、海关总署、国家税务总局对认定结果（含国家认定企业技术中心分中心），以公告形式颁布。

第九条 国家认定企业技术中心认定结果从国家发展改革委受理申请之日起，90个工作日之内颁布。

第三章 评 价

第十条 依据企业技术中心评价指标体系，对国家认定企业技术中心每两年进行一次评价。

第十一条 评价程序：

（一）数据采集。国家认定企业技术中心应于当年4月15日前将评价材料报相关主管部门。评价材料包括：《国家认定企业技术中心年度工作总结》（见附件4）和《企业技术中心评价材料》等。

（二）数据初审。相关主管部门对国家认定企业技术中心上报的评价材料进行审查，并出具审查意见，加盖公章后于当年5月15日前报国家发展改革委；国务院有关部门、计划单列企业集团、中央管理企业可直接上报国家发展改革委（评价材料一式三份）。

（三）数据核查。国家发展改革委委托中介评估机构对国家认定企业技术中心上报的评价材料及相关情况进行核查，核查方式包括召开核查会和实地核查等。

（四）数据计算与分析。国家发展改革委委托中介评估机构对核查后的数据按照企业技术中心评价指标体系进行计算、分析，得出评价结果，并形成评价报告。

第十二条 评价结果分为优秀、合格、不合格。

（一）评价得分90分及以上为优秀。

（二）评价得分60分（含60分）至90分之间为合格。

（三）有下列情况之一的评价为不合格。

1. 评价得分低于60分；

2. 连续两次评价得分在65分（含65分）至60分之间；

3. 逾期一个月不上报评价材料的企业技术中心；

4. 企业科技活动经费支出额、企业专职研究与试验发展人员数、企业技术开发仪器设备原值三项指标中任何一项低于评价指标体系规定的最低标准（详见附件3，即表17-2）。

第十三条 国家发展改革委会同科技部、财政部、海关总署、国家税务总局对评价结果和评价报告进行审核确认。由国家发展改革委以公告形式颁布评价结果。

第十四条 国家认定企业技术中心评价结果从上报评价材料截止之日起，70个工作日内颁布。

第四章 调整与撤销

第十五条 集团公司技术中心被认定为国家认定企业技术中心的，其下属公司的原有国家认定企业技术中心资格应予调整，其中具有独立法人资格，且从事业务领域与集团公司不同的，可调整为集团公司国家认定企业技术中心的分中心；从事业务领域与集团公司一致的取消其国家认定企业技术中心资格，不再单独享受优惠政策。

第十六条 有下列情况之一的撤销其国家认定企业技术中心资格：

（一）评价不合格；

（二）国家认定企业技术中心所在企业自行要求撤销其国家认定企业技术中心；

（三）国家认定企业技术中心所在企业被依法终止；

（四）由于技术原因发生重大质量、安全事故的企业；

（五）国家认定企业技术中心所在企业将享受科技开发用品免征进口税收优惠政策的进口货物擅自转让、移作他用或者进行其他处置被依法追究刑事责任的；

（六）国家认定企业技术中心所在企业涉税违法被依法追究刑事责任的。

第十七条 国家发展改革委会同科技部、财政部、海关总署、国家税务总局对调整与撤销的国家认定企业技术中心，以公告形式颁布。

第五章 管理与政策

第十八条 企业上报的申请材料和评价材料内容和数据应真实可靠。提供虚假材料的企业，经核实后，申请国家认定企业技术中心的企业三年内不得申请国家认定；已是国家认定企业技术中心的企业撤销其国家认定企业技术中心资格，三年内不得申请国家认定。

第十九条 因第十六条原因被撤销国家认定企业技术中心资格的，两年内不得重新申请国家认定。

第二十条 对于评价得分65分（含65分）至60分的国家认定企业技术中心，给予警告，并由相关主管部门、国务院有关部门、计划单列企业集团、中央管理企业负责督促整改。

第二十一条 各直属海关对国家认定企业技术中心所在企业和申请国家认定企业技术中心所在企业是否存在走私行为进行核查，核查具体要求由海关总署另行通知。

第二十二条 税务部门每年对国家认定企业技术中心所在企业和申请国家认定企业技术中心所在企业是否存在涉税违法行为进行核查，核查具体要求由国家税务总局另行通知。

第二十三条 国家认定企业技术中心所在企业将享受科技开发用品免征进口税收优惠政策的进口货物擅自转让、移作他用或者进行其他处置被依法追究刑事责任的，从违法行为发现之日起停止享受有关进口税收优惠政策；尚不够追究刑事责任的，从违法行为发现之日起停止享受优惠政策一年。

第二十四条 有偷税、骗取出口退税等涉税违法行为的国家认定企业技术中心所在企业，尚不够追究刑事责任的，停止享受科技开发用品免征进口税收优惠政策一年（从发布停止享受优惠政策公告之日算起）。

第二十五条 国家认定企业技术中心所在企业发生更名、重组等重大调整的，应在办理相关手续后30个工作日内由相关主管部门、国务院有关部门、计划单列企业集团、中央管理企业将有关情况报国家发展改革委，同时抄报科技部、财政部、海关总署、国家税务总局。

第二十六条 国家发展改革委会同科技部、财政部、海关总署、国家税务总局每年对企业更名情况进行审核确认，并公告一次国家认定企业技术中心名单。

第二十七条 国家认定企业技术中心（含分中心）根据《科技开发用品免征进口税收暂行规定》(财政部 海关总署 国家税务总局〔2007〕第44号令)，享受相关优惠政策。国家认定企业技术中心的异地分支机构需满足第五条第八款，并经核准后方可享受相关优惠政策。

第二十八条 国家发展改革委通过企业技术中心创新能力建设专项、科技部通过企业技术中心科技专项计划对国家认定企业技术中心给予资金支持，以引导和鼓励企业加大技术创新投入，加强自主创新，促进国家认定企业技术中心的建设和发展。

第二十九条 国家认定企业技术中心所在企业每年要填报《享受国家认定企业技术中心政策进口科技开发用品免税情况表》(见附件5，即表17-3)，并于每年2月15日前报各主管部门及省级财政部门，各主管部门及省级财政部门汇总后于2月底前分别报国家发展改革委和财政部。

第六章 附 则

第三十条 各省市及国务院有关部门可结合本地区（部门）实际，参考本办法，制定相应政策，开展省市（部门）认定企业技术中心的认定和评价工作，并对企业技术中心建设给予相应支持。

第三十一条　本办法自2007年5月20日起施行。2005年发布的《国家认定企业技术中心管理办法》（国家发展改革委、财政部、海关总署、国家税务总局第30号令）同时废止。

第三十二条　本办法由国家发展改革委会同科技部、财政部、海关总署、国家税务总局负责解释。

附件1：

《国家认定企业技术中心申请报告》编写提纲

一、企业（集团）的基本情况

1. 企业经营管理等基本情况，包括所有制性质、职工人数、企业总资产、资产负债率、银行信用等级、销售收入、利润、主导产品及市场占有率、技术来源等。

2. 企业主营业务涉及哪些行业领域，以及在该行业领域的地位和作用。与国际同行业领域相比所具有的规模和技术优势。

3. 企业在本产业领域技术创新中的作用和竞争能力。

二、企业技术中心（含异地分支机构）的基本情况

1. 企业技术中心的发展规划及近中期目标。

2. 目前企业技术中心的组织机构及运行机制，包括：各项制度建立，组织建设、研发经费的保障，激励机制，创新环境，产学研合作等。

3. 企业技术中心研究开发及试验的基础条件。

4. 企业技术中心的研究开发工作开展情况，包括：原始性创新、自主开发、引进技术消化吸收、产学研合作、企业间技术合作等。

5. 企业技术中心信息化建设。

6. 企业技术中心技术带头人及创新团队的情况，人才培养情况。

7. 企业技术中心取得的主要创新成果（3年之内）及其经济效益。

三、省、自治区、直辖市、计划单列市主管部门或国务院有关部门、计划单列企业集团、中央管理企业的推荐意见。

表17–1　　**企业技术中心评价材料**

附件2：

一、企业技术中心评价表

企业名称	
通信地址	邮政编码
所属行业	主营业务
企业负责人	联系电话
技术中心负责人	联系电话
联系人	联系电话
联系传真	电子邮件
企业网址	报告年度

序号	定量数据名称	单位	数据值
1	企业营业收入总额	万元	
2	企业利润总额	万元	

续表

序号	定量数据名称	单位	数据值
3	企业产品销售收入总额	万元	
4	（T-1）年企业产品销售收入总额	万元	
5	企业产品销售利润总额	万元	
6	企业科技活动经费支出额	万元	
其中：企业研究与试验发展经费支出额		万元	
7	（T-1）年企业科技活动经费支出额	万元	
8	企业全部科技项目数	项	
其中：研发周期三年及以上的项目数		项	
项中：对外合作项目数		项	
9	新产品销售收入	万元	
10	新产品销售利润	万元	
11	企业技术开发仪器设备原值	万元	
12	企业自有品牌产品与技术出品创汇额	万美元	
13	企业职工总数	人	
14	企业全体职工年收入总额	万元	
15	企业科技活动人员数	人	
其中：企业研究与试验发展人员数		人	
16	技术中心职工人数	人	
17	技术中心人员培训费	万元	
18	技术中心全体职工年收入总额	万元	
19	技术中心高级专家人数	人	
20	技术中心博士人数	人	
21	来技术中心从事研发工作的外部专家人数	人月	
22	技术中心在海外设立开发设计机构数	个	
23	技术中心与其他组织合办开发机构数	个	
24	通过国家和国际组织认证实验室数	个	
25	完成新产品新技术新工艺开发项目数	项	
26	企业拥有的全部有效发明专利数	项	
27	当年被受理的专利申请数	项	
其中：被受理的发明专利申请数		项	
28	最近三年主持和参加制定的国际、国家、行业标准数	项	
29	企业获得的驰名商标数	个	
30	企业获得的中国名牌产品数	个	
31	获国家自然科学、技术发明、科技进步奖项目数	项	

二、需提供的附件及证明材料

1. 大中型工业企业科技项目一览表（B107-1）、大中型工业企业科技活动情况表(B107-2)。未列入国家统计局大中型工业企业科技活动情况统计范围的企业应参照上述两个表的格式填报后提交。

2. 企业资产负债表、损益表、现金流量表的复印件。

3. 大型企业集团应将下属企业的（B107-1、B107-2）表合并填报，资产负债表、损益表、现金流量表进行合并填报。

4. 评价指标的必要证明材料，主要包括：技术中心高级专家和外部专家、对外合作项目、研发周期三年及以上的项目、在研和完成的全部科技项目、发明专利、参与制定的标准、国家认证实验室、驰名商标、中国名牌产品、科技奖励等方面的内容。

三、指标解释和填报说明

1. 报告年度：指评价表中指标统计年度，时间范围从填写评价表的上一年 1 月 1 日到 12 月 31 日。所有指标的填报时间范围，如无特殊指明，均为报告年度。（T-1）年指报告年度的前一年。

2. 企业营业收入总额：指技术中心所在企业总部和其下属分公司、子公司、控股企业（按实际控股权）等应该列入会计合并报表范围的所有企业的营业收入（销售收入），经按合并报表原则处理后的合并营业收入。包括工业性企业产品销售收入、房地产与旅游酒店服务等第三产业的营业收入。

3. 企业利润总额：指企业生产经营过程中各种收入扣除各种消耗后的盈余。反映企业在报告期内实现的盈亏总额（亏损以“–”号表示）。包括企业的营业利润补贴收入，各种投资净收益和营业外收支净额。

4. 企业产品销售收入总额：指企业销售产成品、试制半成品的收入和提供工业性劳务收入总额。

5. 企业产品销售利润总额：指企业销售收入扣除成本、费用、税金后的余额。

6. 企业科技活动经费支出额：指企业实际支出的全部科技活动费用，包括列入技术开发的经费支出以及技措技改等资金实际用于科技活动的支出。不包括生产性支出和归还贷款支出。科技活动经费支出总额分为内部支出和外部支出。

科技活动经费内部支出：指企业用于内部开展科技活动实际支出的费用，包括外协加工费。不包括委托研制或合作研制而支付外单位的经费。科技经费内部支出按用途分为科技活动人员劳务费、原材料费、赎买自制设备支出、其他支出。

科技活动经费外部支出：指企业委托其他单位或与其他单位合作开展科技活动而支付给其他单位的经费，不包括外协加工费。

7. 企业研究与试验发展经费支出额：指在企业科技活动经费内部支出中用于基础研究、应用研究和试验发展三类项目以及这三类项目的管理和服务费用的支出。

8. 企业全部科技项目数：指企业立项并开展研发（制）工作、以前年份立项（当年）仍继续进行研发（制）的科技项目，包括当年完成、年内仍在进行、年内研发工作已告失败的项目，不包括委托外单位进行研发的项目。从开发项目的性质看，包括新产品开发项目数、新技术开发项目数、新工艺开发项目数、新服务开发项目数与基础研究项目数之和。

9. 研发周期三年及以上的项目数：指研究开发周期在三年以上（含三年）的技术开发项目数。

10. 对外合作项目数：指企业与高等学校、科研院所及其他企业联合开展的科技项目数。

11. 新产品销售收入：指报告期本企业销售新产品实现的销售收入。新产品销售收入是产品销售收入的组成部分，计算口径与产品销售收入一致。新产品即包括经政府有关部门认定并在有效期内的新产品，也包括企业自行研制开发，未经政府有关部门认定，从投产之日起一年之内的新产品。

新产品：指采用新技术原理、新设计构思研制、生产的全新产品，或在结构、材质、工艺等某一方面比原有产品有明显改进，从而显著提高了产品性能或扩大了使用功能的产品。新产品包括全新型新产品和重大改进型新产品两大类。

全新型新产品：指与以前制造的产品相比，其用途或者技术设计和材料三者都有显著变化的产品。这些创新可以涉及全新的技术，也可以基于组合现有技术新的应用，或者源于新的知识的应用。

重大改进型新产品：指在原有产品的基础上，产品性能得到显著提高或者重大改进的产品。若产品的改变仅仅是在美学上（外观、颜色、图案设计、包装等）的改变及技术上的较小的变化，属于产品差异，不作为新产品统计。

12. 新产品销售利润：指企业销售新产品所实现的利润。

13. 企业技术开发仪器设备原值：指年末整个企业用于科研、技术开发的仪器、科研设备、中间试验设备的原值（账面原值）。

技术开发仪器设备包括技术开发仪器、技术开发设备、技术开发检测设备、中间试验设备等。

14. 企业自有品牌产品与技术出口创汇额：指企业出口自己生产的自有品牌的产品和向国外出口技术所收入的外汇。

15. 企业职工总数：指企业在册职工人数。

16. 企业全体职工年收入总额：指企业在册全部职工一年的货币收入的总额。包括职工工资、福利费、奖金、政策补贴、项目提成等各项货币收入的总和。

17. 企业科技活动人员数：指企业直接从事（或参与）科技活动，以及专门从事科技活动管理和为科技活动提供直接服务的人员。累计从事科技活动的时间占制度工作时间10%（不含）以下的人员不统计。

（1）直接从事（或参与）科技活动的人员包括：企业所属的技术中心及中试车间（基地）等机构中从事科技活动的研究人员、工程技术人员、技术工人及其他辅助人员；虽不在上述机构工作，但编入科技活动项目组（攻关小组）的人员。

（2）专门从事科技活动管理和为科技活动提供直接服务的人员包括：企业主管科技工作的负责人，企业科技管理部门（科研管理处、部、科等）的工作人员，直接为科技活动提供资料文献、材料供应、设备维护等服务的人员。不包括保卫、医疗保健、司机、食堂人员、茶炉工、水暖工、清洁工等间接服务人员。

18. 企业研究与试验发展人员数：指企业科技活动人员中从事基础研究、应用研究和试验发展三类活动的人员。包括直接参加上述三类项目活动的人员及这类项目的管理和服务人员。

19. 技术中心职工人数：在技术中心工作并取得劳动报酬的从业人员年平均数。包括技术中心科研开发人员、直接管理人员和直接为其服务的人员等。

20. 技术中心人员培训费：指技术中心工作人员在国内、海外地区接受继续教育和专项培训的费用总支出。

21. 技术中心全体职工年收入总额：指技术中心在册全体工作人员的年货币总收入，包括工资、福利费、奖金、政策补贴、项目提成等各项收入的总和。

22. 技术中心高级专家人数：指全职在技术中心工作、获得国家、省、部和计划单列市等政府部门认定的有突出贡献的专家或者享受国家、省、部和计划单列市专项津贴的专家的人员数。

23. 技术中心博士人数：指全职在技术中心工作、获得博士学位的人员数。在站的博士后可以作为博士进行统计。

24. 来技术中心从事开发工作的外部专家人数：指来技术中心从事研究、技术开发工作的具有较高科技开发能力的海内外专家累计人月。最小统计单位为：0.5 人月。

25. 技术中心在海外设立开发设计机构数：指技术中心在港澳台地区及国外设立以科研开发、设计为目的的开发机构数量。

26. 技术中心与其他组织合办开发机构数：指技术中心与高校、研究院所、其他企业联合设立的以科研开发设计为目的的组织机构数量。

27. 国家和国际组织认证的实验室数：指中华人民共和国有关国家部门和国际组织认定认证的、仍在有效期内的实验室、检测中心的数量。

28. 完成新产品新技术新工艺开发项目数：指企业完成（结题）的新产品开发项目数、新技术项目数、新工艺开发项目数之和。

29. 企业拥有的全部有效发明专利数：指企业作为专利权人拥有专利权属、经国内外专利机构授权且在有效期内的全部发明专利件数。

30. 当年被受理的专利申请数：指企业报告年度内向专利行政部门提出专利申请并被受理的专利件数。

31. 被受理的发明专利申请数：指企业报告年度内向专利行政部门提出发明专利申请并被受理的专利件数。

32. 最近三年主持和参加制定的国际、国家、行业标准数：指企业在报告年度、报告年度前一年、报告年度前二年主持或参与制定，目前仍有效执行的国际、国家、行业标准的数量。

33. 企业获得的驰名商标数：指企业拥有的国家工商行政管理总局评定的中国驰名商标数（含国际驰名商标数）。

34. 企业获得的中国名牌产品数：指企业拥有的国家质量监督检验检疫总局评定的中国名牌产品数。

35. 获国家自然科学、技术发明、科技进步奖项目数：指企业获得国家自然科学奖、国家技术发明奖和国家科技进步奖的项目总数。

表 17–2　　企业技术中心评价指标体系

附件 3:

一、评价指标及评价基本要求

一级指标	二级指标	权重（分）	三级指标	权重（分）	单位	基本要求
创新机制	创新投入机制	20	科技活动经费支出额占产品销售收入的比重	17	%	≥3
			科技活动经费支出比例比上次评价增长	3	百分点	>0
	人才激励机制	5	中心年人均收入与企业年人均收入之比	3	%	≥1.2
			中心人员培训费占中心人员总收入的比重	2		≥2
	创新合作机制	5	来中心从事技术开发工作的外部专家数	2	人月	≥30
			对外合作项目占全部开发项目数的比重	3	%	≥10
技术与人才	创新队伍建设	12	企业研究与试验发展人员占职工人数的比重	7	%	≥2
			技术中心拥有的高级专家及博士人数	5	人	≥8
	创新条件建设	8	企业技术开发仪器设备原值	5	万元	≥3000
			通过国家和国际组织认证的实验室数	3	个	≥1
	技术积累储备	10	研发周期三年及以上项目数占全部项目数的比重	4	%	≥10
			企业拥有的全部有效发明专利数	4	项	≥3
			企业拥有的中国名牌产品或驰名商标数	2	个	≥1
产出与效益	技术创新产出	15	当年完成的新产品新技术新工艺开发项目数	3	项	≥20
			当年受理的专利申请数	4	项	≥10
			——其中当年受理的发明专利申请数	4	项	≥3
			主持和参与制定的国际、国家、行业标准数	4	项	≥1
	技术创新效益	25	新产品销售收入占产品销售收入的比重	11	%	≥20
			新产品销售利润占产品销售利润的比重	11	%	≥15
			自有品牌产品与技术出口创汇额	3	万美元	>0
加分扣分	加分		获国家自然科学、技术发明、科技进步奖项目数	≤3	项	
	扣分		企业经营亏损	≤3	万元	

二、行业系数

行　业	科技活动经费支出额占产品销售收入的比重	新产品销售收入占产品销售收入的比重	新产品销售利润占产品销售利润的比重
航　空	0.8	0.6	0.6
电　子	0.6	0.4	0.4
轻工Ⅰ	0.6	0.4	0.4
轻工Ⅱ	1.0	1.0	1.0
船　舶	0.8	0.4	0.8
化　工	1.2	1.0	0.8
机　械	1.0	0.6	0.6
医　药	0.8	0.8	0.6
冶　金	1.2	1.4	1.4
纺　织	1.0	1.0	1.0
建　材	1.0	0.8	0.6
有　色	1.0	1.4	1.4
铁　道	1.2	0.6	0.4
石　化	3.0	1.2	1.2
其　他	3.0		

有关说明：

1. 由于不同行业在技术创新投入与产出方面存在较大差异，技术中心评估时，对不同行业企业科技活动经费支出额占产品销售收入的比重、新产品销售收入占产品销售收入的比重和新产品销售利润占产品销售利润的比重等三个指标引入行业系数加以调节。

2. 行业系数只作为评估机构评价时使用，企业填报时无需考虑行业系数，按实际数据填报。评价时，根据企业填报的实际数据得出上述指标的比重，再乘以行业系数，得出指标的评价值。

3. 行业系数表中的其他行业指农业、服务业及石油、煤炭、交通、建筑、烟草、电力、电信等行业，这些行业的新产品销售收入占产品销售收入的比重和新产品销售利润占产品销售利润的比重两项指标按满分的60%计算。

4. 轻工Ⅰ为家电行业，轻工Ⅱ为轻工的其他行业。

三、指标体系的完善

国家发展改革委会同科技部、财政部、海关总署、国家税务总局将根据各行业技术创新的实际状况和政府的宏观政策导向对评价指标、行业系数等进行必要的调整。

四、限定性指标的最低标准

1. 科技活动经费支出额不低于1500万元。

2. 专职研究与试验发展人员数不低于150人。

3. 技术开发仪器设备原值不低于2000万元。

附件4：

《国家认定企业技术中心年度工作总结》提纲

国家认定企业技术中心年度评价需要提交年度工作总结，以全面总结上一年度企业技术创新与技术中心工作情况。主要包括如下内容：

一、企业技术创新战略与规划的实施情况，包括企业技术创新战略的制定与调整，年度计划的制定与实施（涉及企业秘密可作技术处理）。

二、企业主营业务涉及哪些行业领域，以及在该行业领域的地位和作用。与国际同行业领域相比所具有的规模和技术优势。

三、企业技术创新体系建设，包括企业技术创新体系基本情况、技术中心组织建设（内部组织设置与调整、下属企业组织设置、与外部单位共建组织及运行情况等）、技术中心创新机制建设（技术带头人培养、人才激励机制、知识产权保护、技术创新投入制度及执行情况等）、合作创新情况（产学研之间、企业之间及国际合作情况）、企业技术创新基础设施建设（研究试验设施、检测设施、信息化设施）。

四、企业技术创新活动开展情况，包括年度重点创新项目的实施效果、关键核心技术和产品的自主创新情况、资源综合利用、节能降耗、清洁生产等创新情况。

五、技术创新信息化建设情况。

六、其他有特色的工作情况。

表 17-3　　享受国家认定企业技术中心政策进口科技开发用品免税情况表

附件 5:

一、国家认定企业技术中心名称:

二、获得国家认定时间:

三、技术中心重点研究领域:

四、进口科技开发用品免税统计:

	进口货物名称	进口数量	进口金额	免征进口关税金额	免征进口环节增值税、消费税金额
1					
2					
3					
4					
5					
合　计					

五、有关问题说明:

填报日期：______年___月___日　　　　　　　　　　(企业盖章)

注：此表为享受国家认定企业技术中心政策进口科技开发用品免税金额统计表，享受其他优惠政策进口产品免税额不在统计范围。

第二节　国家认定企业（集团）技术中心及分中心名单

只有列入国家认定企业（集团）技术中心及分中心名单的，才可享受相应的税收优惠政策。

一、第十五批国家认定企业（集团）技术中心及分中心名单（2008 年第 60 号公告）

根据《国家认定企业技术中心管理办法》，经审定，现将第十五批享受优惠政策的企业（集团）技术中心名单公告如下：

确认中国广东核电集团有限公司等 76 家企业技术中心和中国石油天然气股份有限公司等 3 家分技术中心为第十五批享受优惠政策的企业（集团）技术中心。请享受优惠政策的企业（集团）技术中心按照《海关总署 2007 年第 13 号公告》的规定，向单位所在地直属海关申请办理减免税备案、审批等有关手续。

第十五批国家认定企业（集团）技术中心及分中心名单（略）。

二、以前国家认定企业（集团）技术中心及分中心名单（略）

第十八章　鼓励软件产业和集成电路产业发展的税收优惠

根据国务院《鼓励软件产业和集成电路产业发展的若干政策》（国发〔2000〕18号），有关部门制定了鼓励软件产业和集成电路产业发展的企业所得税优惠政策，以及国家规划布局内重点软件企业认定管理办法。

第一节　鼓励软件产业和集成电路产业发展的优惠政策

为鼓励软件产业和集成电路产业发展，政府采取了多种形式的税收优惠政策。

一、现行税收优惠政策

根据《中华人民共和国企业所得税法》的规定，经国务院批准，有关鼓励软件产业和集成电路产业发展的企业所得税优惠政策如下（财税〔2008〕1号）：

1. 软件生产企业实行增值税即征即退政策所退还的税款，由企业用于研究开发软件产品和扩大再生产，不作为企业所得税应税收入，不予征收企业所得税。

2. 我国境内新办软件生产企业经认定后，自获利年度起，第一年和第二年免征企业所得税，第三年至第五年减半征收企业所得税。

3. 国家规划布局内的重点软件生产企业，如当年未享受免税优惠的，减按10%的税率征收企业所得税。

4. 软件生产企业的职工培训费用，可按实际发生额在计算应纳税所得额时扣除。

软件生产企业职工教育经费的税前扣除问题。软件生产企业发生的职工教育经费中的职工培训费用，根据上述规定，可以全额在企业所得税前扣除。软件生产企业应准确划分职工教育经费中的职工培训费支出，对于不能准确划分的，以及准确划分后职工教育经费中扣除职工培训费用的余额，一律按照《实施条例》第四十二条规定的比例扣除（国税函〔2009〕202号）。

5. 企事业单位购进软件，凡符合固定资产或无形资产确认条件的，可以按照固定资产或无形资产进行核算，经主管税务机关核准，其折旧或摊销年限可以适当缩短，最短可为2年。

6. 集成电路设计企业视同软件企业，享受上述软件企业的有关企业所得税政策。

7. 集成电路生产企业的生产性设备，经主管税务机关核准，其折旧年限可以适当缩短，最短可为3年。

8. 投资额超过80亿元人民币或集成电路线宽小于0.25um的集成电路生产企业，可以减按15%的税率缴纳企业所得税，其中，经营期在15年以上的，从开始获利的年度起，第一年至第五年免征企业所得税，第六年至第十年减半征收企业所得税。

9. 对生产线宽小于0.8微米（含）集成电路产品的生产企业，经认定后，自获利年度起，第一年和第二年免征企业所得税，第三年至第五年减半征收企业所得税。

已经享受自获利年度起企业所得税“两免三减半”政策的企业，不再重复执行本条规定。

10. 自2008年1月1日起至2010年底，对集成电路生产企业、封装企业的投资者，以其取得的缴纳企业所得税后的利润，直接投资于本企业增加注册资本，或作为资本投资开办其他集成电路生产企业、封装企业，经营期不少于5年的，按40%的比例退还其再投资部分已缴纳的企业所得税税款。再投资不满5年撤出该项投资的，追缴已退的企业所得税税款，

自2008年1月1日起至2010年底，对国内外经济组织作为投资者，以其在境内取得的缴纳企业所得税后的利润，作为资本投资于西部地区开办集成电路生产企业、封装企业或软件产品生产企业，经营期不少于5年的，按80%的比例退还其再投资部分已缴纳的企业所得税税款。再投资不满5年撤出该项投资的，追缴已退的企业所得税税款。

二、2007年底前设立的软件生产企业和集成电路生产企业

2007年底前设立的软件生产企业和集成电路生产企业，经认定后可以按《财政部　国家税务总局关于企业所得税若干优惠政策的通知》（财税〔2008〕1号）的规定享受企业所得税定期减免税优惠政策。在2007年度或以前年度已获利并开始享受定期减免税优惠政策的，可自2008年度起继续享受至期满为止（财税〔2009〕69号）。

第二节　国家规划布局内重点软件企业认定管理办法

为贯彻落实国务院《鼓励软件产业和集成电路产业发展的若干政策》（国发〔2000〕18号），规范国家规划布局内重点软件企业认定工作，特制定《国家规划布局内重点软件企业认定管理办法》（发改高技〔2005〕2669号），请按照执行。

第一条　根据国务院《鼓励软件产业和集成电路产业发展的若干政策》（国发〔2000〕18号）第七条及有关规定，为合理确定国家规划布局内重点软件企业，带动我国软件产业快速发展，制定本办法。

第二条　国家规划布局内重点软件企业是指业经软件企业认定机构认定，且符合下列条件之一的软件企业：

（一）软件年营业收入超过1亿元人民币且当年不亏损。

（二）年出口额超过100万美元，且软件出口额占本企业年营业收入50%以上。

（三）在年度重点支持软件领域内销售收入列前五位。

本条第一款和第二款所规定的软件营业收入和出口额标准、第三款所指的年度重点支持软件领域，由国家规划布局内重点软件企业认定主管部门根据有关规划及产业发展情况动态研究调整，并在中国软件行业协会网站（http：//www.csia.org.en）上公布。国家规划布局内重点软件企业认定主管部门在确定总量的基础上进行审核认定。

国家规划布局内重点软件企业认定主管部门是指国家发展和改革委员会、信息产业部、商务部和国家税务总局（以下简称主管部门）。

第三条　主管部门共同委托中国软件行业协会为国家规划布局内重点软件企业认定机构（以下简称认定机构），具体组织国家规划布局内重点软件企业的年度认定工作。其职责是：

（一）受理国家规划布局内重点软件企业认定申请；

（二）具体组织国家规划布局内重点软件企业年度认定，提出认定意见。

第四条　申报国家规划布局内重点软件企业，由申报单位直接向认定机构提出申请，并提交下列材料：

（一）国家规划布局内重点软件企业认定申请表；

（二）软件企业认定证书；

（三）企业资产负债表、损益表、现金流量表、上年度企业所得税纳税申报表、人员配置表，以及学历构成、软件开发环境和企业经营情况等材料；

（四）按本办法第二条第二款申报国家规划布局内重点软件企业的，应提供本企业上年度软件出口证明，如出口合同登记证书、有效出口合同、收汇证明等材料或海关统计材料；

（五）企业主管税务机关认定企业无恶意欠税或偷税骗税等违法行为的证明材料；

（六）主管部门要求出具的其他材料。

申报国家规划布局内重点软件企业的截止时间为当年5月30日。

国家规划布局内重点软件企业认定申请表可从中国软件行业协会网站上下载。

第五条　认定机构审查申报企业提供的材料的真实性，判断其是否符合国家规划布局内重点软件企业的认定条件。对按本办法第二条第三款申报国家规划布局内重点软件企业的，认定机构应组织专家进行研究。认定机构根据审查情况，于当年8月底前向主管部门提交国家规划布局内重点软件企业年度认定的企业初选名单及相关资料。

第六条　国家发展和改革委员会会同信息产业部、商务部、国家税务总局，采取联席会议等形式审核认定机构提出的初选名单，于当年10月底前联合发文确定，并向认定的企业颁发年度认定证书。

第七条　年度国家规划布局内重点软件企业名单应在认定机构的网站及有关媒体上发布，接受社会监督。

第八条　国家规划布局内重点软件企业实行逐年认定制度。经认定的年度国家规划布局内重点软件企业，当年未享受免税优惠的减按10%的税率征收企业所得税，企业可凭当年颁发的认定证书，向税务部门办理当年度所得税减免手续。年度国家规划布局内重点软件企业未通过下一年度认定的，下一年度不再享受所得税优惠政策。

第九条　经认定的国家规划布局内重点软件企业发生调整、分立、合并、重组等变更事项时，须在作出变更决定之日起30日内，向认定机构办理变更认定或重新申报手续。未经批准同意变更认定的，企业不得自行承继国家规划布局内重点软件企业称号和所享受的优惠政策。

第十条　国家规划布局内重点软件企业应依法纳税。国家规划布局内重点软件企业一经发现有偷税漏税等违法行为的，经核实后取消该企业享受税收优惠政策的资格。

第十一条　企业申报国家规划布局内重点软件企业，应当如实提供材料，并保证内容和数据真实可靠。提供虚假材料或内容、数据失实的，中止其认定申请；已获得认定的，撤销其国家规划布局内重点软件企业资格，同时追回已减免税收款项；认定机构3年内不再受理其认定申请。

第十二条　国家规划布局内重点软件企业认定证书由信息产业部统一印制。

第十三条　本办法由国家发展和改革委员会会同信息产业部、商务部、国家税务总局负责解释。

第十四条 本办法自2006年1月1日起施行。

第三节 国家规划布局内重点软件企业名单

为贯彻落实国务院颁布的《鼓励软件产业和集成电路产业发展的若干政策》(国发〔2000〕18号)，鼓励并推动骨干和重点软件企业加快发展，根据《国家规划布局内的重点软件企业认定管理办法》(发改高技〔2005〕2669号)，经研究，国家发展改革委、工业和信息化部、商务部、国家税务总局联合审核认定了2008年度国家规划布局内重点软件企业(名单略)，现予以公布(发改高技〔2008〕3700号)。

根据《财政部 国家税务总局关于企业所得税若干优惠政策的通知》(财税〔2008〕1号)的规定(本章第一节)，国家规划布局内的重点软件企业，当年未享受免税优惠的减按10%的税率征收企业所得税，请税务部门认真贯彻执行。

第十九章　文化体制改革中的税收优惠政策

为支持文化体制改革，政府采取了多种税收优惠形式。

第一节　文化体制改革中经营性文化事业单位转制为企业的税收优惠政策

为了贯彻落实《国务院办公厅关于印发文化体制改革中经营性文化事业单位转制为企业和支持文化企业发展两个规定的通知》(国办发〔2008〕114 号)，进一步推动文化体制改革，促进文化企业发展，现就经营性文化事业单位转制为企业的税收政策问题通知如下（财税〔2009〕34 号）：

1. 经营性文化事业单位转制为企业，自转制注册之日起免征企业所得税。

2. 由财政部门拨付事业经费的文化单位转制为企业，自转制注册之日起对其自用房产免征房产税。

3. 党报、党刊将其发行、印刷业务及相应的经营性资产剥离组建的文化企业，自注册之日起所取得的党报、党刊发行收入和印刷收入免征增值税。

4. 对经营性文化事业单位转制中资产评估增值涉及的企业所得税，以及资产划转或转让涉及的增值税、营业税、城建税等给予适当的优惠政策，具体优惠政策由财政部、国家税务总局根据转制方案确定。

5. 本通知所称经营性文化事业单位是指从事新闻出版、广播影视和文化艺术的事业单位；转制包括文化事业单位整体转为企业和文化事业单位中经营部分剥离转为企业。

6. 本通知适用于文化体制改革地区的所有转制文化单位和不在文化体制改革地区的转制企业。有关名单由中央文化体制改革工作领导小组办公室提供，财政部、国家税务总局发布。

本通知执行期限为 2009 年 1 月 1 日至 2013 年 12 月 31 日。

第二节　支持文化企业发展的税收政策

根据《国务院办公厅关于印发文化体制改革中经营性文化事业单位转制为企业和支持文化企业发展两个规定的通知》(国办发〔2008〕114 号）有关精神，现就文化企业的税收政策问题通知如下（财税〔2009〕31 号）：

1. 广播电影电视行政主管部门（包括中央、省、地市及县级）按照各自职能权限批准从事电影制片、发行、放映的电影集团公司（含成员企业）、电影制片厂及其他电影企业取得的销售电影拷贝收入、转让电影版权收入、电影发行收入以及在农村取得的电影放映收入免征增值税和营业税。

2. 2010年底前，广播电视运营服务企业按规定收取的有线数字电视基本收视维护费，经省级人民政府同意并报财政部、国家税务总局批准，免征营业税，期限不超过3年。

3. 出口图书、报纸、期刊、音像制品、电子出版物、电影和电视完成片按规定享受增值税出口退税政策。

4. 文化企业在境外演出从境外取得的收入免征营业税。

5. 在文化产业支撑技术等领域内，依据《关于印发〈高新技术企业认定管理办法〉的通知》（国科发火〔2008〕172号）和《关于印发〈高新技术企业认定管理工作指引〉的通知》（国科发火〔2008〕362号）的规定认定的高新技术企业，减按15%的税率征收企业所得税；文化企业开发新技术、新产品、新工艺发生的研究开发费用，允许按国家税法规定在计算应纳税所得额时加计扣除。文化产业支撑技术等领域的具体范围由科技部、财政部、国家税务总局和中宣部另行发文明确。

6. 出版、发行企业库存呆滞出版物，纸质图书超过五年（包括出版当年，下同）、音像制品、电子出版物和投影片（含缩微制品）超过两年、纸质期刊和挂历年画等超过一年的，可以作为财产损失在税前据实扣除。已作为财产损失税前扣除的呆滞出版物，以后年度处置的，其处置收入应纳入处置当年的应税收入。

7. 为生产重点文化产品而进口国内不能生产的自用设备及配套件、备件等，按现行税收政策有关规定，免征进口关税。

8. 对2008年12月31日前新办文化企业，其企业所得税优惠政策可以按照财税〔2005〕2号文件规定执行到期。

9. 本通知适用于所有文化企业。文化企业是指从事新闻出版、广播影视和文化艺术的企业。文化企业具体范围见附件。

除上述条款中有明确期限规定者外，上述税收优惠政策执行期限为2009年1月1日至2013年12月31日。

附件：

文化企业的具体范围

1. 文艺表演团体；
2. 文化、艺术、演出经纪企业；
3. 从事新闻出版、广播影视和文化艺术展览的企业；
4. 从事演出活动的剧场（院）、音乐厅等专业演出场所；
5. 经国家文化行政主管部门许可设立的文物商店；
6. 从事动画、漫画创作、出版和生产以及动画片制作、发行的企业；
7. 从事广播电视（含付费和数字广播电视）节目制作、发行的企业，从事广播影视节目及电影出口贸易的企业；
8. 从事电影（含数字电影）制作、洗印、发行、放映的企业；
9. 从事付费广播电视频道经营、节目集成播出推广以及接入服务推广的企业；
10. 从事广播电影电视有线、无线、卫星传输的企业；
11. 从事移动电视、手机电视、网络电视、视频点播等视听节目业务的企业；

12. 从事与文化艺术、广播影视、出版物相关的知识产权自主开发和转让的企业；从事著作权代理、贸易的企业；

13. 经国家行政主管部门许可从事网络图书、网络报纸、网络期刊、网络音像制品、网络电子出版物、网络游戏软件、网络美术作品、网络视听产品开发和运营的企业；以互联网为手段的出版物销售企业；

14. 从事出版物、影视、剧目作品、音乐、美术作品及其他文化资源数字化加工的企业；

15. 图书、报纸、期刊、音像制品、电子出版物出版企业；

16. 出版物物流配送企业，经国家行政主管部门许可设立的全国或区域出版物发行连锁经营企业、出版物进出口贸易企业、建立在县及县以下以零售为主的出版物发行企业；

17. 经新闻出版行政主管部门许可设立的只读类光盘复制企业、可录类光盘生产企业；

18. 采用数字化印刷技术、电脑直接制版技术（CTP）、高速全自动多色印刷机、高速书刊装订联动线等高新技术和装备的图书、报纸、期刊、音像制品、电子出版物印刷企业。

第三节 扶持动漫产业发展的税收政策

政府为促进动漫产业发展，出台了管理办法，制定了税收政策。

一、扶持动漫产业发展有关的税收政策（财税〔2009〕65号）

根据《国务院办公厅转发财政部等部门关于推动我国动漫产业发展若干意见的通知》（国办发〔2006〕32号）的精神，文化部会同有关部门于2008年12月下发了《动漫企业认定管理办法（试行）》（文市发〔2008〕51号）。为促进我国动漫产业健康快速发展，增强动漫产业的自主创新能力，现就扶持动漫产业发展的有关税收政策问题通知如下：

1. 关于增值税。在2010年12月31日前，对属于增值税一般纳税人的动漫企业销售其自主开发生产的动漫软件，按17%的税率征收增值税后，对其增值税实际税负超过3%的部分，实行即征即退政策。退税数额的计算公式为：应退税额 = 享受税收优惠的动漫软件当期已征税款 - 享受税收优惠的动漫软件当期不含税销售额 × 3%。动漫软件出口免征增值税。上述动漫软件的范围，按照《文化部 财政部 国家税务总局关于印发〈动漫企业认定管理办法（试行）〉的通知》（文市发〔2008〕51号）的规定执行。

2. 关于企业所得税。经认定的动漫企业自主开发、生产动漫产品，可申请享受国家现行鼓励软件产业发展的所得税优惠政策（见第十八章第一节一）。

3. 关于营业税。对动漫企业为开发动漫产品提供的动漫脚本编撰、形象设计、背景设计、动画设计、分镜、动画制作、摄制、描线、上色、画面合成、配音、配乐、音效合成、剪辑、字幕制作、压缩转码（面向网络动漫、手机动漫格式适配）劳务，在2010年12月31日前暂减按3%税率征收营业税。

4. 关于进口关税和进口环节增值税。经国务院有关部门认定的动漫企业自主开发、生产动漫直接产品，确需进口的商品可享受免征进口关税和进口环节增值税的优惠政策。具体免税商品范围及管理办法由财政部会同有关部门另行制定。

5. 本通知所称动漫企业和自主开发、生产动漫产品的认定标准和认定程序，按照《文化部 财政部 国家税务总局关于印发〈动漫企业认定管理办法（试行）〉的通知》（文市发〔2008〕51号）的规定执行。

6. 本通知从 2009 年 1 月 1 日起执行。

二、实施《动漫企业认定管理办法（试行）》的有关问题（文产发〔2009〕18 号）

为贯彻落实《动漫企业认定管理办法（试行）》（文市发〔2008〕51 号，以下简称《办法》），做好动漫企业认定管理工作，确保动漫企业认定工作顺利推进，推动我国动漫产业的健康快速发展，现就有关事项通知如下：

1. 尽快建立健全工作机制，加快认定进程。各省、自治区、直辖市文化行政部门与同级财政、税务部门要抓紧成立省级认定机构，健全工作机制，在严格执行认定工作原则和规范的情况下，对符合条件的企业尽快开展认定初审和材料上报工作。省级认定机构办公室设在各省、自治区、直辖市文化行政部门。认定工作中遇到问题请及时研究解决和上报全国动漫企业认定管理工作办公室。文化部、财政部和国家税务总局将对动漫产业税收政策执行情况进行监督检查。

2. 严格把握认定标准。《办法》所称动漫企业，不包括漫画出版、发行，动画播出、放映，网络动漫传播以及动漫衍生产品生产、销售等为主营业务的企业。

企业拥有的自主知识产权是指企业近 3 年内（至申报日前）获得的自主知识产权。

企业营业场所产权证明或者租赁意向书（含出租方的产权证明），营业场所为企业自有产权的，提供房产证复印件加盖企业公章；营业场所为企业租赁的，提供产权方房产证复印件加盖公章或房主签字，并提供房屋租赁合同加盖企业公章。

企业申请动漫企业资格，应提供具有资质的中介机构鉴证的企业财务年度报表（含资产负债表、损益表、现金流量表）等企业经营情况，以及企业年度研究开发费用情况表，并附研究开发活动说明材料，并加盖具有资质的中介机构的公章。各地认定机构应认真核验申请材料。

3. 动漫企业认定年审受理申请时间为每年的 5 月 1 日~7 月 31 日。

4. 计划单列市所在省文化厅本着方便、快捷原则，可根据本地实际情况制定计划单列市动漫企业认定工作的具体办法。

5.《办法》第十四条规定的动漫企业认定申请材料格式见本通知附件 1，申请认定的企业应填写动漫企业认定申请书，格式见本通知附件 2。

附件 1：

动漫企业认定申请材料

企业名称：

初审部门：

填报日期：_____年___月___日

全国动漫企业认定管理工作办公室监制

填 表 说 明

填表前请仔细阅读

一、申请认定为动漫企业的，应向省级认定机构提交下列文件：

1. 动漫企业认定申请书；

2. 企业营业执照副本复印件、税务登记证复印件；

3. 法定代表人或者主要负责人的身份证明材料；

4. 企业职工人数、学历结构以及研发人员占企业职工的比例说明；

5. 营业场所产权证明或者租赁意向书（含出租方的产权证明）；

6. 开发、生产、创作、经营的动漫产品列表、销售合同及销售合同约定的款项银行入账证明；

7. 自主开发、生产和拥有自主知识产权的动漫产品的情况说明及有关证明材料（包括版权登记证书或专利证书等知识产权证书的复印件）；

8. 由有关行政机关颁发的从事相关业务所涉及的行政许可证件复印件；

9. 经具有资质的中介机构鉴证的企业财务年度报表（含资产负债表、损益表、现金流量表）等企业经营情况，以及企业年度研究开发费用情况表，并附研究开发活动说明材料；

10. 认定机构要求出具的其他材料。

二、说明：

1. 经办人是指持有合法有效的企业委托证明的代理人。

2. 经办人提交的文件、证明应当是原件，不能提交原件的，其复制件应当由认定机关核对。

3. 经办人应当使用签字笔、钢笔、毛笔认真填写表格或签字。

4. 需要由股东或相关人员签署的文件，自然人的由本人签字；法人或其他组织的，由其法定代表人（负责人）签字并加盖公章。

5. 股东是自然人的，填写自然人姓名；是法人或其他组织的，填写法人或其他组织的名称。股东资格证明指股东营业执照，事业单位法人登记证书，社团法人登记证等。

6. 企业类型填写全民所有制企业、集体所有制（股份合作）企业、个人独资企业、合伙企业、有限公司、股份有限公司、外资企业等。

7. 企业未规定经营期限的，企业经营期限一栏可以不填。

8. 经办人在填写申请书中“主要的经营场所”、“住所”栏时，应填写所在省、市、县、乡（镇）及村、街道门牌号码。

9. 填写股东名录及出资情况时，股东以货币出资的，出资方式填写“货币出资”；股东以非货币财产出资评估作价的，出资方式填写“实物、知识产权、土地使用权或其他财产权利”；股东以劳务出资的，出资方式填写“劳务”。

表 19–1　　企业基本信息

企业名称					
注册地址				邮编	
联系地址				邮编	
企业网址				E-mail	
法定代表人		移动电话		身份证号	
企业负责人		移动电话		传真	
联系人		移动电话		传真	
企业性质		工商注册号			
企业注册日期		企业经营期限			
企业注册资本（金）		实收注册资本（金）			
企业主管税务机关（国税）		税务登记证号			

续表

企业主管税务机关（地税）		税务登记证号		
其他许可证		其他许可证号		
经营范围				
企业员工情况	从业人数	管理人员人数	研发人员人数	销售人员人数

表 19–2　　企业股东名录及出资情况

股东名称或姓名	住所	证件名称及号码	出资方式	实缴出资额	认缴出资额

股东签字（盖章）：　　　　　　　　　　　　申请日期：

股东的主体资格证明

或者自然人的身份证明复印件粘贴处

表 19–3　　法定代表人（个人独资企业投资人、合伙企业执行事务合伙人）基本情况

企业名称				一寸免冠 近　照 粘 贴 处
姓名		性别		
证件名称及号码		国籍		
户籍登记住址		民族		
学历		政治面貌		
学位		专业		
出生日期		联系电话		

个人简历（注：应自具有完全民事行为能力至今，并不得间断）

起止年月	单位	职务	职称

身份证复印件粘贴处	兹证明该任职人具有完全民事行为能力，产生程序符合有关法律、法规和章程的规定，经任命（选举）出任企业的法定代表人（执行事务合伙人）。 盖　章 年　月　日

表 19–4　　主要研发人员基本情况

企业名称				一寸免冠 近　照 粘 贴 处
姓名		性别		
证件名称及号码		国籍		
户籍登记住址		民族		
学历		政治面貌		
学位		专业		
出生日期		联系电话		

个人简历（注：应自具有完全民事行为能力至今，并不得间断）

起止年月	单位	职务	职称

主要研发成果及获奖情况

身份证复印件粘贴处	兹证明该任职人为我公司员工，具有完全民事行为能力。 盖　章 年　月　日

表 19-5　　企业上年度经营情况

企业当年总收入（万元）			
经营动漫产品的主营收入（万元）		经营动漫产品的主营收入/总收入（%）	
自主开发生产的动漫产品收入（万元）		自主开发生产的动漫产品收入/经营动漫产品的主营收入（%）	
动漫产品的研究开发经费（万元）		动漫产品的研究开发经费/企业当年营业收入（%）	
企业经营账号			
企业财务负责人（签字） 企业财务章 年　月　日		企业法定代表人（签字） 企业公章 年　月　日	

表 19-6　　企业主营业务及产品

主营业务方向	□漫画产品；□动画产品；□网络动漫产品；□手机动漫产品；□动漫舞台剧；□动漫软件；□动漫衍生产品研发设计；□其他（依其主次程度写出排列序号：1、2…）				
序号	主要动漫产品名称	属性分类（漫画、动画等）	书刊号/许可证号等	动漫产品的市场情况	获奖情况

表 19-7　　企业动漫开发环境

开发场地面积（平方米）					
大中小型机	台数		服务器	台数	
	型号			型号	
工作站	台数		PC 机	台数	
	型号			型号	
笔记本	台数		动作捕捉系统	套数	
	型号			型号	
三维扫描仪	台数		广播级录像机	台数	
	型号			型号	
胶—磁转换设备	台数		监视器	台数	
	型号			型号	
录音、混音、监听设备	台数		磁盘阵列	容量	
	型号			型号	
备　注					

表 19-8 申报企业人员构成情况

职工总数				大专以上学历者占职工总数%				
动漫技术人员数				动漫技术人员数占职工总数%				
职工学历构成	大专		本科		硕士		博士	
动漫专业人员构成	研究开发人员数		工程和项目管理人员数		市场推广与技术服务人员数			

表 19-9 省级认定机构初审意见

省级认定机构初审意见	签章 年 月 日

附件 2:

动漫企业认定申请书

________省（自治区、直辖市、计划单列市）动漫企业认定管理机构：

经对照《动漫企业认定管理办法（试行）》自我评价，我单位认为符合动漫企业认定标准，自愿向认定机构提出认定申请。我单位承诺，所提交的全部申请材料都是真实、合法、有效的，如有不实，我单位愿意承担由此引发的一切法律责任及其他后果。

特此申请。

（企业盖章）

年 月 日

第二十章　企业所得税专项税收优惠政策

税法规定，根据国民经济和社会发展的需要，或者由于突发事件等原因对企业经营活动产生重大影响的，国务院可以制定企业所得税专项优惠政策，报全国人民代表大会常务委员会备案。

第一节　汶川地震灾后恢复重建的税收政策措施

为支持汶川地震灾后恢复重建，国家采取了一系列优惠政策措施。

一、关于支持汶川地震灾后恢复重建政策措施的意见（国发〔2008〕21号）

汶川特大地震给四川、甘肃、陕西等地人民生命财产和经济社会发展造成重大损失。为支持和帮助受灾地区积极开展生产自救，重建家园，鼓励和引导社会各方面力量参与灾后恢复重建工作，使地震灾区早日恢复正常的生产生活秩序，现就支持汶川地震灾后恢复重建有关政策措施提出以下意见：

（一）指导思想和基本原则

1. 指导思想。以邓小平理论和“三个代表”重要思想为指导，深入贯彻落实科学发展观，坚持以人为本，充分发挥社会主义制度集中力量办大事的政治优势，举全国之力支持地震灾后恢复重建，统筹规划、精心组织，明确政策、加强保障，突出重点、分类指导，努力争取灾后恢复重建的最大效益和最好效果，让灾区人民满意，让全国人民满意。

2. 基本原则。

（1）全面支持，突出重点。政策措施支持范围覆盖灾后恢复生产和重建的各方面，同时重点支持城乡居民倒塌毁损住房、公共服务设施和基础设施等恢复重建。

（2）统筹协调，形成合力。综合运用财政、税收、金融、产业、就业等各类政策，统筹协调中央和地方各项财政投入、对口支援、国内银行贷款等资金，引导使用好各类捐赠资金，使政策安排、资金投入及重建规划相互衔接，有机配合，形成合力。

（3）因地制宜，分类指导。根据受灾程度、恢复重建对象的不同，实行分类支持。对受灾严重地区给予重点支持；对公共服务设施和公益性基础设施恢复重建，以政府投入为主，社会捐赠等其他投入为辅；对工商等企业恢复生产和重建，运用市场机制，以企业生产自救为主，国家给予财税等政策支持，带动银行信贷资金投入。

（4）立足自救，各方帮扶。贯彻一方有难、八方支援，自力更生、艰苦奋斗的方针，把国家支持、社会援助和生产自救结合起来，调动和发挥受灾地区干部群众等各方面的积极性，立足自力更生，加快恢复重建。

（5）加大力度，简便易行。根据受灾地区损失严重、恢复重建任务艰巨等特殊情况，依法加大政策措施支持的力度和针对性，同时做到科学简明，便于操作，容易执行。

（二）政策措施的主要内容

1.（略）。

2.（略）。

3. 税收政策。促进企业尽快恢复生产：

（1）自 2008 年 7 月 1 日起，对受灾严重地区实行增值税扩大抵扣范围政策，允许企业新购进机器设备所含的增值税进项税额予以抵扣。国家限制发展的特定行业除外。

（2）对受灾严重地区损失严重的企业，免征 2008 年度企业所得税；对受灾地区企业取得的救灾款项以及与抗震救灾有关的减免税收入，免征企业所得税。

（3）对受灾地区企业、单位或支援受灾地区重建的企业、单位进口国内不能满足供应并直接用于灾后重建的大宗物资、设备等，在三年内给予进口税收优惠。

减轻个人税收负担：

对受灾地区个人取得的各级政府发放的救灾款项、接受捐赠的款项；对抗震救灾一线人员，按照地方各级政府及其部门规定标准取得的与抗震救灾有关的补贴收入，免征个人所得税。

支持受灾地区基础设施、房屋建筑物等恢复重建：

（1）由政府为受灾居民组织建设的安居房免征城镇土地使用税，转让时免征土地增值税。

（2）对地震中住房倒塌的农民重建住房的，在规定标准内的部分免征耕地占用税。

（3）由政府组织建设的安居房，所签订的建筑安装、销售、租赁合同，免征印花税。

（4）对在地震中损毁的应缴而未缴契税的居民住房，不再征收契税；对受灾居民购买安居房，按法定税率减半征收契税。

（5）经省级人民政府批准，在 2008 年年底前免征损毁房产、土地的房产税、城市房地产税和城镇土地使用税。

鼓励社会各界支持抗震救灾和灾后恢复重建：

（1）对单位和个体经营者将自产、委托加工或购买的货物通过公益性社会团体、县级以上人民政府及其部门无偿捐赠给受灾地区的，免征增值税、城市维护建设税及教育费附加。

（2）对企业、个人通过公益性社会团体、县级以上人民政府及其部门向受灾地区的捐赠，允许在当年企业所得税前和当年个人所得税前全额扣除。

（3）财产所有人将财产（物品）捐赠给受灾地区所书立的产权转移书据免征应缴纳的印花税。

（4）对专项用于抗震救灾和灾后恢复重建、能够提供抗震救灾证明的新购特种车辆，免征车辆购置税。

促进就业：

（1）受灾严重地区的企业在新增加的就业岗位中，招用当地因地震灾害失去工作的城镇职工，经县级劳动保障部门认定，按实际招用人数予以定额依次扣减营业税、城市维护建设税、教育费附加和企业所得税。

定额标准为每人每年 4000 元，可上下浮动 20%，由灾区省级人民政府根据本地实际情况具体确定。

（2）受灾严重地区因地震灾害失去工作的城镇职工从事个体经营的，按每户每年 8000

元的限额扣减其当年实际应缴纳的营业税、城市维护建设税、教育费附加和个人所得税。

以上优惠政策中，除增值税扩大抵扣范围政策外，凡未注明优惠期限的，一律执行至2008年年底止。确需延长期限的，由国务院另行决定。

4. 政府性基金和行政事业性收费政策。

为了减轻受灾严重地区的企业、单位和个人基金、收费负担，三年内对受灾严重地区减免部分政府性基金和行政事业性收费。

（1）减免部分政府性基金。对受灾严重地区内的用电企业、单位和个人，免收三峡工程建设基金、大中型水库移民后期扶持基金；对企业和有关经营者免收属于中央收入的文化事业建设费、国家电影事业发展专项资金、水路客货运附加费。

四川、甘肃、陕西省根据本地实际情况，对受灾严重地区酌情减免属于地方收入的政府性基金。

（2）减免部分行政事业性收费。对受灾严重地区内的建筑企业，全部免收属于中央收入的工程定额测定费、建设工程质量监督费、占用农业灌溉水源及设施补偿费、水利建设工程质量监督费、铁路工程质量监督费；对矿产资源开采企业，全部免收属于中央收入的矿产资源补偿费、探矿权采矿权使用费、石油（天然气）勘查开采登记费、采矿登记费、矿产资源勘查登记费；对银行、信用社、邮政储蓄机构（包括注册地在受灾地区的法人机构及在受灾地区的分支机构），全部免收银行业机构监管费和业务监管费；对保险公司、保险中介机构（包括注册地在受灾地区的法人机构及在受灾地区的分支机构），全部免收保险业务监管费；对证券、基金、期货公司（包括注册地在受灾地区的法人机构及在受灾地区的分支机构），全部免收证券市场监管费；对电力企业全部免收电力监管费。

四川、甘肃、陕西省根据本地实际情况，对受灾严重地区酌情减免由中央级批准属于地方收入的行政事业性收费，以及本省出台的行政事业性收费。

……

二、抗震救灾及灾后重建税收政策（财税〔2008〕62号）

随着抗震救灾工作的不断深入，灾后重建工作也将陆续展开。为贯彻落实好党中央、国务院关于抗震救灾工作的重要指示精神，积极支持受灾地区做好抗震救灾及灾后重建工作，现就有关税收政策问题通知如下：

各级财政税务机关要将支持抗震救灾和灾后重建工作作为当前一项十分紧迫的重要任务，采取有效措施，认真贯彻落实好现行税收法律、法规中可以适用于抗震救灾及灾后重建的有关税收优惠政策。主要包括：

（一）企业所得税

1. 企业实际发生的因地震灾害造成的财产损失，准予在计算应纳税所得额时扣除。

2. 企业发生的公益性捐赠支出，按企业所得税法及其实施条例的规定在计算应纳税所得额时扣除。

（二）个人所得税

1. 因地震灾害造成重大损失的个人，可减征个人所得税。具体减征幅度和期限由受灾地区省、自治区、直辖市人民政府确定。

2. 对受灾地区个人取得的抚恤金、救济金，免征个人所得税。

3. 个人将其所得向地震灾区的捐赠，按照个人所得税法的有关规定从应纳税所得中扣除。

（三）房产税

1. 经有关部门鉴定，对毁损不堪居住和使用的房屋和危险房屋，在停止使用后，可免征房产税。

2. 房屋大修停用在半年以上的，在大修期间免征房产税，免征税额由纳税人在申报缴纳房产税时自行计算扣除，并在申报表附表或备注栏中作相应说明。

（四）契税

因地震灾害灭失住房而重新购买住房的，准予减征或者免征契税，具体的减免办法由受灾地区省级人民政府制定。

（五）资源税

纳税人开采或者生产应税产品过程中，因地震灾害遭受重大损失的，由受灾地区省、自治区、直辖市人民政府决定减征或免征资源税。

（六）城镇土地使用税

纳税人因地震灾害造成严重损失，缴纳确有困难的，可依法申请定期减免城镇土地使用税。

（七）车船税

已完税的车船因地震灾害报废、灭失的，纳税人可申请退还自报废、灭失月份起至本年度终了期间的税款。

（八）进出口税收

对外国政府、民间团体、企业、个人等向我国境内受灾地区捐赠的物资，包括食品、生活必需品、药品、抢救工具等，免征进口环节税收。

（九）现行税收法律、法规中适用于抗震救灾及灾后重建的其他税收政策

三、支持汶川地震灾后恢复重建有关税收政策（财税〔2008〕104号）

为支持和帮助受灾地区积极开展生产自救，重建家园，鼓励和引导社会各方面力量参与灾后恢复重建工作，使地震灾区早日恢复正常的生产生活秩序，根据《国务院关于支持汶川地震灾后恢复重建政策措施的意见》（国发〔2008〕21号）的有关规定，现就支持汶川地震灾后恢复重建有关税收政策问题通知如下：

（一）关于减轻企业负担，促进企业尽快恢复生产的税收政策措施

1. 自2008年7月1日起，对受灾严重地区的所有行业（国家限制发展的特定行业除外）实行增值税扩大抵扣范围政策，允许企业新购进机器设备所含的增值税进项税额予以抵扣。具体实施办法由财政部、国家税务总局另行规定。

2. 对受灾严重地区损失严重的企业，免征2008年度企业所得税。

3. 自2008年5月12日起，受灾地区企业通过公益性社会团体、县级以上人民政府及其部门取得的抗震救灾和灾后恢复重建款项和物资，以及税收法律、法规和本通知规定的减免税金及附加收入，免征企业所得税。

4. 自2008年7月1日起，对受灾地区企业、单位或支援受灾地区重建的企业、单位进口国内不能满足供应并直接用于灾后重建的大宗物资、设备等，在三年内给予进口税收优惠。

各省、自治区、直辖市、计划单列市人民政府或国务院有关部门负责将所在地企业或归口管理的单位提交的直接用于灾后重建的进口国内不能满足供应的物资减免税申请汇总后报财政部，财政部会同有关部门审核提出处理意见，报请国务院批准后执行。

（二）关于减轻个人负担的税收政策措施

自2008年5月12日起，对受灾地区个人接受捐赠的款项、取得的各级政府发放的救灾款项；对抗震救灾一线人员，按照地方各级政府及其部门规定标准取得的与抗震救灾有关的补贴收入，免征个人所得税。

（三）关于支持受灾地区基础设施、房屋建筑物等恢复重建的税收政策措施

1. 对政府为受灾居民组织建设的安居房建设用地免征城镇土地使用税，转让时免征土地增值税。

2. 对地震中住房倒塌的农民重建住房占用耕地的，在规定标准内的部分免征耕地占用税。

3. 由政府组织建设的安居房，所签订的建筑工程勘察设计合同、建筑安装工程承包合同、产权转移书据、房屋租赁合同，免征印花税。

4. 对在地震中损毁的应缴而未缴契税的居民住房，不再征收契税；对受灾居民购买安居房，按法定税率减半征收契税。如因地震灾害灭失或损毁居民住房而重新购买住房（包括安居房）的，按照《财政部　国家税务总局关于认真落实抗震救灾及灾后重建税收政策问题的通知》（财税〔2008〕62号）的规定，准予减征或者免征契税，具体减免办法由受灾地区省级人民政府制定。

5. 经省级人民政府批准，对经有关部门鉴定的因地震灾害损毁的房产、土地免征2008年度房产税、城市房地产税和城镇土地使用税。对经批准免税的纳税人本年度已缴税款可以从以后年度的应缴税款中抵扣。

本通知所称安居房，按照国务院有关部门确定的标准执行。所称毁损的居民住房，是指经县级以上（含县级）人民政府房屋主管部门出具证明，在地震中倒塌或遭受严重破坏而不能居住的居民住房。

（四）关于鼓励社会各界支持抗震救灾和灾后恢复重建的税收政策措施

1. 自2008年5月12日起，对单位和个体经营者将自产、委托加工或购买的货物通过公益性社会团体、县级以上人民政府及其部门捐赠给受灾地区的，免征增值税、城市维护建设税及教育费附加。

2. 自2008年5月12日起，对企业、个人通过公益性社会团体、县级以上人民政府及其部门向受灾地区的捐赠，允许在当年企业所得税前和当年个人所得税前全额扣除。

3. 财产所有人将财产（物品）直接捐赠或通过公益性社会团体、县级以上人民政府及其部门捐赠给受灾地区或受灾居民所书立的产权转移书据，免征应缴纳的印花税。

4. 对专项用于抗震救灾和灾后恢复重建、能够提供由县级以上（含县级）人民政府或其授权单位出具的抗震救灾证明的新购特种车辆，免征车辆购置税。符合免税条件但已经征税的特种车辆，退还已征税款。

新购特种车辆是指2008年5月12日以后（含5月12日）购买的警车、消防车、救护车、工程救险车，且车辆的所有者是受灾地区单位或个人。

本通知中的捐赠行为须符合《中华人民共和国公益事业捐赠法》和《国务院办公厅关于加强汶川地震抗震救灾捐赠款物管理使用的通知》（国办发〔2008〕39号）的相关规定。

（五）关于促进就业的税收政策措施

1. 受灾严重地区的商贸企业、服务型企业（除广告业、房屋中介、典当、桑拿、按摩、氧吧外）、劳动就业服务企业中的加工型企业和街道社区具有加工性质的小型企业实体在新

增加的就业岗位中，招用当地因地震灾害失去工作的城镇职工，与其签订 1 年以上期限劳动合同并依法缴纳社会保险费的，经县级劳动保障部门认定，按实际招用人数和实际工作时间予以定额依次扣减营业税、城市维护建设税、教育费附加和企业所得税。

定额标准为每人每年 4000 元，可上下浮动 20%，由灾区省级人民政府根据本地区实际情况在此幅度内确定具体定额标准，并报财政部和国家税务总局备案。

按上述标准计算的税收扣减额应在企业当年实际应缴纳的营业税、城市维护建设税、教育费附加和企业所得税税额中扣减，当年扣减不足的，不得结转下年使用。

2. 受灾严重地区因地震灾害失去工作的城镇职工从事个体经营的（除建筑业、娱乐业以及销售不动产、转让土地使用权、广告业、房屋中介、桑拿、按摩、网吧、氧吧外），按每户每年 8000 元为限额依次扣减其当年实际应缴纳的营业税、城市维护建设税、教育费附加和个人所得税。纳税人年度应缴纳税款小于上述扣减限额的，以其实际缴纳的税款为限；大于上述扣减限额的，应以上述扣减限额为限。

（六）关于税收政策措施的适用范围

根据《民政部　发展改革委　财政部　国土资源部　地震局关于印发汶川地震灾害范围评估结果的通知》（民发〔2008〕105 号）的规定，本通知所称“受灾严重地区”是指极重灾区 10 个县（市）和重灾区 41 个县（市、区），“受灾地区”是指极重灾区 10 个县（市）、重灾区 41 个县（市、区）和一般灾区 186 个县（市、区）。具体名单见附件。

（七）关于税收政策措施的执行期限

以上政策措施，除增值税扩大抵扣范围政策外，凡未注明期限的，一律执行至 2008 年 12 月 31 日。

各地财政、税务部门要加强领导、周密部署，把大力支持灾后恢复重建工作作为当前的一项重要任务，贯彻落实好相关税收政策措施。同时，要密切关注上述政策措施的执行情况，对发现的问题及时向财政部、国家税务总局反映。

（八）附件：汶川地震灾害范围评估结果

1. 极重灾区。共 10 个县（市），分别是四川省汶川县、北川县、绵竹市、什邡市、青川县、茂县、安县、都江堰市、平武县、彭州市。

2. 重灾区。共 41 个县（市、区），其中：

四川省（29 个）：理县、江油市、广元市利州区、广元市朝天区、旺苍县、梓潼县、绵阳市游仙区、德阳市旌阳区、小金县、绵阳市涪城区、罗江县、黑水县、崇州市、剑阁县、三台县、阆中市、盐亭县、松潘县、苍溪县、芦山县、中江县、广元市元坝区、大邑县、宝兴县、南江县、广汉市、汉源县、石棉县、九寨沟县。

甘肃省（8 个）：文县、陇南市武都区、康县、成县、徽县、西和县、两当县、舟曲县。

陕西省（4 个）：宁强县、略阳县、勉县、宝鸡市陈仓区。

3. 一般灾区。共 186 个县（市、区），其中：

四川省（100 个）：郫县、成都市金牛区、成都市青白江区、成都市新都区、成都市成华区、成都市锦江区、成都市青羊区、成都市温江区、成都市武侯区、名山县、邛崃市、金堂县、南部县、蒲江县、成都市龙泉驿区、射洪县、乐山市金口河区、巴中市巴州区、新津县、丹巴县、南充市顺庆区、夹江县、天全县、丹棱县、金川县、通江县、雅安市雨城区、洪雅县、双流县、仁寿县、乐山市沙湾区、峨边彝族自治县、康定县、沐川县、仪陇县、马边彝族自治县、井研县、南充市高坪区、彭山县、犍为县、荥经县、荣县、西充县、泸定县、乐山市五通桥区、峨眉山市、简阳市、马尔康县、青神县、南充市嘉陵区、蓬安县、资阳市雁江区、眉山市东坡区、华蓥市、平昌县、乐山市市中区、营山县、安岳县、达州市通川区、乐至县、大英县、遂宁市船山区、万源市、甘洛县、威远县、遂宁市安居区、红原县、岳池县、达县、武胜县、广安市广安区、自贡市大安区、资中县、越西县、渠县、蓬溪县、自贡市自流井区、自贡市沿滩区、富顺县、内江市东兴区、自贡市贡井区、内江市市中区、隆昌县、屏山县、宜宾县、南溪县、大竹县、宜宾市翠屏区、若尔盖县、宣汉县、美姑县、雷波县、泸县、邻水县、开江县、阿坝县、道孚县、冕宁县、九龙县、高县。

甘肃省（32个）：礼县、宕昌县、清水县、崇信县、天水市秦州区、临潭县、武山县、甘谷县、灵台县、平凉市崆峒区、天水市麦积区、秦安县、迭部县、张家川县、通渭县、岷县、漳县、庄浪县、渭源县、泾川县、华亭县、静宁县、陇西县、镇原县、卓尼县、定西市安定区、庆阳市西峰区、会宁县、宁县、临洮县、碌曲县、康乐县。

陕西省（36个）：宝鸡市金台区、南郑县、留坝县、凤县、汉中市汉台区、陇县、麟游县、太白县、宝鸡市渭滨区、眉县、西乡县、岐山县、千阳县、城固县、扶风县、凤翔县、佛坪县、镇巴县、永寿县、洋县、石泉县、周至县、武功县、乾县、彬县、长武县、咸阳市杨凌区、兴平市、西安市碑林区、汉阴县、宁陕县、紫阳县、礼泉县、西安市雁塔区、户县、西安市莲湖区。

重庆市（10个）：合川区、荣昌县、潼南县、大足县、双桥区、铜梁县、北碚区、璧山县、永川区、梁平县。

云南省（3个）：绥江县、水富县、永善县。

宁夏回族自治区（5个）：隆德县、泾源县、西吉县、彭阳县、固原市原州区。

四、汶川地震灾区农村信用社的企业所得税问题（财税〔2010〕3号）

经国务院批准，现将汶川地震灾区农村信用社企业所得税有关政策问题通知如下：

1. 从2009年1月1日至2013年12月31日，对四川、甘肃、陕西、重庆、云南、宁夏等6省（自治区、直辖市）汶川地震灾区农村信用社继续免征企业所得税。

2. 本通知所称汶川地震灾区是指《民政部 发展改革委 财政部 国土资源部 地震局关于印发汶川地震灾害范围评估结果的通知》（民发〔2008〕105号）所规定的极重灾区10个县（市）、重灾区41个县（市、区）和一般灾区186个县（市、区）[详见本节三之（八）]。

第二节 地方商品储备的税收优惠政策

为支持地方商品储备发展，经国务院批准，现将地方商品储备有关税收政策明确如下（财税〔2008〕110号）：

1. 对承担地方粮、油、棉、糖、肉等商品储备任务的地方商品储备管理公司及其直属库取得的财政补贴收入免征营业税、企业所得税。

2. 对承担地方粮、油、棉、糖、肉等商品储备任务的地方商品储备管理公司及其直属库资金账簿免征印花税，对其经营上述地方储备商品业务过程中书立的购销合同免征印花税，对合同其他各方当事人应缴纳的印花税照章征收。

3. 对承担地方粮、油、棉、糖、肉等商品储备任务的地方商品储备管理公司及其直属库经营上述地方储备商品业务自用的房产、土地，免征房产税、城镇土地使用税。

上述所称地方商品储备管理公司及其直属库，是指承担由省级人民政府批准、财政拨付储备经费的粮、油、棉、糖、肉等5种储备商品的地方商品储备企业。

本规定执行期限为发文之日（2008年8月15日）至2008年12月31日。

第三节　赞助第29届奥运会的税收政策

现将普华永道中天会计师事务所有限公司（以下简称普华永道公司）及其关联机构对第29届奥林匹克运动会组织委员会（以下简称北京奥组委）提供现金及审计、咨询相关服务形式赞助的有关税收事宜通知如下（国税函〔2008〕286号）：

1. 对普华永道公司及其关联机构向北京奥组委提供的现金赞助支出以及按照市场价格确认的服务形式赞助支出，应先计入营业收入，同时可以按照《财政部　国家税务总局　海关总署关于第29届奥运会税收政策问题的通知》（财税〔2003〕10号）第二条第（四）款的规定，以当年实际发生数在计算企业应纳税所得额时予以全额扣除。

2. 对普华永道公司及其关联机构向北京奥组委无偿提供审计、咨询等相关赞助服务不征收营业税、城市维护建设税和教育费附加。

以上普华永道公司的关联机构是指：普华永道咨询（深圳）有限公司、普华永道国际贸易咨询（上海）有限公司、普华永道商务咨询（上海）有限公司。

第四节　中国清洁发展机制基金及清洁发展机制项目实施企业的企业所得税政策

经国务院批准，现就中国清洁发展机制基金（以下简称清洁基金）和清洁发展机制项目（以下简称CDM项目）实施企业的有关企业所得税政策明确如下（财税〔2009〕30号）：

一、关于清洁基金的企业所得税政策

对清洁基金取得的下列收入，免征企业所得税：

1. CDM项目温室气体减排量转让收入上缴国家的部分；

2. 国际金融组织赠款收入；

3. 基金资金的存款利息收入、购买国债的利息收入；

4. 国内外机构、组织和个人的捐赠收入。

二、关于CDM项目实施企业的企业所得税政策

1. CDM项目实施企业按照《清洁发展机制项目运行管理办法》（发展改革委、科技部、外交部、财政部令第37号）的规定，将温室气体减排量的转让收入，按照以下比例上缴给国家的部分，准予在计算应纳税所得额时扣除：

（1）氢氟碳化物（HFC）和全氟碳化物（PFC）类项目，为温室气体减排量转让收入的65%；

（2）氧化亚氮（N_2O）类项目，为温室气体减排量转让收入的30%；

（3）《清洁发展机制项目运行管理办法》第四条规定的重点领域以及植树造林项目等类清洁发展机制项目，为温室气体减排量转让收入的2%。

2. 对企业实施的将温室气体减排量转让收入的65%上缴给国家的HFC和PFC类CDM项

目，以及将温室气体减排量转让收入的 30%上缴给国家的 N_2O 类 CDM 项目，其实施该类 CDM 项目的所得，自项目取得第一笔减排量转让收入所属纳税年度起，第一年至第三年免征企业所得税，第四年至第六年减半征收企业所得税。

企业实施 CDM 项目的所得，是指企业实施 CDM 项目取得的温室气体减排量转让收入扣除上缴国家的部分，再扣除企业实施 CDM 项目发生的相关成本、费用后的净所得。

企业应单独核算其享受优惠的 CDM 项目的所得，并合理分摊有关期间费用，没有单独核算的，不得享受上述企业所得税优惠政策。

本通知自 2007 年 1 月 1 日起执行。

第五节　下岗失业人员再就业的税收政策

本节介绍现行的下岗失业人员再就业税收政策。

一、延长下岗失业人员再就业的税收政策（财税〔2009〕23 号）

为进一步促进下岗失业人员再就业，根据《国务院关于做好当前经济形势下就业工作的通知》（国发〔2009〕4 号）精神，现就延长下岗失业人员再就业有关税收政策问题通知如下：

1. 对持《再就业优惠证》人员从事个体经营的，3 年内按每户每年 8000 元为限额依次扣减其当年实际应缴纳的营业税、城市维护建设税、教育费附加和个人所得税。

2. 对符合条件的企业在新增加的岗位中，当年新招用持《再就业优惠证》人员，与其签订 1 年以上期限劳动合同并缴纳社会保险费的，3 年内按实际招用人数予以定额依次扣减营业税、城市维护建设税、教育费附加和企业所得税。定额标准为每人每年 4000 元，可上下浮动 20%。由各省、自治区、直辖市人民政府根据本地区实际情况在此幅度内确定具体定额标准，并报财政部和国家税务总局备案。

3. 上述税收优惠政策的审批期限为 2009 年 1 月 1 日至 2009 年 12 月 31 日。具体操作办法继续按照《财政部国家税务总局关于下岗失业人员再就业有关税收政策问题的通知》（财税〔2005〕186 号）和《国家税务总局劳动和社会保障部关于下岗失业人员再就业有关税收政策具体实施意见的通知》（国税发〔2006〕8 号）的相关规定执行。

二、财税〔2005〕186 号的规定

为促进下岗失业人员再就业工作，根据《国务院关于进一步加强就业再就业工作的通知》（国发〔2005〕36 号）精神，经国务院同意，现就下岗失业人员再就业有关税收政策问题通知如下：

1. 对商贸企业、服务型企业（除广告业、房屋中介、典当、桑拿、按摩、氧吧外）、劳动就业服务企业中的加工型企业和街道社区具有加工性质的小型企业实体，在新增加的岗位中，当年新招用持《再就业优惠证》人员，与其签订 1 年以上期限劳动合同并依法缴纳社会保险费的，按实际招用人数予以定额依次扣减营业税、城市维护建设税、教育费附加和企业所得税优惠。定额标准为每人每年 4000 元，可上下浮动 20%，由各省、自治区、直辖市人民政府根据本地区实际情况在此幅度内确定具体定额标准，并报财政部和国家税务总局备案。

按上述标准计算的税收扣减额应在企业当年实际应缴纳的营业税、城市维护建设税、教育费附加和企业所得税税额中扣减，当年扣减不足的，不得结转下年使用。

对 2005 年底前核准享受再就业减免税政策的企业，在剩余期限内仍按原优惠方式继续享受减免税政策至期满。

2. 对持《再就业优惠证》人员从事个体经营的（除建筑业、娱乐业以及销售不动产、转让土地使用权、广告业、房屋中介、桑拿、按摩、网吧、氧吧外），按每户每年 8000 元为限额依次扣减其当年实际应缴纳的营业税、城市维护建设税、教育费附加和个人所得税。纳税人年度应缴纳税款小于上述扣减限额的以其实际缴纳的税款为限；大于上述扣减限额的应以上述扣减限额为限。

对 2005 年底前核准享受再就业减免税优惠的个体经营人员，从 2006 年 1 月 1 日起按上述政策规定执行，原政策优惠规定停止执行。

3. 对国有大中型企业通过主辅分离和辅业改制分流安置本企业富余人员兴办的经济实体（从事金融保险业、邮电通信业、娱乐业以及销售不动产、转让土地使用权，服务型企业中的广告业、桑拿、按摩、氧吧，建筑业中从事工程总承包的除外），凡符合以下条件的，经有关部门认定，税务机关审核，3 年内免征企业所得税。

（1）利用原企业的非主业资产、闲置资产或关闭破产企业的有效资产；

（2）独立核算、产权清晰并逐步实行产权主体多元化；

（3）吸纳原企业富余人员达到本企业职工总数 30%以上（含 30%），从事工程总承包以外的建筑企业吸纳原企业富余人员达到本企业职工总数 70%以上（含 70%）；

（4）与安置的职工变更或签订新的劳动合同。

4. 本通知所称的下岗失业人员是指：①国有企业下岗失业人员；②国有企业关闭破产需要安置的人员；③国有企业所办集体企业（厂办大集体企业）下岗职工；④享受最低生活保障且失业 1 年以上的城镇其他登记失业人员。

5. 本通知所称的国有企业所办集体企业（厂办大集体企业）是指 20 世纪 70、80 年代，由国有企业批准或资助兴办的，以安置回城知识青年和国有企业职工子女就业为目的，主要向主办国有企业提供配套产品或劳务服务，在工商行政机关登记注册为集体所有制的企业。

厂办大集体企业下岗职工包括在国有企业混岗工作的集体企业下岗职工。对特别困难的厂办大集体企业关闭或依法破产需要安置的人员，有条件的地区也可纳入《再就业优惠证》发放范围，具体办法由省级人民政府制定。

本通知所称的服务型企业是指从事现行营业税“服务业”税目规定经营活动的企业。

6. 上述优惠政策审批期限为 2006 年 1 月 1 日至 2008 年 12 月 31 日。税收优惠政策在 2008 年底之前执行未到期的，可继续享受至 3 年期满为止。此前规定与本通知不一致的，以本通知为准。如果企业既适用本通知规定的优惠政策，又适用其他扶持就业的优惠政策，企业可选择适用最优惠的政策，但不能累加执行。

国家今后对税收制度进行改革，有关税收优惠政策按新的税收规定执行。

三、国税发〔2006〕8 号的规定

为贯彻落实《国务院关于进一步加强就业再就业工作的通知》（国发〔2005〕36 号）和《财政部　国家税务总局关于下岗失业人员再就业税收政策问题的通知》（财税〔2005〕186 号，即本节一）的精神，经国务院同意，现将下岗失业人员再就业有关税收政策的具体实施意见明确如下：

（一）企业吸纳下岗失业人员的认定、审核程序

可申请享受再就业有关税收政策的企业实体包括服务型企业（除广告业、房屋中介、典

当、桑拿、按摩、氧吧外)、商贸企业、劳动就业服务企业中的加工型企业和街道社区具有加工性质的小型企业实体(以下简称“企业”)。

1. 认定申请。企业吸纳下岗失业人员的认定工作由劳动保障部门负责。

企业在新增岗位中新招用持《再就业优惠证》人员,与其签订1年以上期限劳动合同并缴纳社会保险费的,可向当地县级以上(含县级,下同)劳动保障部门递交认定申请。企业认定申请时需报送下列材料:

(1)新招用下岗失业人员持有的《再就业优惠证》;

(2)企业工资支付凭证(工资表);

(3)职工花名册(企业盖章);

(4)企业与新招用持有《再就业优惠证》人员签订的劳动合同(副本);

(5)企业为职工缴纳的社会保险费记录;

(6)《持〈再就业优惠证〉人员本年度在企业预定(实际)工作时间表》(见附件);

(7)劳动保障部门要求的其他材料。

其中,劳动就业服务企业要提交《劳动就业服务企业证书》。

2. 认定办法。县级以上劳动保障部门接到企业报送的材料后,重点核查下列材料:一是核查当期新招用的人员是否属于财税〔2005〕186号文件中规定的享受税收扶持政策对象,《再就业优惠证》是否已加盖税务部门戳记,已加盖税务部门戳记的新招用的人员不再另享受税收优惠政策;二是核查企业是否与下岗失业人员签订了1年以上期限的劳动合同;三是企业为新招用的下岗失业人员缴纳社会保险费的记录;四是《持〈再就业优惠证〉人员本年度在企业预定(实际)工作时间表》和企业上年职工总数是否真实,企业是否用当年比上年新增岗位(职工总数增加部分)安置下岗失业人员。必要时,应深入企业进行现场核实。

经县级以上劳动保障部门核查属实,对符合条件的企业,核发《企业实体吸纳下岗失业人员认定证明》,并在《持〈再就业优惠证〉人员本年度在企业预定(实际)工作时间表》加盖认定戳记,作为认定证明的附表。

3. 企业申请税收减免程序。

(1)具有县级以上劳动保障部门核发的《企业实体吸纳下岗失业人员认定证明》及加盖劳动保障部门认定戳记的《持〈再就业优惠证〉人员本年度在企业预定(实际)工作时间表》的企业可依法向主管税务机关申请减免税,并同时报送下列材料:

①减免税申请表;

②《企业实体吸纳下岗失业人员认定证明》及其附表;

③《再就业优惠证》及主管税务机关要求的其他材料。

(2)经县级以上主管税务机关按财税〔2005〕186号文件规定条件审核无误的,按下列办法确定减免税:

①营业税、城市维护建设税、教育费附加和企业所得税均由地方税务局征管的,由主管税务机关在审批时按劳动保障部门认定的企业吸纳人数和签订的劳动合同时间预核定企业减免税总额,在预核定减免税总额内每月依次预减营业税、城市维护建设税、教育费附加。纳税人实际应缴纳的营业税、城市维护建设税、教育费附加小于预核定减免税总额的,以实际应缴纳的营业税、城市维护建设税、教育费附加为限;实际应缴纳的营业税、城市维护建设税、教育费附加大于预核定减免税总额的,以预核定减免税总额为限。

年度终了，如果实际减免的营业税、城市维护建设税、教育费附加小于预核定的减免税总额，在企业所得税汇算清缴时扣减企业所得税。当年扣减不足的，不再结转以后年度扣减。

主管税务机关应当按照财税〔2005〕186号文件第一条规定，预核定企业减免税总额，其计算公式为：

企业预核定减免税总额 = ∑每名下岗失业人员本年度在本企业预定工作月份/12 × 定额。

企业自吸纳下岗失业人员的次月起享受税收优惠政策。

②营业税、城市维护建设税、教育费附加与企业所得税分属国家税务局和地方税务局征管的，统一由企业所在地主管地方税务局按前款规定的办法预核定企业减免税总额并将核定结果通报当地国家税务局。年度内先由主管地方税务局在核定的减免总额内每月依次预减营业税、城市维护建设税、教育费附加。如果企业实际减免的营业税、城市维护建设税、教育费附加小于核定的减免税总额的，县级地方税务局要在次年1月底之前将企业实际减免的营业税、城市维护建设税、教育费附加和剩余额度等信息交换给同级国家税务局，剩余额度由主管国家税务局在企业所得税汇算清缴时按企业所得税减免程序扣减企业所得税。当年扣减不足的，不再结转以后年度扣减。

各级国家税务局、地方税务局要根据上述精神，结合本地区实际情况，从方便纳税人的角度，建立健全工作协作、信息交换制度，切实落实好再就业税收政策。

(3) 企业在认定或年度检查合格后，年度终了前招用下岗失业人员发生变化的，企业应当在人员变化次月按照本通知第一条第（一）、（二）项的规定申请认定。对人员变动较大的企业，主管税务机关可按前两款的规定调整一次预核定，具体办法由省级税务机关制定。

企业应当于次年1月10日前按照本通知第一条第（三）项的规定和劳动保障部门出具的《持〈再就业优惠证〉人员本年度在企业预定（实际）工作时间表》补充申请减免税。主管税务机关应当按照通知第一条第（三）项的规定重新核定企业年度减免税总额，税务机关根据企业实际减免营业税、城市维护建设税、教育费附加的情况，为企业办理减免企业所得税或追缴多减免的税款。

企业年度减免税总额的计算公式为：企业年度减免税总额 = ∑每名下岗失业人员本年度在本企业实际工作月份/12 × 定额。

(4) 第二年及以后年度以当年新招用人员、原招用人员及其工作时间按上述程序和办法执行。每名下岗失业人员享受税收政策的期限最长不得超过3年。

（二）国有大中型企业分流安置本企业富余人员兴办经济实体的认定、审核程序

国有大中型企业通过主辅分离和辅业改制分流安置本企业富余人员兴办的经济实体（以下简称“经济实体”）的认定、审核程序按照财税〔2005〕186号文件第三条、《国家税务总局 劳动和社会保障部关于促进下岗失业人员再就业税收政策具体实施意见的通知》（国税发〔2002〕160号）第五条的有关规定执行。其中企业认定的主管部门为财政部门、国有资产监督管理部门（经贸部门）和劳动保障部门。

上述（国税发〔2002〕160号）第五条的规定内容为：

“五、国有大中型企业通过主辅分离和辅业改制分流安置本企业富余人员兴办的经济实体（以下简称‘经济实体’）的认定、审核程序

（一）经济实体申请认定

经济实体，符合下列条件的，可向其主管财政部门、经贸部门和劳动保障部门申请认定：

1. 利用原企业的非主业资产、闲置资产或政策性破产关闭企业的有效资产（以下简称“三类资产”）；

2. 独立核算，产权清晰并逐步实现产权主体多元化；

3. 吸纳原企业富余人员占职工总数达到30%以上（含30%）；

4. 与安置的职工变更或签订新的劳动合同。

其中，地方企业“三类资产”的认定由财政部门出具证明；主辅分离、辅业改制的认定及其产权多元化的认定由经贸部门出具证明；富余人员的认定、签订劳动合同以及安置比例由劳动保障部门出具证明。中央企业需出具国家经贸委、财政部、劳动和社会保障部联合批复意见和集团公司（总公司）的认定证明，具体办法按国家经贸委等八部门联合下发的《关于国有大中型企业主辅分离辅业改制分流安置富余人员的实施办法》（国经贸企改〔2002〕859号）执行。

（二）具有上述证明的经济实体申请减免税的，应向其当地主管税务机关报送下列材料：

1. 营业执照副本；

2. 税务登记证副本；

3. 由财政部门出具的《“三类资产”认定证明》；

4. 由经贸部门出具的主辅分离或辅业改制的证明；

5. 由经贸部门出具的《产权结构证明》（或《产权变更证明》）；

对中央企业兴办的经济实体，上述3、4、5项是指由国家经贸委、财政部、劳动和社会保障部联合出具的批复意见和集团公司（总公司）出具的认定证明。

6. 由劳动保障部门出具《经济实体安置富余人员认定证明》；

7. 经济实体职工花名册；

8. 原企业与安置的富余人员劳动关系的变更协议及经济实体与富余人员签订的新的劳动合同（副本）；

9. 经济实体工资支付凭证（工资表）；

10. 经济实体为所安置的富余人员个人缴纳社会保险费的记录；

11. 主管税务机关要求的其他材料。

（三）认定办法

1. 核查材料。主管税务机关接到经济实体报送的材料后，重点核查下列材料：一是由经贸部门出具的主辅分离或辅业改制的证明和《产权结构证明》（或《产权变更证明》）；二是由财政部门出具的国有企业的《“三类资产”认定证明》；三是由劳动保障部门出具的《经济实体安置富余人员认定证明》，具体包括：经济实体安置的富余人员是否属于《通知》中规定的享受税收扶持政策对象；经济实体安置的富余人员占企业职工总数的比例；经济实体是否与安置的富余人员签订了新的劳动合同；经济实体为安置的富余人员缴纳社会保险费的记录。必要时，应深入经济实体进行现场核实。

2. 人员比例计算公式。经济实体当年安置本企业富余人员比例的计算公式为：当年安置本企业富余人员占职工总数的比例 = 当年安置本企业富余人员人数/企业职工总数（上年年底职工总数 + 当年新安置富余人员人数）× 100%。

（四）经济实体享受的税收扶持政策

经县级以上税务机关审核同意后，对符合条件的经济实体，三年内免征企业所得税。”

（三）减免税的申请

下岗失业人员从事个体经营的，领取税务登记证后，可持下列材料向其所在地主管税务机关申请减免税：

①减免税申请；

②《再就业优惠证》；

③主管税务机关要求提供的其他材料。

经县级以上税务机关按照财税〔2005〕186号文件第二条规定的条件审核同意的，在年度减免税限额内，依次减免营业税、城市维护建设税、教育费附加和个人所得税。

纳税人的实际经营期不足一年的，主管税务机关应当以实际月份换算其减免税限额。换算公式为：减免税限额＝年度减免税限额÷12×实际经营月数。

纳税人实际应缴纳的营业税、城市维护建设税、教育费附加和个人所得税小于年度减免税限额的，以实际应缴纳的营业税、城市维护建设税、教育费附加和个人所得税税额为限；实际应缴纳的营业税、城市维护建设税、教育费附加和个人所得税大于年度减免税限额的，以年度减免税限额为限。

对2005年12月31日之前经主管税务机关批准享受再就业税收政策的个体经营者，减免税期限未满的，在其剩余的减免税期限内，自2006年1月1日起按本条规定的减免税办法执行。

（四）监督管理

主管税务机关应当在审批减免税时，在《再就业优惠证》中加盖戳记，注明减免税所属时间。

年度检查制度、《认定证明》和《再就业优惠证》管理制度按照《国家税务总局　劳动和社会保障部关于促进下岗失业人员再就业税收政策具体实施意见的通知》（国税发〔2002〕160号）第七条第（一）、（二）项（请见本节四）和《国家税务总局　劳动和社会保障部关于加强〈再就业优惠证〉管理推进再就业税收政策落实的通知》（国税发〔2005〕46号）（请见本节四）的有关规定执行。享受财税〔2005〕186号文件第一条规定的企业，年检需要报送材料中增加《持〈再就业优惠证〉人员本年度在企业预定（实际）工作时间表》，原规定中《新办服务型企业吸纳下岗失业人员认定证明》、《现有商贸企业吸纳下岗失业人员认定证明》、《新办商贸企业吸纳下岗失业人员认定证明》、《现有服务型企业吸纳下岗失业人员认定证明》由《企业实体吸纳下岗失业人员认定证明》代替。

（五）执行与废止

本通知自2006年1月1日起执行。《国家税务总局　劳动和社会保障部关于促进下岗失业人员再就业税收政策具体实施意见的通知》（国税发〔2002〕160号）第一、二、三、四、六条，《国家税务总局　劳动和社会保障部关于落实劳动就业服务企业中的加工型企业和街道社区具有加工性质的小型企业实体再就业税收政策具体实施意见的通知》（国税发〔2003〕103号）第一、二条，《国家税务总局关于下岗失业人员从事个体经营有关税收政策问题的通知》（国税发〔2004〕93号）同时废止。《国家税务总局关于进一步明确若干再就业税收政策问题的通知》（国税发〔2003〕119号）（请见本节六）适用于新的再就业税收政策。

四、（国税发〔2002〕160号）第七条第（一）、（二）项的规定

"七、监督管理

（一）建立健全年度检查制度

各级劳动保障部门、税务部门共同负责本地区年检工作。年检的主要目的是检查企业是

表 20-1　　持《再就业优惠证》人员本年度在企业预定（　　）实际（　　）工作时间表（样式）

企业名称（盖章）：　　　　　　　　　　　　　　年度

序号	录用人员姓名	《再就业优惠证》编号	在本企业预定（实际）工作时间（单位：月）

劳动保障部门审批意见（盖章）：

注：企业申请预核定减免税时，在预定（　　）中划∨；企业在认定后，年度终了前招用下岗失业人员发生变化的，在实际（　　）中划∨。

否符合国家规定，具备享受扶持政策的条件，防止和杜绝骗税、逃税情况的发生，凡经年检合格的，由税务部门核准继续给予企业或个人享受相关减免税待遇。

1. 企业要按照年检内容和工作要求，首先做好自查自检。

2. 参加年检的企业应向当地的劳动保障部门递交下列材料（一式两份）：

(1)《新办服务型企业吸纳下岗失业人员认定证明》、《新办商贸企业吸纳下岗失业人员认定证明》、《现有服务型企业吸纳下岗失业人员认定证明》、《现有商贸企业吸纳下岗失业人员认定证明》或《经济实体安置富余人员认定证明》（以下通称《认定证明》）；

(2) 新招用下岗失业人员的《再就业优惠证》；

(3) 填写《年度检查报告书》（一式四份）；

(4) 上年度及本年度上半年财务报表；

(5) 职工花名册；

(6) 工资报表；

(7) 与吸纳的下岗失业人员或被安置的富余人员签订的劳动合同；

(8) 社会保险缴费记录。

各级劳动保障部门、税务部门对企业报送的年检材料要及时认真审查。对不符合要求的，要尽快通知企业限期进行整改；对限期整改后，仍达不到要求的，不得继续享受减免税优惠政策，并追缴已减免税款。

对年检合格的企业，由劳动保障部门在《认定证明》上加盖“年检合格”印戳。

3. 年检工作结束后，劳动保障部门、税务部门应将年检资料装订成册，分别归档备查。

不参加年检的企业不得继续享受税收优惠政策。

在年检中发现弄虚作假，伪造《认定证明》和骗取税收扶持政策的，应缴销《认定证明》、追缴所骗税款，情节严重的，应移交司法部门处理。

各省、自治区、直辖市和计划单列市劳动保障部门、税务部门应根据本地区的实际情况，联合做好重点抽查工作。抽查企业不得少于各类应享受税收优惠政策企业的15%。劳动和社会保障部与国家税务总局每年对各地年检认证及享受税收政策情况组织抽查，对抽查中发现的问题要全国通报。

对从事个体经营的下岗失业人员，申请继续享受税收扶持政策的，应持有经县以上劳动保障部门年检的《再就业优惠证》，申请办理本年度减免税手续。

（二）加强《认定证明》的管理

1.《认定证明》由劳动和社会保障部制定统一式样，并负责监制。

2.《认定证明》由各省、自治区、直辖市劳动保障部门负责印制，统一编号备案。

3. 企业关闭破产改变其性质时，发证机关应及时收回《认定证明》。

4. 任何单位或个人不得伪造、涂改、转让《认定证明》，违者将依法予以惩处。”

劳动就业服务企业中的加工企业和街道社区具有加工性质的小型企业实体的监督管理工作，参照上述规定办理（国税发〔2003〕103号之三）。

五、（国税发〔2005〕46号）的规定

（一）县级以上劳动保障部门和税务部门要建立下岗失业人员再就业信息交换和协查制度。劳动保障部门要定期将《再就业优惠证》发放情况以电子、纸制文件等形式通报同级税务机关。省级劳动保障部门可根据实际情况，建立省内联网的《再就业优惠证》信息查询系统，也可采取其他形式与税务等部门建立《再就业优惠证》信息查询制度。

各级税务部门对《再就业优惠证》有疑问的，可提请同级劳动保障部门予以协查，同级劳动保障部门应根据具体情况规定合理的工作时限，在时限内将协查结果通报提请协查的税务机关。县级以上劳动保障部门和税务部门可就再就业税收政策执行中的其他相关问题建立通报、协查制度。

（二）各级劳动保障部门要严格按照国家统一规定的范围和程序发放《再就业优惠证》。对已发放的《再就业优惠证》要及时汇总并注明领证人员的相关信息。劳动保障部门在审核、认定工作中，对已经被企业吸纳的下岗失业人员，应在其《再就业优惠证》上注明持证人已经就业的内容（印戳）。

（三）各级税务部门在审批企业享受再就业税收优惠政策时，要严格审查《再就业优惠证》的使用情况，发现有疑问的，应按照本通知第一条的规定，与劳动保障部门提供的《再就业优惠证》发放信息对照或提请劳动保障部门协查。对经审核，符合减免税条件的，主管税务部门要在各《再就业优惠证》上注明持证人已经享受了税收优惠政策的内容（印戳）。

（四）对持《再就业优惠证》从事个体经营的下岗失业人员，主管税务机关在审批其减免税时，按照本通知第三条的规定执行。个人持同一《再就业优惠证》开办多个有营业执照的经营项目的，必须严格按照国税发〔2003〕119号文件（请见本节六）的有关规定执行。

（五）经劳动保障等有关部门审核确认，确通过伪造、变造、买卖、借用等不正当手段取得《再就业优惠证》申请减免税的人员，主管税务机关不得批准其享受再就业优惠政策。对采取上述手段已经获取减免税的单位和个人，主管税务机关要追缴其已减免的税款，并依法予以处罚，涉嫌犯罪的移送司法机关追究其刑事责任。对出借、转让《再就业优惠证》的下岗失业人员，主管劳动保障部门要收回其《再就业优惠证》并记录在案。

各级税务和劳动保障部门要相互支持、紧密配合，切实做好信息交换和协查工作，确保各项再就业税收政策真正落到实处。

本通知自发文之日（2005年3月24日）起实施。

六、（国税发〔2003〕119号）的规定

（一）关于下岗失业人员持同一《再就业优惠证》申请税收减免的问题

对下岗失业人员持同一《再就业优惠证》开办多个有营业执照的经营项目，如连锁经营门店或门市部。该类下岗失业人员只能选择其中一个营业执照的经营项目申请减免税，其他具有营业执照的经营项目不得重复享受税收优惠政策。

（二）关于从事增值税应税项目的个体经营活动如何适用税收优惠政策问题

下岗失业人员从事增值税应税项目的个体经营活动，按照财税〔2002〕208号文件（请见本节七，下同）的规定，免征城市维护建设税、教育费附加和个人所得税，照章征收增值税。

（三）关于个人独资企业和个人合伙企业税收优惠政策的适用问题

个人独资企业和个人合伙企业吸纳下岗失业人员达到规定比例，并符合财税〔2002〕208号文件规定的其他条件的，执行财税〔2002〕208号文件第一条、第二条的政策，但不包括个人所得税。

（四）关于下岗失业人员从事个体经营享受减免税的期限问题

财税〔2002〕208号文件第五条中“自领取税务登记证之日起，3年内免征营业税、城市维护建设税、教育费附加和个人所得税”是指，符合条件的个体经营者，自领取税务登记证之日起，可向税务机关提出减免税申请，对经主管税务机关审核批准的，其免税的起始时间自领取税务登记证之日起计算。

（五）关于服务型企业兼营桑拿、按摩等项目适用政策问题

对服务型企业兼营桑拿、按摩等不予免税项目的，企业应当将不予免税项目与免税项目收入分别核算，不能分别核算的，免税项目收入不得享受税收优惠政策。

（六）关于企业吸纳下岗失业人员比例的计算问题

企业（经济实体）吸纳下岗失业人员（富余人员）比例，在企业申请享受减免税资格时，以主管税务机关核实的人员比例作为预缴（预免）企业所得税的依据。在汇算清缴时，以每一纳税年度内企业（经济实体）各月实际吸纳下岗失业人员（富余人员）的平均比例作为适用政策的依据，不足一年的，按实际月数计算。

计算公式中的职工总数包括与企业签订一年以上用工合同的临时工、合同工等，但不应包括本企业的离退休人员。

（七）关于外商投资企业是否适用再就业税收优惠政策的问题

财税〔2002〕208号和国税发〔2002〕160号等文件中规定的再就业优惠政策中，有关营业税的优惠政策适用外商投资企业，企业所得税政策不适用外商投资企业。

七、（财税〔2002〕208号）的规定

1. 对新办的服务型企业（除广告业、桑拿、按摩、网吧、氧吧外）当年新招用下岗失业人员达到职工总数30%以上（含30%），并与其签订3年以上期限劳动合同的，经劳动保障部门认定，税务机关审核，3年内免征营业税、城市维护建设税、教育费附加和企业所得税。

企业当年新招用下岗失业人员不足职工总数30%，但与其签订3年以上期限劳动合同的，经劳动保障部门认定，税务机关审核，3年内可按计算的减征比例减征企业所得税。减征比例 =（企业当年新招用的下岗失业人员 ÷ 企业职工总数 × 100%）× 2。

2. 对新办的商贸企业（从事批发、批零兼营以及其他非零售业务的商贸企业除外），当年新招用下岗失业人员达到职工总数30%以上（含30%），并与其签订3年以上期限劳动合同的，经劳动保障部门认定，税务机关审核，3年内免征城市维护建设税、教育费附加和企业所得税。

企业当年新招用下岗失业人员不足职工总数30%，但与其签订3年以上期限劳动合同的，经劳动保障部门认定，税务机关审核，3年内可按计算的减征比例减征企业所得税。减征比例=（企业当年新招用的下岗失业人员÷企业职工总数×100%）×2。

3. 对现有的服务型企业（除广告业、桑拿、按摩、网吧、氧吧外）和现有的商贸企业（从事批发、批零兼营以及其他非零售业务的商贸企业除外）新增加的岗位，当年新招用下岗失业人员达到职工总数30%以上（含30%），并与其签订3年以上期限劳动合同的，经劳动保障部门认定，税务机关审核，3年内对年度应缴纳的企业所得税额减征30%。

4. 对国有大中型企业通过主辅分离和辅业改制分流安置本企业富余人员兴办的经济实体（以下除外：金融保险业、邮电通信业、建筑业、娱乐业以及销售不动产、转让土地使用权，服务型企业中的广告业、桑拿、按摩、网吧、氧吧，商贸企业中从事批发、批零兼营以及其他非零售业务的企业），凡符合以下条件的，经有关部门认定，税务机关审核，3年内免征企业所得税。

（1）利用原企业的非主业资产、闲置资产或关闭破产企业的有效资产；

（2）独立核算、产权清晰并逐步实行产权主体多元化；

（3）吸纳原企业富余人员达到本企业职工总数30%以上（含30%）；

（4）与安置的职工变更或签订新的劳动合同。

5. 对下岗失业人员从事个体经营（除建筑业、娱乐业以及广告业、桑拿、按摩、网吧、氧吧外）的，自领取税务登记证之日起，3年内免征营业税、城市维护建设税、教育费附加和个人所得税。

上述规定的对下岗失业人员从事个体经营活动免征营业税，是指其雇工7人（含7人）以下的个体经营行为。下岗失业人员从事经营活动雇工8人（含8人）以上，无论其领取的营业执照是否注明为个体工商业户，均按照新办服务型企业有关营业税优惠政策执行（财税〔2004〕228号）。

此前关于下岗失业人员再就业营业税优惠政策与本规定不一致的，以本规定为准。其他有关营业税优惠政策仍按原有规定执行（财税〔2004〕228号）。

6. 提高营业税和增值税的起征点。提高增值税的起征点：将销售货物的起征点幅度由现行月销售额600~2000元提高到2000~5000元；将销售应税劳务的起征点幅度由现行月销售额200~800元提高到1500~3000元；将按次纳税的起征点幅度由现行每次（日）销售额50~80元提高到每次（日）150~200元。

提高营业税的起征点：将按期纳税的起征点幅度由现行月销售额200~800元提高到1000~5000元；将按次纳税的起征点由现行每次（日）营业额50元提高到每次（日）营业额100元。

上述提高营业税和增值税起征点的规定，适用于所有个人，自2003年1月1日起执行。执行期限不受本通知第8条关于截止日期的限制（财税〔2004〕228号）。

7. 本《通知》所称的新办企业是指《中共中央国务院关于进一步做好下岗失业人员再就业工作的通知》（中发〔2002〕12号）下发后新组建的企业。原有的企业合并、分立、改制、改组、扩建、搬迁、转产以及吸收新成员、改变领导（或隶属）关系、改变企业名称的，不能视为新办企业。

本《通知》所称的服务型企业是指从事现行营业税"服务业"税目规定的经营活动的企业。

原有的企业合并、分立、改制、改组、扩建、搬迁、转产以及吸收新成员、改变隶属关系、改变企业名称和企业法人代表的，不能视为新办企业（财税〔2004〕228号）。

本《通知》所称的下岗失业人员是指：1. 国有企业的下岗职工；2. 国有企业的失业人员；3. 国有企业关闭破产需要安置的人员；4. 享受最低生活保障并且失业一年以上的城镇其他失业人员。

8. 上述优惠政策执行期限为2003年1月1日至2005年12月31日。

对于在《中共中央国务院关于进一步做好下岗失业人员再就业工作的通知》（中发〔2002〕12号）下发之日至2002年12月31日期间组建，并于2003年1月1日前通过劳动保障部门认定和税务机关审核的企业，从2003年1月1日起3年内享受该政策；对于在《中共中央国务院关于进一步做好下岗失业人员再就业工作的通知》（中发〔2002〕12号）下发之日至2002年12月31日期间组建，但在2003年1月1日后（含2003年1月1日）通过劳动保障部门认定和税务机关审核，以及在2003年1月1日后（含2003年1月1日）组建，并通过劳动保障部门认定和税务机关审核的企业，从通过税务机关审核之日至2005年12月31日享受该政策。

9. 本《通知》下发之后，现行有关劳动就业服务企业的税收优惠政策以及其他扶持就业的税收优惠政策，仍按原规定执行。如果企业既适用本《通知》规定的优惠政策，又适用原有的优惠政策，企业可选择适用最优惠的政策，但不能累加执行。

第六节 廉租住房、经济适用住房和住房租赁的税收政策

为贯彻落实《国务院关于解决城市低收入家庭住房困难的若干意见》（国发〔2007〕24号）精神，促进廉租住房、经济适用住房制度建设和住房租赁市场的健康发展，经国务院批准，现将有关税收政策通知如下（财税〔2008〕24号）：

一、支持廉租住房、经济适用住房建设的税收政策

1. 对廉租住房经营管理单位按照政府规定价格、向规定保障对象出租廉租住房的租金收入，免征营业税、房产税。

2. 对廉租住房、经济适用住房建设用地以及廉租住房经营管理单位按照政府规定价格、向规定保障对象出租的廉租住房用地，免征城镇土地使用税。

开发商在经济适用住房、商品住房项目中配套建造廉租住房，在商品住房项目中配套建造经济适用住房，如能提供政府部门出具的相关材料，可按廉租住房、经济适用住房建筑面积占总建筑面积的比例免征开发商应缴纳的城镇土地使用税。

3. 企事业单位、社会团体以及其他组织转让旧房作为廉租住房、经济适用住房房源且增值额未超过扣除项目金额20%的，免征土地增值税。

4. 对廉租住房、经济适用住房经营管理单位与廉租住房、经济适用住房相关的印花税以及廉租住房承租人、经济适用住房购买人涉及的印花税予以免征。

开发商在经济适用住房、商品住房项目中配套建造廉租住房，在商品住房项目中配套建造经济适用住房，如能提供政府部门出具的相关材料，可按廉租住房、经济适用住房建筑面积占总建筑面积的比例免征开发商应缴纳的印花税。

5. 对廉租住房经营管理单位购买住房作为廉租住房、经济适用住房经营管理单位回购经

济适用住房继续作为经济适用住房房源的，免征契税。

6. 对个人购买经济适用住房，在法定税率基础上减半征收契税。

7. 对个人按《廉租住房保障办法》（建设部等 9 部委令第 162 号）规定取得的廉租住房货币补贴，免征个人所得税；对于所在单位以廉租住房名义发放的不符合规定的补贴，应征收个人所得税。

8. 企事业单位、社会团体以及其他组织于 2008 年 1 月 1 日前捐赠住房作为廉租住房的，按《中华人民共和国企业所得税暂行条例》（国务院令第 137 号）、《中华人民共和国外商投资企业和外国企业所得税法》有关公益性捐赠政策执行；2008 年 1 月 1 日后捐赠的，按《中华人民共和国企业所得税法》有关公益性捐赠政策执行。个人捐赠住房作为廉租住房的，捐赠额未超过其申报的应纳税所得额 30%的部分，准予从其应纳税所得额中扣除。

廉租住房、经济适用住房、廉租住房承租人、经济适用住房购买人以及廉租住房租金、货币补贴标准等须符合国发〔2007〕24 号文件及《廉租住房保障办法》（建设部等 9 部委令第 162 号）、《经济适用住房管理办法》（建住房〔2007〕258 号）的规定；廉租住房、经济适用住房经营管理单位为县级以上人民政府主办或确定的单位。

二、支持住房租赁市场发展的税收政策

1. 对个人出租住房取得的所得减按 10%的税率征收个人所得税。

2. 对个人出租、承租住房签订的租赁合同，免征印花税。

3. 对个人出租住房，不区分用途，在 3%税率的基础上减半征收营业税，按 4%的税率征收房产税，免征城镇土地使用税。

4. 对企事业单位、社会团体以及其他组织按市场价格向个人出租用于居住的住房，减按 4%的税率征收房产税。

上述与廉租住房、经济适用住房相关的新的优惠政策自 2007 年 8 月 1 日起执行，文到之日前已征税款在以后应缴税款中抵减。与住房租赁相关的新的优惠政策自 2008 年 3 月 1 日起执行。其他政策仍按现行规定继续执行。

各地要严格执行税收政策，加强管理，对执行过程中发现的问题，及时上报财政部、国家税务总局。

第七节　核电行业税收政策

为支持核电事业的发展，统一核电行业税收政策，经国务院批准，现将有关税收政策问题通知如下（财税〔2008〕38 号）：

一、关于核力发电企业的增值税政策

1. 核力发电企业生产销售电力产品，自核电机组正式商业投产次月起 15 个年度内，统一实行增值税先征后退政策，返还比例分三个阶段逐级递减。具体返还比例为：

（1）自正式商业投产次月起 5 个年度内，返还比例为已入库税款的 75%；

（2）自正式商业投产次月起的第 6 至第 10 个年度内，返还比例为已入库税款的 70%；

（3）自正式商业投产次月起的第 11 至第 15 个年度内，返还比例为已入库税款的 55%；

（4）自正式商业投产次月起满 15 个年度以后，不再实行增值税先征后退政策。

2. 核力发电企业采用按核电机组分别核算增值税退税额的办法，企业应分别核算核电机组电力产品的销售额，未分别核算或不能准确核算的，不得享受增值税先征后退政策。单台核电机组增值税退税额可以按以下公式计算：

$$\text{单台核电机组增值税退税额} = \frac{\text{单台核电机组电力产品销售额}}{\text{核力发电企业电力产品销售额合计}} \times \text{核力发电企业实际缴纳增值税额} \times \text{退税比例}$$

3. 原已享受增值税先征后退政策但该政策已于 2007 年内到期的核力发电企业，自该政策执行到期后次月起按上述统一政策核定剩余年度相应的返还比例；对 2007 年内新投产的核力发电企业，自核电机组正式商业投产日期的次月起按上述统一政策执行。

二、增值税退税款不征收企业所得税

自 2008 年 1 月 1 日起，核力发电企业取得的增值税退税款，专项用于还本付息，不征收企业所得税。

三、关于大亚湾核电站和广东核电投资有限公司税收政策

大亚湾核电站和广东核电投资有限公司在 2014 年 12 月 31 日前继续执行以下政策，不适用本通知第一、二条规定的政策：

1. 对大亚湾核电站销售给广东核电投资有限公司的电力免征增值税。

2. 对广东核电投资有限公司销售给广东电网公司的电力实行增值税先征后退政策，并免征城市维护建设税和教育费附加。

3. 对大亚湾核电站出售给香港核电投资有限公司的电力及广东核电投资有限公司转售给香港核电投资有限公司的大亚湾核电站生产的电力免征增值税。

4. 增值税先征后退具体操作办法由财政部驻当地财政监察专员办事处按《财政部 国家税务总局 中国人民银行关于税制改革后对某些企业实行“先征后退”有关预算管理问题的暂行规定的通知》（(94) 财预字第 55 号）有关规定办理。

自 2008 年 1 月 1 日起财政部和国家税务总局《关于广东大亚湾核电站有关税收政策问题的通知》（财税字〔1998〕173 号）停止执行。

第八节　海峡两岸海上直航的税收优惠政策

为推动海峡两岸海上直航，经国务院批准，现对海峡两岸海上直航业务有关税收政策通知如下（财税〔2009〕4 号）：

1. 自 2008 年 12 月 15 日起，对台湾航运公司从事海峡两岸海上直航业务在大陆取得的运输收入，免征营业税。

对台湾航运公司在 2008 年 12 月 15 日至文到之日已缴纳应予免征的营业税，从以后应缴的营业税税款中抵减，年度内抵减不完的予以退税。

2. 自 2008 年 12 月 15 日起，对台湾航运公司从事海峡两岸海上直航业务取得的来源于大陆的所得，免征企业所得税。

享受企业所得税免税政策的台湾航运公司应当按照企业所得税法实施条例的有关规定，单独核算其从事上述业务在大陆取得的收入和发生的成本、费用；未单独核算的，不得享受免征企业所得税政策。

3. 本通知所称台湾航运公司，是指取得交通运输部颁发的“台湾海峡两岸间水路运输许可证”且上述许可证上注明的公司登记地址在台湾的航运公司。

第二十一章　过渡性税收优惠政策

基于税法的严肃性，以及经济发展的连续性，为使企业在新旧税法的交替中平稳过渡，政府特别规定了相关的企业税收优惠过渡办法。

第一节　法定税收优惠

税法规定，企业所得税法公布前已经批准设立的企业，依照当时的税收法律、行政法规规定，享受低税率优惠的，按照国务院规定，可以在企业所得税法施行后五年内，逐步过渡到企业所得税法规定的税率；享受定期减免税优惠的，按照国务院规定，可以在企业所得税法施行后继续享受到期满为止，但因未获利而尚未享受优惠的，优惠期限从企业所得税法施行年度起计算。这里所称本法公布前已经批准设立的企业，是指企业所得税法公布前已经完成登记注册的企业，即是指在 2007 年 3 月 16 日前经工商等登记管理机关登记成立的企业（财税〔2007〕115 号）。

2007 年 3 月 17 日至 2007 年 12 月 31 日期间经工商等登记管理机关登记成立的企业，在 2007 年 12 月 31 日前，分别依照现行《中华人民共和国企业所得税暂行条例》和《中华人民共和国外商投资企业和外国企业所得税法》及其实施细则等相关规定缴纳企业所得税。自 2008 年 1 月 1 日起，上述企业统一适用新税法及国务院相关规定，不享受税法第五十七条（本章）规定的过渡性税收优惠政策（财税〔2007〕115 号）。

法律设置的发展对外经济合作和技术交流的特定地区内，以及国务院已规定执行上述地区特殊政策的地区内新设立的国家需要重点扶持的高新技术企业，可以享受过渡性税收优惠，具体办法由国务院规定。

国家已确定的其他鼓励类企业，可以按照国务院规定享受减免税优惠。

第二节　企业所得税的过渡优惠政策

对新税法公布前批准设立的企业税收优惠，政府规定了相应的过渡办法。

一、税法规定

本法公布前已经批准设立的企业，依照当时的税收法律、行政法规规定，享受低税率优惠的，按照国务院规定，可以在本法施行后五年内，逐步过渡到本法规定的税率；享受定期减免税优惠的，按照国务院规定，可以在本法施行后继续享受到期满为止，但因未获利而尚未享受优惠的，优惠期限从本法施行年度起计算。

法律设置的发展对外经济合作和技术交流的特定地区内，以及国务院已规定执行上述地区特殊政策的地区内新设立的国家需要重点扶持的高新技术企业，可以享受过渡性税收优惠，具体办法由国务院规定。

国家已确定的其他鼓励类企业，可以按照国务院规定享受减免税优惠。

二、享受过渡优惠政策的企业（财税〔2007〕115 号）

1. 企业所得税法所称“本法公布前已经批准设立的企业”（见本节一，即享受上述过渡优惠政策的企业）是指 2007 年 3 月 16 日以前经工商等登记管理机关登记设立的企业。

2. 2007 年 3 月 17 日至 2007 年 12 月 31 日期间经工商等登记管理机关登记成立的企业，在 2007 年 12 月 31 日前，分别依照现行《中华人民共和国企业所得税暂行条例》和《中华人民共和国外商投资企业和外国企业所得税法》及其实施细则等相关规定缴纳企业所得税。自 2008 年 1 月 1 日起，上述企业统一按新税法及国务院相关规定缴纳企业所得税，不享受新税法第五十七条第一款规定（本节一）的过渡性税收优惠政策。

三、实施企业所得税过渡优惠政策

（一）*新税法公布前批准设立的企业税收优惠过渡办法*（国发〔2007〕39 号）

企业按照原税收法律、行政法规和具有行政法规效力文件规定享受的企业所得税优惠政策，按以下办法实施过渡：

自 2008 年 1 月 1 日起，原享受低税率优惠政策的企业，在新税法施行后 5 年内逐步过渡到法定税率。其中：享受企业所得税 15%税率的企业，2008 年按 18%税率执行，2009 年按 20%税率执行，2010 年按 22%税率执行，2011 年按 24%税率执行，2012 年按 25%税率执行；原执行 24%税率的企业，2008 年起按 25%税率执行。

自 2008 年 1 月 1 日起，原享受企业所得税“两免三减半”、“五免五减半”等定期减免税优惠的企业，新税法施行后继续按原税收法律、行政法规及相关文件规定的优惠办法及年限享受至期满为止，但因未获利而尚未享受税收优惠的，其优惠期限从 2008 年度起计算。

享受上述过渡优惠政策的企业，是指 2007 年 3 月 16 日以前经工商等登记管理机关登记设立的企业；实施过渡优惠政策的项目和范围按《实施企业所得税过渡优惠政策表》（见附表，即表 21-1）执行。

表 21-1 实施企业所得税过渡优惠政策表

附表：

序号	文件名称	相关政策内容
1	《中华人民共和国外商投资企业和外国企业所得税法》第七条第一款	设在经济特区的外商投资企业，在经济特区设立机构、场所从事生产、经营的外国企业和设在经济技术开发区的生产性外商投资企业，减按 15%的税率征收企业所得税。
2	《中华人民共和国外商投资企业和外国企业所得税法》第七条第三款	设在沿海经济开放区和经济特区、经济技术开发区所在城市的老市区或者设在国务院规定的其他地区的外商投资企业，属于能源、交通、港口、码头或者国家鼓励的其他项目的，可以减按 15%的税率征收企业所得税。
3	《中华人民共和国外商投资企业和外国企业所得税法实施细则》第七十三条第一款第一项	在沿海经济开放区和经济特区、经济技术开发区所在城市的老市区设立的从事下列项目的生产性外资企业，可以减按 15%的税率征收企业所得税：技术密集、知识密集型的项目；外商投资在 3000 万美元以上，回收投资时间长的项目；能源、交通、港口建设的项目。
4	《中华人民共和国外商投资企业和外国企业所得税法实施细则》第七十三条第一款第二项	从事港口、码头建设的中外合资经营企业，可以减按 15%的税率征收企业所得税。

续表

序号	文件名称	相关政策内容
5	《中华人民共和国外商投资企业和外国企业所得税法实施细则》第七十三条第一款第四项	在上海浦东新区设立的生产性外商投资企业，以及从事机场、港口、铁路、公路、电站等能源、交通建设项目的外商投资企业，可以减按15%的税率征收企业所得税。
6	国务院关于上海外高桥、天津港、深圳福田、深圳沙头角、大连、广州、厦门象屿、张家港、海口、青岛、宁波、福州、汕头、珠海、深圳盐田保税区的批复（国函〔1991〕26号、国函〔1991〕32号、国函〔1992〕43号、国函〔1992〕44号、国函〔1992〕148号、国函〔1992〕150号、国函〔1992〕159号、国函〔1992〕179号、国函〔1992〕180号、国函〔1992〕181号、国函〔1993〕3号等）	生产性外商投资企业，减按15%的税率征收企业所得税。
7	《国务院关于在福建省沿海地区设立台商投资区的批复》（国函〔1989〕35号）	厦门台商投资区内设立的台商投资企业，减按15%税率征收企业所得税；福州台商投资区内设立的生产性台商投资企业，减按15%税率征收企业所得税，非生产性台资企业，减按24%税率征收企业所得税。
8	国务院关于进一步对外开放南宁、重庆、黄石、长江三峡经济开放区、北京等城市的通知（国函〔1992〕62号、国函〔1992〕93号、国函〔1993〕19号、国函〔1994〕92号、国函〔1995〕16号）	省会（首府）城市及沿江开放城市从事下列项目的生产性外资企业，减按15%的税率征收企业所得税：技术密集、知识密集型的项目；外商投资在3000万美元以上，回收投资时间长的项目；能源、交通、港口建设的项目。
9	《国务院关于开发建设苏州工业园区有关问题的批复》（国函〔1994〕9号）	在苏州工业园区设立的生产性外商投资企业，减按15%税率征收企业所得税。
10	《国务院关于扩大外商投资企业从事能源交通基础设施项目税收优惠规定适用范围的通知》（国发〔1999〕13号）	自1999年1月1日起，将外资税法实施细则第七十三条第一款第（一）项第3目关于从事能源、交通基础设施建设的生产性外商投资企业，减按15%征收企业所得税的规定扩大到全国。
11	《广东省经济特区条例》（1980年8月26日第五届全国人民代表大会常务委员会第十五次会议批准施行）	广东省深圳、珠海、汕头经济特区的企业所得税率为15%。
12	《对福建省关于建设厦门经济特区的批复》（〔80〕国函字88号）	厦门经济特区所得税率按15%执行。
13	《国务院关于鼓励投资开发海南岛的规定》（国发〔1988〕26号）	在海南岛举办的企业（国家银行和保险公司除外），从事生产、经营所得税和其他所得，均按15%的税率征收企业所得税。
14	《中华人民共和国外商投资企业和外国企业所得税法》第七条第二款	设在沿海经济开放区和经济特区、经济技术开发区所在城市的老市区的生产性外商投资企业，减按24%的税率征收企业所得税。
15	《国务院关于试办国家旅游度假区有关问题的通知》（国发〔1992〕46号）	国家旅游度假区内的外商投资企业，减按24%税率征收企业所得税。
16	国务院关于进一步对外开放黑河、伊宁、凭祥、二连浩特市等边境城市的通知（国函〔1992〕21号、国函〔1992〕61号、国函〔1992〕62号、国函〔1992〕94号）	沿边开放城市的生产性外商投资企业，减按24%税率征收企业所得税。
17	《国务院关于进一步对外开放南宁、昆明市及凭祥等五个边境城镇的通知》（国函〔1992〕62号）	允许凭祥、东兴、畹町、瑞丽、河口五市（县、镇）在具备条件的市（县、镇）兴办边境经济合作区，对边境经济合作区内以出口为主的生产性内联企业，减按24%的税率征收。
18	国务院关于进一步对外开放南宁、重庆、黄石、长江三峡经济开放区、北京等城市的通知（国函〔1992〕62号、国函〔1992〕93号、国函〔1993〕19号、国函〔1994〕92号、国函〔1995〕16号）	省会（首府）城市及沿江开放城市的生产性外商投资企业，减按24%税率征收企业所得税。

续表

序号	文件名称	相关政策内容
19	《中华人民共和国外商投资企业和外国企业所得税法》第八条第一款	对生产性外商投资企业，经营期在十年以上的，从开始获利的年度起，第一年和第二年免征企业所得税，第三年至第五年减半征收企业所得税。
20	《中华人民共和国外商投资企业和外国企业所得税法实施细则》第七十五条第一款第一项	从事港口码头建设的中外合资经营企业，经营期在15年以上的，经企业申请，所在地的省、自治区、直辖市税务机关批准，从开始获利的年度起，第一年至第五年免征企业所得税，第六年至第十年减半征收企业所得税。
21	《中华人民共和国外商投资企业和外国企业所得税法实施细则》第七十五条第一款第二项	在海南经济特区设立的从事机场、港口、码头、铁路、公路、电站、煤矿、水利等基础设施项目的外商投资企业和从事农业开发经营的外商投资企业，经营期在15年以上的，经企业申请，海南省税务机关批准，从开始获利的年度起，第一年至第五年免征企业所得税，第六年至第十年减半征收企业所得税。
22	《中华人民共和国外商投资企业和外国企业所得税法实施细则》第七十五条第一款第三项	在上海浦东新区设立的从事机场、港口、铁路、公路、电站等能源、交通建设项目的外商投资企业，经营期在15年以上的，经企业申请，上海市税务机关批准，从开始获利的年度起，第一年至第五年免征企业所得税，第六年至第十年减半征收企业所得税。
23	《中华人民共和国外商投资企业和外国企业所得税法实施细则》第七十五条第一款第四项	在经济特区设立的从事服务性行业的外商投资企业，外商投资超过500万美元，经营期在十年以上的，经企业申请，经济特区税务机关批准，从开始获利的年度起，第一年免征企业所得税，第二年和第三年减半征收企业所得税。
24	《中华人民共和国外商投资企业和外国企业所得税法实施细则》第七十五条第一款第六项	在国务院确定的国家高新技术产业开发区设立的被认定为高新技术企业的中外合资经营企业，经营期在十年以上的，经企业申请，当地税务机关批准，从开始获利的年度起，第一年和第二年免征企业所得税。
25	《中华人民共和国外商投资企业和外国企业所得税法实施细则》第七十五条第一款第六项 《国务院关于〈北京市新技术产业开发试验区暂行条例〉的批复》（国函〔1988〕74号）	设在北京市新技术产业开发试验区的外商投资企业，依照北京市新技术产业开发试验区的税收优惠规定执行。 对试验区的新技术企业自开办之日起，三年内免征所得税。经北京市人民政府指定的部门批准，第四年至第六年可按15%或10%的税率，减半征收所得税。
26	《中华人民共和国企业所得税暂行条例》第八条第一款	需要照顾和鼓励的民族自治地方的企业，经省级人民政府批准实行定期减税或免税的，过渡优惠执行期限不超过5年。
27	《国务院关于鼓励投资开发海南岛的规定》（国发〔1988〕26号）	在海南岛举办的企业（国家银行和保险公司除外），从事港口、码头、机场、公路、铁路、电站、煤矿、水利等基础设施开发经营的企业和从事农业开发经营的企业，经营期限在十五年以上的，从开始获利的年度起，第一年至第五年免征所得税，第六年至第十年减半征收所得税。
28		在海南岛举办的企业（国家银行和保险公司除外），从事工业、交通运输业等生产性行业的企业经营期限在十年以上的，从开始获利的年度起，第一年和第二年免征所得税，第三年至第五年减半征收所得税。
29		在海南岛举办的企业（国家银行和保险公司除外），从事服务性行业的企业，投资总额超过500万美元或者2000万元人民币，经营期限在十年以上的，从开始获利的年度起，第一年免征所得税，第二年和第三年减半征收所得税。
30	《国务院关于实施〈国家中长期科学和技术发展规划纲要（2006~2020年）若干配套政策的通知〉》（国发〔2006〕6号）	国家高新技术产业开发区内新创办的高新技术企业经严格认定后，自获利年度起两年内免征所得税。

执行上述规定的过渡优惠政策的企业，在定期减免税的减半期内，可以按照企业适用税率计算的应纳税额减半征税。其他各类情形的定期减免税，均应按照企业所得税25%的法定税率计算的应纳税额减半征税（财税〔2009〕69号）。

（二）实施企业税收过渡优惠政策的其他规定（财税〔2009〕69号）

享受企业所得税过渡优惠政策的企业，应按照新税法和实施条例中有关收入和扣除的规定计算应纳税所得额，并按上述（一）之规定计算享受税收优惠。

企业所得税过渡优惠政策与新税法及实施条例规定的优惠政策存在交叉的，由企业选择最优惠的政策执行，不得叠加享受，且一经选择，不得改变。

上述所称不得叠加享受，且一经选择，不得改变的税收优惠情形，限于企业所得税过渡优惠政策与企业所得税法及其实施条例中规定的定期减免税和减低税率类的税收优惠。

企业所得税法及其实施条例中规定的各项税收优惠，凡企业符合规定条件的，可以同时享受。

四、过渡优惠政策的有关事项（财税〔2008〕21号）

对按照国发〔2007〕39号文件有关规定适用15%企业所得税率并享受企业所得税定期减半优惠过渡的企业，应一律按照国发〔2007〕39号文件第一条第二款规定（即上述一之第二款）的过渡税率计算的应纳税额实行减半征税，即2008年按18%税率计算的应纳税额实行减半征税，2009年按20%税率计算的应纳税额实行减半征税，2010年按22%税率计算的应纳税额实行减半征税，2011年按24%税率计算的应纳税额实行减半征税，2012年及以后年度按25%税率计算的应纳税额实行减半征税。

对原适用24%或33%企业所得税率并享受国发〔2007〕39号文件规定企业所得税定期减半优惠过渡的企业，2008年及以后年度一律按25%税率计算的应纳税额实行减半征税。

五、企业在享受过渡税收优惠过程中发生合并、分立、重组的规定（财税〔2009〕69号）

企业在享受过渡税收优惠过程中发生合并、分立、重组等情形的，按照《财政部国家税务总局关于企业重组业务企业所得税处理若干问题的通知》（财税〔2009〕59号）的统一规定执行（详见第十章第十四节）。

六、分支机构的过渡优惠政策（财税〔2009〕69号）

企业在2007年3月16日之前设立的分支机构单独依据原内、外资企业所得税法的优惠规定已享受有关税收优惠的，凡符合《国务院关于实施企业所得税过渡优惠政策的通知》（国发〔2007〕39号）所列政策条件的，该分支机构可以单独享受国发〔2007〕39号规定的企业所得税过渡优惠政策。

第三节　经济特区和上海浦东新区新设立高新技术企业实行过渡性税收优惠

税法规定，法律设置的发展对外经济合作和技术交流的特定地区内，以及国务院已规定执行上述地区特殊政策的地区内新设立的国家需要重点扶持的高新技术企业，可以享受过渡性税收优惠，具体办法由国务院规定（国发〔2007〕40号）。

根据这一规定，国务院决定对法律设置的发展对外经济合作和技术交流的特定地区内，以及国务院已规定执行上述地区特殊政策的地区内新设立的国家需要重点扶持的高新技术企业，实行过渡性税收优惠。现就有关问题通知如下（国发〔2007〕40号）：

1. 法律设置的发展对外经济合作和技术交流的特定地区，是指深圳、珠海、汕头、厦门和海南经济特区；国务院已规定执行上述地区特殊政策的地区，是指上海浦东新区。

2. 对经济特区和上海浦东新区内在2008年1月1日（含）之后完成登记注册的国家需要重点扶持的高新技术企业（以下简称“新设高新技术企业”），在经济特区和上海浦东新区内取得的所得，自取得第一笔生产经营收入所属纳税年度起，第一年至第二年免征企业所得税，第三年至第五年按照25%的法定税率减半征收企业所得税。

国家需要重点扶持的高新技术企业，是指拥有核心自主知识产权，同时符合《中华人民共和国企业所得税法实施条例》第九十三条规定的条件，并按照《高新技术企业认定管理办法》认定的高新技术企业。

3. 经济特区和上海浦东新区内新设高新技术企业同时在经济特区和上海浦东新区以外的地区从事生产经营的，应当单独计算其在经济特区和上海浦东新区内取得的所得，并合理分摊企业的期间费用；没有单独计算的，不得享受企业所得税优惠。

4. 经济特区和上海浦东新区内新设高新技术企业在按照本通知的规定享受过渡性税收优惠期间，由于复审或抽查不合格而不再具有高新技术企业资格的，从其不再具有高新技术企业资格年度起，停止享受过渡性税收优惠；以后再次被认定为高新技术企业的，不得继续享受或者重新享受过渡性税收优惠。

本规定自2008年1月1日起执行。

第四节 继续按原优惠政策规定的办法和时间执行到期的优惠政策

为保证部分行业、企业税收优惠政策执行的连续性，对原有关就业再就业，奥运会和世博会，社会公益，债转股、清产核资、重组、改制、转制等企业改革，涉农和国家储备，其他单项优惠政策共6类定期企业所得税优惠政策（见表21-2），自2008年1月1日起，继续按原优惠政策规定的办法和时间执行到期（财税〔2008〕1号）。

表21-2 **执行到期的企业所得税优惠政策表**

<table>
<tr><th>类别</th><th>序号</th><th>文件名称</th><th>备 注</th></tr>
<tr><td rowspan="2">一、就业再就业政策</td><td>1</td><td>财政部 国家税务总局关于下岗失业人员再就业有关税收政策问题的通知（财税〔2002〕208号）</td><td>对2005年底之前核准享受再就业减免税政策的企业，在剩余期限内享受至期满</td></tr>
<tr><td>2</td><td>财政部 国家税务总局关于下岗失业人员再就业有关税收政策问题的通知（财税〔2005〕186号）</td><td>政策审批时间截止到2008年底</td></tr>
<tr><td rowspan="4">二、奥运会和世博会政策</td><td rowspan="2">3</td><td>财政部 国家税务总局海关总署关于第29届奥运会税收政策问题的通知（财税〔2003〕10号）</td><td rowspan="2">奥运会结束并北京奥组委财务清算完结后停止执行</td></tr>
<tr><td>财政部 国家税务总局关于第29届奥运会补充税收政策的通知（财税〔2006〕128号）</td></tr>
<tr><td rowspan="2">4</td><td>财政部 国家税务总局关于2010年上海世博会有关税收政策问题的通知（财税〔2005〕180号）</td><td rowspan="2">世博会结束并上海世博局财务清算完结后停止执行</td></tr>
<tr><td>财政部 国家税务总局关于增补上海世博运营有限公司享受上海世博会有关税收优惠政策的批复（财税〔2006〕155号）</td></tr>
</table>

续表

类别	序号	文件名称	备　注
三、社会公益政策	5	财政部　国家税务总局关于延长生产和装配伤残人员专门用品企业免征所得税执行期限的通知（财税〔2006〕148 号）	
四、债转股、清产核资，重组、改制，转制等企业改革政策	6	财政部　国家税务总局关于债转股企业有关税收政策的通知（财税〔2005〕29 号）	
	7	财政部　国家税务总局关于中央企业清产核资有关税务处理问题的通知（财税〔2006〕18 号）	
	8	财政部　国家税务总局关于延长转制科研机构有关税收政策执行期限的通知（财税〔2005〕14 号）	
	9	财政部　海关总署　国家税务总局关于文化体制改革中经营性文化事业单位转制后企业的若干税收政策问题的通知（财税〔2005〕1 号）	
		财政部　海关总署　国家税务总局关于文化体制改革试点中支持文化产业发展若干税收政策问题的通知（财税〔2005〕2 号）	
五、涉农和国家储备政策	10	财政部　国家税务总局关于促进农产品连锁经营试点税收优惠政策的通知（财税〔2007〕10 号）	
	11	财政部　国家税务总局关于广播电视村村通税收政策的通知（财税〔2007〕17 号）	
	12	财政部　国家税务总局关于部分国家储备商品有关税收政策的通知（财税〔2006〕105 号）	
六、单项优惠政策	13	财政部　国家税务总局关于股权分置试点改革有关税收政策问题的通知（财税〔2005〕103 号）	执行到股权分置试点改革结束
	14	财政部　国家税务总局关于中国证券投资者保护基金有限责任公司有关税收问题的通知（财税〔2006〕169 号）	
	15	财政部　国家税务总局关于延长试点地区农村信用社有关税收政策期限的通知（财税〔2006〕46 号）	
		财政部　国家税务总局关于海南省改革试点的农村信用社税收政策的通知（财税〔2007〕18 号）	
	16	财政部　国家税务总局关于继续执行监狱劳教企业有关税收政策的通知（财税〔2006〕123 号）	

第五节　继续执行西部大开发税收优惠政策

根据国务院实施西部大开发有关文件精神，财政部、税务总局和海关总署联合下发的《财政部、国家税务总局、海关总署关于西部大开发税收优惠政策问题的通知》（财税〔2001〕202 号）中规定的西部大开发企业所得税优惠政策继续执行（《国务院关于实施企业所得税过渡优惠政策的通知》，国发〔2007〕39 号）。

其具体内容如下：

一、西部大开发税收优惠政策（财税〔2001〕202 号）

（一）适用范围

本政策的适用范围包括重庆市、四川省、贵州省、云南省、西藏自治区、陕西省、甘肃省、宁夏回族自治区、青海省、新疆维吾尔自治区、新疆生产建设兵团、内蒙古自治区和广西壮族自治区（上述地区以下统称“西部地区”）。湖南省湘西土家族苗族自治州、湖北省恩施土家族苗族自治州、吉林省延边朝鲜族自治州，可以比照西部地区的税收优惠政策执行。

（二）具体内容

1. 对设在西部地区国家鼓励类产业的内资企业和外商投资企业，在 2001 年至 2010 年期间，减按 15%的税率征收企业所得税。

国家鼓励类产业的内资企业是指以《当前国家重点鼓励发展的产业、产品和技术目录（2000 年修订）》中规定的产业项目为主营业务，其主营业务收入占企业总收入 70%以上的企业。

国家鼓励类的外商投资企业是指以《外商投资产业指导目录》中规定的鼓励类项目和由国家经济贸易委员会、国家发展计划委员会和对外经济贸易合作部联合发布的《中西部地区外商投资优势产业目录》（第 18 号令）中规定的产业项目为主营业务，其主营业务收入占企业总收入 70%以上的企业。

2. 经省级人民政府批准，民族自治地方的内资企业可以定期减征或免征企业所得税，外商投资企业可以减征或免征地方所得税。中央企业所得税减免的审批权限和程序按现行有关规定执行。

3. 对在西部地区新办交通、电力、水利、邮政、广播电视企业，上述项目业务收入占企业总收入 70%以上的，可以享受企业所得税如下优惠政策：内资企业自开始生产经营之日起，第一年至第二年免征企业所得税，第三年至第五年减半征收企业所得税；外商投资企业经营期在 10 年以上的，自获利年度起，第一年至第二年免征企业所得税，第三年至第五年减半征收企业所得税。

新办交通企业是指投资新办从事公路、铁路、航空、港口、码头运营和管道运输的企业。新办电力企业是指投资新办从事电力运营的企业。新办水利企业是指投资新办从事江河湖泊综合治理、防洪除涝、灌溉、供水、水资源保护、水力发电、水土保持、河道疏浚、河海堤防建设等开发水利、防治水害的企业。新办邮政企业是指投资新办从事邮政运营的企业。新办广播电视企业是指投资新办从事广播电视运营的企业。

二、落实有关西部大开发税收优惠政策的具体实施意见（国税发〔2002〕47 号）

根据《国务院办公厅转发国务院西部开发办关于西部大开发若干政策措施实施意见的通知》（国办发〔2001〕73 号）、《财政部、国家税务总局、海关总署关于西部大开发税收优惠政策问题的通知》（财税〔2001〕202 号）精神，现将落实有关西部大开发税收优惠政策的具体实施意见通知如下：

1. 对设在西部地区，以国家规定的鼓励类产业项目为主营业务，且其当年主营业务收入超过企业总收入 70%的企业，实行企业自行申请，税务机关审核的管理办法。经税务机关审核确认后，企业方可减按 15%税率缴纳企业所得税。

企业应当在规定的期限内向主管税务机关提出书面申请并附送相关材料，经主管税务机关审核后上报，第一年报省级税务机关审核确认，第二年及以后年度报经地、市级税务机关审核确认后执行。

凡对投资项目是否属于鼓励类项目难以界定的，税务机关应当要求企业提供省级以上（含省级）有关行业主管部门出具的证明文件，并结合其他相关材料审核认定。

2. 对在西部地区新办交通、电力、水利、邮政、广播电视基础产业的企业，且上述项目业务收入占企业总收入 70%以上的，实行企业自行申请，税务机关审核的管理办法。经税务机关审核确认后，内资企业自开始生产经营之日起，第一年至第二年免征企业所得税，第三年至第五年减半征收企业所得税；外商投资企业经营期在十年以上的，自获利年度起，第一年至第二年免征企业所得税，第三年至第五年减半征收企业所得税。其中生产性外商投资企业主营业务收入的比重，按照《国家税务总局关于外商投资企业兼营生产性和非生产性业务如何享受税收优惠问题的通知》（国税发〔1994〕209号）的规定执行。

企业应当在规定的期限内向主管税务机关提出书面申请并附送相关材料，经主管税务机关审核后上报，第一年报省级税务机关审核确认，第二年及以后年度报经地、市级税务机关审核确认后执行。

上述企业同时符合本通知第一条规定条件的，第三年至第五年减半征收企业所得税时，按15%税率计算出应纳所得税额后减半执行。

前款所称企业，是指投资主体自建、运营上述项目的企业，单纯承揽上述项目建设的施工企业不得享受两年免征，三年减半征收企业所得税的政策。

3. 企业未按规定提出申请或未经税务机关审核确认的，不得享受上述税收优惠政策。

4. 经省级人民政府批准，民族自治地方的内资企业可以定期减征或免征企业所得税；外商投资企业可以减征或免征地方所得税。其中内资企业凡减免税款涉及中央收入100万元（含100万元）以上的，需报国家税务总局批准。

5. 对实行汇总（合并）纳税企业，应当将西部地区的成员企业与西部地区以外的成员企业分开，分别汇总（合并）申报纳税，分别适用税率。

6. 农业特产税、耕地占用税免税的审批程序和办法，按现行有关规定执行。

7. 各地不得擅自扩大国办发〔2001〕73号及财税〔2001〕202号文件有关税收优惠政策的适用范围和条件。一经发现，要按有关规定严肃处理。

三、西部大开发企业所得税优惠政策适用目录问题（国税函〔2009〕399号）

1.享受西部大开发企业所得税优惠政策的国家鼓励类产业内资企业适用目录及衔接问题，继续按照《财政部　国家税务总局关于西部大开发税收优惠政策适用目录变更问题的通知》（财税〔2006〕165号）的规定执行。

2. 享受西部大开发企业所得税优惠政策的国家鼓励类产业外商投资企业适用目录及衔接问题，按以下原则执行：

（1）自2008年1月1日起，财税〔2001〕202号文件中《外商投资产业指导目录》按国家发展和改革委员会公布的《外商投资产业指导目录（2007年修订）》执行。自2009年1月1日起，财税〔2001〕202号文件中《中西部地区外商投资优势产业目录》（第18号令）按国家发展和改革委员会与商务部发布的《中西部地区优势产业目录（2008年修订）》执行。

（2）在相关目录变更前，已按财税〔2001〕202号文件规定的目录标准审核享受企业所得税优惠政策的外商投资企业，除属于《外商投资产业指导目录（2007年修订）》中限制外商投资产业目录、禁止外商投资产业目录外，可继续执行到期满为止；对属于《外商投资产业指导目录（2007年修订）》中限制外商投资产业目录、禁止外商投资产业目录的企业，应自执行新目录的年度起，停止执行西部大开发企业所得税优惠政策。

对符合新目录鼓励类标准但不符合原目录标准的企业，应自执行新目录的年度起，就其按照西部大开发有关企业所得税优惠政策规定计算的税收优惠期的剩余优惠年限享受优惠。

四、享受西部大开发优惠政策企业的定期减免税计算

执行西部大开发优惠政策的企业，在定期减免税的减半期内，可以按照企业适用税率计算的应纳税额减半征税。其他各类情形的定期减免税，均应按照企业所得税25%的法定税率计算的应纳税额减半征税（财税〔2009〕69号）。

第六节 外商投资企业和外国企业原有若干税收优惠政策取消后有关事项的处理

根据《中华人民共和国企业所得税法》及其实施条例、《中华人民共和国税收征收管理法》及其实施细则和《国务院关于实施企业所得税过渡优惠政策的通知》（国发〔2007〕39号）的有关规定，现就外商投资企业和外国企业原执行的若干税收优惠政策取消后的税务处理问题通知如下（国税发〔2008〕23号）。

一、关于原外商投资企业的外国投资者再投资退税政策的处理

外国投资者从外商投资企业取得的税后利润直接再投资本企业增加注册资本，或者作为资本投资开办其他外商投资企业，凡在2007年底以前完成再投资事项，并在国家工商管理部门完成变更或注册登记的，可以按照《中华人民共和国外商投资企业和外国企业所得税法》及其有关规定，给予办理再投资退税。对在2007年底以前用2007年度预分配利润进行再投资的，不给予退税。

二、关于外国企业从我国取得的利息、特许权使用费等所得免征企业所得税的处理

外国企业向我国转让专有技术或提供贷款等取得所得，凡上述事项所涉及的合同是在2007年底以前签订，且符合《中华人民共和国外商投资企业和外国企业所得税法》规定免税条件，经税务机关批准给予免税的，在合同有效期内可继续给予免税，但不包括延期、补充合同或扩大的条款。各主管税务机关应做好合同执行跟踪管理工作，及时开具完税证明。

三、关于享受定期减免税优惠的外商投资企业在2008年后条件发生变化的处理

外商投资企业按照《中华人民共和国外商投资企业和外国企业所得税法》规定享受定期减免税优惠，2008年后，企业生产经营业务性质或经营期发生变化，导致其不符合《中华人民共和国外商投资企业和外国企业所得税法》规定条件的，仍应依据《中华人民共和国外商投资企业和外国企业所得税法》规定补缴其此前（包括在优惠过渡期内）已经享受的定期减免税税款。各主管税务机关在每年对这类企业进行汇算清缴时，应对其经营业务内容和经营期限等变化情况进行审核。

第二十二章　企业所得税的特别纳税调整

新企业所得税法及其实施条例专门规定了特别纳税调整条款，确立了我国企业所得税的反避税制度。

第一节　关联企业间业务往来的纳税调整

企业所得税法对关联企业间业务往来的纳税调整作了明确的规定。

一、税务机关有权按照合理方法调整

税法规定，企业与其关联方之间的业务往来，不符合独立交易原则而减少企业或者其关联方应纳税收入或者所得额的，税务机关有权按照合理方法调整。

（一）关联方

税法所称关联方，是指与企业有下列关联关系之一的企业、其他组织或者个人：

1. 在资金、经营、购销等方面存在直接或者间接的控制关系；

2. 直接或者间接地同为第三者控制；

3. 在利益上具有相关联的其他关系。

（二）独立交易原则

税法所称独立交易原则，是指没有关联关系的交易各方，按照公平成交价格和营业常规进行业务往来遵循的原则。

（三）调整的合理方法

税法所称合理方法，包括：

1. 可比非受控价格法，是指按照没有关联关系的交易各方进行相同或者类似业务往来的价格进行定价的方法；

2. 再销售价格法，是指按照从关联方购进商品再销售给没有关联关系的交易方的价格，减除相同或者类似业务的销售毛利进行定价的方法；

3. 成本加成法，是指按照成本加合理的费用和利润进行定价的方法；

4. 交易净利润法，是指按照没有关联关系的交易各方进行相同或者类似业务往来取得的净利润水平确定利润的方法；

5. 利润分割法，是指将企业与其关联方的合并利润或者亏损在各方之间采用合理标准进行分配的方法；

6. 其他符合独立交易原则的方法。

二、按照独立交易原则分摊成本

税法规定，企业与其关联方共同开发、受让无形资产，或者共同提供、接受劳务发生的成本，在计算应纳税所得额时应当按照独立交易原则进行分摊。

1. 企业可以依照该规定，按照独立交易原则与其关联方分摊共同发生的成本，达成成本分摊协议。

2. 企业与其关联方分摊成本时，应当按照成本与预期收益相配比的原则进行分摊，并在税务机关规定的期限内，按照税务机关的要求报送有关资料。

企业与其关联方分摊成本时违反上述之 1、2 之规定的，其自行分摊的成本不得在计算应纳税所得额时扣除。

第二节　预约定价安排

税法规定，企业可以向税务机关提出与其关联方之间业务往来的定价原则和计算方法，税务机关与企业协商、确认后，达成预约定价安排。

这里所称预约定价安排，是指企业就其未来年度关联交易的定价原则和计算方法，向税务机关提出申请，与税务机关按照独立交易原则协商、确认后达成的协议。

第三节　关联业务往来报告表与提供资料

企业所得税法规定，关联企业应报送《关联业务往来报告表》，以及税务机关在进行关联业务调查时，企业应提供相关资料的义务。

一、关联业务往来报告表

税法规定，企业向税务机关报送年度企业所得税纳税申报表时，应当就其与关联方之间的业务往来，附送年度关联业务往来报告表（请见表 22-1 至表 22-9）。

二、提供相关资料

税法规定，税务机关在进行关联业务调查时，企业及其关联方，以及与关联业务调查有关的其他企业，应当按照规定提供相关资料。

（一）相关资料

所称相关资料，包括：

（1）与关联业务往来有关的价格、费用的制定标准、计算方法和说明等同期资料；

（2）关联业务往来所涉及的财产、财产使用权、劳务等的再销售（转让）价格或者最终销售（转让）价格的相关资料；

（3）与关联业务调查有关的其他企业应当提供的与被调查企业可比的产品价格、定价方式以及利润水平等资料；

（4）其他与关联业务往来有关的资料。

（二）与关联业务调查有关的其他企业

上述税法所称与关联业务调查有关的其他企业，是指与被调查企业在生产经营内容和方式上相类似的企业。

企业应当在税务机关规定的期限内提供与关联业务往来有关的价格、费用的制定标准、计算方法和说明等资料。关联方以及与关联业务调查有关的其他企业应当在税务机关与其约定的期限内提供相关资料。

三、《中华人民共和国企业年度关联业务往来报告表》样式（国税发〔2008〕114号）

1. 根据《中华人民共和国企业所得税法》第四十三条的规定，制定本报告表。

2. 本报告表包括："关联关系表（表一）"、"关联交易汇总表（表二）"、"购销表（表三）"、"劳务表（表四）"、"无形资产表（表五）"、"固定资产表（表六）"、"融通资金表（表七）"、"对外投资情况表（表八）"、"对外支付款项情况表（表九）"共九张报告表。

3. 本报告表适用于实行查账征收的居民企业和在中国境内设立机构、场所并据实申报缴纳企业所得税的非居民企业填报。

4. 企业向税务机关报送年度企业所得税纳税申报表时，应附送本报告表。

5. "纳税人名称"：填报税务登记证所载纳税人的全称。

6. "纳税人识别号"：填报税务机关统一核发的税务登记证号码。

表 22-1　　中华人民共和国企业年度关联业务往来报告表

所属年度：______年

纳税人名称（公章）：______________________

纳税人识别号：□□□□□□□□□□□□□□□□□

法定代表人：______________________

联 系 电 话：______________________

申 报 日 期：______________________

主管税务机关名称（受理专用章）：____________

受理税务人员：______________________

联 系 电 话：______________________

受 理 日 期：______________________

关联关系表（表一）

关联方名称	纳税人识别号	国家（地区）	地　　址	法定代表人	关联关系类型

经办人（签章）：　　　　　　　　　　法定代表人（签章）：

关联关系表（表一）填表说明：

一、"纳税人识别号"：填报关联方所在国家或地区用于纳税申报的纳税人号码。

二、"国家（地区）"：填报关联方所在国家或地区的名称。

三、"地址"：填报关联企业注册地址和实际经营管理机构所在地地址或关联个人住所。

四、"关联关系类型"：应按以下关联关系标准填报代码 A、B、C 等，有多个关联关系类型的，应填报多个代码：

A. 一方直接或间接持有另一方的股份总和达到 25%或以上；或者双方直接或间接同为第三方所持有股份达到 25%或以上。若一方通过中间方对另一方间接持有股份，只要一方对中间方持股比例达到 25%或以上，则一方对另一方的持股比例按照中间方对另一方的持股比例计算。

B. 一方与另一方（独立金融机构除外）之间借贷资金占一方实收资本 50%或以上，或者一方借贷资金总额的 10%或以上是由另一方（独立金融机构除外）担保。

C. 一方半数以上的高级管理人员（包括董事会成员和经理）或至少一名可以控制董事会的董事会高级成员是由另一方委派，或者双方半数以上的高级管理人员（包括董事会成员和经理）或至少一名可以控制董事会的董事会高级成员同为第三方委派。

D. 一方半数以上的高级管理人员（包括董事会成员和经理）同时担任另一方的高级管理人员（包括董事会成员和经理），或者一方至少一名可以控制董事会的董事会高级成员同时担任另一方的董事会高级成员；

E. 一方的生产经营活动必须由另一方提供的工业产权、专有技术等特许权才能正常进行；

F. 一方的购买或销售活动主要由另一方控制。

G. 一方接受或提供劳务主要由另一方控制。

H. 一方对另一方的生产经营、交易具有实质控制，或者双方在利益上具有相关联的其他关系，包括虽未达到 A 项持股比例，但一方与另一方的主要持股方享受基本相同的经济利益，以及家族、亲属关系等。

表 22-2　　关联交易汇总表（表二）

1. 本年度是否按要求准备同期资料：是□　否□；2. 本年度免除准备同期资料□；3. 本年度是否签订成本分摊协议：是□　否□

金额单位：人民币元（列至角分）

交易类型	交易总金额	关联交易		境外关联交易			境内关联交易		
		金额	比例%	金额	比例%	比例%	金额	比例%	比例%
	1	2 = 4 + 7	3 = 2/1	4	5 = 4/1	6 = 4/2	7	8 = 7/1	9 = 7/2
材料（商品）购入									
商品（材料）销售									
劳务收入									
劳务支出									
受让无形资产									
出让无形资产									
受让固定资产									
出让固定资产									
融资应计利息收入	——		——		——			——	
融资应计利息支出	——		——		——			——	
其他									
合计			——		——			——	

经办人（签章）：　　　　　　　　法定代表人（签章）：

关联交易汇总表（表二）填表说明：

一、本表为表三至表七的汇总情况表，除其他交易类型的交易金额外，所有交易类型的交易金额均为表三至表七各表的相应交易类型的交易金额汇总数。各表间钩稽关系如下：

1. 材料（商品）购入第 1 列 = 表 3 购销表第 1 项；
材料（商品）购入第 4 列 = 表 3 购销表第 4 项；
材料（商品）购入第 7 列 = 表 3 购销表第 7 项。

2. 商品（材料）销售第 1 列 = 表 3 购销表第 8 项；
商品（材料）销售第 4 列 = 表 3 购销表第 11 项；
商品（材料）销售第 7 列 = 表 3 购销表第 14 项。

3. 劳务收入第 1 列 = 表 4 劳务表第 1 项；
劳务收入第 4 列 = 表 4 劳务表第 4 项；
劳务收入第 7 列 = 表 4 劳务表第 7 项。

4. 劳务支出第 1 列 = 表 4 劳务表第 8 项；
劳务支出第 4 列 = 表 4 劳务表第 11 项；
劳务支出第 7 列 = 表 4 劳务表第 14 项。

5. 受让无形资产第 1 列 = 表 5 无形资产表总计第 1 列；
受让无形资产第 4 列 = 表 5 无形资产表总计第 2 列；
受让无形资产第 7 列 = 表 5 无形资产表总计第 4 列。

6. 出让无形资产第 1 列 = 表 5 无形资产表总计第 6 列；
出让无形资产第 4 列 = 表 5 无形资产表总计第 7 列；
出让无形资产第 7 列 = 表 5 无形资产表总计第 9 列。

7. 受让固定资产第 1 列 = 表 6 固定资产表总计第 1 列；
受让固定资产第 4 列 = 表 6 固定资产表总计第 2 列；
受让固定资产第 7 列 = 表 6 固定资产表总计第 4 列。

8. 出让固定资产第 1 列 = 表 6 固定资产表总计第 6 列；
出让固定资产第 4 列 = 表 6 固定资产表总计第 7 列；
出让固定资产第 7 列 = 表 6 固定资产表总计第 9 列。

9. 融资应计利息收入第 4 列 = 表 7 融通资金表合计 1 第 8 列；
融资应计利息收入第 7 列 = 表 7 融通资金表合计 2 第 8 列；
融资应计利息支出第 4 列 = 表 7 融通资金表合计 1 第 7 列；
融资应计利息支出第 7 列 = 表 7 融通资金表合计 2 第 7 列。

10. 其他是指除上述列举业务类型以外的业务发生金额。

二、"是否按要求准备了同期资料：是□　否□"：按有关规定准备同期资料的企业在"是□"方框内打√，否则在"否□"方框内打√。

三、"免除准备同期资料□"：如符合免除准备同期资料的企业在方框内打√。

四、"本年度是否签订成本分摊协议：是□　否□"：本年度签订成本分摊协议的企业在"是□"方框内打√，否则在"否□"方框内打√。

表 22–3 **购销表（表三）**

金额单位：人民币元（列至角分）

<table>
<tr><td colspan="8">一、总购销</td></tr>
<tr><td colspan="3">材料（商品）购入</td><td>金　额</td><td colspan="3">商品（材料）销售</td><td>金　额</td></tr>
<tr><td colspan="3">购入总额 1 = 2 + 5</td><td></td><td colspan="3">销售总额 8 = 9 + 12</td><td></td></tr>
<tr><td rowspan="6">其中</td><td colspan="2">进口购入 2 = 3 + 4</td><td></td><td rowspan="6">其中</td><td colspan="2">出口销售 9 = 10 + 11</td><td></td></tr>
<tr><td rowspan="2">其中</td><td>非关联进口 3</td><td></td><td rowspan="2">其中</td><td>非关联出口 10</td><td></td></tr>
<tr><td>关联进口 4</td><td></td><td>关联出口 11</td><td></td></tr>
<tr><td colspan="2">国内购入 5 = 6 + 7</td><td></td><td colspan="2">国内销售 12 = 13 + 14</td><td></td></tr>
<tr><td rowspan="2">其中</td><td>非关联购入 6</td><td></td><td rowspan="2">其中</td><td>非关联销售 13</td><td></td></tr>
<tr><td>关联购入 7</td><td></td><td>关联销售 14</td><td></td></tr>
</table>

<table>
<tr><td colspan="6">二、按出口贸易方式分类的出口销售收入</td></tr>
<tr><td rowspan="2">来料加工</td><td>关联金额</td><td>非关联金额</td><td rowspan="2">其他贸易方式</td><td>关联金额</td><td>非关联金额</td></tr>
<tr><td></td><td></td><td></td><td></td></tr>
</table>

三、占出口销售总额 10%以上的境外销售对象及其交易

境外关联方名称	国家（地区）	交易金额	定价方法	备注
境外非关联方名称	国家（地区）	交易金额	定价方法	备注
			——	
			——	
			——	

四、占进口采购总额 10%以上的境外采购对象及其交易

境外关联方名称	国家（地区）	交易金额	定价方法	备注
境外非关联方名称	国家（地区）	交易金额	定价方法	备注
			——	
			——	
			——	

经办人（签章）：　　　　　　　　　　　　法定代表人（签章）：

购销表（表三）填表说明：

一、“购入总额”：填报年度购入的原材料、半成品、材料（商品）等有形资产的金额，不包括固定资产、工程物资和低值易耗品。

二、“销售总额”：填报年度所有销售商品（材料）的金额。

三、“来料加工”：填报收取的加工费金额。

四、“国家（地区）”：填报境外关联方或非关联方所在国家或地区的名称。

五、“定价方法”：分为以下六种：1. 可比非受控价格法；2. 再销售价格法；3. 成本加成法；4. 交易净利润法；5. 利润分割法；6. 其他方法。本栏填报对应数字，如选择“6”，应在备注栏中说明所使用的具体方法。

表 22-4　　**劳务表（表四）**

金额单位：人民币元（列至角分）

<table>
<tr><td colspan="8">一、总劳务交易</td></tr>
<tr><td colspan="3">劳务收入</td><td>金　额</td><td colspan="3">劳务支出</td><td>金　额</td></tr>
<tr><td colspan="3">劳务收入 1 = 2 + 5</td><td></td><td colspan="3">劳务支出 8 = 9 + 12</td><td></td></tr>
<tr><td rowspan="6">其中</td><td colspan="2">境外劳务收入 2 = 3 + 4</td><td></td><td rowspan="6">其中</td><td colspan="2">境外劳务支出 9 = 10 + 11</td><td></td></tr>
<tr><td rowspan="2">其中</td><td>非关联劳务收入 3</td><td></td><td rowspan="2">其中</td><td>非关联劳务支出 10</td><td></td></tr>
<tr><td>关联劳务收入 4</td><td></td><td>关联劳务支出 11</td><td></td></tr>
<tr><td colspan="2">境内劳务收入 5 = 6 + 7</td><td></td><td colspan="2">境内劳务支出 12 = 13 + 14</td><td></td></tr>
<tr><td rowspan="2">其中</td><td>非关联劳务收入 6</td><td></td><td rowspan="2">其中</td><td>非关联劳务支出 13</td><td></td></tr>
<tr><td>关联劳务收入 7</td><td></td><td>关联劳务支出 14</td><td></td></tr>
</table>

<table>
<tr><td colspan="5">二、境外劳务收入额占劳务收入总额 10%以上的境外交易对象及其交易</td></tr>
<tr><td>境外关联方名称</td><td>国家（地区）</td><td>交易金额</td><td>定价方法</td><td>备注</td></tr>
<tr><td></td><td></td><td></td><td></td><td></td></tr>
<tr><td></td><td></td><td></td><td></td><td></td></tr>
<tr><td></td><td></td><td></td><td></td><td></td></tr>
<tr><td></td><td></td><td></td><td></td><td></td></tr>
<tr><td>境外非关联方名称</td><td>国家（地区）</td><td>交易金额</td><td>定价方法</td><td>备注</td></tr>
<tr><td></td><td></td><td></td><td>——</td><td></td></tr>
<tr><td></td><td></td><td></td><td>——</td><td></td></tr>
<tr><td></td><td></td><td></td><td>——</td><td></td></tr>
<tr><td></td><td></td><td></td><td>——</td><td></td></tr>
<tr><td colspan="5">三、境外劳务支出额占劳务支出总额 10%以上的境外交易对象及其交易</td></tr>
<tr><td>境外关联方名称</td><td>国家（地区）</td><td>交易金额</td><td>定价方法</td><td>备注</td></tr>
<tr><td></td><td></td><td></td><td></td><td></td></tr>
<tr><td></td><td></td><td></td><td></td><td></td></tr>
<tr><td></td><td></td><td></td><td></td><td></td></tr>
<tr><td></td><td></td><td></td><td></td><td></td></tr>
<tr><td>境外非关联方名称</td><td>国家（地区）</td><td>交易金额</td><td>定价方法</td><td>备注</td></tr>
<tr><td></td><td></td><td></td><td>——</td><td></td></tr>
<tr><td></td><td></td><td></td><td>——</td><td></td></tr>
<tr><td></td><td></td><td></td><td>——</td><td></td></tr>
</table>

经办人（签章）：　　　　　　　　法定代表人（签章）：

劳务表（表四）填表说明：

一、“境外劳务收入”：填报企业提供劳务从境外取得的收入。

二、“境外劳务支出”：填报企业接受劳务向境外支付的费用。

三、“国家（地区）”：填写境外关联方或非关联方所在国家或地区的名称。

四、“定价方法”：分为以下六种：1. 可比非受控价格法；2. 再销售价格法；3. 成本加成法；4. 交易净利润法；5. 利润分割法；6. 其他方法。本栏填报对应数字，如选择“6”，应在备注栏中说明所使用的具体方法。

表 22–5

无形资产表（表五）

金额单位：人民币元（列至角分）

项目		受让					出让				
		总交易金额	从境外受让无形资产		从境内受让无形资产		总交易金额	向境外出让无形资产		向境内出让无形资产	
			关联交易金额	非关联交易金额	关联交易金额	非关联交易金额		关联交易金额	非关联交易金额	关联交易金额	非关联交易金额
		1=2+3+4+5	2	3	4	5	6=7+8+9+10	7	8	9	10
使用权	土地使用权										
	专利权										
	非专利技术										
	商标权										
	著作权										
	其他										
	合计										
所有权	专利权										
	非专利技术										
	商标权										
	著作权										
	其他										
	合计										
总计											

经办人（签章）：　　　　法定代表人（签章）：

表 22-6

固定资产表（表六）

金额单位：人民币元（列至角分）

项目		受让					出让				
		总交易金额	从境外受让固定资产		从境内受让固定资产		总交易金额	向境外出让固定资产		向境内出让固定资产	
			关联交易金额	非关联交易金额	关联交易金额	非关联交易金额		关联交易金额	非关联交易金额	关联交易金额	非关联交易金额
		1=2+3+4+5	2	3	4	5	6=7+8+9+10	7	8	9	10
使用权	房屋、建筑物										
	飞机、火车、轮船、机器、机械和其他生产设备										
	与生产经营活动有关的器具、工具、家具等										
	飞机、火车、轮船以外的运输工具										
	电子设备										
	其他										
	合计										
所有权	房屋、建筑物										
	飞机、火车、轮船、机器、机械和其他生产设备										
	与生产经营活动有关的器具、工具、家具等										
	飞机、火车、轮船以外的运输工具										
	电子设备										
	其他										
	合计										
总计											

经办人（签章）：　　　　法定代表人（签章）：

表 22-7

融通资金表（表七）

企业从其关联方接受的债权性投资与企业接受的权益性投资的比例

金额单位：人民币元（列至角分）

	境外关联方名称	国家（地区）	币种	融资金额		利率	融资起止时间	应计利息支出	应计利息收入	担保方名称	担保费	担保费率
				融入金额	融出金额							
定期融资												
其他合计	—	—	—		—	—	—		—	—		—
	—	—	—	—		—	—	—		—		—
合计		—	—			—	—			—		—
	境内关联方名称	国家（地区）	币种	融资金额		利率	融资起止时间	应计利息支出	应计利息收入	担保方名称	担保费	担保费率
				融入金额	融出金额							
定期融资												
其他合计	—	—	—		—	—	—		—	—		—
	—	—	—	—		—	—	—		—		—
合计		—	—			—	—			—		—
总计		—	—			—	—			—		—

经办人（签章）：　　　　　　　　法定代表人（签章）：

融通资金表（表七）填表说明：

一、企业从其关联方接受的债权性投资与企业接受的权益性投资的比例＝年度各月平均关联债权投资之和/年度各月平均权益投资之和，其中，各月平均关联债权投资＝（关联债权投资月初账面余额＋月末账面余额）/2；各月平均权益投资＝（权益投资月初账面余额＋月末账面余额）/2。

二、定期融资应按每笔融资分别填报，融入、融出不得填在同一行。

三、“国家（地区）”：填报境外关联方所在国家或地区的名称。

四、“利率”：填报融资的年利率。

五、“应计利息支出”或“应计利息收入”：填报按权责发生制计算的应计利息支出或应计利息收入，应计利息支出包括资本化的应计利息支出。

六、如果金额单位为外币的，按照纳税年度最后一日的人民币汇率中间价折合人民币。

表 22-8　　**对外投资情况表（表八）**

金额单位：人民币元（列至角分）

一、企业基本信息

企业名称		纳税人识别号	
注册地址		法定代表人	

二、被投资外国企业基本信息

企业名称			纳税人识别号	
注册地址			法定代表人	
主要经营地址			成立时间	
法定代表人居住地址			记账本位货币	
主营业务范围			对人民币汇率	
			纳税年度起止	

被投资外国企业总股份信息		企业持有被投资外国企业股份信息			
总股份量	起止时间	股份种类	起止时间	持股数量	持股比例%
1	2	3	4	5	6＝5/1

三、被投资外国企业是否在国家税务总局指定的非低税率国家（地区）　是□　否□

四、被投资外国企业年度利润是否不高于500万元人民币　是□　否□

五、被投资外国企业年度企业所得税税负信息

应纳税所得额	实际缴纳所得税	税后利润额	实际税负比率%	被投资企业法定所得税率
7	8	9＝7－8	10＝8/7	11

六、被投资外国企业全部股东信息

股东名称	国家（地区）	纳税人识别号	持股种类	起止时间	占全部股份比例%

续表

七、被投资外国企业年度损益表		八、被投资外国企业资产负债表	
项　目	金额	项　目	金额
收入总额		现金	
成本		应收账款	
毛利润		存货	
股息、红利收入		其他流动资产	
利息收入		向股东或其他关联方贷款	
租金、特许权使用费收入		对附属机构投资	
财产转让收益（损失）		其他投资	
其他收入		建筑物及其他可折旧财产	
扣减补偿支出		土地	
租金、特许权使用总支出		无形资产	
利息支出		其他财产	
折旧		总资产	
税金		应付账款	
其他扣除		其他流动负债	
年度利润总额		股东或其他关联方贷款	
		其他负债	
		股本	
		未分配利润	
		总负债	

九、企业从被投资外国企业分得的股息情况		
本年度应分配股息额	本年度实际分配股息额	比例%
12	13	14=13/12

经办人（签章）：　　　　　　　　　　　　法定代表人（签章）：

对外投资情况表（表八）填表说明：

一、本表适用于持有外国（地区）企业股份的中国居民企业填报。

二、“被投资外国企业基本信息”：填报企业所投资的外国企业的基本信息，如企业投资多个外国企业的，应分别填报。其中，“对人民币汇率”填报年度12月31日的记账本位货币对人民币汇率的中间价。

三、“被投资外国企业总股份信息”和“企业持有被投资外国企业股份信息”：填报外国企业全部股份数量和企业持有的股份数量，按照有表决权的普通股、无表决权的普通股、优先股以及其他类似股份的权益性资本等分类、分时间段填报。

四、在香港特别行政区、澳门特别行政区和台湾地区成立的企业，参照适用本表所称的“外国企业”。

表 22-9　　对外支付款项情况表（表九）

金额单位：人民币元（列至角分）

项　目	本年度向境外支付款项金额	其中：向境外关联企业支付款项金额	已扣缴企业所得税金额	是否享受税收协定优惠
1. 股息、红利				
2. 利息				
3. 租金				
4. 特许权使用费				
其中：商标费				
技术使用费				
5. 财产转让支出				
6. 佣金				
7. 设计费				
8. 咨询费				
9. 培训费				
10. 管理服务费				
11. 承包工程款				
12. 建筑安装款				
13. 文体演出款				
14. 认证、检测费				
15. 市场拓展费				
16. 售后服务费				
17. 其他				
其中：______				
合计				

经办人（签章）：　　　　法定代表人（签章）：

对外支付款项情况表（表九）填表说明：

一、“本年度向境外支付款项金额”：填报本年度向境外实际支付款项的金额，包括未支付但已列入本年度成本费用的金额。

二、“是否享受税收协定优惠”：填报“是”或“否”。

三、“已扣缴企业所得税金额”：填报该项支付金额所对应的非居民企业所得税扣缴金额，不属于非居民企业所得税扣缴范围的，填报“不适用”。

四、“股息、红利”：填报向权益性投资方支付的投资收益。

五、“利息”：填报向债权性投资方支付的投资收益。

六、“租金”：填报因取得固定资产等有形资产的使用权而向出租方支付的费用。

七、“特许权使用费”：填报支付的专利权、非专利技术、商标权、著作权等的使用费。

八、“财产转让支出”：填报因取得各种财产所有权而支付的款项。

九、“佣金”：填报向居间介绍货物购销成交的第三方支付的费用，包括佣金、手续费、回扣等。

十、“设计费”：填报委托受托方进行建筑、工程、系统、软件等项目设计而支付的费用。

十一、“咨询费”：填报接受咨询服务而支付的费用。

十二、“培训费”：填报接受业务技能、专业知识、系统操作、设备操作等培训而支付的费用。

十三、“管理服务费”：填报接受各种管理服务而支付的费用。

十四、“承包工程款”：填报接受承包装配、勘探等工程作业或有关工程项目劳务而支付的款项。

十五、“建筑安装款”：填报接受建筑、安装等项目的劳务而支付的款项。

十六、“文体演出款”：填报向境外演出团体或个人支付的境内文艺、体育等表演的款项。

十七、“认证检测费”：填报接受有关资质、证书、产品检测等劳务而支付的费用。

十八、“市场拓展费”：填报接受有关市场开发、拓展、渗透等劳务而支付的费用。

十九、“售后服务费”：填报接受产品的检测、维修、保养等售后服务而支付的费用。

二十、“其他”：填报不能归入上述分类的劳务费支出，对于主要的项目应在下面的栏目中列明具体名称。

第四节　关联企业应纳税所得额的确定

企业所得税法对某些避税事项规定了反避税条款。

一、核定应纳税所得额的方法

税法规定，企业不提供与其关联方之间业务往来资料，或者提供虚假、不完整资料，未能真实反映其关联业务往来情况的，税务机关有权依法核定其应纳税所得额。

税务机关依照企业所得税法规定核定企业的应纳税所得额时，可以采用下列方法：

1. 参照同类或者类似企业的利润率水平核定；

2. 按照企业成本加合理的费用和利润的方法核定；

3. 按照关联企业集团整体利润的合理比例核定；

4. 按照其他合理方法核定。

企业对税务机关按照上述规定的方法核定的应纳税所得额有异议的，应当提供相关证据，经税务机关认定后，调整核定的应纳税所得额。

二、低税区企业应税收入的确定

（一）税法规定

由居民企业，或者由居民企业和中国居民控制的设立在实际税负明显低于企业所得税法第四条第一款规定税率水平（即企业所得税的税率25%）的国家（地区）的企业，并非由于合理的经营需要而对利润不作分配或者减少分配的，上述利润中应归属于该居民企业的部分，应当计入该居民企业的当期收入。

1. 中国居民。上述税法所称中国居民，是指根据《中华人民共和国个人所得税法》的规定，就其从中国境内、境外取得的所得在中国缴纳个人所得税的个人。

2. 控制。上述税法所称控制，包括：

（1）居民企业或者中国居民直接或者间接单一持有外国企业10%以上有表决权股份，且由其共同持有该外国企业50%以上股份；

（2）居民企业，或者居民企业和中国居民持股比例没有达到第（1）项规定的标准，但在股份、资金、经营、购销等方面对该外国企业构成实质控制。

3. 税率水平。上述税法所称实际税负明显低于企业所得税法第四条第一款规定税率水平，是指低于企业所得税法第四条第一款规定税率（即企业所得税的税率25%）的50%。

（二）简化判定中国居民股东控制外国企业所在国实际税负的规定（国税函〔2009〕37号）

根据《中华人民共和国企业所得税法》第四十五条的规定［即本节二之（一）］，为了简化判定由中国居民企业，或者由中国居民企业和居民个人控制的外国企业的实际税负，现明确如下：

中国居民企业或居民个人能够提供资料证明其控制的外国企业设立在美国、英国、法国、德国、日本、意大利、加拿大、澳大利亚、印度、南非、新西兰和挪威的，可免于将该外国企业不作分配或者减少分配的利润视同股息分配额，计入中国居民企业的当期所得。

三、利息扣除

税法规定，企业从其关联方接受的债权性投资与权益性投资的比例超过规定标准而发生的利息支出，不得在计算应纳税所得额时扣除。

（一）债权性投资

上述税法所称债权性投资，是指企业直接或者间接从关联方获得的，需要偿还本金和支付利息或者需要以其他具有支付利息性质的方式予以补偿的融资。

企业间接从关联方获得的债权性投资，包括：

（1）关联方通过无关联第三方提供的债权性投资；

（2）无关联第三方提供的、由关联方担保且负有连带责任的债权性投资；

（3）其他间接从关联方获得的具有负债实质的债权性投资。

（二）权益性投资

上述税法所称权益性投资，是指企业接受的不需要偿还本金和支付利息，投资人对企业净资产拥有所有权的投资。

（三）投资比例标准

上述税法所称标准，由国务院财政、税务主管部门另行规定。

企业接受关联方债权性投资利息支出税前扣除的政策如下（财税〔2008〕121号）：

1. 在计算应纳税所得额时，企业实际支付给关联方的利息支出，不超过以下规定比例和税法及其实施条例有关规定计算的部分，准予扣除，超过的部分不得在发生当期和以后年度扣除。

企业实际支付给关联方的利息支出，除符合本通知第二条规定外，其接受关联方债权性投资与其权益性投资比例为：

①金融企业，为5∶1；

②其他企业，为2∶1。

2. 企业如果能够按照税法及其实施条例的有关规定提供相关资料，并证明相关交易活动符合独立交易原则的；或者该企业的实际税负不高于境内关联方的，其实际支付给境内关联方的利息支出，在计算应纳税所得额时准予扣除。

3. 企业同时从事金融业务和非金融业务，其实际支付给关联方的利息支出，应按照合理方法分开计算；没有按照合理方法分开计算的，一律按本通知第一条有关其他企业的比例计算准予税前扣除的利息支出。

4. 企业自关联方取得的不符合规定的利息收入应按照有关规定缴纳企业所得税。

四、其他反避税调整

税法规定，企业实施其他不具有合理商业目的的安排而减少其应纳税收入或者所得额的，税务机关有权按照合理方法调整。

这里所称不具有合理商业目的，是指以减少、免除或者推迟缴纳税款为主要目的。

第五节 企业避税应负的法律责任

企业所得税法明确规定了企业避税的法律责任。

一、补征税款

税法规定，税务机关依照本章（税法第六章）规定作出纳税调整，需要补征税款的，应当补征税款，并按照国务院规定加收利息。

1. 上述税法所称利息，应当按照税款所属纳税年度中国人民银行公布的与补税期间同期的人民币贷款基准利率加 5 个百分点计算。

2. 企业依照企业所得税法第四十三条和本条例的规定（即本章第三节）提供有关资料的，可以只按前款规定的人民币贷款基准利率计算利息。

3. 税务机关根据税收法律、行政法规的规定，对企业作出特别纳税调整的，应当对补征的税款，自税款所属纳税年度的次年 6 月 1 日起至补缴税款之日止的期间，按日加收利息。

前款规定加收的利息，不得在计算应纳税所得额时扣除。

二、追索调整

企业与其关联方之间的业务往来，不符合独立交易原则，或者企业实施其他不具有合理商业目的安排的，税务机关有权在该业务发生的纳税年度起 10 年内，进行纳税调整。

第六节 特别纳税调整实施办法

第一章 总 则

第一条 为了规范特别纳税调整管理，根据《中华人民共和国企业所得税法》（以下简称所得税法）、《中华人民共和国企业所得税法实施条例》（以下简称所得税法实施条例）、《中华人民共和国税收征收管理法》（以下简称征管法）、《中华人民共和国税收征收管理法实施细则》（以下简称征管法实施细则）以及我国政府与有关国家（地区）政府签署的避免双重征税协定（安排）（以下简称税收协定）的有关规定，制定本办法。（国税发〔2009〕2 号）

第二条 本办法适用于税务机关对企业的转让定价、预约定价安排、成本分摊协议、受控外国企业、资本弱化以及一般反避税等特别纳税调整事项的管理。

第三条 转让定价管理是指税务机关按照所得税法第六章和征管法第三十六条的有关规定，对企业与其关联方之间的业务往来（以下简称关联交易）是否符合独立交易原则进行审核评估和调查调整等工作的总称。

第四条 预约定价安排管理是指税务机关按照所得税法第四十二条和征管法实施细则第五十三条的规定，对企业提出的未来年度关联交易的定价原则和计算方法进行审核评估，并与企业协商达成预约定价安排等工作的总称。

第五条 成本分摊协议管理是指税务机关按照所得税法第四十一条第二款的规定，对企业与其关联方签署的成本分摊协议是否符合独立交易原则进行审核评估和调查调整等工作的总称。

第六条 受控外国企业管理是指税务机关按照所得税法第四十五条的规定，对受控外国企业不作利润分配或减少分配进行审核评估和调查，并对归属于中国居民企业所得进行调整等工作的总称。

第七条 资本弱化管理是指税务机关按照所得税法第四十六条的规定，对企业接受关联方债权性投资与企业接受的权益性投资的比例是否符合规定比例或独立交易原则进行审核评估和调查调整等工作的总称。

第八条 一般反避税管理是指税务机关按照所得税法第四十七条的规定，对企业实施其他不具有合理商业目的的安排而减少其应纳税收入或所得额进行审核评估和调查调整等工作的总称。

第二章 关联申报

第九条 所得税法实施条例第一百零九条及征管法实施细则第五十一条所称关联关系，主要是指企业与其他企业、组织或个人具有下列之一关系：

（一）一方直接或间接持有另一方的股份总和达到25%以上，或者双方直接或间接同为第三方所持有的股份达到25%以上。若一方通过中间方对另一方间接持有股份，只要一方对中间方持股比例达到25%以上，则一方对另一方的持股比例按照中间方对另一方的持股比例计算。

（二）一方与另一方（独立金融机构除外）之间借贷资金占一方实收资本50%以上，或者一方借贷资金总额的10%以上是由另一方（独立金融机构除外）担保。

（三）一方半数以上的高级管理人员（包括董事会成员和经理）或至少一名可以控制董事会的董事会高级成员是由另一方委派，或者双方半数以上的高级管理人员（包括董事会成员和经理）或至少一名可以控制董事会的董事会高级成员同为第三方委派。

（四）一方半数以上的高级管理人员（包括董事会成员和经理）同时担任另一方的高级管理人员（包括董事会成员和经理），或者一方至少一名可以控制董事会的董事会高级成员同时担任另一方的董事会高级成员。

（五）一方的生产经营活动必须由另一方提供的工业产权、专有技术等特许权才能正常进行。

（六）一方的购买或销售活动主要由另一方控制。

（七）一方接受或提供劳务主要由另一方控制。

（八）一方对另一方的生产经营、交易具有实质控制，或者双方在利益上具有相关联的其他关系，包括虽未达到本条第（一）项持股比例，但一方与另一方的主要持股方享受基本相同的经济利益，以及家族、亲属关系等。

第十条 关联交易主要包括以下类型：

（一）有形资产的购销、转让和使用，包括房屋建筑物、交通工具、机器设备、工具、商品、产品等有形资产的购销、转让和租赁业务；

（二）无形资产的转让和使用，包括土地使用权、版权（著作权）、专利、商标、客户名单、营销渠道、牌号、商业秘密和专有技术等特许权，以及工业品外观设计或实用新型等工业产权的所有权转让和使用权的提供业务；

（三）融通资金，包括各类长短期资金拆借和担保以及各类计息预付款和延期付款等业务；

（四）提供劳务，包括市场调查、行销、管理、行政事务、技术服务、维修、设计、咨询、代理、科研、法律、会计事务等服务的提供。

第十一条 实行查账征收的居民企业和在中国境内设立机构、场所并据实申报缴纳企业所得税的非居民企业向税务机关报送年度企业所得税纳税申报表时，应附送《中华人民共和国企业年度关联业务往来报告表》，包括《关联关系表》、《关联交易汇总表》、《购销表》、《劳务表》、《无形资产表》、《固定资产表》、《融通资金表》、《对外投资情况表》和《对外支付款项情况表》。

第十二条 企业按规定期限报送本办法第十一条规定的报告表确有困难，需要延期的，应按征管法及其实施细则的有关规定办理。

第三章 同期资料管理

第十三条 企业应根据所得税法实施条例第一百一十四条的规定，按纳税年度准备、保存，并按税务机关要求提供其关联交易的同期资料。

第十四条 同期资料主要包括以下内容：

（一）组织结构

1. 企业所属的企业集团相关组织结构及股权结构；

2. 企业关联关系的年度变化情况；

3. 与企业发生交易的关联方信息，包括关联企业的名称、法定代表人、董事和经理等高级管理人员构成情况、注册地址及实际经营地址，以及关联个人的名称、国籍、居住地、家庭成员构成等情况，并注明对企业关联交易定价具有直接影响的关联方；

4. 各关联方适用的具有所得税性质的税种、税率及相应可享受的税收优惠。

（二）生产经营情况

1. 企业的业务概况，包括企业发展变化概况、所处的行业及发展概况、经营策略、产业政策、行业限制等影响企业和行业的主要经济和法律问题，集团产业链以及企业所处地位；

2. 企业的主营业务构成，主营业务收入及其占收入总额的比重，主营业务利润及其占利润总额的比重；

3. 企业所处的行业地位及相关市场竞争环境的分析；

4. 企业内部组织结构，企业及其关联方在关联交易中执行的功能、承担的风险以及使用的资产等相关信息，并参照填写《企业功能风险分析表》；

5. 企业集团合并财务报表，可视企业集团会计年度情况延期准备，但最迟不得超过关联交易发生年度的次年12月31日。

（三）关联交易情况

1. 关联交易类型、参与方、时间、金额、结算货币、交易条件等；

2. 关联交易所采用的贸易方式、年度变化情况及其理由；

3. 关联交易的业务流程，包括各个环节的信息流、物流和资金流，与非关联交易业务流程的异同；

4. 关联交易所涉及的无形资产及其对定价的影响；

5. 与关联交易相关的合同或协议副本及其履行情况的说明；

6. 对影响关联交易定价的主要经济和法律因素的分析；

7. 关联交易和非关联交易的收入、成本、费用和利润的划分情况，不能直接划分的，按照合理比例划分，说明确定该划分比例的理由，并参照填写《企业年度关联交易财务状况分析表》。

（四）可比性分析

1. 可比性分析所考虑的因素，包括交易资产或劳务特性、交易各方功能和风险、合同条款、经济环境、经营策略等；

2. 可比企业执行的功能、承担的风险以及使用的资产等相关信息；

3. 可比交易的说明，如：有形资产的物理特性、质量及其效用；融资业务的正常利率水平、金额、币种、期限、担保、融资人的资信、还款方式、计息方法等；劳务的性质与程度；无形资产的类型及交易形式，通过交易获得的使用无形资产的权利，使用无形资产获得的收益；

4. 可比信息来源、选择条件及理由；

5. 可比数据的差异调整及理由。

（五）转让定价方法的选择和使用

1. 转让定价方法的选用及理由，企业选择利润法时，须说明对企业集团整体利润或剩余利润水平所做的贡献；

2. 可比信息如何支持所选用的转让定价方法；

3. 确定可比非关联交易价格或利润的过程中所做的假设和判断；

4. 运用合理的转让定价方法和可比性分析结果，确定可比非关联交易价格或利润，以及遵循独立交易原则的说明；

5. 其他支持所选用转让定价方法的资料。

第十五条　属于下列情形之一的企业，可免于准备同期资料：

（一）年度发生的关联购销金额（来料加工业务按年度进出口报关价格计算）在 2 亿元人民币以下且其他关联交易金额（关联融通资金按利息收付金额计算）在 4000 万元人民币以下，上述金额不包括企业在年度内执行成本分摊协议或预约定价安排所涉及的关联交易金额；

（二）关联交易属于执行预约定价安排所涉及的范围；

（三）外资股份低于 50%且仅与境内关联方发生关联交易。

第十六条　除本办法第七章另有规定外，企业应在关联交易发生年度的次年 5 月 31 日之前准备完毕该年度同期资料，并自税务机关要求之日起 20 日内提供。

企业因不可抗力无法按期提供同期资料的，应在不可抗力消除后 20 日内提供同期资料。

第十七条　企业按照税务机关要求提供的同期资料，须加盖公章，并由法定代表人或法定代表人授权的代表签字或盖章。同期资料涉及引用的信息资料，应标明出处来源。

第十八条　企业因合并、分立等原因变更或注销税务登记的，应由合并、分立后的企业保存同期资料。

第十九条　同期资料应使用中文。如原始资料为外文的，应附送中文副本。

第二十条　同期资料应自企业关联交易发生年度的次年 6 月 1 日起保存 10 年。

第四章 转让定价方法

第二十一条 企业发生关联交易以及税务机关审核、评估关联交易均应遵循独立交易原则，选用合理的转让定价方法。

根据所得税法实施条例第一百一十一条的规定，转让定价方法包括可比非受控价格法、再销售价格法、成本加成法、交易净利润法、利润分割法和其他符合独立交易原则的方法。

第二十二条 选用合理的转让定价方法应进行可比性分析。可比性分析因素主要包括以下五个方面：

（一）交易资产或劳务特性，主要包括：有形资产的物理特性、质量、数量等，劳务的性质和范围，无形资产的类型、交易形式、期限、范围、预期收益等；

（二）交易各方功能和风险，功能主要包括：研发、设计，采购，加工、装配、制造，存货管理、分销、售后服务、广告，运输、仓储，融资，财务、会计、法律及人力资源管理等，在比较功能时，应关注企业为发挥功能所使用资产的相似程度；风险主要包括：研发风险，采购风险，生产风险，分销风险，市场推广风险，管理及财务风险等；

（三）合同条款，主要包括：交易标的，交易数量、价格，收付款方式和条件，交货条件，售后服务范围和条件，提供附加劳务的约定，变更、修改合同内容的权利，合同有效期，终止或续签合同的权利；

（四）经济环境，主要包括：行业概况，地理区域，市场规模，市场层级，市场占有率，市场竞争程度，消费者购买力，商品或劳务可替代性，生产要素价格，运输成本，政府管制等；

（五）经营策略，主要包括：创新和开发策略，多元化经营策略，风险规避策略，市场占有策略等。

第二十三条 可比非受控价格法以非关联方之间进行的与关联交易相同或类似业务活动所收取的价格作为关联交易的公平成交价格。

可比性分析应特别考察关联交易与非关联交易在交易资产或劳务的特性、合同条款及经济环境上的差异，按照不同交易类型具体包括如下内容：

（一）有形资产的购销或转让

1. 购销或转让过程，包括交易的时间与地点、交货条件、交货手续、支付条件、交易数量、售后服务的时间和地点等；

2. 购销或转让环节，包括出厂环节、批发环节、零售环节、出口环节等；

3. 购销或转让货物，包括品名、品牌、规格、型号、性能、结构、外型、包装等；

4. 购销或转让环境，包括民族风俗、消费者偏好、政局稳定程度以及财政、税收、外汇政策等。

（二）有形资产的使用

1. 资产的性能、规格、型号、结构、类型、折旧方法；

2. 提供使用权的时间、期限、地点；

3. 资产所有者对资产的投资支出、维修费用等。

（三）无形资产的转让和使用

1. 无形资产类别、用途、适用行业、预期收益；

2. 无形资产的开发投资、转让条件、独占程度、受有关国家法律保护的程度及期限、受让成本和费用、功能风险情况、可替代性等。

（四）融通资金：融资的金额、币种、期限、担保、融资人的资信、还款方式、计息方法等。

（五）提供劳务：业务性质、技术要求、专业水准、承担责任、付款条件和方式、直接和间接成本等。

关联交易与非关联交易之间在以上方面存在重大差异的，应就该差异对价格的影响进行合理调整，无法合理调整的，应根据本章规定选择其他合理的转让定价方法。

可比非受控价格法可以适用于所有类型的关联交易。

第二十四条　再销售价格法以关联方购进商品再销售给非关联方的价格减去可比非关联交易毛利后的金额作为关联方购进商品的公平成交价格。其计算公式如下：

公平成交价格 = 再销售给非关联方的价格 × (1 − 可比非关联交易毛利率)

可比非关联交易毛利率 = 可比非关联交易毛利/可比非关联交易收入净额 × 100%

可比性分析应特别考察关联交易与非关联交易在功能风险及合同条款上的差异以及影响毛利率的其他因素，具体包括销售、广告及服务功能，存货风险，机器、设备的价值及使用年限，无形资产的使用及价值，批发或零售环节，商业经验，会计处理及管理效率等。

关联交易与非关联交易之间在以上方面存在重大差异的，应就该差异对毛利率的影响进行合理调整，无法合理调整的，应根据本章规定选择其他合理的转让定价方法。

再销售价格法通常适用于再销售者未对商品进行改变外型、性能、结构或更换商标等实质性增值加工的简单加工或单纯购销业务。

第二十五条　成本加成法以关联交易发生的合理成本加上可比非关联交易毛利作为关联交易的公平成交价格。其计算公式如下：

公平成交价格 = 关联交易的合理成本 × (1 + 可比非关联交易成本加成率)

可比非关联交易成本加成率 = 可比非关联交易毛利/可比非关联交易成本 × 100%

可比性分析应特别考察关联交易与非关联交易在功能风险及合同条款上的差异以及影响成本加成率的其他因素，具体包括制造、加工、安装及测试功能，市场及汇兑风险，机器、设备的价值及使用年限，无形资产的使用及价值，商业经验，会计处理及管理效率等。

关联交易与非关联交易之间在以上方面存在重大差异的，应就该差异对成本加成率的影响进行合理调整，无法合理调整的，应根据本章规定选择其他合理的转让定价方法。

成本加成法通常适用于有形资产的购销、转让和使用，劳务提供或资金融通的关联交易。

第二十六条　交易净利润法以可比非关联交易的利润率指标确定关联交易的净利润。利润率指标包括资产收益率、销售利润率、完全成本加成率、贝里比率等。

可比性分析应特别考察关联交易与非关联交易之间在功能风险及经济环境上的差异以及影响营业利润的其他因素，具体包括执行功能、承担风险和使用资产，行业和市场情况，经营规模，经济周期和产品生命周期，成本、费用、所得和资产在各交易间的分摊，会计处理及经营管理效率等。

关联交易与非关联交易之间在以上方面存在重大差异的，应就该差异对营业利润的影响进行合理调整，无法合理调整的，应根据本章规定选择其他合理的转让定价方法。

交易净利润法通常适用于有形资产的购销、转让和使用，无形资产的转让和使用以及劳务提供等关联交易。

第二十七条 利润分割法根据企业与其关联方对关联交易合并利润的贡献计算各自应该分配的利润额。利润分割法分为一般利润分割法和剩余利润分割法。

一般利润分割法根据关联交易各参与方所执行的功能、承担的风险以及使用的资产，确定各自应取得的利润。

剩余利润分割法将关联交易各参与方的合并利润减去分配给各方的常规利润的余额作为剩余利润，再根据各方对剩余利润的贡献程度进行分配。

可比性分析应特别考察交易各方执行的功能、承担的风险和使用的资产，成本、费用、所得和资产在各交易方之间的分摊，会计处理，确定交易各方对剩余利润贡献所使用信息和假设条件的可靠性等。

利润分割法通常适用于各参与方关联交易高度整合且难以单独评估各方交易结果的情况。

第五章 转让定价调查及调整

第二十八条 税务机关有权依据税收征管法及其实施细则有关税务检查的规定，确定调查企业，进行转让定价调查、调整。被调查企业必须据实报告其关联交易情况，并提供相关资料，不得拒绝或隐瞒。

第二十九条 转让定价调查应重点选择以下企业：

（一）关联交易数额较大或类型较多的企业；

（二）长期亏损、微利或跳跃性盈利的企业；

（三）低于同行业利润水平的企业；

（四）利润水平与其所承担的功能风险明显不相匹配的企业；

（五）与避税港关联方发生业务往来的企业；

（六）未按规定进行关联申报或准备同期资料的企业；

（七）其他明显违背独立交易原则的企业。

第三十条 实际税负相同的境内关联方之间的交易，只要该交易没有直接或间接导致国家总体税收收入的减少，原则上不做转让定价调查、调整。

第三十一条 税务机关应结合日常征管工作，开展案头审核，确定调查企业。案头审核应主要根据被调查企业历年报送的年度所得税申报资料及关联业务往来报告表等纳税资料，对企业的生产经营状况、关联交易等情况进行综合评估分析。

企业可以在案头审核阶段向税务机关提供同期资料。

第三十二条 税务机关对已确定的调查对象，应根据所得税法第六章、所得税法实施条例第六章、征管法第四章及征管法实施细则第六章的规定，实施现场调查。

（一）现场调查人员须2名以上。

（二）现场调查时调查人员应出示《税务检查证》，并送达《税务检查通知书》。

（三）现场调查可根据需要依照法定程序采取询问、调取账簿资料和实地核查等方式。

（四）询问当事人应有专人记录《询问（调查）笔录》，并告知当事人不如实提供情况应当承担的法律责任。《询问（调查）笔录》应交当事人核对确认。

（五）需调取账簿及有关资料的，应按照征管法实施细则第八十六条的规定，填制《调取账簿资料通知书》、《调取账簿资料清单》，办理有关法定手续，调取的账簿、记账凭证等资料，应妥善保管，并按法定时限如数退还。

（六）实地核查过程中发现的问题和情况，由调查人员填写《询问（调查）笔录》。《询问

（调查）笔录》应由2名以上调查人员签字，并根据需要由被调查企业核对确认，若被调查企业拒绝，可由2名以上调查人员签认备案。

（七）可以以记录、录音、录像、照相和复制的方式索取与案件有关的资料，但必须注明原件的保存方及出处，由原件保存或提供方核对签注“与原件核对无误”字样，并盖章或押印。

（八）需要证人作证的，应事先告知证人不如实提供情况应当承担的法律责任。证人的证言材料应由本人签字或押印。

第三十三条　根据所得税法第四十三条第二款及所得税法实施条例第一百一十四条的规定，税务机关在实施转让定价调查时，有权要求企业及其关联方，以及与关联业务调查有关的其他企业（以下简称“可比企业”）提供相关资料，并送达《税务事项通知书》。

（一）企业应在《税务事项通知书》规定的期限内提供相关资料，因特殊情况不能按期提供的，应向税务机关提交书面延期申请，经批准，可以延期提供，但最长不得超过30日。税务机关应自收到企业延期申请之日起15日内函复，逾期未函复的，视同税务机关已同意企业的延期申请。

（二）企业的关联方以及可比企业应在与税务机关约定的期限内提供相关资料，约定期限一般不应超过60日。

企业、关联方及可比企业应按税务机关要求提供真实、完整的相关资料。

第三十四条　税务机关应按本办法第二章的有关规定，核实企业申报信息，并要求企业填制《企业可比性因素分析表》。

税务机关在企业关联申报和提供资料的基础上，填制《企业关联关系认定表》、《企业关联交易认定表》和《企业可比性因素分析认定表》，并由被调查企业核对确认。

第三十五条　转让定价调查涉及向关联方和可比企业调查取证的，税务机关向企业送达《税务检查通知书》，进行调查取证。

第三十六条　税务机关审核企业、关联方及可比企业提供的相关资料，可采用现场调查、发函协查和查阅公开信息等方式核实。需取得境外有关资料的，可按有关规定启动税收协定的情报交换程序，或通过我驻外机构调查收集有关信息。涉及境外关联方的相关资料，税务机关也可要求企业提供公证机构的证明。

第三十七条　税务机关应选用本办法第四章规定的转让定价方法分析、评估企业关联交易是否符合独立交易原则，分析评估时可以使用公开信息资料，也可以使用非公开信息资料。

第三十八条　税务机关分析、评估企业关联交易时，因企业与可比企业营运资本占用不同而对营业利润产生的差异原则上不做调整。确需调整的，须层报国家税务总局批准。

第三十九条　按照关联方订单从事加工制造，不承担经营决策、产品研发、销售等功能的企业，不应承担由于决策失误、开工不足、产品滞销等原因带来的风险和损失，通常应保持一定的利润率水平。对出现亏损的企业，税务机关应在经济分析的基础上，选择适当的可比价格或可比企业，确定企业的利润水平。

第四十条　企业与关联方之间收取价款与支付价款的交易相互抵消的，税务机关在可比性分析和纳税调整时，原则上应还原抵消交易。

第四十一条　税务机关采用四分位法分析、评估企业利润水平时，企业利润水平低于可比企业利润率区间中位值的，原则上应按照不低于中位值进行调整。

第四十二条 经调查，企业关联交易符合独立交易原则的，税务机关应做出转让定价调查结论，并向企业送达《特别纳税调查结论通知书》。

第四十三条 经调查，企业关联交易不符合独立交易原则而减少其应纳税收入或者所得额的，税务机关应按以下程序实施转让定价纳税调整：

（一）在测算、论证和可比性分析的基础上，拟定特别纳税调查初步调整方案；

（二）根据初步调整方案与企业协商谈判，税企双方均应指定主谈人，调查人员应做好《协商内容记录》，并由双方主谈人签字确认，若企业拒签，可由2名以上调查人员签认备案；

（三）企业对初步调整方案有异议的，应在税务机关规定的期限内进一步提供相关资料，税务机关收到资料后，应认真审核，并及时做出审议决定；

（四）根据审议决定，向企业送达《特别纳税调查初步调整通知书》，企业对初步调整意见有异议的，应自收到通知书之日起7日内书面提出，税务机关收到企业意见后，应再次协商审议；企业逾期未提出异议的，视为同意初步调整意见；

（五）确定最终调整方案，向企业送达《特别纳税调查调整通知书》。

第四十四条 企业收到《特别纳税调查调整通知书》后，应按规定期限缴纳税款及利息。

第四十五条 税务机关对企业实施转让定价纳税调整后，应自企业被调整的最后年度的下一年度起5年内实施跟踪管理。在跟踪管理期内，企业应在跟踪年度的次年6月20日之前向税务机关提供跟踪年度的同期资料，税务机关根据同期资料和纳税申报资料重点分析、评估以下内容：

（一）企业投资、经营状况及其变化情况；

（二）企业纳税申报额变化情况；

（三）企业经营成果变化情况；

（四）关联交易变化情况等。

税务机关在跟踪管理期内发现企业转让定价异常等情况，应及时与企业沟通，要求企业自行调整，或按照本章有关规定开展转让定价调查调整。

第六章 预约定价安排管理

第四十六条 企业可以依据所得税法第四十二条、所得税法实施条例第一百一十三条及征管法实施细则第五十三条的规定，与税务机关就企业未来年度关联交易的定价原则和计算方法达成预约定价安排。预约定价安排的谈签与执行通常经过预备会谈、正式申请、审核评估、磋商、签订安排和监控执行6个阶段。预约定价安排包括单边、双边和多边3种类型。

第四十七条 预约定价安排应由设区的市、自治州以上的税务机关受理。

第四十八条 预约定价安排一般适用于同时满足以下条件的企业：

（一）年度发生的关联交易金额在4000万元人民币以上；

（二）依法履行关联申报义务；

（三）按规定准备、保存和提供同期资料。

第四十九条 预约定价安排适用于自企业提交正式书面申请年度的次年起3至5个连续年度的关联交易。

预约定价安排的谈签不影响税务机关对企业提交预约定价安排正式书面申请当年或以前年度关联交易的转让定价调查调整。

如果企业申请当年或以前年度的关联交易与预约定价安排适用年度相同或类似，经企业申请，税务机关批准，可将预约定价安排确定的定价原则和计算方法适用于申请当年或以前年度关联交易的评估和调整。

第五十条　企业正式申请谈签预约定价安排前，应向税务机关书面提出谈签意向，税务机关可以根据企业的书面要求，与企业就预约定价安排的相关内容及达成预约定价安排的可行性开展预备会谈，并填制《预约定价安排会谈记录》。预备会谈可以采用匿名的方式。

（一）企业申请单边预约定价安排的，应向税务机关书面提出谈签意向。在预备会谈期间，企业应就以下内容提供资料，并与税务机关进行讨论：

1. 安排的适用年度；

2. 安排涉及的关联方及关联交易；

3. 企业以前年度生产经营情况；

4. 安排涉及各关联方功能和风险的说明；

5. 是否应用安排确定的方法解决以前年度的转让定价问题；

6. 其他需要说明的情况。

（二）企业申请双边或多边预约定价安排的，应同时向国家税务总局和主管税务机关书面提出谈签意向，国家税务总局组织与企业开展预备会谈，预备会谈的内容除本条第（一）项外，还应特别包括：

1. 向税收协定缔约对方税务主管当局提出预备会谈申请的情况；

2. 安排涉及的关联方以前年度生产经营情况及关联交易情况；

3. 向税收协定缔约对方税务主管当局提出的预约定价安排拟采用的定价原则和计算方法。

（三）预备会谈达成一致意见的，税务机关应自达成一致意见之日起15日内书面通知企业，可以就预约定价安排相关事宜进行正式谈判，并向企业送达《预约定价安排正式会谈通知书》；预备会谈不能达成一致意见的，税务机关应自最后一次预备会谈结束之日起15日内书面通知企业，向企业送达《拒绝企业申请预约定价安排通知书》，拒绝企业申请预约定价安排，并说明理由。

第五十一条　企业应在接到税务机关正式会谈通知之日起3个月内，向税务机关提出预约定价安排书面申请报告，并报送《预约定价安排正式申请书》。企业申请双边或多边预约定价安排的，应将《预约定价安排正式申请书》和《启动相互协商程序申请书》同时报送国家税务总局和主管税务机关。

（一）预约定价安排书面申请报告应包括如下内容：

1. 相关的集团组织架构、公司内部结构、关联关系、关联交易情况；

2. 企业近三年财务、会计报表资料，产品功能和资产（包括无形资产和有形资产）的资料；

3. 安排所涉及的关联交易类别和纳税年度；

4. 关联方之间功能和风险划分，包括划分所依据的机构、人员、费用、资产等；

5. 安排适用的转让定价原则和计算方法，以及支持这一原则和方法的功能风险分析、可比性分析和假设条件等；

6. 市场情况的说明，包括行业发展趋势和竞争环境；

7. 安排预约期间的年度经营规模、经营效益预测以及经营规划等；

8. 与安排有关的关联交易、经营安排及利润水平等财务方面的信息；

9. 是否涉及双重征税等问题；

10. 涉及境内、外有关法律、税收协定等相关问题。

（二）企业因下列特殊原因无法按期提交书面申请报告的，可向税务机关提出书面延期申请，并报送《预约定价安排正式申请延期报送申请书》。

1. 需要特别准备某些方面的资料；

2. 需要对资料做技术上的处理，如文字翻译等；

3. 其他非主观原因。

税务机关应自收到企业书面延期申请后15日内，对其延期事项做出书面答复，并向企业送达《预约定价安排正式申请延期报送答复书》。逾期未做出答复的，视同税务机关已同意企业的延期申请。

（三）上述申请内容所涉及的文件资料和情况说明，包括能够支持拟选用的定价原则、计算方法和能证实符合预约定价安排条件的所有文件资料，企业和税务机关均应妥善保存。

第五十二条 税务机关应自收到企业提交的预约定价安排正式书面申请及所需文件、资料之日起5个月内，进行审核和评估。根据审核和评估的具体情况可要求企业补充提供有关资料，形成审核评估结论。

因特殊情况，需要延长审核评估时间的，税务机关应及时书面通知企业，并向企业送达《预约定价安排审核评估延期通知书》，延长期限不得超过3个月。

税务机关应主要审核和评估以下内容：

（一）历史经营状况，分析、评估企业的经营规划、发展趋势、经营范围等文件资料，重点审核可行性研究报告、投资预（决）算、董事会决议等，综合分析反映经营业绩的有关信息和资料，如财务、会计报表、审计报告等。

（二）功能和风险状况，分析、评估企业与其关联方之间在供货、生产、运输、销售等各环节以及在研究、开发无形资产等方面各自所拥有的份额，执行的功能以及在存货、信贷、外汇、市场等方面所承担的风险。

（三）可比信息，分析、评估企业提供的境内、外可比价格信息，说明可比企业和申请企业之间的实质性差异，并进行调整。若不能确认可比交易或经营活动的合理性，应明确企业须进一步提供的有关文件、资料，以证明其所选用的转让定价原则和计算方法公平地反映了被审核的关联交易和经营现状，并得到相关财务、经营等资料的证实。

（四）假设条件，分析、评估对行业盈利能力和对企业生产经营的影响因素及其影响程度，合理确定预约定价安排适用的假设条件。

（五）转让定价原则和计算方法，分析、评估企业在预约定价安排中选用的转让定价原则和计算方法是否以及如何真实地运用于以前、现在和未来年度的关联交易以及相关财务、经营资料之中，是否符合法律、法规的规定。

（六）预期的公平交易价格或利润区间，通过对确定的可比价格、利润率、可比企业交易等情况的进一步审核和评估，测算出税务机关和企业均可接受的价格或利润区间。

第五十三条 税务机关应自单边预约定价安排形成审核评估结论之日起30日内，与企业进行预约定价安排磋商，磋商达成一致的，应将预约定价安排草案和审核评估报告一并层报国家税务总局审定。

国家税务总局与税收协定缔约对方税务主管当局开展双边或多边预约定价安排的磋商，

磋商达成一致的，根据磋商备忘录拟定预约定价安排草案。

预约定价安排草案应包括如下内容：

（一）关联方名称、地址等基本信息；

（二）安排涉及的关联交易及适用年度；

（三）安排选定的可比价格或交易、转让定价原则和计算方法、预期经营结果等；

（四）与转让定价方法运用和计算基础相关的术语定义；

（五）假设条件；

（六）企业年度报告、记录保存、假设条件变动通知等义务；

（七）安排的法律效力，文件资料等信息的保密性；

（八）相互责任条款；

（九）安排的修订；

（十）解决争议的方法和途径；

（十一）生效日期；

（十二）附则。

第五十四条 税务机关与企业就单边预约定价安排草案内容达成一致后，双方的法定代表人或法定代表人授权的代表正式签订单边预约定价安排。国家税务总局与税收协定缔约对方税务主管当局就双边或多边预约定价安排草案内容达成一致后，双方或多方税务主管当局授权的代表正式签订双边或多边预约定价安排。主管税务机关根据双边或多边预约定价安排与企业签订《双边（多边）预约定价安排执行协议书》。

第五十五条 在预约定价安排正式谈判后和预约定价安排签订前，税务机关和企业均可暂停、终止谈判。涉及双边或多边预约定价安排的，经缔约各方税务主管当局协商，可暂停、终止谈判。终止谈判的，双方应将谈判中相互提供的全部资料退还给对方。

第五十六条 税务机关应建立监控管理制度，监控预约定价安排的执行情况。

（一）在预约定价安排执行期内，企业应完整保存与安排有关的文件和资料（包括账簿和有关记录等），不得丢失、销毁和转移；并在纳税年度终了后5个月内，向税务机关报送执行预约定价安排情况的年度报告。

年度报告应说明报告期内经营情况以及企业遵守预约定价安排的情况，包括预约定价安排要求的所有事项，以及是否有修订或实质上终止该预约定价安排的要求。如有未决问题或将要发生的问题，企业应在年度报告中予以说明，以便与税务机关协商是否修订或终止安排。

（二）在预约定价安排执行期内，税务机关应定期（一般为半年）检查企业履行安排的情况。检查内容主要包括：企业是否遵守了安排条款及要求；为谈签安排而提供的资料和年度报告是否反映了企业的实际经营情况；转让定价方法所依据的资料和计算方法是否正确；安排所描述的假设条件是否仍然有效；企业对转让定价方法的运用是否与假设条件相一致等。

税务机关如发现企业有违反安排的一般情况，可视情况进行处理，直至终止安排；如发现企业存在隐瞒或拒不执行安排的情况，税务机关应认定预约定价安排自始无效。

（三）在预约定价安排执行期内，如果企业发生实际经营结果不在安排所预期的价格或利润区间之内的情况，税务机关应在报经上一级税务机关核准后，将实际经营结果调整到安排所确定的价格或利润区间内。涉及双边或多边预约定价安排的，应当层报国家税务总局核准。

（四）在预约定价安排执行期内，企业发生影响预约定价安排的实质性变化，应在发生变化后30日内向税务机关书面报告，详细说明该变化对预约定价安排执行的影响，并附相关资料。由于非主观原因而无法按期报告的，可以延期报告，但延长期不得超过30日。

税务机关应在收到企业书面报告之日起60日内，予以审核和处理，包括审查企业变化情况、与企业协商修订预约定价安排条款和相关条件，或根据实质性变化对预约定价安排的影响程度采取修订或终止安排等措施。原预约定价安排终止执行后，税务机关可以和企业按照本章规定的程序和要求，重新谈签新的预约定价安排。

（五）国家税务局和地方税务局与企业共同签订的预约定价安排，在执行期内，企业应分别向国家税务局和地方税务局报送执行预约定价安排情况的年度报告和实质性变化报告。国家税务局和地方税务局应对企业执行安排的情况，实行联合检查和审核。

第五十七条 预约定价安排期满后自动失效。如企业需要续签的，应在预约定价安排执行期满前90日内向税务机关提出续签申请，报送《预约定价安排续签申请书》，并提供可靠的证明材料，说明现行预约定价安排所述事实和相关环境没有发生实质性变化，并且一直遵守该预约定价安排中的各项条款和约定。税务机关应自收到企业续签申请之日起15日内做出是否受理的书面答复，向企业送达《预约定价安排申请续签答复书》。税务机关应审核、评估企业的续签申请资料，与企业协商拟定预约定价安排草案，并按双方商定的续签时间、地点等相关事宜，与企业完成续签工作。

第五十八条 预约定价安排的谈签或执行同时涉及两个以上省、自治区、直辖市和计划单列市税务机关，或者同时涉及国家税务局和地方税务局的，由国家税务总局统一组织协调。企业可以直接向国家税务总局书面提出谈签意向。

第五十九条 税务机关与企业达成的预约定价安排，只要企业遵守了安排的全部条款及其要求，各地国家税务局、地方税务局均应执行。

第六十条 税务机关与企业在预约定价安排预备会谈、正式谈签、审核、分析等全过程中所获取或得到的所有信息资料，双方均负有保密义务。税务机关和企业每次会谈，均应对会谈内容进行书面记录，同时载明每次会谈时相互提供资料的份数和内容，并由双方主谈人员签字或盖章。

第六十一条 税务机关与企业不能达成预约定价安排的，税务机关在会谈、协商过程中所获取的有关企业的提议、推理、观念和判断等非事实性信息，不得用于以后对该预约定价安排涉及交易行为的税务调查。

第六十二条 在预约定价安排执行期间，如果税务机关与企业发生分歧，双方应进行协商。协商不能解决的，可报上一级税务机关协调；涉及双边或多边预约定价安排的，须层报国家税务总局协调。对上一级税务机关或国家税务总局的协调结果或决定，下一级税务机关应当予以执行。但企业仍不能接受的，应当终止安排的执行。

第六十三条 税务机关应在与企业正式签订单边预约定价安排或双边或多边预约定价安排执行协议书后10日内，以及预约定价安排执行中发生修订、终止等情况后20日内，将单边预约定价安排正式文本、双边或多边预约定价安排执行协议书以及安排变动情况的说明层报国家税务总局备案。

第七章 成本分摊协议管理

第六十四条 根据所得税法第四十一条第二款及所得税法实施条例第一百一十二条的规

定，企业与其关联方签署成本分摊协议，共同开发、受让无形资产，或者共同提供、接受劳务，应符合本章规定。

第六十五条　成本分摊协议的参与方对开发、受让的无形资产或参与的劳务活动享有受益权，并承担相应的活动成本。关联方承担的成本应与非关联方在可比条件下为获得上述受益权而支付的成本相一致。

参与方使用成本分摊协议所开发或受让的无形资产不需另支付特许权使用费。

第六十六条　企业对成本分摊协议所涉及无形资产或劳务的受益权应有合理的、可计量的预期收益，且以合理商业假设和营业常规为基础。

第六十七条　涉及劳务的成本分摊协议一般适用于集团采购和集团营销策划。

第六十八条　成本分摊协议主要包括以下内容：

（一）参与方的名称、所在国家（地区）、关联关系、在协议中的权利和义务；

（二）成本分摊协议所涉及的无形资产或劳务的内容、范围，协议涉及研发或劳务活动的具体承担者及其职责、任务；

（三）协议期限；

（四）参与方预期收益的计算方法和假设；

（五）参与方初始投入和后续成本支付的金额、形式、价值确认的方法以及符合独立交易原则的说明；

（六）参与方会计方法的运用及变更说明；

（七）参与方加入或退出协议的程序及处理规定；

（八）参与方之间补偿支付的条件及处理规定；

（九）协议变更或终止的条件及处理规定；

（十）非参与方使用协议成果的规定。

第六十九条　企业应自成本分摊协议达成之日起30日内，层报国家税务总局备案。税务机关判定成本分摊协议是否符合独立交易原则须层报国家税务总局审核。

第七十条　已经执行并形成一定资产的成本分摊协议，参与方发生变更或协议终止执行，应根据独立交易原则做如下处理：

（一）加入支付，即新参与方为获得已有协议成果的受益权应做出合理的支付；

（二）退出补偿，即原参与方退出协议安排，将已有协议成果的受益权转让给其他参与方应获得合理的补偿；

（三）参与方变更后，应对各方受益和成本分摊情况做出相应调整；

（四）协议终止时，各参与方应对已有协议成果做出合理分配。

企业不按独立交易原则对上述情况做出处理而减少其应纳税所得额的，税务机关有权做出调整。

第七十一条　成本分摊协议执行期间，参与方实际分享的收益与分摊的成本不相配比的，应根据实际情况做出补偿调整。

第七十二条　对于符合独立交易原则的成本分摊协议，有关税务处理如下：

（一）企业按照协议分摊的成本，应在协议规定的各年度税前扣除；

（二）涉及补偿调整的，应在补偿调整的年度计入应纳税所得额；

（三）涉及无形资产的成本分摊协议，加入支付、退出补偿或终止协议时对协议成果分配的，应按资产购置或处置的有关规定处理。

第七十三条 企业可根据本办法第六章的规定采取预约定价安排的方式达成成本分摊协议。

第七十四条 企业执行成本分摊协议期间，除遵照本办法第三章规定外，还应准备和保存以下成本分摊协议的同期资料：

（一）成本分摊协议副本；

（二）成本分摊协议各参与方之间达成的为实施该协议的其他协议；

（三）非参与方使用协议成果的情况、支付的金额及形式；

（四）本年度成本分摊协议的参与方加入或退出的情况，包括加入或退出的参与方名称、所在国家（地区）、关联关系，加入支付或退出补偿的金额及形式；

（五）成本分摊协议的变更或终止情况，包括变更或终止的原因、对已形成协议成果的处理或分配；

（六）本年度按照成本分摊协议发生的成本总额及构成情况；

（七）本年度各参与方成本分摊的情况，包括成本支付的金额、形式、对象，做出或接受补偿支付的金额、形式、对象；

（八）本年度协议预期收益与实际结果的比较及由此做出的调整。

企业执行成本分摊协议期间，无论成本分摊协议是否采取预约定价安排的方式，均应在本年度的次年6月20日之前向税务机关提供成本分摊协议的同期资料。

第七十五条 企业与其关联方签署成本分摊协议，有下列情形之一的，其自行分摊的成本不得税前扣除：

（一）不具有合理商业目的和经济实质；

（二）不符合独立交易原则；

（三）没有遵循成本与收益配比原则；

（四）未按本办法有关规定备案或准备、保存和提供有关成本分摊协议的同期资料；

（五）自签署成本分摊协议之日起经营期限少于20年。

第八章 受控外国企业管理

第七十六条 受控外国企业是指根据所得税法第四十五条的规定，由居民企业，或者由居民企业和居民个人（以下统称中国居民股东，包括中国居民企业股东和中国居民个人股东）控制的设立在实际税负低于所得税法第四条第一款规定税率水平50%的国家（地区），并非出于合理经营需要对利润不作分配或减少分配的外国企业。

第七十七条 本办法第七十六条所称控制，是指在股份、资金、经营、购销等方面构成实质控制。其中，股份控制是指由中国居民股东在纳税年度任何一天单层直接或多层间接单一持有外国企业10%以上有表决权股份，且共同持有该外国企业50%以上股份。

中国居民股东多层间接持有股份按各层持股比例相乘计算，中间层持有股份超过50%的，按100%计算。

第七十八条 中国居民企业股东应在年度企业所得税纳税申报时提供对外投资信息，附送《对外投资情况表》。

第七十九条 税务机关应汇总、审核中国居民企业股东申报的对外投资信息，向受控外国企业的中国居民企业股东送达《受控外国企业中国居民股东确认通知书》。中国居民企业股东符合所得税法第四十五条征税条件的，按照有关规定征税。

第八十条　计入中国居民企业股东当期的视同受控外国企业股息分配的所得，应按以下公式计算：

中国居民企业股东当期所得＝视同股息分配额×实际持股天数÷受控外国企业纳税年度天数×股东持股比例

中国居民股东多层间接持有股份的，股东持股比例按各层持股比例相乘计算。

第八十一条　受控外国企业与中国居民企业股东纳税年度存在差异的，应将视同股息分配所得计入受控外国企业纳税年度终止日所属的中国居民企业股东的纳税年度。

第八十二条　计入中国居民企业股东当期所得已在境外缴纳的企业所得税税款，可按照所得税法或税收协定的有关规定抵免。

第八十三条　受控外国企业实际分配的利润已根据所得税法第四十五条规定征税的，不再计入中国居民企业股东的当期所得。

第八十四条　中国居民企业股东能够提供资料证明其控制的外国企业满足以下条件之一的，可免于将外国企业不作分配或减少分配的利润视同股息分配额，计入中国居民企业股东的当期所得：

（一）设立在国家税务总局指定的非低税率国家（地区）；

（二）主要取得积极经营活动所得；

（三）年度利润总额低于500万元人民币。

第九章　资本弱化管理

第八十五条　所得税法第四十六条所称不得在计算应纳税所得额时扣除的利息支出应按以下公式计算：

不得扣除利息支出＝年度实际支付的全部关联方利息×（1－标准比例/关联债资比例）

其中：

标准比例是指《财政部　国家税务总局关于企业关联方利息支出税前扣除标准有关税收政策问题的通知》（财税〔2008〕121号）规定的比例。

关联债资比例是指根据所得税法第四十六条及所得税法实施条例第一百一十九条的规定，企业从其全部关联方接受的债权性投资（以下简称关联债权投资）占企业接受的权益性投资（以下简称权益投资）的比例，关联债权投资包括关联方以各种形式提供担保的债权性投资。

第八十六条　关联债资比例的具体计算方法如下：

关联债资比例＝年度各月平均关联债权投资之和/年度各月平均权益投资之和

其中：

各月平均关联债权投资＝（关联债权投资月初账面余额＋月末账面余额）/2

各月平均权益投资＝（权益投资月初账面余额＋月末账面余额）/2

权益投资为企业资产负债表所列示的所有者权益金额。如果所有者权益小于实收资本（股本）与资本公积之和，则权益投资为实收资本（股本）与资本公积之和；如果实收资本（股本）与资本公积之和小于实收资本（股本）金额，则权益投资为实收资本（股本）金额。

第八十七条　所得税法第四十六条所称的利息支出包括直接或间接关联债权投资实际支付的利息、担保费、抵押费和其他具有利息性质的费用。

第八十八条　所得税法第四十六条规定不得在计算应纳税所得额时扣除的利息支出，不得结转到以后纳税年度；应按照实际支付给各关联方利息占关联方利息总额的比例，在各关联方之间进行分配，其中，分配给实际税负高于企业的境内关联方的利息准予扣除；直接或间接实际支付给境外关联方的利息应视同分配的股息，按照股息和利息分别适用的所得税税率差补征企业所得税，如已扣缴的所得税税款多于按股息计算应征所得税税款，多出的部分不予退税。

第八十九条 企业关联债资比例超过标准比例的利息支出，如要在计算应纳税所得额时扣除，除遵照本办法第三章规定外，还应准备、保存、并按税务机关要求提供以下同期资料，证明关联债权投资金额、利率、期限、融资条件以及债资比例等均符合独立交易原则：

（一）企业偿债能力和举债能力分析；

（二）企业集团举债能力及融资结构情况分析；

（三）企业注册资本等权益投资的变动情况说明；

（四）关联债权投资的性质、目的及取得时的市场状况；

（五）关联债权投资的货币种类、金额、利率、期限及融资条件；

（六）企业提供的抵押品情况及条件；

（七）担保人状况及担保条件；

（八）同类同期贷款的利率情况及融资条件；

（九）可转换公司债券的转换条件；

（十）其他能够证明符合独立交易原则的资料。

第九十条 企业未按规定准备、保存和提供同期资料证明关联债权投资金额、利率、期限、融资条件以及债资比例等符合独立交易原则的，其超过标准比例的关联方利息支出，不得在计算应纳税所得额时扣除。

第九十一条 本章所称“实际支付利息”是指企业按照权责发生制原则计入相关成本、费用的利息。

企业实际支付关联方利息存在转让定价问题的，税务机关应首先按照本办法第五章的有关规定实施转让定价调查调整。

第十章 一般反避税管理

第九十二条 税务机关可依据所得税法第四十七条及所得税法实施条例第一百二十条的规定对存在以下避税安排的企业，启动一般反避税调查：

（一）滥用税收优惠；

（二）滥用税收协定；

（三）滥用公司组织形式；

（四）利用避税港避税；

（五）其他不具有合理商业目的的安排。

第九十三条 税务机关应按照实质重于形式的原则审核企业是否存在避税安排，并综合考虑安排的以下内容：

（一）安排的形式和实质；

（二）安排订立的时间和执行期间；

（三）安排实现的方式；

（四）安排各个步骤或组成部分之间的联系；

（五）安排涉及各方财务状况的变化；

（六）安排的税收结果。

第九十四条　税务机关应按照经济实质对企业的避税安排重新定性，取消企业从避税安排获得的税收利益。对于没有经济实质的企业，特别是设在避税港并导致其关联方或非关联方避税的企业，可在税收上否定该企业的存在。

第九十五条　税务机关启动一般反避税调查时，应按照征管法及其实施细则的有关规定向企业送达《税务检查通知书》。企业应自收到通知书之日起60日内提供资料证明其安排具有合理的商业目的。企业未在规定期限内提供资料，或提供资料不能证明安排具有合理商业目的的，税务机关可根据已掌握的信息实施纳税调整，并向企业送达《特别纳税调查调整通知书》。

第九十六条　税务机关实施一般反避税调查，可按照征管法第五十七条的规定要求避税安排的筹划方如实提供有关资料及证明材料。

第九十七条　一般反避税调查及调整须层报国家税务总局批准。

第十一章　相应调整及国际磋商

第九十八条　关联交易一方被实施转让定价调查调整的，应允许另一方做相应调整，以消除双重征税。相应调整涉及税收协定国家（地区）关联方的，经企业申请，国家税务总局与税收协定缔约对方税务主管当局根据税收协定有关相互协商程序的规定开展磋商谈判。

第九十九条　涉及税收协定国家（地区）关联方的转让定价相应调整，企业应同时向国家税务总局和主管税务机关提出书面申请，报送《启动相互协商程序申请书》，并提供企业或其关联方被转让定价调整的通知书复印件等有关资料。

第一百条　企业应自企业或其关联方收到转让定价调整通知书之日起三年内提出相应调整的申请，超过三年的，税务机关不予受理。

第一百零一条　税务机关对企业实施转让定价调整，涉及企业向境外关联方支付利息、租金、特许权使用费等已扣缴的税款，不再做相应调整。

第一百零二条　国家税务总局按照本办法第六章规定接受企业谈签双边或多边预约定价安排申请的，应与税收协定缔约对方税务主管当局根据税收协定相互协商程序的有关规定开展磋商谈判。

第一百零三条　相应调整或相互磋商的结果，由国家税务总局以书面形式经主管税务机关送达企业。

第一百零四条　本办法第九章所称不得在计算应纳税所得额时扣除的利息支出以及视同股息分配的利息支出，不适用本章相应调整的规定。

第十二章　法律责任

第一百零五条　企业未按照本办法的规定向税务机关报送企业年度关联业务往来报告表，或者未保存同期资料或其他相关资料的，依照征管法第六十条和第六十二条的规定处理。

第一百零六条　企业拒绝提供同期资料等关联交易的相关资料，或者提供虚假、不完整资料，未能真实反映其关联业务往来情况的，依照征管法第七十条、征管法实施细则第九十六条、所得税法第四十四条及所得税法实施条例第一百一十五条的规定处理。

第一百零七条　税务机关根据所得税法及其实施条例的规定，对企业做出特别纳税调整的，应对2008年1月1日以后发生交易补征的企业所得税税款，按日加收利息。

（一）计息期间自税款所属纳税年度的次年6月1日起至补缴（预缴）税款入库之日止。

（二）利息率按照税款所属纳税年度12月31日实行的与补税期间同期的中国人民银行人民币贷款基准利率（以下简称“基准利率”）加5个百分点计算，并按一年365天折算日利息率。

（三）企业按照本办法规定提供同期资料和其他相关资料的，或者企业符合本办法第十五条的规定免于准备同期资料但根据税务机关要求提供其他相关资料的，可以只按基准利率计算加收利息。

企业按照本办法第十五条第（一）项的规定免于准备同期资料，但经税务机关调查，其实际关联交易额达到必须准备同期资料的标准的，税务机关对补征税款加收利息，适用本条第（二）项规定。

（四）按照本条规定加收的利息，不得在计算应纳税所得额时扣除。

第一百零八条 企业在税务机关做出特别纳税调整决定前预缴税款的，收到调整补税通知书后补缴税款时，按照应补缴税款所属年度的先后顺序确定已预缴税款的所属年度，以预缴入库日为截止日，分别计算应加收的利息额。

第一百零九条 企业对特别纳税调整应补征的税款及利息，应在税务机关调整通知书规定的期限内缴纳入库。企业有特殊困难，不能按期缴纳税款的，应依照征管法第三十一条及征管法实施细则第四十一条和第四十二条的有关规定办理延期缴纳税款。逾期不申请延期又不缴纳税款的，税务机关应按照征管法第三十二条及其他有关规定处理。

第十三章 附 则

第一百一十条 税务机关对转让定价管理和预约定价安排管理以外的其他特别纳税调整事项实施的调查调整程序可参照适用本办法第五章的有关规定。

第一百一十一条 各级国家税务局和地方税务局对企业实施特别纳税调查调整要加强联系，可根据需要组成联合调查组进行调查。

第一百一十二条 税务机关及其工作人员应依据《国家税务总局关于纳税人涉税保密信息管理暂行办法》（国税发〔2008〕93号）等有关保密的规定保管、使用企业提供的信息资料。

第一百一十三条 本办法所规定期限的最后一日是法定休假日的，以休假日期满的次日为期限的最后一日；在期限内有连续3日以上法定休假日的，按休假日天数顺延。

第一百一十四条 本办法所涉及的“以上”、“以下”、“日内”、“之日”、“之前”、“少于”、“低于”、“超过”等均包含本数。

第一百一十五条 被调查企业在税务机关实施特别纳税调查调整期间申请变更经营地址或注销税务登记的，税务机关在调查结案前原则上不予办理税务变更、注销手续。

第一百一十六条 企业按本办法第三章的规定准备2008纳税年度发生关联交易的同期资料，可延期至2009年12月31日。

第一百一十七条 本办法由国家税务总局负责解释和修订。

第一百一十八条 本办法自2008年1月1日起施行。《国家税务总局关于关联企业间业务往来税务管理规程（试行）》（国税发〔1998〕59号）、《国家税务总局关于修订〈关联企业间业务往来税务管理规程〉（试行）的通知》（国税发〔2004〕143号）和《国家税务总局关于关联企业间业务往来预约定价实施规则》（国税发〔2004〕118号）同时废止。在本办法发布前实施的有关规定与本办法不一致的，以本办法为准。

第二十三章 税收协定中的企业所得税规定

在中国与其他国家签订的税收协定中，其所适用的税种包括企业所得税。因此，对企业所得税的跨国纳税人来说，为了合法地保护自己的利益，就必须熟悉税收协定的一些规定。

第一节 国际税收协定概述

国际税收协定又称国际税收条约，它是两个或两个以上的主权国家为了协调相互间的税收分配关系，防止国际间重复课税及国际间的税收逃漏，处理跨国纳税人征税事务问题和其他有关税收方面的关系，按照国际法有关主权和平等的原则，由有关国家政府谈判签订的具有法律效力的书面协议或条约。国际税收协定属于国际法范畴。因此，税收协定对于有关国家具有国际法的约束力。国际税收协定按参加国的多少，可分为双边协定或多边协定。

一、税收协定的谈签

税收协定是以国家为主体，以国家间税收管辖关系为调整对象的法律规范，是通过缔约国双方谈判制定，并由双方完成各自使之生效的法律程序确立起来的。税收协定对于缔约国双方，是政府对外做出了庄严的承诺，是一项必须执行并且不得违反的法律职责。同时，由于税收协定对主权国家税收管辖权的划分直接影响到缔约国之间经济交流与合作，涉及主权国家的财政和经济利益，因此，在经济全球化发展的趋势下，各国政府都十分重视税收协定的执行工作。中国从 1984 年开始对外谈签避免双重征税协定（以下简称税收协定）。国际税收协定的谈签与执行已经成为中国税收工作的一个重要组成部分，而处理跨国经营企业和个人涉及的税收协定问题也将成为税收征管工作的一个主要方面。自 1984 年初我国与日本签订第一个税收协定以来，到 2004 年 9 月，我国已与 84 个国家签署了避免双重征税协定，其中 61 个已经生效执行。近几年来，随着经济全球化步伐的加快和我国在国际经济舞台的地位的提高，希望与我国缔结税收协定的国家越来越多。目前正在谈判的或已约定开谈的有一大批来自非洲、西亚、拉美等地区的发展中国家。

二、谈签税收协定的基本原则

中国对外谈签税收协定的历史，大致可以分为两个阶段。前 10 年为第一阶段，主要是和美、日和欧洲等发达国家谈签税收协定。这一阶段也正是中国改革开放的初期，吸收外资、引进技术是国家经济政策的重点。根据这个重点，所制定的税收协定谈签基本原则，一方面最大限度地坚持来源地原则，尽可能多地维护国家的税收权益；另一方面要求缔约国对中国实行的外商投资税收优惠政策给予饶让抵免，以使外商能够确实从我国的优惠税收政策中得到实惠，真正起到吸引外资的作用。

1990 年以后，中国税收协定谈签工作进入第二阶段。在此期间中国的协定谈判对象发生了很大变化，即多为发展中国家。有东欧国家、前苏联和南斯拉夫解体后新成立的国家，有周边邻国，有非洲和中东国家，这些国家数目众多，发展水平差距很大。但它们普遍都把中国看成是对它们的资本和劳务的输出国，在税收协定的谈判中要求来源地有优先征税权，要求中国对它们给予的税收优惠政策给予饶让抵免。这使中国处于与发达国家谈判时完全相反的地位。在这种情况下，如果我们继续强调来源地原则，可能使中国的税收权益受到损害。但如果我们一味强调维护自己的税收权益，也会影响这些国家吸引中国投资和劳务的积极性，不利于中国企业进行国际竞争。针对这种形势，采取了因国而别，灵活掌握 OECD 和联合国范本的协定原则，该坚持的坚持，该让步的让步。例如就饶让抵免问题，在与一些国家的协定中同意有条件地列入。虽然列入该条款从表面上看是放弃了中方对本国企业境外所得的征税权，但却起到了鼓励中国企业走向国际市场的作用，从总体上是符合国家利益的。

三、税收协定的执行

税收协定的执行可以分为对内和对外两个方面的工作，对外即与缔约国对方主管当局发生相互关系的协定执行工作，主要涉及以下几个方面：

1. 主管当局代表相互磋商程序。即就协定执行中条文的解释、适用的范围等歧义，由双方指定税收协定主管当局代表当面或通过函件进行磋商，以求得到统一的理解。多年来，中国经常与在中国投资较多的发达国家，如日本、美国和欧洲一些国家，就各种协定事项进行磋商，既涉及外国公司在中国投资经营税收事项，也解决了一些中国在境外经营企业遇到的税收难题。

2. 税收情报交换。协定双方就跨国纳税人的涉税信息相互沟通，以加强国际征管合作，防止国际偷漏税。情报交换又分自动情报交换和单项情报交换，前者是双方确定某一领域或范围定期互换所有相关信息，后者则就特定纳税人或事项提请对方予以调查，并提供结果。长期以来，中国在单项情报交换方面与其他国家合作频繁，但仅与少数国家进行自动情报交换（虽然有些国家主动单方面向中国提供中国居民境外所得信息）。

3. 纳税人身份、完税情况的证明。纳税人身份证明主要是为了确定当事人是否符合协定适用范围，完税情况证明则是给对方国家税务部门提供计算境外税收抵免的依据。一般各国要将各自根据本国税收法规制定的有关证明文件的式样，事先提供给协定伙伴备查，然后根据法律要求或应纳税人请求提供各类证明。

四、税收协定与税收法规的关系

税收协定是为了避免两国对同一所得的双重征税，以两国的现行税收法规为基础，协调划分两国的税收管辖权的法律规范。在税收法规与税收协定规定不一致时，应以税收协定为准。同时，按照通行惯例，在实际处理税收协定与税收法规的关系时，应遵循“孰优”原则，即当税收法规所规定的税收待遇优于税收协定时，可以按税收法规处理。

五、企业和个人应充分利用中国已签订的税收协定

根据税收协定，缔约国一方的居民（包括自然人和法人），到缔约国另一方从事投资和劳务，不但可以享受到一些税收协定优惠，而且，还可以按照税收协定的规定，缔约国双方共同采取具体措施来消除双重征税，从而切实保护投资者、劳动者的利益。

但是，许多中国的境外企业和个人，对于国际税收协定方面的知识不了解，不知道如何利用避免国际双重征税协定来保护自己的合法利益。多年来，中国税务主管当局为中国境外投资企业和个人解决了一些与当地税务部门的纠纷，但仍有不少企业和个人还不知道通过本国税务部门解决自己遇到的境外税务问题，当然也有一些企业和个人的税务问题不能通过协定磋商加以解决。中国境外投资企业和个人应主动寻求中国税务主管当局的协助，以保护自身的合法利益。

第二节 税收协定的谈签程序和基本结构

为了让跨国纳税人更好地利用税收协定，有必要介绍税收协定的谈签程序及其基本结构。

一、税收协定的谈签程序

税收协定的谈签程序，一般包括谈判、签字、批准和交换批准书等几个阶段。在缔约国各方交换批准书并载明执行日期之后，税收协定才能生效和执行。故税收协定均有三个日期：签署日期、生效日期和执行日期。也就是说，只能从执行日期起，税收协定才真正具有法律效力。这是跨国纳税人应该明了的。

二、税收协定文本

（一）税收协定是以文本形式来表现的

一般来说，税收协定的文本是由三个部分组成的：

（1）序文，载明缔约国的名称和缔约的目的等。

（2）主文，即税收协定的实体部分，一般采取条文的形式，系统地列明缔约国各方通过谈签所达成的协议。

（3）结尾，包括税收协定的有效期、批准和生效程序、签字日期和地点以及代表签字等。

（二）税收协定的内容

现代国际税收协定，一般都具有以下五个方面的内容：税收协定的适用范围，税收协定基本用语的定义，对各类所得和一般财产价值划分税收管辖权的规定，消除国际双重征税的规定，以及特别规定等。

（三）中国对外谈签税收协定的工作文本

中国对外谈签税收协定的主要目的，是为了维护中国的经济利益，并正确处理外国投资者、外籍人员及其居住国政府的经济利益和税收分配关系。为此，中国政府在参考《经济合作发展组织（OECD）范本》和《联合国范本》的基础上，拟定了一个对外及谈签税收协定的工作文本，其全称是《中华人民共和国和×××国政府关于对所得避免双重征税和防止偷漏税的协定》。这个文本所代表的只是中方的意见。

三、税收协定的基本结构

生效并执行的中国政府和外国政府关于对所得避免双重征税和防止偷漏税的协定的基本结构，一般如下：

第一条，人的范围；第二条，税的范围；第三条，一般定义，包括对“税收”、“人”等的规定；第四条，居民；第五条，常设机构；第六条，不动产所得；第七条，营业利润；第八条，海运和空运；第九条，联属企业；第十条，股息；第十一条，利息；第十二条，特许权使用费；第十三条，财产收益；第十四条，独立个人劳务；第十五条，非独立个人劳务；第十六条，董事费；第十七条，艺术家和运动员；第十八条，退休金；第十九条，政府职务；第二十条，教师；第二十一条，大学生；第二十二条，其他所得；第二十三条，消除双重征税方法；第二十四条，无差别待遇；第二十五条，协商程序；第二十六条，情报交换；

第二十七条，外交官；第二十八条，生效；第二十九条，终止等条款。

第三节　税收协定的受益人

根据税收协定，缔约国一方的居民（包括自然人和法人），到缔约国另一方从事投资和劳务，可以享受到该国的一些优惠待遇；并且，对其跨国经营所产生的双重征税问题，在其本国国内税法采取单方面予以消除的同时，也按双边协定的规定，由缔约国双方承诺采用具体方法予以消除，以保护投资者的利益。

一、如何理解和认定税收协定中“受益所有人”（国税函〔2009〕601号）

根据中华人民共和国政府对外签署的避免双重征税协定（含内地与中国香港、中国澳门签署的税收安排，以下统称税收协定）的有关规定，现就缔约对方居民申请享受股息、利息和特许权使用费等条款规定的税收协定待遇时，如何认定申请人的“受益所有人”身份的问题通知如下：

1. “受益所有人”是指对所得或所得据以产生的权利或财产具有所有权和支配权的人。“受益所有人”一般从事实质性的经营活动，可以是个人、公司或其他任何团体。代理人、导管公司等不属于“受益所有人”。

导管公司是指通常以逃避或减少税收、转移或累积利润等为目的而设立的公司。这类公司仅在所在国登记注册，以满足法律所要求的组织形式，而不从事制造、经销、管理等实质性经营活动。

2. 在判定“受益所有人”身份时，不能仅从技术层面或国内法的角度理解，还应该从税收协定的目的（即避免双重征税和防止偷漏税）出发，按照“实质重于形式”的原则，结合具体案例的实际情况进行分析和判定。一般来说，下列因素不利于对申请人“受益所有人”身份的认定：

（1）申请人有义务在规定时间（比如在收到所得的12个月）内将所得的全部或绝大部分（比如60%以上）支付或派发给第三国（地区）居民。

（2）除持有所得据以产生的财产或权利外，申请人没有或几乎没有其他经营活动。

（3）在申请人是公司等实体的情况下，申请人的资产、规模和人员配置较小（或少），与所得数额难以匹配。

（4）对于所得或所得据以产生的财产或权利，申请人没有或几乎没有控制权或处置权，也不承担或很少承担风险。

（5）缔约对方国家（地区）对有关所得不征税或免税，或征税但实际税率极低。

（6）在利息据以产生和支付的贷款合同之外，存在债权人与第三人之间在数额、利率和签订时间等方面相近的其他贷款或存款合同。

（7）在特许权使用费据以产生和支付的版权、专利、技术等使用权转让合同之外，存在申请人与第三人之间在有关版权、专利、技术等的使用权或所有权方面的转让合同。

针对不同性质的所得，通过对上述因素的综合分析，认为申请人不符合本通知第一条规定的，不应将申请人认定为“受益所有人”。

3. 纳税人在申请享受税收协定待遇时，应提供能证明其具有“受益所有人”身份的与本通知第三条所列因素相关的资料。

各地在审批非居民享受税收协定有关条款待遇的申请时，要按照上述规定处理“受益所有人”的身份认定问题，必要时可通过信息交换机制确认相关资料。各地在具体执行中应及时总结经验、发现问题，对于疑难案例可层报税务总局（国际税务司）解决。

二、关于设在第三国的分支机构享受协定待遇问题

对方国家居民公司设在第三国或地区的分支机构，是该居民公司的组成部门，属于同一法律实体，如果其分支机构来我国从事营业或投资，除了在协定中另有规定（如我国同新加坡在协定第十一条第四款中，对新加坡发展银行取得的利息和中国银行取得的利息给予免税，都限于这两家银行的总行）以外，只要能证明其总公司是对方国家的居民公司，可以享受该对方国家同我国签订的避免双重征税协定的待遇，但其设在第三国或地区的子公司，不得享受该对方国家同我国签订的税收协定待遇。

三、对派驻第三国工作的人员能否享受协定待遇问题

对方国家的居民个人在第三国或地区受雇或者从事独立个人劳务，或者被对方国家的公司企业派驻设在第三国或地区的分支机构工作，凡是依照第三国或地区税收法律规定的居住期限，已在第三国或地区负有居民纳税义务，即不再享受该对方国家同我国签订的避免双重征税协定的待遇。

第四节　营业利润

对企业直接投资所取得的利润为营业利润。在没有签订避免双重征税协定的情况下，企业的法人居民所在国和收入来源国都拥有征税权。然而在当今国家间所签订的税收协定普遍采用的是常设机构原则：缔约国一方企业的利润，缔约国另一方不得征税，除非该企业在缔约国另一方设有常设机构进行营业。中国对外签订的税收协定中，对企业营业利润的征税也遵循这一原则，即来自缔约国的企业在中国境内不构成设有常设机构取得的营业利润，可以不在中国缴纳所得税。对等地，中国企业在缔约国另一方没有构成设有常设机构取得的营业利润，也不在该缔约国缴纳所得税。这就是常设机构原则。

按常设机构原则，税收协定规定应以归属于该常设机构的利润为限。为合理计算常设机构的营业利润，应把常设机构看作是一个独立的实体，按独立企业原则计算盈亏。

在税收协定中，“常设机构”一语是指企业进行全部或部分营业的固定场所。“常设机构”一语特别包括：管理场所，分支机构，办事处，工厂，作业场所，矿场、油井或气井、采石场或者其他开采自然资源的场所等。通常，有如下两方面的限定：

一、从事工程作业和提供劳务的期限

在中国对外签订的税收协定中，对建筑工地，建筑、装配或安装工程，或者与其有关的监督管理活动，以及提供劳务，包括咨询劳务，通常限定在达到一定时间以上才视其为常设机构。没有超过规定期限的，不视为常设机构。

1. 对建筑工地，建筑、装配或安装工程，或者与其有关的监督管理活动，通常规定为以连续超过 6 个月才视其为常设机构。但依协定双方的意见，该时限也可另有不同的规定，如 8 个月以上、12 个月以上、24 个月以上，不等。再如，对承包勘探和开发自然资源工程项目，有的以作业日期长短为限定，或以有关设备的使用或活动连续一定时间以上的为限，有的则明确以设有勘探或开发自然资源所使用的装置和设施的，即为常设机构，没有作业日期长短的限定。

2. 关于确定建筑工地，建筑、安装或安装工程为常设机构的期限计算问题。在我国对外签订的税收协定中，一般都规定，对建筑工地，建筑、装配或安装工程，仅以连续超过6个月的为常设机构。除中英税收协定外。一般还明确包括与工地、工程有关的监督管理活动。在实际工作中，可暂按以下几点掌握执行：

（1）确定工地、工程或者与其有关的监督管理活动的起止日期，可以按其所签订的合同，从实施合同（包括准备活动）之日起，至作业（包括试运转作业）全部结束交付使用之日止进行计算，凡连续6个月（不含6个月，跨年度的应连续计算）以上的，即为该对方企业在我国设有常设机构，按照外国企业所得税法的规定征收所得税；连续为期在6个月以内的，不征收企业所得税，但不影响按照有关税法规定所应征收的其他税收。

（2）对方一个企业在我国一个工地或同一工程连续承包两个及两个以上作业项目，应从第一个项目作业开始至最后完成的作业项目止计算其在我国进行工程作业的连续日期，不以每个工程作业项目分别计算。

所谓为一个工地或同一工程连续承包两个及两个以上作业项目，是指在商务关系和地理上是同一整体的几个合同项目，不包括该企业承包的或者是以前承包的与本工地或工程没有关联的其他作业项目。

（3）对工地、工程或者与其有关的监督管理活动开始计算其连续日期以后，因故（如设备、材料未运到或季节气候等原因）中途停顿作业，但所承包工程作业项目并未终止或结束，人员和设备物资等也未全部撤出，应持续计算其连续日期。

（4）对方企业将承包工程作业的一部分转包给其他企业，如果分包商实施合同的日期在前，可自分包商开始实施合同之日起计算该企业承包工程作业的连续日期。但不影响对分包商就其所承担的工程作业单独计算征税。

3. 关于为工程项目提供劳务的范围和确定为常设机构的期限问题。在我国对外签订的税收协定中，除了少数个别情况（如中英税收协定）以外，一般都规定对方企业通过雇员或雇用的其他人员在我国为同一个项目或相关联的项目提供劳务，包括咨询劳务，仅以在任何12个月中连续或累计超过6个月的为设有常设机构。现对与此有关的问题明确如下：

（1）对于为工程项目提供劳务包括咨询劳务与承包工程作业的划分，原则上应视其是否承担施工作业来确定。承包工程项目作业，一般都要承担施工责任。提供劳务包括咨询劳务，是指对已有的工程作业项目的进行提供技术指导、技术协助、技术咨询等技术服务性的劳务，只是从中协助，仅负技术上的指导责任，不负责具体的施工和劳动作业。

（2）对为工程项目提供劳务包括咨询劳务的范围，应作广义解释，包括对我国工程建设或企业现有生产技术的改革、经营管理的改进和技术选择、投资项目可行性分析以及设计方案的选择等提供咨询服务；也包括对我国企业现有设备或产品，根据我方在性能、效率、质量以及可靠性、耐性等方面提出的特定技术目标，提供技术协助，对需要改进的部位或零部件重新进行设计、调试或试制，以达到合同所规定的技术目标等。

（3）对“在任何12个月中连续或累计超过6个月”的计算，可以不受年度限制，从开始实施提供劳务合同的月份起，逐月移动计算，凡是在任何一个12个月中，连续或累计超过6个月的，即应视为设有常设机构。

二、外国企业常驻代表机构是否构成税收协定所述常设机构问题

在执行《关于对所得避免双重征税和防止偷漏税的协定》及《内地与香港特别行政区关于对所得避免双重征税的安排》(以下称税收协定及安排)，判定在华外国企业常驻代表机构(以下称代表机构) 中工作的非中国居民个人的纳税义务，确定其工资薪金所得是否属于税收协定及安排所说的“常设机构” 负担时，如何判定该代表机构是否构成税收协定及安排所说的“常设机构”，我国有关税收法规规定不予征税或免予征税的代表机构是否不属于“常设机构”。对此，解释如下：

1. 税收协定第五条及安排第一条规定，“‘常设机构’一语特别包括办事处”，但不包括：

(1) 专为储存、陈列或者交付本企业货物或者商品的目的而使用的设施；

(2) 专为储存、陈列或者交付的目的而保存本企业货物或者商品的库存；

(3) 专为另一企业加工的目的而保存本企业货物或者商品的库存；

(4) 专为本企业采购货物或者商品，或者搜集情报的目的所设的固定营业场所；

(5) 专为本企业进行其他准备性或辅助性活动的目的所设的固定营业场所；

(6) 专为本款第 (1) 项至第 (5) 项活动的结合所设的固定营业场所，如果由于这种结合使该固定营业场所全部活动属于准备性质或辅助性质。

在中国与外国签订的税收协定中，有的列有上述 (1)～(5) 项场所，有的列有上述 (1)～(6) 项场所，有的还在此基础上专列了条款，不视为设有常设机构。

据此规定，代表机构除专门从事上述列举的6项业务活动的以外，均属构成税收协定及安排所说的“常设机构”。

上述列举的6项业务活动中第 (5) 项所说“其他准备性或辅助性活动”包括的内容，应由税收协定及安排限定的主管当局确定。因此，凡国家税务总局对此未予明确的，各地税务机关不得自行认定“其他准备性或辅助性活动”的内容。

这是对常设机构的定义范围作出总的限定。它规定，有些经营组织，虽然其营业活动是通过固定营业场所进行，由于这些营业活动具有准备性质或辅助性质，对企业的盈利不起直接作用，因此，不能构成常设机构。所谓准备性或辅助性活动，一般认为应包括为本企业进行投资的考察、调研、市场及价格调查、投资可行性研究、筹建公司企业代表处、进行业务联络、为本企业业务人员安排食宿等。例如，只是作为广告宣传、提供情报、进行科学研究或为履行专利权或专有技术合同而提供服务的固定营业场所。在一般情况下，下列固定营业场所的活动不能视为准备性或辅助性活动，因此，这些场所应视为构成常设机构。

①与企业的经营活动和经营目的相同或相似的固定营业场所。

②企业专为客户提供零配件或维修、保养本企业销售的机器所设的固定营业场所。

③不仅为本企业服务，还直接为其他企业提供服务的固定营业场所。如一个企业所设的广告宣传机构，不仅为本企业的商品作广告，同时也为其他企业进行广告宣传，这个机构应视为常设机构。

由此可知，辅助性、准备性场所一般具有以下几个特点：

①服务对象只能是本企业；

②服务不应直接起到盈利的作用；

③职责只限于事务性的服务。

2. 虽然根据我国内地有关对代表机构征税的法律法规，对一部分从事我国内地税收法规

规定非应税营业活动的代表机构，不予征税或免税，但并不影响对其依照税收协定及安排的规定判定为在我国构成“常设机构”，以及依据有关规定对其非中国居民雇员的工资薪金确定是否为“常设机构”负担。

3. 独立代理人。在税收协定中，一般规定：“一方企业仅通过按常规经营本身业务的经纪人、一般佣金代理人或者其他独立代理人在另一方进行营业，不应认为在另一方设有常设机构。但如果这个代理人全部或几乎全部代表该企业，不应认为本款所指的独立代理人。”独立代理人应具备以下两个条件：

（1）在法律上和经济上独立于该企业，主要是看代理人是否被其所代理的企业控制，以及所代理的企业的风险是否由代理人承担；

（2）代表该企业所进行的活动是按照常规进行其本身的业务活动。如果代理人不仅以自己的名义销售所代理企业的货物或商品，而且作为该企业的代理人，有权代表该企业签订销售合同，应认为该代理人为非独立代理人。

第五节 投资所得

由于股息、利息、特许权使用费等项投资所得，不同于直接的经营所得，而为间接所得，且因该所得的支付者为固定的机构场所，而取得者比较分散，故各国普遍采用源泉扣缴的方式征收所得税，并称之为预提所得税。对于跨国投资所得，在税收管辖权上，一般实行居住地与所得来源地相结合的原则，即对本国居民公司和外国公司设立的常设机构取得的投资所得并入营业利润征收企业所得税或公司所得税；对外国企业或公司没有设立常设机构而有取得的来源于该国境内的投资所得，征收预提所得税。中国在外商投资企业和外国企业所得税法中就规定：外国企业在中国境内未设立机构、场所，而有取得的来源于中国境内的利润、利息、特许权使用费和其他所得，或者虽设立机构、场所，但上述所得与其机构、场所没有实际联系的，都应当缴纳 10%的所得税（规定免税者除外）。其他国家也实行这样的原则，所不同的是，预提所得税的税率有高有低。因而就需要税收协调。

一、投资所得的限制税率

在税收协定中，对投资所得征税的协调原则是，通过对所得来源地国家实行限制税率，来兼顾缔约国双方的税收管辖权。即对股息、利息、特许权使用费等按协定规定的，并优于国内法规定的税率征税。而具体税率则因国家的不同而有所不同。

二、利息在来源地国家免征所得税

除对投资所得实行限制税率以外，在中国对外签订的税收协定中，大多列有对缔约国政府、中央银行或完全为其政府所拥有的金融机构取得的利息在来源地国家免予征税的规定。在具体表述上有两种：作出原则规定，或具体列举免税范围。

1. 凡税收协定仅原则规定缔约国对方中央银行、政府拥有的金融机构或其他机构从我国取得的利息应在我国免征预提所得税的，有关银行（机构）或其委托的代理人（以下称纳税人）可在每项贷款合同签署后，向利息发生地的主管税务机关申请免征利息预提所得税。纳税人在申请执行税收协定免征预提所得税时，应附报缔约国对方税务主管当局从实践上的属于政府拥有的证明及有关贷款合同副本。

2. 凡协定有关条文、协议书、会谈纪要或换函等已列名缔约国对方在我国免征利息预提所得税具体银行、金融机构的，纳税人也可按前条规定提出申请，但仅附报有关合同副本。

纳税人按照上述规定提出的申请及附报的有关材料，应由当地税务机关初审，再层报国家税务总局批准。利息支付人在接到主管税务机关审批结果通知之前，如发生利息支付，应按规定扣缴利息预提所得税。

第六节　消除双重征税

双重课税是指，两个或两个以上国家，对同一跨国纳税人或不同跨国纳税人的同一跨国课税对象，同时行使税收管辖权所导致的国际重复课税。在税收协定中，对消除同一应税所得在国家间可能产生的双重征税问题作出了相应的规定。

一、消除双重征税的方法

消除双重征税的方法通常有免税法和抵扣法两种。免税法多为实行属地税收管辖权的国家所采用，对其居民的境外所得（营业利润、个人劳务所得等）免予征税，由所得来源地国家独占征税（但对股息、利息、特许权使用费等项投资所得，也往往采用抵扣法）。抵扣法通常为实行属地和属人原则相结合的税收管辖权的国家所采用，对其居民境外所得已缴纳的外国税收，准许从本国应缴纳的税额中扣除。

在我国对外签订的税收协定中，已明确对我国居民（自然人和法人）的境外所得缴纳的外国税收，用抵扣法消除双重征税。

二、免予征税

在中国对外签订的税收协定中，一些国家对来源于中国的营业利润等项所得给予免予征税的待遇。缔约国对方明确用免税法消除双重征税的国家有：法国、比利时、荷兰、德国、捷克和斯洛伐克、挪威、瑞典、瑞士、波兰、保加利亚、西班牙、匈牙利、奥地利、卢森堡等。用免税法消除双重征税国家，对其居民在中国取得的营业利润和拥有的财产（所得或财产），按照税收协定可以在中国征税的，该国就不再对其居民征税。在此情况下，投资者既可避免双重征税，又可实际得到中国的减免税等税收优惠。但各国的免税范围不尽相同。

三、饶让抵免

在中国的涉外税收法规中，有许多鼓励外商投资的税收优惠政策，如减税、免税、退税和减低税率等。为了使来自缔约国的投资者最后得到实惠，切实发挥税收优惠政策的作用，在中国对外签订的税收协定中，除了个别情况外，一般都列入了饶让抵免的内容，即在居住国居民应纳税额时，对其境外所得由来源地国家给予的减免税等税收优惠，视同已征税予以扣除。

饶让抵免，通常适用于采用抵扣法的国家。这是因为，采用免税法的国家，由于投资者可以得到减免税等的税收优惠，也就不再需要在税收协定中列入对营业利润减免税视同已征税并予抵扣的饶让抵免规定。而在实行税收抵扣方法的国家，其税收抵扣仅限于在国外实际缴纳的税额，对其居民在所得来源地国家享受的税收优惠，在居住国仍要缴纳税收。因此，只有采用税收饶让抵免办法，纳税人才能得到所得来源地国家给予的税收优惠。为此，在税收协定中，常有税收饶让抵免的规定。

1. 中国同日本、英国、马来西亚、丹麦、芬兰、阿联酋、加拿大、新西兰、新加坡、澳大利亚、科威特等国的税收协定，由这些国家单方面承担饶让抵免义务。但各国饶让抵免的范围有所不同。

2. 中国同意大利、泰国、南斯拉夫、马耳他、毛里求斯、巴布亚新几内亚、韩国、印度、越南、毛里求斯、牙买加、南斯拉夫、马其顿等国家，在协定中明确双方相互给予饶让抵免待遇。

3. 中国同巴西、罗马尼亚、蒙古、以色列、斯洛文尼亚、卢森堡、俄罗斯、白俄罗斯、克罗地亚、土耳其、乌克兰、亚美尼亚、冰岛、立陶宛、拉脱维亚、乌兹别克斯坦、孟加拉国、苏丹、美国等采用免税法的国家以及没有接受饶让抵免的国家，在税收协定中，就没有列入饶让抵免的规定。

四、定率抵扣

在中国同许多国家签订的税收协定中，采取了对投资所得实行定率抵扣的方法：缔约国一方居民从缔约国另一方取得的投资所得，不论缔约国另一方是按税收协定的限制税率征税，还是按其国内税法给予减免税，该缔约国一方在对其居民征税时，都应按照税收协定的规定比率给予税收抵扣。

1. 单方面承诺对其居民从中国取得的投资所得，在计算征税时，要按税收协定规定的比率给予税收抵扣的国家有：日本、丹麦、芬兰、新加坡、加拿大、新西兰、荷兰、法国、比利时、德国、挪威、瑞典、波兰、澳大利亚、科威特、瑞士、西班牙、匈牙利、奥地利、阿联酋、卢森堡、冰岛等。

2. 在中国与其他国家签订的税收协定中，相互给予定率抵扣的国家有：意大利、巴基斯坦、塞浦路斯、捷克和斯洛伐克、马耳他、巴布亚新几内亚、韩国、越南、牙买加等。

第七节 税收协定股息税率情况一览表

根据《中华人民共和国企业所得税法》及其实施条例的规定，2008 年 1 月 1 日起，非居民企业从我国居民企业获得的股息将按照 10%的税率征收预提所得税，但是，我国政府同外国政府订立的关于对所得避免双重征税和防止偷漏税的协定以及内地与中国香港、中国澳门间的税收安排（以下统称“协定”），与国内税法有不同规定的，依照协定的规定办理。为方便协定的执行，现将《协定股息税率情况一览表》印发给你们并就有关问题通知如下（国税函〔2008〕112 号）：

1. 表中协定税率高于我国法律法规规定税率的，可以按国内法律法规规定的税率执行。

2. 纳税人申请执行协定税率时必须提交享受协定待遇申请表。

3. 各地税务机关应严格审批协定待遇申请，防范协定适用不当。

第八节 适用税收协定的程序

适用税收协定中“人”的范围，仅限于税收居民，即缔约国一方或者同时为缔约国双方税收居民的人（包括法人居民和自然人居民），非居民不得享受税收协定的待遇。对“居民”的定义，在税收协定中都有专门条文：“缔约国一方居民”一语是指按照该国法律，由于住所、居所、总机构所在地，或者其他类似的标准，在该国负有纳税义务的人；如果根据

表 23-1　　协定股息税率情况一览表

税　率	与下列国家（地区）协定
0%	格鲁吉亚（直接拥有支付股息公司至少 50%股份并在该公司投资达到 200 万欧元情况下）
5%	科威特、蒙古、毛里求斯、斯洛文尼亚、牙买加、南斯拉夫、苏丹、老挝、南非、克罗地亚、马其顿、塞舌尔、巴巴多斯、阿曼、巴林、沙特
5%（直接拥有支付股息公司至少 10%股份情况下）	委内瑞拉、格鲁吉亚（并在该公司投资达到 10 万欧元） （与上述国家协定规定直接拥有支付股息公司股份低于 10%情况下税率为 10%）
5%（直接拥有支付股息公司至少 25%股份情况下）	卢森堡、韩国、乌克兰、亚美尼亚、冰岛、立陶宛、拉脱维亚、爱沙尼亚、爱尔兰、摩尔多瓦、古巴、特多、中国香港、新加坡 （与上述国家（地区）协定规定直接拥有支付股息公司股份低于 25%情况下税率为 10%）
7%	阿联酋
7%（直接拥有支付股息公司至少 25%股份情况下）	奥地利（直接拥有支付股息公司股份低于 25%情况下税率为 10%）
8%	埃及、突尼斯、墨西哥
10%	日本、美国、法国、英国、比利时、德国、马来西亚、丹麦、芬兰、瑞典、意大利、荷兰、捷克、波兰、保加利亚、巴基斯坦、瑞士、塞浦路斯、西班牙、罗马尼亚、奥地利、匈牙利、马耳他、俄罗斯、印度、白俄罗斯、以色列、越南、土耳其、乌兹别克斯坦、葡萄牙、孟加拉国、哈萨克斯坦、印度尼西亚、伊朗、吉尔吉斯斯坦、斯里兰卡、阿尔巴尼亚、阿塞拜疆、摩洛哥、中国澳门
10%（直接拥有支付股息公司至少 10%股份情况下）	加拿大、菲律宾 （与上述国家协定规定直接拥有支付股息公司股份低于 10%情况下税率为 15%）
15%	
15%（直接拥有支付股息公司至少 25%股份情况下）	挪威、新西兰、巴西、巴布亚新几内亚 泰国（直接拥有支付股息公司股份低于 25%情况下税率为 20%）

第一款的规定，一个自然人同时为缔约国双方的居民，缔约国双方主管当局应当通过协议，确定该自然人作为居民的缔约国；如果根据第一款的规定，除自然人以外的人，同时为缔约国双方的居民，应视为是其总机构所在缔约国的居民。因此，缔约国居民要享受税收协定的待遇，不是自动的，而是有一定的适用税收协定的程序。

通常，大多数国家采取"先征后退"的做法：不论纳税人是否来自有税收协定的国家和是否为该国的居民，其应纳税所得，均应先按国内税法的规定征税，然后，由纳税人提出能够证明其为缔约国居民的申请表，经税务机关审核认定后，再按税收协定的规定把应退的税款退给纳税人。

一、对中国居民的判定

税收协定规定的适用人，为中、外双方各自的居民公司、居民个人。为保证税收协定的执行，防止滥用税收协定，凡我国居民公司、居民个人需在缔约国另一方享受该协定条文规定优惠的，必须向其税务主管当局提供由我国县（市）级以上国税局签署的《中国居民身份证明》。外国居民公司，居民个人需在我国享受税收协定条文规定优惠的，在外方未向我方提供其主管当局制作的统一的该国税收居民身份证明前，必须填报我方关于《外国居民享受税收协定待遇申请表》，经我国县（市）级以上国税局审批后，给予协定条文规定的优惠待遇。

（一）向中国个人和企业提供完税证明和中国居民身份证明

对我国居民个人，公司在缔约国对方享受税收协定待遇，需要提交中国居民身份证明的，可由当地县、市级及其以上税务机关签署填发"执行避免双重征税协定的中国居民身份证明"（以下简称"证明"）。对该证明栏目中涉及从缔约国对方取得的所得项目，以及支付人名称、支付金额、支付日期等，应由索取该证明的我国居民个人、公司提供准确情况填写。该证明一式两份，除交有关我国居民个人、公司一份外，各地税务机关应留存一份查备。该证明将由总局统一印发，并在印制时加注英文。

表 23-2　　《中国居民身份证明》审批表

编号：

申请人	个人	姓名		审批日期
	公司或团体	名称		
经办人		审批人		

中华人民共和国　　　　中国居民身份证明
国家税务总局　　　　（适用于执行避免双重征税协定）

兹证明：

1. 个人　　姓名＿＿＿＿　职业＿＿＿＿

在华居所或住所＿＿＿＿＿＿

公司或团体　　名称＿＿＿＿＿＿

总机构所在地＿＿＿＿＿＿

2. 在＿＿＿＿＿＿取得（或将取得）下列所得：

所得项目	支付人名称	支付金额	支付日期

3. 根据中华人民共和国同＿＿＿＿国签订的避免双重征税协定第＿＿＿条的规定，是中国居民。

签署人：＿＿＿＿＿＿　　　　签署日期：19＿＿年＿＿月＿＿日

主管税务机关盖章

（二）向外籍个人和企业提供完税证明和中国居民身份证明

为避免对跨国纳税人的双重征税，向在华外籍个人和企业提供完税证明以及向构成中国税收居民的外籍个人和企业提供中国居民身份证明的有关事宜规定如下：

1. 在华外籍个人和企业依据中国税法履行纳税手续后，有关税务主管部门应及时向纳税人提供完税证明。

2. 2001 年 1 月 1 日起，在华外籍个人和企业根据《中华人民共和国个人所得税法》、《中华人民共和国外商投资企业和外国企业所得税法》和我国对外签订的避免双重征税协定关于居民的判定标准构成中国居民的，应纳税人要求，可按管理权限由县（市）一级国家税务局或地方税务局向其签署填发《中国居民身份证明（适用于外籍个人和居民）》审批表（见表 23-3，各地可根据需要印制）。

3. 本规定所附《中国居民身份证明》仅适用于在华构成中国税收居民的外籍个人和企业，国家税务总局1994年12月7日以国税发〔1994〕255号文下发的《中国居民身份证明》的适用范围等有关规定不变。

表 23-3　　《中国居民身份证明》审批表（For official use only）

编号：

申请人	个人姓名			审批日期
	公司或团体名称			
经办人		审批人		

State Administration of Taxation of the

中华人民共和国

People's Republic of China

国家税务总局

中国居民身份证明（适用于外国个人和企业）

Certificate of Chinese Resident Status

(For foreign individuals and entities to apply to their tax authorities for the avoidance of double taxation)

兹证明：

This is to certify that

1. 个人 Individual	姓名 Name________ 在华居所或住所 Domicile or residence in China________
公司或团体 Entity	名称 Name________ 总机构所在地 Place of head office________

2. 在中国取得（或将取得）下列所得

Has derived or will derive the following income in China.

所得项目 Items of income	支付人名称 Payer's name	支付金额 Amount of payment	支付日期 Date of payment	纳税年度 Taxable year

3. 根据《中华人民共和国个人所得税法》、《中华人民共和国关于外商投资企业和外国企业所得税法》和《中华人民共和国政府和________政府关于对所得（和财产）避免双重征税和防止偷漏税的协定》关于居民的判定标准，构成中国税收居民。

Is a Chinese fiscal resident according to the provisions of Individual Income Tax Law of the People's Republic of China, Income Tax Law of the People's Republic of China for Enterprises with Foreign Investment and Foreign Enterprises and Agreement between the Government of the People's Republic of China and the Government of______ for the Avoidance of Double Taxation and the Prevention of Fiscal Evasion with respect to Taxes on Income (and on

Capital)

签署人：____________　　　　　　　　　　　　　　签署日期：____年___月___日

Approved by:　　　　　　　　　　　　　　　　　　　　　Date（Y/M/D）:

主管税务机关盖章________

(Official seal)

填表说明：

1. 填发本证明时，有条件的地区用计算机开具，没有条件的地区要做到准确、清晰、工整。

2. 填写审批表时注意编号备查。

3. 本表原件交纳税人之前，税务局应复印存档。

4. 纳税人“姓名”与“名称”是外文的，应用外文填写，其他栏目可用中文或中、外文两种文字填写。

二、对外国居民的判定

关于识别是否为对方国家居民和准其享受税收协定待遇的问题。税收协定适用于缔约国一方或者同时为双方居民的人。所谓居民，在税收协定的有关“居民”一语的定义解释中，列有判断标准。对于在实际执行中如何鉴别其是否为对方国家居民的问题，可以暂作如下处理：

1. 对公司、企业和其他经济组织判断其是否为对方国家居民，可以暂凭其办理税务登记时所填报的企业总机构或实际管理机构的情况和办理工商登记时，由该企业所在国的有关当局出具的法人证书副本等进行判断。一般可以先予承认，然后再视需要，有选择、有重点地进行查证或通过情报交换进行了解。对个别情况不清、确实无从判断，又需要享受税收协定待遇的，可以要其提供该企业所在国税务当局出具的居民证明。不能提出证明的，不得享受税收协定待遇。

凡是在税收协定中列有总机构所在地和实际管理机构所在地两个标准的，在判断是否为我国居民时，只适用总机构所在地的标准，在对方适用实际管理机构所在地的标准，不能用对方实际管理机构所在地的标准，作为判断我国居民的标准。

2. 对个人判断其是否为对方国家居民，依照税收协定第四条规定，主要是以其“住所、居所”为准。所谓“住所”，一般是指配偶或家庭所在地，具有永久性；所谓“居所”，一般是指短期停留并达到一定日期的所在地。在实际工作中，对来华从事工作，提供劳务的外籍人员是否属于对方国家的居民，可以区别以下情况处理：

（1）由其自报在对方国家的住所或居所，受雇或从事业务的情况及其所负的纳税义务，并相应查阅其所持有关本人身份的证件，按照和派其来华的公司企业等单位所开具的证件进行判断，一般可以暂予承认，再视需要，有选择、有重点地进行查证或通过情报交换进行了解。

（2）对个别情况不清，或者来自第三国或本身为第三国人，确实无从判断，又需要享受协定待遇的，可以要其提供对方国家税务当局开具的负有居民纳税义务的证明。不能提出证明的，不得享受协定待遇。

（3）对同时为缔约国双方居民的个人，在我国对外签订的税收协定中，有的列有判断归属于哪一方居民的规则，有的只明确缔约国双方主管当局应当通过协商，确定该人为本协定中缔约国一方的居民。各地在执行税收协定的实际工作中，如遇有同时为双方居民的个人，双方都要对该个人的境内境外所得进行征税等问题时，应将该个人的职业、住所或居所以及其在对方国家所负纳税义务等详细情况报送总局，由总局按照税收协定的规定与对方主管当局进行协商解决。

3. 对方国家居民（包括个人居民和法人居民）取得来源于我国的股息、利息和特许权使用费，需要享受税收协定限制税率或免税待遇的，应在提交其本国税务当局出具的居民证明时，填写享受税收协定待遇的申请表，经我国当地税务机关审查确认后，才得享受税收协定所规定的待遇。如果其不能事先提出居民证明并填写申请表，各地税务机关可以先按税法规定的税率征税。并准其在补办证明和填写申请表后退还其多缴纳的税款。

居民证明，可以是缔约国对方主管税务机关按其统一制定的格式所签发的证明，也可以在中国税务机关制定的《外国居民享受避免双重征税协定待遇申请表》中的有关栏目，由对方国家税务机关签章确认。

《外国居民享受避免双重征税协定待遇申请表》的样式如下：

表 23-4　　外国居民享受避免双重征税协定待遇申请表

______税务局 To______Tax Bureau Application for Treatment Under Double Taxation Agreement

一、申请人事项 Details of Claimant：　　______，19______

<table>
<tr><td rowspan="2">个人
Individual</td><td>姓名 Full name</td><td></td><td>国籍 Nationality</td><td></td></tr>
<tr><td>住所或居所
Domicile or residence</td><td></td><td>邮政编码
Postcode</td><td></td></tr>
<tr><td rowspan="4">公司或团体
Corporation or other entity</td><td colspan="4">名称 Name</td></tr>
<tr><td>总机构所在地
Place of Head Office</td><td></td><td>邮政编码
Postcode</td><td></td></tr>
<tr><td>实际管理机构所在地
Place of effective management</td><td></td><td>邮政编码
Postcode</td><td></td></tr>
<tr><td>注册所在地
Place of registration</td><td></td><td>邮政编码
Postcode</td><td></td></tr>
</table>

二、所得事项 Details of Income：

<table>
<tr><td rowspan="3">股息
Dividends</td><td colspan="3">支付人名称 Payer's name</td><td colspan="5"></td></tr>
<tr><td colspan="2">地址 Address</td><td colspan="3"></td><td colspan="2">邮编 Postcode</td><td></td></tr>
<tr><td colspan="2">支付金额
Amount of payment</td><td colspan="3"></td><td colspan="2">支付日期
Date of payment</td><td></td></tr>
<tr><td rowspan="3">利息
Interest</td><td colspan="3">支付人名称 Payer's name</td><td colspan="5"></td></tr>
<tr><td colspan="2">地址 Address</td><td colspan="3"></td><td colspan="2">邮编 Postcode</td><td></td></tr>
<tr><td>支付金额
Amount of payment</td><td></td><td>合同签字日期 Date of contract</td><td></td><td>合同有效期限 Period of contract</td><td></td><td>支付日期
Date of payment</td><td></td></tr>
<tr><td rowspan="3">特许权使用费
Royalties</td><td colspan="3">支付人名称 Payer's name</td><td colspan="5"></td></tr>
<tr><td colspan="2">地址 Address</td><td colspan="3"></td><td colspan="2">邮编 Postcode</td><td></td></tr>
<tr><td>支付金额
Amount of payment</td><td></td><td>合同签字日期 Date of contract</td><td></td><td>合同有效期限 Period of contract</td><td></td><td>支付日期
Date of payment</td><td></td></tr>
<tr><td rowspan="4">个人劳务所得
Income of personal service</td><td colspan="3">职业 Occupation</td><td colspan="5"></td></tr>
<tr><td colspan="3">支付人名称 Payer's name</td><td colspan="5"></td></tr>
<tr><td colspan="2">地址 Address</td><td colspan="3"></td><td colspan="2">邮编 Postcode</td><td></td></tr>
<tr><td colspan="2">支付金额
Amount of payment</td><td></td><td colspan="2">所得项目
Item of income</td><td></td><td>支付日期
Date of payment</td><td></td></tr>
</table>

三、适用的避免双重征税协定 Applicable Double Taxation Agreement：

中华人民共和国同＿＿＿＿＿国签订的避免双重征税协定第＿＿条第＿＿款。

Paragraph＿＿＿＿＿，Article＿＿＿of the Tax Agreement between the People's Republic of China and＿＿＿.

四、声明 Declaration：

我仅在此声明以上呈报事项准确无误。

I hereby declare that the above statement is correct and complete to the best of my knowledge and belief.

申请人签名或盖章：＿＿＿＿＿＿＿

Claimant（Signature or Seal）：＿＿＿＿＿＿＿

五、申请人居民身份证明（由申请人为其居民的缔约国主管税务机关填写）；或另附对方主管税务机关出具的专用证明。

Certificate of Resident Status of Claimant（For the use of responsible tax office of the Contracting State in which the claimant is a resident）or attach the special certificate of resident issued by responsible tax office of the Contracting State in which the claimant is a resident.

Certification We certify that＿＿＿＿（Claimant's name）is a resident of＿＿＿according to the provision of paragraph＿＿＿，of Article＿＿＿in the Double Taxation Agreement between＿＿＿and the People's Republic of China. Claimant's serial number：＿＿＿＿＿＿　Date：＿＿＿＿＿＿ Signature or Stamp of tax office

以下由中国主管税务机关填写（The following for the use of responsible tax office of China only）：

编号（No.）：第＿＿号

收到申请表日期 Date of receipt of application		审核日期 Date of examination	
审核意见 Examination report			
主办人（签字） Responsible officer（signature）		负责人（签字） Chief officer（signature）	

中华人民共和国国家税务总局
State Administration of Taxation of the People's Republic of China

主管税务机关盖章
Stamp of tax office

关于填写外国居民享受避免双重征税协定待遇申请表的说明：

1. 填报范围和程序。

（1）本表适用同中华人民共和国签订避免双重征税协定（以下简称“税收协定”）国家居民取得来源于中国的股息、利息、特许权使用费，以及个人劳务所得申请享受税收协定待遇填报。

（2）本表由受益所有人或所得取得人填写，一式两份，一并送交支付人，由支付人报送当地税务机关。当地税务机关审核认可后，退还支付人一份据以执行。

2. 本表填写说明。

（1）申请人事项：个人住所或居所填写申请人在税收上为其居民国家的住所或居所地址及邮政编码。公司或团体名称填写公司或团体的全称；总机构、实际管理机构或注册所在地，填写申请人在税收上为其居民国家的总机构所在地、实际管理机构所在地或注册所在地的地址及邮政编码。

(2) 所得事项：个人劳务所得中的职业填写申请人为独立个人劳务或非独立个人劳务；所得项目是指工资、薪金或劳务报酬。

(3) 其他事项：申请人填写对表列各项或其他需要说明的事项。

(4) 该表末项所列主管税务机关盖章是指主管申请人提出该项税收业务的中国县（市）级税务机关另盖本级公章。

上述申请表可以向当地税务机关索取，由受益所有人填写。对同一缔约国的居民，在中国的同一地区取得的多次或多项投资所得，可以只办一次居民身份证明和申请享受避免双重征税协定待遇的手续，其后在该地区如再取得的所得，可以由当地税务机关在原申请表中加以注明，不必逐笔办理证明和申请手续。

第九节　中国居民（国民）申请启动税务相互协商程序暂行办法

为了维护中国居民（国民）在税收协定缔约对方的合法税收权益，协助中国居民（国民）解决其在税收协定缔约对方遇到的税务问题，国家税务总局制定了《中国居民（国民）申请启动税务相互协商程序暂行办法》。受理中国居民（国民）启动税务相互协商程序的申请，是维护国家和纳税人的合法权益，提高纳税服务水平，加强和改进国际税收征管工作的重要措施。

1. 为了维护中国居民（国民）的合法权益，协助中国居民（国民）解决其在税收协定缔约对方遇到的税务问题，根据我国（政府）和其他国家（政府）签署的关于对所得（和财产）避免双重征税和防止偷漏税的协定，以及内地与特别行政区签署的关于对所得避免双重征税和防止偷漏税的安排（以下统称“税收协定”）、《中华人民共和国税收征收管理法》及其实施细则，结合中国税收征管工作实际，制定本办法。

2. 申请启动相互协商程序，是指中国居民（国民）认为，缔约对方所采取的措施，已经或将会导致不符合税收协定所规定的征税行为，向国家税务总局（以下简称“总局”）提出申请，请求总局与缔约对方主管当局通过相互协商解决有关问题。

3. 本办法第二条所称“中国居民”，是指按照《中华人民共和国企业所得税暂行条例》、《中华人民共和国外商投资企业和外国企业所得税法》和《中华人民共和国个人所得税法》，就来源于中国境内、境外的所得负有中国纳税义务的企业或个人。

4. 本办法第二条所称“中国国民”，是指具有中国国籍的个人、中国法人和中国非法人团体。

5. 本办法第二条所称“缔约对方”，是指同中国签订有税收协定，且该税收协定已经生效执行的国家和地区（我国已经生效执行的税收协定可在总局网站 www.chinatax.gov.cn 查询）。

6. 相互协商程序适用的税种按照税收协定的有关规定确定，一般为涉及所得或财产的税收。相互协商程序适用的税种不限于税种范围条款所规定的税种的，中国居民（国民）也可以就其他税种引起的争议申请启动相互协商程序。

7. 中国居民遇有下列情况之一的，可以申请启动相互协商程序：

(1) 需申请双边预约定价安排的；

(2) 对联属企业间业务往来利润调整征税，可能或已经导致不同税收管辖权之间重复征税的；

（3）对股息、利息、特许权使用费等的征税和适用税率存有异议的；

（4）违背了税收协定无差别待遇条款的规定，可能或已经形成歧视待遇的；

（5）对常设机构和居民身份的认定，以及常设机构的利润归属和费用扣除存有异议的；

（6）在税收协定的理解和执行上出现了争议而不能自行解决的其他问题；

（7）其他可能或已经形成不同税收管辖权之间重复征税的。

8. 中国国民认为缔约对方违背了税收协定无差别待遇条款的规定，对其可能或已经形成歧视待遇时，可以申请启动相互协商程序。

9. 启动相互协商程序的申请，应在有关税收协定规定的期限内（一般为在下达不符合税收协定规定的第一次征税通知之日起三年内），以书面形式向主管的省、自治区、直辖市和计划单列市国家税务局或地方税务局提出。

10. 申请应包括以下内容：

（1）申请者基本情况。包括：相关中国居民（国民）在缔约对方的姓名或名称、纳税识别号或登记号、详细地址、邮政编码、联系人、联系电话、主管税务机关名称及其地址（用中、英文书写）；相关中国居民（国民）在中国的姓名或名称、详细地址、邮政编码、联系人、联系电话和主管税务机关名称。

（2）案件事实。一般应包括：案件涉及的国家（地区）、人及其关系、经济活动、纳税年度、所得（收入）类型、税种、税额、税收协定（和其他法律）相关条款。

（3）申请者与缔约对方主管当局的争议焦点。

（4）缔约对方主管当局对争议点的看法、理由和依据。可视情况附缔约对方税务主管机关的税务处理决定或通知。

（5）申请者对争议点的看法、理由和依据。如果所涉及的案件已经或将要交付诉讼或其他法律救济，需说明有关经过并附相关决定、判决复印件及其中文翻译件。

（6）申请者所了解到的，在缔约对方的相关、类似或相同案件的判例。

（7）说明：申请和所附材料是否应予保密及其所属秘密级别（秘密、机密、绝密）。

（8）最终声明："我谨郑重声明，本申请及其附件所提供的信息是真实的、完整的和准确的。"

（9）税务机关认为有必要提供的其他材料。

11. 受理申请的税务机关在接到申请并经过初步审理后，应在 15 个工作日内上报总局。

12. 总局审理后，对具备相互协商条件的，将与有关缔约对方主管当局进行相互协商；对完全不具备相互协商条件的，将以书面形式经受理申请机关告知申请者；对不完全具备相互协商条件，但进一步补充材料或说明情况后可以进行相互协商的，总局将通过受理申请机关与申请者联系。

对于紧迫案件，总局可以直接与申请者联系。

13. 对于相互协商结果，总局将以书面形式经受理申请机关转达申请者。

14. 本办法由国家税务总局解释。

15. 本办法自 2005 年 7 月 1 日起实施。

表 23–5　　启动相互协商程序

编号：

<table>
<tr><td rowspan="9">申请人基本情况</td><td rowspan="5">在缔约对方</td><td>名称或姓名（中英文）</td><td colspan="3"></td></tr>
<tr><td>详细地址（中英文）</td><td colspan="3"></td></tr>
<tr><td>纳税识别或登记号</td><td></td><td>邮编</td><td></td></tr>
<tr><td>联系人（中英文）</td><td></td><td>联系电话</td><td></td></tr>
<tr><td>主管税务机关及其地址（中英文）</td><td colspan="3"></td></tr>
<tr><td rowspan="4">在中国</td><td>名称或姓名</td><td colspan="3"></td></tr>
<tr><td>详细地址</td><td></td><td>邮编</td><td></td></tr>
<tr><td>联系人</td><td></td><td>联系电话</td><td></td></tr>
<tr><td>主管税务机关</td><td colspan="3"></td></tr>
<tr><td colspan="3">缔约国家、地区或特别行政区名称（中英文）</td><td colspan="3"></td></tr>
<tr><td rowspan="4">申请相互协商事由概述</td><td colspan="5">案件事实：</td></tr>
<tr><td colspan="5">争议焦点：</td></tr>
<tr><td colspan="2">申请人对争议焦点的观点以及依据</td><td colspan="3">缔约对方对争议焦点的观点以及依据</td></tr>
<tr><td colspan="2"></td><td colspan="3"></td></tr>
<tr><td colspan="6">附件清单（共　　件）：</td></tr>
<tr><td colspan="6">声明：我谨郑重声明，本申请及其附件所提供的信息是真实的、完整的和准确的。

声明人签章：
年　月　日</td></tr>
</table>

<table>
<tr><td colspan="7">办文流程信息（税务机关填写）</td></tr>
<tr><td>受理日期</td><td></td><td>办文编号</td><td></td><td>密级</td><td></td><td rowspan="4">受理机关盖章</td></tr>
<tr><td>经办人</td><td></td><td>联系电话</td><td></td><td>缓急</td><td></td></tr>
<tr><td>总局反馈结果日期</td><td></td><td colspan="2">结果送达申请人日期</td><td colspan="2"></td></tr>
<tr><td colspan="6">协商结果摘要：</td></tr>
</table>

第二十四章　企业所得税应纳所得税额的计算

在了解了影响企业所得税应纳税所得额的诸因素并计算出应纳税所得额之后，按照纳税人的适用税率以及适用的税收优惠政策，便可计算出企业所得税的应纳税额了。

第一节　计算应纳税额的一般方法

税法规定，企业的应纳税所得额乘以适用税率，减除依照本法关于税收优惠的规定减免和抵免的税额后的余额，为应纳税额。其应纳税额的计算公式为：

应纳税额 = 应纳税所得额 × 适用税率 – 减免税额 – 抵免税额

公式中的减免税额和抵免税额，是指依照企业所得税法和国务院的税收优惠规定减征、免征和抵免的应纳税额。

第二节　已在境外缴纳的所得税税额的抵免

纳税人来源于中国境外的所得，已在境外缴纳的所得税税额，可按税法规定从其当期应纳税额中抵免。

一、税法规定

1. 企业取得的下列所得已在境外缴纳的所得税税额，可以从其当期应纳税额中抵免，抵免限额为该项所得依照本法规定计算的应纳税额；超过抵免限额的部分，可以在以后五个年度内，用每年度抵免限额抵免当年应抵税额后的余额进行抵补：

（1）居民企业来源于中国境外的应税所得；

（2）非居民企业在中国境内设立机构、场所，取得发生在中国境外但与该机构、场所有实际联系的应税所得。

上述所称已在境外缴纳的所得税税额，是指企业来源于中国境外的所得依照中国境外税收法律以及相关规定应当缴纳并已经实际缴纳的企业所得税性质的税款。

上述所称抵免限额，是指企业来源于中国境外的所得，依照企业所得税法规的规定计算的应纳税额。除国务院财政、税务主管部门另有规定外，该抵免限额应当分国（地区）不分项计算，计算公式如下：

抵免限额 = 中国境内、境外所得依照企业所得税法和本条例的规定计算的应纳税总额 × 来源于某国（地区）的应纳税所得额 ÷ 中国境内、境外应纳税所得总额

上述所称 5 个年度，是指从企业取得的来源于中国境外的所得，已经在中国境外缴纳的企业所得税性质的税额超过抵免限额的当年的次年起连续 5 个纳税年度。

2. 税法规定，居民企业从其直接或者间接控制的外国企业分得的来源于中国境外的股息、红利等权益性投资收益，外国企业在境外实际缴纳的所得税税额中属于该项所得负担的部分，可以作为该居民企业的可抵免境外所得税税额，在税法规定的抵免限额内抵免。

上述所称直接控制，是指居民企业直接持有外国企业20%以上股份。

上述所称间接控制，是指居民企业以间接持股方式持有外国企业20%以上股份，具体认定办法由国务院财政、税务主管部门另行制定。

3. 企业依照企业所得税法的规定抵免企业所得税税额时，应当提供中国境外税务机关出具的税款所属年度的有关纳税凭证。

二、企业境外所得的税收抵免（财税〔2009〕125号）

根据《中华人民共和国企业所得税法》（以下简称企业所得税法）及《中华人民共和国企业所得税法实施条例》（以下简称实施条例）的有关规定，现就企业取得境外所得计征企业所得税时抵免境外已纳或负担所得税额的有关问题通知如下：

1. 居民企业以及非居民企业在中国境内设立的机构、场所（以下统称企业）依照企业所得税法第二十三条、第二十四条的有关规定，应在其应纳税额中抵免在境外缴纳的所得税额的，适用本通知。

2. 企业应按照企业所得税法及其实施条例、税收协定以及本通知的规定，准确计算下列当期与抵免境外所得税有关的项目后，确定当期实际可抵免分国（地区）别的境外所得税税额和抵免限额：

（1）境内所得的应纳税所得额（以下称境内应纳税所得额）和分国（地区）别的境外所得的应纳税所得额（以下称境外应纳税所得额）；

（2）分国（地区）别的可抵免境外所得税税额；

（3）分国（地区）别的境外所得税的抵免限额。

企业不能准确计算上述项目实际可抵免分国（地区）别的境外所得税税额的，在相应国家（地区）缴纳的税收均不得在该企业当期应纳税额中抵免，也不得结转以后年度抵免。

3. 企业应就其按照实施条例第七条规定确定的中国境外所得（境外税前所得），按以下规定计算实施条例第七十八条规定的境外应纳税所得额：

（1）居民企业在境外投资设立不具有独立纳税地位的分支机构，其来源于境外的所得，以境外收入总额扣除与取得境外收入有关的各项合理支出后的余额为应纳税所得额。各项收入、支出按企业所得税法及实施条例的有关规定确定。

居民企业在境外设立不具有独立纳税地位的分支机构取得的各项境外所得，无论是否汇回中国境内，均应计入该企业所属纳税年度的境外应纳税所得额。

（2）居民企业应就其来源于境外的股息、红利等权益性投资收益，以及利息、租金、特许权使用费、转让财产等收入，扣除按照企业所得税法及实施条例等规定计算的与取得该项收入有关的各项合理支出后的余额为应纳税所得额。来源于境外的股息、红利等权益性投资收益，应按被投资方作出利润分配决定的日期确认收入实现；来源于境外的利息、租金、特许权使用费、转让财产等收入，应按有关合同约定应付交易对价款的日期确认收入实现。

（3）非居民企业在境内设立机构、场所的，应就其发生在境外但与境内所设机构、场所有实际联系的各项应税所得，比照上述第2项的规定计算相应的应纳税所得额。

（4）在计算境外应纳税所得额时，企业为取得境内、外所得而在境内、境外发生的共同支出，与取得境外应税所得有关的、合理的部分，应在境内、境外［分国（地区）别，下同］应税所得之间，按照合理比例进行分摊后扣除。

（5）在汇总计算境外应纳税所得额时，企业在境外同一国家（地区）设立不具有独立纳税地位的分支机构，按照企业所得税法及实施条例的有关规定计算的亏损，不得抵减其境内或他国（地区）的应纳税所得额，但可以用同一国家（地区）其他项目或以后年度的所得按规定弥补。

4. 可抵免境外所得税税额，是指企业来源于中国境外的所得依照中国境外税收法律以及相关规定应当缴纳并已实际缴纳的企业所得税性质的税款。但不包括：

（1）按照境外所得税法律及相关规定属于错缴或错征的境外所得税税款；

（2）按照税收协定规定不应征收的境外所得税税款；

（3）因少缴或迟缴境外所得税而追加的利息、滞纳金或罚款；

（4）境外所得税纳税人或者其利害关系人从境外征税主体得到实际返还或补偿的境外所得税税款；

（5）按照我国企业所得税法及其实施条例规定，已经免征我国企业所得税的境外所得负担的境外所得税税款；

（6）按照国务院财政、税务主管部门有关规定已经从企业境外应纳税所得额中扣除的境外所得税税款。

5. 居民企业在按照企业所得税法第二十四条规定用境外所得间接负担的税额进行税收抵免时，其取得的境外投资收益实际间接负担的税额，是指根据直接或者间接持股方式合计持股20%以上（含20%，下同）的规定层级的外国企业股份，由此应分得的股息、红利等权益性投资收益中，从最低一层外国企业起逐层计算的属于由上一层企业负担的税额，其计算公式如下：

本层企业所纳税额属于由一家上一层企业负担的税额 =（本层企业就利润和投资收益所实际缴纳的税额 + 符合本通知规定的由本层企业间接负担的税额）× 本层企业向一家上一层企业分配的股息（红利）÷ 本层企业所得税后利润额

6. 除国务院财政、税务主管部门另有规定外，按照实施条例第八十条规定由居民企业直接或者间接持有20%以上股份的外国企业，限于符合以下持股方式的三层外国企业：

第一层：单一居民企业直接持有20%以上股份的外国企业；

第二层：单一第一层外国企业直接持有20%以上股份，且由单一居民企业直接持有或通过一个或多个符合本条规定持股条件的外国企业间接持有总和达到20%以上股份的外国企业；

第三层：单一第二层外国企业直接持有20%以上股份，且由单一居民企业直接持有或通过一个或多个符合本条规定持股条件的外国企业间接持有总和达到20%以上股份的外国企业。

7. 居民企业从与我国政府订立税收协定（或安排）的国家（地区）取得的所得，按照该国（地区）税收法律享受了免税或减税待遇，且该免税或减税的数额按照税收协定规定应视同已缴税额在中国的应纳税额中抵免的，该免税或减税数额可作为企业实际缴纳的境外所得税额用于办理税收抵免。

8. 企业应按照企业所得税法及其实施条例和本通知的有关规定分国（地区）别计算境外税额的抵免限额。

某国（地区）所得税抵免限额 = 中国境内、境外所得依照企业所得税法及实施条例的规

定计算的应纳税总额×来源于某国（地区）的应纳税所得额÷中国境内、境外应纳税所得总额

据以计算上述公式中“中国境内、境外所得依照企业所得税法及实施条例的规定计算的应纳税总额”的税率，除国务院财政、税务主管部门另有规定外，应为企业所得税法第四条第一款规定的税率。

企业按照企业所得税法及其实施条例和本通知的有关规定计算的当期境内、境外应纳税所得总额小于零的，应以零计算当期境内、境外应纳税所得总额，其当期境外所得税的抵免限额也为零。

9. 在计算实际应抵免的境外已缴纳和间接负担的所得税税额时，企业在境外一国（地区）当年缴纳和间接负担的符合规定的所得税税额低于所计算的该国（地区）抵免限额的，应以该项税额作为境外所得税抵免额从企业应纳税总额中据实抵免；超过抵免限额的，当年应以抵免限额作为境外所得税抵免额进行抵免，超过抵免限额的余额允许从次年起在连续五个纳税年度内，用每年度抵免限额抵免当年应抵税额后的余额进行抵补。

10. 属于下列情形的，经企业申请，主管税务机关核准，可以采取简易办法对境外所得已纳税额计算抵免：

（1）企业从境外取得营业利润所得以及符合境外税额间接抵免条件的股息所得，虽有所得来源国（地区）政府机关核发的具有纳税性质的凭证或证明，但因客观原因无法真实、准确地确认应当缴纳并已经实际缴纳的境外所得税税额的，除就该所得直接缴纳及间接负担的税额在所得来源国（地区）的实际有效税率低于我国企业所得税法第四条第一款规定税率50%以上的外，可按境外应纳税所得额的12.5%作为抵免限额，企业按该国（地区）税务机关或政府机关核发具有纳税性质凭证或证明的金额，其不超过抵免限额的部分，准予抵免；超过的部分不得抵免。

属于本款规定以外的股息、利息、租金、特许权使用费、转让财产等投资性所得，均应按本通知的其他规定计算境外税额抵免。

（2）企业从境外取得营业利润所得以及符合境外税额间接抵免条件的股息所得，凡就该所得缴纳及间接负担的税额在所得来源国（地区）的法定税率且其实际有效税率明显高于我国的，可直接以按本通知规定计算的境外应纳税所得额和我国企业所得税法规定的税率计算的抵免限额作为可抵免的已在境外实际缴纳的企业所得税税额。具体国家（地区）名单见附件。财政部、国家税务总局可根据实际情况适时对名单进行调整。

属于本款规定以外的股息、利息、租金、特许权使用费、转让财产等投资性所得，均应按本通知的其他规定计算境外税额抵免。

11. 企业在境外投资设立不具有独立纳税地位的分支机构，其计算生产、经营所得的纳税年度与我国规定的纳税年度不一致的，与我国纳税年度当年度相对应的境外纳税年度，应为在我国有关纳税年度中任何一日结束的境外纳税年度。

企业取得上款以外的境外所得实际缴纳或间接负担的境外所得税，应在该项境外所得实现日所在的我国对应纳税年度的应纳税额中计算抵免。

12. 企业抵免境外所得税额后实际应纳所得税额的计算公式为：

企业实际应纳所得税额=企业境内外所得应纳税总额-企业所得税减免、抵免优惠税额-境外所得税抵免额

13. 本通知所称不具有独立纳税地位，是指根据企业设立地法律不具有独立法人地位或者按照税收协定规定不认定为对方国家（地区）的税收居民。

14. 企业取得来源于中国香港、澳门、台湾地区的应税所得，参照本通知执行。

15. 中华人民共和国政府同外国政府订立的有关税收的协定与本通知有不同规定的，依照协定的规定办理。

16. 本通知自2008年1月1日起执行。

附件：

法定税率明显高于我国的境外所得来源国（地区）名单

美国、阿根廷、布隆迪、喀麦隆、古巴、法国、日本、摩洛哥、巴基斯坦、赞比亚、科威特、孟加拉国、叙利亚、约旦、老挝。

第三节　企业亏损的税务处理

税法所指亏损的概念，不是企业财务报表中反映的亏损额，而是企业财务报表中的亏损额经主管税务机关按税法规定核定调整后的金额。

一、境外营业机构的亏损

税法规定，企业在汇总计算缴纳企业所得税时，其境外营业机构的亏损不得抵减境内营业机构的盈利。

二、弥补亏损

税法规定，企业纳税年度发生的亏损，准予向以后年度结转，用以后年度的所得弥补，但结转年限最长不得超过五年。

第四节　计算应纳税额的特别规定

对一些税收事项，税收法规还作了特别规定。

一、非居民企业船舶、航空运输收入计算征收企业所得税问题（国税函〔2008〕952号）

1. 非居民企业在我国境内从事船舶、航空等国际运输业务的，以其在中国境内起运客货收入总额的5%为应纳税所得额。

2. 纳税人的应纳税额，按照每次从中国境内起运旅客、货物出境取得的收入总额，依照1.25%的计征率计算征收企业所得税。调整后的综合计征率为4.25%，其中营业税为3%，企业所得税为1.25%。

本规定自2008年1月1日起执行。

二、企业政策性搬迁或处置收入的企业所得税处理（国税函〔2009〕118号）

1. 本通知所称企业政策性搬迁和处置收入，是指因政府城市规划、基础设施建设等政策性原因，企业需要整体搬迁（包括部分搬迁或部分拆除）或处置相关资产而按规定标准从政府取得的搬迁补偿收入或处置相关资产而取得的收入，以及通过市场（招标、拍卖、挂牌等形式）取得的土地使用权转让收入。

2. 对企业取得的政策性搬迁或处置收入，应按以下方式进行企业所得税处理：

（1）企业根据搬迁规划，异地重建后恢复原有或转换新的生产经营业务，用企业搬迁或处置收入购置或建造与搬迁前相同或类似性质、用途或者新的固定资产和土地使用权（以下简称“重置固定资产”），或对其他固定资产进行改良，或进行技术改造，或安置职工的，准予其搬迁或处置收入扣除固定资产重置或改良支出、技术改造支出和职工安置支出后的余额，计入企业应纳税所得额。

（2）企业没有重置或改良固定资产、技术改造或购置其他固定资产的计划或立项报告，应将搬迁收入加上各类拆迁固定资产的变卖收入、减除各类拆迁固定资产的折余价值和处置费用后的余额计入企业当年应纳税所得额，计算缴纳企业所得税。

（3）企业利用政策性搬迁或处置收入购置或改良的固定资产，可以按照现行税收规定计算折旧或摊销，并在企业所得税税前扣除。

（4）企业从规划搬迁次年起的五年内，其取得的搬迁收入或处置收入暂不计入企业当年应纳税所得额，在五年期内完成搬迁的，企业搬迁收入按上述规定处理。

3. 主管税务机关应对企业取得的政策性搬迁收入和原厂土地转让收入加强管理。重点审核有无政府搬迁文件或公告，有无搬迁协议和搬迁计划，有无企业技术改造、重置或改良固定资产的计划或立项，是否在规定期限内进行技术改造、重置或改良固定资产和购置其他固定资产等。

第五节　企业清算所得的税务处理

税法规定，企业清算是指企业因某种原因终止其生产经营活动时，对资产、债权、债务所进行的清查、收回和清偿工作。

一、清算所得的计算方法

税法规定，清算所得是指企业的全部资产可变现价值或者交易价格减除资产净值、清算费用以及相关税费等后的余额。

其计算公式为：

清算所得 = 企业的全部资产可变现价值或者交易价格 - 资产净值 - 清算费用 - 相关税费

二、投资资产转让所得或损失

税法规定，投资方企业从被清算企业分得的剩余资产，其中相当于从被清算企业累计未分配利润和累计盈余公积中应当分得的部分，应当确认为股息所得；剩余资产减除上述股息所得后的余额，超过或者低于投资成本的部分，应当确认为投资资产转让所得或者损失。

三、清算所得的征收管理

1. 企业依法清算时，应当以清算期作为一个纳税年度。

2. 企业应当在办理注销登记前，就其清算所得向税务机关申报并依法缴纳企业所得税。

四、企业清算业务企业所得税处理若干问题

根据《中华人民共和国企业所得税法》第五十三条、第五十五条（见本节三）和《中华人民共和国企业所得税法实施条例》（国务院令第 512 号）第十一条规定（见本节开头及二），现就企业清算有关所得税处理问题通知如下（财税〔2009〕60 号）：

1. 企业清算的所得税处理，是指企业在不再持续经营，发生结束自身业务、处置资产、偿还债务以及向所有者分配剩余财产等经济行为时，对清算所得、清算所得税、股息分配等

事项的处理。

2. 下列企业应进行清算的所得税处理：

（1）按《公司法》、《企业破产法》等规定需要进行清算的企业；

（2）企业重组中需要按清算处理的企业。

3. 企业清算的所得税处理包括以下内容：

（1）全部资产均应按可变现价值或交易价格，确认资产转让所得或损失；

（2）确认债权清理、债务清偿的所得或损失；

（3）改变持续经营核算原则，对预提或待摊性质的费用进行处理；

（4）依法弥补亏损，确定清算所得；

（5）计算并缴纳清算所得税；

（6）确定可向股东分配的剩余财产、应付股息等。

4. 企业的全部资产可变现价值或交易价格，减除资产的计税基础、清算费用、相关税费，加上债务清偿损益等后的余额，为清算所得。

企业应将整个清算期作为一个独立的纳税年度计算清算所得。

5. 企业全部资产的可变现价值或交易价格减除清算费用，职工的工资、社会保险费用和法定补偿金，结清清算所得税、以前年度欠税等税款，清偿企业债务，按规定计算可以向所有者分配的剩余资产。

被清算企业的股东分得的剩余资产的金额，其中相当于被清算企业累计未分配利润和累计盈余公积中按该股东所占股份比例计算的部分，应确认为股息所得；剩余资产减除股息所得后的余额，超过或低于股东投资成本的部分，应确认为股东的投资转让所得或损失。

被清算企业的股东从被清算企业分得的资产应按可变现价值或实际交易价格确定计税基础。

6. 本通知自 2008 年 1 月 1 日起执行。

第六节　企业清算所得税申报表

为贯彻落实《中华人民共和国企业所得税法》及其实施条例，税务总局制定了企业清算所得税申报表及其附表。现将《中华人民共和国企业清算所得税申报表》及附表印发给你们，请各地税务机关及时做好上述报表的印制、发放、学习、培训及软件修改等工作。执行中有何问题，请及时向税务总局（所得税司）报告（国税函〔2009〕388 号）。

表 24–1　　中华人民共和国企业清算所得税申报表

清算期间：____年___月___日至 ____年___月___日
纳税人名称：
纳税人识别号：□□□□□□□□□□□□□□□□□□　　金额单位：　元（列至角分）

类　别	行　次	项　　　目	金　额
应纳税所得额计算	1	资产处置损益（填附表一）	
	2	负债清偿损益（填附表二）	
	3	清算费用	
	4	清算税金及附加	
	5	其他所得或支出	
	6	清算所得（1＋2－3－4＋5）	
	7	免税收入	
	8	不征税收入	
	9	其他免税所得	
	10	弥补以前年度亏损	
	11	应纳税所得额（6－7－8－9－10）	
应纳所得税额计算	12	税率（25%）	
	13	应纳所得税额（11×12）	
应补（退）所得税额计算	14	减（免）企业所得税额	
	15	境外应补所得税额	
	16	境内外实际应纳所得税额（13－14＋15）	
	17	以前纳税年度应补（退）所得税额	
	18	实际应补（退）所得税额（16＋17）	

纳税人盖章： 清算组盖章： 经办人签字： 申报日期： 年　月　日	代理申报中介机构盖章： 经办人签字及执业证件号码： 代理申报日期： 年　月　日	主管税务机关 受理专用章： 受理人签字： 受理日期： 年　月　日

表 24-2 资产处置损益明细表

附表一：

填报时间：　　年　月　日　　　　　　　　　　　　金额单位：　　元（列至角分）

行 次	项 目	账面价值（1）	计税基础（2）	可变现价值或交易价格（3）	资产处置损益 (4)=(3)-(2)
1	货币资金				
2	短期投资 *				
3	交易性金融资产 #				
4	应收票据				
5	应收账款				
6	预付账款				
7	应收利息				
8	应收股利				
9	应收补贴款 *				
10	其他应收款				
11	存货				
12	待摊费用 *				
13	一年内到期的非流动资产				
14	其他流动资产				
15	可供出售金融资产 #				
16	持有至到期投资 #				
17	长期应收款 #				
18	长期股权投资				
19	长期债权投资 *				
20	投资性房地产 #				
21	固定资产				
22	在建工程				
23	工程物资				
24	固定资产清理				
25	生物资产 #				
26	油气资产 #				
27	无形资产				
28	开发支出 #				
29	商誉 #				
30	长期待摊费用				
31	其他非流动资产				
32	总计				

经办人签字：　　　　　　　　　　　　　　纳税人盖章：

表 24-3　　负债清偿损益明细表

附表二：

填报时间：　　年　月　日　　　　金额单位：　元（列至角分）

行　次	项　目	账面价值（1）	计税基础（2）	清偿金额（3）	负债清偿损益（4）=（2）-（3）
1	短期借款				
2	交易性金融负债 #				
3	应付票据				
4	应付账款				
5	预收账款				
6	应付职工薪酬 #				
7	应付工资 *				
8	应付福利费 *				
9	应交税费				
10	应付利息				
11	应付股利				
12	其他应交款 *				
13	其他应付款				
14	预提费用 *				
15	一年内到期的非流动负债				
16	其他流动负债				
17	长期借款				
18	应付债券				
19	长期应付款				
20	专项应付款				
21	预计负债 #				
22	其他非流动负债				
23	总计				

经办人签字：　　　　纳税人盖章：

表 24-4　　剩余财产计算和分配明细表

附表三：

填报时间：　　年　月　日　　　　　　　　　　　金额单位：　元（列至角分）

类别	行次	项目	金额
剩余财产计算	1	资产可变现价值或交易价格	
	2	清算费用	
	3	职工工资	
	4	社会保险费用	
	5	法定补偿金	
	6	清算税金及附加	
	7	清算所得税额	
	8	以前年度欠税额	
	9	其他债务	
	10	剩余财产（1－2－…－9）	
	11	其中：累计盈余公积	
	12	累计未分配利润	

类别	行次	股东名称	持有清算企业权益性投资比例（%）	投资额	分配的财产金额	其中：确认为股息金额
剩余财产分配	13	（1）				
	14	（2）				
	15	（3）				
	16	…				
	17	…				

经办人签字：　　　　　　　　　　　　　　　纳税人盖章：

中华人民共和国企业清算所得税申报表填报说明

一、适用范围

本表适用于按税收规定进行清算、缴纳企业所得税的居民企业纳税人（以下简称纳税人）申报。

二、填报依据

根据《中华人民共和国企业所得税法》及其实施条例和相关税收政策规定计算填报。

三、有关项目填报说明

（一）表头项目

1.“清算期间”：填报纳税人实际生产经营终止之日至办理完毕清算事务之日止的期间。

2.“纳税人名称”：填报税务机关统一核发的税务登记证所载纳税人的全称。

3.“纳税人识别号”：填报税务机关统一核发的税务登记证号码。

（二）行次说明

1. 第 1 行“资产处置损益”：填报纳税人全部资产按可变现价值或交易价格扣除其计税基础后确认的资产处置所得或损失金额。本行通过附表一《资产处置损益明细表》计算填报。

2. 第 2 行“负债清偿损益”：填报纳税人全部负债按计税基础减除其清偿金额后确认的负债清偿所得或损失金额。本行通过附表二《负债清偿损益明细表》计算填报。

3. 第 3 行“清算费用”：填报纳税人清算过程中发生的与清算业务有关的费用支出，包括清算组组成人员的报酬，清算财产的管理、变卖及分配所需的评估费、咨询费等费用，清算过程中支付的诉讼费用、仲裁费用及公告费用，以及为维护债权人和股东的合法权益支付的其他费用。

4. 第 4 行“清算税金及附加”：填报纳税人清算过程中发生的除企业所得税和允许抵扣的增值税以外的各项税金及其附加。

5. 第 5 行“其他所得或支出”：填报纳税人清算过程中取得的其他所得或发生的其他支出。其中，其他支出以“–”号（负数）填列。

6. 第 6 行“清算所得”：填报纳税人全部资产按可变现价值或交易价格减除其计税基础、清算费用、相关税费，加上债务清偿损益等后的余额。

7. 第 7 行“免税收入”：填报纳税人清算过程中取得的按税收规定免税收入。

8. 第 8 行“不征税收入”：填报纳税人清算过程中取得的按税收规定不征税收入。

9. 第 9 行“其他免税所得”：填报纳税人清算过程中取得的按税收规定免税的所得。

10. 第 10 行“弥补以前年度亏损”：填报纳税人按税收规定可在税前弥补的以前纳税年度尚未弥补的亏损额。

11. 第 11 行“应纳税所得额”：金额等于本表第6 – 7 – 8 – 9 – 10 行。本行按照上述顺序计算结果为负数，本行金额填零。

12. 第 12 行“税率”：填报企业所得税法规定的税率 25%。

13. 第 13 行“应纳所得税额”：金额等于本表第 11 × 12 行。

14. 第 14 行“减（免）企业所得税额”：填报纳税人按税收规定准予减免的企业所得税额。

15. 第 15 行“境外应补所得税额”：填报纳税人按税收规定在清算期间发生的境外所得应在境内补缴的企业所得税额。

16. 第 16 行“境内外实际应纳所得税额”：金额等于本表第13 – 14 + 15 行。

17. 第 17 行“以前纳税年度应补（退）所得税额”：填报纳税人因以前纳税年度损益调整、汇算清缴多缴、欠税等在清算期间应补（退）企业所得税额。其中，应退企业所得税额以“–”号（负数）填列。

18. 第 18 行“实际应补（退）所得税额”：金额 = 本表第 16 + 17 行。

四、表内及表间关系

1. 第 1 行 = 附表一第 32 行“资产处置损益（4）”列的总计数。

2. 第 2 行 = 附表二第 23 行“负债清偿损益（4）”列的总计数。

3. 第 6 行 = 本表第 1+ 2 – 3 – 4 + 5 行。

4. 第 11 行 = 本表第 6– 7 – 8 – 9 – 10 行。

5. 第 13 行 = 本表第 11×12 行。

6. 第 16 行 = 本表第 13–14+15 行。

7. 第 18 行 = 本表第 16 + 17 行。

附表一《资产处置损益明细表》填报说明：

一、适用范围

本表适用于按税收规定进行清算、缴纳企业所得税的居民企业纳税人（以下简称纳税人）申报。

二、填报依据

根据《中华人民共和国企业所得税法》及其实施条例和相关税收政策规定计算填报。

三、有关项目填报说明

1. 标有“*”行次由执行企业会计制度的纳税人填报；标有“#”行次由执行企业会计准则的纳税人填报；其他行次执行企业会计制度和企业会计准则的纳税人均填报。

执行企业会计制度和企业会计准则以外的纳税人，按照本表的行次内容根据其资产情况分析填报。

2. “账面价值（1）”列：填报纳税人按照国家统一会计制度规定确定的清算开始日的各项资产账面价值的金额。

3. “计税基础（2）”列：填报纳税人按照税收规定确定的清算开始日的各项资产计税基础的金额，即取得资产时确定的计税基础减除在清算开始日以前纳税年度内按照税收规定已在税前扣除折旧、摊销、准备金等的余额。

4. “可变现价值或交易价格（3）”列：填报纳税人清算过程中各项资产可变现价值或交易价格的金额。

5. “资产处置损益（4）”列：填报纳税人各项资产可变现价值或交易价格减除其计税基础的余额。

四、表内及表间关系

1. “资产处置损益(4)”列 = 本表“可变现价值或交易价格(3)”列 – “计税基础（2）”列

2. 第 32 行“账面价值（1）”列总计 = 本表“账面价值（1）”列第 1 + … + 31 行总计。

3. 第 32 行“计税基础（2）”列总计 = 本表“计税基础（2）”列第 1 + … + 31 行总计。

4. 第 32 行“可变现价值或交易价格（3）”列总计 = 本表“可变现价值或交易价格（3）”列第 1 + … + 31 行总计。

5. 第 32 行“资产处置损益（4）”列总计 = 本表第 32 行“可变现价值或交易价格（3）”列总计 – 本表第 32 行“计税基础（2）”列总计 = 本表“资产处置损益（4）”列第 1 + … + 31 行总计。

6. 第 32 行“资产处置损益（4）”列总计 = 主表第 1 行。

附表二《负债清偿损益明细表》填报说明：

一、适用范围

本表适用于按税收规定进行清算、缴纳企业所得税的居民企业纳税人（以下简称纳税人）申报。

二、填报依据

根据《中华人民共和国企业所得税法》及其实施条例和相关税收政策规定计算填报。

三、有关项目填报说明

1. 标有“*”行次由执行企业会计制度的纳税人填报；标有“#”行次由执行企业会计准则的纳税人填报；其他行次执行企业会计制度和企业会计准则的纳税人均填报。

执行企业会计制度和企业会计准则以外的纳税人，按照本表的行次内容根据其负债情况分析填报。

2. “账面价值（1）”列：填报纳税人按照国家统一会计制度规定确定的清算开始日的各项负债账面价值的金额。

3.“计税基础（2）”列：填报纳税人按照税收规定确定的清算开始日的各项负债计税基础的金额，即负债的账面价值减去未来期间计算应纳税所得额时按照税收规定予以扣除金额的余额。

4.“清偿金额（3）”列：填报纳税人清算过程中各项负债的清偿金额。

5.“负债清偿损益（4）”列：填报纳税人各项负债计税基础减除其清偿金额的余额。

四、表内及表间关系

1.“负债清偿损益（4）”列 = 本表“计税基础（2）”列 –“清偿金额（3）”列

2. 第 23 行“账面价值（1）”列总计 = 本表“账面价值（1）”列第 1 + … + 22 行总计。

3. 第 23 行“计税基础（2）”列总计 = 本表“计税基础（2）”列第 1 + … + 22 行总计。

4. 第 23 行“清偿金额（3）”列总计 = 本表“清偿金额（3）”列第 1 + … + 22 行总计。

5. 第 23 行“负债清偿损益（4）”列总计 = 本表第 23 行“计税基础（2）”列总计 – 本表第 23 行“清偿金额（3）”列总计 = 本表“负债清偿损益（4）”列第 1 + … + 22 行总计。

6. 第 23 行“负债清偿损益（4）”列总计 = 主表第 2 行。

附表三《剩余财产计算和分配明细表》填报说明：

一、适用范围

本表适用于按税收规定进行清算、缴纳企业所得税的居民企业纳税人（以下简称“纳税人”）申报。

二、填报依据

根据《中华人民共和国企业所得税法》及其实施条例和相关税收政策规定计算填报。

三、有关项目填报说明

1. 第 1 行“资产可变现价值或交易价格”：填报纳税人全部资产的可变现价值或交易价格金额。

2. 第 2 行“清算费用”：填报纳税人清算过程中发生的与清算业务有关的费用支出，包括清算组组成人员的报酬，清算财产的管理、变卖及分配所需的评估费、咨询费等费用，清算过程中支付的诉讼费用、仲裁费用及公告费用，以及为维护债权人和股东的合法权益支付的其他费用。

3. 第 3 行“职工工资”：填报纳税人清算过程中偿还的职工工资。

4. 第 4 行“社会保险费用”：填报纳税人清算过程中偿还欠缴的各种社会保险费用。

5. 第 5 行“法定补偿金”：填报纳税人清算过程中按照有关规定支付的法定补偿金。

6. 第 6 行“清算税金及附加”：填报纳税人清算过程中发生的除企业所得税和允许抵扣的增值税以外的各项税金及其附加。

7. 第 7 行“清算所得税额”：填报纳税人清算过程中应缴的清算企业所得税金额。

8. 第 8 行“以前年度欠税额”：填报纳税人以前年度欠缴的各项税金及其附加。

9. 第 9 行“其他债务”：填报纳税人清算过程中偿还的其他债务。

10. 第 10 行“剩余财产”：填报纳税人全部资产按可变现价值或交易价格减除清算费用、职工工资、社会保险费用、法定补偿金、清算税费、清算所得税额、以前年度欠税和企业其他债务后的余额。

11. 第 11 行“其中：累计盈余公积”：填报纳税人截止开始分配剩余财产时累计从净利润提取的盈余公积金额。

12. 第 12 行“其中：累计未分配利润”：填报纳税人截止开始分配剩余财产时累计的未分配利润金额。

13. 第 13 至 17 行“股东名称”列：填报清算企业的各股东名称。

14. 第 13 至 17 行“持有清算企业权益性投资比例”列：填报清算企业的各股东持有清算企业的权益性投资比例。

15. 第 13 至 17 行“投资额”列：填报清算企业各股东向清算企业进行权益性投资总额。

16. 第 13 至 17 行“分配的财产金额”列：填报清算企业的各股东从清算企业剩余财产中按照其持有的清算企业的权益性投资比例分得的财产金额。

17. 第 13 至 17 行“其中：确认为股息金额”列：填报清算企业的各股东从清算企业剩余财产分得财产中，相当于累计未分配利润和累计盈余公积按照其持有清算企业权益性投资比例计算确认的部分。清算企业的非企业所得税纳税人股东不填此列。

四、表内及表间关系

1. 第 10 行 = 本表第1-2-…-9 行。

2. 第 2 行 = 主表第 3 行。

3. 第 6 行 = 主表第 4 行。

4. 第 7 行 = 主表第 16 行。

第二十五章　企业所得税的纳税程序

企业所得税法规定，企业所得税的征收管理除企业所得税法规定外，依照《中华人民共和国税收征收管理法》的规定执行。

第一节　企业所得税的源泉扣缴

源泉扣缴是税务机关对应税收入在税源形成或收入支付环节进行征税的一种方法。

一、税法规定

1. 对非居民企业取得本法第三条第三款规定（即非居民企业在中国境内未设立机构、场所的，或者虽设立机构、场所但取得的所得与其所设机构、场所没有实际联系的，应当就其来源于中国境内的所得缴纳企业所得税）的所得应缴纳的所得税，实行源泉扣缴，以支付人为扣缴义务人。税款由扣缴义务人在每次支付或者到期应支付时，从支付或者到期应支付的款项中扣缴。这里所称支付人，是指依照有关法律规定或者合同约定对非居民企业直接负有支付相关款项义务的单位或者个人。

（1）依照企业所得税法对非居民企业应当缴纳的企业所得税实行源泉扣缴的，应当依照企业所得税法第十九条的规定（请见本书第十章之二，下同）计算应纳税所得额。

企业所得税法第十九条所称收入全额，是指非居民企业向支付人收取的全部价款和价外费用。

（2）上述所称支付，包括现金支付、汇拨支付、转账支付和权益兑价支付等货币支付和非货币支付。

上述所称到期应支付的款项，是指支付人按照权责发生制原则应当计入相关成本、费用的应付款项。

2. 对非居民企业在中国境内取得工程作业和劳务所得应缴纳的所得税，税务机关可以指定工程价款或者劳务费的支付人为扣缴义务人。

上述规定的可以指定扣缴义务人的情形，包括：

①预计工程作业或者提供劳务期限不足一个纳税年度，且有证据表明不履行纳税义务的；

②没有办理税务登记或者临时税务登记，且未委托中国境内的代理人履行纳税义务的；

③未按照规定期限办理企业所得税纳税申报或者预缴申报的。

上述规定的扣缴义务人，由县级以上税务机关指定，并同时告知扣缴义务人所扣税款的计算依据、计算方法、扣缴期限和扣缴方式。

3. 依照企业所得税法第三十七条、第三十八条规定（即上述之 1、2）应当扣缴的所得税，扣缴义务人未依法扣缴或者无法履行扣缴义务的，由纳税人在所得发生地缴纳。纳税人未依法缴纳的，税务机关可以从该纳税人在中国境内其他收入项目的支付人应付的款项中，追缴该纳税人的应纳税款。

（1）这里所称所得发生地，是指依照本条例第七条规定的原则（请见本书第二章第二节一之1）确定的所得发生地。在中国境内存在多处所得发生地的，由纳税人选择其中之一申报缴纳企业所得税。

（2）这里所称该纳税人在中国境内其他收入，是指该纳税人在中国境内取得的其他各种来源的收入。

税务机关在追缴该纳税人应纳税款时，应当将追缴理由、追缴数额、缴纳期限和缴纳方式等告知该纳税人。

4. 扣缴义务人每次代扣的税款，应当自代扣之日起七日内缴入国库，并向所在地的税务机关报送扣缴企业所得税报告表。

二、代扣代缴的具体规定

（一）中国居民企业向境外H股非居民企业股东派发股息代扣代缴企业所得税问题（国税函〔2008〕897号）

1. 中国居民企业向境外H股非居民企业股东派发2008年及以后年度股息时，统一按10%的税率代扣代缴企业所得税。

2. 非居民企业股东在获得股息之后，可以自行或通过委托代理人或代扣代缴义务人，向主管税务机关提出享受税收协定（安排）待遇的申请，提供证明自己为符合税收协定（安排）规定的实际受益所有人的资料。主管税务机关审核无误后，应就已征税款和根据税收协定（安排）规定税率计算的应纳税款的差额予以退税。

3. 各地应加强对我国境外上市企业派发股息情况的了解，并发挥售付汇凭证的作用，确保代扣代缴税款及时足额入库。

（二）加强非居民企业来源于我国利息所得扣缴企业所得税工作（国税函〔2008〕955号）

1. 自2008年1月1日起，我国金融机构向境外外国银行支付贷款利息、我国境内外资金融机构向境外支付贷款利息，应按照企业所得税法及其实施条例规定代扣代缴企业所得税。

2. 我国境内机构向我国银行的境外分行支付的贷款利息，应按照企业所得税法及其实施条例规定代扣代缴企业所得税。

3. 各地应建立健全非居民企业利息所得源泉扣缴企业所得税监控机制，确保及时足额扣缴税款。

（三）中国居民企业向QFII支付股息、红利、利息代扣代缴企业所得税问题（国税函〔2009〕47号）

根据企业所得税法规定，中国居民企业向合格境外机构投资者（以下称为QFII）支付股息、红利、利息代扣代缴企业所得税问题明确如下：

1. QFII取得来源于中国境内的股息、红利和利息收入，应当按照企业所得税法规定缴纳10%的企业所得税。如果是股息、红利，则由派发股息、红利的企业代扣代缴；如果是利息，则由企业在支付或到期应支付时代扣代缴。

2. QFII取得股息、红利和利息收入，需要享受税收协定（安排）待遇的，可向主管税务机关提出申请，主管税务机关审核无误后按照税收协定的规定执行；涉及退税的，应及时予以办理。

3. 各地税务机关应了解 QFII 在我国从事投资的情况，及时提供税收服务，建立税收管理档案，确保代扣代缴税款及时足额入库。

第二节　企业所得税的纳税地点

对企业所得税纳税人的纳税地点，税收法规作了明确的规定。

一、纳税地点的一般规定

1. 税法规定，除税收法律、行政法规另有规定外，居民企业以企业登记注册地为纳税地点；但登记注册地在境外的，以实际管理机构所在地为纳税地点。这里所称企业登记注册地，是指企业依照国家有关规定登记注册的住所地。

居民企业在中国境内设立不具有法人资格的营业机构的，应当汇总计算并缴纳企业所得税。企业汇总计算并缴纳企业所得税时，应当统一核算应纳税所得额，具体办法由国务院财政、税务主管部门另行制定。

2. 税法规定，非居民企业取得本法第三条第二款规定（即非居民企业在中国境内设立机构、场所的，应当就其所设机构、场所取得的来源于中国境内的所得，以及发生在中国境外但与其所设机构、场所有实际联系的所得，缴纳企业所得税）的所得，以机构、场所所在地为纳税地点。非居民企业在中国境内设立两个或者两个以上机构、场所的，经税务机关审核批准，可以选择由其主要机构、场所汇总缴纳企业所得税。

（1）这里所称主要机构、场所，应当同时符合下列条件：

①对其他各机构、场所的生产经营活动负有监督管理责任；

②设有完整的账簿、凭证，能够准确反映各机构、场所的收入、成本、费用和盈亏情况。

（2）这里所称经税务机关审核批准，是指经各机构、场所所在地税务机关的共同上级税务机关审核批准。

非居民企业经批准汇总缴纳企业所得税后，需要增设、合并、迁移、关闭机构、场所或者停止机构、场所业务的，应当事先由负责汇总申报缴纳企业所得税的主要机构、场所向其所在地税务机关报告；需要变更汇总缴纳企业所得税的主要机构、场所的，依照前款规定办理。

非居民企业取得本法第三条第三款规定（即非居民企业在中国境内未设立机构、场所的，或者虽设立机构、场所但取得的所得与其所设机构、场所没有实际联系的，应当就其来源于中国境内的所得缴纳企业所得税）的所得，以扣缴义务人所在地为纳税地点。

3. 税法规定，除国务院另有规定外，企业之间不得合并缴纳企业所得税。

二、纳税地点的特别规定

试点企业集团缴纳企业所得税的规定（财税〔2008〕119 号）。为确保《中华人民共和国企业所得税法》（以下简称新税法）的平稳实施，根据新税法第五十二条规定，经国务院批准，对 2007 年 12 月 31 日前经国务院批准或按国务院规定条件批准实行合并缴纳企业所得税的企业集团（具体名单见附件），在 2008 年度继续按原规定执行。从 2009 年 1 月 1 日起，上述企业集团一律停止执行合并缴纳企业所得税政策（2008 年实行合并纳税企业集团名单略）。

第三节　企业所得税的纳税期限

税法规定，企业所得税按纳税年度计算。纳税年度自公历 1 月 1 日起至 12 月 31 日止。

企业在一个纳税年度中间开业，或者终止经营活动，使该纳税年度的实际经营期不足 12 个月的，应当以其实际经营期为一个纳税年度。

企业依法清算时，应当以清算期间作为一个纳税年度。

关于外国企业所得税纳税年度的有关问题（国税函〔2008〕301 号）。根据《中华人民共和国外商投资企业和外国企业所得税法实施细则》第八条规定，经当地主管税务机关批准以满 12 个月的会计年度为纳税年度的外国企业，其 2007~2008 年度企业所得税的纳税年度截止到 2007 年 12 月 31 日，并按照《中华人民共和国外商投资企业和外国企业所得税法》规定的税率计算缴纳企业所得税。自 2008 年 1 月 1 日起，外国企业一律以公历年度为纳税年度，按照《中华人民共和国企业所得税法》规定的税率计算缴纳企业所得税。

第四节　企业所得税的税款缴纳

税法规定，企业所得税分月或者分季预缴。

企业应当自月份或者季度终了之日起 15 日内，向税务机关报送预缴企业所得税纳税申报表，预缴税款。

企业应当自年度终了之日起 5 个月内，向税务机关报送年度企业所得税纳税申报表，并汇算清缴，结清应缴应退税款。

企业在报送企业所得税纳税申报表时，应当按照规定附送财务会计报告和其他有关资料。

1. 企业所得税分月或者分季预缴，由税务机关具体核定。

企业根据本规定分月或者分季预缴企业所得税时，应当按照月度或者季度的实际利润额预缴；按照月度或者季度的实际利润额预缴有困难的，可以按照上一纳税年度应纳税所得额的月度或者季度平均额预缴，或者按照经税务机关认可的其他方法预缴。预缴方法一经确定，该纳税年度内不得随意变更。

2. 企业在纳税年度内无论盈利或者亏损，都应当依照本规定的期限，向税务机关报送预缴企业所得税纳税申报表、年度企业所得税纳税申报表、财务会计报告和税务机关规定应当报送的其他有关资料。

3. 企业在年度中间终止经营活动的，应当自实际经营终止之日起 60 日内，向税务机关办理当期企业所得税汇算清缴。

企业应当在办理注销登记前，就其清算所得向税务机关申报并依法缴纳企业所得税。这里所称清算所得，是指企业的全部资产可变现价值或者交易价格减除资产净值、清算费用以及相关税费等后的余额。

投资方企业从被清算企业分得的剩余资产，其中相当于从被清算企业累计未分配利润和累计盈余公积中应当分得的部分，应当确认为股息所得；剩余资产减除上述股息所得后的余额，超过或者低于投资成本的部分，应当确认为投资资产转让所得或者损失。

4. 依照企业所得税法缴纳的企业所得税，以人民币计算。所得以人民币以外的货币计算的，应当折合成人民币计算并缴纳税款。

5. 企业所得以人民币以外的货币计算的，预缴企业所得税时，应当按照月度或者季度最后一日的人民币汇率中间价，折合成人民币计算应纳税所得额。年度终了汇算清缴时，对已经按照月度或者季度预缴税款的，不再重新折合计算，只就该纳税年度内未缴纳企业所得税的部分，按照纳税年度最后一日的人民币汇率中间价，折合成人民币计算应纳税所得额。

经税务机关检查确认，企业少计或者多计前款规定的所得的，应当按照检查确认补税或者退税时的上一个月最后一日的人民币汇率中间价，将少计或者多计的所得折合成人民币计算应纳税所得额，再计算应补缴或者应退的税款。

第二十六章　企业所得税的预缴

企业所得税的缴纳，因所得形成和所得核算的特殊性，而有预缴和汇算清缴两种征收方式。其原因在于：一方面，企业所得税应纳税所得额是在企业会计核算基础上计算出来的，而企业的会计核算又是以一个年度为会计核算期间的，所以，企业一年之所得只有在会计的年终决算后才能计算出来。另一方面，企业的收入又是经常发生的，其所得也会与收入一同到来，只不过是因为会计核算的要求而不能对每笔收入的所得来进行核算。再者，财政支出是经常发生着的，也需要税收收入供应的经常性，所以，为使税款均衡入库，保障财政预算支出，企业所得税就采用了年度中间预缴，年终汇算清缴的征收方式，即“按年计算，分期预缴，年终汇算清缴”的办法征收，以及与此相联系的预缴申报、年度申报和汇算清缴等工作方式。

第一节　预缴企业所得税的一般规定

预缴企业所得税的规定包括税法规定和国务院及其财税主管部门所制定的税收规章规定两方面。

一、税法规定

税法规定，企业应当自月份或者季度终了之日起 15 日内，向税务机关报送预缴企业所得税纳税申报表，预缴税款。

企业所得税分月或者分季预缴，由税务机关具体核定。

企业根据本规定分月或者分季预缴企业所得税时，应当按照月度或者季度的实际利润额预缴；按照月度或者季度的实际利润额预缴有困难的，可以按照上一纳税年度应纳税所得额的月度或者季度平均额预缴，或者按照经税务机关认可的其他方法预缴。预缴方法一经确定，该纳税年度内不得随意变更。

二、其他税收规定

（一）明确企业所得税预缴中的几个问题（国税发〔2008〕17 号）

新企业所得税法已于 2008 年 1 月 1 日起施行，为保证企业所得税预缴工作顺利进行，现对下列企业预缴问题明确如下：

1. 2008 年 1 月 1 日之前已经被认定为高新技术企业的，在按照新税法有关规定重新认定之前，暂按 25%的税率预缴企业所得税。

上述企业如果享受新税法中其他优惠政策和国务院规定的过渡优惠政策，按有关规定执行。

2. 深圳市、厦门市经济特区以外的企业以及上海浦东新区内非生产性外商投资企业和内资企业，原采取按月预缴方式的，2008年一季度改为按季度预缴。

3. 原经批准实行合并纳税的企业，采取按月预缴方式的，2008年一季度改为按季度预缴。

（二）加强企业所得税预缴工作（国税函〔2009〕34号）

1. 根据《中华人民共和国企业所得税法》及其实施条例规定，企业所得税应当按照月度或者季度的实际利润额预缴；按照月度或者季度的实际利润额预缴有困难的，可以按照上一纳税年度应纳税所得额的月度或者季度平均额预缴，或者按照经税务机关认可的其他方法预缴。为确保税款足额及时入库，各级税务机关对纳入当地重点税源管理的企业，原则上应按照实际利润额预缴方法征收企业所得税。

2. 各级税务机关根据企业上年度企业所得税预缴和汇算清缴情况，对全年企业所得税预缴税款占企业所得税应缴税款比例明显偏低的，要及时查明原因，调整预缴方法或预缴税额。

3. 各级税务机关要处理好企业所得税预缴和汇算清缴税款入库的关系，原则上各地企业所得税年度预缴税款占当年企业所得税入库税款（预缴数＋汇算清缴数）应不少于70%。

4. 各级税务机关要进一步加大监督管理力度。对未按规定申报预缴企业所得税的，按照《中华人民共和国税收征收管理法》及其实施细则的有关规定进行处理。

5. 加强企业所得税预缴工作是税收征管中的一项重要任务，各级税务机关要高度重视，周密部署，精心组织实施。税务总局将适时组织督促检查，通报此项工作的落实情况。

第二节　房地产开发企业的所得税预缴规定

为贯彻落实新的企业所得税法，确保企业所得税预缴工作顺利开展，现对房地产开发企业所得税预缴问题规定如下（国税函〔2008〕299号）：

1. 房地产开发企业按当年实际利润据实分季（或月）预缴企业所得税的，对开发、建造的住宅、商业用房以及其他建筑物、附着物、配套设施等开发产品，在未完工前采取预售方式销售取得的预售收入，按照规定的预计利润率分季（或月）计算出预计利润额，计入利润总额预缴，开发产品完工、结算计税成本后按照实际利润再行调整。

2. 预计利润率暂按以下规定的标准确定：

（1）非经济适用房开发项目。

①位于省、自治区、直辖市和计划单列市人民政府所在地城区和郊区的，不得低于20%。

②位于地级市、地区、盟、州城区及郊区的，不得低于15%。

③位于其他地区的，不得低于10%。

（2）经济适用房开发项目。经济适用房开发项目符合建设部、国家发展改革委员会、国土资源部、中国人民银行《关于印发〈经济适用房管理办法〉的通知》（建住房〔2004〕77号）等有关规定的，不得低于3%。

（3）房地产开发企业按当年实际利润据实预缴企业所得税的，对开发、建造的住宅、商业用房以及其他建筑物、附着物、配套设施等开发产品，在未完工前采取预售方式销售取得的预售收入，按照规定的预计利润率分季（或月）计算出预计利润额，填报在《中华人民共和国企业所得税月（季）度预缴纳税申报表（A类）》（国税函〔2008〕44号文件附件1）第4行“利润总额”内。

（4）房地产开发企业对经济适用房项目的预售收入进行初始纳税申报时，必须附送有关部门批准经济适用房项目开发、销售的文件以及其他相关证明材料。凡不符合规定或未附送有关部门的批准文件以及其他相关证明材料的，一律按销售非经济适用房的规定执行。

（5）本通知适用于从事房地产开发经营业务的居民纳税人。

（6）本通知自2008年1月1日起执行。已按原预计利润率办理完毕2008年一季度预缴的外商投资房地产开发企业，从二季度起按本通知执行。

第三节　预缴纳税申报表

纳税人预缴企业所得税，应填报预缴纳税申报表。

一、企业所得税月（季）度预缴纳税申报表（国税函〔2008〕44号）

为贯彻落实《中华人民共和国企业所得税法》及其实施条例，按照企业所得税科学化、精细化管理的要求，国家税务总局制定了与新的企业所得税法配套的企业所得税月（季）度预缴纳税申报表（A类和B类）、扣缴企业所得税报告表、汇总纳税分支机构企业所得税分配表及填报说明（见表26-1至26-4），现印发给你们，报表与新的企业所得税法同步实行。请各地税务机关及时做好上述报表的印制、发放、学习、培训等工作。

二、填报企业所得税月（季）度预缴纳税申报表有关问题（国税函〔2008〕635号）

根据各地贯彻落实《国家税务总局关于印发〈中华人民共和国企业所得税月（季）度预缴纳税申报表〉等报表的通知》（国税函〔2008〕44号，见本节一）（以下简称《通知》）过程中反映的问题，现就企业所得税月（季）度预缴纳税申报表的有关填报口径问题明确如下：

1.《中华人民共和国企业所得税月（季）度预缴纳税申报表（A类）》第4行“利润总额”修改为“实际利润额”。填报说明第五条第3项相应修改为：第4行“实际利润额”：填报按会计制度核算的利润总额减除以前年度待弥补亏损以及不征税收入、免税收入后的余额。事业单位、社会团体、民办非企业单位比照填报。房地产开发企业本期取得预售收入按规定计算出的预计利润额计入本行。为了节约成本，已经印制了《中华人民共和国企业所得税月（季）度预缴纳税申报表（A类）》并尚未使用完的，可继续使用，其中“利润总额”一栏按照上述说明的口径填写。

2.《中华人民共和国企业所得税月（季）度预缴纳税申报表（A类）》填报说明第五条第16项“（分支机构本行填报总机构申报的第24行‘分支机构分摊的所得税额’）”中的“第24行”修改为“第20行”。

3.《中华人民共和国企业所得税月（季）度预缴纳税申报表（A类）》填报说明第五条第14~16项之后增加：“上述第18至20行，汇总纳税总、分机构税率一致的，按《通知》填报；汇总纳税总、分机构税率不一致的，按《国家税务总局关于印发〈跨地区经营汇总纳税企业所得税征收管理暂行办法〉的通知》（国税发〔2008〕28号）及相关补充文件的规定计算填报。即第9行或14行或16行与第18至20行关系不成立，且《中华人民共和国企业所得税汇总纳税分支机构分配表》中分支机构分摊的所得税额×分配比例＝分配税额计算关系不成立。”

表 26-1 中华人民共和国企业所得税月（季）度预缴纳税申报表（A 类）

附件 1：

税款所属期间： 年 月 日至 年 月 日

纳税人识别号：□□□□□□□□□□□□□□□□□

纳税人名称： 金额单位：人民币元（列至角分）

行次	项目		本期金额	累计金额
1	一、据实预缴			
2	营业收入			
3	营业成本			
4	利润总额			
5	税率（25%）			
6	应纳所得税额（4 行×5 行）			
7	减免所得税额			
8	实际已缴所得税额		—	
9	应补（退）的所得税额（6 行-7 行-8 行）		—	
10	二、按照上一纳税年度应纳税所得额的平均额预缴			
11	上一纳税年度应纳税所得额		—	
12	本月（季）应纳税所得额（11 行÷12 或 11 行÷4）			
13	税率（25%）		—	—
14	本月（季）应纳所得税额（12 行×13 行）			
15	三、按照税务机关确定的其他方法预缴			
16	本月（季）确定预缴的所得税额			
17	总分机构纳税人			
18	总机构	总机构应分摊的所得税额（9 行或 14 行或 16 行×25%）		
19		中央财政集中分配的所得税额（9 行或 14 行或 16 行×25%）		
20		分支机构分摊的所得税额（9 行或 14 行或 16 行×50%）		
21	分支机构	分配比例		
22		分配的所得税额（20 行×21 行）		

谨声明：此纳税申报表是根据《中华人民共和国企业所得税法》、《中华人民共和国企业所得税法实施条例》和国家有关税收规定填报的，是真实的、可靠的、完整的。

法定代表人（签字）： 年 月 日

纳税人公章： 会计主管： 填表日期： 年 月 日	代理申报中介机构公章： 经办人： 经办人执业证件号码： 代理申报日期： 年 月 日	主管税务机关受理专用章： 受理人： 受理日期： 年 月 日

国家税务总局监制

中华人民共和国企业所得税月（季）度预缴纳税申报表（A 类）填报说明

一、本表适用于实行查账征收方式申报企业所得税的居民纳税人及在中国境内设立机构的非居民纳税人在月（季）度预缴企业所得税时使用

二、本表表头项目

1.“税款所属期间”：纳税人填写的“税款所属期间”为公历 1 月 1 日至所属月（季）度最后一日。

企业年度中间开业的纳税人填写的“税款所属期间”为当月（季）开始经营之日至所属

季度的最后一日，自次月（季）度起按正常情况填报。

2.“纳税人识别号”：填报税务机关核发的税务登记证号码（15位）。

3.“纳税人名称”：填报税务登记证中的纳税人全称。

三、各列的填报

1.“据实预缴”的纳税人第2行至第9行：填报“本期金额”列，数据为所属月（季）度第一日至最后一日；填报“累计金额”列，数据为纳税人所属年度1月1日至所属季度（或月份）最后一日的累计数。纳税人当期应补（退）所得税额为“累计金额”列第9行“应补（退）所得税额”的数据。

2.“按照上一纳税年度应纳税所得额平均额预缴”的纳税人第11行至第14行及“按照税务机关确定的其他方法预缴”的纳税人第16行：填报表内第11行至第14行、第16行“本期金额”列，数据为所属月（季）度第一日至最后一日。

四、各行的填报

本表结构分为两部分：

1.第一部分为第1行至第16行，纳税人根据自身的预缴申报方式分别填报，包括非居民企业设立的分支机构：实行据实预缴的纳税人填报第2行至第9行：实行按上一年度应纳税所得额的月度或季度平均额预缴的纳税人填报第11至第14行；实行经税务机关认可的其他方法预缴的纳税人填报第16行。

2.第二部分为第17行至第22行，由实行汇总纳税的总机构在填报第一部分的基础上填报第18至第20行；分支机构填报第20行至第22行。

五、具体项目填报说明

1.第2行“营业收入”：填报会计制度核算的营业收入，事业单位、社会团体、民办非企业单位按其会计制度核算的收入填报。

2.第3行“营业成本”：填报会计制度核算的营业成本，事业单位、社会团体、民办非企业单位按其会计制度核算的成本（费用）填报。

3.第4行“利润总额”：填报会计制度核算的利润总额，其中包括从事房地产开发企业可以在本行填写按本期取得预售收入计算出的预计利润等。事业单位、社会团体、民办非企业单位比照填报。

4.第5行“税率（25%）”：按照《企业所得税法》第四条规定的25%税率计算应纳所得税额。

5.第6行“应纳所得税额”：填报计算出的当期应纳所得税额。第6行=第4行×第5行，且第6行≥0。

6.第7行“减免所得税额”：填报当期实际享受的减免所得税额，包括享受减免税优惠过渡期的税收优惠、小型微利企业优惠、高新技术企业优惠及经税务机关审批或备案的其他减免税优惠。第7行≤第6行。

7.第8行“实际已预缴的所得税额”：填报累计已预缴的企业所得税税额，“本期金额”列不填。

8.第9行“应补（退）所得税额”：填报按照税法规定计算的本次应补（退）预缴所得税额。第9行=第6行-第7行-第8行，且第9行<0时，填0，“本期金额”列不填。

9.第11行“上一纳税年度应纳税所得额”：填报上一纳税年度申报的应纳税所得额。本行不包括纳税人的境外所得。

10. 第 12 行"本月（季）应纳税所得额"：填报纳税人依据上一纳税年度申报的应纳税所得额计算的当期应纳税所得额。

（1）按季预缴企业：第 12 行 = 第 11 行×1/4

（2）按月预缴企业：第 12 行 = 第 11 行×1/12

11. 第 13 行"税率（25%）"：按照《企业所得税法》第四条规定的 25%税率计算应纳所得税额。

12. 第 14 行"本月（季）应纳所得税额"：填报计算的本月（季）应纳所得税额。第 14 行 = 第 12 行 × 第 13 行。

13. 第 16 行"本月（季）确定预缴的所得税额"：填报依据税务机关认定的应纳税所得额计算出的本月（季）应缴纳所得税额。

14. 第 18 行"总机构应分摊的所得税额"：填报汇总纳税总机构以本表第一部分（第 1~16 行）本月或本季预缴所得税额为基数，按总机构应分摊的预缴比例计算出的本期预缴所得税额。

（1）据实预缴的汇总纳税企业总机构：

第 9 行 × 总机构应分摊的预缴比例 25%

（2）按上一纳税年度应纳税所得额的月度或季度平均额预缴的汇总纳税企业总机构：

第 14 行×总机构应分摊的预缴比例 25%

（3）经税务机关认可的其他方法预缴的汇总纳税企业总机构：

第 16 行×总机构应分摊的预缴比例 25%

15. 第 19 行"中央财政集中分配的所得税额"：填报汇总纳税总机构以本表第一部分（第 1~16 行）本月或本季预缴所得税额为基数，按中央财政集中分配税款的预缴比例计算出的本期预缴所得税额。

（1）据实预缴的汇总纳税企业总机构：

第 9 行 × 中央财政集中分配税款的预缴比例 25%

（2）按上一纳税年度应纳税所得额的月度或季度平均额预缴的汇总纳税企业总机构：

第 14 行 × 中央财政集中分配税款的预缴比例 25%

（3）经税务机关认可的其他方法预缴的汇总纳税企业总机构：

第 16 行 × 中央财政集中分配税款的预缴比例 25%

16. 第 20 行"分支机构分摊的所得税额"：填报汇总纳税总机构以本表第一部分（第 1~16 行）本月或本季预缴所得税额为基数，按分支机构分摊的预缴比例计算出的本期预缴所得税额。

（1）据实预缴的汇总纳税企业总机构：

第 9 行 × 分支机构分摊的预缴比例 50%

（2）按上一纳税年度应纳税所得额的月度或季度平均额预缴的汇总纳税企业总机构：

第 14 行 × 分支机构分摊的预缴比例 50%

（3）经税务机关认可的其他方法预缴的汇总纳税企业总机构：

第 16 行 × 分支机构分摊的预缴比例 50%

（分支机构本行填报总机构申报的第 24 行"分支机构分摊的所得税额"）

17. 第 21 行“分配比例”：填报汇总纳税分支机构依据《汇总纳税企业所得税分配表》中确定的分配比例。

18. 第 22 行“分配的所得税额”：填报汇总纳税分支机构依据当期总机构申报表中第 20 行“分支机构分摊的所得税额”× 本表第 21 行“分配比例”的数额。

表 26-2　　中华人民共和国企业所得税月（季）度预缴纳税申报表（B 类）

附件 2：

税款所属期间：　　年　月　日至　　年　月　日

纳税人识别号：□□□□□□□□□□□□□□□□□□□□

纳税人名称：　　　　　　　　　　　　　　　　金额单位：人民币元（列至角分）

项 目			行次	累计金额
应纳税所得额的计算	按收入总额核定应纳税所得额	收入总额	1	
		税务机关核定的应税所得率（%）	2	
		应纳税所得额（1 行 × 2 行）	3	
	按成本费用核定应纳税所得额	成本费用总额	4	
		税务机关核定的应税所得率（%）	5	
		应纳税所得额 [4 行 ÷（1 – 5 行）× 5 行]	6	
	按经费支出换算应纳税所得额	经费支出总额	7	
		税务机关核定的应税所得率（%）	8	
		换算的收入额 [7 行 ÷（1 – 8 行）]	9	
		应纳税所得额（8 行 × 9 行）	10	
应纳所得税额的计算		税率（25%）	11	
		应纳所得税额（3 行 × 11 行或 6 行 × 11 行或 10 行 × 11 行）	12	
		减免所得税额	13	
应补(退)所得税额的计算		已预缴所得税额	14	
		应补（退）所得税额（12 行–13 行–14 行）	15	

谨声明：此纳税申报表是根据《中华人民共和国企业所得税法》、《中华人民共和国企业所得税法实施条例》和国家有关税收规定填报的，是真实的、可靠的、完整的。

法定代表人（签字）：　　　　年　月　日

纳税人公章：	代理申报中介机构公章：	主管税务机关受理专用章：
	经办人：	
会计主管：		受理人：
	经办人执业证件号码：	
填表日期：　　年　月　日	代理申报日期：　　年　月　日	受理日期：　　年　月　日

国家税务总局监制

中华人民共和国企业所得税月（季）度预缴纳税申报表（B 类）

一、本表为按照核定征收管理办法（包括核定应税所得率和核定税额征收方式）缴纳企业所得税的纳税人在月（季）度申报缴纳企业所得税时使用，包括依法被税务机关指定的扣缴义务人。其中：核定应税所得率的纳税人按收入总额核定、按成本费用核定、按经费支出换算分别填写

二、本表表头项目

1.“税款所属期间”：纳税人填报的“税款所属期间”为公历1月1日至所属季（月）度最后一日。企业年度中间开业的纳税人填报的“税款所属期间”为当月（季）度第一日至所属月（季）度的最后一日，自次月（季）度起按正常情况填报。

2.“纳税人识别号”：填报税务机关核发的税务登记证号码（15位）。

3.“纳税人名称”：填报税务登记证中的纳税人全称。

三、具体项目填报说明

1. 第1行“收入总额”：按照收入总额核定应税所得率的纳税人填报此行。填写本年度累计取得的各项收入金额。

2. 第2行“税务机关核定的应税所得率”：填报主管税务机关核定的应税所得率。

3. 第3行“应纳税所得额”：填报计算结果。计算公式：应纳税所得额 = 第1行“收入总额”× 第2行“税务机关核定的应税所得率”。

4. 第4行“成本费用总额”：按照成本费用核定应税所得率的纳税人填报此行。填写本年度累计发生的各项成本费用金额。

5. 第5行“税务机关核定的应税所得率”：填报主管税务机关核定的应税所得率。

6. 第6行“应纳税所得额”：填报计算结果。计算公式：应纳税所得额 = 第4行“成本费用总额”÷（1 – 第5行“税务机关核定的应税所得率”）× 第5行“税务机关核定的应税所得率”。

7. 第7行“经费支出总额”：按照经费支出换算收入方式缴纳所得税的纳税人填报此行。填报累计发生的各项经费支出金额。

8. 第8行“经税务机关核定的应税所得率”：填报主管税务机关核定的应税所得率。

9. 第9行“换算的收入额”：填报计算结果。计算公式：换算的收入额 = 第7行“经费支出总额”÷（1 – 第8行“税务机关核定的应税所得率”）。

10. 第10行“应纳税所得额”：填报计算结果。计算公式：应纳税所得额 = 第8行“税务机关核定的应税所得率”× 第9行“换算的收入额”。

11. 第11行“税率”：填写《企业所得税法》第四条规定的25%税率。

12. 第12行“应纳所得税额”：

（1）核定应税所得率的纳税人填报计算结果：

按照收入总额核定应税所得率的纳税人，应纳所得税额 = 第3行“应纳税所得额”× 第11行“税率”

按照成本费用核定应税所得率的纳税人，应纳所得税额 = 第6行“应纳税所得额”× 第11行“税率”

按照经费支出换算应纳税所得额的纳税人，应纳所得税额 = 第10行“应纳税所得额”× 第11行“税率”

（2）实行核定税额征收的纳税人，填报税务机关核定的应纳所得税额。

13. 第13行“减免所得税额”：填报当期实际享受的减免所得税额，第13行≤第12行。包括享受减免税优惠过渡期的税收优惠、小型微利企业优惠、高新技术企业优惠及经税务机关审批或备案的其他减免税优惠。

14. 第14行“已预缴所得税额”：填报当年累计已预缴的企业所得税额。

表 26-3

附件 3：

中华人民共和国企业所得税扣缴报告表

税款所属期间：　　年　月　日至　　年　月　日

扣缴义务人识别号：□□□□□□□□□□□□□□□□□

金额单位：人民币元（列至角分）

扣缴义务人名称													
纳税人识别号	纳税人名称	国家（地区）	所得项目	合同号	合同名称	取得所得日期	收入额					扣除额	应纳税所得额	税率	扣缴所得税额
							人民币金额	外币额			人民币金额合计				
								外币名称金额	汇率	折人民币					

谨声明：此扣缴所得税报告表是根据《中华人民共和国企业所得税法》、《中华人民共和国企业所得税法实施条例》和国家有关税收规定填报的，是真实的、可靠的、完整的。

法定代表人（签字）：　　年　月　日

扣缴义务人公章： 会计主管： 填表日期：　　年　月　日	代理申报中介机构公章： 经办人： 经办人执业证件号码： 代理申报日期：　　年　月　日	主管税务机关受理专用章： 受理人： 受理日期：　　年　月　日

国家税务总局监制

15. 第 15 行“应补（退）所得税额”：填报计算结果。计算公式：应补（退）所得税额 = 第 12 行“应纳所得税额” – 第 13 行“减免所得税额” – 第 14 行“已预缴的所得税额”；当第 15 行≤0 时，本行填 0。

中华人民共和国企业所得税扣缴报告表填表说明

一、本表适用于扣缴义务人按照《中华人民共和国企业所得税法》及其实施条例的规定，对下列所得，按次或按期扣缴所得税税款的报告。

1. 非居民企业在中国境内未设立机构、场所的，应当就其来源于中国境内的所得缴纳企业所得税。

2. 非居民企业虽设立机构、场所但取得的所得与其所设机构、场所没有实际联系的，应当就其来源于中国境内的所得缴纳企业所得税。

二、扣缴义务人应当于签订合同或协议后二十日内将合同或协议副本，报送主管税务机关备案，并办理有关扣缴手续。

三、签订合同或协议后，合同或协议规定的支付款额如有变动，应于变动后十日内，将变动情况书面报告税务机构。

四、扣缴义务人不能按规定期限报送本表时，应当在规定的报送期限内提出申请，经当地税务机构批准，可以适当延期。

五、扣缴义务人不按规定期限将已扣税款缴入国库以及不履行税法规定的扣缴义务的，将分别按《中华人民共和国税收征收管理法》第六十八条、第六十九条的规定，予以处罚。

六、本表填写要用中、外两种文字填写。

七、本表各栏填写如下：

1. 扣缴义务人识别号：填写办理税务登记时，由主管税务机构所确定的扣缴义务人的税务编码。

2. 扣缴义务人名称：填写实际支付外国企业款项的单位和个人名称。

3. 纳税人识别号：填写非居民企业在其居民国的纳税识别代码。

4. 所得项目：填写转让财产所得、股息红利等权益性投资所得、利息所得、租金所得、特许权使用费所得、其他所得。

表 26-4

附件 4：

中华人民共和国企业所得税汇总纳税分支机构分配表

税款所属期间：　　年　月　日至　　年　月　日

分配比例有效期：　　年　月　日至　　年　月　日　　　　金额单位：人民币元（列至角分）

总机构情况	纳税人识别号	总机构名称	三项因素				分支机构分摊的所得税额	
			收入总额	工资总额	资产总额	合计		
分支机构情况	纳税人识别号	分支机构名称	三项因素				分配比例	分配税额
			收入总额	工资总额	资产总额	合计		

纳税人公章：
会计主管：
填表日期：　　年　月　日

主管税务机关受理专用章：
受理人：
受理日期：　　年　月　日

国家税务总局监制

中华人民共和国企业所得税汇总纳税分支机构分配表填报说明

一、使用对象及报送时间

1. 使用对象。

本表适用于在中国境内跨省、自治区、直辖市设立不具有法人资格的营业机构，并实行“统一计算、分级管理、就地预缴、汇总清算、财政调节”汇总纳税办法的居民企业填报。

2. 报送要求。

季度终了之日起十日内，由实行汇总纳税的总机构随同《中华人民共和国企业所得税月（季）度纳税申报表（A类）》报送。

季度终了之日起十五日内，由实行汇总纳税，具有主体生产经营职能的分支机构随同《中华人民共和国企业所得税月（季）度纳税申报表（A类）》报送总机构申报后加盖有主管税务机关受理专用章的《中华人民共和国汇总纳税分支机构企业所得税分配表》（复印件）。

年度终了之日起五个月内，由实行汇总纳税的总机构随同《中华人民共和国企业所得税年度纳税申报表（A类）》报送。

二、分配表项目填报说明

1. “税款所属时期”：季度申报填写季度起始日期至所属季度的最后一日。年度申报填写公历1月1日至12月31日。

2. “分配比例有效期”：填写经企业总机构所在地主管税务机关审批确认的分配比例有效期起及有效期止。

3. “纳税人识别号”：填写税务机关统一核发的税务登记证号码。

4. “纳税人名称”：填写税务登记证所载纳税人的全称。

5. “收入总额”：填写基期年度总机构、各分支机构的经营收入总额。

6. “工资总额”：填写基期年度总机构、各分支机构的工资总额。

7. “资产总额”：填写基期年度总机构、各分支机构的资产总额，不包括无形资产。

8. “合计”：填写基期年度总机构、各分支机构的经营收入总额、工资总额和资产总额三项因素的合计数。

9. “分支机构分摊的所得税额”：填写本所属时期总机构根据税务机关确定的分摊方法计算，由各分支机构进行分摊的所得税额。

10. “分配比例”：填写经企业总机构所在地主管税务机关审批确认的各分支机构分配比例。

各分支机构分配比例 =（基期年各分支机构的经营收入总额、工资总额和资产总额三项因素合计数 ÷ 总机构的经营收入总额、工资总额和资产总额三项因素合计数）× 100%。

11. “分配税额”：填写本所属时期根据税务机关确定的分摊方法计算，分配给各分支机构缴纳的所得税额。

第四节　小型微利企业的所得税预缴规定

为贯彻落实新的企业所得税法，确保企业所得税预缴工作顺利进行，经研究，现就小型微利企业所得税预缴问题通知如下（国税函〔2008〕251号）：

1. 企业按当年实际利润预缴所得税的，如上年度符合《中华人民共和国企业所得税法实施条例》第九十二条规定的小型微利企业条件，在本年度填写《中华人民共和国企业所得税月（季）度纳税申报表（A类）》（国税函〔2008〕44号文件附件1）时，第4行“利润总额”与5%的乘积暂填入第7行“减免所得税额”内。

2. 小型微利企业条件中，“从业人数”按企业全年平均从业人数计算，“资产总额”按企业年初和年末的资产总额平均计算。

3. 企业在当年首次预缴企业所得税时，须向主管税务机关提供企业上年度符合小型微利企业条件的相关证明材料。主管税务机关对企业提供的相关证明材料核实后，认定企业上年度不符合小型微利企业条件的，该企业当年不得按本通知第一条规定填报纳税申报表。

4. 纳税年度终了后，主管税务机关要根据企业当年有关指标，核实企业当年是否符合小型微利企业条件。企业当年有关指标不符合小型微利企业条件，但已按本通知第一条规定计算减免所得税额的，在年度汇算清缴时要补缴按本通知第一条规定计算的减免所得税额。

第二十七章　企业所得税的汇算清缴

税法规定，企业所得税分月或者分季预缴。企业应当自年度终了之日起五个月内，向税务机关报送年度企业所得税纳税申报表，并汇算清缴，结清应缴应退税款。

第一节　汇算清缴是企业所得税的一种征收方式

汇算清缴是企业所得税的征收方式之一。它与企业所得税的预缴税款方式相辅相成。

一、汇算清缴的成因

企业所得税是采取“按年计算，分期预缴，年终汇算清缴”的办法征收的，预缴是为了保证税款均衡入库的一种手段。企业的收入和费用列支要到企业的一个会计年度结束后才能准确计算出来，平时在预缴中无论是采用按纳税期限的实际数预缴，还是按上一年度应纳税所得额的一定比例预缴，或者按其他方法预缴，都存在不能准确计算当期应纳税所得额的问题。因此，为了既要保证税款均衡地入库，满足国家财政的经常性需要，又要按税法规定准确足额地缴纳应交的税款，于是企业所得税就采取了年中分期预缴，年终汇算清缴的办法进行征收。企业所得税汇算清缴的核心在于：纳税年度终了之后，纳税人必须汇总计算（汇算）其全年的应缴税款，在结清其应补或应退的税款的基础上，补交税款或抵缴下一纳税年度的税款（清缴）。

企业所得税年终汇算清缴的工作，是由征纳双方共同来完成的。

二、汇算清缴实施办法

企业所得税按年计算，分月或分季预缴，年度终了后五个月内汇算清缴，多退少补；纳税人在年终汇算清缴时，多预缴的所得税税额，也可在下一年度内抵缴；抵缴仍有结余的，或下一年度发生亏损的，应及时办理退库。企业所得税汇算清缴实施办法为：

（一）申报前的宣传、辅导、培训

企业汇缴申报前，税务机关应通过各种形式对纳税人和社会中介服务机构广泛进行税法宣传、辅导和培训，督促纳税人按期如实申报。各级税务机关可采取税法公告、发送资料、集中培训、政策咨询等方式以及利用报纸、电视、广播等新闻媒介进行宣传、辅导，对纳税大户和缺乏自行办税能力的企业可实行重点辅导，特别对涉及企业所得税纳税调整的规定要重点宣传介绍。

需要按规定进行各项审批的，税务机关要在企业申报前完成各种审批手续。

（二）纳税申报

1. 纳税人自行申报。实行汇算清缴改革的企业，应在规定的申报期内，依据现行的税收规定，自行进行税收调整并填写纳税申报表，主动向税务机关进行纳税申报。

纳税人对申报内容的真实性、税款计算的准确性和申报资料的完整性负法律责任。

从1996年度汇算清缴开始，实行汇算清缴改革的企业自行汇缴的申报期可暂延长到2月底。对个别企业按期申报确有困难的，根据《中华人民共和国税收征收管理法》（以下简称征管法）的有关规定，经主管税务机关批准，可延期申报。逾期未申报又未经主管税务机关批准的，按征管法的有关规定处罚。

2. 社会中介机构代理申报。纳税人可根据需要自愿委托社会中介服务机构进行代理申报。凡实行代理申报的，由纳税人自主选择代理机构并签订代理协议或合同，明确双方的权利、义务和责任。纳税人应向代理机构如实提供财务会计报表及有关资料，代理机构应依照税收规定准确进行税收调整，依率计算应缴税款，做到如实申报。

纳税申报不实的，一经查出，不管是由于纳税人未如实提供有关资料，或者由于代理机构的原因造成的，纳税人都负补税、罚款等法律责任。对确属由于代理机构的原因造成申报不实而使纳税人受到经济损失的，由纳税人按有关协议或合同内容追究代理人的责任。主管税务机关可根据国家税务总局下发的《税务代理试行办法》对代理机构进行行政处罚。

（三）申报表的受理审核

税务机关收到纳税人的申报表以后，应认真审核，审核工作应在受理时进行。发现申报表中明显的逻辑关系或计算错误、没有进行纳税调整、资料不全有漏项等问题，应立即督促纳税人在申报期内进行更正或重报，纳税人拒不更正或重报的，由纳税人负法律责任。

税务机关受理申报后，纳税人应按规定的时间办理税款缴纳（或退抵）手续。

（四）纳税检查

企业自行申报并结清税款以后，税务机关即转入检查（稽查）阶段。税务机关可根据一定的选案标准和平时及审核中掌握的情况有针对性地进行，稽查面不一定很大，但要力求从收入到成本费用查深、查细。检查出的问题要按征管法的有关规定处罚。对当年未检查的企业，税务机关保留稽查权力，可以在以后年度进行。

第二节　年终汇算清缴中的纳税调整

企业所得税的纳税调整，是指在计算应纳税所得额时对不符合税法规定的项目金额或特定纳税事项所进行的一种税务调整。纳税调整是针对会计规定与税法规定的差异的调整。

一、企业所得税纳税调整的类别

企业所得税的纳税调整，分为一般纳税调整和特殊纳税调整。

1. 一般纳税调整是指按照税法规定在计算应纳税所得额时，如果企业财务、会计处理办法同税收法律、行政法规的规定不一致，应当依照税收法律、行政法规的规定计算纳税所作的税务调整，并据此重新调整计算纳税。如国债利息收入，会计上作为收入处理，而按照税法规定则作为免税收入，在计算企业所得税时需作纳税调整。

2. 而特别纳税调整则是指税务机关出于实施反避税的目的而对纳税人特定纳税事项所作的税务调整，包括针对纳税人转让定价、资本弱化、避税港避税及其他避税情况所进行的税务调整。

所以，本节所说之纳税调整系指一般纳税调整。并且，正确进行纳税调整是计算应纳税所得额的必要步骤。

二、纳税调整项目及其标准

纳税调整项目及其标准通常是在《企业所得税年度纳税申报表》中规定的。

第三节　企业所得税年度纳税申报表

税法规定，企业应当自年度终了之日起五个月内，向税务机关报送年度企业所得税纳税申报表，并汇算清缴，结清应缴应退税款。

《中华人民共和国企业所得税年度纳税申报表》的补充通知（国税函〔2008〕1081 号）。

《国家税务总局关于印发〈中华人民共和国企业所得税年度纳税申报表〉的通知》（国税发〔2008〕101 号）下发后，各地在贯彻落实过程中反映了一些问题，要求进一步明确。经研究，现对有关问题补充明确如下：

1. 按照企业所得税核定征收办法缴纳企业所得税的纳税人在年度申报缴纳企业所得税时，使用《国家税务总局关于印发〈中华人民共和国企业所得税月（季）度预缴纳税申报表〉等报表的通知》（国税函〔2008〕44 号）附件 2 中华人民共和国企业所得税月（季）度预缴纳税申报表（B 类）。见第二十六章第三节之表 26–2。

其中，“税款所属期间”：正常经营的纳税人，填报公历当年 1 月 1 日至 12 月 31 日；纳税人年度中间开业的，填报实际生产经营之日的当月 1 日至同年 12 月 31 日；纳税人年度中间发生合并、分立、破产、停业等情况的，填报公历当年 1 月 1 日至实际停业或法院裁定并宣告破产之日的当月月末；纳税人年度中间开业且年度中间又发生合并、分立、破产、停业等情况的，填报实际生产经营之日的当月 1 日至实际停业或法院裁定并宣告破产之日的当月月末。

2. 国税发〔2008〕101 号附件 2“中华人民共和国企业所得税年度纳税申报表及附表填报说明”作废，以本补充通知附件（见表 27–1 至表 27–16）为准。

表 27–1　　**中华人民共和国企业所得税年度纳税申报表（A 类）**

税款所属期间：＿＿年＿月＿日至＿＿年＿月＿日

纳税人名称：

纳税人识别号：□□□□□□□□□□□□□□□□□□□□　　金额单位：人民币元（列至角分）

类别	行次	项目	金额
利润总额计算	1	一、营业收入（填附表一）	
	2	减：营业成本（填附表二）	
	3	营业税金及附加	
	4	销售费用（填附表二）	
	5	管理费用（填附表二）	
	6	财务费用（填附表二）	
	7	资产减值损失	
	8	加：公允价值变动收益	
	9	投资收益	
	10	二、营业利润	
	11	加：营业外收入（填附表一）	
	12	减：营业外支出（填附表二）	
	13	三、利润总额（10+11–12）	

续表

类 别	行 次	项 目	金 额
应纳税所得额计算	14	加：纳税调整增加额（填附表三）	
	15	减：纳税调整减少额（填附表三）	
	16	其中：不征税收入	
	17	免税收入	
	18	减计收入	
	19	减、免税项目所得	
	20	加计扣除	
	21	抵扣应纳税所得额	
	22	加：境外应税所得弥补境内亏损	
	23	纳税调整后所得（13+14–15+22）	
	24	减：弥补以前年度亏损（填附表四）	
	25	应纳税所得额（23–24）	
应纳税额计算	26	税率（25%）	
	27	应纳所得税额（25×26）	
	28	减：减免所得税额（填附表五）	
	29	减：抵免所得税额（填附表五）	
	30	应纳税额（27–28–29）	
	31	加：境外所得应纳所得税额（填附表六）	
	32	减：境外所得抵免所得税额（填附表六）	
	33	实际应纳所得税额（30+31–32）	
	34	减：本年累计实际已预缴的所得税额	
	35	其中：汇总纳税的总机构分摊预缴的税额	
	36	汇总纳税的总机构财政调库预缴的税额	
	37	汇总纳税的总机构所属分支机构分摊的预缴税额	
	38	合并纳税（母子体制）成员企业就地预缴比例	
	39	合并纳税企业就地预缴的所得税额	
	40	本年应补（退）的所得税额（33–34）	
附列资料	41	以前年度多缴的所得税额在本年抵减额	
	42	以前年度应缴未缴在本年入库所得税额	

纳税人公章： 经办人： 申报日期： 年 月 日	代理申报中介机构公章： 经办人及执业证件号码： 代理申报日期： 年 月 日	主管税务机关受理专用章： 受理人： 受理日期： 年 月 日

《中华人民共和国企业所得税年度纳税申报表（A类）》填报说明

一、适用范围

本表适用于实行查账征收企业所得税的居民纳税人（以下简称纳税人）填报。

二、填报依据及内容根据

《中华人民共和国企业所得税法》及其实施条例、相关税收政策，以及国家统一会计制度（企业会计制度、企业会计准则、小企业会计制度、分行业会计制度、事业单位会计制度和民间非营利组织会计制度）的规定，填报计算纳税人利润总额、应纳税所得额、应纳税额和附列资料等有关项目。

三、有关项目填报说明

(一) 表头项目

1. “税款所属期间”：正常经营的纳税人，填报公历当年1月1日至12月31日；纳税人年度中间开业的，填报实际生产经营之日的当月1日至同年12月31日；纳税人年度中间发生合并、分立、破产、停业等情况的，填报公历当年1月1日至实际停业或法院裁定并宣告破产之日的当月月末；纳税人年度中间开业且年度中间又发生合并、分立、破产、停业等情况的，填报实际生产经营之日的当月1日至实际停业或法院裁定并宣告破产之日的当月月末。

2. “纳税人识别号”：填报税务机关统一核发的税务登记证号码。

3. “纳税人名称”：填报税务登记证所载纳税人的全称。

(二) 表体项目

本表是在纳税人会计利润总额的基础上，加减纳税调整额后计算出“纳税调整后所得”(应纳税所得额)。会计与税法的差异（包括收入类、扣除类、资产类等差异）通过纳税调整项目明细表（附表三）集中体现。

本表包括利润总额计算、应纳税所得额计算、应纳税额计算和附列资料四个部分。

1. “利润总额计算”中的项目，按照国家统一会计制度口径计算填报。实行企业会计准则的纳税人，其数据直接取自损益表；实行其他国家统一会计制度的纳税人，与本表不一致的项目，按照其利润表项目进行分析填报。

利润总额部分的收入、成本、费用明细项目，一般工商企业纳税人，通过附表一(1)《收入明细表》和附表二(1)《成本费用明细表》相应栏次填报；金融企业纳税人，通过附表一(2)《金融企业收入明细表》、附表二(2)《金融企业成本费用明细表》相应栏次填报；事业单位、社会团体、民办非企业单位、非营利组织等纳税人，通过附表一(3)《事业单位、社会团体、民办非企业单位收入明细表》和附表二(3)《事业单位、社会团体、民办非企业单位支出明细表》相应栏次填报。

2. “应纳税所得额计算”和“应纳税额计算”中的项目，除根据主表逻辑关系计算的外，通过附表相应栏次填报。

3. “附列资料”填报用于税源统计分析的上一纳税年度税款在本纳税年度抵减或入库金额。

(三) 行次说明

1. 第1行“营业收入”：填报纳税人主要经营业务和其他经营业务取得的收入总额。本行根据“主营业务收入”和“其他业务收入”科目的数额计算填报。一般工商企业纳税人，通过附表一(1)《收入明细表》计算填报；金融企业纳税人，通过附表一(2)《金融企业收入明细表》计算填报；事业单位、社会团体、民办非企业单位、非营利组织等纳税人，通过附表一(3)《事业单位、社会团体、民办非企业单位收入明细表》计算填报。

2. 第2行“营业成本”项目：填报纳税人主要经营业务和其他经营业务发生的成本总额。本行根据“主营业务成本”和“其他业务成本”科目的数额计算填报。一般工商企业纳税人，通过附表二(1)《成本费用明细表》计算填报；金融企业纳税人，通过附表二(2)《金融企业成本费用明细表》计算填报；事业单位、社会团体、民办非企业单位、非营利组织等纳税人，通过附表二(3)《事业单位、社会团体、民办非企业单位支出明细表》计算填报。

3. 第3行“营业税金及附加”：填报纳税人经营活动发生的营业税、消费税、城市维护建设税、资源税、土地增值税和教育费附加等相关税费。本行根据“营业税金及附加”科目的数额计算填报。

4. 第 4 行“销售费用”：填报纳税人在销售商品和材料、提供劳务的过程中发生的各种费用。本行根据“销售费用”科目的数额计算填报。

5. 第 5 行“管理费用”：填报纳税人为组织和管理企业生产经营发生的管理费用。本行根据“管理费用”科目的数额计算填报。

6. 第 6 行“财务费用”：填报纳税人为筹集生产经营所需资金等发生的筹资费用。本行根据“财务费用”科目的数额计算填报。

7. 第 7 行“资产减值损失”：填报纳税人计提各项资产准备发生的减值损失。本行根据“资产减值损失”科目的数额计算填报。

8. 第 8 行“公允价值变动收益”：填报纳税人交易性金融资产、交易性金融负债，以及采用公允价值模式计量的投资性房地产、衍生工具、套期保值业务等公允价值变动形成的应计入当期损益的利得或损失。本行根据“公允价值变动损益”科目的数额计算填报。

9. 第 9 行“投资收益”：填报纳税人以各种方式对外投资确认所取得的收益或发生的损失。本行根据“投资收益”科目的数额计算填报。

10. 第 10 行“营业利润”：填报纳税人当期的营业利润。根据上述项目计算填列。

11. 第 11 行“营业外收入”：填报纳税人发生的与其经营活动无直接关系的各项收入。本行根据“营业外收入”科目的数额计算填报。一般工商企业纳税人，通过附表一（1）《收入明细表》相关项目计算填报；金融企业纳税人，通过附表一（2）《金融企业收入明细表》相关项目计算填报；事业单位、社会团体、民办非企业单位、非营利组织等纳税人，通过附表一（3）《事业单位、社会团体、民办非企业单位收入明细表》计算填报。

12. 第 12 行“营业外支出”：填报纳税人发生的与其经营活动无直接关系的各项支出。本行根据“营业外支出”科目的数额计算填报。一般工商企业纳税人，通过附表二（1）《成本费用明细表》相关项目计算填报；金融企业纳税人，通过附表二（2）《金融企业成本费用明细表》相关项目计算填报；事业单位、社会团体、民办非企业单位、非营利组织等纳税人，通过附表一（3）《事业单位、社会团体、民办非企业单位支出明细表》计算填报。

13. 第 13 行“利润总额”：填报纳税人当期的利润总额。

14. 第 14 行“纳税调整增加额”：填报纳税人会计处理与税收规定不一致，进行纳税调整增加的金额。本行通过附表三《纳税调整项目明细表》“调增金额”列计算填报。

15. 第 15 行“纳税调整减少额”：填报纳税人会计处理与税收规定不一致，进行纳税调整减少的金额。本行通过附表三《纳税调整项目明细表》“调减金额”列计算填报。

16. 第 16 行“不征税收入”：填报纳税人计入利润总额但属于税收规定不征税的财政拨款、依法收取并纳入财政管理的行政事业性收费、政府性基金以及国务院规定的其他不征税收入。本行通过附表一（3）《事业单位、社会团体、民办非企业单位收入明细表》计算填报。

17. 第 17 行“免税收入”：填报纳税人计入利润总额但属于税收规定免税的收入或收益，包括国债利息收入；符合条件的居民企业之间的股息、红利等权益性投资收益；从居民企业取得与该机构、场所有实际联系的股息、红利等权益性投资收益；符合条件的非营利组织的收入。本行通过附表五《税收优惠明细表》第 1 行计算填报。

18. 第 18 行“减计收入”：填报纳税人以《资源综合利用企业所得税优惠目录》规定的资源作为主要原材料，生产国家非限制和禁止并符合国家和行业相关标准的产品取得收入 10%

的数额。本行通过附表五《税收优惠明细表》第 6 行计算填报。

19. 第 19 行“减、免税项目所得”：填报纳税人按照税收规定减征、免征企业所得税的所得额。本行通过附表五《税收优惠明细表》第 14 行计算填报。

20. 第 20 行“加计扣除”：填报纳税人开发新技术、新产品、新工艺发生的研究开发费用，以及安置残疾人员及国家鼓励安置的其他就业人员所支付的工资，符合税收规定条件的准予按照支出额一定比例，在计算应纳税所得额时加计扣除的金额。本行通过附表五《税收优惠明细表》第 9 行计算填报。

21. 第 21 行“抵扣应纳税所得额”：填报创业投资企业采取股权投资方式投资于未上市的中小高新技术企业 2 年以上的，可以按照其投资额的 70%在股权持有满 2 年的当年抵扣该创业投资企业的应纳税所得额。当年不足抵扣的，可以在以后纳税年度结转抵扣。本行通过附表五《税收优惠明细表》第 39 行计算填报。

22. 第 22 行“境外应税所得弥补境内亏损”：填报纳税人根据税收规定，境外所得可以弥补境内亏损的数额。

23. 第 23 行“纳税调整后所得”：填报纳税人经过纳税调整计算后的所得额。

当本表第 23 行 < 0 时，即为可结转以后年度弥补的亏损额；如本表第 23 行 > 0 时，继续计算应纳税所得额。

24. 第 24 行“弥补以前年度亏损”：填报纳税人按照税收规定可在税前弥补的以前年度亏损的数额。

本行通过附表四《企业所得税弥补亏损明细表》第 6 行第 10 列填报。但不得超过本表第 23 行“纳税调整后所得”。

25. 第 25 行“应纳税所得额”：金额等于本表第 23 – 24 行。

本行不得为负数。本表第 23 行或者按照上述行次顺序计算结果本行为负数，本行金额填零。

26. 第 26 行“税率”：填报税法规定的税率 25%。

27. 第 27 行“应纳所得税额”：金额等于本表第 25 × 26 行。

28. 第 28 行“减免所得税额”：填报纳税人按税收规定实际减免的企业所得税额，包括小型微利企业、国家需要重点扶持的高新技术企业、享受减免税优惠过渡政策的企业，其法定税率与实际执行税率的差额，以及其他享受企业所得税减免税的数额。本行通过附表五《税收优惠明细表》第 33 行计算填报。

29. 第 29 行“抵免所得税额”：填报纳税人购置用于环境保护、节能节水、安全生产等专用设备的投资额，其设备投资额的 10%可以从企业当年的应纳所得税额中抵免的金额；当年不足抵免的，可以在以后 5 个纳税年度结转抵免。本行通过附表五《税收优惠明细表》第 40 行计算填报。

30. 第 30 行“应纳税额”：金额等于本表第 27 – 28 – 29 行。

31. 第 31 行“境外所得应纳所得税额”：填报纳税人来源于中国境外的所得，按照企业所得税法及其实施条例以及相关税收规定计算的应纳所得税额。

32. 第 32 行“境外所得抵免所得税额”：填报纳税人来源于中国境外所得依照中国境外税收法律以及相关规定应缴纳并实际缴纳的企业所得税性质的税款，准予抵免的数额。

企业已在境外缴纳的所得税额，小于抵免限额的，“境外所得抵免所得税额”按其在境外实际缴纳的所得税额填报；大于抵免限额的，按抵免限额填报，超过抵免限额的部分，可以在以后五个年度内，用每年度抵免限额抵免当年应抵税额后的余额进行抵补。

33. 第 33 行“实际应纳所得税额”：填报纳税人当期的实际应纳所得税额。

34. 第 34 行“本年累计实际已预缴的所得税额”：填报纳税人按照税收规定本纳税年度已在月（季）度累计预缴的所得税款。

35. 第 35 行“汇总纳税的总机构分摊预缴的税额”：填报汇总纳税的总机构按照税收规定已在月（季）度在总机构所在地累计预缴的所得税款。

附报《中华人民共和国企业所得税汇总纳税分支机构企业所得税分配表》。

36. 第 36 行“汇总纳税的总机构财政调库预缴的税额”：填报汇总纳税的总机构按照税收规定已在月（季）度在总机构所在地累计预缴在财政调节专户的所得税款。

附报《中华人民共和国企业所得税汇总纳税分支机构企业所得税分配表》。

37. 第 37 行“汇总纳税的总机构所属分支机构分摊的预缴税额”：填报汇总纳税的分支机构已在月（季）度在分支机构所在地累计分摊预缴的所得税款。

附报《中华人民共和国企业所得税汇总纳税分支机构企业所得税分配表》。

38. 第 38 行“合并纳税（母子体制）成员企业就地预缴比例”：填报经国务院批准的实行合并纳税（母子体制）的成员企业按照税收规定就地预缴税款的比例。

39. 第 39 行“合并纳税企业就地预缴的所得税额”：填报合并纳税的成员企业已在月（季）度累计预缴的所得税款。

40. 第 40 行“本年应补（退）的所得税额”：填报纳税人当期应补（退）的所得税额。

41. 第 41 行“以前年度多缴的所得税在本年抵减额”：填报纳税人以前纳税年度汇算清缴多缴的税款尚未办理退税，并在本纳税年度抵缴的所得税额。

42. 第 42 行“以前年度应缴未缴在本年入库所得税额”：填报纳税人以前纳税年度损益调整税款、上一纳税年度第四季度预缴税款和汇算清缴的税款，在本纳税年度入库所得税额。

四、表内及表间关系

1. 第 1 行=附表一（1）第 2 行或附表一（2）第 1 行或附表一（3）第 2 行至第 7 行合计。
2. 第 2 行 = 附表二（1）第 2 + 7 行或附表二（2）第 1 行或附表二（3）第 2 行至第 9 行合计。
3. 第 10 行=本表第 1–2–3–4–5–6–7+8+9 行。
4. 第 11 行=附表一（1）第 17 行或附表一（2）第 42 行或附表一（3）第 9 行。
5. 第 12 行=附表二（1）第 16 行或附表二（2）第 45 行或附表二（3）第 10 行。
6. 第 13 行=本表第 10+11–12 行。
7. 第 14 行=附表三第 55 行第 3 列合计。
8. 第 15 行=附表三第 55 行第 4 列合计。
9. 第 16 行=附表一（3）第 10 行或附表三第 14 行第 4 列。
10. 第 17 行=附表五第 1 行。
11. 第 18 行=附表五第 6 行。
12. 第 19 行=附表五第 14 行。
13. 第 20 行=附表五第 9 行。
14. 第 21 行=附表五第 39 行。
15. 第 22 行=附表六第 7 列合计（当本表第 13+14–15 行≥0 时，本行=0）。
16. 第 23 行=本表第 13+14–15+22 行。

17. 第 24 行＝附表四第 6 行第 10 列。

18. 第 25 行＝本表第 23－24 行（当本行<0 时，则先调整第 21 行的数据，使其本行≥0；当第 21 行＝0 时，第 23－24 行≥0)。

19. 第 26 行填报 25%。

20. 第 27 行＝本表第 25×26 行。

21. 第 28 行＝附表五第 33 行。

22. 第 29 行＝附表五第 40 行。

23. 第 30 行＝本表第 27－28－29 行。

24. 第 31 行＝附表六第 10 列合计。

25. 第 32 行＝附表六第 13 列合计＋第 15 列合计或附表六第 17 列合计。

26. 第 33 行＝本表第 30＋31－32 行。

27. 第 40 行＝本表第 33－34 行。

表 27-2　企业所得税年度纳税申报表附表一（1）

收入明细表

填报时间：　年　月　日　　　　金额单位：人民币元（列至角分）

行次	项目	金额
1	一、销售（营业）收入合计（2＋13）	
2	（一）营业收入合计（3＋8）	
3	1. 主营业务收入（4＋5＋6＋7）	
4	（1）销售货物	
5	（2）提供劳务	
6	（3）让渡资产使用权	
7	（4）建造合同	
8	2. 其他业务收入（9＋10＋11＋12）	
9	（1）材料销售收入	
10	（2）代购代销手续费收入	
11	（3）包装物出租收入	
12	（4）其他	
13	（二）视同销售收入（14＋15＋16）	
14	（1）非货币性交易视同销售收入	
15	（2）货物、财产、劳务视同销售收入	
16	（3）其他视同销售收入	
17	二、营业外收入（18＋19＋20＋21＋22＋23＋24＋25＋26）	
18	1. 固定资产盘盈	
19	2. 处置固定资产净收益	
20	3. 非货币性资产交易收益	
21	4. 出售无形资产收益	
22	5. 罚款净收入	
23	6. 债务重组收益	
24	7. 政府补助收入	
25	8. 捐赠收入	
26	9. 其他	

经办人（签章）：　　　　法定代表人（签章）：

附表一 （1）《收入明细表》填报说明

一、适用范围

本表适用于执行企业会计制度、小企业会计制度、企业会计准则以及分行业会计制度的一般工商企业的居民纳税人填报。

二、填报依据和内容

根据《中华人民共和国企业所得税法》及其实施条例、相关税收政策，以及企业会计制度、小企业会计制度、企业会计准则，以及分行业会计制度规定，填报“主营业务收入”、“其他业务收入”和“营业外收入”，以及根据税收规定确认的“视同销售收入”。

三、有关项目填报说明

1. 第1行“销售（营业）收入合计”：填报纳税人根据国家统一会计制度确认的主营业务收入、其他业务收入，以及根据税收规定确认的视同销售收入。

本行数据作为计算业务招待费、广告费和业务宣传费支出扣除限额的计算基数。

2. 第2行“营业收入合计”：填报纳税人根据国家统一会计制度确认的主营业务收入和其他业务收入。

本行数额填入主表第1行。

3. 第3行“主营业务收入”：根据不同行业的业务性质分别填报纳税人按照国家统一会计制度核算的主营业务收入。

（1）第4行“销售货物”：填报从事工业制造、商品流通、农业生产以及其他商品销售企业取得的主营业务收入。

（2）第5行“提供劳务”：填报从事提供旅游饮食服务、交通运输、邮政通信、对外经济合作等劳务、开展其他服务的纳税人取得的主营业务收入。

（3）第6行“让渡资产使用权”：填报让渡无形资产使用权（如商标权、专利权、专有技术使用权、版权、专营权等）而取得的使用费收入以及以租赁业务为基本业务的出租固定资产、无形资产、投资性房地产在主营业务收入中核算取得的租金收入。

（4）第7行“建造合同”：填报纳税人建造房屋、道路、桥梁、水坝等建筑物，以及船舶、飞机、大型机械设备等取得的主营业务收入。

4. 第8行：根据不同行业的业务性质分别填报纳税人按照国家统一会计制度核算的其他业务收入。

（1）第9行“材料销售收入”：填报纳税人销售材料、下脚料、废料、废旧物资等取得的收入。

（2）第10行“代购代销手续费收入”：填报纳税人从事代购代销、受托代销商品取得的手续费收入。

（3）第11行“包装物出租收入”：填报纳税人出租、出借包装物取得的租金和逾期未退包装物没收的押金。

（4）第12行“其他”：填报纳税人按照国家统一会计制度核算、上述未列举的其他业务收入。

5. 第13行：填报纳税人会计上不作为销售核算、但按照税收规定视同销售确认的应税收入。

（1）第14行“非货币性交易视同销售收入”：填报纳税人发生非货币性交易行为，会计核算未确认或未全部确认损益，按照税收规定应视同销售确认应税收入。

纳税人按照国家统一会计制度已确认的非货币性交易损益的，直接填报非货币性交易换出资产公允价值与已确认的非货币交易收益的差额。

（2）第 15 行“货物、财产、劳务视同销售收入”：填报纳税人将货物、财产、劳务用于捐赠、偿债、赞助、集资、广告、样品、职工福利或者利润分配等用途的，按照税收规定应视同销售确认应税收入。

（3）第 16 行“其他视同销售收入”：填报除上述项目外，按照税收规定其他视同销售确认应税收入。

6. 第 17 行“营业外收入”：填报纳税人与生产经营无直接关系的各项收入的金额。本行数据填入主表第 11 行。

（1）第 18 行“固定资产盘盈”：填报纳税人在资产清查中发生的固定资产盘盈。

（2）第 19 行“处置固定资产净收益”：填报纳税人因处置固定资产而取得的净收益。

（3）第 20 行“非货币性资产交易收益”：填报纳税人发生的非货币性交易按照国家统一会计制度确认为损益的金额。执行企业会计准则的纳税人，发生具有商业实质且换出资产为固定资产、无形资产的非货币性交易，填报其换出资产公允价值和换出资产账面价值的差额；执行企业会计制度和小企业会计制度的纳税人，填报与收到补价相对应的收益额。

（4）第 21 行“出售无形资产收益”：填报纳税人处置无形资产而取得净收益的金额。

（5）第 22 行“罚款净收入”：填报纳税人在日常经营管理活动中取得的罚款收入。

（6）第 23 行“债务重组收益”：填报纳税人发生的债务重组行为确认的债务重组利得。

（7）第 24 行“政府补助收入”：填报纳税人从政府无偿取得的货币性资产或非货币性资产的金额，包括补贴收入。

（8）第 25 行“捐赠收入”：填报纳税人接受的来自其他企业、组织或者个人无偿给予的货币性资产、非货币性资产捐赠，确认的收入。

（9）第 26 行“其他”：填报纳税人按照国家统一会计制度核算、上述项目未列举的其他营业外收入。

四、表内、表间关系

（一）表内关系

1. 第 1 行=本表第 2+13 行。
2. 第 2 行=本表第 3+8 行。
3. 第 3 行=本表第 4+5+6+7 行。
4. 第 8 行=本表第 9+10+11+12 行。
5. 第 13 行=本表第 14+15+16 行。
6. 第 17 行=本表第 18 行至 26 行合计。

（二）表间关系

1. 第 1 行=附表八第 4 行
2. 第 2 行=主表第 1 行
3. 第 13 行=附表三第 2 行第 3 列
4. 第 17 行=主表第 11 行

表 27-3　　企业所得税年度纳税申报表附表一（2）

金融企业收入明细表

填报时间：　　年　月　日　　　　　　　　　　　　　　　金额单位：元（列至角分）

行 次	项　　目	金 额
1	一、营业收入（2+19+25+35）	
2	（一）银行业务收入（3+10+18）	
3	1. 银行业利息收入（4+5+6+7+8+9）	
4	（1）存放同业	
5	（2）存放中央银行	
6	（3）拆出资金	
7	（4）发放贷款及垫款	
8	（5）买入返售金融资产	
9	（6）其他	
10	2. 银行业手续费及佣金收入（11+12+13+14+15+16+17）	
11	（1）结算与清算手续费	
12	（2）代理业务手续费	
13	（3）信用承诺手续费及佣金	
14	（4）银行卡手续费	
15	（5）顾问和咨询费	
16	（6）托管及其他受托业务佣金	
17	（7）其他	
18	3. 其他业务收入	
19	（二）保险业务收入（20+24）	
20	1. 已赚保费（21－22－23）	
21	保费收入	
22	减：分出保费	
23	提取未到期责任准备金	
24	2. 其他业务收入	
25	（三）证券业务收入（26+33+34）	
26	1. 手续费及佣金收入（27+28+29+30+31+32）	
27	（1）证券承销业务收入	
28	（2）证券经纪业务收入	
29	（3）受托客户资产管理业务收入	
30	（4）代理兑付证券业务收入	
31	（5）代理保管证券业务收入	
32	（6）其他	
33	2. 利息净收入	
34	3. 其他业务收入	
35	（四）其他金融业务收入（36+37）	
36	1. 业务收入	
37	2. 其他业务收入	
38	二、视同销售收入（39+40+41）	
39	1. 非货币性资产交换	
40	2. 货物、财产、劳务视同销售收入	

续表

行　次	项　　目	金　额
41	3. 其他视同销售收入	
42	三、营业外收入（43+44+45+46+47+48）	
43	1. 固定资产盘盈	
44	2. 处置固定资产净收益	
45	3. 非货币性资产交易收益	
46	4. 出售无形资产收益	
47	5. 罚款净收入	
48	6. 其他	

经办人（签章）：　　　　　　　　　　　　　　法定代表人（签章）：

附表一　（2）《金融企业收入明细表》填报说明

一、适用范围

本表适用于执行金融企业会计制度、企业会计准则的金融行业的居民纳税人，包括商业银行、政策性银行、保险公司、证券公司、信托投资公司、租赁公司、担保公司、财务公司、典当公司等金融企业。

二、填报依据和内容

根据《中华人民共和国企业所得税法》及其实施条例、相关税收政策，以及金融企业会计制度、企业会计准则的规定，填报"营业收入"、"营业外收入"，以及根据税收规定确认的"视同销售收入"。

三、有关项目填报说明

1. 第1行"营业收入"：填报纳税人提供金融商品服务所取得的收入。

2. 第2行"银行业务收入"：填报纳税人从事银行业务取得的收入。

3. 第3行"银行业利息收入"：填报纳税人存贷款业务等取得的各项利息收入，包括存放同业、存放中央银行、发放贷款及垫款、买入返售金融资产等利息收入。

4. 第4行"存放同业"：填报纳税人存放于境内、境外银行和非银行金融机构款项取得的利息收入。

5. 第5行"存放中央银行"：填报纳税人存放于中国人民银行的各种款项利息收入。

6. 第6行"拆出资金"：填报纳税人拆借给境内、境外其他金融机构款项的利息收入。

7. 第8行"买入返售金融资产"：填报纳税人按照返售协议约定先买入再按固定价格返售的票据、证券、贷款等金融资产所融出资金的利息收入。

8. 第9行"其他"：填报纳税人除本表第4行至第8行以外的其他利息收入，包括债券投资利息等收入。

9. 第10行"银行业手续费及佣金收入"：填报纳税人在提供相关金融业务服务时向客户收取的收入，包括结算与清算手续费、代理业务手续费、信用承诺手续费及佣金、银行卡手续费、顾问和咨询费、托管及其他受托业务佣金等。

10. 第21行"保费收入"：填报纳税人从事保险业务确认的原保费收入和分保费收入。

11. 第22行"分出保费"：填报纳税人发生分保业务支付的保费。

12. 第23行"提取未到期责任准备金"：填报纳税人提取的非寿险原保险合同未到期责

任准备金和再保险合同分保未到期责任准备金。

13. 第 25 行“证券业务收入”：填报纳税人从事证券业务取得的各项收入。

14. 第 26 行“手续费及佣金收入”：填报纳税人承销、代理兑付等业务取得的手续费收入和各项手续费、佣金等，包括证券承销业务、证券经纪业务、客户资产管理业务、代理兑付证券、代理保管证券、证券委托管理资产手续费等收入。

15. 第 33 行“利息净收入”：填报纳税人从事证券业务取得的利息净收入。

16. 第 34 行“其他业务收入”：填报纳税人取得的投资收益、汇兑收益等。

17. 第 35 行“其他金融业务收入”：填报纳税人核算的除上述金融业务外取得的收入的金额，包括业务收入和其他业务收入。

18. 第 38 行“视同销售收入”：填报纳税人会计上不作为销售核算、但按照税收规定视同销售确认的应税收入。

19. 第 39 行“非货币性资产交换”：填报纳税人发生非货币性交易行为，会计核算未确认或未全部确认损益，按照税收规定应视同销售确认应税收入。

20. 第 40 行“货物、财产、劳务视同销售收入”：填报纳税人将货物、财产、劳务用于捐赠、偿债、赞助、集资、广告、样品、职工福利或者利润分配等用途的，按照税收规定应视同销售确认应税收入。

21. 第 41 行“其他视同销售收入”：填报除上述项目外按照税收规定其他视同销售确认应税收入。

22. 第 42 行“营业外收入”：填报纳税人与生产经营无直接关系的各项收入。

第 43 行“固定资产盘盈”：填报纳税人在资产清查中发生的固定资产盘盈。

第 44 行“处置固定资产净收益”：填报纳税人因处置固定资产取得的净收益。

第 45 行“非货币性资产交易收益”：填报纳税人发生的非货币性交易按照国家统一会计制度确认为损益。执行企业会计准则的纳税人，发生具有商业实质且换出资产为固定资产、无形资产的非货币性交易，填报其换出资产公允价值和换出资产账面价值的差额；执行金融企业会计制度的纳税人，填报与收到补价相对应的收益额。

第 46 行“出售无形资产收益”：填报纳税人因处置无形资产取得的净收益。

第 47 行“罚款净收入”：填报纳税人在日常经营管理活动中取得的罚款收入。

第 48 行“其他”：填报纳税人按照国家统一会计制度核算、上述项目未列举的其他营业外收入的金额。

四、表内、表间关系

（一）表内关系

1. 第 1 行=本表第 2+19+25+35 行。

2. 第 2 行=本表第 3+10+18 行。

3. 第 3 行=本表第 4 行至第 9 行合计。

4. 第 10 行=本表第 11 行至第 17 行合计。

5. 第 19 行=本表第 20+24 行。

6. 第 20 行=本表第 21－22－23 行。

7. 第 25 行=本表第 26+33+34 行。

8. 第 26 行=本表第 27+28+29+30+31+32 行。

9. 第35行=本表第36+37行。

10. 第38行=本表第39+40+41行。

11. 第42行=本表第43行至第48行合计。

（二）表间关系

1. 第1行=主表第1行。

2. 第1+38行=附表八第4行。

3. 第38行=附表三第2行第3列。

4. 第42行=主表第11行。

表27–4　企业所得税年度纳税申报表附表一（3）

事业单位、社会团体、民办非企业单位收入明细表

填报时间：　　年　月　日　　　　　　　　　　　　　金额单位：元（列至角分）

行次	项目	金额
1	一、收入总额（2+3+…+9）	
2	财政补助收入	
3	上级补助收入	
4	拨入专款	
5	事业收入	
6	经营收入	
7	附属单位缴款	
8	投资收益	
9	其他收入	
10	二、不征税收入总额（11+12+13+14）	
11	财政拨款	
12	行政事业性收费	
13	政府性基金	
14	其他	
15	三、应纳税收入总额（1－10）	
16	四、应纳税收入总额占全部收入总额比重（15÷1）	

经办人（签章）：　　　　　　　　　　　　　法定代表人（签章）：

附表一（3）《事业单位、社会团体、民办非企业单位收入明细表》填报说明

一、适用范围

本表适用于执行事业单位会计制度、民间非营利组织会计制度的事业单位、社会团体、民办非企业单位、非营利性组织等居民纳税人填报。

二、填报依据和内容

根据《中华人民共和国企业所得税法》及其实施条例、相关税收政策，以及事业单位会计制度、民间非营利组织会计制度的规定，填报“收入总额”、“不征税收入”等。

三、有关项目填报说明

1. 第1行“收入总额”：填报纳税人取得的所有收入的金额（包括不征税收入和免税收入），按照会计核算口径填报。

2. 第2行“财政补助收入”：填报纳税人直接从财政部门取得的和通过主管部门从财政

部门取得的各类事业经费，包括正常经费和专项资金。

3. 第 3 行“上级补助收入”：填报纳税人通过主管部门从财政部门取得的非财政补助收入。

4. 第 4 行“拨入专款”：填报纳税人从财政部门取得的和通过主管部门从财政部门取得的专项资金。

5. 第 5 行“事业收入”：填报纳税人开展专业业务活动及其辅助活动取得的收入。

6. 第 6 行“经营收入”：填报纳税人开展除专业业务活动及其辅助活动以外取得的收入。

7. 第 7 行“附属单位缴款”：填报纳税人附属独立核算单位按有关规定上缴的收入。包括附属事业单位上缴的收入和附属的企业上缴的利润等。

8. 第 8 行“投资收益”：填报纳税人取得的债权性投资的利息收入、权益性投资的股息红利收入和投资转让净收入。

9. 第 9 行“其他收入”：填报纳税人取得的除本表第 2 行至第 8 行项目以外的收入，包括盘盈收入、处置固定资产净收益、无形资产转让收益、非货币性资产交易收益、罚款净收入、其他单位对本单位的补助以及其他零星杂项收入等。按照会计核算“营业外收入”口径填报。

10. 第 10 行“不征税收入总额”：填报纳税人计入利润总额但属于税收规定不征税的财政拨款、依法收取并纳入财政管理的行政事业性收费、政府性基金以及国务院规定的其他不征税收入。本行数据填入主表第 16 行和附表三第 14 行第 4 列。

11. 第 11 行“财政拨款”：填报各级人民政府对纳入预算管理的事业单位、社会团体等组织拨付的财政资金，但国务院和国务院财政、税务主管部门另有规定的除外。

12. 第 12 行“行政事业性收费”：填报依照法律行政法规等有关规定，按照国务院规定程序批准，在实施社会公共管理，以及在向公民、法人或者其他组织提供特定公共服务过程中，向特定对象收取并纳入财政管理的费用。

13. 第 13 行“政府性基金”：填报纳税人依照法律、行政法规等有关规定，代政府收取的具有专项用途的财政资金。

14. 第 14 行“其他”：填报纳税人取得的，由国务院财政、税务主管部门规定专项用途并经国务院批准的财政性资金。

15. 第 15 行“应纳税收入总额”：金额等于本表第 1–10 行。

16. 第 16 行“应纳税收入总额占全部收入总额的比重”：数额等于本表第 15÷1 行。

四、表内、表间关系

（一）表内关系

1. 第 1 行 = 本表第 2 行至第 9 行合计。

2. 第 10 行 = 本表第 11 行至第 14 行合计。

3. 第 15 行 = 本表第 1 – 10 行。

4. 第 16 行 = 本表第 15 ÷ 1 行。

（二）表间关系

1. 第 2 + 3 + 4 + 5 + 6 + 7 行 = 主表第 1 行。

2. 第 8 行 = 主表第 9 行。

3. 第 9 行 = 主表第 11 行。

4. 第 10 行 = 主表第 16 行 = 附表三第 14 行第 4 列。

表 27-5　　企业所得税年度纳税申报表附表二（1）

成本费用明细表

填报时间：　年　月　日　　　　金额单位：元（列至角分）

行次	项目	金额
1	一、销售（营业）成本合计（2+7+12）	
2	（一）主营业务成本（3+4+5+6）	
3	（1）销售货物成本	
4	（2）提供劳务成本	
5	（3）让渡资产使用权成本	
6	（4）建造合同成本	
7	（二）其他业务成本（8+9+10+11）	
8	（1）材料销售成本	
9	（2）代购代销费用	
10	（3）包装物出租成本	
11	（4）其他	
12	（三）视同销售成本（13+14+15）	
13	（1）非货币性交易视同销售成本	
14	（2）货物、财产、劳务视同销售成本	
15	（3）其他视同销售成本	
16	二、营业外支出（17+18+……+24）	
17	1. 固定资产盘亏	
18	2. 处置固定资产净损失	
19	3. 出售无形资产损失	
20	4. 债务重组损失	
21	5. 罚款支出	
22	6. 非常损失	
23	7. 捐赠支出	
24	8. 其他	
25	三、期间费用（26+27+28）	
26	1. 销售（营业）费用	
27	2. 管理费用	
28	3. 财务费用	

经办人（签章）：　　　　法定代表人（签章）：

附表二（1）《成本费用明细表》填报说明

一、适用范围

本表适用于执行企业会计制度、小企业会计制度、企业会计准则，以及分行业会计制度的一般工商企业的居民纳税人填报。

二、填报依据和内容

根据《中华人民共和国企业所得税法》及其实施条例、相关税收政策，以及企业会计制度、小企业会计制度、企业会计准则，以及分行业会计制度的规定，填报“主营业务成本”、“其他业务成本”和“营业外支出”，以及根据税收规定确认的“视同销售成本”。

三、有关项目填报说明

1. 第1行“销售（营业）成本合计”：填报纳税人根据国家统一会计制度确认的主营业

务成本、其他业务成本和按税收规定视同销售确认的成本。

2. 第2行"主营业务成本"：根据不同行业的业务性质分别填报纳税人按照国家统一会计制度核算的主营业务成本。

(1) 第3行"销售货物成本"：填报从事工业制造、商品流通、农业生产以及其他商品销售企业发生的主营业务成本。

(2) 第4行"提供劳务成本"：填报从事提供旅游饮食服务、交通运输、邮政通信、对外经济合作等劳务、开展其他服务的纳税人发生的主营业务成本。

(3) 第5行"让渡资产使用权成本"：填报让渡无形资产使用权（如商标权、专利权、专有技术使用权、版权、专营权等）发生的使用费成本以及以租赁业务为基本业务的出租固定资产、无形资产、投资性房地产在主营业务收入中核算发生的租金成本。

(4) 第6行"建造合同成本"：填报纳税人建造房屋、道路、桥梁、水坝等建筑物，以及船舶、飞机、大型机械设备等发生的主营业务成本。

3. 第7行"其他业务成本"：根据不同行业的业务性质分别填报纳税人按照国家统一会计制度核算的其他业务成本。

(1) 第8行"材料销售成本"：填报纳税人销售材料、下脚料、废料、废旧物资等发生的支出。

(2) 第9行"代购代销费用"：填报纳税人从事代购代销、受托代销商品发生的支出。

(3) 第10行"包装物出租成本"：填报纳税人出租、出借包装物发生的租金支出和逾期未退包装物发生的支出。

(4) 第11行"其他"：填报纳税人按照国家统一会计制度核算、上述项目未列举的其他业务成本。

4. 第12行"视同销售成本"：填报纳税人会计上不作为销售核算、但按照税收规定视同销售确认的应税成本。

本行数据填入附表三第21行第4列。

5. 第16行至第24行"营业外支出"：填报纳税人与生产经营无直接关系的各项支出。

本行数据填入主表第12行。

(1) 第17行"固定资产盘亏"：填报纳税人在资产清查中发生的固定资产盘亏。

(2) 第18行"处置固定资产净损失"：填报纳税人因处置固定资产发生的净损失。

(3) 第19行"出售无形资产损失"：填报纳税人因处置无形资产而发生的净损失。

(4) 第20行"债务重组损失"：填报纳税人发生的债务重组行为按照国家统一会计制度确认的债务重组损失。

(5) 第21行"罚款支出"：填报纳税人在日常经营管理活动中发生的罚款支出。

(6) 第22行"非常损失"：填报纳税人按照国家统一会计制度规定在营业外支出中核算的各项非正常的财产损失。

(7) 第23行"捐赠支出"：填报纳税人实际发生的货币性资产、非货币性资产捐赠支出。

(8) 第24行"其他"：填报纳税人按照国家统一会计制度核算、上述项目未列举的其他营业外支出。

6. 第25行至第28行"期间费用"：填报纳税人按照国家统一会计制度核算的销售（营业）费用、管理费用和财务费用的数额。

(1) 第 26 行“销售（营业）费用”：填报纳税人在销售商品和材料、提供劳务的过程中发生的各种费用。本行根据“销售费用”科目的数额计算填报。本行数据填入主表第 4 行。

(2) 第 27 行“管理费用”：填报纳税人为组织和管理企业生产经营发生的管理费用。本行根据“管理费用”科目的数额计算填报。本行数据填入主表第 5 行。

(3) 第 28 行“财务费用”：填报纳税人为筹集生产经营所需资金等发生的筹资费用。本行根据“财务费用”科目的数额计算填报。本行数据填入主表第 6 行。

四、表内、表间关系

（一）表内关系

1. 第 1 行 = 本表第 2 + 7 + 12 行。

2. 第 2 行 = 本表第 3 行至第 6 行合计

3. 第 7 行 = 本表第 8 行至第 11 行合计。

4. 第 12 行 = 本表第 13 + 14 + 15 行。

5. 第 16 行 = 本表第 17 行至第 24 行合计。

6. 第 25 行 = 本表第 26 + 27 + 28 行。

（二）表间关系

1. 第 2+7 行 = 主表第 2 行。

2. 第 12 行 = 附表三第 21 行第 4 列。

3. 第 16 行 = 主表第 12 行。

4. 第 26 行 = 主表第 4 行。

5. 第 27 行 = 主表第 5 行。

6. 第 28 行 = 主表第 6 行。

表 27–6　　**企业所得税年度纳税申报表附表二（2）**

金融企业成本费用明细表

填报时间：　年　月　日　　　　金额单位：元（列至角分）

行次	项　目	金　额
1	一、营业成本（2 + 17 + 31 + 38）	
2	（一）银行业务成本（3 + 11 + 15 + 16）	
3	1. 银行利息支出（4 + 5 + … + 10）	
4	（1）同业存放	
5	（2）向中央银行借款	
6	（3）拆入资金	
7	（4）吸收存款	
8	（5）卖出回购金融资产	
9	（6）发行债券	
10	（7）其他	
11	2. 银行手续费及佣金支出（12 + 13 + 14）	
12	（1）手续费支出	
13	（2）佣金支出	
14	（3）其他	
15	3. 业务及管理费	

续表

行次	项　　目	金　额
16	4. 其他业务成本	
17	（二）保险业务支出（18＋30）	
18	1. 业务支出（19＋20－21＋22－23＋24＋25＋26＋27－28＋29）	
19	（1）退保金	
20	（2）赔付支出	
21	减：摊回赔付支出	
22	（3）提取保险责任准备金	
23	减：摊回保险责任准备金	
24	（4）保单红利支出	
25	（5）分保费用	
26	（6）手续费及佣金支出	
27	（7）业务及管理费	
28	减：摊回分保费用	
29	（8）其他	
30	2. 其他业务成本	
31	（三）证券业务支出（32＋36＋37）	
32	1. 证券手续费支出（33＋34＋35）	
33	（1）证券经纪业务支出	
34	（2）佣金	
35	（3）其他	
36	2. 业务及管理费	
37	3. 其他业务成本	
38	（四）其他金融业务支出（39＋40）	
39	1. 业务支出	
40	2. 其他业务成本	
41	二、视同销售应确认成本（42＋43＋44）	
42	1. 非货币性资产交换成本	
43	2. 货物、财产、劳务视同销售成本	
44	3. 其他视同销售成本	
45	三、营业外支出（46＋47＋48＋49＋50）	
46	1. 固定资产盘亏	
47	2. 处置固定资产净损失	
48	3. 非货币性资产交易损失	
49	4. 出售无形资产损失	
50	5. 其他	

经办人（签章）：　　　　　　　　　　　　法定代表人（签章）：

附表二　（2）《金融企业成本费用明细表》填报说明

一、适用范围

本表适用于执行金融企业会计制度、企业会计准则的金融行业的居民纳税人，包括商业银行、政策性银行、保险公司、证券公司、信托投资公司、租赁公司、担保公司、财务公司、典当公司等金融企业。

二、填报依据和内容

根据《中华人民共和国企业所得税法》及其实施条例、相关税收政策，以及金融企业会计制度、企业会计准则的规定，填报“营业成本”、“营业外支出”，以及根据税收规定确认的“视同销售成本”。

三、有关项目填报说明

1. 第 1 行“营业成本”：填报金融企业提供金融商品服务所发生的成本。

2. 第 2 行“银行利息成本”：填报纳税人从事银行业务发生的支出。

3. 第 3 行“银行利息支出”：填报纳税人经营存贷款业务等发生的利息支出，包括同业存放、向中央银行借款、拆入资金、吸收存款、卖出回购金融资产、发行债券和其他业务利息支出。

4. 第 11 行“银行手续费及佣金支出”：填报纳税人发生的与其经营业务活动相关的各项手续费、佣金等支出。

5. 第 17 行“保险业务支出”：填报纳税人从事保险业务发生的赔付支出、提取保险责任准备金、手续费支出、分保费用、退保金、保户红利支出业务及管理费等支出总额，扣减摊回赔付支出、摊回保险责任准备金、摊回分保费用等项目后的支出。

6. 第 19 行“退保金”：填报纳税人寿险原保险合同提前解除时按照约定应当退还投保人的保单现金价值。

7. 第 20 行“赔付支出”：填报纳税人支付的原保险合同赔付款项和再保险赔付款项的支出。

8. 第 21 行“摊回赔付支出”：填报纳税人向再保险接受人摊回的赔付成本。

9. 第 22 行“提取保险责任准备金”：填报纳税人提取的原保险合同保险责任准备金，包括提取的未决赔款准备金、寿险责任准备金、长期健康险责任准备金。

10. 第 23 行“摊回保险责任准备金”：填报纳税人从事再保险业务向再保险接受人摊回的保险责任准备金，包括未决赔款准备金、寿险责任准备金、长期健康险责任准备金。

11. 第 24 行“保单红利支出”：填报纳税人按原保险合同约定支付给投保人的红利。

12. 第 25 行“分保费用”：填报纳税人向再保险分出人支付的分保费用。

13. 第 26 行“手续费及佣金支出”：填报纳税人发生的与其经营活动相关的手续费、佣金支出。

14. 第 28 行“摊回分保费用”：填报纳税人向再保险接受人摊回的分保费用。

15. 第 31 行“证券业务支出”：填报纳税人从事证券业务发生的证券手续费支出和证券其他业务支出。

16. 第 32 行“证券手续费支出”：填报纳税人代理承销、兑付和买卖证券等业务发生的各项手续费、风险结算金、承销业务直接相关的各项费用及佣金支出。

17. 第 38 行“其他金融业务支出”：填报纳税人核算的除上述金融业务外与其他金融业务收入对应的其他业务支出的金额，包括业务支出和其他业务支出。

18. 第 41 行“视同销售应确认成本”：填报纳税人会计上不作为销售核算、但按照税收规定视同销售确认的应税成本。

19. 第 45 行“营业外支出”：填报纳税人发生的各项营业外支出的金额，包括非流动资产处置损失、非货币性资产交换损失、债务重组损失、捐赠支出、非常损失、盘亏损失等。

四、表内、表间关系

（一）表内关系

1. 第1行=本表第2+17+31+38行。
2. 第2行=本表第3+11+15+16行。
3. 第3行=本表第4行至第10行合计。
4. 第11行=本表第12+13+14行。
5. 第17行=本表第18+30行。
6. 第18行=本表第19+20－21+22－23+24+25+26+27－28+29行。
7. 第31行=本表第32+36+37行。
8. 第32行=本表第33+34+35行。
9. 第38行=本表第39+40行。
10. 第41行=本表第42+43+44行。
11. 第45行=本表第46行至第50行合计。

（二）表间关系

1. 第1行=主表第2行；
2. 第41行=附表三第21行第4列；
3. 第45行=主表第12行。

表27–7　企业所得税年度纳税申报表附表二（3）

事业单位、社会团体、民办非企业单位支出明细表

填报时间：　年　月　日　　　　金额单位：元（列至角分）

行次	项目	金额
1	一、支出总额（2+3+…+10）	
2	拨出经费	
3	上缴上级支出	
4	拨出专款	
5	专款支出	
6	事业支出	
7	经营支出	
8	对附属单位补助	
9	结转自筹基建	
10	其他支出	
11	二、不准扣除的支出总额	
12	（1）税收规定不允许扣除的支出项目金额	
13	（2）按分摊比例计算的支出项目金额	
14	三、准予扣除的支出总额	

经办人（签章）：　　　　法定代表人（签章）：

附表二　（3）《事业单位、社会团体、民办非企业单位支出明细表》填报说明

一、适用范围

本表适用于执行事业单位会计制度、民间非营利组织会计制度的事业单位、社会团体、民办非企业单位、非营利性组织等居民纳税人填报。

二、填报依据和内容

根据《中华人民共和国企业所得税法》及其实施条例、相关税收政策，以及事业单位会计制度、民间非营利组织会计制度的规定，填报“支出总额”、“不准扣除的支出总额”等。

三、有关项目填报说明

1. 第1行“支出总额”：纳税人发生的所有支出总额（含不征税收入形成的支出），按照会计核算口径填报。

2. 第2行“拨出经费”：填报纳税人拨出经费支出。

3. 第3行“上缴上级支出”：填报纳税人实行收入上缴办法的事业单位按照规定的定额或者比例上缴上级单位的支出。

4. 第4行“拨出专款”：填报纳税人按照规定或批准的项目拨出具有专项用途的资金。

5. 第5行“专款支出”：填报国家财政、主管部门或上级单位拨入的指定项目或用途并需要单独报账的专项资金的实际支出。

6. 第6行“事业支出”：填报纳税人开展专业业务活动及其辅助活动发生的支出。包括工资、补助工资、职工福利费、社会保障费、助学金、公务费、业务费、设备购置费、修缮费和其他费用。

7. 第7行“经营支出”：填报纳税人在专业业务活动及其辅助活动之外开展非独立核算经营活动发生的支出。

8. 第8行“对附属单位补助”：填报纳税人用财政补助收入之外的收入对附属单位补助发生的支出。

9. 第9行“结转自筹基建”：填报纳税人达到基建额度的支出。

10. 第10行“其他支出”：填报上述第2行至第9行项目之外的其他支出的金额，包括非常损失、捐赠支出、赔偿金、违约金等。按照会计核算“营业外收入”口径填报。

11. 第11行“不准扣除的支出总额”：填报纳税人按照税收规定不允许税前扣除的支出总额，包括纳税人的不征税收入用于支出所形成的费用或者财产，不得扣除或者计算对应的折旧、摊销扣除。

12. 第14行“准予扣除的支出总额”：金额等于第1-11行。

四、表内、表间关系

（一）表内关系

1. 第1行=本表第2行至第10行合计。

2. 第14行=本表第1-11行。

（二）表间关系

1. 第2行至第9行合计=主表第2行。

2. 第10行=主表第12行。

表 27–8　　企业所得税年度纳税申报表附表三

纳税调整项目明细表

填报时间：　　年　　月　　日　　　　　　　　　　　　金额单位：元（列至角分）

	行次	项　　目	账载金额	税收金额	调增金额	调减金额
			1	2	3	4
	1	一、收入类调整项目	*	*		
	2	1. 视同销售收入（填写附表一）	*	*		*
#	3	2. 接受捐赠收入	*			*
	4	3. 不符合税收规定的销售折扣和折让				*
*	5	4. 未按权责发生制原则确认的收入				
*	6	5. 按权益法核算长期股权投资对初始投资成本调整确认收益	*	*	*	
	7	6. 按权益法核算的长期股权投资持有期间的投资损益	*	*		
*	8	7. 特殊重组				
*	9	8. 一般重组				
*	10	9. 公允价值变动净收益（填写附表七）	*	*		
	11	10. 确认为递延收益的政府补助				
	12	11. 境外应税所得（填写附表六）	*	*	*	
	13	12. 不允许扣除的境外投资损失	*	*		*
	14	13. 不征税收入（填附表一 [3]）	*	*	*	
	15	14. 免税收入（填附表五）	*	*	*	
	16	15. 减计收入（填附表五）	*	*	*	
	17	16. 减、免税项目所得（填附表五）	*	*	*	
	18	17. 抵扣应纳税所得额（填附表五）	*	*	*	
	19	18. 其他				
	20	二、扣除类调整项目	*	*		
	21	1. 视同销售成本（填写附表二）	*	*	*	
	22	2. 工资薪金支出				
	23	3. 职工福利费支出				
	24	4. 职工教育经费支出				
	25	5. 工会经费支出				
	26	6. 业务招待费支出				*
	27	7. 广告费和业务宣传费支出（填写附表八）	*	*		
	28	8. 捐赠支出				*
	29	9. 利息支出				
	30	10. 住房公积金				*
	31	11. 罚金、罚款和被没收财物的损失		*		*
	32	12. 税收滞纳金		*		*
	33	13. 赞助支出		*		*
	34	14. 各类基本社会保障性缴款				
	35	15. 补充养老保险、补充医疗保险				
	36	16. 与未实现融资收益相关在当期确认的财务费用				
	37	17. 与取得收入无关的支出		*		*
	38	18. 不征税收入用于支出所形成的费用		*		*
	39	19. 加计扣除（填附表五）	*	*	*	

续表

行次	项　　目	账载金额	税收金额	调增金额	调减金额
		1	2	3	4
40	20. 其他				
41	三、资产类调整项目	*	*		
42	1. 财产损失				
43	2. 固定资产折旧（填写附表九）	*	*		
44	3. 生产性生物资产折旧（填写附表九）	*	*		
45	4. 长期待摊费用的摊销（填写附表九）	*	*		
46	5. 无形资产摊销（填写附表九）	*	*		
47	6. 投资转让、处置所得（填写附表十一）	*	*		
48	7. 油气勘探投资（填写附表九）				
49	8. 油气开发投资（填写附表九）				
50	9. 其他				
51	四、准备金调整项目（填写附表十）	*	*		
52	五、房地产企业预售收入计算的预计利润	*	*		
53	六、特别纳税调整应税所得	*	*		*
54	七、其他	*	*		
55	合　计	*	*		

注：

1. 标有 * 的行次为执行新会计准则的企业填列，标有 # 的行次为除执行新会计准则以外的企业填列。
2. 没有标注的行次，无论执行何种会计核算办法，有差异就填报相应行次，填 * 号不可填列。
3. 有二级附表的项目只填调增、调减金额，账载金额、税收金额不再填写。

经办人（签章）：　　　　　　　　　　　　　　法定代表人（签章）：

附表三　《纳税调整项目明细表》填报说明

一、适用范围

本表适用于实行查账征收企业所得税的居民纳税人填报。

二、填报依据和内容

根据《中华人民共和国企业所得税法》及其实施条例、相关税收政策，以及国家统一会计制度的规定，填报企业财务会计处理与税收规定不一致、进行纳税调整项目的金额。

三、有关项目填报说明

本表纳税调整项目按照“收入类调整项目”、“扣除类调整项目”、“资产类调整项目”、“准备金调整项目”、“房地产企业预售收入计算的预计利润”、“特别纳税调整应税所得”、“其他”七大项分类汇总填报，并计算纳税调整项目的“调增金额”和“调减金额”的合计数。

数据栏分别设置“账载金额”、“税收金额”、“调增金额”、“调减金额”四个栏次。“账载金额”是指纳税人按照国家统一会计制度规定核算的项目金额。“税收金额”是指纳税人按照税收规定计算的项目金额。

“收入类调整项目”：“税收金额”扣减“账载金额”后的余额为正，填报在“调增金额”；余额如为负数，将其绝对值填报在“调减金额”。其中第 4 行“3. 不符合税收规定的销售折扣和折让”，按“扣除类调整项目”处理。

“扣除类调整项目”、“资产类调整项目”：“账载金额”扣减“税收金额”后的余额为正，填报在“调增金额”；余额如为负数，将其绝对值填报在“调减金额”。

其他项目的“调增金额”、“调减金额”按上述原则计算填报。

本表打 * 号的栏次均不填报。

本表“注：1……”修改为：“1. 标有 * 或 # 的行次，纳税人分别按照适用的国家统一会计制度填报。”

（一）收入类调整项目

1. 第 1 行“一、收入类调整项目”：填报收入类调整项目第 2 行至第 19 行的合计数。第 1 列“账载金额”、第 2 列“税收金额”不填报。

2. 第 2 行“1. 视同销售收入”：填报纳税人会计上不作为销售核算、税收上应确认为应税收入的金额。

（1）事业单位、社会团体、民办非企业单位直接填报第 3 列“调增金额”。

（2）金融企业第 3 列“调增金额”取自附表一（2）《金融企业收入明细表》第 38 行。

（3）一般工商企业第 3 列“调增金额”取自附表一（1）《收入明细表》第 13 行。

（4）第 1 列“账载金额”、第 2 列“税收金额”和第 4 列“调减金额”不填。

3. 第 3 行“2. 接受捐赠收入”：第 2 列“税收金额”填报纳税人按照国家统一会计制度规定，将接受捐赠直接计入资本公积核算、进行纳税调整的金额。第 3 列“调增金额”等于第 2 列“税收金额”。第 1 列“账载金额”和第 4 列“调减金额”不填。

4. 第 4 行“3. 不符合税收规定的销售折扣和折让”：填报纳税人不符合税收规定的销售折扣和折让应进行纳税调整的金额。第 1 列“账载金额”填报纳税人按照国家统一会计制度规定，销售货物给购货方的销售折扣和折让金额。第 2 列“税收金额”填报纳税人按照税收规定可以税前扣除的销售折扣和折让的金额。第 3 列“调增金额”填报第 1 列与第 2 列的差额。第 4 列“调减金额”不填。

5. 第 5 行“4. 未按权责发生制原则确认的收入”：填报纳税人会计上按照权责发生制原则确认收入，但按照税收规定不按照权责发生制确认收入，进行纳税调整的金额。

第 1 列“账载金额”填报纳税人按照国家统一会计制度确认的收入；第 2 列“税收金额”填报纳税人按照税收规定确认的应纳税收入；第 3 列“调增金额”填报纳税人纳税调整的金额；第 4 列“调减金额”填报纳税人纳税调减的金额。

6. 第 6 行“5. 按权益法核算长期股权投资对初始投资成本调整确认收益”：填报纳税人采取权益法核算，初始投资成本小于取得投资时应享有被投资单位可辨认净资产公允价值份额的差额计入取得投资当期的营业外收入。本行“调减金额”数据通过附表十一《长期股权投资所得（损失）明细表》第 5 列“合计”填报。第 1 列“账载金额”、第 2 列“税收金额”和第 3 列“调增金额”不填。

7. 第 7 行“6. 按权益法核算的长期股权投资持有期间的投资损益”：第 3 列“调增金额”填报纳税人应分担被投资单位发生的净亏损、确认为投资损失的金额；第 4 列“调减金额”填报纳税人应分享被投资单位发生的净利润、确认为投资收益的金额。本行根据附表十一《长期股权投资所得（损失）明细表》分析填列。

8. 第 8 行“7. 特殊重组”：填报纳税人按照税收规定作为特殊重组处理，导致财务会计处理与税收规定不一致进行纳税调整的金额。

第 1 列“账载金额”填报纳税人按照国家统一会计制度确认的账面金额；第 2 列“税收金额”填报纳税人按照税收规定确认的应税收入金额；第 3 列“调增金额”填报纳税人进行

纳税调整增加的金额；第 4 列“调减金额”填报纳税人进行纳税调整减少的金额。

9. 第 9 行“8. 一般重组”：填报纳税人按照税收规定作为一般重组处理，导致财务会计处理与税收规定不一致进行纳税调整的金额。

第 1 列“账载金额”填报纳税人按照国家统一会计制度确认的账面金额；第 2 列“税收金额”填报纳税人按照税收规定确认的应税收入金额；第 3 列“调增金额”填报纳税人进行纳税调整增加的金额；第 4 列“调减金额”填报纳税人进行纳税调整减少的金额。

10. 第 10 行“9. 公允价值变动净收益”：第 3 列“调增金额”或第 4 列“调减金额”通过附表七《以公允价值计量资产纳税调整表》第 10 行第 5 列数据填报。

附表七第 5 列“纳税调整额”第 10 行“合计”数为正数时，填入附表三第 10 行本行第 3 列“调增金额”；为负数时，将其绝对值填入本行第 4 列“调减金额”。

11. 第 11 行“10. 确认为递延收益的政府补助”：填报纳税人取得的不属于税收规定的不征税收入、免税收入以外的其他政府补助，按照国家统一会计制度确认为递延收益，税收处理应计入应纳税所得额进行纳税调整的数额。

第 1 列“账载金额”填报纳税人按照国家统一会计制度确认的账面金额；第 2 列“税收金额”填报纳税人按照税收规定确认的应税收入金额；第 3 列“调增金额”填报纳税人进行纳税调整增加的金额；第 4 列“调减金额”填报纳税人进行纳税调整减少的金额。

12. 第 12 行“11. 境外应税所得”：第 3 列“调增金额”填报纳税人并入利润总额的成本费用或确认的境外投资损失。第 4 列“调减金额”填报纳税人并入利润总额的境外收入、投资收益等。第 1 列“账载金额”、第 2 列“税收金额”不填。

13. 第 13 行“12. 不允许扣除的境外投资损失”：第 3 列“调增金额”填报纳税人境外投资除合并、撤销、依法清算外形成的损失。第 1 列“账载金额”、第 2 列“税收金额”和第 4 列“调减金额”不填。

14. 第 14 行“13.不征税收入”：第 4 列“调减金额”通过附表一（3）《事业单位、社会团体、民办非企业单位收入项目明细表》第 12 行“不征税收入总额”填报。第 1 列“账载金额”、第 2 列“税收金额”和第 3 列“调增金额”不填。

15. 第 15 行“14. 免税收入”：第 4 列“调减金额”通过附表五《税收优惠明细表》第 1 行“免税收入”填报。第 1 列“账载金额”、第 2 列“税收金额”和第 3 列“调增金额”不填。

16. 第 16 行“15. 减计收入”：第 4 列“调减金额”通过取自附表五《税收优惠明细表》第 6 行“减计收入”填报。第 1 列“账载金额”、第 2 列“税收金额”和第 3 列“调增金额”不填。

17. 第 17 行“16. 减、免税项目所得”：第 4 列“调减金额”通过取自附表五《税收优惠明细表》第 14 行“减免所得额合计” 填报。第 1 列“账载金额”、第 2 列“税收金额”和第 3 列“调增金额”不填。

18. 第 18 行“17. 抵扣应纳税所得额”：第 4 列“调减金额”通过取自附表五《税收优惠明细表》第 39 行“创业投资企业抵扣应纳税所得额” 填报。第 1 列“账载金额”、第 2 列“税收金额”和第 3 列“调增金额”不填。

19. 第 19 行“18. 其他”：填报企业财务会计处理与税收规定不一致、进行纳税调整的其他收入类项目金额。

（二）扣除类调整项目

1. 第 20 行“二、扣除类调整项目”：填报扣除类调整项目第 21 行至第 40 行的合计数。第 1 列“账载金额”、第 2 列“税收金额”不填报。

2. 第 21 行“1. 视同销售成本”：第 2 列“税收金额”填报按照税收规定视同销售应确认的成本。

（1）事业单位、社会团体、民办非企业单位直接填报第 4 列“调减金额”。

（2）金融企业第 4 列“调减金额”取自附表二（2）《金融企业成本费用明细表》第 41 行。

（3）一般工商企业第 4 列“调减金额”取自附表二（1）《成本费用明细表》第 12 行。

（4）第 1 列“账载金额”、第 2 列“税收金额”和第 3 列“调增金额”不填。

3. 第 22 行“2. 工资薪金支出”：第 1 列“账载金额”填报纳税人按照国家统一会计制度计入成本费用的职工工资、奖金、津贴和补贴；第 2 列“税收金额”填报纳税人按照税收规定允许税前扣除的工资薪金。如本行第 1 列≥第 2 列，第 1 列减去第 2 列的差额填入本行第 3 列“调增金额”；如本行第 1 列＜第 2 列，第 2 列减去第 1 列的差额填入本行第 4 列“调减金额”。

4. 第 23 行“3. 职工福利费支出”：第 1 列“账载金额”填报纳税人按照国家统一会计制度计入成本费用的职工福利费；第 2 列“税收金额”填报纳税人按照税收规定允许税前扣除的职工福利费，金额小于等于第 22 行“工资薪金支出”第 2 列“税收金额”×14%；如本行第 1 列≥第 2 列，第 1 列减去第 2 列的差额填入本行第 3 列“调增金额”，如本行第 1 列<第 2 列，第 2 列减去第 1 列的差额填入本行第 4 列“调减金额”。

5. 第 24 行“4. 职工教育经费支出”：第 1 列“账载金额”填报纳税人按照国家统一会计制度计入成本费用的教育经费支出；第 2 列“税收金额”填报纳税人按照税收规定允许税前扣除的职工教育经费，金额小于等于第 22 行“工资薪金支出”第 2 列“税收金额”×2.5%，或国务院财政、税务主管部门另有规定的金额；如本行第 1 列≥第 2 列，第 1 列减去第 2 列的差额填入本行第 3 列“调增金额”，如本行第 1 列＜第 2 列，第 2 列减去第 1 列的差额填入本行第 4 列“调减金额”。

6. 第 25 行“5. 工会经费支出”：第 1 列“账载金额”填报纳税人按照国家统一会计制度计入成本费用的工会经费支出。第 2 列“税收金额”填报纳税人按照税收规定允许税前扣除的工会经费，金额等于第 22 行“工资薪金支出”第 2 列“税收金额”×2%减去没有工会专用凭据列支的工会经费后的余额，如本行第 1 列≥第 2 列，第 1 列减去第 2 列的差额填入本行第 3 列“调增金额”，如本行第 1 列＜第 2 列，第 2 列减去第 1 列的差额填入本行第 4 列“调减金额”。

7. 第 26 行“6. 业务招待费支出”：第 1 列“账载金额”填报纳税人按照国家统一会计制度计入成本费用的业务招待费支出；第 2 列“税收金额”填报纳税人按照税收规定允许税前扣除的业务招待费支出的金额。比较“本行第 1 列×60%”与“附表一（1）《收入明细表》第 1 行×5‰”或“附表一（2）《金融企业收入明细表》第 1＋38 行合计×5‰”或“本行第 1 列×60%”两数，孰小者填入本行第 2 列。如本行第 1 列≥第 2 列，本行第 1 列减去第 2 列的余额填入本行第 3 列“调增金额”，第 4 列“调减金额”不填。如本行第 1 列＜第 2 列，第 3 列“调增金额”、第 4 列“调减金额”均不填。

8. 第 27 行“7. 广告费与业务宣传费支出”：第 3 列“调增金额”取自附表八《广告费和

业务宣传费跨年度纳税调整表》第 7 行“本年广告费和业务宣传费支出纳税调整额”，第 4 列“调减金额”取自附表八《广告费和业务宣传费跨年度纳税调整表》第 10 行“本年扣除的以前年度结转额”。第 1 列“账载金额”和第 2 列“税收金额”不填。

9. 第 28 行“8. 捐赠支出”：第 1 列“账载金额”填报纳税人按照国家统一会计制度实际发生的捐赠支出。第 2 列“税收金额”填报纳税人按照税收规定允许税前扣除的捐赠支出的金额。如本行第 1 列≥第 2 列，第 1 列减去第 2 列的差额填入本行第 3 列“调增金额”，第 4 列“调减金额”不填；如本行第 1 列 < 第 2 列，第 3 列“调增金额”、第 4 列“调减金额”均不填。

10. 第 29 行“9. 利息支出”：第 1 列“账载金额”填报纳税人按照国家统一会计制度实际发生的向非金融企业借款计入财务费用的利息支出的金额；第 2 列“税收金额”填报纳税人按照税收规定允许税前扣除的利息支出的金额。如本行第 1 列≥第 2 列，第 1 列减去第 2 列的差额填入本行第 3 列“调增金额”，第 4 列“调减金额”不填；如本行第 1 列 < 第 2 列，第 3 列“调增金额”、第 4 列“调减金额”均不填。

11. 第 30 行“10.住房公积金”：第 1 列“账载金额”填报纳税人按照国家统一会计制度实际发生的住房公积金的金额；第 2 列“税收金额”填报纳税人按照税收规定允许税前扣除的住房公积金的金额。如本行第 1 列≥第 2 列，第 1 列减去第 2 列的差额填入本行第 3 列“调增金额”，第 4 列“调减金额”不填；如本行第 1 列<第 2 列，第 3 列“调增金额”、第 4 列“调减金额”均不填。

12. 第 31 行“11. 罚金、罚款和被没收财物的损失”：第 1 列“账载金额”填报纳税人按照国家统一会计制度实际发生的罚金、罚款和被罚没财物损失的金额，不包括纳税人按照经济合同规定支付的违约金（包括银行罚息）、罚款和诉讼费。第 3 列“调增金额”等于第 1 列；第 2 列“税收金额”和第 4 列“调减金额”不填。

13. 第 32 行“12. 税收滞纳金”：第 1 列“账载金额”填报纳税人按照国家统一会计制度实际发生的税收滞纳金的金额。第 3 列“调增金额”等于第 1 列；第 2 列“税收金额”和第 4 列“调减金额”不填。

14. 第 33 行“13. 赞助支出”：第 1 列“账载金额”填报纳税人按照国家统一会计制度实际发生且不符合税收规定的公益性捐赠的赞助支出的金额。第 3 列“调增金额”等于第 1 列；第 2 列“税收金额”和第 4 列“调减金额”不填。

广告性的赞助支出按广告费和业务宣传费的规定处理，在第 27 行“广告费与业务宣传费支出”中填报。

15. 第 34 行“14. 各类基本社会保障性缴款”：第 1 列“账载金额”填报纳税人按照国家统一会计制度实际发生的各类基本社会保障性缴款的金额，包括基本医疗保险费、基本养老保险费、失业保险费、工伤保险费和生育保险费；第 2 列“税收金额”填报纳税人按照税收规定允许税前扣除的各类基本社会保障性缴款的金额。如本行第 1 列≥第 2 列，第 1 列减去第 2 列的差额填入本行第 3 列“调增金额”；如本行第 1 列<第 2 列，第 3 列“调增金额”、第 4 列“调减金额”均不填。

16. 第 35 行“15. 补充养老保险、补充医疗保险”：第 1 列“账载金额”填报纳税人按照国家统一会计制度实际发生的补充养老保险、补充医疗保险的金额；第 2 列“税收金额”填报纳税人按照税收规定允许税前扣除的补充养老保险、补充医疗保险的金额。如本行第 1

列≥第2列，第1列减去第2列的差额填入本行第3列“调增金额”；如本行第1列＜第2列，则第3列“调增金额”、第4列“调减金额”均不填。

17. 第36行“16. 与未实现融资收益相关在当期确认的财务费用”：第1列“账载金额”填报纳税人按照国家统一会计制度实际发生的、与未实现融资收益相关并在当期确认的财务费用的金额。第2列“税收金额”填报纳税人按照税收规定允许税前扣除的相关金额。

18. 第37行“17. 与取得收入无关的支出”：第1列“账载金额”填报纳税人按照国家统一会计制度实际发生的、与取得收入无关的支出的金额。第3列“调增金额”等于第1列；第2列“税收金额”和第4列“调减金额”不填。

19. 第38行“18. 不征税收入用于支出所形成的费用”：第1列“账载金额”填报纳税人按照国家统一会计制度实际发生的、不征税收入用于支出形成的费用的金额。第3列“调增金额”等于第1列；第2列“税收金额”和第4列“调减金额”不填。

20. 第39行“19. 加计扣除”：第4列“调减金额”取自附表五《税收优惠明细表》第9行“加计扣除额合计”金额。第1列“账载金额”、第2列“税收金额”和第3列“调增金额”不填。

21. 第40行“20. 其他”：填报企业财务会计处理与税收规定不一致、进行纳税调整的其他扣除类项目金额。

（三）资产类调整项目

1. 第41行“三、资产类调整项目”：填报资产类调整项目第42行至第50行的合计数。第1列“账载金额”、第2列“税收金额”不填报。

2. 第42行“1. 财产损失”：第1列“账载金额”填报纳税人按照国家统一会计制度确认的财产损失金额；第2列“税收金额”填报纳税人按照税收规定允许税前扣除的财产损失金额。如本行第1列≥第2列，第1列减去第2列的差额填入本行第3列“调增金额”；如本行第1列<第2列，第1列减去第2列的差额的绝对值填入第4列“调减金额”。

3. 第43行“2. 固定资产折旧”：通过附表九《资产折旧、摊销纳税调整明细表》填报。附表九《资产折旧、摊销纳税调整明细表》第1行“固定资产”第7列“纳税调整额”的正数填入本行第3列“调增金额”；附表九《资产折旧、摊销纳税调整明细表》第1行“固定资产”第7列“纳税调整额”负数的绝对值填入本行第4列“调减金额”。第1列“账载金额”、第2列“税收金额”不填。

4. 第44行“3.生产性生物资产折旧”：通过附表九《资产折旧、摊销纳税调整明细表》填报。附表九《资产折旧、摊销纳税调整明细表》第7行“生产性生物资产”第7列“纳税调整额”的正数填入本行第3列“调增金额”；附表九《资产折旧、摊销纳税调整明细表》第7行“生产性生物资产”第7列“纳税调整额”的负数的绝对值填入本行第4列“调减金额”。第1列“账载金额”、第2列“税收金额”不填。

5. 第45行“4. 长期待摊费用的推销”：通过附表九《资产折旧、摊销纳税调整明细表》填报。附表九《资产折旧、摊销纳税调整明细表》第10行“长期待摊费用”第7列“纳税调整额”的正数填入本行第3列“调增金额”；附表九《资产折旧、摊销纳税调整明细表》第10行“长期待摊费用”第7列“纳税调整额”的负数的绝对值填入本行第4列“调减金额”。第1列“账载金额”、第2列“税收金额”不填。

6. 第46行“5.无形资产摊销”：通过附表九《资产折旧、摊销纳税调整明细表》填报。附

表九《资产折旧、摊销纳税调整明细表》第15行“无形资产”第7列“纳税调整额”的正数填入本行第3列“调增金额”；附表九《资产折旧、摊销纳税调整明细表》第15行“无形资产”第7列“纳税调整额”的负数的绝对值填入本行第4列“调减金额”。第1列“账载金额”、第2列“税收金额”不填。

7. 第47行“6. 投资转让、处置所得”：第3列“调增金额”和第4列“调减金额”通过附表十一《股权投资所得（损失）明细表》分析填报。第1列“账载金额”、第2列“税收金额”不填。

8. 第48行“7. 油气勘探投资”：通过附表九《资产折旧、摊销纳税调整明细表》填报。附表九《资产折旧、摊销纳税调整明细表》第16行“油气勘探投资”第7列“纳税调整额”的正数填入本行第3列“调增金额”；附表九《资产折旧、摊销纳税调整明细表》第16行“油气勘探投资”第7列“纳税调整额”的负数的绝对值填入本行第4列“调减金额”。第1列“账载金额”、第2列“税收金额”不填。

9. 第49行“8. 油气开发投资”：通过附表九《资产折旧、摊销纳税调整明细表》填报。附表九《资产折旧、摊销纳税调整明细表》第17行“油气开发投资”第7列“纳税调整额”的正数填入本行第3列“调增金额”；附表九《资产折旧、摊销纳税调整明细表》第17行“油气开发投资”第7列“纳税调整额”的负数的绝对值填入本表第4列“调减金额”。第1列“账载金额”、第2列“税收金额”不填。

10. 第50行“9. 其他”：填报企业财务会计处理与税收规定不一致、进行纳税调整的其他资产类项目金额。

（四）准备金调整项目

第51行“四、准备金调整项目”：通过附表十《资产减值准备项目调整明细表》填报。附表十《资产减值准备项目调整明细表》第17行“合计”第5列“纳税调整额”的正数填入本行第3列“调增金额”；附表十《资产减值准备项目调整明细表》第17行“合计”第5列“纳税调整额”的负数的绝对值填入本行第4列“调减金额”。第1列“账载金额”、第2列“税收金额”不填。

（五）房地产企业预售收入计算的预计利润

第52行“五、房地产企业预售收入计算的预计利润”：第3列“调增金额”填报从事房地产开发业务的纳税人本期取得的预售收入，按照税收规定的预计利润率计算的预计利润的金额；第4列“调减金额”填报从事房地产开发业务的纳税人本期将预售收入转为销售收入，转回已按税收规定征税的预计利润的数额。第1列“账载金额”、第2列“税收金额”不填。

（六）特别纳税调整应税所得

第53行“六、特别纳税调整应税所得”：第3列“调增金额”填报纳税人按特别纳税调整规定，自行调增的当年应纳税所得。第1列“账载金额”、第2列“税收金额”、第4列“调减金额”不填。

（七）其他

第54行“七、其他”：填报企业财务会计处理与税收规定不一致、进行纳税调整的其他项目金额。第1列“账载金额”、第2列“税收金额”不填报。

第55行“合计”：“调增金额”等于本表第1、20、41、51、52、53、54行第3列合计；

“调减金额”分别等于本表第 1、20、41、51、52、53、54 行第 4 列合计。

四、表内及表间关系

(一) 表内关系

1. 第 1 行 = 本表第 2 + 3 + … + 19 行。

2. 第 20 行 = 本表第 21 + 22 + … + 40 行。

3. 第 41 行 = 本表第 42 + 43 + … + 50 行。

(二) 表间关系

1. 一般工商企业：第 2 行第 3 列 = 附表一（1）第 13 行。

金融企业：第 2 行第 3 列 = 附表一（2）第 38 行。

2. 第 6 行第 4 列 = 附表十一第 5 列“合计”行的绝对值。

3. 当附表七第 10 行第 5 列为正数时：第 10 行第 3 列 = 附表七第 10 行第 5 列；附表七第 10 行第 5 列为负数时：第 10 行第 4 列 = 附表七第 10 行第 5 列负数的绝对值。

4. 第 14 行第 4 列 = 附表一（3）第 10 行。

5. 第 15 行第 4 列 = 附表五第 1 行。

6. 第 16 行第 4 列 = 附表五第 6 行。

7. 第 17 行第 4 列 = 附表五第 14 行。

8. 第 18 行第 4 列 = 附表五第 39 行。

9. 一般工商企业：第 21 行第 4 列 = 附表二（1）第 12 行。

金融企业：第 21 行第 4 列 = 附表二（2）第 41 行。

10. 第 27 行第 3 列 = 附表八第 7 行。第 27 行第 4 列=附表八第 10 行。

11. 第 39 行第 4 列 = 附表五第 9 行。

12. 附表九第 1 行第 7 列为正数时：第 43 行第 3 列 = 附表九第 1 行第 7 列；附表九第 1 行第 7 列为负数时：第 43 行第 4 列 = 附表九第 1 行第 7 列负数的绝对值。

13. 附表九第 7 行第 7 列为正数时：第 44 行第 3 列 = 附表九第 7 行第 7 列；附表九第 7 行第 7 列为负数时：第 44 行第 4 列 = 附表九第 7 行第 7 列负数的绝对值。

14. 附表九第 10 行第 7 列为正数时：第 45 行第 3 列 = 附表九第 10 行第 7 列；附表九第 10 行第 7 列为负数时：第 45 行第 4 列 = 附表九第 10 行第 7 列负数的绝对值。

15. 附表九第 15 行第 7 列为正数时：第 46 行第 3 列 = 附表九第 15 行第 7 列；附表九第 15 行第 7 列为负数时：第 46 行第 4 列 = 附表九第 15 行第 7 列负数的绝对值。

16. 附表九第 16 行第 7 列为正数时：第 48 行第 3 列 = 附表九第 16 行第 7 列；附表九第 16 行第 7 列为负数时：第 48 行第 4 列 = 附表九第 16 行第 7 列负数的绝对值。

17. 附表九第 17 行第 7 列为正数时：第 49 行第 3 列 = 附表九第 17 行第 7 列；附表九第 17 行第 7 列为负数时：第 49 行第 4 列 = 附表九第 17 行第 7 列负数的绝对值。

18. 附表十第 17 行第 5 列合计数为正数时：第 51 行第 3 列 = 附表十第 17 行第 5 列；附表十第 17 行第 5 列合计数为负数时：第 51 行第 4 列 = 附表十第 17 行第 5 列的绝对值。

19. 第 55 行第 3 列 = 主表第 14 行。

20. 第 55 行第 4 列 = 主表第 15 行。

表 27–9

企业所得税年度纳税申报表附表四

企业所得税弥补亏损明细表

填报时间：　　年　月　日　　　　金额单位：元（列至角分）

行次	项目	年度	盈利额或亏损额	合并分立企业转入可弥补亏损额	当年可弥补的所得额	以前年度亏损弥补额					本年度实际弥补的以前年度亏损额	可结转以后年度弥补的亏损额
						前四年度	前三年度	前二年度	前一年度	合计		
		1	2	3	4	5	6	7	8	9	10	11
1	第一年											*
2	第二年					*						
3	第三年					*	*					
4	第四年					*	*	*				
5	第五年					*	*	*	*			
6	本年					*	*	*	*	*		
7	可结转以后年度弥补的亏损额合计											

经办人（签章）：　　　　法定代表人（签章）：

附表四 《企业所得税弥补亏损明细表》填报说明

一、适用范围

本表适用于实行查账征收企业所得税的居民纳税人填报。

二、填报依据及内容

根据《中华人民共和国企业所得税法》及其实施条例、相关税收政策规定，填报本纳税年度及本纳税年度前5年度发生的税前尚未弥补的亏损额。

三、有关项目填报说明

1. 第1列"年度"：填报公历年度。第1行至第5行依次从6行往前倒推5年，第6行为申报年度。

2. 第2列"盈利额或亏损额"：填报主表的第23行"纳税调整后所得"的金额（亏损额以"–"表示）。

3. 第3列"合并分立企业转入可弥补亏损额"：填报按照税收规定企业合并、分立允许税前扣除的亏损额，以及按税收规定汇总纳税后分支机构在2008年以前按独立纳税人计算缴纳企业所得税尚未弥补完的亏损额（以"–"表示）。

4. 第4列"当年可弥补的所得额"：金额等于第2+3列合计。

5. 第9列"以前年度亏损弥补额合计"：金额等于第5+6+7+8列合计（第4列为正数的不填）。

6. 第10列第1行至第5行"本年度实际弥补的以前年度亏损额"：填报主表第24行金额，用于依次弥补前5年度的尚未弥补的亏损额。

7. 第6行第10列"本年度实际弥补的以前年度亏损额"：金额等于第1行至第5行第10列的合计数（第6行第10列的合计数≤第6行第4列的合计数）。

8. 第11列第2行至第6行"可结转以后年度弥补的亏损额"：填报前5年度的亏损额被本年主表中第24行数据依次弥补后，各年度仍未弥补完的亏损额，以及本年度尚未弥补的亏损额。第11列=第4列的绝对值–第9列–第10列（第4列大于零的行次不填报）。

9. 第7行第11列"可结转以后年度弥补的亏损额合计"：填报第2行至第6行第11列的合计数。

四、表间关系

第6行第10列=主表第24行。

表27–10 企业所得税年度纳税申报表附表五

税收优惠明细表

填报时间：　　年　月　日　　　　金额单位：元（列至角分）

行次	项　　目	金　额
1	一、免税收入（2+3+4+5）	
2	1. 国债利息收入	
3	2. 符合条件的居民企业之间的股息、红利等权益性投资收益	
4	3. 符合条件的非营利组织的收入	
5	4. 其他	
6	二、减计收入（7+8）	
7	1. 企业综合利用资源，生产符合国家产业政策规定的产品所取得的收入	
8	2. 其他	

续表

行次	项　　目	金　额
9	三、加计扣除额合计（10+11+12+13）	
10	1. 开发新技术、新产品、新工艺发生的研究开发费用	
11	2. 安置残疾人员所支付的工资	
12	3. 国家鼓励安置的其他就业人员支付的工资	
13	4. 其他	
14	四、减免所得额合计（15+25+29+30+31+32）	
15	（一）免税所得（16+17+…+24）	
16	1. 蔬菜、谷物、薯类、油料、豆类、棉花、麻类、糖料、水果、坚果的种植	
17	2. 农作物新品种的选育	
18	3. 中药材的种植	
19	4. 林木的培育和种植	
20	5. 牲畜、家禽的饲养	
21	6. 林产品的采集	
22	7. 灌溉、农产品初加工、兽医、农技推广、农机作业和维修等农、林、牧、渔服务业项目	
23	8. 远洋捕捞	
24	9. 其他	
25	（二）减税所得（26+27+28）	
26	1. 花卉、茶以及其他饮料作物和香料作物的种植	
27	2. 海水养殖、内陆养殖	
28	3. 其他	
29	（三）从事国家重点扶持的公共基础设施项目投资经营的所得	
30	（四）从事符合条件的环境保护、节能节水项目的所得	
31	（五）符合条件的技术转让所得	
32	（六）其他	
33	五、减免税合计（34+35+36+37+38）	
34	（一）符合条件的小型微利企业	
35	（二）国家需要重点扶持的高新技术企业	
36	（三）民族自治地方的企业应缴纳的企业所得税中属于地方分享的部分	
37	（四）过渡期税收优惠	
38	（五）其他	
39	六、创业投资企业抵扣的应纳税所得额	
40	七、抵免所得税额合计（41+42+43+44）	
41	（一）企业购置用于环境保护专用设备的投资额抵免的税额	
42	（二）企业购置用于节能节水专用设备的投资额抵免的税额	
43	（三）企业购置用于安全生产专用设备的投资额抵免的税额	
44	（四）其他	
45	企业从业人数（全年平均人数）	
46	资产总额（全年平均数）	
47	所属行业（工业企业　其他企业　）	

经办人（签章）：　　　　　　　　　　法定代表人（签章）：

附表五 《税收优惠明细表》填报说明

一、适用范围

本表适用于实行查账征收企业所得税的居民纳税人填报。

二、填报依据和内容

根据《中华人民共和国企业所得税法》及其实施条例、相关税收政策规定，填报纳税人本纳税年度发生的免税收入、减计收入、加计扣除、减免所得、减免税、抵扣的应纳税所得额和抵免税额。

三、有关项目填报说明

（一）免税收入

1. 第 2 行“国债利息收入”：填报纳税人持有国务院财政部门发行的国债取得的利息收入。

2. 第 3 行“符合条件的居民企业之间的股息、红利等权益性投资收益”：填报居民企业直接投资于其他居民企业所取得的投资收益，不包括连续持有居民企业公开发行并上市流通的股票不足 12 个月取得的投资收益。

3. 第 4 行“符合条件的非营利组织的收入”：填报符合条件的非营利组织的收入，不包括除国务院财政、税务主管部门另有规定外的从事营利性活动所取得的收入。

4. 第 5 行“其他”：填报国务院根据税法授权制定的其他免税收入。

（二）减计收入

1. 第 7 行“企业综合利用资源，生产符合国家产业政策规定的产品所取得的收入”：填报纳税人以《资源综合利用企业所得税优惠目录》内的资源作为主要原材料，生产非国家限制和禁止并符合国家和行业相关标准的产品所取得的收入减计 10%部分的数额。

2. 第 8 行“其他”：填报国务院根据税法授权制定的其他减计收入的数额。

（三）加计扣除额合计

1. 第 10 行“开发新技术、新产品、新工艺发生的研究开发费用”：填报纳税人为开发新技术、新产品、新工艺发生的研究开发费用，未形成无形资产计入当期损益的，按研究开发费用的 50%加计扣除的金额。

2. 第 11 行“安置残疾人员所支付的工资”：填报纳税人按照有关规定条件安置残疾人员，支付给残疾职工工资的 100%加计扣除额。

3. 第 12 行“国家鼓励安置的其他就业人员支付的工资”：填报国务院根据税法授权制定的其他就业人员支付工资的加计扣除额。

4. 第 13 行“其他”：填报国务院根据税法授权制定的其他加计扣除额。

（四）减免所得额合计

1. 第 16 行“蔬菜、谷物、薯类、油料、豆类、棉花、麻类、糖料、水果、坚果的种植”：填报纳税人种植蔬菜、谷物、薯类、油料、豆类、棉花、麻类、糖料、水果、坚果的免征的所得额。

2. 第 17 行“农作物新品种的选育”：填报纳税人从事农作物新品种的选育免征的所得额。

3. 第 18 行“中药材的种植”：填报纳税人从事中药材的种植免征的所得额。

4. 第 19 行“林木的培育和种植”：填报纳税人从事林木的培育和种植免征的所得额。

5. 第 20 行“牲畜、家禽的饲养”：填报纳税人从事牲畜、家禽的饲养免征的所得额。

6. 第 21 行“林产品的采集”：填报纳税人从事采集林产品免征的所得额。

7. 第 22 行“灌溉、农产品初加工、兽医、农技推广、农机作业和维修等农、林、牧、渔服务业项目”：填报纳税人从事灌溉、农产品初加工、兽医、农技推广、农机作业和维修等农、林、牧、渔服务业免征的所得额。

8. 第 23 行“远洋捕捞”：填报纳税人从事远洋捕捞免征的所得额。

9. 第 24 行“其他”：填报国务院根据税法授权制定的其他免税所得额。

10. 第 26 行“花卉、茶以及其他饮料作物和香料作物的种植”：填报纳税人从事花卉、茶以及其他饮料作物和香料作物种植取得的所得减半征收的部分。

11. 第 27 行“海水养殖、内陆养殖”：填报纳税人从事海水养殖、内陆养殖取得的所得减半征收的部分。

12. 第 28 行“其他”：填报国务院根据税法授权制定的其他减税所得额。

13. 第 29 行“从事国家重点扶持的公共基础设施项目投资经营的所得”：填报纳税人从事《公共基础设施项目企业所得税优惠目录》规定的港口码头、机场、铁路、公路、城市公共交通、电力、水利等项目的投资经营的所得额。不包括企业承包经营、承包建设和内部自建自用该项目的所得。

14. 第 30 行“从事符合条件的环境保护、节能节水项目的所得”：填报纳税人从事公共污水处理、公共垃圾处理、沼气综合开发利用、节能减排技术改造、海水淡化等项目减征、免征的所得额。

15. 第 31 行“符合条件的技术转让所得”：填报居民企业技术转让所得免征、减征的部分（技术转让所得不超过 500 万元的部分，免征企业所得税；超过 500 万元的部分，减半征收企业所得税）。

16. 第 32 行“其他”：填报国务院根据税法授权制定的其他减免所得。

（五）减免税合计

1. 第 34 行“符合规定条件的小型微利企业”：填报纳税人从事国家非限制和禁止行业并符合规定条件的小型微利企业享受优惠税率减征的企业所得税税额。

2. 第 35 行“国家需要重点扶持的高新技术企业”：填报纳税人从事国家需要重点扶持拥有核心自主知识产权等条件的高新技术企业享受减征企业所得税税额。

3. 第 36 行“民族自治地方的企业应缴纳的企业所得税中属于地方分享的部分”：填报纳税人经民族自治地方所在省、自治区、直辖市人民政府批准，减征或者免征民族自治地方的企业缴纳的企业所得税中属于地方分享的企业所得税税额。

4. 第 37 行“过渡期税收优惠”：填报纳税人符合国务院规定以及经国务院批准给予过渡期税收优惠政策。

5. 第 38 行“其他”：填报国务院根据税法授权制定的其他减免税额。

（六）第 39 行“创业投资企业抵扣的应纳税所得额”

填报创业投资企业采取股权投资方式投资于未上市的中小高新技术企业 2 年以上的，可以按照其投资额的 70%在股权持有满 2 年的当年抵扣该创业投资企业的应纳税所得额；当年不足抵扣的，可以在以后纳税年度结转抵扣。

（七）抵免所得税额合计

1. 第 41~43 行，填报纳税人购置并实际使用《环境保护专用设备企业所得税优惠目录》、

《节能节水专用设备企业所得税优惠目录》和《安全生产专用设备企业所得税优惠目录》规定的环境保护、节能节水、安全生产等专用设备的，允许从企业当年的应纳税额中抵免的投资额10%的部分。当年不足抵免的，可以在以后5个纳税年度结转抵免。

2. 第44行“其他”：填报国务院根据税法授权制定的其他抵免所得税额部分。

（八）减免税附列资料

1. 第45行“企业从业人数”：填报纳税人全年平均从业人员，按照纳税人年初和年末的从业人员平均计算，用于判断是否为税收规定的小型微利企业。

2. 第46行“资产总额”：填报纳税人全年资产总额平均数，按照纳税人年初和年末的资产总额平均计算，用于判断是否为税收规定的小型微利企业。

3. 第47行“所属行业（工业企业　其他企业）”项目，填报纳税人所属的行业，用于判断是否为税收规定的小型微利企业。

四、表内及表间关系

（一）表内关系

1. 第1行=本表第2+3+4+5行。
2. 第6行=本表第7+8行。
3. 第9行=本表第10+11+12+13行。
4. 第14行=本表第15+25+29+30+31+32行。
5. 第15行=本表第16行至第24行合计。
6. 第25行=本表第26+27+28行。
7. 第33行=本表第34+35+36+37+38行。
8. 第40行=本表第41+42+43+44行。

（二）表间关系

1. 第1行=附表三第15行第4列=主表第17行；
2. 第6行=附表三第16行第4列=主表第18行；
3. 第9行=附表三第39行第4列=主表第20行；
4. 第14行=附表三第17行第4列=主表第19行；
5. 第39行=附表三第18行第4列；
6. 第33行=主表第28行；
7. 第40行=主表第29行。

表 27-11

企业所得税年度纳税申报表附表六

境外所得税抵免计算明细表

填报时间：　　年　月　日　　　　　　　　　　　　　　　　　　　　金额单位：元（列至角分）

抵免方式	国家或地区	境外所得	境外所得换算含税所得	弥补以前年度亏损	免税所得	弥补亏损前境外应税所得额	可弥补境内亏损	境外应纳税所得额	税率	境外所得应纳税额	境外所得可抵免税额	境外所得税款抵免限额	本年可抵免的境外所得税款	未超过境外所得税款抵免限额的余额	本年可抵免以前年度所得税额	前五年境外所得已缴税款未抵免余额	定率抵免
	1	2	3	4	5	6(3－4－5)	7	8(6－7)	9	10(8×9)	11	12	13	14（12–13）	15	16	17
直接抵免																	
间接抵免				*	*									*	*	*	
				*	*									*	*	*	
				*	*									*	*	*	
				*	*									*	*	*	
	合计																

经办人（签章）：　　　　　　　　　　法定代表人（签章）：

附表六 《境外所得税抵免计算明细表》填报说明

一、适用范围

本表适用于实行查账征收企业所得税的居民纳税人填报。

二、填报依据和内容

根据《中华人民共和国企业所得税法》及其实施条例、相关税收政策的规定，填报纳税人本纳税年度来源于不同国家或地区的境外所得，按照税收规定应缴纳和应抵免的企业所得税额。

三、各项目填报说明

1. 第1列“国家或地区”：填报境外所得来源的国家或地区的名称。来源于同一国家或地区的境外所得可合并到一行填报。

2. 第2列“境外所得”：填报来自境外的税后境外所得的金额。

3. 第3列“境外所得换算含税所得”：填报第2列境外所得换算成包含在境外缴纳企业所得税以及按照我国税收规定计算的所得。

4. 第4列“弥补以前年度亏损”：填报境外所得按税收规定弥补以前年度境外亏损额。

5. 第5列“免税所得”：填报按照税收规定予以免税的境外所得。

6. 第6列“弥补亏损前境外应税所得额”：填报境外所得弥补境内亏损前的应税所得额。第6列=3列－4列－5列

7. 第7列“可弥补境内亏损”：填报境外所得按税收规定弥补境内亏损额。

8. 第8列“境外应纳税所得额”：填报弥补亏损前境外应纳税所得额扣除可弥补境内亏损后的金额。

9. 第9列“税率”：填报纳税人境内税法规定的税率25%。

10. 第10列“境外所得应纳税额”：填报境外应纳税所得额与境内税法规定税率的乘积的金额。

11. 第11列“境外所得可抵免税额”：填报纳税人已在境外缴纳的所得税税款的金额。

12. 第12列“境外所得税款抵免限额”：抵免限额=中国境内、境外所得依照企业所得税法和条例的规定计算的应纳税总额×来源于某国（地区）的应纳税所得额÷中国境内、境外应纳税所得总额。

13. 第13列“本年可抵免的境外所得税款”：填报本年来源于境外的所得已缴纳所得税，在本年度允许抵免的金额。

14. 第14列“未超过境外所得税款抵免限额的余额”：填报本年度在抵免限额内抵免完境外所得税后，可用于抵免以前年度结转的待抵免的所得税额。

15. 第15列“本年可抵免以前年度税额”：填报本年可抵免以前年度未抵免、结转到本年度抵免的境外所得税额。

16. 第16列“前五年境外所得已缴税款未抵免余额”：填报可结转以后年度抵免的境外所得税未抵免余额。

17. 第17列“定率抵免”。本列适用于实行定率抵免境外所得税款的纳税人，填报此列的纳税人不填报第11行至第16列。

四、表内及表间关系

（一）表内关系

1. 第6列=本表第3－4－5列。

2. 第 8 列 = 本表第 6 – 7 列。

3. 第 10 列 = 本表第 8 × 9 列。

4. 第 14 列 = 本表第 12 – 13 列。

5. 第 13 列“本年可抵免的境外所得税款”。第 12 列某行≤同一行次的第 11 列，第 13 列 = 第 12 列；当第 12 列某行≥同一行次的第 11 列，第 13 列 = 第 11 列。

6. 第 14 列“未超过境外所得税款抵免限额的余额”各行 = 同一行的第 12 – 13 列，当计算出的值≤0 时，本列该行为 0；当计算出的值≥0 时，第 14 列 = 第 15 列。

7. 第 15 列“本年可抵免以前年度所得税额”各行≤同一行次的第 14 列；第 13 列合计行 + 第 15 列合计行 = 主表第 32 行。

（二）表间关系

1. 第 10 列合计数 = 主表第 31 行。

2. 第 13 列合计行 + 第 15 列合计行 = 主表第 32 行。

3. 第 17 列合计行 = 主表第 32 行。

表 27–12　企业所得税年度纳税申报表附表七

以公允价值计量资产纳税调整表

填报时间：　　年　月　日　　　　　　　　　　金额单位：元（列至角分）

行次	资产种类	期初金额		期末金额		纳税调整额（纳税调减以“–”表示）
		账载金额（公允价值）	计税基础	账载金额（公允价值）	计税基础	
		1	2	3	4	5
1	一、公允价值计量且其变动计入当期损益的金融资产					
2	1. 交易性金融资产					
3	2. 衍生金融工具					
4	3. 其他以公允价值计量的金融资产					
5	二、公允价值计量且其变动计入当期损益的金融负债					
6	1. 交易性金融负债					
7	2. 衍生金融工具					
8	3. 其他以公允价值计量的金融负债					
9	三、投资性房地产					
10	合　计					

经办人（签章）：　　　　　　　　　　法定代表人（签章）：

附表七　《以公允价值计量资产纳税调整表》填报说明

一、适用范围

本表适用于实行查账征收企业所得税的居民纳税人填报。

二、填报依据和内容

根据《中华人民共和国企业所得税法》及其实施条例、相关税收政策，以及企业会计准则的规定，填报纳税人以公允价值计量且其变动计入当期损益的金融资产、金融负债、投资性房地产的期初、期末的公允价值、计税基础以及纳税调整额。

三、各项目填报说明

1. 第 1 列、第 3 列“账载金额（公允价值）”：填报纳税人根据会计准则规定以公允价值计量且其变动计入当期损益的金融资产、金融负债以及投资性房地产的期初、期末账面金额。

2. 第2列、第4列"计税基础"：填报纳税人以公允价值计量且其变动计入当期损益的金融资产、金融负债以及投资性房地产按照税收规定确定的计税基础的金额。

3. 对第6行第5列交易性金融负债的"纳税调整额"=本表（第2列－第4列）－（第1列－第3列）。其他行次第5列"纳税调整额"=本表（第4列－第2列）－（第3列－第1列）。

四、表间关系

第10行第5列为正数时：第10行第5列=附表三第10行第3列；第10行第5列为负数时：第10行第5列负数的绝对值=附表三第10行第4列。

表27-13　企业所得税年度纳税申报表附表八

广告费和业务宣传费跨年度纳税调整表

填报时间：　　年　月　日　　　　　　　　　　　　　金额单位：元（列至角分）

行次	项目	金额
1	本年度广告费和业务宣传费支出	
2	其中：不允许扣除的广告费和业务宣传费支出	
3	本年度符合条件的广告费和业务宣传费支出（1-2）	
4	本年计算广告费和业务宣传费扣除限额的销售（营业）收入	
5	税收规定的扣除率	
6	本年广告费和业务宣传费扣除限额（4×5）	
7	本年广告费和业务宣传费支出纳税调整额（3≤6，本行=2行；3>6，本行=1－6）	
8	本年结转以后年度扣除额（3>6，本行=3－6；3≤6，本行=0）	
9	加：以前年度累计结转扣除额	
10	减：本年扣除的以前年度结转额	
11	累计结转以后年度扣除额（8+9－10）	

经办人（签章）：　　　　　　　　　　　　法定代表人（签章）：

附表八《广告费和业务宣传费跨年度纳税调整表》填报说明

一、适用范围

本表适用于实行查账征收企业所得税的居民纳税人填报。

二、填报依据和内容

根据《中华人民共和国企业所得税法》及其实施条例、相关税收政策，以及国家统一企业会计制度的规定，填报纳税人本年发生的全部广告费和业务宣传费支出的有关情况、按税收规定可扣除额、本年结转以后年度扣除额及以前年度累计结转扣除额等。

三、有关项目填报说明

1. 第1行"本年度广告费和业务宣传费支出"：填报纳税人本期实际发生的广告费和业务宣传费用的金额。

2. 第2行"不允许扣除的广告费和业务宣传费支出"：填报税收规定不允许扣除的广告费和业务宣传费支出的金额。

3. 第3行"本年度符合条件的广告费和业务宣传费支出"：本行等于本表第1行-第2行。

4. 第4行"本年计算广告费和业务宣传费扣除限额的销售（营业）收入"：一般工商企业：填报附表一（1）第1行的"销售（营业）收入合计"数额；金融企业：填报附表一（2）

第1行“营业收入”+第38行“按税法规定视同销售的收入”；事业单位、社会团体、民办非企业单位：填报主表第1行“营业收入”。

5. 第5行“税收规定的扣除率”：填报按照税收规定纳税人适用的扣除率。

6. 第6行“本年广告费和业务宣传费扣除限额”：金额等于本表第4×5行。

7. 第7行“本年广告费和业务宣传费支出纳税调整额”：当第3行≤第6行，本行=本表第2行；当第3行>第6行，本行=本表第1－6行。

8. 第8行“本年结转以后年度扣除额”：当第3行>第6行，本行=本表第3－6行；当第3行≤第6行，本行填0。

9. 第9行“加：以前年度累计结转扣除额”：填报以前年度允许税前扣除但超过扣除限额未扣除、结转扣除的广告费和业务宣传费的金额。

10. 第10行“减：本年扣除的以前年度结转额”：当第3行≥第6行，本行填0；当第3行<第6行，第3–6行差额如果小于或者等于第9行“以前年度累计结转扣除额”，直接将差额填入本行；其差额如果大于第9行“以前年度累计结转扣除额”，本行=第9行。

11. 第11行“累计结转以后年度扣除额”：本行=本表第8+9－10行。

四、表间关系

第7行=附表三第27行第3列。

第10行=附表三第27行第4列。

表27–14 **企业所得税年度纳税申报表附表九**

资产折旧、摊销纳税调整明细表

填报时间： 年 月 日 金额单位：元（列至角分）

行次	资产类别	资产原值		折旧、摊销年限		本期折旧、摊销额		纳税调整额
		账载金额	计税基础	会计	税收	会计	税收	
		1	2	3	4	5	6	7
1	一、固定资产			*	*			
2	1. 房屋建筑物							
3	2. 飞机、火车、轮船、机器、机械和其他生产设备							
4	3. 与生产经营有关的器具、工具、家具							
5	4. 飞机、火车、轮船以外的运输工具							
6	5. 电子设备							
7	二、生产性生物资产			*	*			
8	1. 林木类							
9	2. 畜类							
10	三、长期待摊费用			*	*			
11	1. 已足额提取折旧的固定资产的改建支出							
12	2. 租入固定资产的改建支出							
13	3. 固定资产大修理支出							
14	4. 其他长期待摊费用							
15	四、无形资产							
16	五、油气勘探投资							
17	六、油气开发投资							
18	合 计			*	*			

经办人（签章）： 法定代表人（签章）：

附表九 《资产折旧、摊销纳税调整表》填报说明

一、适用范围

本表适用于实行查账征收企业所得税的居民纳税人填报。

二、填报依据和内容

根据《中华人民共和国企业所得税法》及其实施条例、相关税收政策，以及国家统一会计制度的规定，填报固定资产、生产性生物资产、长期待摊费用、无形资产、油气勘探投资、油气开发投资会计处理与税收处理的折旧、摊销，以及纳税调整额。

三、各项目填报说明

1. 第1列“账载金额”：填报纳税人按照国家统一会计制度计算提取折旧、摊销的资产原值（或历史成本）的金额。

2. 第2列“计税基础”，填报纳税人按照税收规定计算税前扣除折旧、摊销的金额。

3. 第3列：填报纳税人按照国家统一会计制度计算提取折旧、摊销额的年限。

4. 第4列：填报纳税人按照税收规定计算税前扣除折旧、摊销额的年限。

5. 第5列：填报纳税人按照国家统一会计制度计算本纳税年度的折旧、摊销额。

6. 第6列：填报纳税人按照税收规定计算税前扣除的折旧、摊销额。

7. 第7列：金额＝第5–6列。如本列为正数，进行纳税调增；如本列为负数，进行纳税调减。

四、表间关系

1. 第1行第7列＞0时：第1行第7列＝附表三第43行第3列；第1行第7列＜0时：第1行第7列负数的绝对值＝附表三第43行第4列。

2. 第7行第7列＞0时：第7行第7列=附表三第44行第3列；第7行第7列＜0时：第7行第7列负数的绝对值＝附表三第44行第4列。

3. 第10行第7列＞0时：第10行第7列＝附表三第45行第3列；第10行第7列＜0时：第10行第7列负数的绝对值＝附表三第45行第4列。

4. 第15行第7列＞0时：第15行第7列＝附表三第46行第3列；第15行第7列＜0时：第15行第7列负数的绝对值＝附表三第46行第4列。

5. 第16行第7列＞0时：第16行第7列＝附表三第48行第3列；第16行第7列＜0时：第16行第7列负数的绝对值＝附表三第48行第4列。

6. 第17行第7列＞0时：第17行第7列＝附表三第49行第3列；第17行第7列＜0时：第17行第7列负数的绝对值＝附表三第49行第4列。

表27–15 **企业所得税年度纳税申报表附表十**

资产减值准备项目调整明细表

填报时间：　　年　月　日　　　　　　金额单位：元（列至角分）

行次	准备金类别	期初余额	本期转回额	本期计提额	期末余额	纳税调整额
		1	2	3	4	5
1	坏（呆）账准备					
2	存货跌价准备					
3	＊其中：消耗性生物资产减值准备					
4	＊持有至到期投资减值准备					
5	＊可供出售金融资产减值		—			

续表

行次	准备金类别	期初余额	本期转回额	本期计提额	期末余额	纳税调整额
		1	2	3	4	5
6	# 短期投资跌价准备					
7	长期股权投资减值准备					
8	* 投资性房地产减值准备					
9	固定资产减值准备					
10	在建工程（工程物资）减值准备					
11	* 生产性生物资产减值准备					
12	无形资产减值准备					
13	商誉减值准备					
14	贷款损失准备					
15	矿区权益减值					
16	其他					
17	合计					

注：表中 * 项目为执行新会计准则企业专用；表中加 # 项目为执行企业会计制度、小企业会计制度的企业专用。

经办人（签章）：　　　　　　　　　　　　法定代表人（签章）：

附表十　《资产减值准备项目调整明细表》填报说明

一、适用范围

本表适用于实行查账征收企业所得税的居民纳税人填报。

二、填报依据和内容

根据《中华人民共和国企业所得税法》及其实施条例、相关税收政策，以及国家统一会计制度的规定，填报各项资产减值准备、风险准备等准备金支出，以及会计处理与税收处理差异的纳税调整额。

三、各项目填报说明

本表“注：……”修改为：“1. 标有 * 或 # 的行次，纳税人分别按照适用的国家统一会计制度填报。”

1. 第 1 列“期初余额”：填报纳税人按照国家统一会计制度核算的各项准备金期初数金额。

2. 第 2 列“本期转回额”：填报纳税人按照国家统一会计制度核算价值恢复、资产转让等原因转回的准备金本期转回金额。

3. 第 3 列“本期计提额”：填报纳税人按照国家统一会计制度核算资产减值的准备金本期计提数的金额。

4. 第 4 列“期末余额”：填报纳税人按照国家统一会计制度核算的各项准备金期末数的金额。

5. 第 5 列“纳税调整额”：金额等于本表第 3 列 – 第 2 列。当第 5 列 > 0 时，进行纳税调增；第 5 列 < 0 时，进行纳税调减。

四、表间关系

第 17 行第 5 列 > 0 时，第 17 行第 5 列 = 附表三第 51 行第 3 列；第 17 行第 5 列 < 0 时，第 17 行第 5 列 = 附表三第 51 行第 4 列。

表 27-16

企业所得税年度纳税申报表附表十一

长期股权投资所得（损失）明细表

填报时间：　　年　月　日　　　　　　　　　　金额单位：元（列至角分）

行次	被投资企业	期初投资额	本年度增（减）投资额	投资成本		股息红利					投资转让所得（损失）					
				初始投资成本	权益法核算对初始投资成本调整产生的收益	会计核算投资收益	会计投资损益	税收确认的股息红利		会计与税收的差异	投资转让净收入	投资转让的会计成本	投资转让的税收成本	会计上确认的转让所得或损失	按税收计算的投资转让所得或损失	会计与税收的差异
								免税收入	全额征税收入							
	1	2	3	4	5	6（7+14）	7	8	9	10（7-8-9）	11	12	13	14（11-12）	15（11-13）	16（14-15）
1																
2																
3																
4																
5																
6																
7																
8																
合计																

投资损失补充资料

行次	项目	年度	当年度结转金额	已弥补金额	本年度弥补金额	结转以后年度待弥补金额	备注：
1	第一年						
2	第二年						
3	第三年						
4	第四年						
5	第五年						
以前年度结转在本年度税前扣除的股权投资转让损失							

经办人（签章）：　　　　　　　　　　法定代表人（签章）：

附表十一　《长期股权投资所得（损失）明细表》填报说明

一、适用范围

本表适用于实行查账征收企业所得税的居民纳税人填报。

二、填报依据和内容

根据《中华人民共和国企业所得税法》及其实施条例、相关税收政策，以及国家统一企业会计制度的规定，填报会计核算的长期股权投资成本、投资收益及其税收处理，以及会计处理与税收处理差异的纳税调整额。

三、有关项目填报说明

1. 第 2 列“期初投资额”：填报对被投资企业的投资的期初余额。

2. 第 3 列“本年度增（减）投资额”：填报本纳税年度内对同一企业股权投资增减变化金额。

3. 第 4 列“初始投资成本”：填报纳税人取得长期股权投资的所有支出的金额，包括支付的货币性资产、非货币性资产的公允价值及支付的相关税费。

4. 第 5 列“权益法核算对初始投资成本调整产生的收益”：填报纳税人采取权益法核算，初始投资成本小于取得投资时应享有被投资单位可辨认净资产公允价值份额的差额计入取得投资当期的营业外收入的金额。

5. 第 6 列“会计核算投资收益”：填报纳税人按照国家统一会计制度核算的投资收益的金额。本行根据“投资收益”科目的数额计算填报。

6. 第 7 列“会计投资损益”：填报纳税人按照国家统一会计制度核算的扣除投资转让损益后的金额。

7. 第 8、9 列“税收确认的股息红利”：填报纳税人在纳税本年度取得按照税收规定确认的股息红利的金额。对于符合税收免税规定条件的股息红利，填入第 8 列“免税收入”，不符合的填入第 9 列“全额征税收入”。

8. 第 11 列“投资转让净收入”：填报纳税人因收回、转让或清算处置股权投资时，转让收入扣除相关税费后的金额。

9. 第 12 列“投资转让的会计成本”：填报纳税人因收回、转让或清算处置股权投资时，按照国家统一会计制度核算投资转让成本的金额。

10. 第 13 列“投资转让的税收成本”：填报纳税人因收回、转让或清算处置股权投资时，按税收规定计算的投资转让成本的金额。

11. 第 14 列“会计上确认的转让所得或损失”：填报纳税人按照国家统一会计制度核算的长期股权投资转让所得或损失的金额。

12. 第 15 列“按税收计算的投资转让所得或损失”：填报纳税人因收回、转让或清算处置股权投资时，按税收规定计算的投资转让所得或损失。

四、“投资损失补充资料”填报说明

本部分主要反映投资转让损失历年弥补情况。如“按税收计算投资转让所得或损失”与“税收确认的股息红利”合计数大于零，可弥补以前年度投资损失。

1. “年度”：分别填报本年度前 5 年自然年度。

2. “当年度结转金额”：当年投资转让损失需结转以后年度弥补的金额。

3. “已弥补金额”：已经用历年投资收益弥补的金额。

4. “本年度弥补金额”：本年投资所得（损失）合计数为正数时，可按顺序弥补以前年度投资损失。

5. “以前年度结转在本年度税前扣除的股权投资转让损失”：填报本年度弥补金额合计数 + 第一年结转填入附三表中“投资转让所得、处置所得”调减项目中。

五、表间关系

第 5 列“合计”行 = 附表三第 6 行第 4 列。

第四节　企业所得税汇算清缴管理办法

第一条　为加强企业所得税征收管理，进一步规范企业所得税汇算清缴管理工作，根据《中华人民共和国企业所得税法》及其实施条例（以下简称企业所得税法及其实施条例）和《中华人民共和国税收征收管理法》及其实施细则（以下简称税收征管法及其实施细则）的有关规定，制定本办法（国税发〔2009〕79 号）。

第二条　企业所得税汇算清缴，是指纳税人自纳税年度终了之日起 5 个月内或实际经营终止之日起 60 日内，依照税收法律、法规、规章及其他有关企业所得税的规定，自行计算本纳税年度应纳税所得额和应纳所得税额，根据月度或季度预缴企业所得税的数额，确定该纳税年度应补或者应退税额，并填写企业所得税年度纳税申报表，向主管税务机关办理企业所得税年度纳税申报、提供税务机关要求提供的有关资料、结清全年企业所得税税款的行为。

第三条　凡在纳税年度内从事生产、经营（包括试生产、试经营），或在纳税年度中间终止经营活动的纳税人，无论是否在减税、免税期间，也无论盈利或亏损，均应按照企业所得税法及其实施条例和本办法的有关规定进行企业所得税汇算清缴。

实行核定定额征收企业所得税的纳税人，不进行汇算清缴。

第四条　纳税人应当自纳税年度终了之日起 5 个月内，进行汇算清缴，结清应缴应退企业所得税税款。

纳税人在年度中间发生解散、破产、撤销等终止生产经营情形，需进行企业所得税清算的，应在清算前报告主管税务机关，并自实际经营终止之日起 60 日内进行汇算清缴，结清应缴应退企业所得税款；纳税人有其他情形依法终止纳税义务的，应当自停止生产、经营之日起 60 日内，向主管税务机关办理当期企业所得税汇算清缴。

第五条　纳税人 12 月份或者第四季度的企业所得税预缴纳税申报，应在纳税年度终了后 15 日内完成，预缴申报后进行当年企业所得税汇算清缴。

第六条　纳税人需要报经税务机关审批、审核或备案的事项，应按有关程序、时限和要求报送材料等有关规定，在办理企业所得税年度纳税申报前及时办理。

第七条　纳税人应当按照企业所得税法及其实施条例和企业所得税的有关规定，正确计算应纳税所得额和应纳所得税额，如实、正确填写企业所得税年度纳税申报表及其附表，完整、及时报送相关资料，并对纳税申报的真实性、准确性和完整性负法律责任。

第八条　纳税人办理企业所得税年度纳税申报时，应如实填写和报送下列有关资料：

（一）企业所得税年度纳税申报表及其附表；

（二）财务报表；

（三）备案事项相关资料；

（四）总机构及分支机构基本情况、分支机构征税方式、分支机构的预缴税情况；

（五）委托中介机构代理纳税申报的，应出具双方签订的代理合同，并附送中介机构出具的包括纳税调整的项目、原因、依据、计算过程、调整金额等内容的报告；

（六）涉及关联方业务往来的，同时报送《中华人民共和国企业年度关联业务往来报告表》；

（七）主管税务机关要求报送的其他有关资料。

纳税人采用电子方式办理企业所得税年度纳税申报的，应按照有关规定保存有关资料或附报纸质纳税申报资料。

第九条　纳税人因不可抗力，不能在汇算清缴期内办理企业所得税年度纳税申报或备齐企业所得税年度纳税申报资料的，应按照税收征管法及其实施细则的规定，申请办理延期纳税申报。

第十条　纳税人在汇算清缴期内发现当年企业所得税申报有误的，可在汇算清缴期内重新办理企业所得税年度纳税申报。

第十一条　纳税人在纳税年度内预缴企业所得税税款少于应缴企业所得税税款的，应在汇算清缴期内结清应补缴的企业所得税税款；预缴税款超过应纳税款的，主管税务机关应及时按有关规定办理退税，或者经纳税人同意后抵缴其下一年度应缴企业所得税税款。

第十二条　纳税人因有特殊困难，不能在汇算清缴期内补缴企业所得税款的，应按照税收征管法及其实施细则的有关规定，办理申请延期缴纳税款手续。

第十三条　实行跨地区经营汇总缴纳企业所得税的纳税人，由统一计算应纳税所得额和应纳所得税额的总机构，按照上述规定，在汇算清缴期内向所在地主管税务机关办理企业所得税年度纳税申报，进行汇算清缴。分支机构不进行汇算清缴，但应将分支机构的营业收支等情况在报总机构统一汇算清缴前报送分支机构所在地主管税务机关。总机构应将分支机构及其所属机构的营业收支纳入总机构汇算清缴等情况报送各分支机构所在地主管税务机关。

第十四条　经批准实行合并缴纳企业所得税的企业集团，由集团母公司（以下简称汇缴企业）在汇算清缴期内，向汇缴企业所在地主管税务机关报送汇缴企业及各个成员企业合并计算填写的企业所得税年度纳税申报表，以及本办法第八条规定的有关资料及各个成员企业的企业所得税年度纳税申报表，统一办理汇缴企业及其成员企业的企业所得税汇算清缴。

汇缴企业应根据汇算清缴的期限要求，自行确定其成员企业向汇缴企业报送本办法第八条规定的有关资料的期限。成员企业向汇缴企业报送的上述资料，应经成员企业所在地的主管税务机关审核。

第十五条　纳税人未按规定期限进行汇算清缴，或者未报送本办法第八条所列资料的，按照税收征管法及其实施细则的有关规定处理。

第十六条　各级税务机关要结合当地实际，对每一纳税年度的汇算清缴工作进行统一安排和组织部署。汇算清缴管理工作由具体负责企业所得税日常管理的部门组织实施。税务机关内部各职能部门应充分协调和配合，共同做好汇算清缴的管理工作。

第十七条　各级税务机关应在汇算清缴开始之前和汇算清缴期间，主动为纳税人提供税收服务。

（一）采用多种形式进行宣传，帮助纳税人了解企业所得税政策、征管制度和办税程序；

（二）积极开展纳税辅导，帮助纳税人知晓汇算清缴范围、时间要求、报送资料及其他应注意的事项。

（三）必要时组织纳税培训，帮助纳税人进行企业所得税自核自缴。

第十八条 主管税务机关应及时向纳税人发放汇算清缴的表、证、单、书。

第十九条 主管税务机关受理纳税人企业所得税年度纳税申报表及有关资料时，如发现企业未按规定报齐有关资料或填报项目不完整的，应及时告知企业在汇算清缴期内补齐补正。

第二十条 主管税务机关受理纳税人年度纳税申报后，应对纳税人年度纳税申报表的逻辑性和有关资料的完整性、准确性进行审核。审核重点主要包括：

（一）纳税人企业所得税年度纳税申报表及其附表与企业财务报表有关项目的数字是否相符，各项目之间的逻辑关系是否对应，计算是否正确。

（二）纳税人是否按规定弥补以前年度亏损额和结转以后年度待弥补的亏损额。

（三）纳税人是否符合税收优惠条件、税收优惠的确认和申请是否符合规定程序。

（四）纳税人税前扣除的财产损失是否真实、是否符合有关规定程序。跨地区经营汇总缴纳企业所得税的纳税人，其分支机构税前扣除的财产损失是否由分支机构所在地主管税务机关出具证明。

（五）纳税人有无预缴企业所得税的完税凭证，完税凭证上填列的预缴数额是否真实。跨地区经营汇总缴纳企业所得税的纳税人及其所属分支机构预缴的税款是否与《中华人民共和国企业所得税汇总纳税分支机构分配表》中分配的数额一致。

（六）纳税人企业所得税和其他各税种之间的数据是否相符、逻辑关系是否吻合。

第二十一条 主管税务机关应结合纳税人企业所得税预缴情况及日常征管情况，对纳税人报送的企业所得税年度纳税申报表及其附表和其他有关资料进行初步审核后，按规定程序及时办理企业所得税补、退税或抵缴其下一年度应纳所得税款等事项。

第二十二条 税务机关应做好跨地区经营汇总纳税企业和合并纳税企业汇算清缴的协同管理。

（一）总机构和汇缴企业所在地主管税务机关在对企业的汇总或合并纳税申报资料审核时，发现其分支机构或成员企业申报内容有疑点需进一步核实的，应向其分支机构或成员企业所在地主管税务机关发出有关税务事项协查函；该分支机构或成员企业所在地主管税务机关应在要求的时限内就协查事项进行调查核实，并将核查结果函复总机构或汇缴企业所在地主管税务机关。

（二）总机构和汇缴企业所在地主管税务机关收到分支机构或成员企业所在地主管税务机关反馈的核查结果后，应对总机构和汇缴企业申报的应纳税所得额及应纳所得税额作相应调整。

第二十三条 汇算清缴工作结束后，税务机关应组织开展汇算清缴数据分析、纳税评估和检查。纳税评估和检查的对象、内容、方法、程序等按照国家税务总局的有关规定执行。

第二十四条 汇算清缴工作结束后，各级税务机关应认真总结，写出书面总结报告逐级上报。各省、自治区、直辖市和计划单列市国家税务局、地方税务局应在每年7月底前将汇算清缴工作总结报告、年度企业所得税汇总报表报送国家税务总局（所得税司）。总结报告的内容应包括：

（一）汇算清缴工作的基本情况；

（二）企业所得税税源结构的分布情况；

（三）企业所得税收入增减变化及原因；

（四）企业所得税政策和征管制度贯彻落实中存在的问题和改进建议。

第二十五条 本办法适用于企业所得税居民企业纳税人。

第二十六条 各省、自治区、直辖市和计划单列市国家税务局、地方税务局可根据本办法制定具体实施办法。

第二十七条 本办法自2009年1月1日起执行。《国家税务总局关于印发〈企业所得税汇算清缴管理办法〉的通知》（国税发〔2005〕200号）、《国家税务总局关于印发新修订的〈外商投资企业和外国企业所得税汇算清缴工作规程〉的通知》（国税发〔2003〕12号）和《国家税务总局关于印发新修订的〈外商投资企业和外国企业所得税汇算清缴管理办法〉的通知》（国税发〔2003〕13号）同时废止。

2008年度企业所得税汇算清缴按本办法执行。

第二十八条 本办法由国家税务总局负责解释。

第五节 2008年度企业所得税汇算清缴工作

为全面贯彻落实《中华人民共和国企业所得税法》及其实施条例（以下简称新税法），进一步加强企业所得税征收管理，提高企业所得税管理质量，现就做好2008年度企业所得税汇算清缴工作通知如下（国税函〔2009〕55号）：

一、高度重视2008年度的企业所得税汇算清缴工作

2008年是实施新税法的第一年，2008年度的企业所得税汇算清缴工作，是从原内、外资企业所得税法全面过渡到新税法后，对新税法贯彻落实情况的一次全面检验。因此，做好2008年度的企业所得税汇算清缴工作意义重大。各级税务机关要高度重视2008年度企业所得税汇算清缴工作，加强领导，制定切实可行的实施方案，及时安排和部署，认真做好各项工作，保证2008年度企业所得税汇算清缴工作的顺利完成。

二、做好2008年度企业所得税汇算清缴工作的几点要求

1. 提高企业所得税纳税申报质量，全面落实企业所得税年度纳税申报各项制度，提倡电子申报。2008年度企业所得税汇算清缴质量直接关系到新税法的贯彻执行和国家税收收入的完成。各级税务机关要通过汇算清缴工作，认真审核申报资料是否完备、数据是否完整、逻辑关系是否准确，进一步提高企业所得税申报质量。各级税务机关可结合当地实际情况，推广电子申报模式，提高申报质量和效率。目前国家税务总局已开发完成满足基本功能的电子申报软件，免费提供给纳税人使用，并向纳税人提供免费远程电话支持服务，同时鼓励纳税人自行选择符合纳税申报接口的商用申报软件。

2. 抓好年度纳税申报的培训、宣传工作。国家税务总局已经正式下发了《中华人民共和国企业所得税年度纳税申报表》（见国税发〔2008〕101号和国税函〔2008〕1081号文件）。正确填报企业所得税年度纳税申报表是企业所得税汇算清缴的主要内容，也是纳税人依法纳税的重要体现。该申报表与原内、外资企业所得税申报表相比，在设计理念、报表逻辑关系等方面都有较大变化，为了保证基层税务人员和纳税人较好地理解申报表各项内容，提高申报质量，优化服务，各级税务机关要积极、广泛地开展内部培训和对外宣传工作，加强对纳税人的辅导，确保新税法的有效落实。

三、有关企业所得税政策和征管问题

对新税法实施以前财政部、国家税务总局发布的企业所得税有关管理性、程序性文件，凡不违背新税法规定原则，在没有制定新的规定前，可以继续参照执行；对新税法实施以前财政部、国家税务总局发布的企业所得税有关的政策性文件，应以新税法以及新税法实施后发布的相关规章、规范性文件为准。

四、做好汇算清缴的各项后续工作

2008 年度的企业所得税汇算清缴工作结束后，各级税务机关要认真做好各项后续工作。

1. 认真组织开展企业所得税纳税评估等后续管理工作，进一步堵塞日常征管漏洞，查处和打击企业所得税违法犯罪行为，为新税法的顺利实施创造良好条件。

2. 及时报送汇算清缴汇总表及总结报告。对汇算清缴相关数据、资料及时进行统计、分析，形成 2008 年度企业所得税汇算清缴汇总表，并附汇算清缴工作总结报告。报告的主要内容应包括：汇算清缴工作的基本情况及相关分析；企业所得税税源结构分布情况；收入增减变化及原因；企业所得税政策贯彻落实情况及存在问题；企业所得税管理的工作经验、问题及建议等。汇总数据和总结应在 2009 年 7 月底前上报国家税务总局。

3. 汇算清缴数据和总结应按时上报至税务总局“FTP：//所得税司/综合处/汇算清缴”文件夹下，不需再报送纸质资料。企业所得税汇算清缴汇总统计口径、报送要求等另行通知。

第六节　非居民企业所得税汇算清缴管理办法

为规范非居民企业所得税汇算清缴工作，根据《中华人民共和国企业所得税法》（以下简称企业所得税法）及其实施条例和《中华人民共和国税收征收管理法》（以下简称税收征管法）及其实施细则的有关规定，制定《非居民企业所得税汇算清缴管理办法》（国税发〔2009〕6 号）。

一、汇算清缴对象

1. 依照外国（地区）法律成立且实际管理机构不在中国境内，但在中国境内设立机构、场所的非居民企业（以下称为企业），无论盈利或者亏损，均应按照企业所得税法及本办法规定参加所得税汇算清缴。

2. 企业具有下列情形之一的，可不参加当年度的所得税汇算清缴：

（1）临时来华承包工程和提供劳务不足 1 年，在年度中间终止经营活动，且已经结清税款；

（2）汇算清缴期内已办理注销；

（3）其他经主管税务机关批准可不参加当年度所得税汇算清缴。

二、汇算清缴时限

1. 企业应当自年度终了之日起 5 个月内，向税务机关报送年度企业所得税纳税申报表，并汇算清缴，结清应缴应退税款。

2. 企业在年度中间终止经营活动的，应当自实际经营终止之日起 60 日内，向税务机关办理当期企业所得税汇算清缴。

三、申报纳税

1. 企业办理所得税年度申报时，应当如实填写和报送下列报表、资料：

（1）年度企业所得税纳税申报表及其附表；

（2）年度财务会计报告；

（3）税务机关规定应当报送的其他有关资料。

2. 企业因特殊原因，不能在规定期限内办理年度所得税申报，应当在年度终了之日起5个月内，向主管税务机关提出延期申报申请。主管税务机关批准后，可以适当延长申报期限。

3. 企业采用电子方式办理纳税申报的，应附报纸质纳税申报资料。

4. 企业委托中介机构代理年度企业所得税纳税申报的，应附送委托人签章的委托书原件。

5. 企业申报年度所得税后，经主管税务机关审核，需补缴或退还所得税的，应在收到主管税务机关送达的《非居民企业所得税汇算清缴涉税事宜通知书》（见附件1和附件2）后，按规定时限将税款补缴入库，或按照主管税务机关的要求办理退税手续。

6. 经批准采取汇总申报缴纳所得税的企业，其履行汇总纳税的机构、场所（以下简称汇缴机构），应当于每年5月31日前，向汇缴机构所在地主管税务机关索取《非居民企业汇总申报企业所得税证明》（以下称为《汇总申报纳税证明》，见附件3）；企业其他机构、场所（以下简称其他机构）应当于每年6月30前将《汇总申报纳税证明》及其财务会计报告送交其所在地主管税务机关。

在上述规定期限内，其他机构未向其所在地主管税务机关提供《汇总申报纳税证明》，且又无汇缴机构延期申报批准文件的，其他机构所在地主管税务机关应负责检查核实或核定该其他机构应纳税所得额，计算征收应补缴税款并实施处罚。

7. 企业补缴税款确因特殊困难需延期缴纳的，按税收征管法及其实施细则的有关规定办理。

8. 企业在所得税汇算清缴期限内，发现当年度所得税申报有误的，应当在年度终了之日起5个月内向主管税务机关重新办理年度所得税申报。

9. 企业报送报表期限的最后一日是法定休假日的，以休假日期满的次日为期限的最后一日；在期限内有连续三日以上法定休假日的，按休假日天数顺延。

四、法律责任

1. 企业未按规定期限办理年度所得税申报，且未经主管税务机关批准延期申报，或报送资料不全、不符合要求的，应在收到主管税务机关送达的《责令限期改正通知书》后按规定时限补报。

企业未按规定期限办理年度所得税申报，且未经主管税务机关批准延期申报的，主管税务机关除责令其限期申报外，可按照税收征管法的规定处以2000元以下的罚款，逾期仍不申报的，可处以2000元以上10000元以下的罚款，同时核定其年度应纳税额，责令其限期缴纳。企业在收到主管税务机关送达的《非居民企业所得税应纳税款核定通知书》（见附件4）后，应在规定时限内缴纳税款。

2. 企业未按规定期限办理所得税汇算清缴，主管税务机关除责令其限期办理外，对发生税款滞纳的，按照税收征管法的规定，加收滞纳金。

3. 企业同税务机关在纳税上发生争议时，依照税收征管法相关规定执行。

本办法自2008年1月1日起执行。

附件1：

非居民企业所得税汇算清缴涉税事宜通知书（据实申报企业适用）

＿＿（企业名称）＿＿：

你单位报送的＿＿年度所得税申报表及其有关资料收悉。经初步审核，年度企业所得税申报情况应调整如下：

一、本年度利润总额：　　　　　　　　元；

二、本年度弥补以前年度亏损额：　　　　元；

三、本年度应纳税所得额：　　　　　　元；

四、本年度实际应纳企业所得税额：　　　元；

五、本年度减（免）企业所得税额：　　　元；

六、本年度境外所得应补企业所得税额：　元；

七、本年度境内外实际应纳企业所得税额：元；

八、本年度已预缴所得税额：　　　　　元；

其中：已预缴季度所得税额：　　　　　元；

已补缴年度所得税额：　　　　　元；

九、本年度应补（退）所得税额：　　　元。

调整说明：

你单位应于5月31日前来我局，将尚须补缴的所得税税款自行缴纳入库或办理有关退税事宜。

特此通知。

主管税务机关名称及公章

年　月　日

附件2：

非居民企业所得税汇算清缴涉税事宜通知书（核定征收企业适用）

＿＿（企业名称）＿＿：

你单位按＿＿（所得税计征方法）＿＿征收企业所得税，报送的＿＿年度所得税申报表及其有关资料收悉。经初步审核，＿＿年度企业所得税申报情况应调整如下：

一、收入总额核定应纳税所得额企业适用

（一）本年度收入总额：　　　　　　　元；

（二）本年度经税务机关核定的利润率：

二、按经费支出换算收入方法征收企业所得税企业适用

（一）本年度经费支出总额：　　　　　元；

（二）本年度换算的收入总额：　　　　元；

（三）本年度经税务机关核定的利润率：

三、按成本费用核定应纳税所得额企业适用

（一）本年度成本费用总额：　　　　　元；

（二）本年度换算的收入总额：　　　　元；

（三）本年度经税务机关核定的利润率：

四、本年度应纳税所得额：　　　　　　元；

五、本年度应纳所得税额：　　　　　　　　　　　　元；

六、本年度减（免）所得税额：　　　　　　　　　　元；

七、本年度实际应纳所得税额：　　　　　　　　　　元；

八、本年度已预缴所得税额：　　　　　　　　　　　元；

其中：已预缴季度所得税额：　　　　　　　　　　元；

已补缴年度所得税额：　　　　　　　　　　元；

九、本年度应补（退）所得税额：　　　　　　　　　元。

调整说明：

你单位应于5月31日前来我局，将尚须补缴的所得税税款自行缴纳入库或办理有关退税事宜。

特此通知。

主管税务机关名称及公章

年　月　日

附件3：

非居民企业汇总申报所得税证明（存根）

国（地）税汇证〔　　〕号

__________国家（地方）税务局：

你局管辖的____________________________在我局管辖的________________________汇总申报纳税，于_____年_____月在我局汇总申报_____年度企业所得税。该年度汇总申报汇算清缴后利润（亏损）总额为_____元。

特此证明

汇缴机构所在地主管税务机关名称及公章

年　月　日

非居民企业汇总申报所得税证明

国（地）税汇证〔　　〕号

__________国家（地方）税务局：

你局管辖的____________________________在我局管辖的________________________汇总申报纳税，于_____年_____月在我局汇总申报_____年度企业所得税。该年度汇总申报汇算清缴后利润（亏损）总额为_____元。

特此证明

汇缴机构所在地主管税务机关名称及公章

年　月　日

主管税务机关地址：　　　　　　　　　　　　　　邮编：

联系人：　　　　　　　　　　电话：　　　　　　传真：

附件4：

非居民企业所得税应纳税款核定通知书

税非居民核〔　　〕号

______（企业名称）________：

由于你单位未按《中华人民共和国企业所得税法》第五十四条规定办理_____年度企业所

得税申报，经责令限期申报，逾期仍未申报，现根据《中华人民共和国税收征收管理法》第三十五条规定，核定你单位_____年度所得税应纳税额为_____元，扣除该年度已预缴的所得税_____元，应补缴税款_____元，限于_____年___月___日前将该税款补缴入库。

特此通知，请依照执行。

主管税务机关名称及公章

年 月 日

告知事项：

按照税法规定，纳税人同税务机关在纳税上发生争议时，必须先依照主管税务机关的纳税决定缴纳或者解缴税款及滞纳金或者提供相应的担保，然后可以在缴纳或者解缴税款或提供相应的担保之日起六十日内向主管税务机关的上一级税务机关申请行政复议。

纳税人对税务机关核定的应纳税额有异议的，应当提供相关证据，经税务机关认定后，调整应纳税额。

第七节 非居民企业所得税汇算清缴工作规程

为贯彻落实《国家税务总局关于印发〈非居民企业所得税汇算清缴管理办法〉的通知》（国税发〔2009〕6号，以下简称《办法》），规范税务机关对非居民企业所得税的汇算清缴工作，提高汇算清缴工作质量，制定本规程（国税发〔2009〕11号）。

一、汇算清缴工作内容

非居民企业所得税汇算清缴包括两方面内容：一是非居民企业（以下简称“企业”）应首先按照《办法》的规定，自行调整、计算本纳税年度的实际应纳税所得额、实际应纳所得税额，自核本纳税年度应补（退）所得税税款并缴纳应补税款；二是主管税务机关对企业报送的申报表及其他有关资料进行审核，下发汇缴事项通知书，办理年度所得税多退少补工作，并进行资料汇总、情况分析和工作总结。

二、汇算清缴工作程序

企业所得税汇算清缴工作分为准备、实施、总结三个阶段，各阶段工作的主要内容及时间要求安排如下：

（一）准备阶段

主管税务机关应在年度终了之日起三个月内做好以下准备工作：

1. 宣传辅导。以公告或其他方式向企业明确汇算清缴范围、时间要求、应报送的资料及其他应注意事项。必要时，应组织企业办税人员进行培训、辅导相关的税收政策和办税程序及手续。

2. 明确职责。汇算清缴工作应有领导负责，由具体负责非居民企业所得税日常管理的部门组织实施，由各相关职能部门协同配合共同完成。必要时，应组织对相关工作人员的业务培训。

3. 建立台账。建立日常管理台账，主要记载企业预缴税款、享受税收优惠、弥补亏损等事项，以便在汇算清激工作中进行核对。

4. 备办文书。向上级税务机关领取或按照规定的式样印制汇算清缴有关的表、证、单、书。

（二）实施阶段

主管税务机关应在年度终了之日起五个月内完成企业年度所得税纳税申报表及有关资料的受理、审核以及办理处罚、税款的补（退）手续。

1. 资料受理。主管税务机关接到企业的年度所得税纳税申报表和有关资料后，应检查企业报送的资料是否齐全，如发现企业未按规定报齐有关附表、文件等资料，应责令限期补齐；对填报项目不完整的，应退回企业并责令限期补正。

2. 资料审核。对企业报送的有关资料，主管税务机关应就以下几个方面内容进行审核：

（1）企业年度所得税纳税申报表及其附表与年度财务会计报告的数字是否一致，各项目之间的逻辑关系是否对应，计算是否正确。

（2）企业是否按规定结转或弥补以前年度亏损额。

（3）企业是否符合税收减免条件。

（4）企业在中国境内设立两个或者两个以上机构、场所，选择由其主要机构、场所汇总缴纳企业所得税的，是否经税务机关审核批准，以及各机构、场所账表所记载涉及计算应纳税所得额的各项数据是否准确。

（5）企业有来源于中国境外的应纳税所得额的，境外所得应补企业所得税额是否正确。

（6）企业已预缴税款填写是否正确。

3. 结清税款。主管税务机关应结合季度所得税申报表及日常征管情况，对企业报送的年度申报表及其附表和其他有关资料进行初步审核，在5月31日前，对应补缴所得税、应办理退税的企业发送《非居民企业所得税汇算清缴涉税事宜通知书》，并办理税款多退少补事宜。

4. 实施处罚。主管税务机关对企业未按《办法》规定办理年度所得税申报，应按照规定实施处罚；必要时发送《非居民企业所得税应纳税款核定通知书》，核定企业年度应纳税额，责令其缴纳。

5. 汇总申报协调。

（1）汇缴机构所在地主管税务机关在接受企业年度所得税汇总申报后，应于5月31日前为企业出具《非居民企业汇总申报所得税证明》。

（2）汇缴机构所在地主管税务机关对企业的汇总申报资料进行审核时，对其他机构的情况有疑问需要进一步审核的，可以向其他机构所在地主管税务机关发送《非居民企业汇总申报纳税事项协查函》（见附件1），其他机构所在地主管税务机关应负责就协查事项进行调查核实，并将结果函复汇缴机构所在地主管税务机关。

（3）其他机构所在地主管税务机关在日常管理或税务检查中，发现其他机构有少计收入或多列成本费用等所得税的问题，应将有关情况及时向汇缴机构所在地主管税务机关发送《非居民企业汇总申报纳税事项处理联络函》（见附件2）。

（4）其他机构所在地主管税务机关按照《办法》规定对其他机构就地征收税款或调整亏损额的，应及时将征收税款及应纳税所得额调整额以《非居民企业汇总申报纳税事项处理联络函》通知汇缴机构所在地主管税务机关，汇缴机构所在地主管税务机关应对企业应纳税所得额及应纳税总额作相应调整，并在应补（退）税额中减除已在其他机构所在地缴纳的税款。

（三）总结阶段

各地税务机关应在7月15日前完成汇算清缴工作的资料归档、数据统计、汇总以及总结等工作，并于7月31日前向税务总局报送企业所得税汇算清缴工作总结及有关报表。工作总结的主要内容应包括：

1. 基本情况及相关分析。

（1）基本情况。主要包括企业税务登记户数、应参加汇算清缴企业户数、实际参加汇算清缴企业户数、未参加汇算清缴企业户数及其原因、据实申报企业户数、核定征收企业户数；据实申报企业的盈利户数、营业收入、利润总额、弥补以前年度亏损、应纳税所得额、应纳所得税额、减免所得税额、实际缴纳所得税额、亏损户数、亏损企业营业收入、亏损金额等内容；核定征收企业中换算的收入总额、应纳税所得额、应纳所得税额、减免所得税额、实际缴纳所得税额。

（2）主要指标分析和说明。主要分析汇算清缴面、所得税预缴率、税收负担率、企业亏损面等指标。

（3）据实申报企业盈亏情况分析。根据盈利企业户数、实际参加汇缴户数分析盈利面变化情况；分析盈利和亏损企业的营业收入、成本、费用、未弥补亏损前利润总额、亏损总额等指标的变化情况及原因等。

（4）纳税情况分析。包括预缴率变化，所得税预缴、补税和退税等情况。

2. 企业自行申报情况。主要包括申报表及其附表的填写和报送，自行调整的企业户数、主要项目和金额等情况。

3. 税务机关依法调整情况。主要包括税务机关依法调整的户数、主要项目、金额，同时应分别说明调增（减）应纳税所得额及应纳所得税额、亏损总额的户数、金额等情况。

4. 主要做法。包括汇算清缴工作的组织安排和落实情况，对税务人员的业务培训及对企业的前期宣传、培训、辅导情况，对申报表的审核情况以及汇算清缴工作的检查考核评比等情况。

5. 发现的问题及意见或建议。分企业和税务机关两个方面，企业方面主要包括申报表的填报、申报软件的操作使用情况和《办法》的执行情况等；税务机关方面主要包括所得税汇算清缴工作规程在实际操作中的应用情况及效果，说明存在的问题及改进的意见和建议。

三、文书的印刷

《办法》及本规程所涉及的文书，由各省、自治区、直辖市和计划单列市国家税务局和相关地方税务局按照规定式样自行印制。

附件1：

非居民企业汇总申报纳税事项协查函（存根）

国（地）税协〔　　〕号

____________国家（地方）税务局：

你局管辖的________________系在我局管辖的________________汇总申报纳税的其他机构，请就该机构以下事项进行调查核实：

事项：____

____

疑点：____

____

（汇缴机构所在地主管税务机关名称及公章）

年　月　日

非居民企业汇总申报纳税事项协查函

国（地）税协〔 〕号

________国家（地方）税务局：

你局管辖的____________系在我局管辖的____________汇总申报纳税的其他机构，请就该机构以下事项进行调查核实：

事项：____

____

疑点：____

____

其他机构登记地址：

电话： 传真：

（汇缴机构所在地主管税务机关名称及公章）

年 月 日

主管税务机关地址： 邮编：

联系人： 电话： 传真：

附件2：

非居民企业汇总申报纳税事项处理联络函

国（地）税处〔 〕号

________国家（地方）税务局：

我局管辖的____________系在你局管辖的____________汇总申报企业所得税的其他机构。

其他机构地址： 电话： 传真：

根据《中华人民共和国企业所得税法》和国家税务总局《非居民企业所得税汇算清缴管理办法》及其工作规程的规定，经我局查实，对该机构____年度所得税做出如下处理：

1. 其他机构未汇总申报由我局确定的应纳税所得额：

（1）核实额：____________________________。

（2）按同行业利润率核定额：____________________________。

（3）其他方法核定额：____________________________。

2. 我局计算补征税款及处罚额：

适用税率（实际征收率）：________________补缴税额：________________。滞纳金：________________处罚额：________________。

3. 我局提请你局应作出的税务处理事项：

（1）其他机构少计收入额：________________。

（2）其他机构多列成本费用：________________。

（3）其他事项：________________。

（其他机构所在地主管税务机关名称及公章）

年 月 日

主管税务机关邮编： 地址：

联系人： 电话： 传真：

表 27-17

附件 3：

非居民企业所得税汇算清缴汇总表（据实申报企业适用）

编报单位：　　　　　　　　　　　　年度：

项目		行次	合计数		农、林、牧、渔业	采矿业	制造业	电力、燃气及水的生产和供应业	建筑业	交通运输、仓储和邮政业	信息传输、计算机服务和软件业	批发和零售业	住宿和餐饮业	金融业	房地产业	租赁和商务服务业	科学研究、技术服务和地质勘查业	水利、环境和公共设施管理业	居民服务和其他服务业	教育	卫生、社会保障和社会福利业	文化、体育和娱乐业
			本年数	比上年增减数																		
户管情况	一、税务登记户数	1																				
	其中：常驻代表机构户数	2																				
	提供劳务、承包工程作业户数	3																				
	其他	4																				
	二、应参加汇算清缴户数	5																				
	三、不参加汇算清缴户数	6																				
	四、实际参加汇算清缴户数	7																				
	五、盈利企业户数	8																				
	1. 享受企业所得税优惠户数	9																				
	2. 全额征收企业所得税户数	10																				
	3. 弥补亏损企业户数	11																				
	其中：弥亏后应纳税所得额为零的企业户数	12																				
	六、亏损企业户数	13																				
	七、零申报企业户数	14																				
盈利企业汇算清缴情况	营业收入	15																				
	其他业务收入	16																				
	营业成本	17																				
	营业税金及附加	18																				
	营业费用	19																				
	管理费用	20																				
	财务费用	21																				
	营业利润	22																				

续表

	项目	行次	合计数		农、林、牧、渔业	采矿业	制造业	电力、燃气及水的生产和供应业	建筑业	交通运输、仓储和邮政业	信息传输、计算机服务和软件业	批发和零售业	住宿和餐饮业	金融业	房地产业	租赁和商务服务业	科学研究、技术服务和地质勘查业	水利、环境和公共设施管理业	居民服务和其他服务业	教育	卫生、社会保障和社会福利业	文化、体育和娱乐业
			本年数	比上年增减数																		
盈利企业汇算清缴情况	营业外收支净额	23																				
	利润（亏损）总额	24																				
	其他应税项目调增（减）额	25																				
	按规定可弥补的以前年度亏损额	26																				
	应纳税所得额	27																				
	应纳企业所得税额	28																				
	实际应纳企业所得税额	29																				
	减（免）企业所得税额	30																				
	境外所得应补企业所得税额	31																				
	境内外实际应纳企业所得税额	32																				
	全年已预缴企业所得税额	33																				
	以前年度损益调整应补所得税额	34																				
	以前年度损益调整应退所得税额	35																				
	本年度应补企业所得税额	36																				
	本年度应退企业所得税额	37																				
	税后利润	38																				
亏损企业汇算清缴情况	营业收入	39																				
	其他业务收入	40																				
	营业成本	41																				
	营业税金及附加	42																				
	营业费用	43																				
	管理费用	44																				
	财务费用	45																				
	营业利润	46																				
	营业外收支净额	47																				
	亏损总额	48																				

局长： 复核： 制表：

附件 4：

表 27-18　　非居民企业所得税汇算清缴汇总表（核定征收企业适用）

项目	编报单位 / 年度	行次	合计：本年数	合计：比上年增减	农、林、牧、渔业	采矿业	制造业	电力、燃气及水的生产和供应业	建筑业	交通运输、仓储和邮政业	信息传输、计算机服务和软件业	批发和零售业	住宿和餐饮业	金融业	房地产业	租赁和商务服务业	科学研究、技术服务和地质勘查业	水利、环境和公共设施管理业	居民服务和其他服务业	教育	卫生、社会保障和社会福利业	文化、体育和娱乐业
户数情况	一、税务登记户数	1																				
	其中：常驻代表机构户数	2																				
	提供劳务、承包工程作业户数	3																				
	其他	4																				
	二、应参加汇算清缴户数	5																				
	三、不参加汇算清缴企业户数	6																				
	四、实际参加汇算清缴户数	7																				
	征收情况　1. 享受企业所得税优惠户数	8																				
	征收情况　2. 全额征收企业所得税户数	9																				
	核定方式　1. 按收入总额核定应纳税所得额户数	10																				
	核定方式　2. 按经费支出换算应纳税所得额户数	11																				
	核定方式　3. 按成本费用核定应纳税所得额户数	12																				
	五、零申报企业户数	13																				
按收入总额核定应纳税所得额	收入总额	14																				
	应纳税所得额	15																				
	应纳企业所得税额	16																				
	实际应纳企业所得税额	17																				
	减（免）企业所得税额	18																				
	全年已预缴企业所得税额	19																				
	应补所得税额	20																				
	应退所得税额	21																				

续表

编报单位 年度 项目		行次	合计		农、林、牧、渔业	采矿业	制造业	电力、燃气及水的生产和供应业	建筑业	交通运输、仓储和邮政业	信息传输、计算机服务和软件业	批发和零售业	住宿和餐饮业	金融业	房地产业	租赁和商务服务业	科学研究、技术服务和地质勘查业	水利、环境和公共设施管理业	居民服务和其他服务业	教育	卫生、社会保障和社会福利业	文化、体育和娱乐业
			本年数	比上年增减																		
按经费支出换算应纳税所得额	经费支出总额	22																				
	换算的收入总额	23																				
	应纳税所得额	24																				
	应纳企业所得税额	25																				
	实际应纳企业所得税额	26																				
	减（免）企业所得税额	27																				
	全年已预缴企业所得税额	28																				
	应补所得税额	29																				
	应退所得税额	30																				
按成本费用核定应纳税所得额	成本费用总额	31																				
	换算的收入总额	32																				
	应纳税所得额	33																				
	应纳企业所得税额	34																				
	实际应纳企业所得税额	35																				
	减（免）企业所得税额	36																				
	全年已预缴企业所得税额	37																				
	应补所得税额	38																				
	应退所得税额	39																				
企业所得税额合计	收入总额	40																				
	应纳税所得额	41																				
	应纳企业所得税额	42																				
	实际应纳企业所得税额	43																				
	减（免）企业所得税额	44																				
	全年已预缴企业所得税额	45																				
	应补所得税额	46																				
	应退所得税额	47																				

局长：　　　　　　复核：　　　　　　制表：

表 27-19 非居民企业所得税汇算清缴指标分析表（据实申报企业适用）

附件 5：

编报单位：　　　　年度：　　　　单位：户、人民币万元

项　目	行次	合计		农、林、牧、渔业	采矿业	制造业	电力、燃气及水的生产和供应业	建筑业	交通运输、仓储和邮政业	信息传输、计算机服务和软件业	批发零售业	住宿餐饮业	金融业	房地产业	租赁和商务服务业	科学研究、技术服务和地质勘查业	水利、环境和公共设施管理业	居民服务和其他服务业	教育	卫生、社会保障和社会福利业	文化、体育和娱乐业
		本年数	比上年增（减）额																		
汇算面	1																				
盈利面	2																				
预缴率	3																				
销售（营业）利润率	4																				
销售（营业）亏损率	5																				
销售（营业）毛利率	6																				
销售（营业）成本利润率	7																				
所得税税收负担率	8																				
减免税面	9																				
减免税比率	10																				
应纳税所得额变动率	11																				
所得税税收负担变动率	12																				
营业利润税负率	13																				
补税率	14																				
退税率	15																				
征免税比率	16																				

局长：　　　　复核：　　　　制表：　　　　填表日期：　　年　　月　　日　第　　页

第二十八章　税收征收管理专项办法

除了上述的税收征收管理的一般规定之外，在企业所得税的税收法规中，还对一些税收事项作出了专门规定。

第一节　跨地区经营汇总纳税企业所得税征收管理暂行办法

为加强跨地区经营汇总纳税企业所得税的征收管理，根据《财政部　国家税务总局　中国人民银行关于印发〈跨省市总分机构企业所得税分配及预算管理暂行办法〉的通知》（财预〔2008〕10号）的精神，国家税务总局制定了《跨地区经营汇总纳税企业所得税征收管理暂行办法》。现印发给你们，请遵照执行（国税发〔2008〕28号）。

第一章　总　则

第一条　为加强跨地区经营汇总纳税企业所得税征收管理，根据《中华人民共和国企业所得税法》及其实施条例、《中华人民共和国税收征收管理法》及其实施细则和《财政部　国家税务总局　中国人民银行关于印发〈跨省市总分机构企业所得税分配及预算管理暂行办法〉的通知》（财预〔2008〕10号）的有关规定，制定本办法。

第二条　居民企业在中国境内跨地区（指跨省、自治区、直辖市和计划单列市，下同）设立不具有法人资格的营业机构、场所（以下称分支机构）的，该居民企业为汇总纳税企业（以下称企业），除另有规定外，适用本办法。

铁路运输企业（包括广铁集团和大秦铁路公司）、国有邮政企业、中国工商银行股份有限公司、中国农业银行、中国银行股份有限公司、国家开发银行、中国农业发展银行、中国进出口银行、中央汇金投资有限责任公司、中国建设银行股份有限公司、中国建银投资有限责任公司、中国石油天然气股份有限公司、中国石油化工股份有限公司以及海洋石油天然气企业（包括港澳台和外商投资、外国海上石油天然气企业）等缴纳所得税未纳入中央和地方分享范围的企业，不适用本办法。

第三条　企业实行“统一计算、分级管理、就地预缴、汇总清算、财政调库”的企业所得税征收管理办法。

第四条　统一计算，是指企业总机构统一计算包括企业所属各个不具有法人资格的营业机构、场所在内的全部应纳税所得额、应纳税额。

第五条　分级管理，是指总机构、分支机构所在地的主管税务机关都有对当地机构进行企业所得税管理的责任，总机构和分支机构应分别接受机构所在地主管税务机关的管理。

第六条　就地预缴，是指总机构、分支机构应按本办法的规定，分月或分季分别向所在地主管税务机关申报预缴企业所得税。

第七条 汇总清算，是指在年度终了后，总机构负责进行企业所得税的年度汇算清缴，统一计算企业的年度应纳所得税额，抵减总机构、分支机构当年已就地分期预缴的企业所得税款后，多退少补税款。

第八条 财政调库，是指财政部定期将缴入中央国库的跨地区总分机构企业所得税待分配收入，按照核定的系数调整至地方金库。

第九条 总机构和具有主体生产经营职能的二级分支机构，就地分期预缴企业所得税。

二级分支机构及其下属机构均由二级分支机构集中就地预缴企业所得税；三级及以下分支机构不就地预缴企业所得税，其经营收入、职工工资和资产总额统一计入二级分支机构。

第十条 总机构设立具有独立生产经营职能部门，且具有独立生产经营职能部门的经营收入、职工工资和资产总额与管理职能部门分开核算的，可将具有独立生产经营职能的部门视同一个分支机构，就地预缴企业所得税。具有独立生产经营职能部门与管理职能部门的经营收入、职工工资和资产总额不能分开核算的，具有独立生产经营职能的部门不得视同一个分支机构，不就地预缴企业所得税。

第十一条 不具有主体生产经营职能，且在当地不缴纳增值税、营业税的产品售后服务、内部研发、仓储等企业内部辅助性的二级及以下分支机构，不就地预缴企业所得税。

第十二条 上年度认定为小型微利企业的，其分支机构不就地预缴企业所得税。

第十三条 新设立的分支机构，设立当年不就地预缴企业所得税。

第十四条 撤销的分支机构，撤销当年剩余期限内应分摊的企业所得税款由总机构缴入中央国库。

第十五条 企业在中国境外设立的不具有法人资格的营业机构，不就地预缴企业所得税。

企业计算分期预缴的所得税时，其实际利润额、应纳税额及分摊因素数额，均不包括其在中国境外设立的营业机构。

第十六条 总机构和分支机构处于不同税率地区的，先由总机构统一计算全部应纳税所得额，然后依照本办法第十九条规定的比例和第二十三条规定的三因素及其权重，计算划分不同税率地区机构的应纳税所得额后，再分别按总机构和分支机构所在地的适用税率计算应纳税额。

第十七条 总机构和分支机构2007年及以前年度按独立纳税人计缴所得税尚未弥补完的亏损，允许在法定剩余年限内继续弥补。

第二章 税款预缴和汇算清缴

第十八条 企业应根据当期实际利润额，按照本办法规定的预缴分摊方法计算总机构和分支机构的企业所得税预缴额，分别由总机构和分支机构分月或者分季就地预缴。

在规定期限内按实际利润额预缴有困难的，经总机构所在地主管税务机关认可，可以按照上一年度应纳税所得额的1/12或1/4，由总机构、分支机构就地预缴企业所得税。

预缴方式一经确定，当年度不得变更。

第十九条 总机构和分支机构应分期预缴的企业所得税，50%在各分支机构间分摊预缴，50%由总机构预缴。总机构预缴的部分，其中25%就地入库，25%预缴入中央国库，按照财预〔2008〕10号文件的有关规定进行分配。

第二十条 按照当期实际利润额预缴的税款分摊方法

（一）分支机构应分摊的预缴数

总机构根据统一计算的企业当期实际应纳所得税额，在每月或季度终了后10日内，按照各分支机构应分摊的比例，将本期企业全部应纳所得税额的50%在各分支机构之间进行分摊并通知到各分支机构；各分支机构应在每月或季度终了之日起15日内，就其分摊的所得税额向所在地主管税务机关申报预缴。

（二）总机构应分摊的预缴数

总机构根据统一计算的企业当期应纳所得税额的25%，在每月或季度终了后15日内自行就地申报预缴。

（三）总机构缴入中央国库分配税款的预缴数

总机构根据统一计算的企业当期应纳所得税额的25%，在每月或季度终了后15日内自行就地申报预缴。

第二十一条　按照上一年度应纳税所得额的1/12或1/4预缴的税款分摊方法：

（一）分支机构应分摊的预缴数

总机构根据上年汇算清缴统一计算应缴纳所得税额的1/12或1/4，在每月或季度终了之日起10日内，按照各分支机构应分摊的比例，将本期企业全部应纳所得税额的50%在各分支机构之间进行分摊并通知到各分支机构；各分支机构应在每月或季度终了之日起15日内，就其分摊的所得税额向所在地主管税务机关申报预缴。

（二）总机构应分摊的预缴数

总机构根据上年汇算清缴统一计算应缴纳所得税额的1/12或1/4，将企业全部应纳所得税额的25%部分，在每月或季度终了后15日内自行向所在地主管税务机关申报预缴。

（三）总机构缴入中央国库分配税款的预缴数

总机构根据上年汇算清缴统一计算应缴纳所得税额的1/12或1/4，将企业全部应纳所得税额的25%部分，在每月或季度终了后15日内，自行向所在地主管税务机关申报预缴。

第二十二条　总机构在年度终了后5个月内，应依照法律、法规和其他有关规定进行汇总纳税企业的所得税年度汇算清缴。各分支机构不进行企业所得税汇算清缴。

当年应补缴的所得税款，由总机构缴入中央国库。当年多缴的所得税款，由总机构所在地主管税务机关开具“税收收入退还书”等凭证，按规定程序从中央国库办理退库。

第三章　分支机构分摊税款比例

第二十三条　总机构应按照以前年度（1~6月份按上上年度，7~12月份按上年度）分支机构的经营收入、职工工资和资产总额三个因素计算各分支机构应分摊所得税款的比例，三因素的权重依次为0.35、0.35、0.30，计算公式如下：

某分支机构分摊比例＝0.35×（该分支机构营业收入/各分支机构营业收入之和）＋0.35×（该分支机构工资总额/各分支机构工资总额之和）＋0.30×（该分支机构资产总额/各分支机构资产总额之和）

以上公式中分支机构仅指需要就地预缴的分支机构，该税款分摊比例按上述方法一经确定后，当年不作调整。

第二十四条　本办法所称分支机构经营收入，是指分支机构在销售商品或者提供劳务等经营业务中实现的全部营业收入。其中，生产经营企业的经营收入是指销售商品、提供劳务等取得的全部收入；金融企业的经营收入是指利息和手续费等全部收入；保险企业的经营收入是指保费等全部收入。

第二十五条 本办法所称分支机构职工工资，是指分支机构为获得职工提供的服务而给予职工的各种形式的报酬。

第二十六条 本办法所称分支机构资产总额，是指分支机构拥有或者控制的除无形资产外能以货币计量的经济资源总额。

第二十七条 各分支机构的经营收入、职工工资和资产总额的数据均以企业财务会计决算报告数据为准。

第二十八条 分支机构所在地主管税务机关对总机构计算确定的分摊所得税款比例有异议的，应于收到《中华人民共和国企业所得税汇总纳税分支机构分配表》后30日内向企业总机构所在地主管税务机关提出书面复核建议，并附送相关数据资料。总机构所在地主管税务机关必须于收到复核建议后30日内，对分摊税款的比例进行复核，并作出调整或维持原比例的决定。分支机构所在地主管税务机关应执行总机构所在地主管税务机关的复核决定。

第二十九条 分摊所得税款比例复核期间，分支机构应先按总机构确定的分摊比例申报预缴税款。

第四章　征收管理

第三十条 总机构和分支机构均应依法办理税务登记，接受所在地税务机关的监督和管理。

第三十一条 总机构应在每年6月20日前，将依照本办法第二十三条规定方法计算确定的各分支机构当年应分摊税款的比例，填入《中华人民共和国企业所得税汇总纳税分支机构分配表》（见《国家税务总局关于印发〈中华人民共和国企业所得税月（季）度预缴纳税申报表〉等报表的通知》（国税函〔2008〕44号）附件4，该附件填报说明第二条第10项“各分支机构分配比例”的计算公式依照本办法第二十三条的规定执行），报送总机构所在地主管税务机关，同时下发各分支机构。

第三十二条 总机构所在地主管税务机关收到总机构报送的《中华人民共和国企业所得税汇总纳税分支机构分配表》后10日内，应通过国家税务总局跨地区经营汇总纳税企业信息交换平台或邮寄等方式，及时传送给各分支机构所在地主管税务机关。

第三十三条 总机构应当将其所有二级分支机构（包括不参与就地预缴分支机构）的信息及二级分支机构主管税务机关的邮编、地址报主管税务机关备案。

第三十四条 分支机构应将总机构信息、上级机构、下属分支机构信息报主管税务机关备案。

第三十五条 分支机构注销后15日内，总机构应将分支机构注销情况报主管税务机关备案。

第三十六条 总机构及其分支机构除按纳税申报规定向主管税务机关报送相关资料外，还应报送《中华人民共和国企业所得税汇总纳税分支机构分配表》、财务会计决算报告和职工工资总额情况表。

第三十七条 分支机构的各项财产损失，应由分支机构所在地主管税务机关审核并出具证明后，再由总机构向所在地主管税务机关申报扣除。

第三十八条 各分支机构主管税务机关应根据总机构主管税务机关反馈的《中华人民共和国企业所得税汇总纳税分支机构分配表》，对其主管分支机构应分摊入库的所得税税款和计算分摊税款比例的3项指标进行查验核对。发现计算分摊税款比例的3项指标有问题的，应及时将相关情况通报总机构主管税务机关。分支机构未按税款分配数额预缴所得税造成少缴税款的，主管税务机关应按照《中华人民共和国税收征收管理法》及其实施细则的有关规定对其处罚，并将处罚结果通知总机构主管税务机关。

第五章　附　则

第三十九条　居民企业在同一省、自治区、直辖市和计划单列市内跨地、市（区、县）设立不具有法人资格营业机构、场所的，其企业所得税征收管理办法，由各省、自治区、直辖市和计划单列市国家税务局、地方税务局参照本办法联合制定。

第四十条　本办法自2008年1月1日起执行。

第四十一条　本办法由国家税务总局负责解释。

第二节　跨地区经营汇总纳税企业所得税征收管理问题

对跨地区经营汇总纳税企业所得税征收管理的有关问题，国家税务总局还作了解释。

一、（国税函〔2008〕747号）之规定

1. 关于总机构不向分支机构提供企业所得税分配表，导致分支机构无法正常就地申报预缴企业所得税的处理问题。首先，分支机构主管税务机关要对二级分支机构进行审核鉴定，如该二级分支机构具有主体生产经营职能，可以确定为应就地申报预缴所得税的二级分支机构；其次，对确定为就地申报预缴所得税的二级分支机构，主管税务机关应责成该分支机构督促总机构限期提供税款分配表，同时函请总机构主管税务机关责成总机构限期提供税款分配表，并由总机构主管税务机关对总机构按照《中华人民共和国税收征收管理法》的有关规定予以处罚；总机构主管税务机关未尽责的，由上级税务机关对总机构主管税务机关依照税收执法责任制的规定严肃处理。

2. 关于实行跨地区汇总纳税的企业能否核定征收所得税的问题。跨地区汇总纳税企业的所得税收入涉及跨区利益，跨区法人应健全财务核算制度并准确计算经营成果，不适用《国家税务总局关于印发〈企业所得税核定征收办法（试行）〉的通知》（国税发〔2008〕30号）。

二、国税函〔2009〕221号之规定

1. 关于二级分支机构的判定问题。二级分支机构是指总机构对其财务、业务、人员等直接进行统一核算和管理的领取非法人营业执照的分支机构。

总机构应及时将其所属二级分支机构名单报送总机构所在地主管税务机关，并向其所属二级分支机构及时出具有效证明（支持证明的材料包括总机构拨款证明、总分支机构协议或合同、公司章程、管理制度等）。

二级分支机构在办理税务登记时应向其所在地主管税务机关报送非法人营业执照（复印件）和由总机构出具的二级分支机构的有效证明。其所在地主管税务机关应对二级分支机构进行审核鉴定，督促其及时预缴企业所得税。

以总机构名义进行生产经营的非法人分支机构，无法提供有效证据证明其二级及二级以下分支机构身份的，应视同独立纳税人计算并就地缴纳企业所得税，不执行《国家税务总局关于印发〈跨地区经营汇总纳税企业所得税征收管理暂行办法〉的通知》（国税发〔2008〕28号）的相关规定。

2. 关于总分支机构适用不同税率时企业所得税款计算和缴纳问题。预缴时，总机构和分支机构处于不同税率地区的，先由总机构统一计算全部应纳税所得额，然后按照国税发〔2008〕28号（见本章第一节，下同）文件第十九条规定的比例和第二十三条规定的三因素及其权重，计算划分不同税率地区机构的应纳税所得额，再分别按各自的适用税率计算应纳税额后加总计算出企业的应纳所得税总额。再按照国税发〔2008〕28号文件第十九条规定的比例和第二十三条规定的三因素及其权重，向总机构和分支机构分摊就地预缴的企业所得税款。

汇缴时，企业年度应纳所得税额应按上述方法并采用各分支机构汇算清缴所属年度的三因素计算确定。

除《国务院关于实施企业所得税过渡优惠政策的通知》（国发〔2007〕39号，见第二十一章第二节一和第四节）、《财政部　国家税务总局关于企业所得税若干优惠政策的通知》（财税〔2008〕1号，见第二十一章第三节）和《财政部　国家税务总局关于贯彻落实国务院关于实施企业所得税过渡优惠政策有关问题的通知》（财税〔2008〕21号，见第二十一章第二节二）有关规定外，跨地区经营汇总纳税企业不得按照上述总分支机构处于不同税率地区的计算方法计算并缴纳企业所得税，应按照企业适用统一的税率计算并缴纳企业所得税。

3. 关于预缴和年度汇算清缴时分支机构报送资料问题。跨地区经营汇总纳税企业在进行企业所得税预缴和年度汇算清缴时，二级分支机构应向其所在地主管税务机关报送其本级及以下分支机构的生产经营情况，主管税务机关应对报送资料加强审核，并作为对二级分支机构计算分摊税款比例的三项指标和应分摊入库所得税税款进行查验核对的依据。

4. 关于应执行未执行或未准确执行国税发〔2008〕28号文件企业的处理问题。对应执行国税发〔2008〕28号文件规定而未执行或未正确执行上述文件规定的跨地区经营汇总纳税企业，在预缴企业所得税时造成总机构与分支机构之间同时存在一方（或几方）多预缴另一方（或几方）少预缴税款的，其总机构或分支机构就地预缴的企业所得税低于按上述文件规定计算分配的数额的，应在随后的预缴期间内，由总机构将按上述文件规定计算分配的税款差额分配到总机构或分支机构补缴；其总机构或分支机构就地预缴的企业所得税高于按上述文件规定计算分配的数额的，应在随后的预缴期间内，由总机构将按上述文件规定计算分配的税款差额从总机构或分支机构的预缴数中扣减。

5. 国税发〔2008〕28号文件第二条第二款所列企业不适用本通知规定。

6. 本通知自2009年1月1日起执行。

三、建筑企业所得税的征管问题（国税函〔2010〕39号）

为加强和规范建筑企业所得税的征收管理，根据《中华人民共和国企业所得税法》及其实施条例、《中华人民共和国税收征收管理法》及其实施细则、《国家税务总局关于印发〈跨地区经营汇总纳税企业所得税征收管理暂行办法〉的通知》（国税发〔2008〕28号，见本章第一节）的规定，现对跨地区（指跨省、自治区、直辖市和计划单列市，下同）经营建筑企业所得税征收管理问题通知如下：

1. 实行总、分机构体制的跨地区经营建筑企业应严格执行国税发〔2008〕28号文件规定，按照“统一计算、分级管理、就地预缴、汇总清算、财政调库”的办法计算缴纳企业所得税。

2. 建筑企业跨地区设立的不符合二级分支机构条件的项目经理部（包括与项目经理部性质相同的工程指挥部、合同段等），应汇总到总机构或二级分支机构统一计算，按照国税发〔2008〕28号文件规定的办法计算缴纳企业所得税。

3. 各地税务机关自行制定的与本通知相抵触的征管文件，一律停止执行并予以纠正；对按照规定不应就地预缴而征收了企业所得税的，要及时将税款返还给企业。未按本通知要求进行纠正的，税务总局将按照执法责任制的有关规定严肃处理。

第三节　跨地区经营外商独资银行的汇总纳税

为贯彻落实《中华人民共和国企业所得税法》及其实施条例，现对跨地区（指跨省、自治区、直辖市和计划单列市，下同）经营外商独资银行的汇总纳税问题通知如下（国税函〔2008〕958 号）：

1. 由外国银行在中国设立的分行改制而成的跨地区经营外商独资银行，其所属跨地区经营分支机构应按照《国家税务总局关于印发〈跨地区经营汇总纳税企业所得税征收管理暂行办法〉的通知》（国税发〔2008〕28 号）的规定就地预缴企业所得税。

2. 对外商独资银行当年新设立的跨地区经营分支机构，因总机构无法获得新设分支机构上上年度的经营收入、职工工资和资产总额三个因素的相关数据而未分配税金的，新设分支机构在次年上半年可不就地预缴企业所得税。

3. 本通知自 2008 年 1 月 1 日起执行。本通知下发之前，外商独资银行总行没有向所属的跨地区经营分支机构分配应就地预缴税款的，所属的跨地区经营分支机构在以后预缴期间不再就地补缴。外商独资银行 2007 年新设立的跨地区经营分支机构，已就地预缴企业所得税的，在以后预缴期间也不再进行调整。

4. 其他跨地区经营汇总纳税企业，符合上述情况的，参照上述规定执行。

第四节　企业所得税核定征收办法

为加强和规范企业所得税核定征收工作，税务总局制定了《企业所得税核定征收办法(试行)》，现印发给你们，请遵照执行（国税发〔2008〕30 号）。

1. 严格按照规定的范围和标准确定企业所得税的征收方式。不得违规扩大核定征收企业所得税范围。严禁按照行业或者企业规模大小，“一刀切”地搞企业所得税核定征收。

2. 按公平、公正、公开原则核定征收企业所得税。应根据纳税人的生产经营行业特点，综合考虑企业的地理位置、经营规模、收入水平、利润水平等因素，分类逐户核定应纳所得税额或者应税所得率，保证同一区域内规模相当的同类或者类似企业的所得税税负基本相当。

3. 做好核定征收企业所得税的服务工作。核定征收企业所得税的工作部署与安排要考虑方便纳税人，符合纳税人的实际情况，并在规定的时限内及时办结鉴定和认定工作。

4. 推进纳税人建账建制工作。税务机关应积极督促核定征收企业所得税的纳税人建账建制，改善经营管理，引导纳税人向查账征收方式过渡。对符合查账征收条件的纳税人，要及时调整征收方式，实行查账征收。

5. 加强对核定征收方式纳税人的检查工作。对实行核定征收企业所得税方式的纳税人，要加大检查力度，将汇算清缴的审核检查和日常征管检查结合起来，合理确定年度稽查面，防止纳税人有意通过核定征收方式降低税负。

6. 国家税务局和地方税务局密切配合。要联合开展核定征收企业所得税工作，共同确定分行业的应税所得率，共同协商确定分户的应纳所得税额，做到分属国家税务局和地方税务局管辖，生产经营地点、经营规模、经营范围基本相同的纳税人，核定的应纳所得税额和应税所得率基本一致。

《企业所得税核定征收办法（试行）》如下：

第一条 为了加强企业所得税征收管理，规范核定征收企业所得税工作，保障国家税款及时足额入库，维护纳税人合法权益，根据《中华人民共和国企业所得税法》及其实施条例、《中华人民共和国税收征收管理法》及其实施细则的有关规定，制定本办法。

第二条 本办法适用于居民企业纳税人。

第三条 纳税人具有下列情形之一的，核定征收企业所得税：

（一）依照法律、行政法规的规定可以不设置账簿的；

（二）依照法律、行政法规的规定应当设置但未设置账簿的；

（三）擅自销毁账簿或者拒不提供纳税资料的；

（四）虽设置账簿，但账目混乱或者成本资料、收入凭证、费用凭证残缺不全，难以查账的；

（五）发生纳税义务，未按照规定的期限办理纳税申报，经税务机关责令限期申报，逾期仍不申报的；

（六）申报的计税依据明显偏低，又无正当理由的。

特殊行业、特殊类型的纳税人和一定规模以上的纳税人不适用本办法。上述特定纳税人由国家税务总局另行明确。

上述所称"特定纳税人"包括以下类型的企业（国税函〔2009〕377号）：

1. 享受《中华人民共和国企业所得税法》及其实施条例和国务院规定的一项或几项企业所得税优惠政策的企业（不包括仅享受《中华人民共和国企业所得税法》第二十六条规定免税收入优惠政策的企业）；

2. 汇总纳税企业；

3. 上市公司；

4. 银行、信用社、小额贷款公司、保险公司、证券公司、期货公司、信托投资公司、金融资产管理公司、融资租赁公司、担保公司、财务公司、典当公司等金融企业；

5. 会计、审计、资产评估、税务、房地产估价、土地估价、工程造价、律师、价格鉴证、公证机构、基层法律服务机构、专利代理、商标代理以及其他经济鉴证类社会中介机构；

6. 国家税务总局规定的其他企业。

对上述规定之外的企业，主管税务机关要严格按照规定的范围和标准确定企业所得税的征收方式，不得违规扩大核定征收企业所得税范围；对其中达不到查账征收条件的企业核定征收企业所得税，并促使其完善会计核算和财务管理，达到查账征收条件后要及时转为查账征收。

第四条 税务机关应根据纳税人具体情况，对核定征收企业所得税的纳税人，核定应税所得率或者核定应纳所得税额。

具有下列情形之一的，核定其应税所得率：

（一）能正确核算（查实）收入总额，但不能正确核算（查实）成本费用总额的；

（二）能正确核算（查实）成本费用总额，但不能正确核算（查实）收入总额的；

（三）通过合理方法，能计算和推定纳税人收入总额或成本费用总额的。

纳税人不属于以上情形的，核定其应纳所得税额。

第五条 税务机关采用下列方法核定征收企业所得税：

（一）参照当地同类行业或者类似行业中经营规模和收入水平相近的纳税人的税负水平核定；

（二）按照应税收入额或成本费用支出额定率核定；

（三）按照耗用的原材料、燃料、动力等推算或测算核定；

（四）按照其他合理方法核定。

采用前款所列一种方法不足以正确核定应纳税所得额或应纳税额的，可以同时采用两种以上的方法核定。采用两种以上方法测算的应纳税额不一致时，可按测算的应纳税额从高核定。

第六条　采用应税所得率方式核定征收企业所得税的，应纳所得税额计算公式如下：

应纳所得税额＝应纳税所得额×适用税率

应纳税所得额＝应税收入额×应税所得率

或：应纳税所得额＝成本（费用）支出额/(1－应税所得率)×应税所得率

上述“应税收入额”等于收入总额减去不征税收入和免税收入后的余额。用公式表示为（国税函〔2009〕377号）：

应税收入额＝收入总额－不征税收入－免税收入

其中，收入总额为企业以货币形式和非货币形式从各种来源取得的收入。

第七条　实行应税所得率方式核定征收企业所得税的纳税人，经营多业的，无论其经营项目是否单独核算，均由税务机关根据其主营项目确定适用的应税所得率。

主营项目应为纳税人所有经营项目中，收入总额或者成本（费用）支出额或者耗用原材料、燃料、动力数量所占比重最大的项目。

第八条　应税所得率按下表规定的幅度标准确定：

行　业	应税所得率（%）
农、林、牧、渔业	3~10
制造业	5~15
批发和零售贸易业	4~15
交通运输业	7~15
建筑业	8~20
饮食业	8~25
娱乐业	15~30
其他行业	10~30

第九条　纳税人的生产经营范围、主营业务发生重大变化，或者应纳税所得额或应纳税额增减变化达到20%的，应及时向税务机关申报调整已确定的应纳税额或应税所得率。

第十条　主管税务机关应及时向纳税人送达《企业所得税核定征收鉴定表》（表样附后），及时完成对其核定征收企业所得税的鉴定工作。具体程序如下：

（一）纳税人应在收到《企业所得税核定征收鉴定表》后10个工作日内，填好该表并报送主管税务机关。《企业所得税核定征收鉴定表》一式三联，主管税务机关和县税务机关各执一联，另一联送达纳税人执行。主管税务机关还可根据实际工作需要，适当增加联次备用。

（二）主管税务机关应在受理《企业所得税核定征收鉴定表》后20个工作日内，分类逐户审查核实，提出鉴定意见，并报县税务机关复核、认定。

（三）县税务机关应在收到《企业所得税核定征收鉴定表》后30个工作日内，完成复核、认定工作。

纳税人收到《企业所得税核定征收鉴定表》后，未在规定期限内填列、报送的，税务机关视同纳税人已经报送，按上述程序进行复核认定。

第十一条　税务机关应在每年6月底前对上年度实行核定征收企业所得税的纳税人进行

重新鉴定。重新鉴定工作完成前，纳税人可暂按上年度的核定征收方式预缴企业所得税；重新鉴定工作完成后，按重新鉴定的结果进行调整。

第十二条 主管税务机关应当分类逐户公示核定的应纳所得税额或应税所得率。主管税务机关应当按照便于纳税人及社会各界了解、监督的原则确定公示地点、方式。

纳税人对税务机关确定的企业所得税征收方式、核定的应纳所得税额或应税所得率有异议的，应当提供合法、有效的相关证据，税务机关经核实认定后调整有异议的事项。

第十三条 纳税人实行核定应税所得率方式的，按下列规定申报纳税：

（一）主管税务机关根据纳税人应纳税额的大小确定纳税人按月或者按季预缴，年终汇算清缴。预缴方法一经确定，一个纳税年度内不得改变。

（二）纳税人应依照确定的应税所得率计算纳税期间实际应缴纳的税额，进行预缴。按实际数额预缴有困难的，经主管税务机关同意，可按上一年度应纳税额的1/12或1/4预缴，或者按经主管税务机关认可的其他方法预缴。

（三）纳税人预缴税款或年终进行汇算清缴时，应按规定填写《中华人民共和国企业所得税月（季）度预缴纳税申报表（B类)》，在规定的纳税申报时限内报送主管税务机关。

第十四条 纳税人实行核定应纳所得税额方式的，按下列规定申报纳税：

（一）纳税人在应纳所得税额尚未确定之前，可暂按上年度应纳所得税额的1/12或1/4预缴，或者按经主管税务机关认可的其他方法，按月或按季分期预缴。

（二）在应纳所得税额确定以后，减除当年已预缴的所得税额，余额按剩余月份或季度均分，以此确定以后各月或各季的应纳税额，由纳税人按月或按季填写《中华人民共和国企业所得税月（季）度预缴纳税申报表（B类)》，在规定的纳税申报期限内进行纳税申报。

（三）纳税人年度终了后，在规定的时限内按照实际经营额或实际应纳税额向税务机关申报纳税。申报额超过核定经营额或应纳税额的，按申报额缴纳税款；申报额低于核定经营额或应纳税额的，按核定经营额或应纳税额缴纳税款。

第十五条 对违反本办法规定的行为，按照《中华人民共和国税收征收管理法》及其实施细则的有关规定处理。

第十六条 各省、自治区、直辖市和计划单列市国家税务局、地方税务局，根据本办法的规定联合制定具体实施办法，并报国家税务总局备案。

第十七条 本办法自2008年1月1日起执行。《国家税务总局关于印发〈核定征收企业所得税暂行办法〉的通知》（国税发〔2000〕38号）同时废止。

表28–1 **企业所得税核定征收鉴定表**

附件：

纳税人编码： 鉴定期： 年度 金额单位：元

申报单位			
地　址			
经济性质		行业类别	
开户银行		账　号	
邮政编码		联系电话	
上年收入总额		上年成本费用额	
上年注册资本		上年原材料耗费量（额）	
上年职工人数		上年燃料、动力耗费量（额）	
上年固定资产原值		上年商品销售量（额）	
上年所得税额		上年征收方式	

续表

行次	项　目	纳税人自报情况	主管税务机关审核意见
1	账簿设置情况		
2	收入核算情况		
3	成本费用核算情况		
4	纳税申报情况		
5	履行纳税义务情况		
6	其他情况		

纳税人对征收方式的意见： 经办人签章：　　　　（公章） 年　月　日	主管税务机关意见： 经办人签章：　　　　（公章） 年　月　日

县级税务机关审核意见：

经办人签章：　　　　（公章）

年　月　日

第五节　服务贸易对外支付的税收征管

为完善国际税收征管体制，国家实行服务贸易对外支付先行税务备案的管理办法。

一、服务贸易对外支付的税务备案问题（汇发〔2008〕8号）

为推进服务贸易外汇管理改革，完善国家国际税收征管体制，进一步促进服务贸易发展，国家外汇管理局、国家税务总局决定从2008年4月1日起，在天津、上海、江苏、四川、福建、湖南6个地区试点，实行服务贸易对外支付先行税务备案的管理措施。现将有关试点内容通知如下：

1. 在试点地区注册的境内机构（以下简称境内机构），到试点地区外汇指定银行（以下简称银行）办理等值5万美元以上（不含5万美元）的服务贸易对外支付，应当事先持相关合同复印件到辖内主管国家税务机关进行备案，填报《境内机构服务贸易对外支付税务备案表》（以下简称《备案表》，详见附件）。

境内机构办理等值5万美元以下（含5万美元）的服务贸易对外支付无需备案。

2. 主管国家税务机关根据有关合同复印件确认《备案表》填写无误后，应当现场填写《备案表》中“主管国税机关填写”相关内容，编制《备案表》流水号，并在《备案表》原件及3份复印件上签章。主管国家税务机关将《备案表》原件及1份复印件退还境内机构，留存《备案表》复印件2份。

3. 境内机构在银行办理等值5万美元以上（不含5万美元）服务贸易对外支付时，应当提交主管国家税务机关签章的《备案表》原件，用以替代现行规定要求的税务凭证，并根据现行规定提交其他单证。银行在办理有关对外支付手续后，应在《备案表》原件上签章。

4. 办理服务贸易对外支付的境内机构，应当按照国家法律法规的规定，在规定的时间内，向主管国家税务机关、地方税务机关履行申报纳税手续，或就税务事项做出说明。

5. 同一笔合同需要多次对外支付的，境内机构须在每次付汇前办理税务备案手续，但只需在首次付汇备案时向主管国家税务机关提交合同复印件。

6. 非试点地区注册的境内机构在试点地区外汇指定银行办理服务贸易对外支付，以及试点地区注册的境内机构在非试点地区的外汇指定银行办理服务贸易对外支付，根据现行规定办理。

7. 主管国家税务机关、地方税务机关之间的备案信息交换制度，按国家税务总局随后制定的有关文件执行。

8. 试点地区外汇局及国家税务局、地方税务局应将本通知转发辖内各级外汇、税务管理机关，以及辖内各级银行，并做好宣传和政策解释工作。

9. 本通知由国家外汇管理局和国家税务总局负责解释。在试点期内，试点地区外汇局及国家税务局、地方税务局应当按月报告试点情况，及时汇报试点中遇到的问题。

附件：《境内机构服务贸易对外支付税务备案表》（略）

二、服务贸易对外支付税务备案试点地区的税收征管问题（国税函〔2008〕219号）

根据《国家外汇管理局　国家税务总局关于试行服务贸易对外支付税务备案有关问题的通知》（汇发〔2008〕8号）的要求，进一步完善国际税收征管制度，现就上海、天津、江苏、四川、福建、湖南试行服务贸易对外支付税收征管有关问题通知如下：

（一）关于适用对象

1. 境内机构。境内机构在外汇指定银行办理服务贸易5万美元以上（含5万美元）的对外支付（以下简称“服务贸易对外支付”）时，需要办理税务备案。

个人对外支付仍按现行规定办理，不适用本通知的规定。

2. 适用项目。本通知所称服务贸易对外支付包括：因运输、旅游、通信、建筑安装及劳务承包、保险、金融服务、计算机和信息服务，专有权利使用和特许、体育文化和娱乐服务、其他商业服务、政府服务等交易而发生的对外支付。

3. 主管税务机关。服务贸易对外支付税务备案工作的主管税务机关为地市国家税务局、地方税务局。

主管国家税务局负责受理境内机构提交的《境内机构服务贸易对外支付税务备案表》（以下简称《备案表》），根据备案信息进行税收征管，并将《备案表》传递至主管地方税务局。

主管地方税务局根据主管国家税务局传递的《备案表》提供的信息，进行税收征管。

（二）备案的办理程序

1. 境内机构的办理程序。

（1）境内机构办理服务贸易对外支付时，应当事先向主管国家税务局办理税务备案手续，如实填写《备案表》一式四份并签章，同时附送合同或协议两份（复印件）。

（2）境内机构完成税务备案手续后，持主管国家税务局签章的两份《备案表》，及国家外汇管理局规定的其他单证，到外汇指定银行办理对外支付手续。

（3）境内机构应当在办理税务备案后7日内，向主管国家税务局、地方税务局履行申报纳税手续，或就相关的税务事项作出说明。

（4）境内机构发生的服务贸易涉及多次对外支付的，只需在首次办理税务备案时提交合同或协议的复印件，之后办理对外支付时，只需提交境内机构填报并签章的《备案表》。

（5）境内机构可以通过以下方法取得空白《备案表》：

①主管国家税务局办税服务厅窗口领取；

②省、市两级国家税务局官方网站下载；

③自行复印空白表备用。

2. 主管税务机关受理程序。主管国家税务局应当在收到境内机构提交《备案表》时，当即对《备案表》所填内容与相关合同协议进行核对并确认无误后，在四份《备案表》上确认签章，留存两份《备案表》，另外两份《备案表》交境内机构到外汇指定银行办理对外支付手续。

（三）关于居民身份证明

纳税人需要适用税收协定或享受税收协定待遇的，相关境内机构需在办理纳税申报或就税务事项作出说明时，提交协定对方主管税务机关出具的纳税人为对方国家居民的《居民身份证明》。

（四）关于税收征管

《备案表》是主管国家税务局、地方税务局对服务贸易对外支付项目进行税收征管的依据。

1. 受理备案的主管国家税务局应当自为境内机构办理税务备案之日起 3 日内，将留存的《备案表》一份及相关的合同或协议（复印件）传递给主管地方税务局。

2. 主管国家税务局、地方税务局应当自收到《备案表》之日起 7 日内，主动要求境内机构进一步提供相关资料，并对相关资料进行审核，作出征免税判断，及时进行税收征管。

3. 主管国家税务局、地方税务局应当及时为境内机构建立服务贸易对外支付项目税收管理档案，做到一户一档。

4. 境内机构为企业所得税纳税义务人的，境内机构的对外支付档案应当在每年企业所得税汇算清缴前，并入境内机构的纳税档案。

主管国家税务局、地方税务局应当根据所得税汇算清缴情况，将境内机构的《企业所得税纳税申报表》的对外支付附表，与其提供的《备案表》信息进行比对，严格进行税收征管。

（五）关于其他管理工作

服务贸易对外支付办理税务备案工作从 2008 年 4 月 1 日起试行。各试点省、直辖市国家税务局应该尽快将《备案表》及《备案须知》发布到省、市国家税务局的互联网站，同时印制纸质《备案表》和《备案须知》。

国家税务总局将及时对试点省、直辖市国家税务局、地方税务局的业务骨干进行培训。试点省、直辖市国家税务局、地方税务局要做好本省的培训和宣传工作，做好试行的准备工作。

试点省、直辖市国家税务局、地方税务局，应当在 2008 年 12 月 31 日前，将本省服务贸易对外支付办理税务备案及税收征管情况上报国家税务总局（国际税务司）。国家税务总局将组织人员对各地试点情况进行抽查，并对抽查结果进行总结通报。

境内机构服务贸易对外支付税务《备案表》和《备案须知》如下：

表 28–2　　境内机构服务贸易对外支付税务备案表

编号：

一、基本情况（由境内机构填写）				
境内机构	支付单位名称			
	税务代码			
	支付单位地址			
	银行账号		邮政编码	
	联系电话		支付银行	

续表

境外收款人	收款单位名称			
	收款单位地址			
	收汇银行		银行账号	
合同名称			合同号	
合同总金额（或支付标准）				
已付金额			币 种	
付汇日期			当期付汇金额	
合同执行期限	自 年 月 日至 年 月 日			
声 明	我仅在此声明以上呈报事项准确无误，如有不实，愿承担相应的法律责任。 境内机构签名或盖章：___________			

二、告知事项（主管国税机关填写）

根据你公司所提供的资料，你公司向境外_______________公司（个人）所支付的_______________（项目名称），价款________元，在如实提供以上信息以及合同复印件后，可先行付汇。

请于　　年　　月　　日前就以上付汇金额向主管国家税务局、地方税务局进行纳税申报或做出必要说明。上述呈报如有不实，主管税务机关有权依据《中华人民共和国税收征收管理法》相关规定进行处理。

主管税务机关盖章

年　　月　　日

说明：1. 同一项业务涉及多笔付汇，只需在首次付汇时提交合同复印件。

2. 备案时，本表复印三份。除原件递交付汇银行外，复印件一份留存国税机关，一份传递地税机关，一份境内机构留存。

备案须知

1. 境内机构到外汇指定银行办理5万美元以上（含5万美元）的服务贸易对外支付，须事先填写《备案表》，到当地地市国家税务局办理备案手续。

2. 境内机构可以通过以下途径取得空白《备案表》：

（1）主管国家税务局办税服务厅窗口领取；

（2）省、市两级国家税务局互联网站下载；

（3）自行复印空白表备用。

3. 境内机构须填写基本情况部分，告知事项部分由税务机关填写。

4. 请用钢笔或黑色签字笔填写，字迹端正清晰。

5. “已付金额”一栏，填写在同一服务贸易行为涉及多笔对外支付外汇情况下，办理第一笔支付之日起至今，已支付的外汇总金额。

6. “当期付汇金额”一栏，填写本次备案的对外支付外汇金额。

7. 境内机构填写完毕后，将本表复印三份和相关合同（协议）复印件两份一并交主管国家税务局办理备案。适用税收协定的还要提交协定对方主管税务机关出具的《居民身份证明》。

8. 同一服务贸易行为如涉及多笔对外支付外汇，境内机构在每次办理支付前，都须填写此表并办理税务备案手续，但只在首次备案时提交合同（协议）复印件。

9. 税务机关核对表格内容后，现场填写告知事项并盖章。境内机构持税务机关签章后的《备案表》，以及外汇管理局规定的其他单证，到外汇指定银行办理相关对外支付外汇手续。

10. 境内机构办理对外支付后，须按照本《备案表》规定的期限，向主管国家税务局、地方税务局提供相关资料，履行申报纳税手续，或对相关的税务事项作出说明。

三、服务贸易对外支付税收征管的补充规定（国税函〔2008〕258号）

《国家外汇管理局　国家税务总局关于试行服务贸易对外支付税务备案有关问题的通知》（汇发〔2008〕8号）和《国家税务总局关于服务贸易对外支付税收征管有关问题的通知》（国税函〔2008〕219号）已经下发，现就试行服务贸易对外支付税务备案制度的执行问题补充通知如下：

1. 关于两个文件的执行范围。

（1）运输项目中，试点政策不适用于国际海运。

（2）金融服务项目中，试点政策包括担保费，但不包括利息。

2. 关于税务备案的主管税务机关，仍按国家外汇管理局和国家税务总局联合下发的汇发〔1999〕372号文件的规定执行，试点期间不作变动。

3. 试点地区进行税务备案的金额为，每次对外支付在5万美元以上（不含5万美元）。每次付汇金额在5万美元以下（含5万美元）的，无需办理税务备案。

4. 境内机构办理税务备案时，应当提交两份合同复印件。

5. 试点省市的主管国家税务局按以下规格刻制税务备案专用章，并到同级外汇管理部门备案。

内容分为两行：第一行为办理税务备案的国家税务局名称，第二行为对外支付税务备案专用章。

规格：63mm×20mm　　　字体：仿宋　　　字号：不限

6. 主管国家税务局、地方税务局之间的《境内机构服务贸易对外支付税务备案表》传递方式为：主管国家税务局在办理税务备案的当日，将《境内机构服务贸易对外支付税务备案表》传真至主管地方税务局。同时，主管地方税务局应当定期到主管国家税务局取回《境内机构服务贸易对外支付税务备案表》原件及合同复印件，以保证应征税款及时征收。

7. 试点期间以附后的《境内机构服务贸易对外支付税务备案表》及《备案须知》为准。

表28-3　　境内机构服务贸易对外支付税务备案表

附件1：

编号：

一、基本情况（由境内机构填写）				
境内机构	支付单位名称			
	税务代码			
	支付单位地址			
	银行账号		邮政编码	
	联系电话		支付银行	
境外收款人	收款单位名称			
	收款单位地址			
	收汇银行		银行账号	
合同名称			合同号	
合同总金额（或支付标准）				
已付金额			币种	
本次付汇金额			本次付汇日期	
合同执行期限	自　年　月　日至　年　月　日			

续表

声　明	我仅在此声明以上呈报事项准确无误，如有不实，愿承担相应的法律责任。 境内机构签名或盖章：________
二、告知事项（主管国税机关填写）：	
根据你公司所提供的资料，你公司向境外________公司（个人）所支付的________（项目名称），价款________元，你公司应就以上付汇金额向主管国家税务局、地方税务局进行纳税申报或做出必要说明。上述呈报如有不实，主管税务机关有权依据《中华人民共和国税收征收管理法》相关规定进行处理。 主管税务机关盖章 年　月　日	

说明：1. 同一项业务涉及多笔付汇，只需在首次付汇时提交合同复印件。

2. 备案时，本表复印三份。除原件递交付汇银行外，复印件一份留存国税机关，一份传递地税机关，一份境内机构留存。

附件 2：

备案须知

1. 境内机构到外汇指定银行办理 5 万美元以上（不含 5 万美元）的服务贸易对外支付，须事先填写《备案表》，到当地地市国家税务局办理备案手续。

2. 境内机构可以通过以下途径取得空白《备案表》：

（1）主管国家税务局办税服务厅窗口领取；

（2）省、市两级国家税务局互联网站下载；

（3）自行复印空白表备用。

3. 境内机构须填写基本情况部分，告知事项部分由主管国家税务局填写。

4."已付金额"一栏，填写在同一服务贸易行为涉及多笔对外支付外汇情况下，办理第一笔支付之日起至今，已支付的外汇总金额。

5. 境内机构填写完毕后，将本表复印三份和相关合同（协议）复印件两份一并交主管国家税务局办理备案。

6. 同一服务贸易行为如涉及多笔对外支付外汇，境内机构在每次办理 5 万美元以上（不含 5 万美元）的支付前，都须填写此表并办理税务备案手续，但只在首次备案时提交合同（协议）复印件。

7. 主管国家税务局核对表格内容后，现场填写告知事项并盖章。境内机构持税务机关签章后的《备案表》，以及外汇管理局规定的其他单证，到外汇指定银行办理相关对外支付手续。

8. 境内机构应就以上付汇金额向主管国家税务局、地方税务局进行纳税申报或做出必要说明。上述呈报如有不实，主管税务机关有权依据《中华人民共和国税收征收管理法》相关规定进行处理。

9. 适用税收协定的还要提交协定对方主管税务机关出具的《居民身份证明》，以及税务机关要求提供的其他材料。

第六节　非居民企业所得税源泉扣缴管理办法

第一章　总　则

第一条　为规范和加强非居民企业所得税源泉扣缴管理，根据《中华人民共和国企业所得税法》（以下简称企业所得税法）及其实施条例、《中华人民共和国税收征收管理法》（以下简称税收征管法）及其实施细则、《税务登记管理办法》、中国政府对外签署的避免双重征税协定（含与香港、澳门特别行政区签署的税收安排，以下统称税收协定）等相关法律法规，制定本办法（非居民企业所得税源泉扣缴管理暂行办法（国税发〔2009〕3号)。

第二条　本办法所称非居民企业，是指依照外国（地区）法律成立且实际管理机构不在中国境内，但在中国境内未设立机构、场所且有来源于中国境内所得的企业，以及虽设立机构、场所但取得的所得与其所设机构、场所没有实际联系的企业。

第三条　对非居民企业取得来源于中国境内的股息、红利等权益性投资收益和利息、租金、特许权使用费所得、转让财产所得以及其他所得应当缴纳的企业所得税，实行源泉扣缴，以依照有关法律规定或者合同约定对非居民企业直接负有支付相关款项义务的单位或者个人为扣缴义务人。

第二章　税源管理

第四条　扣缴义务人与非居民企业首次签订与本办法第三条规定的所得有关的业务合同或协议（以下简称合同）的，扣缴义务人应当自合同签订之日起30日内，向其主管税务机关申报办理扣缴税款登记。

第五条　扣缴义务人每次与非居民企业签订与本办法第三条规定的所得有关的业务合同时，应当自签订合同（包括修改、补充、延期合同）之日起30日内，向其主管税务机关报送《扣缴企业所得税合同备案登记表》（见附件1，即表28–4）、合同复印件及相关资料。文本为外文的应同时附送中文译本。

股权转让交易双方均为非居民企业且在境外交易的，被转让股权的境内企业在依法变更税务登记时，应将股权转让合同复印件报送主管税务机关。

第六条　扣缴义务人应当设立代扣代缴税款账簿和合同资料档案，准确记录企业所得税的扣缴情况，并接受税务机关的检查。

第三章　征收管理

第七条　扣缴义务人在每次向非居民企业支付或者到期应支付本办法第三条规定的所得时，应从支付或者到期应支付的款项中扣缴企业所得税。

本条所称到期应支付的款项，是指支付人按照权责发生制原则应当计入相关成本、费用的应付款项。

扣缴义务人每次代扣代缴税款时，应当向其主管税务机关报送《中华人民共和国扣缴企业所得税报告表》（以下简称扣缴表）及相关资料，并自代扣之日起7日内缴入国库。

第八条　扣缴企业所得税应纳税额计算。

扣缴企业所得税应纳税额=应纳税所得额×实际征收率

应纳税所得额是指依照企业所得税法第十九条规定计算的下列应纳税所得额：

（一）股息、红利等权益性投资收益和利息、租金、特许权使用费所得，以收入全额为应纳税所得额，不得扣除税法规定之外的税费支出。

（二）转让财产所得，以收入全额减除财产净值后的余额为应纳税所得额。

（三）其他所得，参照前两项规定的方法计算应纳税所得额。

实际征收率是指企业所得税法及其实施条例等相关法律法规规定的税率，或者税收协定规定的更低的税率。

第九条　扣缴义务人对外支付或者到期应支付的款项为人民币以外货币的，在申报扣缴企业所得税时，应当按照扣缴当日国家公布的人民币汇率中间价，折合成人民币计算应纳税所得额。

第十条 扣缴义务人与非居民企业签订与本办法第三条规定的所得有关的业务合同时，凡合同中约定由扣缴义务人负担应纳税款的，应将非居民企业取得的不含税所得换算为含税所得后计算征税。

第十一条 按照企业所得税法及其实施条例和相关税收法规规定，给予非居民企业减免税优惠的，应按相关税收减免管理办法和行政审批程序的规定办理。对未经审批或者减免税申请未得到批准之前，扣缴义务人发生支付款项的，应按规定代扣代缴企业所得税。

第十二条 非居民企业可以适用的税收协定与本办法有不同规定的，可申请执行税收协定规定；非居民企业未提出执行税收协定规定申请的，按国内税收法律法规的有关规定执行。

第十三条 非居民企业已按国内税收法律法规的有关规定征税后，提出享受减免税或税收协定待遇申请的，主管税务机关经审核确认应享受减免税或税收协定待遇的，对多缴纳的税款应依据税收征管法及其实施细则的有关规定予以退税。

第十四条 因非居民企业拒绝代扣税款的，扣缴义务人应当暂停支付相当于非居民企业应纳税款的款项，并在1日之内向其主管税务机关报告，并报送书面情况说明。

第十五条 扣缴义务人未依法扣缴或者无法履行扣缴义务的，非居民企业应于扣缴义务人支付或者到期应支付之日起7日内，到所得发生地主管税务机关申报缴纳企业所得税。

股权转让交易双方为非居民企业且在境外交易的，由取得所得的非居民企业自行或委托代理人向被转让股权的境内企业所在地主管税务机关申报纳税。被转让股权的境内企业应协助税务机关向非居民企业征缴税款。

扣缴义务人所在地与所得发生地不在一地的，扣缴义务人所在地主管税务机关应自确定扣缴义务人未依法扣缴或者无法履行扣缴义务之日起5个工作日内，向所得发生地主管税务机关发送《非居民企业税务事项联络函》（见附件2），告知非居民企业的申报纳税事项。

第十六条 非居民企业依照本办法第十五条规定申报缴纳企业所得税，但在中国境内存在多处所得发生地，并选定其中之一申报缴纳企业所得税的，应向申报纳税所在地主管税务机关如实报告有关情况。申报纳税所在地主管税务机关在受理申报纳税后，应将非居民企业申报缴纳所得税情况书面通知扣缴义务人所在地和其他所得发生地主管税务机关。

第十七条 非居民企业未依照本办法第十五条的规定申报缴纳企业所得税，由申报纳税所在地主管税务机关责令限期缴纳，逾期仍未缴纳的，申报纳税所在地主管税务机关可以收集、查实该非居民企业在中国境内其他收入项目及其支付人（以下简称其他支付人）的相关信息，并向其他支付人发出《税务事项通知书》，从其他支付人应付的款项中，追缴该非居民企业的应纳税款和滞纳金。

其他支付人所在地与申报纳税所在地不在一地的，其他支付人所在地主管税务机关应给予配合和协助。

第十八条 对多次付款的合同项目，扣缴义务人应当在履行合同最后一次付款前15日内，向主管税务机关报送合同全部付款明细、前期扣缴表和完税凭证等资料，办理扣缴税款清算手续。

第四章 后续管理

第十九条 主管税务机关应当建立《扣缴企业所得税管理台账》（见附件3，即表28-5），加强合同履行情况的跟踪监管，及时了解合同签约内容与实际履行中的动态变化，监控合同款项支付、代扣代缴税款等情况。必要时应查核企业相关账簿，掌握股息、利息、租金、特许权使用费、转让财产收益等支付和列支情况，特别是未实际支付但已计入成本费用的利息、租金、特许权使用费等情况，有否漏扣企业所得税问题。

主管税务机关应根据备案合同资料、扣缴企业所得税管理台账记录、对外售付汇开具税务证明等监管资料和已申报扣缴税款情况，核对办理税款清算手续。

第二十条　主管税务机关可根据需要对代扣代缴企业所得税的情况实施专项检查，实施检查的主管税务机关应将检查结果及时传递给同级国家税务局或地方税务局。专项检查可以采取国、地税联合检查的方式。

第二十一条　税务机关在企业所得税源泉扣缴管理中，遇有需要向税收协定缔约对方获取涉税信息或告知非居民企业在中国境内的税收违法行为时，可按照《国家税务总局关于印发〈国际税收情报交换工作规程〉的通知》（国税发〔2006〕70号）规定办理。

第五章　法律责任

第二十二条　扣缴义务人未按照规定办理扣缴税款登记的，主管税务机关应当按照《税务登记管理办法》第四十五条、四十六条的规定处理。

本办法第五条第二款所述被转让股权的境内企业未依法变更税务登记的，主管税务机关应当按照《税务登记管理办法》第四十二条的规定处理。

第二十三条　扣缴义务人未按本办法第五条规定的期限向主管税务机关报送《扣缴企业所得税合同备案登记表》、合同复印件及相关资料的，未按规定期限向主管税务机关报送扣缴表的，未履行扣缴义务不缴或者少缴已扣税款的、或者应扣未扣税款的，非居民企业未按规定期限申报纳税的、不缴或者少缴应纳税款的，主管税务机关应当按照税收征管法及其实施细则的有关规定处理。

第六章　附　则

第二十四条　本办法由国家税务总局负责解释，各省、自治区、直辖市和计划单列市国家税务局、地方税务局可根据本办法制定具体操作规程。

第二十五条　本办法自2009年1月1日起施行。

表 28-4　　扣缴企业所得税合同备案登记表

附件1：

编号：　　　　　　　　　　　　　　　　　　填报日期：　年　月　日

扣缴义务人	中文名称：			
	英文名称：			
	扣缴义务人纳税识别号：			
	地址：		邮编：	
	财务负责人：	联系人：	电话：	传真：
非居民企业	中文名称：			
	英文名称：			
	国别：			
	其居民国地址（中文）：			
	其居民国地址（英文）：			
	财务负责人：	联系人：	电话：	传真：

续表

合同信息	合同或协议名称：
	合同编号：
	合同签约日期：
	合同有效期限：
	合同金额：
	币种：
	支付项目：
	付款次数：
	其他资料名称：
以下由主管税务机关填写	
税务机关确认接收合同或协议（复印件）份数：	
情况说明：	接收人： 年 月 日

备注：支付项目是指合同规定的具体项目名称。

附件2：

非居民企业税务事项联络函

税联〔 〕号

国家（地方）税务局：

＿＿(非居民企业名称)＿＿从我国境内取得了《中华人民共和国企业所得税法》第三条第三款规定的所得，所得情况如下：

＿＿＿＿＿＿＿＿＿＿＿＿＿＿＿；

＿＿＿＿＿＿＿＿＿＿＿＿＿＿＿；

＿＿＿＿＿＿＿＿＿＿＿＿＿＿＿。

根据有关法律规定或者合同约定，支付人系我局管辖的＿＿(支付人名称)＿＿，支付/到期应支付日期为＿＿年＿＿月＿＿日。该支付人未依法扣缴/无法履行扣缴企业所得税义务。

因该项所得发生地在你处，根据《中华人民共和国企业所得税法》第三十九条和《非居民企业所得税源泉扣缴管理暂行办法》第十五条的规定，＿＿(非居民企业名称)＿＿应于上述支付/到期应支付日期之日起七日内，到你局申报缴纳企业所得税。

特此函告。

扣缴义务人所在地主管税务机关名称及公章

年 月 日

主管税务机关邮编： 地址：

联系人： 电话： 传真：

附件 3：

表 28-5　扣缴企业所得税管理台账

扣缴义务人名称		扣缴义务人纳税识别号		联系人		电话			地址		非居民企业名称				国别（地区）	
序号	合同项目名称	合同号	合同总价款	合同签订日期	合同执行期限	合同支付次数	付款金额			所得类型	应纳税额	减免税额	申报扣税日期	税款入库日期	完税证号码或减免税批文号	备注
							币种	外币金额	折合人民币							
项目合计																
年度合计																

第七节　非居民企业股权转让所得的企业所得税管理

为规范和加强非居民企业股权转让所得企业所得税管理，依据《中华人民共和国企业所得税法》及其实施条例、《中华人民共和国税收征收管理法》及其实施细则、《国家税务总局关于印发〈非居民企业所得税源泉扣缴管理暂行办法〉的通知》（国税发〔2009〕3号，即本章第六节）和《财政部　国家税务总局关于企业重组业务企业所得税处理若干问题的通知》（财税〔2009〕59号，见第10章第14节），现就有关问题通知如下（国税函〔2009〕698号）：

1. 本通知所称股权转让所得是指非居民企业转让中国居民企业的股权（不包括在公开的证券市场上买入并卖出中国居民企业的股票）所取得的所得。

2. 扣缴义务人未依法扣缴或者无法履行扣缴义务的，非居民企业应自合同、协议约定的股权转让之日（如果转让方提前取得股权转让收入的，应自实际取得股权转让收入之日）起7日内，到被转让股权的中国居民企业所在地主管税务机关（负责该居民企业所得税征管的税务机关）申报缴纳企业所得税。非居民企业未按期如实申报的，依照税收征管法有关规定处理。

3. 股权转让所得是指股权转让价减除股权成本价后的差额。

股权转让价是指股权转让人就转让的股权所收取的包括现金、非货币资产或者权益等形式的金额。如被持股企业有未分配利润或税后提存的各项基金等，股权转让人随股权一并转让该股东留存收益权的金额，不得从股权转让价中扣除。

股权成本价是指股权转让人投资入股时向中国居民企业实际交付的出资金额，或购买该项股权时向该股权的原转让人实际支付的股权转让金额。

4. 在计算股权转让所得时，以非居民企业向被转让股权的中国居民企业投资时或向原投资方购买该股权时的币种计算股权转让价和股权成本价。如果同一非居民企业存在多次投资的，以首次投入资本时的币种计算股权转让价和股权成本价，以加权平均法计算股权成本价；多次投资时币种不一致的，则应按照每次投入资本当日的汇率换算成首次投资时的币种。

5. 境外投资方（实际控制方）间接转让中国居民企业股权，如果被转让的境外控股公司所在国（地区）实际税负低于12.5%或者对其居民境外所得不征所得税的，应自股权转让合同签订之日起30日内，向被转让股权的中国居民企业所在地主管税务机关提供以下资料：

（1）股权转让合同或协议；

（2）境外投资方与其所转让的境外控股公司在资金、经营、购销等方面的关系；

（3）境外投资方所转让的境外控股公司的生产经营、人员、账务、财产等情况；

（4）境外投资方所转让的境外控股公司与中国居民企业在资金、经营、购销等方面的关系；

（5）境外投资方设立被转让的境外控股公司具有合理商业目的的说明；

（6）税务机关要求的其他相关资料。

6. 境外投资方（实际控制方）通过滥用组织形式等安排间接转让中国居民企业股权，且不具有合理的商业目的，规避企业所得税纳税义务的，主管税务机关层报税务总局审核后可以按照经济实质对该股权转让交易重新定性，否定被用作税收安排的境外控股公司的存在。

7. 非居民企业向其关联方转让中国居民企业股权，其转让价格不符合独立交易原则而减少应纳税所得额的，税务机关有权按照合理方法进行调整。

8. 境外投资方（实际控制方）同时转让境内或境外多个控股公司股权的，被转让股权的中国居民企业应将整体转让合同和涉及本企业的分部合同提供给主管税务机关。如果没有分部合同的，被转让股权的中国居民企业应向主管税务机关提供被整体转让的各个控股公司的详细资料，准确划分境内被转让企业的转让价格。如果不能准确划分的，主管税务机关有权选择合理的方法对转让价格进行调整。

9. 非居民企业取得股权转让所得，符合财税〔2009〕59号文件规定的特殊性重组条件并选择特殊性税务处理的，应向主管税务机关提交书面备案资料，证明其符合特殊性重组规定的条件，并经省级税务机关核准。

10. 本通知自2008年1月1日起执行。执行中遇到的问题请及时报告国家税务总局（国际税务司）。

第八节　非居民承包工程作业和提供劳务税收管理办法

第一章　总　则

第一条　为规范对非居民在中国境内承包工程作业和提供劳务的税收征收管理，根据《中华人民共和国税收征收管理法》（以下简称税收征管法）及其实施细则、《中华人民共和国企业所得税法》（以下简称企业所得税法）及其实施条例、《中华人民共和国营业税暂行条例》及其实施细则、《中华人民共和国增值税暂行条例》及其实施细则、中国政府对外签署的避免双重征税协定（含与香港、澳门特别行政区签署的税收安排，以下统称税收协定）等相关法律法规，制定本办法（非居民承包工程作业和提供劳务税收管理暂行办法，国家税务总局令第19号）。

第二条　本办法所称非居民，包括非居民企业和非居民个人。非居民企业是指依照外国（地区）法律成立且实际管理机构不在中国境内，但在中国境内设立机构、场所的，或者在中国境内未设立机构、场所，但有来源于中国境内所得的企业。非居民个人是指在中国境内无住所又不居住或者无住所而在境内居住不满一年的个人。

第三条　本办法所称承包工程作业，是指在中国境内承包建筑、安装、装配、修缮、装饰、勘探及其他工程作业。

本办法所称提供劳务是指在中国境内从事加工、修理修配、交通运输、仓储租赁、咨询经纪、设计、文化体育、技术服务、教育培训、旅游、娱乐及其他劳务活动。

第四条　本办法所称非居民在中国境内承包工程作业和提供劳务税收管理，是指对非居民营业税、增值税和企业所得税的纳税事项管理。涉及个人所得税、印花税等税收的管理，应依照有关规定执行。

第二章　税源管理

第一节　登记备案管理

第五条　非居民企业在中国境内承包工程作业或提供劳务的，应当自项目合同或协议（以下简称合同）签订之日起30日内，向项目所在地主管税务机关办理税务登记手续。

依照法律、行政法规规定负有税款扣缴义务的境内机构和个人，应当自扣缴义务发生之日起30日内，向所在地主管税务机关办理扣缴税款登记手续。

境内机构和个人向非居民发包工程作业或劳务项目的，应当自项目合同签订之日起30日内，向主管税务机关报送《境内机构和个人发包工程作业或劳务项目报告表》（见附件1），并附送非居民的税务登记证、合同、税务代理委托书复印件或非居民对有关事项的书面说明等资料。

第六条 非居民企业在中国境内承包工程作业或提供劳务的，应当在项目完工后15日内，向项目所在地主管税务机关报送项目完工证明、验收证明等相关文件复印件，并依据《税务登记管理办法》的有关规定申报办理注销税务登记。

第七条 境内机构和个人向非居民发包工程作业或劳务项目合同发生变更的，发包方或劳务受让方应自变更之日起10日内向所在地主管税务机关报送《非居民项目合同变更情况报告表》（见附件2）。

第八条 境内机构和个人向非居民发包工程作业或劳务项目，从境外取得的与项目款项支付有关的发票和其他付款凭证，应在自取得之日起30日内向所在地主管税务机关报送《非居民项目合同款项支付情况报告表》（见附件3）及付款凭证复印件。

境内机构和个人不向非居民支付工程价款或劳务费的，应当在项目完工开具验收证明前，向其主管税务机关报告非居民在项目所在地的项目执行进度、支付人名称及其支付款项金额、支付日期等相关情况。

第九条 境内机构和个人向非居民发包工程作业或劳务项目，与非居民的主管税务机关不一致的，应当自非居民申报期限届满之日起15日内向境内机构和个人的主管税务机关报送非居民申报纳税证明资料复印件。

第二节 税源信息管理

第十条 税务机关应当建立税源监控机制，获取并利用发改委、建设、外汇管理、商务、教育、文化、体育等部门关于非居民在中国境内承包工程作业和提供劳务的相关信息，并可根据工作需要，将信息使用情况反馈给有关部门。

第十一条 非居民或境内机构和个人的同一涉税事项同时涉及国家税务局和地方税务局的，各主管税务机关办理涉税事项后应当制作《非居民承包工程作业和提供劳务项目信息传递表》（见附件4），并按月传递给对方纳入非居民税收管理档案。

第三章 申报征收

第一节 企业所得税

第十二条 非居民企业在中国境内承包工程作业或提供劳务项目的，企业所得税按纳税年度计算、分季预缴，年终汇算清缴，并在工程项目完工或劳务合同履行完毕后结清税款。

第十三条 非居民企业进行企业所得税纳税申报时，应当如实报送纳税申报表，并附送下列资料：

（一）工程作业（劳务）决算（结算）报告或其他说明材料；

（二）参与工程作业或劳务项目外籍人员姓名、国籍、出入境时间、在华工作时间、地点、内容、报酬标准、支付方式、相关费用等情况的书面报告；

（三）财务会计报告或财务情况说明；

（四）非居民企业依据税收协定在中国境内未构成常设机构，需要享受税收协定待遇的，应提交《非居民企业承包工程作业和提供劳务享受税收协定待遇报告表》（以下简称报告表）（见附件5），并附送居民身份证明及税务机关要求提交的其他证明资料。

非居民企业未按上述规定提交报告表及有关证明资料，或因项目执行发生变更等情形不符合享受税收协定待遇条件的，不得享受税收协定待遇，应依照企业所得税法规定缴纳税款。

第十四条　工程价款或劳务费的支付人所在地县（区）以上主管税务机关根据附件1及非居民企业申报纳税证明资料或其他信息，确定符合企业所得税法实施条例第一百零六条所列指定扣缴的三种情形之一的，可指定工程价款或劳务费的支付人为扣缴义务人，并将《非居民企业承包工程作业和提供劳务企业所得税扣缴义务通知书》（见附件6）送达被指定方。

第十五条　指定扣缴义务人应当在申报期限内向主管税务机关报送扣缴企业所得税报告表及其他有关资料。

第十六条　扣缴义务人未依法履行扣缴义务或无法履行扣缴义务的，由非居民企业在项目所在地申报缴纳。主管税务机关应自确定未履行扣缴义务之日起15日内通知非居民企业在项目所在地申报纳税。

第十七条　非居民企业逾期仍未缴纳税款的，项目所在地主管税务机关应自逾期之日起15日内，收集该非居民企业从中国境内取得其他收入项目的信息，包括收入类型，支付人的名称、地址，支付金额、方式和日期等，并向其他收入项目支付人（以下简称其他支付人）发出《非居民企业欠税追缴告知书》（见附件7），并依法追缴税款和滞纳金。

非居民企业从中国境内取得其他收入项目，包括非居民企业从事其他工程作业或劳务项目所得，以及企业所得税法第三条第二、三款规定的其他收入项目。非居民企业有多个其他支付人的，项目所在地主管税务机关应根据信息准确性、收入金额、追缴成本等因素确定追缴顺序。

第十八条　其他支付人主管税务机关应当提供必要的信息，协助项目所在地主管税务机关执行追缴事宜。

第二节　营业税和增值税

第十九条　非居民在中国境内发生营业税或增值税应税行为，在中国境内设立经营机构的，应自行申报缴纳营业税或增值税。

第二十条　非居民在中国境内发生营业税或增值税应税行为而在境内未设立经营机构的，以代理人为营业税或增值税的扣缴义务人；没有代理人的，以发包方、劳务受让方或购买方为扣缴义务人。

工程作业发包方、劳务受让方或购买方，在项目合同签订之日起30日内，未能向其所在地主管税务机关提供下列证明资料的，应履行营业税或增值税扣缴义务：

（一）非居民纳税人境内机构和个人的工商登记和税务登记证明复印件及其从事经营活动的证明资料；

（二）非居民委托境内机构和个人代理事项委托书及受托方的认可证明。

第二十一条　非居民进行营业税或增值税纳税申报，应当如实填写报送纳税申报表，并附送下列资料：

（一）工程（劳务）决算（结算）报告或其他说明材料；

（二）参与工程或劳务作业或提供加工、修理修配的外籍人员的姓名、国籍、出入境时间、在华工作时间、地点、内容、报酬标准、支付方式、相关费用等情况；

（三）主管税务机关依法要求报送的其他有关资料。

第四章 跟踪管理

第二十二条 主管税务机关应当按项目建档、分项管理的原则，建立非居民承包工程作业和提供劳务项目的管理台账和纳税档案，及时准确掌握工程和劳务项目的合同执行、施工进度、价款支付、对外付汇、税款缴纳等情况。

第二十三条 境内机构和个人从境外取得的付款凭证，主管税务机关对其真实性有疑义的，可要求其提供境外公证机构或者注册会计师的确认证明，经税务机关审核认可后，方可作为记账核算的凭证。

第二十四条 主管税务机关应对非居民享受协定待遇进行事后管理，审核其提交的报告表和证明资料的真实性和准确性，对其不构成常设机构的情形进行认定。对于不符合享受协定待遇条件且未履行纳税义务的情形，税务机关应该依法追缴其应纳税款、滞纳金及罚款。

第二十五条 税务机关应当利用售付汇信息，包括境内机构和个人向非居民支付服务贸易款项的历史记录，以及当年新增发包项目付款计划等信息，对承包工程作业和提供劳务项目实施监控。对于付汇前有欠税情形的，应当及时通知纳税人或扣缴义务人缴纳，必要时可以告知有关外汇管理部门或指定外汇支付银行依法暂停付汇。

第二十六条 主管税务机关应对非居民参与国家、省、地市级重点建设项目，包括城市基础设施建设、能源建设、企业技术设备引进等项目中涉及的承包工程作业或提供劳务，以及其他有非居民参与的合同金额超过5000万元人民币的，实施重点税源监控管理；对承包方和发包方是否存在关联关系、合同实际执行情况、常设机构判定、境内外劳务收入划分等事项进行重点跟踪核查，对发现的问题，可以实施情报交换、反避税调查或税务稽查。

第二十七条 省（自治区、直辖市和计划单列市）税务机关应当于年度终了后45日内，将《非居民承包工程作业和提供劳务重点建设项目统计表》（见附件8），以及项目涉及的企业所得税、增值税、营业税、印花税、个人所得税等税收收入和税源变动情况的分析报告报送国家税务总局（国际税务司）。

第二十八条 主管税务机关可根据需要对非居民承包工程作业和提供劳务的纳税情况实施税务审计，必要时应将审计结果及时传递给同级国家税务局或地方税务局。税务审计可以采取国家税务局、地方税务局联合审计的方式进行。

第二十九条 主管税务机关在境内难以获取涉税信息时，可以制作专项情报，由国家税务总局（国际税务司）向税收协定缔约国对方提出专项情报请求；非居民在中国境内未依法履行纳税义务的，主管税务机关可制作自动或自发情报，提交国家税务总局依照有关规定将非居民在中国境内的税收违法行为告知协定缔约国对方主管税务当局；对非居民承包工程作业和提供劳务有必要进行境外审计的，可根据税收情报交换有关规定，经国家税务总局批准后组织实施。

第三十条 欠缴税款的非居民企业法定代表人或非居民个人在出境前未按照规定结清应纳税款、滞纳金又不提供纳税担保的，税务机关可以通知出入境管理机关阻止其出境。

第三十一条 对于非居民工程或劳务项目完毕，未按期结清税款并已离境的，主管税务机关可制作《税务事项告知书》（见附件9），通过信函、电子邮件、传真等方式，告知该非居民限期履行纳税义务，同时通知境内发包方或劳务受让者协助追缴税款。

第五章 法律责任

第三十二条 非居民、扣缴义务人或代理人实施承包工程作业和提供劳务有关事项存在税收违法行为的，税务机关应按照税收征管法及其实施细则的有关规定处理。

第三十三条 境内机构或个人发包工程作业或劳务项目，未按本办法第五条、第七条、第八条、第九条规定向主管税务机关报告有关事项的，由税务机关责令限期改正，可以处2000元以下的罚款；情节严重的，处2000元以上10000元以下的罚款。

第六章 附 则

第三十四条 各省、自治区、直辖市和计划单列市国家税务局、地方税务局可根据本办法制定具体实施办法。

表 28-6 境内机构和个人发包工程作业或劳务项目报告表

附件 1：

编号： 报告日期：_____年__月__日

<table>
<tr><td colspan="3">一、以下由向非居民发包工程作业或劳务项目的境内机构和个人填写</td></tr>
<tr><td rowspan="2">1. 发包方或劳务受让方情况</td><td>名称（公章）：</td><td>纳税人识别号：</td></tr>
<tr><td colspan="2">联系人： 电话： 传真：</td></tr>
<tr><td rowspan="5">2. 承包商或提供劳务方（"非居民"）情况</td><td colspan="2">名称：</td></tr>
<tr><td colspan="2">地址：</td></tr>
<tr><td colspan="2">开户银行名称： 账号：</td></tr>
<tr><td colspan="2">联系人： 电话： 传真：</td></tr>
<tr><td colspan="2">代理人名称：
联系人： 电话： 传真：</td></tr>
<tr><td rowspan="11">3. 合同情况</td><td colspan="2">项目名称：</td></tr>
<tr><td colspan="2">项目类型：
□承包工程 □修理修配 □交通运输 □仓储租赁 □咨询经纪 □设计
□文化体育 □技术服务 □教育培训 □娱乐 □旅游
□其他（请注明： ）</td></tr>
<tr><td colspan="2">合同名称： 合同字号：</td></tr>
<tr><td>作业或劳务地点：</td><td>在华作业或劳务人数：</td></tr>
<tr><td>合同期限：</td><td>签订合同日期：</td></tr>
<tr><td>合同金额：</td><td>付款次数：</td></tr>
<tr><td colspan="2">合同分包或转包情况，如有，填明细。（多项分包或转包，可另附明细）</td></tr>
<tr><td>分包商名称：</td><td>转包商名称：</td></tr>
<tr><td>分包工程项目：</td><td>转包金额：</td></tr>
<tr><td>分包金额：</td><td>合同字号：</td></tr>
<tr><td>合同字号：</td><td></td></tr>
<tr><td colspan="3">4. 非居民是否已在项目所在地办理税务登记
□ 是——发包方或劳务受让方提交非居民办理的税务登记证复印件
□ 否——发包方或劳务受让方提交（中文）合同资料、协议资料复印件</td></tr>
<tr><td colspan="3">5. 非居民是否委托境内代理人履行纳税义务
□ 是——提交非居民税务代理委托书复印件
□ 否</td></tr>
<tr><td colspan="3">6. 非居民是否对有关事项做出书面说明
□ 是——提交非居民做出的书面说明
□ 否</td></tr>
<tr><td colspan="3">二、以下由税务机关填写</td></tr>
<tr><td colspan="2">受理人：
联系电话：
年 月 日</td><td>税务机关（盖章）
年 月 日</td></tr>
</table>

注：1. 在符合情形的□内打"√"。

2. 本表一式两份，一份退给发包方或劳务受让方，一份由税务机关留存归档。

表 28-7　　非居民项目合同变更情况报告表

附件 2:

报告日期：____年__月__日

一、以下由向非居民发包工程作业或劳务项目的境内机构和个人填写

1. 基本信息：

（1）原《境内机构和个人发包工程作业或劳务项目报告表》的编号：

（2）发包方或劳务受让方名称：

（3）发包方或劳务受让方纳税人识别号：

（4）承包商或劳务提供方名称：

2. 合同变更情况：

变更事项	变更前	变更后	变更原因

是否将变更后的合同复印件报税务机关备案　是□　否□

经办人：　　发包方或劳务受让方（盖章）

联系电话：

二、以下由税务机关填写

受理人： 联系电话： 年　月　日	税务机关（盖章） 年　月　日

注：1. 在符合情形的□内打“√”。

2. 合同变更事项包括合同执行期限、合同金额、付款条件、作业地点、合同签约方、转包分包情况等合同条款内容或实际执行情况发生变化的情形。

3. 本表一式两份，一份退给发包方或劳务受让方，一份税务机关留存归档。

表 28-8　　非居民项目合同款项支付情况报告表

附件 3:

报告日期：____年__月__日

一、以下由向非居民发包工程作业或劳务项目的境内机构和个人填写

1. 基本信息

（1）原《境内机构和个人发包工程作业或劳务项目报告表》的编号：

（2）发包方或劳务受让方名称：

（3）发包方或劳务受让方纳税人识别号：

（4）承包商或劳务提供方名称：

2. 向承包商或劳务提供方支付款项的情况：(多笔支付可另附明细表)

序号	支付日期	支付金额（币种）	收款人	款项性质
1				
2				
3				
4				
5				
金额合计				

付款凭证份数		是否将付款凭证复印件全部报税务机关备案　是□　否□

经办人：　　发包方或劳务受让方（盖章）

联系电话：

二、以下由税务机关填写

受理人： 联系电话： 年　月　日	税务机关（盖章） 年　月　日

注：1. 在符合情形的□内打“√”。

2. 本表一式两份，一份退给发包方或劳务受让方，一份税务机关留存归档。

表 28-9

附件 4：

非居民承包工程作业和提供劳务项目信息传递表

非居民纳税人信息					发包方或劳务受让方信息				代理人名称	项目类型	合同金额	币种	是否构成常设机构
名称	纳税人识别号	项目所在地	联系人	联系电话	名称	纳税人识别号	联系人	联系电话					

传递方（章）： 联系人： 联系电话： 传递日期：

接收方（章）： 接收人： 联系电话： 接收日期：

注：1. 表中传递方和接收方是指非居民承包工程作业和提供劳务涉税事项同时涉及的主管国家税务机关和地方税务机关。

2. 本表一式两份，传递方和接收方各一份留存归档。

表 28-10　　非居民企业承包工程作业和提供劳务享受税收协定待遇报告表

附件 5：　Non-resident Enterprises' Claim for Treatment under Double Taxation Agreement

(Contracted construction and service projects)

编号 Serial Number:

一、申请人事项 Details of applicant:

<table>
<tr><td rowspan="4">公司或团体
Corporation or other entity</td><td>名称 Name</td><td colspan="3"></td></tr>
<tr><td>总机构所在地
Place of head office</td><td></td><td>邮政编码
Postcode</td><td></td></tr>
<tr><td>实际管理机构所在地
Place of effective management</td><td></td><td>邮政编码
Postcode</td><td></td></tr>
<tr><td>注册所在地
Place of registration</td><td></td><td>邮政编码
Postcode</td><td></td></tr>
</table>

二、所得事项 Details of income:

<table>
<tr><td rowspan="8">承包工程
Contracted construction</td><td>支付人名称
Payer's name</td><td colspan="3"></td></tr>
<tr><td>地址 Address</td><td></td><td>邮编 Postcode</td><td></td></tr>
<tr><td>合同名称
Name of contract</td><td></td><td>合同字号
Contract number</td><td></td></tr>
<tr><td>项目地点
Place of project</td><td colspan="3"></td></tr>
<tr><td>项目持续时间
(年/月/日-年/月/日)
Duration of project
(y/m/d-y/m/d)</td><td></td><td>劳务人数
Number of workers</td><td></td></tr>
<tr><td>支付金额及币种
Amount of payment (unit)</td><td></td><td>支付日期
Date of payment</td><td></td></tr>
<tr><td>所得项目
Item of income</td><td colspan="3">□承包工程 Contracted construction　□其他（请注明）Others (please specify)</td></tr>
<tr><td>纳税方式
Method of tax payment</td><td colspan="3">□指定扣缴 Designated withholding　□自行申报 Self-filing</td></tr>
<tr><td rowspan="8">提供劳务
Performance of service</td><td>支付人名称
Payer's name</td><td colspan="3"></td></tr>
<tr><td>地址 Address</td><td></td><td>邮编 Postcode</td><td></td></tr>
<tr><td>合同名称
Name of contract</td><td></td><td>合同字号
Contract number</td><td></td></tr>
<tr><td>劳务地点 Place of service</td><td colspan="3"></td></tr>
<tr><td>劳务持续时间
(年/月/日-年/月/日)
Duration of service
(y/m/d-y/m/d)</td><td></td><td>劳务人数
Number of workers</td><td></td></tr>
<tr><td>支付金额及币种
Amount of payment (unit)</td><td></td><td>支付日期（年/月/日）
Date of payment (y/m/d)</td><td></td></tr>
<tr><td>劳务项目
Item of service</td><td colspan="3">□设计劳务 Designing　□咨询劳务 Consultancy　□管理劳务 Management
□培训服务 Training　□技术服务 Technical service
□销售设备同时提供劳务 Providing service in connection with equipments sold
□其他（请注明）Others (please specify)</td></tr>
<tr><td>纳税方式
Method of tax payment</td><td colspan="3">□指定扣缴 Designated withholding　□自行申报 Self-filing</td></tr>
</table>

续表

其他项目 Other items	非居民名称 Name			
	支付人名称 Payer's name			
	所得项目 Item of income			
	地址 Address		邮编 Postcode	
	支付金额及币种 Amount of payment（unit）		支付日期（年/月/日） Date of payment (y/m/d)	

三、申请适用避免双重征税协定 Application for Treatment under Double Taxation Agreement：

我谨在此申请依据中华人民共和国与＿＿＿＿＿＿签订的避免双重征税协定第＿＿＿条第＿＿＿款，因承包工程作业或提供劳务项目不构成在中国境内设有常设机构，享受不予征税待遇。

I hereby apply to be non-liable for enterprise income tax as the contracted construction or service project does not constitute a permanent establishment in China in accordance with Paragraph＿＿＿，Article＿＿＿of the Tax Agreement between the People's Republic of China and＿＿＿.

四、声明 Declaration：

我谨在此声明以上呈报事项准确无误。

I hereby declare that the above statement is correct and complete to the best of my knowledge and belief.

申请人（签章）：＿＿＿＿＿

Applicant（Signature or seal）：＿＿＿＿＿

五、申请人居民身份证明（由申请人为其居民的缔约国主管税务机关填写，或另附对方主管税务机关出具的专用证明）。Applicant's Certificate of Resident Status（To be filled out by the responsible tax office of the State in which the applicant is a resident，or to attach the certificate provided by the responsible tax office of the State in which the applicant is a resident）.

Certification
We hereby certify that＿＿＿＿（applicant's name） is a resident of＿＿＿＿（name of State） according to the provisions of Paragraph＿＿＿＿， of Article＿＿＿＿in the（name of law）.
Applicant's serial number：　　　　Date（y/m/d）：
Signature or stamp of tax office

以下由中国主管税务机关填写（The following for the use of the responsible tax office of China only）：

收到报告表日期（年/月/日） Date of receipt（y/m/d）		受理人（签章） Receiver（signature）	
备注（Note）：			

税务机关（盖章）
Stamp of Tax Office

注：本表一式两份，一份退申请人，一份由税务机关留存归档。
Note：This Form is in duplicate. The applicant and the tax authority concerned each has one copy.

表 28-11 非居民企业承包工程作业和提供劳务企业所得税扣缴义务通知书

附件 6：

税扣〔 〕号

公司（个人）：

根据《中华人民共和国企业所得税法》第三十八条"对非居民企业在中国境内取得工程作业和劳务所得应缴纳的所得税，税务机关可以指定工程价款或者劳务费的支付人为扣缴义务人"的规定，我局现指定你方作为下表中工程作业和劳务项目应纳企业所得税的扣缴义务人，在向表中所列非居民企业支付工程价款或劳务费时，代扣代缴企业所得税。

具体扣缴事项如下：

项目名称			
非居民名称		国别	
		国别	
		国别	
征收方式	□ 据实征收 □ 核定征收		
计算依据	□ 收入总额 （核定利润率 ） □ 应纳税所得额		
扣除项目	营业税/分包支出、代扣款项		
税 率	□ 25% □ 其他____		
计算方法	应纳税所得额×适用税率		
扣缴方式	在支付工程价款或劳务费时，按次扣缴所得税		
扣缴期限	扣缴后 7 日内向主管税务机关申报缴纳		

税务机关（盖章）
年 月 日

附件 7：

非居民企业欠税追缴告知书

税缴〔 〕号

__________（其他支付人名称）：

__________（纳税人名称）于_____年___月___日至_____年___月___日在_______（省、市）区（县）从事_______________（承包工程或劳务），取得收入_______元，未依法于_____年___月___日前申报缴纳企业所得税，欠税金额为_______元。对其未按期缴纳的税款，按照税法规定，应从缴纳税款期限届满之日起按日加收滞纳税款万分之五的滞纳金。

依据《中华人民共和国企业所得税法》第三十九条、四十条及《非居民承包工程作业和提供劳务税收管理暂行办法》的规定，我局对该非居民的欠缴税款实施追缴，你方应当自收到本告知书后 15 日内从应付__________（纳税人名称）的_____款项中扣缴上述税款及滞纳金、罚款并划解到我局账户。

开户行：______________________

开户单位：____________________

账户号：____________________________

本告知书涉及的纳税人、扣缴义务人若同我局在纳税上有争议的，必须先依照本告知书的期限缴纳税款及滞纳金或者提供相应的担保，然后可自上述款项缴清或者提供相应担保被税务机关确认之日起 60 日内依法向________申请行政复议。

税务机关（盖章）

年　月　日

注：此告知书一式三份，一份送达非居民纳税人，一份送达扣缴税款的其他支付人，一份由税务机关存档。

表 28–12

非居民承包工程作业和提供劳务重点建设项目统计表

附件 8：

填表单位：　　　　填表人：　　　　联系电话：　　　　填表日期：

序号	重点建设项目名称	项目发包方名称	非居民企业名称	国别	合同号	合同（协议）名称	合同金额（支付标准）	币种	折合人民币金额	项目类型名称	本年度已缴税款				
											企业所得税税额	营业税/增值税	个人所得税税额	印花税税额	合计

注：1. 重点建设项目是指列入国家、省和地市级重点建设项目，以及其他有非居民参与________的合同金额超过 5000 万元人民币以上的项目。

2. 表中合同金额是指有非居民参与的合同金额。

3. 此表一式两份，一份上报税务总局，一份省税务机关存档。

附件 9：

税务事项告知书

Notice of Tax Matter

编号 Serial number：

______________：

根据我们掌握的资料（信息），你于_____年__月至_____年__月因______（事项）在______（地点）取得应当在中国申报纳税的收入_____元。请你或你的代理人于_____年__月___日前就以上收入向中国_____省（市）_____市（区）_____国家税务局（地方税务局）进行纳税申报或做出必要说明。

如果你拒绝与中国税务机关合作，中国税务机关将按照《中华人民共和国税收征收管理法》第六十二条、六十三条的规定对你进行处罚，并根据《中华人民共和国政府与_____国政府关于对所得避免双重征税和防止偷漏税的协定》（或安排）的规定，将你未按中国法律规定履行纳税义务的情况通知______（国家或地区）税务主管当局。

In accordance with the information concerning your tax matters, it is ascertained that you received an income of RMB_______（from_______y/m/d to _______y/m/d) for（activity) in_________________________（place）. The income is taxable in China. Therefore, you are notified to file your tax return or give explanations thereupon to the responsible tax office (name of tax office) prior to____________ (y/m/d) .

Your failure of the notified cooperation may result in penalty on you as stipulated in the "Tax Collection and Administration Law of the People's Republic of China" and the information may be communicated to the tax competent authority of_________（name of State) pursuant to the "Agreement Between the Government of the People's Republic of China and the Government of the ________for the Avoidance of the Double Taxation and the Prevention of Fiscal Evasion with respect to Taxes on Income".

联系单位：中国____省（市）____市（区）_______国家税务局（地方税务局）_____科

Responsible tax office：

联系人（Contact）：

联系电话（Tel）：　　　　　　　　传真（Fax）：

地址（Add）：　　　　　　　　　　邮政编码（Postcode）：

税务机关（盖章）

(Stamp of Tax Office)

_____年__ 月__日（y/m/d）

＊本函一式两份：一份税务机关留存，一份寄至当事人。

＊ This notice is in duplicate with one copy kept by the responsible tax office and the other sent to the notified party.

第九节　企业所得税征管范围

为深入贯彻落实科学发展观，进一步提高企业所得税征管质量和效率，经国务院同意，现对2009年以后新增企业的所得税征管范围调整事项通知如下（国税发〔2008〕120号）：

一、基本规定

以2008年为基年，2008年底之前国家税务局、地方税务局各自管理的企业所得税纳税人不作调整。2009年起新增企业所得税纳税人中，应缴纳增值税的企业，其企业所得税由国家税务局管理；应缴纳营业税的企业，其企业所得税由地方税务局管理。

同时，2009年起下列新增企业的所得税征管范围实行以下规定：

1. 企业所得税全额为中央收入的企业和在国家税务局缴纳营业税的企业，其企业所得税由国家税务局管理。

2. 银行（信用社）、保险公司的企业所得税由国家税务局管理，除上述规定外的其他各类金融企业的企业所得税由地方税务局管理。

3. 外商投资企业和外国企业常驻代表机构的企业所得税仍由国家税务局管理。

对“一、基本规定3”规定的情形，除外国企业常驻代表机构外，还应包括在中国境内设立机构、场所的其他非居民企业（国税函〔2009〕50号）。

二、对若干具体问题的规定

1. 境内单位和个人向非居民企业支付《中华人民共和国企业所得税法》第三条第三款规定的所得的，该项所得应扣缴的企业所得税的征管，分别由支付该项所得的境内单位和个人的所得税主管国家税务局或地方税务局负责。

除“二、对若干具体问题的规定1”规定的情形外，不缴纳企业所得税的境内单位，其发生的企业所得税源泉扣缴管理工作仍由国家税务局负责（国税函〔2009〕50号）。

2. 2008年底之前已成立跨区经营汇总纳税企业，2009年起新设立的分支机构，其企业所得税的征管部门应与总机构企业所得税征管部门相一致；2009年起新增跨区经营汇总纳税企业，总机构按基本规定确定的原则划分征管归属，其分支机构企业所得税的管理部门也应与总机构企业所得税管理部门相一致。

3. 按税法规定免缴流转税的企业，按其免缴的流转税税种确定企业所得税征管归属；既不缴纳增值税也不缴纳营业税的企业，其企业所得税暂由地方税务局管理。

4. 既缴纳增值税又缴纳营业税的企业，原则上按照其税务登记时自行申报的主营业务应缴纳的流转税税种确定征管归属；企业税务登记时无法确定主营业务的，一般以工商登记注明的第一项业务为准；一经确定，原则上不再调整。

5. 2009年起新增企业，是指按照《财政部 国家税务总局关于享受企业所得税优惠政策的新办企业认定标准的通知》（财税〔2006〕1号）及有关规定的新办企业认定标准成立的企业。

三、确保征管范围调整方案落实到位

各地国家税务局、地方税务局要加强沟通协调，及时研究和解决实施过程中出现的新问题，本着保证税收收入不流失和不给纳税人增加额外负担的原则，确保征管范围调整方案落实到位。

以上规定自2009年1月1日起执行。

第十节　个人工资薪金所得与企业工资费用支出的比对

为加强企业所得税与个人所得税的协调管理，严格执行《国家税务总局关于工资薪金及职工福利费扣除问题的通知》(国税函〔2009〕3号，见第二章第二节之一（二)），提高个人所得税代扣代缴质量，各地税务机关应将个人因任职或受雇而取得的工资、薪金等所得，与所在任职或受雇单位发生的工资费用支出进行比对，从中查找差异及存在问题，从而强化个人所得税的征收管理，规范工资薪金支出的税前扣除。现将有关事项通知如下（国税函〔2009〕259号)：

1. 各地国税局应于每年7月底前，将所辖进行年度汇算清缴企业的纳税人名称、纳税人识别号、登记注册地址、企业税前扣除工资薪金支出总额等相关信息传递给同级地税局。

地税局应对所辖企业及国税局转来的企业的工资薪金支出总额和已经代扣代缴个人所得税的工资薪金所得总额进行比对分析，对差异较大的，税务人员应到企业进行实地核查，或者提交给稽查部门，进行税务稽查。

2009年，地税局进行比对分析的户数，不得低于实际汇算清缴企业总户数的10%。信息化基础较好的地区，可以根据本地实际扩大比对分析面，直至对所有汇算清缴的企业进行比对分析。

2. 地税局到企业进行实地核查时，主要审核其税前扣除的工资薪金支出是否足额扣缴了个人所得税；是否存在将个人工资、薪金所得在福利费或其他科目中列支而未扣缴个人所得税的情况；有无按照企业全部职工平均工资适用税率计算纳税的情况；以非货币形式发放的工资薪金性质的所得是否依法履行了代扣代缴义务；有无隐匿或少报个人收入情况；企业有无虚列人员、增加工资费用支出等情况。

3. 地税局在核查或检查中发现的问题，属于地税局征管权限的，应按照税收征管法及相关法律、法规的规定处理；属于国税局征管权限的，应及时将相关信息转交国税局处理。

各地地税局应于每年11月底前，将国税局提供的有关信息的比对及使用效果等情况通报或反馈同级国税局。

4. 各级税务机关要高度重视此项工作，要将其作为提高个人所得税征管质量，规范工资薪金支出税前扣除，大力组织所得税收入的有效措施，精心组织，周密部署，扎扎实实地开展工作。要制定切实可行的工作方案，充分利用信息化手段加强比对工作。国税局和地税局之间要密切配合，通力协作，形成工作合力，按照本通知要求及时传递和反馈信息，共享信息资源和工作成果，对工作过程中发现的带有共性的问题，要联合采取措施，加强所得税管理。各省国税局、地税局在2009年底之前将工作情况正式书面上报税务总局（所得税司)。税务总局将在下半年组织检查、督导。

第二十九章　企业所得税的会计核算方法

税法规定，在计算应纳税所得额时，企业财务、会计处理办法与税收法律、行政法规的规定不一致的，应当依照税收法律行政法规的规定计算。

第一节　企业会计与税务会计

企业会计与税务会计是两个既有联系，又有区别的概念。

一、企业会计与税务会计为什么会有差异

差异性分析，是纳税人在节税工作中的一种最基本的方法。在这之中，企业会计与税务会计的差异，即会计规定与税法规定的差异，又常常是被利用的主要方法之一。

在发达的市场经济国家，其法律体制分为大陆法系（成文法、制定法）和英美法系（判例法、普通法、法官法）两大类，不同的法律体制对会计制度和税收法规的要求不尽一致。大陆法系的主要特点是，政府要求税法和会计原则相统一，对企业会计与财务报表的规定是税法的重要组成部分。英美法系的主要特点是，会计活动依据公认会计原则进行，企业要公开其财务报告，而公认会计原则是由民间职业会计团体制定的，故税法与会计制度之间存在较大的差异，由此便形成了财务会计与税务会计的格局。因此，在这些国家中，企业日常均按会计准则要求编制会计报表，只有在核算税收时，才按税法编制纳税申报表，进行税务会计的处理。

二、企业会计与税务会计的差异

在我国，企业会计规定与税法规定始终存在着或多或少的差异，因而时有矛盾。但随着市场经济的深入，特别是在有了节税认识之后，税务会计也逐渐为人们所认识。

税务会计的目的与企业会计的目的不同。首先，企业会计制度的主要作用是规范企业的财务会计行为，企业必须按会计准则或会计制度进行会计核算，按财务会计制度规定的标准进行成本费用的列支，否则，就视为违反财经纪律；而税法的作用则是规范企业的纳税行为，企业必须按税法规定来确定税前扣除项目及其金额，否则即为非法。其次，企业会计主要向投资者和债权人提供有关资产、负债和所有者权益等方面的信息，处理的是企业与股东和债权人之间的关系。而税务会计主要是向税务机关提供有关应纳税款方面的信息，处理的是国家与企业之间的关系。

由于会计准则或会计制度与税法规定不同，企业会计与税务会计存在差异是极为正常的。

三、企业会计与税务会计的互调性

由于税务会计是由企业会计演进而来，所以，税务会计就无法全部摆脱企业会计的原理和原则的影响。例如，存货计价、折旧方法、坏账准备、短期投资与长期投资评价、资本支出与费用支出等，企业会计与税务会计两者之间，有着许多共同性或者差异性存在。在会计法规与税收法规的规范下，税务会计所计算出来的"应税所得"与企业会计所计算出来的"会计所得"之间的差异，具有互调性。即可分析出产生差异的原因，并在此基础之上计算出它们之间的差异（一般区分为永久性差异和时间性差异），最后通过纳税调整将税务会计与企业会计联系起来。

应该指出的是，税前会计利润与应纳税额之间的差异，在按照税法规定计算应纳税额的同时，不应改变会计处理和账簿记录，只能在此基础上依照税法规定进行纳税调整处理。因此，企业在处理这种差异时必须坚持以下两个基本原则：

1. 在进行会计核算时，所有企业应严格遵循会计准则或会计制度的要求进行会计要素的确认、计量和记录，不得有违反会计规定的行为。

2. 在完成纳税义务时，必须按照税法规定的要求进行，如企业的账务处理与税法规定不一致，应按税法规定，进行纳税调整，以准确地完成纳税义务。

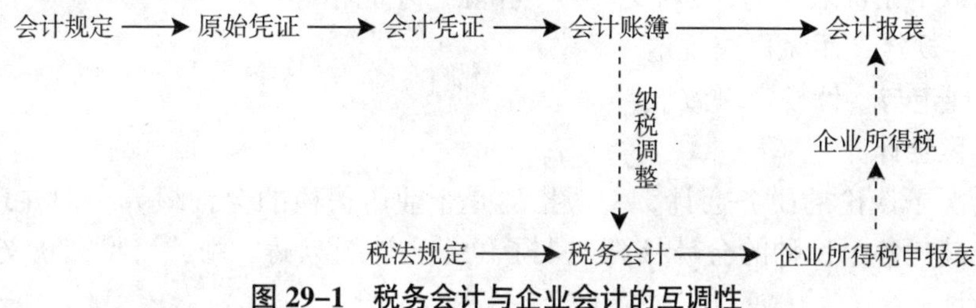

图 29-1　税务会计与企业会计的互调性

四、列支不完全等于扣除

在税收实务中，特别是在所得税实务中，纳税人常常会碰到"列支"或"不予列支"、"扣除"或"不予扣除"的问题。这之中，"列支"不等于"扣除"。

（一）列支与扣除是两种不同法律范畴的术语

1. "列支"是会计法律法规的规范用语。"列支"的意思是：安排到某个会计科目中支出。而"不予列支"的意思则是：不能安排到某个会计科目中支出。譬如，会计法规定：公司、企业进行会计核算，不得"随意改变资产、负债、所有者权益的确认标准或者计量方法，虚列、多列、不列或者少列资产、负债所有者权益"。因此，会计法规定的是某项支出是否可以在某个会计科目中"列支"。

2. "扣除"是税收法律法规的规范用语。它常用在计算应纳税所得额时。"扣税"的意思是：从总额中减去。而"不予扣税"的意思则是：不得从总额中减去。在计算应纳税所得额时，对有些费用损失项目，有是否允许"税前扣除"的税法规定。因此，税法规定的是某项支出是否可以在计算应纳税所得额时"扣除"。

（二）作用对象不同

从"列支"和"扣除"的作用对象上看，"列支"与否影响的只是企业的会计处理方法，并不考虑已纳税额是如何计算的；而是否可以"税前扣除"，则只涉及应纳税收入额的计算和调整，并不涉及会计处理方法。譬如，工资费用超过计税工资标准部分，属于不得在税前扣除的项目，在相关的纳税申报表中予以调整；但其不超过财政等部门核批工资总额，且其会计处理无误的，无须进行账务调整。

（三）计算公式不同

企业的会计利润与应纳税所得额的计算公式不同：

（1）企业利润 = 收入总额 – 允许列支的成本费用和损失

（2）应纳税所得额 = 收入总额 – 允许扣除项目金额

企业利润与应纳税所得额之不同，盖因于“列支”与“扣除”的内容在计算口径及计算时间上的不同，而有所差异之故。

（四）税法规定与会计规定的计算口径不一致

这并不是法律规定上的矛盾所致，而是因其服务的对象、实现的目的不同所致，因此，不需要两种法律规定的协调，仅需要在缴纳所得税时，进行必要的纳税调整就可以了。“不予税前扣除”并不一定就是“不予列支”。按税务机关的税法规定执行，并不否定财政部门对会计事项的批复。

（五）“列支”与“扣除”相等的条件

只有满足以下条件之一时，“列支”与“扣除”才能相等：

（1）有会计规定，而无税法规定；

（2）税法规定与会计规定一致。

五、所得税会计

在许多情况下谈论的税务会计，一般指的是企业所得税的会计核算。但在现时的中国，人们往往也把其他各个税种的会计核算列入了税务会计的范畴。由此可见，狭义上的税务会计即所得税会计。

所谓的所得税会计，即是在企业按照会计准则或会计制度的规定核算得出的会计所得的基础上，按税法规定进行纳税调整，以求得应税所得的一种核算方法。

基于企业会计与税务会计之目的不同，同一个企业在同一个会计期间，按照企业会计计算出来的会计利润与按照税法规定计算出来的应纳税所得额之间就会产生差异，为此，企业必须按照税法规定对某一会计期间的会计利润进行调整。这种纳税调整，即为所得税会计。这种将会计利润调整为应纳税所得额的过程，就是税务会计核算的过程。

第二节　会计所得与应税所得

由于有企业会计和税务会计的同时存在，所以，也就相应地产生了各自的核算结果：会计所得和应税所得。

企业所得税的计税基础是企业的应税所得，而不是企业的会计所得。

一、会计所得

对企业而言，所谓的会计所得，即税前会计所得或税前会计利润，是企业按照会计准则或会计制度等的规定进行核算的结果，反映企业在一定时期内的经营成果，即是未减除所得税费用之前的企业利润总额或企业亏损总额。它列在企业利润表中的“利润总额”栏（亏损总额以“–”号填列）。会计所得通常由企业自行年度决算之所得。

二、应税所得

对企业而言，所谓的应税所得，即应纳税所得额，是指企业以会计所得为基础，依据税法规定，通过纳税调整，并按“企业所得税年度纳税申报表”上的收入总额减除各项费用、加减各项调整项目的调整额并减去各减免项目金额之后的数额。应税所得是企业依据税法规定，通过纳税调整，并得到主管税务机关认可的结果。应税所得是企业在一定时期内计算应纳所得税税额的依据。

三、计税基础

计税基础简称为税基，是指据以计算应纳税额的基数。

1. 企业所得税法规定的计税基础。企业所得税的计税基础，是指企业在一定时期内的企业所得税的应纳税所得额。而应纳税所得额（应税所得）又是在企业当期税前会计利润（会计所得）的基础上，将会计规定（会计准则、会计制度等）与税法规定在确认收入、费用等方面的标准或时间的不一致所产生的差异进行纳税调整来确定的。

2. 会计准则规定的资产、负债的计税基础。会计准则规定，企业在取得资产、负债时，应当确定其计税基础。

（1）资产的计税基础，是指企业收回资产账面价值过程中，计算应纳税所得额时按照税法规定可以自应税经济利益中抵扣的金额。即该项资产在未来使用或最终处置时，按税法规定可以作为成本费用在税前扣除的金额。

（2）负债的计税基础，是指负债的账面价值减去未来期间计算应纳税所得额时按照税法规定可予抵扣的金额。

四、会计所得与应税所得发生差异的原因

1. 会计所得与应税所得的主要差异。从会计要素看，会计所得与应税所得的主要差异包括：收入确认的差异，成本费用与税前扣除的差异，管理费用的差异，营业费用的差异，财务费用的差异，资产损失和营业外支出的差异，投资改组业务的差异，其他项目的差异等。

2. 会计所得与应税所得发生差异的原因。归纳起来，会计所得与应税所得之间发生差异的原因大致有如下几个方面：

（1）时间性差异。是指税法与会计制度在确认收益、费用或损失时的时间不同而产生的税前会计利润与应纳税所得额的差异。时间性差异发生于某一会计期间，但在以后一期或若干期内能够转回。时间性差异主要有以下几种类型：

①企业获得的某项收益，按照会计制度规定应当确认为当期收益，但按照税法规定需待以后期间确认为应纳税所得额，从而形成应纳税时间性差异。这里的应纳税时间性差异是指未来应增加应纳税所得额的时间性差异。

②企业发生的某项费用或损失，按照会计制度规定应当确认为当期费用或损失，但按照税法规定待以后期间从应纳税所得额中扣减，从而形成可抵减时间性差异。这里的可抵减时间性差异是指未来可以从应纳税所得额中扣除的时间性差异。

③企业获得的某项收益，按照会计制度规定应当于以后期间确认收益，但按照税法规定需计入当期应纳税所得额，从而形成可抵减时间性差异。

④企业发生的某项费用或损失，按照会计制度规定应当于以后期间确认为费用或损失，但按照税法规定可以从当期应纳税所得额中扣减，从而形成应纳税时间性差异。

（2）永久性差异。是指某一会计期间，由于会计制度和税法在计算收益、费用或损失时的口径不同，所产生的税前会计利润与应纳税所得额之间的差异。这种差异在本期发生，不会在以后各期转回。永久性差异有以下几种类型：

①按会计制度规定核算时作为收益计入会计报表，在计算应纳税所得额时不确认为

收益。

②按会计制度规定核算时不作为收益计入会计报表，在计算应纳税所得额时作为收益，需要缴纳所得税。

③按会计制度规定核算时确认为费用或损失计入会计报表，在计算应纳税所得额时则不允许扣减。

④按会计制度规定核算时不确认为费用或损失，在计算应纳税所得额时则允许扣减。

(3) 暂时性差异。

①在会计准则中，规定有暂时性差异。暂时性差异是指资产或负债的账面价值与其计税基础之间的差额；未作为资产和负债确认的项目，按照税法规定可以确定其计税基础的，该计税基础与其账面价值之间的差额也属于暂时性差异。

按照暂时性差异对未来期间应税金额的影响，分为应纳税暂时性差异和可抵扣暂时性差异。

应纳税暂时性差异是指在确定未来收回资产或清偿负债期间的应纳税所得额时，将导致产生应税金额的暂时性差异。

可抵扣暂时性差异是指在确定未来收回资产或清偿负债期间的应纳税所得额时，将导致产生可抵扣金额的暂时性差异。

②暂时性差异与时间性差异的联系与区别。所有的时间性差异都是暂时性差异，但暂时性差异并不一定都是时间性差异。这是因为，资产负债表上的资产和负债的计税价值与账面价值之间的差异，并不都是由税法规定与会计准则规定在收益、费用及损失的确认时间上的不同而造成的，有时，资产负债表项目的变化，并不涉及损益表项目的变化，某些从损益表角度判断为永久性差异的项目，如果从资产负债表的角度来加以判断，也可能是暂时性差异。

(4) 弥补以前年度亏损所产生的差异。税法规定，企业纳税年度发生的亏损，准予向以后年度结转，用以后年度的所得弥补，但结转年限最长不得超过五年。这就意味着，企业前五年之亏损可以抵消本年度的所得，从而减少当期的应税所得及当期的应纳税额。由于这种递延抵消，在计算会计所得时并不适用，而只是在计算应税所得时才适用，所以，就使会计所得与应税所得产生了差异。在性质上，弥补以前年度亏损所产生的差异，系一种永久性差异。不过，企业只有在享受该优惠待遇的年度中，才有此种差异的存在。

(5) 免税所得所产生的差异。免税所得一般包括：国债利息所得，免税的补贴收入，免税的纳入预算管理的基金、收费或附加，免予补税的投资收益，免税的技术转让收益，免税的治理三废收益和其他免税所得等。由于免税所得是免予缴纳企业所得税的所得，只在计算应税所得时适用，而会计所得并不包括此项计算内容，因此，会计所得往往大于应税所得，从而产生这种差异。该等差异也是一种永久性差异，也只有在企业享受该优惠待遇的年度中，才有此种差异的存在。

第三节 企业会计制度规定的所得税会计核算方法

《企业会计准则——所得税》的公布实施，不仅使企业所得税的核算有了会计准则，而且还要求施行该会计准则的上市公司等使用资产负债表债务法核算企业所得税。其他企业则仍按原企业会计制度的规定核算企业所得税，即采用预付税款法和纳税影响会计法（递延法和债务法）核算企业所得税。

现行的各种企业所得税的会计核算方法，因其核算对象、核算基础、考虑的重点和具体计算方法的差异，而有所不同。总的来说，所得税会计的核算方法，分为应付税款法和纳税影响会计法。这两种核算方法，只是在处理时间性差异时才有所不同，而在处理永久性差异时则是相同的。在应付税款法下，时间性差异与永久性差异的处理方法相同。在纳税影响会计法下，因时间性差异会影响到未来期间应税所得，进而影响到企业的损益状况，故将其单独列示为递延税款。而纳税影响会计法，又根据递延税款转回时选择的税率情况，分为递延法和债务法。

根据企业会计制度的规定，企业可选择利用应付税款法或纳税影响会计法以计算应纳税所得额。应付税款法所遵循的会计原则是收付实现制（现金制），其意思为当期收入或费用只要在款项收到或付出时就应当被确认，即是根据货币收付与否来作为收入或费用确认和记录的依据。而纳税影响会计法所遵循的会计原则乃是权责发生制（应计制），其意思是，凡当期已实现的收入和已经发生或应当负担的费用，不论款项是否收付，都应当作为当期的收入和费用，即是以取得收款权或付款责任作为收入或费用确认和记录的依据。

现将企业会计制度所规定的各种所得税会计核算方法及其区别表示如下，并在以下各节中予以详细介绍。

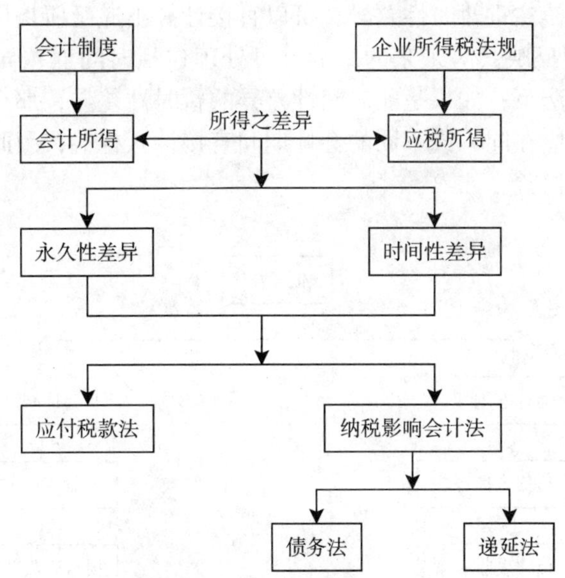

图 29–2　企业会计制度中规定的所得税会计方法

第四节　损益表债务法与资产负债表债务法

在所得税会计中，中国的企业会计制度中所规定的债务法应为损益表债务法，它虽然与会计准则中所规定的资产负债表债务法同属于债务法，但这两种债务法之间毕竟有所不同。因此，在债务法下，根据会计制度与会计准则要求的不同，而分为损益表债务法和资产负债表债务法。

一、损益表债务法

损益表债务法，是按照损益表债务观来确定会计所得与应税所得之间的差异的，并由此确定其时间性差异。这里所说的损益表债务观是指在所得税会计核算中按照收入、费用和损失的情况来确定收益的会计思想。

损益表债务法，注重的是时间性差异，可以计算出对当期的影响，但却不能反映其对未来的影响，也不能处理非时间性差异的暂时性差异。对时间性差异需确认为递延税款。

二、资产负债表债务法

资产负债表债务法，是按照资产负债表收益观来确定会计所得和应税所得之间的差异的，并由此确定其暂时性差异。这里所说的资产负债表收益观，是指在所得税会计核算中按照资产负债的增减情况来确定收益的会计思想。比如，资产评估增值通常表现为一种未来现金流量的现值，或者说，是一种可能实现的收益，不论会计上是否对此项评估增值确认为收益，但其确实可能会给企业带来收益，这就预示着，企业未来要因此而交税。这样形成的现有资产价值与评估价值之间的差异就称之为暂时性差异。这种暂时性差异尽管也包含着时间上的不一致，但它并不是因收入费用的确认产生的，而是由于资产或负债价值的增减变化而带来的未实现收益。对暂时性差异进行处理时，需将其确认为递延所得税资产或递延所得税负债。

资产负债表债务法，注重暂时性差异，可以直接计算出递延所得税作出资产、递延所得税负债的余额，能直接反映其对未来的影响，可处理包括时间性差异在内的所有暂时性差异。在资产负债表债务法下，如果是非时间性差异的暂时性差异，那么与企业当期所得税和递延所得税相关的项目应在同一或不同的会计期间直接计入权益，因此，当期所得税和递延所得税也应当直接计入权益。

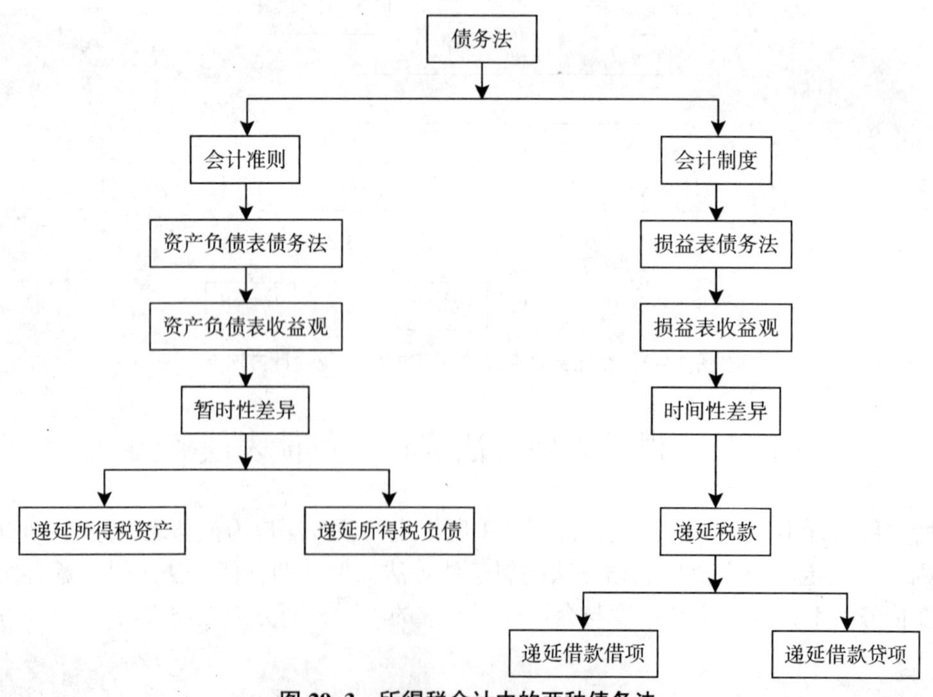

图 29-3 所得税会计中的两种债务法

三、损益表债务法与资产负债表债务法的比较

由于收益观的不同，在损益表债务法下，当税率发生变动时，需对递延税款进行调整，并同时按照现行税率来确定新的时间性差异或进行转回。而在资产负债表债务法下，当税率发生变动时，则要分别对递延所得税资产和递延所得税负债进行调整。

在损益表债务法下，所得税费用的计算公式如下：

所得税费用 = 应交所得税 ± 递延税款调整额 ± 递延税款发生额 ± 递延税款转回额

在资产负债表债务法下，所得税费用的计算公式如下：

所得税费用 = 应交所得税 – (递延所得税资产期末数 – 递延所得税期初数) + (递延所得税负债期末数 – 递延所得税期初数)

表 29–1　　中国现行的各种会计处理方法

开始执行时间	会计规定	采用的会计处理	适用范围
1994 年 1 月 1 日	企业所得税会计处理的暂行规定	应付税款法或纳税影响会计法	企业
2001 年 1 月 1 日	企业会计制度	应付税款法或纳税影响会计法	股份有限公司
2002 年 1 月 1 日	金融企业会计制度	应付税款法或纳税影响会计法	上市的金融企业
2005 年 1 月 1 日	小企业会计制度	应付税款法	小企业
2007 年 1 月 1 日	企业会计准则第 18 号——所得税会计	资产负债表债务法	上市公司，鼓励其他企业执行

第三十章　按企业会计准则核算企业所得税的方法

财政部制定并印发的 38 项具体企业会计准则以及《企业会计准则——应用指南》，自 2007 年 1 月 1 日起在上市公司范围内施行，鼓励其他企业执行。执行《企业会计准则——应用指南》的企业，不再执行现行会计准则、《企业会计制度》、《金融企业会计制度》、各项专业核算办法和问题解答。

本章按 38 项具体企业会计准则以及《企业会计准则——应用指南》，介绍有关企业所得税的会计核算内容。

第一节　企业会计准则第 18 号——所得税

第一章　总　则

第一条　为了规范企业所得税的确认、计量和相关信息的列报，根据《企业会计准则——基本准则》，制定本准则。

第二条　本准则所称所得税包括企业以应纳税所得额为基础的各种境内和境外税额。

第三条　本准则不涉及政府补助的确认和计量，但因政府补助产生暂时性差异的所得税影响，应当按照本准则进行确认和计量。

第二章　计税基础

第四条　企业在取得资产、负债时，应当确定其计税基础。资产、负债的账面价值与其计税基础存在差异的，应当按照本准则规定确认所产生的递延所得税资产或递延所得税负债。

第五条　资产的计税基础，是指企业收回资产账面价值过程中，计算应纳税所得额时按照税法规定可以自应税经济利益中抵扣的金额。

第六条　负债的计税基础，是指负债的账面价值减去未来期间计算应纳税所得额时按照税法规定可予抵扣的金额。

第三章　暂时性差异

第七条　暂时性差异，是指资产或负债的账面价值与其计税基础之间的差额；未作为资产和负债确认的项目，按照税法规定可以确定其计税基础的，该计税基础与其账面价值之间的差额也属于暂时性差异。

按照暂时性差异对未来期间应税金额的影响，分为应纳税暂时性差异和可抵扣暂时性差异。

第八条　应纳税暂时性差异，是指在确定未来收回资产或清偿负债期间的应纳税所得额时，将导致产生应税金额的暂时性差异。

第九条　可抵扣暂时性差异，是指在确定未来收回资产或清偿负债期间的应纳税所得额时，将导致产生可抵扣金额的暂时性差异。

第四章　确　认

第十条　企业应当将当期和以前期间应交未交的所得税确认为负债，将已支付的所得税超过应支付的部分确认为资产。

存在应纳税暂时性差异或可抵扣暂时性差异的，应当按照本准则规定确认递延所得税负债或递延所得税资产。

第十一条　除下列交易中产生的递延所得税负债以外，企业应当确认所有应纳税暂时性差异产生的递延所得税负债：

（一）商誉的初始确认。

（二）同时具有下列特征的交易中产生的资产或负债的初始确认：

1. 该项交易不是企业合并；

2. 交易发生时既不影响会计利润也不影响应纳税所得额（或可抵扣亏损）。

与子公司、联营企业及合营企业的投资相关的应纳税暂时性差异产生的递延所得税负债，应当按照本准则第十二条的规定确认。

第十二条　企业对与子公司、联营企业及合营企业投资相关的应纳税暂时性差异，应当确认相应的递延所得税负债。但是，同时满足下列条件的除外：

（一）投资企业能够控制暂时性差异转回的时间；

（二）该暂时性差异在可预见的未来很可能不会转回。

第十三条　企业应当以很可能取得用来抵扣可抵扣暂时性差异的应纳税所得额为限，确认由可抵扣暂时性差异产生的递延所得税资产。但是，同时具有下列特征的交易中因资产或负债的初始确认所产生的递延所得税资产不予确认：

（一）该项交易不是企业合并；

（二）交易发生时既不影响会计利润也不影响应纳税所得额（或可抵扣亏损）。

资产负债表日，有确凿证据表明未来期间很可能获得足够的应纳税所得额用来抵扣可抵扣暂时性差异的，应当确认以前期间未确认的递延所得税资产。

第十四条　企业对与子公司、联营企业及合营企业投资相关的可抵扣暂时性差异，同时满足下列条件的，应当确认相应的递延所得税资产：

（一）暂时性差异在可预见的未来很可能转回；

（二）未来很可能获得用来抵扣可抵扣暂时性差异的应纳税所得额。

第十五条　企业对于能够结转以后年度的可抵扣亏损和税款抵减，应当以很可能获得用来抵扣可抵扣亏损和税款抵减的未来应纳税所得额为限，确认相应的递延所得税资产。

第五章　计　量

第十六条　资产负债表日，对于当期和以前期间形成的当期所得税负债（或资产），应当按照税法规定计算的预期应交纳（或返还）的所得税金额计量。

第十七条　资产负债表日，对于递延所得税资产和递延所得税负债，应当根据税法规定，按照预期收回该资产或清偿该负债期间的适用税率计量。

适用税率发生变化的，应对已确认的递延所得税资产和递延所得税负债进行重新计量，除直接在所有者权益中确认的交易或者事项产生的递延所得税资产和递延所得税负债以外，应当将其影响数计入变化当期的所得税费用。

第十八条 递延所得税资产和递延所得税负债的计量，应当反映资产负债表日企业预期收回资产或清偿负债方式的所得税影响，即在计量递延所得税资产和递延所得税负债时，应当采用与收回资产或清偿债务的预期方式相一致的税率和计税基础。

第十九条 企业不应当对递延所得税资产和递延所得税负债进行折现。

第二十条 资产负债表日，企业应当对递延所得税资产的账面价值进行复核。如果未来期间很可能无法获得足够的应纳税所得额用以抵扣递延所得税资产的利益，应当减记递延所得税资产的账面价值。

在很可能获得足够的应纳税所得额时，减记的金额应当转回。

第二十一条 企业当期所得税和递延所得税应当作为所得税费用或收益计入当期损益，但不包括下列情况产生的所得税：

（一）企业合并。

（二）直接在所有者权益中确认的交易或者事项。

第二十二条 与直接计入所有者权益的交易或者事项相关的当期所得税和递延所得税，应当计入所有者权益。

第六章 列 报

第二十三条 递延所得税资产和递延所得税负债应当分别作为非流动资产和非流动负债在资产负债表中列示。

第二十四条 所得税费用应当在利润表中单独列示。

第二十五条 企业应当在附注中披露与所得税有关的下列信息：

（一）所得税费用（收益）的主要组成部分。

（二）所得税费用（收益）与会计利润关系的说明。

（三）未确认递延所得税资产的可抵扣暂时性差异、可抵扣亏损的金额（如果存在到期日，还应披露到期日）。

（四）对每一类暂时性差异和可抵扣亏损，在列报期间确认的递延所得税资产或递延所得税负债的金额，确认递延所得税资产的依据。

（五）未确认递延所得税负债的，与对子公司、联营企业及合营企业投资相关的暂时性差异金额。

第二节 企业会计准则第18号——所得税的应用指南

一、资产、负债的计税基础

资产的账面价值大于其计税基础或者负债的账面价值小于其计税基础的，产生应纳税暂时性差异；资产的账面价值小于其计税基础或者负债的账面价值大于其计税基础的，产生可抵扣暂时性差异。

（一）资产的计税基础

本准则第五条规定，资产的计税基础是指企业收回资产账面价值过程中，计算应纳税所得额时按照税法规定可以自应税经济利益中抵扣的金额。

通常情况下，资产在取得时其入账价值与计税基础是相同的，后续计量过程中因企业会计准则规定与税法规定不同，可能产生资产的账面价值与其计税基础的差异。

比如，交易性金融资产的公允价值变动。按照企业会计准则规定，交易性金融资产期末应以公允价值计量，公允价值的变动计入当期损益。如果按照税法规定，交易性金融资产在持有期间公允价值变动不计入应纳税所得额，即其计税基础保持不变，则产生了交易性金融资产的账面价值与计税基础之间的差异。假定某企业持有一项交易性金融资产，成本为 1000 万元，期末公允价值为 1500 万元，如计税基础仍维持 1000 万元不变，该计税基础与其账面价值之间的差额 500 万元即为应纳税暂时性差异。

（二）负债的计税基础

本准则第六条规定，负债的计税基础是指负债的账面价值减去未来期间计算应纳税所得额时按照税法规定可予抵扣的金额。

短期借款、应付票据、应付账款等负债的确认和偿还，通常不会对当期损益和应纳税所得额产生影响，其计税基础即为账面价值。但在某些情况下，负债的确认可能会影响损益，并影响不同期间的应纳税所得额，使其计税基础与账面价值之间产生差额。比如，上述企业因某事项在当期确认了 100 万元负债，计入当期损益。假定按照税法规定，与确认该负债相关的费用，在实际发生时准予税前扣除，该负债的计税基础为零，其账面价值与计税基础之间形成可抵扣暂时性差异。

企业应于资产负债表日，分析比较资产、负债的账面价值与其计税基础，两者之间存在差异的，确认递延所得税资产、递延所得税负债及相应的递延所得税费用（或收益）。企业合并等特殊交易或事项中取得的资产和负债，应于购买日比较其入账价值与计税基础，按照本准则规定计算确认相关的递延所得税资产或递延所得税负债。

二、递延所得税资产和递延所得税负债

资产负债表日，企业应当按照暂时性差异与适用所得税税率计算的结果，确认递延所得税负债、递延所得税资产以及相应的递延所得税费用（或收益），本准则第十一条至第十三条规定不确认递延所得税负债或递延所得税资产的情况除外。沿用上述举例，假定该企业适用的所得税税率为 33%，递延所得税资产和递延所得税负债不存在期初余额，对于交易性金融资产产生的 500 万元应纳税暂时性差异，应确认 165 万元递延所得税负债；对于负债产生的 100 万元可抵扣暂时性差异，应确认 33 万元递延所得税资产。

确认由可抵扣暂时性差异产生的递延所得税资产，应当以未来期间很可能取得用以抵扣可抵扣暂时性差异的应纳税所得额为限。企业在确定未来期间很可能取得的应纳税所得额时，应当包括未来期间正常生产经营活动实现的应纳税所得额，以及在可抵扣暂时性差异转回期间因应纳税暂时性差异的转回而增加的应纳税所得额，并应提供相关的证据。

三、所得税费用的确认和计量

企业在计算确定当期所得税（即当期应交所得税）以及递延所得税费用（或收益）的基础上，应将两者之和确认为利润表中的所得税费用（或收益），但不包括直接计入所有者权益的交易或事项的所得税影响。即：

所得税费用（或收益）= 当期所得税 + 递延所得税费用（– 递延所得税收益）

仍沿用上述举例，该企业 12 月 31 日资产负债表中有关项目账面价值及其计税基础如下：

××企业　　　　　　　　　　　　　　　　　　　　　　　　　　　　　　　单位：万元

	项目	账面价值	计税基础	暂时性差异	
				应纳税暂时性差异	可抵扣暂时性差异
1	交易性金融资产	1500	1000	500	
2	负债	100	0		100
	合计			500	100

假定除上述项目外，该企业其他资产、负债的账面价值与其计税基础不存在差异，也不存在可抵扣亏损和税款抵减；该企业当期按照税法规定计算确定的应交所得税为600万元；该企业预计在未来期间能够产生足够的应纳税所得额用以抵扣可抵扣暂时性差异。该企业计算确认的递延所得税负债、递延所得税资产、递延所得税费用以及所得税费用如下：

递延所得税负债=500×33%=165（万元）

递延所得税资产=100×33%=33（万元）

递延所得税费用=165－33=132（万元）

当期所得税费用=600（万元）

所得税费用=600+132=732（万元）

四、递延所得税的特殊处理

1. 直接计入所有者权益的交易或事项产生的递延所得税。根据本准则第二十二条规定，直接计入所有者权益的交易或事项，如可供出售金融资产公允价值的变动，相关资产、负债的账面价值与计税基础之间形成暂时性差异的，应当按照本准则规定确认递延所得税资产或递延所得税负债，计入资本公积（其他资本公积）。

2. 企业合并中产生的递延所得税。由于企业会计准则规定与税法规定对企业合并的处理不同，可能会造成企业合并中取得资产、负债的入账价值与其计税基础的差异。比如，非同一控制下企业合并产生的应纳税暂时性差异或可抵扣暂时性差异，在确认递延所得税负债或递延所得税资产的同时，相关的递延所得税费用（或收益），通常应调整企业合并中所确认的商誉。

3. 按照税法规定允许用以后年度所得弥补的可抵扣亏损以及可结转以后年度的税款抵减，比照可抵扣暂时性差异的原则处理。

第三节　企业会计准则第38号——首次执行企业会计准则及其应用指南（所得税部分）

《企业会计准则第38号——首次执行企业会计准则》第十二条规定：

企业应当按照《企业会计准则第18号——所得税》的规定，在首次执行日对资产、负债的账面价值与计税基础不同形成的暂时性差异的所得税影响进行追溯调整，并将影响金额调整留存收益。

据此，财政部在《企业会计准则第38号——首次执行企业会计准则》应用指南中予以明确规定：

根据本准则第十二条规定，在首次执行日，企业应当停止采用应付税款法或原纳税影响会计法，改按《企业会计准则第 18 号——所得税》规定的资产负债表债务法对所得税进行处理。

原采用应付税款法核算所得税费用的，应当按照企业会计准则相关规定调整后的资产、负债账面价值与其计税基础进行比较，确定应纳税暂时性差异和可抵扣暂时性差异，采用适用的税率计算递延所得税负债和递延所得税资产的金额，相应调整期初留存收益。

原采用纳税影响会计法核算所得税费用的，应当根据《企业会计准则第 18 号——所得税》的相关规定，计算递延所得税负债和递延所得税资产的金额，同时冲销递延税款余额，根据上述两项金额之间的差额调整期初留存收益。

在首次执行日，企业对于能够结转以后年度的可抵扣亏损和税款抵减，应以很可能获得用来抵扣可抵扣亏损和税款抵减的未来应纳税所得额为限，确认相应的递延所得税资产，同时调整期初留存收益。

第四节 企业所得税的账务处理

资产负债表债务法，是指企业在资产负债表日，通过比较资产、负债等项目按企业会计准则确定的账面价值与按照税法规定确定的计税基础之间的差额，分别确认可抵扣暂时性差异和应纳税暂时性差异，并按照适用的所得税税率计算其纳税影响，将该差额的所得税影响确认为递延所得税资产或递延所得税负债，最后，在此基础上确认所得税费用的一种企业所得税核算方法。

一、资产负债表债务法的特点

按会计准则的规定，上市公司应采用资产负债表债务法来核算企业所得税。这种方法的基本特点是：在资产负债表日，企业需对与企业所得税相关的资产及负债项目进行分析，当相关资产或负债的账面价值（计价基础）与计税基础之间存在差异时，应计算确定其账面价值与计税基础之间的差异，作为暂时性差异处理，并按照企业所得税的适用税率计算其对企业所得税的影响，相应确认为递延所得税资产或递延所得税负债。这里所称之资产或负债的账面价值是按会计准则规定核算、记录的结果，而计税基础则是按税法规定可以税前扣除的成本或负债的金额。

企业所得税的会计核算，涉及资产、负债、所有者权益和损益等会计事项。

二、核算企业所得税涉及的会计科目

为了全面系统地反映企业所得税的会计核算内容，按照《企业会计准则——应用指南》的规定，企业至少涉及如下 8 个会计科目以核算有关企业所得税事项的增减变动情况。

（一）1711 商誉

1. 本科目核算企业合并中形成的商誉价值。商誉发生减值的，可以单独设置“商誉减值准备”科目，比照“无形资产减值准备”科目进行处理。

2. 非同一控制下企业合并中确定的商誉价值，借记本科目，贷记有关科目。

3. 本科目期末借方余额，反映企业商誉的价值。

（二）1811 递延所得税资产

1. 本科目核算企业确认的可抵扣暂时性差异产生的递延所得税资产。

2. 本科目应按可抵扣暂时性差异等项目进行明细核算。

根据税法规定可用以后年度税前利润弥补的亏损及税款抵减产生的所得税资产，也在本科目核算。

本科目应当按照可抵扣暂时性差异等项目进行明细核算。

3. 递延所得税资产的主要账务处理。

（1）资产负债表日，企业确认的递延所得税资产，借记本科目，贷记“所得税费用——递延所得税费用”科目。资产负债表日递延所得税资产的应有余额大于其账面余额的，应按其差额确认，借记本科目，贷记“所得税费用——递延所得税费用”等科目；资产负债表日递延所得税资产的应有余额小于其账面余额的差额做相反的会计分录。

企业合并中取得资产、负债的入账价值与其计税基础不同形成可抵扣暂时性差异的，应于购买日确认递延所得税资产，借记本科目，贷记“商誉”等科目。

与直接计入所有者权益的交易或事项有关的递延所得税资产，借记本科目，贷记“资本公积——其他资本公积”科目。

（2）资产负债表日，预计未来期间很可能无法获得足够的应纳税所得额用以抵扣可抵扣暂时性差异的，按原已确认的递延所得税资产中应减记的金额，借记“所得税费用——递延所得税费用”、“资本公积——其他资本公积”等科目，贷记本科目。

4. 本科目期末借方余额，反映企业确认的递延所得税资产。

（三）2221 应交税费

1. 本科目核算企业按照税法等规定计算应交纳的各种税费，包括增值税、消费税、营业税、所得税、资源税、土地增值税、城市维护建设税、房产税、土地使用税、车船使用税、教育费附加、矿产资源补偿费等。

企业代扣代缴的个人所得税等，也通过本科目核算。

2. 本科目可按应交的税费项目进行明细核算。

3. 企业按照税法规定计算应交的所得税，借记“所得税费用”等科目，贷记本科目（应交所得税）。交纳的所得税，借记本科目，贷记“银行存款”等科目。

4. 本科目期末贷方余额反映企业尚未交纳的税费；期末如为借方余额，反映企业多交或尚未抵扣的税费。

“应交税费”科目包含了《企业会计制度》和《小企业会计制度》中“应交税金”和“其他应交款”科目的核算内容。

（四）2401 递延收益

1. 本科目核算企业确认的应在以后期间计入当期损益的政府补助。

2. 本科目可按政府补助的项目进行明细核算。

3. 递延收益的主要账务处理。

（1）企业收到或应收的与资产相关的政府补助，借记“银行存款”、“其他应收款”等科目，贷记“递延收益”科目。在相关资产使用寿命内分配递延收益，借记“递延收益”科目，贷记“营业外收入”科目。

（2）与收益相关的政府补助，用于补偿企业以后期间相关费用或损失的，按收到或应收的金额，借记“银行存款”、“其他应收款”等科目，贷记“递延收益”科目。在发生相关费用或损失的未来期间，按应补偿的金额借记“递延收益”科目，贷记“营业外收入”科目。用于补偿企业已发生的相关费用或损失的，按收到或应收的金额，借记“银行存款”、“其他应收款”等科目，贷记“营业外收入”科目。

4. 本科目期末贷方余额，反映企业应在以后期间计入当期损益的政府补助。

（五）2901 递延所得税负债

1. 本科目核算企业确认的应纳税暂时性差异产生的所得税负债。

2. 本科目可按应纳税暂时性差异的项目进行明细核算。

3. 递延所得税负债的主要账务处理。

（1）资产负债表日，企业确认的递延所得税负债，借记“所得税费用——递延所得税费用”科目，贷记本科目。资产负债表日递延所得税负债的应有余额大于其账面余额的，应按其差额确认，借记“所得税费用——递延所得税费用”科目，贷记本科目；资产负债表日递延所得税负债的应有余额小于其账面余额的做相反的会计分录。

与直接计入所有者权益的交易或事项相关的递延所得税负债，借记“资本公积——其他资本公积”科目，贷记本科目。

（2）企业合并中取得的资产、负债的入账价值与其计税基础不同形成应纳税暂时性差异的，应于购买日确认递延所得税负债，同时调整商誉，借记“商誉”等科目，贷记本科目。

4. 本科目期末贷方余额，反映企业已确认的递延所得税负债。

（六）4103 本年利润

1. 本科目核算企业当期实现的净利润（或发生的净亏损）。

2. 企业期（月）末结转利润时，应将各损益类科目的金额转入本科目，结平各损益类科目。结转后本科目的贷方余额为当期实现的净利润；借方余额为当期发生的净亏损。

3. 年度终了，应将本年收入和支出相抵后结出的本年实现的净利润，转入“利润分配”科目，借记本科目，贷记“利润分配——未分配利润”科目；如为净亏损做相反的会计分录。结转后本科目应无余额。

（七）6801 所得税费用

1. 本科目核算企业确认的应从当期利润总额中扣除的所得税费用。

2. 本科目可按“当期所得税费用”、“递延所得税费用”进行明细核算。

3. 所得税费用的主要账务处理。

（1）资产负债表日，企业按照税法规定计算确定的当期应交所得税，借记本科目（当期所得税费用），贷记“应交税费——应交所得税”科目。

（2）资产负债表日，根据递延所得税资产的应有余额大于“递延所得税资产”科目余额的差额，借记“递延所得税资产”科目，贷记本科目（递延所得税费用）、“资本公积——其他资本公积”等科目；递延所得税资产的应有余额小于“递延所得税资产”科目余额的差额做相反的会计分录。

企业应予确认的递延所得税负债，应当比照上述原则调整本科目、“递延所得税负债”科目及有关科目。

4. 期末，应将本科目的余额转入“本年利润”科目，结转后本科目无余额。

（八）6901 以前年度损益调整

1. 本科目核算企业本年度发生的调整以前年度损益事项以及本年度发现的重要前期差错更正涉及调整以前年度损益的事项。

企业在资产负债表日至财务报告批准日之间发生的需要调整报告年度损益的事项，也可以通过本科目核算。

2. 以前年度损益调整的主要账务处理。

(1) 企业调整增加以前年度利润或减少以前年度亏损，借记有关科目，贷记本科目；调整减少以前年度利润或增加以前年度亏损做相反的会计分录。

(2) 由于以前年度损益调整增加的所得税费用，借记本科目，贷记“应交税费——应交所得税”等科目；由于以前年度损益调整减少的所得税费用做相反的会计分录。

(3) 经上述调整后应将本科目的余额转入“利润分配——未分配利润”科目。本科目如为贷方余额，借记本科目，贷记“利润分配——未分配利润”科目；如为借方余额做相反的会计分录。

3. 本科目调整后应无余额。

三、新《企业会计准则》下企业所得税税收优惠的核算

企业应按照新《企业会计准则》的要求进行企业所得税税收优惠的核算。

(一)《企业会计准则第 16 号——政府补助》中的有关规定

税收返还是政府补助的主要形式之一。税收返还是政府按照国家有关规定采取先征后返(退)、即征即退等办法向企业返还的税款，属于以税收优惠形式给予的一种政府补助。增值税出口退税不属于政府补助。

除税收返还外，税收优惠还包括直接减征、免征、增加计税抵扣额、抵免部分税额等形式。这类税收优惠并未直接向企业无偿提供资产，不作为本准则规范的政府补助。

(二)“政府补助”在“营业外收入”科目中核算

1. 在“营业外收入”科目中按“政府补助”项目进行明细核算。

2. 确认的政府补助利得，借记“银行存款”、“递延收益”等科目，贷记“营业外收入”科目。

3. 期末，应将本科目的余额转入“本年利润”科目，结转后本科目无余额。

(三) 直接减征、免征等税收优惠的会计处理

1. 按照税收法规直接减征、免征的企业所得税，可不作账务处理。

2. 按税法规定，如果减免的企业所得税有指定的用途，企业应将其减免税额直接记入“资本公积——其他资本公积”科目，其会计处理为：借记“本年利润”科目，贷记“资本公积——其他资本公积”科目。

第五节 资产负债表债务法的主要内容

资产负债表债务法的主要核算内容包括如下几个方面：

一、首先必须确定资产、负债的计税基础，并在此基础上分析计算出暂时性差异

(一) 资产的计税基础

资产的计税基础，是指企业收回资产账面价值过程中，计算应纳税所得额时按照税法规定可以自应税经济利益中抵扣的金额。即该项资产在未来使用或最终处置时，按税法规定可以作为成本费用在税前扣除的金额。

通常情况下，资产在取得时其入账价值与计税基础是相同的，后续计量过程中因企业会计准则规定与税法规定不同，可能产生资产的账面价值与其计税基础的差异。比如：

（1）应收账款的账面价值为9000元，相关的收入已包括在本期的应税利润中，当未来收回该9000元时不构成当期的应税利润之内，因此，该应收账款的计税基础即为其账面价值9000元，而不存在差异。

（2）某公司的一台生产用机器设备，在资产负债表日，其原始价值为200万元，已计提折旧50万元并在当期和以前期间抵扣，折余账面价值为150万元，由于这150万元可在未来期间继续折旧或转让该机器设备时作为抵扣项目，故该机器设备在当期资产负债表中被确认的计税基础与其账面价值一致，为150万元，而没有差异。

（3）交易性金融资产的公允价值变动。按照企业会计准则规定，交易性金融资产期末应以公允价值计量，公允价值的变动计入当期损益。如果按照税法规定，交易性金融资产在持有期间公允价值变动不计入应纳税所得额，即其计税基础保持不变，则产生了交易性金融资产的账面价值与计税基础之间的差异。假定某企业持有一项交易性金融资产，成本为1000万元，期末公允价值为1500万元，如计税基础仍维持1000万元不变，该计税基础与其账面价值之间的差额500万元即为应纳税暂时性差异。

（4）按会计准则的规定，当资产的可回收金额或可变现净值低于其账面价值时，就发生了减值，应计提相关资产减值准备。如坏账准备、贷款损失准备、存货跌价准备、持有至到期投资减值准备、长期股权投资减值准备、固定资产减值准备、无形资产减值准备等。而税法规定，未经核定的准备金支出，即不符合国务院财政、税务主管部门规定的各项资产减值准备、风险准备等准备金支出，在计算应纳税所得额时，不得扣除。也就是说，企业计提的减值准备一般不能在税前扣除，只有在资产发生了税法规定的损失后，经税务部门认可后，方能在税前扣除。于是，企业就产生了资产的账面价值与计税基础之间的差异，即暂时性差异。例如，某公司期末存货成本（原值）为2000万元，按会计准则规定，其可变现净值为1500万元，由于存货成本高于其可变现净值，应当计提存货跌价准备500（2000–1500）万元，计入当期损益，故而使该存货的账面价值减少为1500万元。但依税法规定，存货跌价准备在实际损失之前不得在税前扣除，故其计税基础仍为历史成本2000万元，从而大于企业会计的账面价值1500万元，产生暂时性差异500万元。

（5）按权益法核算长期投资收益的账面金额为1000万元，相关的收益按收付实现制征税，若接受投资单位的所得税税率为0，则在该投资收益收回时就不得从应税经济利益中抵扣，资产的计税基础为0，产生暂时性差异1000万元。

（二）负债的计税基础

负债的计税基础，是指负债的账面价值减去未来期间计算应纳税所得额时按照税法规定可予抵扣的金额。比如：

（1）短期借款、应付票据、应付账款等负债的确认和偿还，通常不会对当期损益和应纳税所得额产生影响，其计税基础即为账面价值。

例如，某公司的银行借款账面价值为1000万元，因未来归还该银行借款时不会对公司产生纳税影响，故该负债的计税基础为1000万元。

（2）在某些情况下，负债的确认可能会影响损益，并影响不同期间的应纳税所得额，使其计税基础与账面价值之间产生差额。比如，上述企业因某事项在当期确认了100万元负债，计入当期损益。假定按照税法规定，与确认该负债相关的费用，在实际发生时准予税前扣除，该负债的计税基础为零，其账面价值与计税基础之间形成可抵扣暂时性差异。

(3) 账面金额为10万元的应付工资，本期计税时相关的费用已经抵扣，在未来支付后就不得从应税所得中抵扣，因此，该应付工资的计税基础为10万元，没有差异。

(4) 账面金额为2000元的应付罚款，按税法规定罚款不得在所得税税前扣除，故该应付罚款的计税基础为2000元，没有差异。

(5) 账面金额为6万元的预收房地产业务收入，该收入已按收付实现制征税，当在未来期间予以结转时，其可抵扣应税利润为6万元，但因已纳税而使其计税基础为0，故产生暂时性差异6万元。

企业应于资产负债表日，分析比较资产、负债的账面价值与其计税基础，两者之间存在差异的，确认递延所得税资产、递延所得税负债及相应的递延所得税费用（或收益）。企业合并等特殊交易或事项中取得的资产和负债，应于购买日比较其入账价值与计税基础，按照本准则规定计算确认相关的递延所得税资产或递延所得税负债。

二、应纳税暂时性差异和可抵扣暂时性差异

暂时性差异分为应纳税暂时性差异和可抵扣暂时性差异，并在此基础上核算递延所得税资产和递延所得税负债。

会计准则规定，暂时性差异是指资产或负债的账面价值与其计税基础之间的差额；未作为资产和负债确认的项目，按照税法规定可以确定其计税基础的，该计税基础与其账面价值之间的差额也属于暂时性差异。暂时性差异既包括所有的时间性差异，也包括非时间性差异。暂时性差异与适用税率的乘积可直接得出递延所得税资产和递延所得税负债余额。在资产负债表上列示的这一余额，可直接反映其对未来的影响。应注意的是，当期发生数是本期余额与上期余额的差额。

按照暂时性差异对未来期间应税金额的影响，分为应纳税暂时性差异和可抵扣暂时性差异。

（一）应纳税暂时性差异

应纳税暂时性差异，是指在确定未来收回资产或清偿负债期间的应纳税所得额时，将导致产生应税金额的暂时性差异。具体说来，当资产的账面价值大于其计税基础或负债的账面价值小于其计税基础时，会产生应纳税暂时性差异。在会计处理上，应纳税暂时性差异应计入“递延所得税负债”科目的贷方；在未来转销时，应记入“递延所得税负债”的借方。

按会计准则的规定，企业当期所得税和递延所得税应当作为所得税费用或收益计入当期损益，但不包括下列情况产生的所得税：企业合并和直接计入所有者权益的交易或事项。因此，对递延所得税的会计处理也有两种不同的方法：一般方法和特殊处理。在这里，先介绍一般方法，特殊处理将在后面予以介绍。

例如，天成公司2006年12月末购入一台机器设备，其原始价值为610万元，并于2007年1月1日起投入使用，预计净残值为10万元，预计使用年限6年，符合税法规定。但企业会计是按直线法计提折旧，而税法规定则要求按年数总和法提取折旧。自2007年起，该公司的每年的利润数额为300万元，企业所得税适用税率，2007年为33%，从2008年开始为25%。根据上述资料计算该公司的暂时性差异。

(1) 计算的内容和方法。

①计税基础包括按税法规定的折旧方法确认的固定资产折旧累计和该固定资产的计税基础金额。

②资产账面价值包括按会计准则规定的折旧方法计算确认的固定资产折旧累计和固定资产账面价值。

③暂时性差异本年累计额是指本年资产的账面价值与其计税基础之间的差异。

④暂时性差异当年调整额是指，暂时性差异应当调整当年应纳税所得额的金额和应当用于计算递延所得税负债（或资产）的金额。其计算方法是：以当年累计暂时性差异减去上年累计暂时性差异。本年累计暂时性差异大于上年累计暂时性差异的，继续确认递延所得税负债（或资产）；反之，则需转销递延所得税负债（或资产）。

（2）会计核算。

①2007 年的资产负债表日，发生了资产的账面价值与其计税基础之间的暂时性差异。

会计年折旧额 = (610 − 10) ÷ 3 = 200（万元）

计税年折旧额 = (610 − 10) × (3/6) = 300（万元）

应纳税暂时性差异 = 410 − 310 = 100（万元）

应纳税所得额 = 300 − 100 = 200（万元）

应纳所得税税额 = 200 × 33% = 66（万元）

应确认的递延所得税负债 = 100 × 33% = 33（万元）

根据上述核算结果编制会计分录为：

借：所得税费用——当期所得税费用　　660000
　　贷：应交税费——应交所得税　　660000
借：所得税费用——递延所得税费用　　330000
　　贷：递延所得税负债　　330000

②2008 年的资产负债表日，由于本年累计暂时性差异等于上年累计暂时性差异，所以，无暂时性差异。但因公司的企业所得税适用税率发生变化，由 33%降低为 25%，故应对 2007 年已确认的递延所得税负债进行重新计量。

会计年折旧额 = (610 − 10) ÷ 3 = 200（万元）

计税年折旧额 = (610 − 10) × (2/6) = 200（万元）

应纳税暂时性差异当年调整额 = (100 − 100) = 0（万元）

应纳税所得额 = 300 − 0 = 300（万元）

应纳所得税税额 = 300 × 25% = 75（万元）

适用税率降低而使递延所得税负债减少额 = 100 × (33% − 25%) = 8（万元）

根据上述核算结果编制会计分录为：

借：所得税费用——当期所得税费用　　750000
　　贷：应交税费——应交所得税　　750000
借：递延所得税负债　　80000
　　贷：所得税费用——递延所得税费用　　80000

③2009 年资产负债表日，由于本年累计暂时性差异小于上年累计暂时性差异，所以，已经确认的递延所得税负债应予转销。且因转销的是应纳税暂时性差异，故该暂时性差异应当与确认时相反，是增加应纳税所得额。

会计年折旧额 = (610 − 10) ÷ 3 = 200（万元）

计税年折旧额 = (610 − 10) × (1/6) = 100（万元）

应纳税暂时性差异当年调整额 = (0 – 100) = –100（万元）

应纳税所得额 = 300 – (–100) = 400（万元）

应纳所得税税额 = 400 × 25% = 100（万元）

应转销的递延所得税负债 = (–100) × 25% = –25（万元）

根据上述核算结果编制会计分录为：

借：所得税费用——当期所得税费用　　1000000

　　贷：应交税费——应交所得税　　　　1000000

借：递延所得税负债　　250000

　　贷：所得税费用——递延所得税费用　　250000

根据上述计算数据，可列“所得税费用计算表”如下：

表 30–1　　所得税费用计算表

金额单位：万元

年份	原始价值	计税基础		资产账面价值		暂时性差异		应交所得税	所得税费用
		计税折旧累计	计税基础	会计折旧累计	账面价值	本年累计额	当年调整额		
2007	610	300	310	200	410	100	100	66	99（66 + 33）
2008	610	500	110	400	210	100	0	75	67（75 – 8）
2009	610	600	10	600	10	0	–100	100	75（100 – 25）
合　计							0	241	241

从 2007 年到 2009 年，该公司“递延所得税负债”科目所反映的内容为：

递延所得税负债

借方	贷方
	330000（2007 年）
（2008 年）　80000	
（2009 年）250000	
330000	330000

上述的“所得税费用计算表”与“递延所得税负债”账户表明，应纳税暂时性差异所调整的只是各年之间的所得税费用，并且，在一定时期内，所得税费用总额必等于应交所得税总额。

（二）可抵扣暂时性差异

可抵扣暂时性差异，是指在确定未来收回资产或清偿负债期间的应纳税所得额时，将导致产生可抵扣金额的暂时性差异。

当资产的账面价值小于其计税基础或负债的账面价值大于其计税基础时，就会产生可抵扣暂时性差异。可抵扣暂时性差异对计税的影响，应在“递延所得税资产”科目中核算。

例如，2009 年 12 月 31 日，三元公司的存货成本为 200 万元，估计其可变现净值为 170 万元，已计提存货跌价准备 30 万元，该公司 2009 年度的利润总额为 90 万元，企业所得税适用税率为 25%。

由于该存货资产的账面价值170万元比其计税基础200万元小，可抵扣暂时性差异为30万元，其对计税的影响金额为递延所得税资产。其会计处理为：

应纳税所得额＝90＋30＝120（万元）

应纳企业所得税税额＝120×25%＝30（万元）

应确认递延所得税资产＝30×25%＝7.5（万元）

上述业务的会计分录为：

借：所得税费用——当期所得税费用　　300000

　　贷：应交税费——应交所得税　　300000

借：递延所得税资产　　75000

　　贷：所得税费用——递延所得税费用　　75000

三、暂时性差异的确认条件

详见会计准则及其应用指南。

第六节　核算所得税费用的步骤

核算所得税费用的要点是分别依次核算当期的应交所得税、递延所得税和所得税费用。采用资产负债表债务法核算所得税费用可分为以下六个步骤：

一、按税法规定计算确定当期的应交所得税税额

（一）确定产生暂时性差异的项目

在资产负债表日，在确定了产生暂时性差异的项目之后，应根据税法规定对税前会计利润进行纳税调整，得出当期的应纳税所得额，其计算公式为：

应纳税所得额＝税前会计利润总额±纳税调整项目金额

（二）计算当期应交所得税税额

根据确定的应纳税所得额和企业的适用税率，计算出当期应交所得税税额，其计算公式为：

当期应交所得税税额＝应纳税所得额×当期适用税率

在这里，需要特别指出的是，由于税务会计与企业会计的核算要求不同，企业的应交所得税与其所得税费用不一定相等，所以，当期企业的应交所得税税额，不会因为下述的暂时性差异而有所变化。这是因为，暂时性差异是为核算企业所得税费用服务的，只会影响企业的所得税费用金额。

这一步骤的具体做法是，企业按《企业所得税纳税申报表》的要求，以企业会计的会计报表反映的利润总额为基础，按照税法规定逐项进行纳税调整，从而计算得出应纳税所得额和应纳所得税税额。

（三）账务处理

该步骤业务的会计分录为：

借：所得税费用——当期所得税

　　贷：应交税费——应交所得税

二、确认暂时性差异

暂时性差异包括应纳税暂时性差异和可抵扣暂时性差异。在确认这两种暂时性差异时，应根据资产负债表分项目逐一计算其账面价值与其计税基础之间的差异。

三、确认计算递延所得税的适用税率

为了正确计算递延所得税，在确认了暂时性差异之后，应确认计算递延所得税的适用税率。

会计准则规定：

1. 资产负债表日，对于递延所得税资产和递延所得税负债，应当根据税法规定，按照预期收回该资产或清偿该负债期间的适用税率计量。

2. 适用税率发生变化的，应对已确认的递延所得税资产和递延所得税负债进行重新计量，除直接在所有者权益中确认的交易或者事项产生的递延所得税资产和递延所得税负债以外，应当将其影响数计入变化当期的所得税费用。

3. 递延所得税资产和递延所得税负债的计量，应当反映资产负债表日企业预期收回资产或清偿负债方式的所得税影响，即在计量递延所得税资产和递延所得税负债时，应当采用与收回资产或清偿债务的预期方式相一致的税率和计税基础。

4. 企业应当按照《企业会计准则第 18 号——所得税》的规定，在首次执行日对资产、负债的账面价值与计税基础不同形成的暂时性差异的所得税影响进行追溯调整，并将影响金额调整留存收益。

即：在首次执行日，在按会计准则的规定确认递延所得税资产和递延所得税负债时，应按税法规定确定适用税率。

四、计算递延所得税

递延所得税包括递延所得税负债和递延所得税资产。在确认了暂时性差异和适用税率之后，即可进行递延所得税的计算。

递延所得税的计算公式为：

1. 递延所得税负债 = 应纳税暂时性差异 × 适用税率

2. 递延所得税资产 = 可抵扣暂时性差异 × 适用税率

五、核算所得税费用

（一）所得税费用的确认和计量

在会计准则的应用指南中，所得税费用的确认和计量为：企业在计算确定当期所得税（即当期应交所得税）以及递延所得税费用（或收益）的基础上，应将两者之和确认为利润表中的所得税费用（或收益），但不包括直接计入所有者权益的交易或事项的所得税影响。即：

所得税费用（或收益）= 当期所得税 + 递延所得税费用（– 递延所得税收益）

由于递延所得税负债和递延所得税资产的增加与减少，都表现在期末与期初的差额上，即：

递延所得税费用（– 递延所得税收益）=（递延所得税负债的增加 – 递延所得税负债的减少）–（递延所得税资产的增加 – 递延所得税资产的减少）=（期末递延所得税负债 – 期初递延所得税负债）–（期末递延所得税资产 – 期初递延所得税资产）

所以，又可将所得税费用的计算公式延伸为：

所得税费用（或收益）= 当期所得税 + 递延所得税费用（–递延所得税收益）=（当期应纳税所得额 × 适用税率）+［（期末递延所得税负债 – 期初递延所得税负债）–（期末递延所得税资产 – 期初递延所得税资产）］

（二）账务处理

在资产负债表日，该步骤应编制的会计分录为：

1. 按税法规定计算当期应交所得税时

借：所得税费用——当期所得税费用

　　贷：应交税费——应交所得税

2. 企业确认的递延所得税负债

借：所得税费用——递延所得税费用

　　贷：递延所得税负债

3. 企业确认的递延所得税资产

借：递延所得税资产

　　贷：所得税费用——递延所得税费用

4. 当递延所得税资产的应有余额大于其账面余额时

借：递延所得税资产

　　贷：所得税费用——递延所得税费用

　　　（或资本公积——其他资本公积）

5. 当递延所得税资产的应有余额小于其账面余额时

借：所得税费用——递延所得税费用

　（或资本公积——其他资本公积）

　　贷：递延所得税资产

6. 当递延所得税负债的应有余额大于其账面余额时

借：所得税费用——递延所得税费用

　（或资本公积——其他资本公积）

　　贷：递延所得税负债

7. 当递延所得税负债的应有余额小于其账面余额时

借：递延所得税负债

　　贷：所得税费用——递延所得税费用

　　　（或资本公积——其他资本公积）

8. 在结转所得税费用时

借：本年利润

　　贷：所得税费用——应交所得税

　　　　所得税费用——递延所得税费用

关于递延所得税的特殊处理，将在下一节单独予以介绍。

六、进行账面价值复核

会计准则规定，资产负债表日，企业应当对递延所得税资产的账面价值进行复核。如果未来期间很可能无法获得足够的应纳税所得额用以抵扣递延所得税资产的利益，应当减计递延所得税资产的账面价值。在这种情况下，应按其减计额编制如下会计分录：

借：所得税费用——递延所得税费用

　　贷：递延所得税资产

按上述处理以后，如果企业的情况发生了变化，又很可能获得足够的应纳税所得额用以抵扣递延所得税资产的利益时，该减计的金额应当予以转回。转回时应编制与上相反的会计分录：

借：递延所得税资产

贷：所得税费用——递延所得税费用

七、资产负债表债务法之案例

华胜公司为一上市公司，其2009年度的会计和所得税资料如下：

1. 该公司按会计准则的规定，应采用资产负债表债务法核算所得税费用，其企业所得税适用税率为25%；递延所得税资产年初余额为50万元，其中：存货项目余额为30万元，未弥补亏损项目余额为20万元；年初递延所得税负债为0元。

2. 本年度实现的税前会计利润总额为600万元，其中：国债利息收入30万元，因违法经营被罚款8万元，因违反合同而支付违约金20万元（按税法规定可税前扣除）。

3. 年末计提固定资产减值准备40万元（年初无减值准备余额），使固定资产账面价值与其计税基础相比小40万元；转回存货跌价准备60万元，使存货可抵扣暂时性差异由年初余额70万元减少到10万元。税法规定，企业计提的减值准备不得在税前扣除。

4. 年末计提产品保修费用30万元，计入营业费用，预计负债余额为30万元。税法规定，产品保修费用可在其实际发生时税前扣除。

5. 企业直到2007年末为止还有20万元的亏损没有弥补完，其递延所得税资产余额为20万元。

除了上述事项外，没有发生其他纳税调整事项。请根据上述资料进行企业所得税的会计核算。

1. 计算当期应交所得税税额。根据上述资料，首先计算该企业的应交所得税：

应交所得税＝应纳税所得额×适用税率＝［（税前会计利润总额600－国债利息收入30＋违法经营罚款8＋计提固定资产减值准备40－转回存货跌价准备60＋计提产品保修费用30）－弥补亏损20］×25%＝568×25%＝142（万元）

据此计算结果，编制相应的会计分录：

借：所得税费用——当期所得税　　1420000

贷：应交税费——应交所得税　　1420000

2. 确定期末暂时性差异金额。先确定资产、负债的计税基础。资产、负债的计税基础一经确定即可分析计算出暂时性差异。由于暂时性差异包括应纳税暂时性差异和可抵扣暂时性差异，所以应当根据资产负债表的项目逐一比较其账面价值与计税基础，进而计算得出它们之间的差异。

（1）固定资产年末可抵扣暂时性差异＝40（万元）

（2）存货项目年末可抵扣暂时性差异＝10（万元）

（3）预计负债项目的计提产品保修费用年末可抵扣暂时性差异＝30（万元）

（4）亏损弥补项目的年末可抵扣暂时性差异＝0

3. 计算确定递延所得税资产和递延所得税负债余额。由于暂时性差异影响的纳税额将要递延到以后期间，所以在本期被确认为递延所得税。且因递延所得税包括递延所得税资产和递延所得税负债，故在会计期末应当在资产负债表中分别对其进行列示。

（1）固定资产项目的递延所得税资产年末余额＝40×25%＝10（万元）

应计入本年度的所得税费用 = 递延所得税资产年初余额 - 递延所得税资产年末余额 = 0 - 10 = -10（万元）（记入递延所得税资产的借方）

（2）存货项目的递延所得税资产年末余额 = 10×25% = 2.5（万元）

应计入本年度的所得税费用 = 递延所得税资产年初余额 - 递延所得税资产年末余额 =（60×25%）- 2.5 = 15 - 2.5 = 12.5（万元）（记入递延所得税资产贷方）

（3）预计负债项目的计提产品保修费用递延所得税负债年末余额 = 30×25% = 7.5（万元）

应计入本年度的所得税费用 = 递延所得税负债年初余额 - 递延所得税负债年末余额 = 0 - 7.5 = -7.5（万元）（记入递延所得税资产借方）

（4）预计负债项目的亏损弥补项目的递延所得税年末余额 = 0

应计入本年度的所得税费用 = 递延所得税负债年初余额 - 递延所得税负债年末余额 = 20 - 0 = 20（万元）（记入递延所得税资产贷方）

（5）2008 年递延所得税资产余额 = 递延所得税资产年初余额 50 + 本年度递延所得税借方发生额（10 + 7.5）- 本年度递延所得税贷方发生额（2.5 + 20）= 50 + 17.5 - 22.5 = 45（万元）

4. 计算确定本期的所得税费用，并进行所得税的账务处理。在资产负债表债务法下，计入当期的利润表中的所得税费用，是当期应交所得税与递延所得税费用（或收益）之和，而不一定是当期应缴纳的企业所得税税额。

2009 年所得税费用 = 应交所得税 +（递延所得税资产年初余额 - 递延所得税资产年末余额）+（递延所得税负债年末余额 - 递延所得税负债年初余额）= 142 +（50 - 45）+（0 - 0）= 147（万元）

根据上述计算结果，应编制如下会计分录：

（1）当期所得税费用

借：所得税费用——当期所得税费用　　1420000

　　贷：应交税费——应交所得税　　1420000

（2）递延所得税费用

借：所得税费用——递延所得税费用　　50000

　　贷：递延所得税资产　　50000

或者

借：递延所得税资产（固定资产项目）　　100000

　　贷：所得税费用——递延所得税费用　　100000

借：所得税费用——递延所得税费用　　25000

　　贷：递延所得税资产（存货项目）　　25000

借：递延所得税资产（计提产品保修费用项目）　75000

　　贷：所得税费用——递延所得税费用　　75000

借：所得税费用——递延所得税费用　　200000

　　贷：递延所得税资产（弥补亏损项目）　　200000

第七节　递延所得税的特殊处理

会计准则对某些递延所得税规定了特殊处理办法。

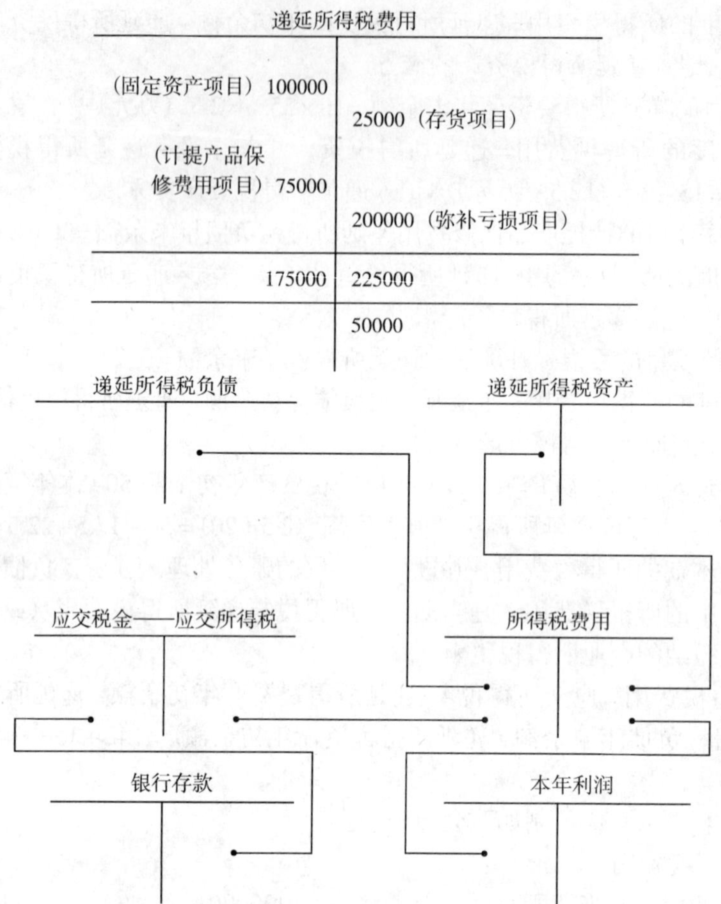

图 30-1 资产负债表债务法下企业所得税的会计核算

一、直接计入所有者权益的交易或事项产生的递延所得税

会计准则规定，与直接计入所有者权益的交易或者事项相关的当期所得税和递延所得税，应当计入所有者权益。

根据上述规定，直接计入所有者权益的交易或事项，如可供出售金融资产公允价值的变动，相关资产、负债的账面价值与计税基础之间形成暂时性差异的，应当按照本准则规定确认递延所得税资产或递延所得税负债，计入资本公积（其他资本公积）。

例如，经股东大会同意，申达公司将一部分资金用于股票投资，并于 2009 年 3 月 18 日从二级市场上以每股 5.8 元（含交易费用）的价格买入交通银行股票 20 万股，在企业会计上，按"可供出售金融资产"进行核算。由于股市回暖，至 2009 年 12 月 31 日，该公司仍持有该股票，收盘价为每股 10 元。2010 年 2 月 8 日，上述所持的全部股票以每股 12 元（扣除印花税、手续费等交易费用后）的价格在二级市场出售，总收入为 240 万元。该公司的企业所得税适用税率为 25%。

①2009 年 3 月 18 日，购入股票时应编制的会计分录为：

借：可供出售金融资产——成本　　　　1160000

　　贷：银行存款　　　　　　　　　　　　1160000

②2009 年 12 月 31 日，资产负债表日，应按股票的公允价值进行账务处理：

可供出售金融资产的公允价值高于其账面余额的差额 = 200000 ×（10−5.8）= 840000（元）

借：可供出售金融资产——公允价值变动　　840000

　　贷：资本公积——其他资本公积　　840000

③同时，可供出售金融资产的公允价值高于其账面余额的差额，也就是该资产的账面价值与其计税基础的差额，即应纳税暂时性差异，该差额对计税的影响为：

840000 × 25% = 210000（元）

按会计准则的规定，直接计入所有者权益的交易或事项，如可供出售金融资产公允价值的变动，相关资产、负债的账面价值与计税基础之间形成暂时性差异的，应按照会计准则的规定确认递延所得税资产或递延所得税负债，计入资本公积（其他资本公积）。因此，该差异对计税的影响应计入“资本公积”科目，其会计分录为：

借：资本公积——其他资本公积　　210000

　　贷：递延所得税负债　　210000

④2010 年 2 月 8 日，该公司以每股 12 元（扣除印花税、手续费等交易费用后）的价格在二级市场出售，其会计分录为：

出售可供出售金融资产，按实际收到的金额：

借：银行存款　　2400000（200000 × 12）

　　贷：可供出售金融资产——成本　　1160000

　　　　可供出售金融资产——公允价值变动　　840000

　　　　资本公积——其他资本公积　　400000

（2400000 − 1160000 − 840000）

转回递延所得税负债：

借：递延所得税负债　　210000

　　贷：资本公积——其他资本公积　　210000

计算应交所得税：

借：资本公积——其他资本公积　　310000

　　贷：应交税费——应交所得税　　310000

［（2400000 − 1160000）× 25%］

计算并结转投资收益：

借：资本公积——其他资本公积　　930000

　　贷：投资收益——可供出售金融资产　　930000

经过上述账务处理之后，“资本公积——其他资本公积”科目所反映的情况为：

资本公积——其他资本公积

	②840000
③210000	
	④400000
	④210000
④310000	
④930000	

二、企业合并中产生的递延所得税

会计准则规定，由于企业会计准则规定与税法规定对企业合并的处理不同，可能会造成企业合并中取得资产、负债的入账价值与其计税基础的差异。比如非同一控制下企业合并产生的应纳税暂时性差异或可抵扣暂时性差异，在确认递延所得税负债或递延所得税资产的同时，相关的递延所得税费用（或收益），通常应调整企业合并中所确认的商誉。

会计准则将企业合并分为同一控制下的合并与非同一控制下的合并。

（一）同一控制下的企业合并

对于同一控制下的企业合并应按照权益结合法的会计处理方法进行，按账面价值进行计价。在权益联合法下，由于不会出现资产重估增值，不存在商誉的确认问题，故也就不存在以后商誉的摊销问题。

（二）非同一控制下的企业合并

非同一控制下的企业合并，原则上应按照购买法的会计处理方法进行，按公允价值计价。

在购买法下，企业由于确认了合并商誉，使得未来期间由于商誉摊销而相应减少了应税所得，从而减少了因税收引起的现金流量。在一般情况下，按资产负债表法，由于资产评估增值，当期会产生应纳税暂时性差异，以及相应的递延所得税负债。

例如，甲公司以现金购买乙公司。合并日，乙公司净资产的账面价值总额为160万元，公允价值为190万元，其原因是存货评估增值，而其他资产项目的公允价值仍等于其账面价值。甲公司的收购价款总额为200万元。甲公司的企业所得税适用税率为25%。

1. 在购并当日，甲公司应按乙公司的公允价值入账，存货评估增值部分属于当期还未实现的收益，引致递延所得税负债：

借：（各资产项目）净资产——乙公司　　1600000
　　无形资产——商誉　　500000
　　贷：银行存款　　2000000
　　　　递延所得税负债　　100000［（2000000–1600000）×25%］

2. 当甲公司将从乙公司购并的存货按公允价值出售时：

借：递延所得税负债　　100000
　　贷：应交税费——应交所得税　　100000

3. 企业合并后的所得税处理：

企业合并后，在购买法下产生的商誉就开始摊销。

借：管理费用——无形资产摊销
　　贷：无形资产——商誉

三、弥补亏损中的递延所得税

税法规定，企业纳税年度发生的亏损，准予向以后年度结转，用以后年度的所得弥补，但结转年限最长不得超过五年。

会计准则要求，按照税法规定允许用以后年度所得弥补的可抵扣亏损以及可结转以后年度的税款抵减，比照可抵扣暂时性差异的原则处理。即：要求企业对能够结转后期的尚可抵扣的亏损，应当以可能获得用于抵扣亏损的未来年度应纳税所得额为限，确认递延所得税资产。应该注意的是，在使用这一方法时，企业应当作出判断，在以后的五年期间内，该可抵扣暂时性差异是否能在应税利润中充分转回；如果不能，则企业不应确认。

例如，光辉公司 2008 年至 2011 年每年的应税利润为：100 万元、50 万元、30 万元、60 万元，企业所得税的适用税率为 25%，假设该企业无其他暂时性差异。

会计准则要求采用当期确认法。其各年度的会计处理为：

1. 2008 年 12 月 31 日，公司发生亏损时，应确认递延所得税资产为：

100 × 25% = 25（万元）

应编制如下会计分录：

借：递延所得税资产　　250000

　　贷：所得税费用——递延所得税费用　　250000

2. 2009 年 12 月 31 日，公司盈利 50 万元，可转销 2008 年度已确认的递延所得税资产为：

50 × 25% = 12.5（万元）

应编制如下会计分录：

借：所得税费用——递延所得税费用　　125000

　　贷：递延所得税资产　　125000

3. 2010 年 12 月 31 日，公司盈利 30 万元，可转销 2008 年度已确认的递延所得税资产为：

30 × 25% = 7.5（万元）

应编制如下会计分录：

借：所得税费用——递延所得税费用　　75000

　　贷：递延所得税资产　　75000

4. 2011 年 12 月 31 日，公司盈利 60 万元，可转销 2008 年度已确认的递延所得税资产为：

（100 – 50 – 30）× 25% = 5（万元）

应编制如下会计分录：

借：所得税费用——递延所得税费用　　50000

　　贷：递延所得税资产　　50000

2009 年到 2001 年的三年中，公司累计盈利 140（50 + 30 + 60）万元，弥补 2008 年度的亏损后，尚有应税所得 40（140 – 100）万元，故 2011 年应缴纳的企业所得税税额为：

40 × 25% = 10（万元）

应编制如下会计分录：

借：所得税费用——当期所得税费用　　100000

　　贷：应交税费——应交所得税　　100000

第三十一章　按企业会计制度核算企业所得税的方法

财政部制定并印发的 38 项具体企业会计准则以及《企业会计准则——应用指南》，自 2007 年 1 月 1 日起在上市公司范围内施行，鼓励其他企业执行。执行《企业会计准则——应用指南》的企业，不再执行现行会计准则、《企业会计制度》、《金融企业会计制度》、各项专业核算办法和问题解答。

本章按《企业会计制度》、《金融企业会计制度》和《小企业会计制度》，分别介绍有关企业所得税的会计核算内容。

由于在按企业会计制度核算所得税费用的有关规定中，都涉及了应付税款法和纳税会计影响法，为使读者更为深刻地了解和有效地应用，将单独设节，分别予以较为详细的介绍。

第一节　一般企业的企业所得税会计核算

为准确表述起见，在这里，凡不按《会计准则》和《金融企业会计制度》、《小企业会计制度》而按《企业会计制度》进行会计核算的企业，将其称之为一般企业，其企业所得税的会计处理方法如下。

一、科目设置

企业应在损益类科目中设置“550 所得税”科目（外商投资企业的科目编号为 5241），核算企业按规定从当期损益中扣除的所得税。同时，取消“利润分配”科目中的“应交所得税”明细科目。

企业应在负债类科目中增设“270 递延税款”科目（外商投资企业的科目编号为 2301），核算企业由于时间性差异造成的税前会计利润与纳税所得之间的差异所产生的影响纳税的金额以及以后各期转销的数额。“递延税款”科目的贷方发生额，反映企业本期税前会计利润大于纳税所得产生的时间性差异影响纳税的金额，及本期转销已确认的时间性差异对纳税影响的借方数额；其借方发生额，反映企业本期税前会计利润小于纳税所得产生的时间性差异影响纳税的金额，以及本期转销已确认的时间性差异对纳税影响的贷方数额；期末贷方（或借方）余额，反映尚未转销的时间性差异影响纳税的金额。采用负债法时，“递延税款”科目的借方或贷方发生额，还反映税率变动或开征新税调整的递延税款数额。

企业应在“递延税款”科目下，按照时间性差异的性质、时间分类进行明细核算。

外商投资企业取消“预交所得税”科目。

二、会计处理方法

企业一定时期的税前会计利润与纳税所得之间由于计算口径或计算时间不同而产生的差

异可分为永久性差异和时间性差异。永久性差异是指，企业一定时期的税前会计利润与纳税所得之间由于计算口径不同而产生的差额，这种差额在本期发生，并不在以后各期转回。时间性差异是指，企业一定时期的税前会计利润与纳税所得之间的差额，其发生是由于有些收入和支出项目计入纳税所得的时间与计入税前会计利润的时间不一致所产生的。时间性差额发生于某一时期，但在以后的一期或若干期内可以转回。这两种不同的差异，会计核算可采用“应付税款法”或“纳税影响会计法”。

（一）应付税款法

应付税款法是将本期税前会计利润与纳税所得之间的差异造成的影响纳税的金额直接计入当期损益，而不递延到以后各期。在应付税款法下，当期计入损益的所得税费用等于当期应缴的所得税。

企业应按纳税所得计算的应缴所得税，借记“所得税”科目，贷记“应交税金——应交所得税”科目。实际上缴所得税时，借记“应交税金——应交所得税”科目，贷记“银行存款”科目。期末，应将“所得税”科目的借方余额转入“本年利润”科目，结转后“所得税”科目应无余额。

（二）纳税影响会计法

1. 纳税影响会计法，是将本期税前会计利润与纳税所得之间的时间性差异造成的影响纳税的金额，递延和分配到以后各期。企业采用纳税影响会计法时，一般应按递延法进行账务处理。递延法是把本期由于时间性差异而产生的影响纳税的金额，保留到这一差异发生反变化的以后期间予以转销。当税率变更或开征新税，不需要调整由于税率的变更或新税的征收对“递延税款”余额的影响。发生在本期的时间性差异影响纳税的金额，用现行税率计算，以前各期发生而在本期转销的各项时间性差异影响纳税的金额，按照原发生时的税率计算转销。

企业应按税前会计利润（或税前会计利润加减发生的永久性差异后的金额）计算的所得税，借记“所得税”科目，按照纳税所得计算的应缴所得税，贷记“应交税金——应交所得税”科目，按照税前会计利润（或税前会计利润加减发生的永久性差异后的金额）计算的所得税与按照纳税所得计算的应缴所得税之间的差额，作为递延税款，借记或贷记“递延税款”科目。本期发生的递延税款待以后期间转销时，如为借方余额应借记“所得税”科目，贷记“递延税款”科目；如为贷方余额应借记“递延税款”科目，贷记“所得税”科目。实际上缴所得税时，借记“应交税金——应交所得税”科目，贷记“银行存款”科目。

根据本企业具体情况，企业也可以采用“债务法”进行账务处理。“债务法”是把本期由于时间性差异而产生的影响纳税的金额，保留到这一差额发生相反变化时转销。在税率变更或开征新税时，递延税款的余额要按照税率的变动或新征税款进行调整。“递延税款”余额也可按预期今后税率的变更进行调整。

2. 在税前会计利润小于纳税所得时，为了慎重起见，如在以后转销时间性差异的时期内，有足够的纳税所得予以转销的，才能采用纳税影响会计法，否则，也应采用应付税款法进行会计处理。

3. 企业应设置“递延税款备查登记簿”，详细记录发生的时间性差异的原因、金额、预计转销期限、已转销数额等。

三、会计报表

企业应在“资产负债表”中的“资产总计”项目上增设“递延税项”类，并在“递延税项”类下设置“递延税款借项”项目（外商投资企业在“其他资产”类项目下设置“递延税款借项”项目），反映企业期末尚未转销的递延税款的借方余额；在“所有者权益”（或“股东权益”）类项目上设置“递延税项”类并在“递延税项”类下设置“递延税款贷项”项目（外商投资企业在“其他负债”类项目下，设置“递延税款贷项”项目），反映企业期末尚未转销的递延税款的贷方余额。

企业应在“损益表”（或“利润表”）中的“利润总额”项目下设置“减：所得税”项目，反映企业从当期损益中扣除的所得税；并在“所得税”项目下增设“净利润”项目，反映企业交纳所得税后的利润。

企业应将“财务状况变动表”中的“本年利润”项目改为“本年净利润”项目，反映企业年度内实现的净利润（如为净亏损用“-”号表示）。取消“利润分配”部分中的“应交所得税”（或“所得税”）项目，并在“本年净利润”类“加：不减少流动资金的费用和损失”项目下增设“递延税款”项目，反映企业年度内发生的递延税款。本项目应根据“递延税款”科目的贷方发生额填列（如为借方发生额用“-”号填列）。如企业当期“递延税款”科目既有贷方发生额，又有借方发生额，本项目应按借贷方相抵后的净额填列（如借方发生额大于贷方发生额用“-”号填列）。

企业应取消“利润分配表”中的“利润总额”和“减：应交所得税（或减：所得税）”两个项目。“利润分配表”中的“税后利润”项目改为“净利润”项目。“利润分配表”中的行次均往前提两行。

外商投资企业应在“无形资产及其他资产表”中的“其他资产”类项目下设置“递延税款借项”项目。

四、核算方法变更的处理

原对时间性差异采用“应付税款法”进行核算，按本规定需调整为纳税影响会计法的企业，对原时间性差异已按“应付税款法”进行核算的事项，为了简化核算手续，可不再调整，仍按原办法进行处理；新发生的时间性差异再按纳税影响会计法进行核算。

五、本年度发生的以前年度调整损益的事项

企业本年度发生的以前年度调整损益的事项，应在损益类科目中单独设置“560 以前年度损益调整”科目（外商投资企业的科目编号为 5251）核算企业本年度发生的调整以前年度损益的事项。“以前年度损益调整”科目的借方发生额，反映企业以前年度多计收益、少计费用，而调整本年度损益的数额；贷方发生额，反映企业以前年度少计收益、多计费用，而调整本年度损益的数额。期末，企业应将“以前年度损益调整”科目的余额转入“本年利润”科目，结转后，该科目应无余额。

企业由于调整以前年度损益影响企业交纳所得税的，可视为当年损益，按上述规定进行所得税会计处理。

企业应在“损益表”（或“利润表”）中的“营业外支出”项目下，增设“加：以前年度损益调整”项目，反映企业调整以前年度损益事项而调整的本年利润数额（如为调整以前年度损失，在该项目中以“-”号填列）。

企业应取消“利润分配表”中的“上年利润调整”（或“年初未分配利润调整数”）和

“上年所得税调整”项目。

外商投资企业应将“财务状况变动表”中的“调整以前年度未分配利润和弥补亏损”项目改为“弥补亏损”项目。并取消“营业外收入”科目中的“以前年度收益”和“营业外支出”科目中的“以前年度损失”明细科目，以及“营业外收支明细表”中的“以前年度收益”和“以前年度损失”两个项目。

上述规定已于 1994 年 1 月 1 日起执行。

六、股份公司税收返还的会计处理

按照国家规定实行先征后返的公司，应当在实际收到返还的所得税时，冲减收到当期的所得税费用，借记“银行存款”等科目，贷记“所得税”科目。

七、直接减征、免征的会计处理

1. 按照税收法规直接减征、免征企业所得税的企业，可不作账务处理。

2. 按税法规定，如果减免的企业所得税有指定的用途，企业应将其减免税额直接记入“资本公积——其他资本公积”科目，会计处理为：借记“本年利润”科目，贷记“资本公积——其他资本公积”科目。

第二节　金融企业的企业所得税的会计核算

《金融企业会计制度》自 2002 年 1 月 1 日起暂在上市的金融企业范围内实施。同时，也鼓励其他股份制金融企业实施《金融企业会计制度》。故本节所涉及的内容也只在该范围之内。

按《金融企业会计制度》第九十七条的规定，（企业）所得税是指金融企业应计入当期损益的所得税费用。

一、科目设置

1. 金融企业应设置“所得税”科目，以核算企业按规定从当期损益中扣除的所得税。

2. 金融企业应设置“应交税金”科目，以核算应上交国家税务部门的各种税金，其中，包括企业所得税，因此，在该科目之下还应按税种设置明细科目，以进行明细核算，如应设置“应交税金——应交所得税”。

所得税采用应付税款法核算的，只需设置“所得税”和“应交所得税”两个科目。

3. 采用影响会计法核算时，除了需要设置“所得税”和“应交所得税”科目外，还需要设置“递延税款”科目。“递延税款”科目，核算企业由于时间性差异产生的影响所得税的金额和以后各期转回的金额，以及采用债务法时，反映税率变动或开征新税调整的递延税款金额。

二、会计处理方法

《金融企业会计制度》第九十八条规定，金融企业的所得税费用应当按照以下规定进行核算：

（一）金融企业应当根据具体情况，选择采用应付税款法或者纳税影响会计法进行所得税的核算

1. 应付税款法，是指企业不确认时间性差异对所得税的影响金额，按照当期计算的应缴所得税确认当期所得税费用的方法。在这种方法下，当期所得税费用等于当期应交的所得税。

2. 纳税影响会计法，是指企业确认时间性差异对所得税的影响金额，按照当期应交所得

税和时间性差异对所得税影响金额的合计，确认为当期所得税费用的方法。在这种方法下，时间性差异对所得税的影响金额，递延和分配到以后各期。采用纳税影响会计法的企业，可以选择采用递延法或者债务法进行核算。在采用递延法核算时，在税率变动或开征新税时，不需要对原已确认的时间性差异对所得税的影响金额进行调整，但是，在转回时间性差异对所得税的影响金额时，应当按照原所得税税率计算转回；在采用债务法核算时，在税率变动或开征新税时，应当对原已确认的时间性差异对所得税的影响金额进行调整，在转回时间性差异对所得税的影响金额时，应当按照现行所得税税率计算转回。

（二）在采用纳税影响会计法下，企业应当合理划分时间性差异和永久性差异的界限

1. 时间性差异，是指税法与会计制度在确认收益、费用或损失时的时间不同而产生的税前会计利润与应纳税所得额的差异。时间性差异发生于某一会计期间，但在以后一期或若干期内能够转回。时间性差异主要有以下几种类型：

（1）金融企业获得的某项收益，按照会计制度规定应当确认为当期收益，但按照税法规定需待以后期间确认为应纳税所得额，从而形成应纳税时间性差异。这里的应纳税时间性差异是指未来应增加应纳税所得额的时间性差异。

（2）金融企业发生的某项费用或损失，按照会计制度规定应当确认为当期费用或损失，但按照税法规定待以后期间从应纳税所得额中扣减，从而形成可抵减时间性差异。这里的可抵减时间性差异是指未来可以从应纳税所得额中扣除的时间性差异。

（3）金融企业获得的某项收益，按照会计制度规定应当于以后期间确认收益，但按照税法规定需计入当期应纳税所得额，从而形成可抵减时间性差异。

（4）金融企业发生的某项费用或损失，按照会计制度规定应当于以后期间确认为费用或损失，但按照税法规定可以从当期应纳税所得额中扣减，从而形成应纳税时间性差异。

2. 永久性差异，是指某一会计期间，由于会计制度和税法在计算收益、费用或损失时的口径不同，所产生的税前会计利润与应纳税所得额之间的差异。这种差异在本期发生，不会在以后各期转回。永久性差异有以下几种类型：

（1）按会计制度规定核算时作为收益计入会计报表，在计算应纳税所得额时不确认为收益。

（2）按会计制度规定核算时不作为收益计入会计报表，在计算应纳税所得额时作为收益，需要缴纳所得税。

（3）按会计制度规定核算时确认为费用或损失计入会计报表，在计算应纳税所得额时则不允许扣减。

（4）按会计制度规定核算时不确认为费用或损失，在计算应纳税所得额时则允许扣减。

（三）采用递延法时，一定时期的所得税费用

（1）本期应交所得税；

（2）本期发生或转回的时间性差异所产生的递延税款贷项或借项。

上述本期应交所得税，是指按照应纳税所得额和现行所得税率计算的本期应交所得税；本期发生或转回的时间性差异所产生的递延税款贷项或借项，是指本期发生的时间性差异用现行所得税率计算的未来应交的所得税和未来可抵减的所得税金额，以及本期转回原确认的递延税款借项或贷项。按照上述本期所得税费用的构成内容，可列示公式如下：

本期所得税费用 = 本期应交所得税 + 本期发生的时间性差异所产生的递延税款贷项金

额－本期发生的时间性差异所产生的递延税款借项金额＋本期转回的前期确认的递延税款借项金额－本期转回的前期确认的递延税款贷项金额

本期发生的时间性差异所产生的递延税款贷项金额＝本期发生的应纳税时间性差异×现行所得税率

本期发生的时间性差异所产生的递延税款借项金额＝本期发生的可抵减时间性差异×现行所得税率

本期转回的前期确认的递延税款借项金额＝本期转回的可抵减本期应纳税所得额的时间性差异（即前期确认本期转回的可抵减时间性差异）×前期确认递延税款时的所得税率

本期转回的前期确认的递延税款贷项金额=本期转回的增加本期应纳税所得额的时间性差异（即前期确认本期转回的应纳税时间性差异）×前期确认递延税款时的所得税率

（四）采用债务法时，一定时期的所得税费用

（1）本期应交所得税。

（2）本期发生或转回的时间性差异所产生的递延所得税负债或递延所得税资产。

（3）由于税率变更或开征新税，对以前各期确认的递延所得税负债或递延所得税资产账面余额的调整数。按照上述所得税费用的构成内容，可列示公式如下：

本期所得税费用＝本期应交所得税＋本期发生的时间性差异所产生的递延所得税负债－本期发生的时间性差异所产生的递延所得税资产＋本期转回的前期确认的递延所得税资产－本期转回的前期确认的递延所得税负债＋本期由于税率变动或开征新税调减的递延所得税资产或调增的递延所得税负债－本期由于税率变动或开征新税调增的递延所得税资产或调减的递延所得税负债

本期由于税率变动或开征新税调增或调减的递延所得税资产或递延所得税负债＝累计应纳税时间性差异或累计可抵减时间性差异×（现行所得税率－前期确认应纳税时间性差异或可抵减时间性差异时适用的所得税率）

或者＝递延税款账面余额－已确认递延税款金额的累计时间性差异×现行所得税率

（五）采用纳税影响会计法时，在时间性差异所产生的递延税款借方金额的情况下，为了慎重起见，如在以后转回时间性差异的时期内（一般为3年），有足够的应纳税所得额予以转回的，才能确认时间性差异的所得税影响金额，并作为递延税款的借方反映，否则，应于发生当期视同永久性差异处理

三、先征后返所得税的处理

按照《企业会计制度》规定，公司按照规定实行所得税先征后返的，应当在实际收到时冲减收到当期的所得税费用，而不应当计入盈余公积或资本公积（财会〔2001〕43号）。

四、会计报表

第三节　小企业的企业所得税的会计核算

小企业是指一种企业规模。

小企业会计制度适用于在中华人民共和国境内设立的不对外筹集资金（不公开发行股票或债券）、经营规模较小的企业。其界定标准为《中小企业标准暂行规定》（国经贸中小企〔2003〕143号）。它是根据企业职工人数、销售额、资产总额等指标，结合行业特点制定的。

个人独资及合伙形式设立的小企业不包括在内。

符合小企业会计制度规定的小企业可以按照本制度进行核算，也可以选择执行《企业会计制度》。

一、科目设置

1. 小企业应在负债类科目中设立“应交税金”科目，以核算其应交纳的各种税金，其中包括企业所得税。在“应交税金”科目下设置“应交所得税”明细科目。

2. 小企业应在损益类科目中设置“5701 所得税”科目，核算企业按规定从当期损益中扣除的所得税。

3. 小企业应在所有者权益类科目中设置“本年利润”科目，以核算小企业实现的净利润（或发生的净亏损）。

4. 小企业本年度发生的调整以前年度损益的事项，应增设“5801 以前年度损益调整”科目。

二、会计处理方法

（一）应交税金——应交所得税

1. 小企业计算出当期应交的所得税，借记“所得税”科目，贷记“应交税金——应交所得税”科目。

2. 交纳的所得税，借记“应交税金——应交所得税”科目，贷记“银行存款”等科目。

（二）所得税

1. 小企业应采用应付税款法核算所得税。应付税款法是将本期税前会计利润与纳税所得之间的差异造成的影响纳税的金额直接计入当期损益，而不递延到以后各期。在应付税款法下，当期计入损益的所得税费用等于当期应缴的所得税。

企业应按纳税所得计算的应缴所得税，借记“所得税”科目，贷记“应交税金——应交所得税”科目。实际上缴所得税时，借记“应交税金——应交所得税”科目，贷记“银行存款”科目。期末，应将“所得税”科目的借方余额转入“本年利润”科目，结转后“所得税”科目应无余额。

2. 小企业计算的当期所得税金额，借记“所得税”科目，贷记“应交税金——应交所得税”科目。

3. 小企业收到因多计等原因而退还的所得税，应在实际收到退还的所得税时，冲减收到当期的所得税费用。小企业应按实际收到的所得税返还款，借记“银行存款”科目，贷记“所得税”科目。

4. 期末，应将“所得税”科目的余额转入“本年利润”科目，借记“本年利润”科目，贷记“所得税”科目，结转后本科目应无余额。

（三）本年利润

1. 期末结转利润时，应将“主营业务收入”、“其他业务收入”、“营业外收入”等科目的期末余额，分别转入“本年利润”科目，借记“主营业务收入”、“其他业务收入”、“营业外收入”等科目，贷记“本年利润”科目；将“主营业务成本”、“主营业务税金及附加”、“其他业务支出”、“营业费用”、“管理费用”、“财务费用”、“营业外支出”、“所得税”等科目的期末余额，分别转入“本年利润”科目，借记“本年利润”科目，贷记“主营业务成本”、“主营业务税金及附加”、“其他业务支出”、“营业费用”、“管理费用”、“财务费用”、“营业外支出”、

“所得税”等科目。将“投资收益”科目的净收益，转入“本年利润”科目，借记“投资收益”科目，贷记“本年利润”科目；如为净损失，作相反会计分录。

2. 年度终了，应将本年收入和支出相抵后结出的本年实现的净利润，转入“利润分配——未分配利润”科目；如为亏损，作相反会计分录。结转后本科目应无余额。

（四）以前年度损益调整

调整增加的以前年度利润或调整减少的以前年度亏损和相应增加的所得税，借记有关科目，按应调整增加的应交税金，贷记“应交税金——应交所得税”科目，按其差额，贷记“以前年度损益调整”科目；调整减少的以前年度利润或调整增加的以前年度亏损和相应减少的所得税，应按应调整减少的所得税，借记“应交税金——应交所得税”科目，按扣除调整应交所得税的部分，借记“以前年度损益调整”科目，按两者的合计金额，贷记有关科目。

经调整后，应将“以前年度损益调整”科目的余额转入“利润分配”科目。“以前年度损益调整”科目如为贷方余额，应借记“以前年度损益调整”科目，贷记“利润分配——未分配利润”科目；“以前年度损益调整”科目如为借方余额，则作相反的会计分录。

三、会计报表

（一）资产负债表

“应交税金”项目，反映小企业期末未交、多交或未抵扣的各种税金。本项目应根据“应交税金”科目的期末贷方余额填写；如“应交税金”期末为借方余额，以“-”号填列。

（二）利润表

“所得税”项目，反映小企业当期发生的所得税费用。本项目应根据“所得税”科目的发生额分析填列。

（三）现金流量表

“支付的各项税费”项目，反映小企业按规定支付的各种税费，包括本期发生并支付的税金，如支付的教育费附加、矿产资源补偿费、印花税、房产税、土地增值税、车船使用税、预缴的营业税等。不包括计入固定资产价值的税费、实际支付的耕地占用税等，也不包括因多计等原因于本期退回的各项税费。本项目可以根据“应交税金”、“现金”、“银行存款”等科目的记录分析填列。

第四节　应付税款法

应付税款法是指企业不确认时间性差异对所得税的影响金额，按照当期计算的应交所得税确认为当期所得税费用的方法。在这种方法下，当期所得税费用等于当期应交所得税。

一、账户设置

所得税采用应付税款法核算至少需设置以下三个账户：

1.“所得税”账户，用以核算企业从本期损益中扣除的所得税费用。

2.“应交所得税”账户，用以核算企业应交的企业所得税。

3.“本年利润”账户，用以核算转入的“所得税”账户的期末余额。

二、应付税款法核算所得税的特点

在应付税款法下，其核算所得税费用的主要特点有：

1. 应付税款法将本期税前会计利润与应纳税所得额之间产生的时间性差异和永久性差异

均确认为当期的所得税费用，而不加以区分。这是因为，两者均按照收付实现制来确认当期所得税费用的增减，而与未来期间无关。实际上，时间性差异与永久性差异在性质上是不同的，时间性差异不仅影响到当期而且还会影响到未来各期的所得税费用。因此，该核算方法就不能提供企业未来现金流量的情况。

2. 应付税款法是将本期税前会计利润与应纳税所得额之间的差异所造成的影响纳税的金额，直接计入当期损益，而不是递延到以后各期。

3. 当期计入损益的所得税费用数额等于当期应纳所得税税额，即当期“所得税”账户的数额等于“应交税金——应交所得税”账户的数额。

三、应付税款法核算所得税的基本程序

在应付税款法下，本期发生的时间性差异不单独核算，与本期发生的永久性差异同样处理。也就是说，不管税前会计利润多少，在计算应缴纳企业所得税时，均应按税法规定对税前会计利润进行纳税调整，调整为应纳税所得额，再按应纳税所得额及其适用税率计算出本期应交的企业所得税，作为本期的所得税费用，即本期的所得税费用等于本期应交所得税。按应付税款法核算所得税费用的具体处理程序为：

1. 本期应纳税所得额 = 税前会计利润总额 ± 永久性差异 ± 时间性差异
2. 本期应交所得税 = 本期应纳税所得额 × 适用税率
3. 本期所得税费用 = 本期应交所得税

四、核算企业所得税的账务处理

在应付税款法下，其会计分录为：

借：所得税费用

　　贷：应交税金——应交所得税

五、应付税款法之案例

景兴公司 2008 年经税务机关认可的工资总额实际为 100000 元，当年发放与支用的职工福利费实际为 16000 元。该企业固定资产折旧采用直线法，本年折旧额为 50000 元，按照税法规定应采用双倍余额递减法，本年折旧额应为 65000 元。该企业 2008 年的利润表上反映的税前会计利润为 150000 元，企业所得税的适用税率为 25%。该企业本期应交所得税和所得税费用如下：

1. 税前会计利润　　150000

　加：职工福利费　16000 –（100000 × 14%）= 2000

　减：固定资产折旧差异　65000–50000 = 15000

　应纳税所得额　　137000

　企业所得税适用税率　　25%

　本期应交所得税　　34250

　本期所得税费用　　34250

2. 2008 年所得税费用和应交所得税的会计分录

借：所得税　　34250

　　贷：应交税金——应交所得税　　34250

3. 实际上交企业所得税时的会计分录

借：应交税金——应交所得税　　34250

　　贷：银行存款　　　　　　　　　　　　34250

4. 期末，将“所得税”账户余额结转至“本年利润”账户时的会计分录

借：本年利润　　　　　　　　　　34250

　　贷：所得税　　　　　　　　　　　　34250

5. 会计报表辅助说明

企业会计中本期发生固定资产折旧 50000 元按税法规定可在应纳税所得额前扣除的折旧费用为 65000 元，差异 15000 元，如按现行企业所得税税率 25%计算，影响当期所得税费用的金额为 3750 元。本期的职工福利费用实际为 16000 元，但按税法规定，企业发生的职工福利费用支出不超过工资薪金总额 14%的部分，准予税前扣除，其差异为 2000 元，如按现行企业所得税税率 25%计算，影响当期所得税费用的金额为 500 元。

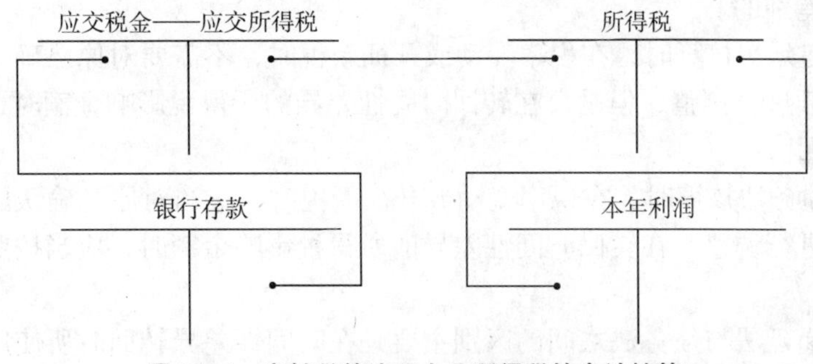

图 31–1　应付税款法下企业所得税的会计核算

第五节　纳税影响会计法

纳税影响会计法，是指企业确认时间性差异对所得税的影响金额，按照当期应交所得税和时间性差异对所得税影响金额的合计，确认为当期所得税费用的方法。在这种方法下，时间性差异对所得税的影响金额，递延和分配到以后各期。因此，在采用纳税影响会计法时，企业首先应当合理划分时间性差异和永久性差异的界限。

根据企业会计制度的规定，采用纳税影响会计法的企业，可以选择采用递延法或者债务法进行核算。这两种核算方法，将在以下各节分别予以介绍。

一、账户设置

采用纳税影响会计法时，至少应设置如下一些账户：

1.“所得税”账户，用以核算企业从本期损益中扣除的所得税费用。

2.“应交所得税”账户，用以核算企业应交的企业所得税。

3.“递延税款”账户，用以核算企业由于时间性差异而产生的影响所得税的金额和以后各期转回的金额，以及采用债务法时，反映税率变动或开征新税调整的递延税款金额。

4.“本年利润”账户，用以核算转入的“所得税”账户的期末余额。

二、纳税影响会计法核算所得税的特点

纳税影响会计法的特点，是将本期时间性差异的所得税影响金额，递延和分配到以后各期，即将本期产生的时间性差异对所得税的影响采取跨期分摊的办法。采用纳税影响会计法时，所得税被视为企业在收益时发生的一项费用，并应随同有关的收入和费用计入同一期间

内，以达到收入和费用的配比。时间性差异影响的所得税金额，包括在利润表中的所得税费用项目内，以及资产负债表中的递延税款余额里。

三、纳税影响会计法下核算所得税的账务处理

1. 适用税率不变情况下的账务处理。如果企业适用税率不发生变化，递延法与债务法的账务处理过程是相同的。如果企业适用税率发生了变化，递延法仍按原适用税率结转原来的递延税款，这样处理的结果，是递延税款账面余额不代表企业未来收款的权利或付款的义务，递延所得税资产或递延所得税负债也就不符合资产或负债的真实含义。而采用债务法，在适用税率发生变化的当期，需要对递延税款的账面余额按照现行税率进行调整，使之代表真正的未来预付或应付税款金额。

2. 适用税率变化情况下的账务处理。当企业适用税率发生变化时，递延法与债务法的账务处理过程是有差别的。

（1）在采用递延法核算时，在税率变动或开征新税时，不需要对原已确认的时间性差异的所得税影响金额进行调整，但是，在转回时间性差异的所得税影响金额时，应当按照原所得税税率计算转回。

（2）在采用债务法核算时，在税率变动或开征新税时，应当对原已确认的时间性差异的所得税影响金额进行调整，在转回时间性差异的所得税影响金额时，应当按照现行所得税税率计算转回。

由此可见，递延法与债务法之间的区别主要是在时间性差异转回时所使用的税率有所不同。在递延法下，时间性差异发生时，按当时的税率确认为递延税款借项或递延税款贷项；在时间性差异转回时，按照先发生先转回的原则，按发生时的税率依次转回。而在债务法下，在时间性差异发生时，按照当时的税率确认为递延税款借项或递延税款贷项；在时间性差异转回时，也按照当时的税率进行处理；如果税率发生变化，应先调整递延税款借项或递延税款贷项。这里所说的递延税款借项是可抵扣时间性差异，将来要从其贷方转回并减少应交所得税。而递延税款贷项则是应纳税时间性差异，将来要从其借方转回并增加应交所得税。

3. 特别规定。

（1）在采用纳税影响会计法时，在时间性差异所产生的递延税款为借方余额的情况下，为了慎重起见，企业会计制度规定，如在以后转回时间性差异的时间内（一般为3年），有足够的应纳税所得额予以转回的，才能确认时间性差异的所得税影响金额，并在递延税款账户的借方给予反映，否则，应于发生当期视同永久性差异处理。

（2）实行先征后返所得税的企业，应当于实际收到退回的所得税时，冲减退回当期的所得税费用。

第六节　递延法

递延法，是指将本期由于时间性差异所产生的影响所得税的金额，递延和分配到以后各期，并同时转回原已确认的时间性差异对本期所得税的影响金额之纳税影响会计法。

一、账户设置

采用纳税影响会计法之递延法时，至少应设置如下一些账户：

1.“所得税”账户，用以核算企业从本期损益中扣除的所得税费用。

2.“应交所得税”账户，用以核算企业应交的企业所得税。

3.“递延税款”账户，用以核算企业由于时间性差异而产生的影响所得税的金额和以后各期转回的金额，以及采用债务法时，反映税率变动或开征新税调整的递延税款金额。

4.“本年利润”账户，用以核算转入的“所得税”账户的期末余额。

二、递延法核算所得税的特点

递延法核算的主要特点为：

1. 采用递延法核算时，在资产负债表上反映的递延税款余额，并不代表收款的权利或付款的义务。采用递延法进行会计处理时，递延税款的账面余额是按照产生时间性差异的时期所适用的企业所得税税率计算确认的，而不是按现行税率计算的。在税率变化或开征新税时，不需要对原已确认的时间性差异的所得税影响金额进行调整。即递延税款的账面余额不符合资产和负债的定义，不能完全反映为企业的一项负债或一项资产，只能视其为资产负债表上的借项或贷项。

2. 本期发生的时间性差异所影响所得税的金额，用现行税率计算，以前发生而在本期转回的各项时间性差异影响所得税的金额，应当按照原所得税税率计算转回。

三、递延法下企业所得税的计算

当企业采用递延法时，一定时期的所得税费用包括：

1. 本期应交所得税；

2. 本期发生或转回的时间性差异所产生的递延税款贷项或借项。

上述本期应交所得税，是指按照应纳税所得额和现行企业所得税税率计算的本期应交所得税；本期发生或转回的时间性差异所产生的递延税款贷项或借项，是指本期发生的时间性差异用现行的企业所得税税率计算的未来应交的所得税金额和未来可抵减的所得税金额，以及本期转回原确认的递延税款借项或贷项。按照上述本期所得税费用的构成内容可列示计算公式如下：

本期所得税费用＝本期应交所得税＋本期发生的时间性差异所产生的递延税款贷项金额－本期发生的时间性差异所产生的递延税款借项金额＋本期转回的前期确认的递延税借项金额－本期转回的前期确认的递延税贷项金额

本期发生的时间性差异所产生的递延税款贷项金额＝本期发生的应纳税时间性差异×现行企业所得税税率

本期发生的时间性差异所产生的递延税款借项金额＝本期发生的可抵减时间性差异×现行企业所得税税率

本期转回的前期确认的递延税借项金额＝本期转回的可抵减本期应税所得的时间性差异（即前期确认本期转回的可抵减时间性差异）×前期确认递延税款时的所得税税率

本期转回的前期确认的递延税贷项金额＝本期转回的增加本期应税所得的时间性差异（即前期确认本期转回的应纳税时间性差异）×前期确认递延税款时的所得税税率

企业在经过上述计算之后，即应进行相应的账务处理。

四、递延法下核算企业所得税的账务处理

根据上述计算，应作如下会计分录：

1. 企业应根据所计算的应计入本期损益的所得税费用，借记“所得税”科目，根据所计算的本期发生的时间性差异所产生的递延税款借项金额，借记“递延税款”科目，或者，根

据所计算的本期发生的时间性差异所产生的递延税款贷项金额，贷记“递延税款”科目，按照本期应交纳的所得税，贷记“应交税金——应交所得税”科目。即：

（1）在本期发生的时间性差异所产生的递延税款为借项金额的情况下

借：所得税

递延税款

贷：应交税金——应交所得税

（2）在本期发生的时间性差异所产生的递延税款为贷项金额的情况下

借：所得税

贷：递延税款

应交税金——应交所得税

2. 在发生税率变化或开征新税的情况下，企业还应根据所计算的本期由于税率变化或开征新税调减的递延所得税资产或调增的递延所得税负债，借记“所得税”科目，贷记“递延税款”科目；或者，根据所计算的本期由于税率变化或开征新税调增的递延所得税资产或调减的递延所得税负债，借记“递延税款”科目，贷记“所得税”科目。即：

（1）根据所计算的本期由于税率变化或开征新税调减的递延所得税资产或调增的递延所得税负债

借：所得税

贷：递延税款

（2）根据所计算的本期由于税率变化或开征新税调增的递延所得税资产或调减的递延所得税负债

借：递延税款

贷：所得税

3. 在实际上交企业所得税时

借：应交税金——应交所得税

贷：银行存款

五、递延法之案例

申达公司 2006 年 12 月 18 日购入一台生产设备，原价 60000 元，预计其净残值为 1000 元。按税法规定，该设备应按直线法计提折旧，折旧年限为 2 年。实际上，企业会计虽然采用的是直线法，但折旧年限却是按 4 年在计提折旧。在其他因素不变的情况下，设该公司每年实现的税前会计利润均为 50000 元，且并无其他纳税调整事项，2006 年、2007 年的企业所得税适用税率为 33%，由于税制改革，2008 年及以后年度其企业所得税适用税率降低为 25%。该公司 2007 年至 2010 年的有关所得税费用、递延税款和应交所得税的情况如下：

1. 2007 年

税前会计利润 50000

减：时间性差异 29500 - 14750 = 14750

其中：按税法规定的折旧年限计算的每年应计提的折旧额（60000 - 1000）÷ 2 = 29500

按企业自定折旧年限计算的每年实际计提折旧额（60000-1000）÷ 4 = 14750

应纳税所得额 50000 - 14750 = 35250

企业所得税适用税率 33%

应交所得税 35250×33%＝11632.5

应纳税时间性差异影响金额 14750×33%＝4867.5

所得税费用 11632.5＋4867.5＝16500

根据上述计算结果编制会计分录如下：

借：所得税 16500

  贷：递延税款 4867.5

    应交税金——应交所得税 11632.5

2. 2008 年

税前会计利润 50000

减：时间性差异 29500－14750＝14750

其中：按税法规定的折旧年限计算的每年应计提的折旧额（60000－1000）÷2＝29500

  按企业自定折旧年限计算的每年实际计提折旧额（60000－1000）÷4＝14750

应纳税所得额 50000－14750＝35250

企业所得税适用税率 25%

应交所得税 35250×25%＝8812.5

应纳税时间性差异影响金额 14750×25%＝3687.5

所得税费用 8812.5＋3687.5＝12500

根据上述计算结果编制会计分录如下：

借：所得税 12500

  贷：递延税款 3687.5

    应交税金——应交所得税 8812.5

3. 2009 年

税前会计利润 50000

加：时间性差异 29500－14750＝14750

其中：按税法规定的折旧年限计算的每年应计提的折旧额（60000－1000）÷2＝29500

  按企业自定折旧年限计算的每年实际计提折旧额（60000－1000）÷4＝14750

应纳税所得额 50000＋14750＝64750

企业所得税适用税率 25%

应交所得税 64750×25%＝16187.5

应纳税时间性差异影响金额 14750×33%（前期确认递延税款时的所得税税率）＝4867.5

所得税费用 16187.5－4867.5＝11320

根据上述计算结果编制会计分录如下：

借：所得税 11320

  递延税款 4867.5

  贷：应交税金——应交所得税 16187.5

4. 2010 年

税前会计利润 50000

加：时间性差异 29500－14750＝14750

其中：按税法规定的折旧年限计算的每年应计提的折旧额（60000－1000）÷2＝29500

按企业自定折旧年限计算的每年实际计提折旧额（60000－1000）÷4＝14750

应纳税所得额 50000＋14750＝64750

企业所得税适用税率 25%

应交所得税 64750×25%＝16187.5

应纳税时间性差异影响金额 14750×25%（前期确认递延税款时的所得税税率）＝3687.5

所得税费用 16187.5－3687.5＝12500

根据上述计算结果编制会计分录如下：

借：所得税　　　　　　　12500

　　递延税款　　　　　　3687.5

　　贷：应交税金——应交所得税　　　16187.5

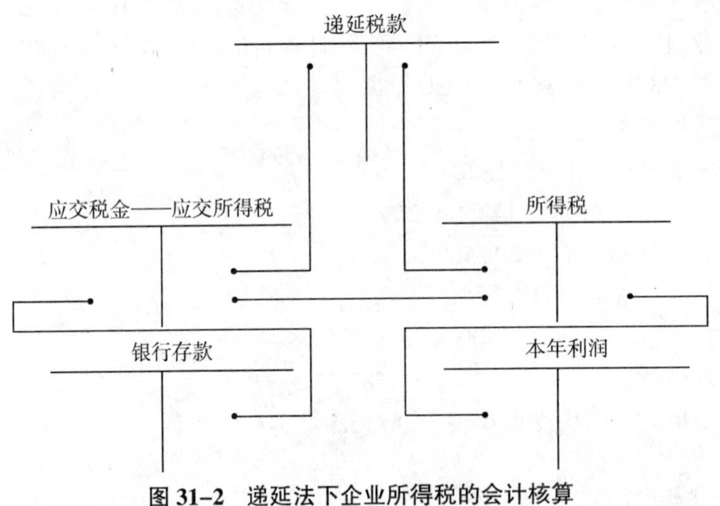

图 31-2　递延法下企业所得税的会计核算

第七节　债务法

债务法或损益表债务法，是指将本期由于时间性差异所产生的影响所得税金额，递延或分配到以后各期，并同时转回原已确认的时间性差异对本期所得税的影响金额，在税率变化或开征新税时，需要调整递延税款的账面余额之纳税影响会计法。

一、账户设置

采用纳税影响会计法之债务法（损益表债务法）时，至少应设置如下一些账户：

1.“所得税”账户，用以核算企业从本期损益中扣除的所得税费用。

2.“应交所得税”账户，用以核算企业应交的企业所得税。

3.“递延税款”账户，用以核算企业由于时间性差异而产生的影响所得税的金额和以后各期转回的金额，以及采用债务法时，反映税率变动或开征新税调整的递延税款金额。

二、债务法核算的特点

损益表债务法的主要特点：

1. 本期的时间性差异预计对未来所得税的影响金额，在资产负债表上作为未来应付税款的债务，或者，作为代表预付未来税款的资产。采用债务法进行会计处理时，递延税款的账面余额按照现行所得税税率计算，而不是按照产生时间性差异的时期所适用的所得税税率计算。因此，在税率变化或开征新税时，递延税款的账面余额要进行相应的调整。

2. 在采用债务法时，本期发生或转回的时间性差异的所得税影响，均应用现行所得税税率计算确定。

三、递延法下企业所得税的计算

在企业采用债务法时，一定时期的所得税费用包括：

1. 本期应交所得税；

2. 本期发生或转回的时间性差异所产生的递延所得税负债或递延所得税资产；

3. 由于税率变化或开征新税，对以前各期确认的递延所得税负债或递延所得税资产账面余额的调整数。

按照上述本期所得税费用的构成内容，可列示其计算公式如下：

本期所得税费用 = 本期应交所得税 + 本期发生的时间性差异所产生的递延税款负债 - 本期发生的时间性差异所产生的递延税款资产 + 本期转回的前期确认的递延所得税资产 - 本期转回的前期确认的递延所得税负债 + 本期由于税率变化或开征新税调减的递延所得税资产或调增的递延所得税负债 - 本期由于税率变化或开征新税调增的递延所得税资产或调减的递延所得税负债

本期由于税率变化或开征新税调增或调减的递延所得税资产或递延所得税负债 = 累计应纳税时间性差异或累计可抵减时间性差异 × (现行所得税税率 - 前期确认应纳税时间性差异或可抵减时间性差异时适用的所得税税率)

或者，本期由于税率变化或开征新税调增或调减的递延所得税资产或递延所得税负债 = 已确认递延税款金额的累计时间性差异 × (现行所得税税率 - 原所得税税率)

或者，本期由于税率变化或开征新税调增或调减的递延所得税资产或递延所得税负债 = 递延税款账面余额 - (已确认递延税款金额的累计时间性差异 × 现行所得税税率)

企业在经过上述计算之后，即应进行相应的账务处理。

四、债务法下核算企业所得税的账务处理

根据上述计算，应作如下会计分录：

1. 企业应根据所计算的本期所得税费用，借记“所得税”科目，根据所计算的本期发生的时间性差异所产生的递延税款借项金额，借记“递延税款”科目，或者，根据所计算的本期发生的时间性差异所产生的递延税款贷项金额，贷记“递延税款”科目，按照本期应交纳的所得税，贷记“应交税金——应交所得税”科目。

2. 如果企业本期转回前期确认的递延税款借项金额，则应借记“所得税”科目，贷记“递延税款”科目。

3. 如果企业本期转回前期确认的递延税款贷项金额，则应借记“递延税款”科目，贷记“所得税”科目。

4. 同时，在发生税率变化或开征新税的情况下，企业还应根据所计算的本期由于税率变化或开征新税调减的递延税款所得税资产或调增的递延所得税负债，借记“所得税”科目，贷记“递延税款”科目。

或者，根据所计算的本期由于税率变化或开征新税调增的递延税款所得税资产或调减的递延所得税负债，借记“递延税款”科目，贷记“所得税”科目。

五、损益表债务法之案例

为便于比较，这里仍用上述递延法定案例。

申达公司2006年12月18日购入一台生产设备，原价60000元，预计其净残值为1000元。按税法规定，该设备应按直线法计提折旧，折旧年限为2年。实际上，企业会计虽然采用的是直线法，但折旧年限却是按4年在计提折旧。在其他因素不变的情况下，设该公司每年实现的税前会计利润均为50000元，且并无其他纳税调整事项，2006年、2007年的企业所得税适用税率为33%，由于税制改革，2008年及以后年度其企业所得税适用税率降低为25%。该公司2007年至2010年的有关所得税费用、递延税款和应交所得税的情况如下：

1. 2007年

税前会计利润 50000

减：时间性差异 29500－14750＝14750

其中：按税法规定的折旧年限计算的每年应计提的折旧额（60000－1000）÷2＝29500

按企业自定折旧年限计算的每年实际计提折旧额（60000－1000）÷4＝14750

应纳税所得额 50000－14750＝35250

企业所得税适用税率 33%

应交所得税 35250×33%＝11632.5

应纳税时间性差异影响金额 14750×33%＝4867.5

所得税费用 11632.5＋4867.5＝16500

根据上述计算结果编制会计分录如下：

借：所得税　　16500

贷：递延税款　　4867.5

应交税金——应交所得税　　11632.5

2. 2008年

税前会计利润 50000

减：时间性差异 29500－14750＝14750

其中：按税法规定的折旧年限计算的每年应计提的折旧额（60000－1000）÷2＝29500

按企业自定折旧年限计算的每年实际计提折旧额（60000－1000）÷4＝14750

应纳税所得额 50000－14750＝35250

企业所得税适用税率 25%

应交所得税 35250×25%＝8812.5

应纳税时间性差异影响金额 14750×25%＝3687.5

调整前已确认的应纳税时间性差异 14750×（25%－33%）＝−1180

所得税费用 8812.5＋3687.5－1180＝11320

根据上述计算结果编制会计分录如下：

借：所得税　　11320

贷：递延税款　　（3687.5 － 1180）＝ 2507.5

应交税金——应交所得税　　8812.5

3. 2009年

税前会计利润 50000

加：时间性差异 29500 – 14750 = 14750

其中：按税法规定的折旧年限计算的每年应计提的折旧额（60000 – 1000）÷ 2 = 29500

按企业自定折旧年限计算的每年实际计提折旧额（60000 – 1000）÷ 4 = 14750

应纳税所得额 50000 + 14750 = 64750

企业所得税适用税率 25%

应交所得税 64750 × 25% = 16187.5

应纳税时间性差异影响金额 14750 × 33%（前期确认递延税款时的所得税税率）= 4867.5

转回的应纳税时间性差异影响金额 14750 × 25% = 3687.5

所得税费用 16187.5 – 3687.5 = 12500

根据上述计算结果编制会计分录如下：

借：所得税　　12500

　　递延税款　　3687.5

　　贷：应交税金——应交所得税　　16187.5

4. 2010 年

税前会计利润 50000

加：时间性差异 29500 – 14750 = 14750

其中：按税法规定的折旧年限计算的每年应计提的折旧额（60000 – 1000）÷ 2 = 29500

按企业自定折旧年限计算的每年实际计提折旧额（60000 – 1000）÷ 4 = 14750

应纳税所得额 50000 + 14750 = 64750

企业所得税适用税率 25%

应交所得税 64750 × 25% = 16187.5

应纳税时间性差异影响金额 14750 × 33%（前期确认递延税款时的所得税税率）= 4867.5

转回的应纳税时间性差异影响金额 14750 × 25% = 3687.5

所得税费用 16187.5 – 3687.5 = 12500

根据上述计算结果编制会计分录如下：

借：所得税　　12500

　　递延税款　　3687.5

　　贷：应交税金——应交所得税　　16187.5

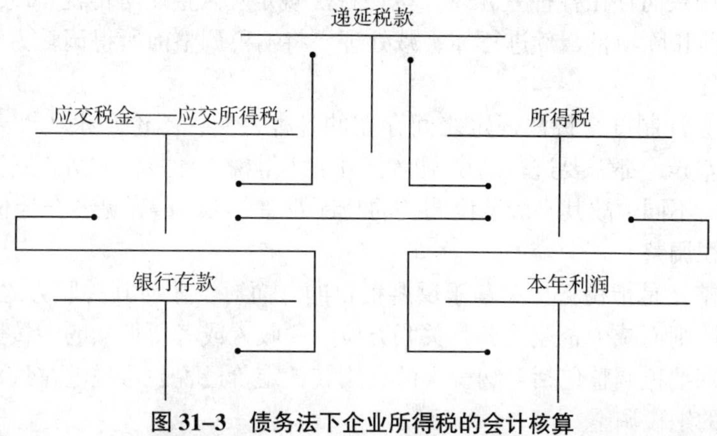

图 31–3　债务法下企业所得税的会计核算

第三十二章　常用的所得税会计处理方法

企业会计准则和企业会计制度对企业的会计业务都作了详细的规定。但为了企业方便运用，现将一些常用的所得税会计处理方法分别介绍如下。

第一节　纳税调整的会计处理方法

税法规定的纳税调整，包括一般纳税调整和特别纳税调整，其会计处理方法也有一些差别。

纳税调整与账务调整的关系。一年一度的企业所得税汇算清缴一般会涉及两个方面的调整，一是账务调整，二是纳税调整。账务调整是指对那些不符合会计制度规定的账务进行调整，以真实、完整地提供企业的会计信息，并为纳税调整提供可靠的会计基础。而纳税调整则是指对那些会计处理与税法规定存有差异的部分进行调整，以正确计算应纳税所得额和应纳所得税税额。账务调整是账内调整，以使那些不符合会计制度的部分在调整后符合会计规定。而纳税调整则是账外调整，即是只通过在"企业所得税年度纳税申报表"中，对那些虽符合会计规定但不符合税法规定的部分，按税法规定进行必要的调整，以符合税法规定。账务调整的结果，不但会反映在相应的会计报表中，而且也会反映在"企业所得税年度纳税申报表"中。由于企业利润总额是计算企业应纳税额的基础，所以，账务调整是纳税调整的基础。

一、一般纳税调整

所谓的一般纳税调整，是指在企业按照税法规定计算应纳税所得额时，当企业的会计规定与税法规定不一致而存在各种差异时，按照税法规定和《企业所得税年度纳税申报表》的填报要求，对税前扣除项目金额进行加、减处理，将纳税调整前所得调整为纳税调整后所得的一系列处理过程。

会计准则、会计制度与税法规定之间存在的各种差异，不论是永久性差异、时间性差异，还是暂时性差异，都需要进行纳税调整。由于所得税会计核算方法之不同，对这些差异的处理方法也有所不同。故其一般纳税调整的会计处理方法，请详见各会计核算方法。

二、特别纳税调整

特别纳税调整，是指税务机关基于反避税目的，而对企业与其关联方之间的业务往来，不符合独立交易原则而减少企业或者其关联方应纳税收入或者所得额的，按照合理方法进行的纳税调整。特别纳税调整包括对纳税人的利用转让定价避税、避税港避税、资本弱化避税及其他形式避税的纳税调整。

(一) 特别纳税调整的会计处理

税法规定，企业向税务机关报送年度企业所得税纳税申报表时，应当就其与关联方之间的业务往来，附送年度关联业务往来报告表。

企业与其关联方之间的业务往来，不符合独立交易原则，或者企业实施其他不具有合理商业目的的安排的，税务机关有权在该业务发生的纳税年度起 10 年内，进行纳税调整。

因此，纳税特别调整既可以通过填写《企业所得税年度纳税申报表》时进行，也可以在税务机关检查时单独进行。当纳税特别调整通过填写《企业所得税年度纳税申报表》进行时，其会计处理方法按上述的一般纳税调整方法处理；当在税务机关检查中单独进行时，需要补交税款的，应按以下方法进行会计处理：

1. 对避税项目进行纳税调整时

借：避税项目

　　贷：本年利润

2. 同时，补计应缴的企业所得税

借：所得税费用——当期所得税费用

　　贷：应交税费——应交所得税

3. 补交税款时

借：应交税费——应交所得税

　　贷：银行存款

(二) 特别纳税调整罚息的会计处理

税法规定，税务机关根据税收法律、行政法规的规定，对企业作出特别纳税调整的，应当对补征的税款，自税款所属纳税年度的次年 6 月 1 日起至补缴税款之日止的期间，按日加收利息。该加收的利息，不得在计算应纳税所得额时扣除。

上述所称之利息，应当按照税款所属纳税年度中国人民银行公布的与补税期间同期的人民币贷款基准利率加 5 个百分点计算。按规定提供有关资料的，可以只按规定的人民币贷款基准利率计算利息。

由于因特别纳税调整所加收的利息，不得在计算应纳税所得额时扣除，故只能在“营业外支出”科目中列支，并作如下账务处理：

借：营业外支出

　　贷：银行存款

第二节　涉税账务的会计调整方法

由于会计制度和税法规定的复杂性，且常有变动，故企业在其会计实务中，难免会出现一些差错。为反映企业生产经营的真实情况，满足企业正确决策的需要，必须对会计差错进行纠正，这就是所说的会计调整。

依企业在会计核算方面发现错误的时间之不同而有三种情况：一是在日常审核中发现的会计错误；二是在年终结账前查出了错误；三是对以前年度损益项目的调整，故其相应的账务调整的方法也有所不同。

一、日常检查中发现错账时的会计处理方法

在日常检查中，如果发现账务处理有错误，就应及时进行错账更正。对凭证和账簿记录的错误，进行更正的方法通常有划线更正法、红字更正法和补充登记法等三种。

（一）划线更正法

划线更正法，是指在会计结账以前，如果发现账簿记录中有数字或文字错误，过账笔误或数字计算有错误，用划一条红直线注销并在其上方进行更正的一种错账更正方法。

运用划线更正法进行错账更正时，应用红墨水和直尺先在错误的数字或文字上划一条红线，以表示注销，然后，在所划红线的上面写上正确的数字或文字，并在划红线处加盖记账员个人的小长方形会计图章，以表明对其负责。值得指出的是，在划更正红线时，对错数一定要从头到尾整笔划掉，绝不能只划去其中的一个或几个有错误的数字，而且所划之更正红线必须是一条细而匀的直线，并能使被划去的错误字迹仍然清晰可辨。

例如，将会计分录上的数字5963在登记账簿时错登为5693，发现后，需用划线更正方法在账簿上及时更正：

5963（蓝字）

~~5693~~（红线）

（二）红字更正法

红字更正法，是指在发现会计分录中应借、应贷的账户或金额有错误并已登记入账时，采用的一种错账更正方法。

运用红字更正法进行错账更正时，先用红字冲销原来的错误会计分录，然后再重新编制正确的新会计分录。这种方法使用于会计科目用错，或会计科目虽未用错，但实际记账金额大于应计金额的错误会计分录。

具体说来，更正时，先用红字金额编制一笔内容与原错误会计分录相同的会计分录，在其摘要栏中注明更正某年某月某日的错账，用红字文字和金额记入有关账簿，以冲销原来的错误记录；然后，再编制正确的会计分录，注明更正某年某月某日的错账，并用蓝字记入有关的账簿。

例如，企业会计将以现金形式收到的产品销售收入234元，错误地记入了银行存款账户，并在对账时发现了这一错账，随即用红字更正法进行了更正，其相关的账务处理如下：

借：银行存款　　　　　　[234]

　　贷：主营业务收入　　　　　　[200]

　　　　应交税金——应交增值税　　[34]

借：现金　　　　　　234

　　贷：主营业务收入　　　　　　200

　　　　应交税金——应交增值税　　34

如果发现原来编制的会计分录中其应借、应贷账户虽然没有错误，但所写金额大于正确的金额时，可将其多记金额用红字新编一笔账户对应关系相同的会计分录，并在其摘要栏里注明更正某年某月某日的多记金额，记入有关账簿，以冲销多记金额。

例如，企业会计将以银行存款形式收到的营业外收入630元，错误地按930元做了会计分录，并入了账簿，在对账时发现了这一错账，多记银行存款300（930－630）元，随即用红字更正法进行了更正，其相关的账务处理如下：

借：银行存款 300

贷：营业外收入 300

(三) 补充登记法

补充登记法，是指在记账以后，如果发现在原来编制的会计分录中应借、应贷账户虽然没有错误，但其上所写之金额却小于正确的金额时，所采用的一种错账更正法。由此可见，此一方法主要适用于漏记账，或错账所涉及的会计科目虽然没有错误，但其实际记账金额却小于应计的正确金额的情况。

运用补充登记法时，按其少记、漏记的金额，再编制一笔账户对应关系与原会计分录相同的会计分录，在其摘要栏中注明补记某年某月某日的金额，并将其补记入账。

例如，兴旺公司将其自制产品用于本公司的基本建设工程，该产品的成本价格为 8 万元，销售价格为 10 万元，增值税适用税率为 17%。企业会计先只按成本价格编制了会计分录，并已登记入账：

借：在建工程 80000

贷：库存商品 80000

公司在日常的税务自查中发现，税法规定企业将自产的货物用于非应税项目基建工程，视同销售货物，应缴纳增值税，以及缴纳以增值税为计税依据的城市维护建设税（税率 7%）和教育费附加（费率 3%）。公司会计立即采用补充登记法纠正错账。

首先，按销售价格计算公司自用产品应缴纳的增值税、城市维护建设税和教育费附加：

1. 增值税 = 100000 × 17% = 17000（元）

2. 城市维护建设税 = 17000 × 7% = 1190（元）

3. 教育费附加 = 17000 × 3% = 510（元）

其次，编制会计分录，并按此补充登记入账：

借：在建工程 18700

贷：应交税费——应交增值税 17000

应交税费——应交城市维护建设税 1190

应交税费——应交教育费附加 510

二、漏税时补交企业所得税的会计处理

在税务检查中，常常会发现一些因会计处理错误而产生的漏税问题。它涉及企业的收入、成本、费用、损失、利润和税金等各个方面。对这些检查出来的问题，企业会计必须按照规定及时地进行账务调整，使错账得以纠正。企业补税时的会计处理方法为：

1. 对漏税项目进行纳税调整时

借：漏税项目

贷：本年利润

2. 同时，补计应缴的企业所得税

借：所得税费用——当期所得税费用

贷：应交税费——应交所得税

3. 补交税款时

借：应交税费——应交所得税

贷：银行存款

三、年终结账前检查出错账的调整方法

每年年底，企业会计都要按规定进行年终决算。一般的做法是，先结清当年 12 月份的账目，然后才进行年终结算。这两种程序之间，如果发现了错账、漏账，应当根据其具体情况及时进行调整或补记，以免影响年度会计决算的真实性。调整的基本方法是，凡是漏账的，予以补记；凡是错账的，可按上述一之错账时的会计处理方法予以处理，或者，用会计分录作相应的调增、调减及转账处理。

例如，新华公司在年终的税务自查中，发现会计在 2009 年 12 月误将投资收益 8 万元记入了“资本公积”科目，于是立即编制如下会计分录予以更正：

借：投资收益　　　　　　80000

　　贷：资本公积　　　　　　　　80000

四、以前年度损益调整的会计处理

企业以前年度损益调整的会计处理包括账务处理、会计报表处理和企业所得税汇算清缴后的账务处理等三部分。

（一）以前年度损益调整的账务处理

1. 企业本年发生的调整以前年度损益的事项以及本年度发现的重要前期差错更正涉及调整以前年度损益的事项，均应通过“以前年度损益调整”科目进行会计调整。

企业在资产负债表日至财务报告批准报出日之间发生的需要调整报告年度损益的事项，也可通过“以前年度损益调整”科目进行会计调整。

2. 以前年度损益调整的主要账务处理：

（1）企业调整增加以前年度利润或减少以前年度亏损的，借记有关科目，贷记“以前年度损益调整”科目；调整减少以前年度利润或增加以前年度亏损的，借记“以前年度损益调整”，贷记有关科目。

（2）由于以前年度损益调整增加的所得税费用，借记“以前年度损益调整”科目，贷记“应交税费——应交所得税”等科目；由于以前年度损益调整减少的所得税费用，借记“应交税费——应交所得税”等科目，贷记“以前年度损益调整”科目。

（3）经上述调整后，应将“以前年度损益调整”科目的余额转入“利润分配——未分配利润”科目。“以前年度损益调整”科目如为贷方余额，借记“以前年度损益调整”科目，贷记“利润分配——未分配利润”科目；如为借方余额，借记“利润分配——未分配利润”科目，贷记“以前年度损益调整”科目。

3. “以前年度损益调整”科目结转后应无余额。

例如，力发公司企业会计核算的 2008 年应税利润为 600 万元，并按适用税率 25%缴纳了企业所得税，但在 2009 年的企业所得税汇算清缴期间，经税务部门审查发现，公司在 2008 年的账务处理中将一基本建设费用 10 万元记入了管理费用“公司经费”，需要补交企业所得税，公司因此还需进行相应的会计调整。其账务处理方法为：

（1）调整上年损益时

借：在建工程　　　　　　100000

　　贷：以前年度损益调整　　　　100000

（2）计算应补交的企业所得税时

借：以前年度损益调整　　　25000

贷：应交税费——应交所得税　25000（100000×25%）

（3）实际补交企业所得税时

借：应交税费——应交所得税　25000

贷：银行存款　25000

（4）2009年年末将“以前年度损益调整”科目余额转入“利润分配”科目时

借：以前年度损益调整　75000（100000–25000）

贷：利润分配——未分配利润　75000

（5）如果该公司的盈余公积提存率为10%，在调整增加相应的盈余公积时

借：利润分配——未分配利润　7500

贷：盈余公积　7500

（二）企业所得税汇算清缴后的账务处理

就企业纳税人方面而言，汇算清缴是指，企业所得税的纳税人，在纳税年度终了后的规定时间内，依照税收法规规定的要求，逐栏填写《企业所得税年度纳税申报表》，自行计算出纳税年度的应纳税所得额和应缴所得税额，以及纳税年度内按月或按季已预缴的所得税额，最后结清该纳税年度应补或应退的所得税额，并将填制完毕的《企业所得税年度纳税申报表》以及税务机关要求提供的有关资料一并报送主管税务机关，办理企业所得税年度纳税申报的全过程。因此，企业的汇算清缴工作包括纳税调整、纳税申报和结清税款等三个方面。

企业所得税汇算清缴后，经主管税务机关审核以及纳税检查后，可能发生以下五种情况，其账务处理方法也有所不同。

1. 合乎税法规定，不存在问题。因此，也就不会涉及账务处理问题。

2. 经税务机关审核，企业少计盈利。在这种情况下，应补交企业所得税，其账务处理同上述（一）以前年度损益调整的账务处理。

3. 企业申报为亏损，而经税务机关审核后则为盈利。在这种情况下，企业应按纳税调整后的应纳税所得额及其适用税率补交企业所得税，并按税法规定处以罚款和加收滞纳金。在这里应特别指出的是，企业“利润表”中所列之亏损额，不一定就是税务机关认可的亏损额。其一是企业的亏损必须是在会计准则或会计制度规定下进行正确核算得出来的，如不符合，税务机关则应对其会计核算进行审核、调整，并最终确定企业的盈亏；其二是企业的“会计亏损”不是“税务亏损”，在某些情况下，企业的“会计亏损”在经过纳税调整后可能有“税务利润”，即应纳税所得额，而需缴纳税款。

例如，庆丰公司申报2008年度企业亏损额为5000元，但经税务机关审核后调整为盈利，其应纳税额为10000元，公司企业所得税适用税率为25%，因此，该公司应有如下会计业务：

（1）公司应补交的企业所得税税额为：10000×25%=2500（元），其账务处理为：

借：应交税费——应交所得税　2500

贷：银行存款　2500

借：以前年度损益调整　2500

贷：应交税费——应交所得税　2500

借：利润分配——未分配利润　2500

贷：以前年度损益调整　2500

（2）企业因虚报亏损而缴纳的滞纳金和罚款共计1500元，其账务处理为：

借：营业外支出　　1500

　　贷：银行存款　　　　1500

4. 亏损企业自报亏损额大于税务机关的审核亏损额。在这种情况下，其亏损差额部分不补交企业所得税，但应按《税收征管法》的规定进行处罚。

5. 亏损企业自报亏损额小于税务机关的审核亏损额。在这种情况下，企业不需补交企业所得税，亦不需进行账务处理。

（三）以前年度损益调整的会计报表处理

企业会计制度还规定，企业本年度发生的调整以前年度损益的事项，应当调整本年度会计报表相关项目的年初数或上年实际数；企业在年度资产负债表日至财务会计报告批准报出日之间发生的调整报告年度损益的事项，应当调整报告年度会计报表相关项目的数字。

五、滞纳金的会计处理

税收征管法规定，纳税人未按照规定期限缴纳税款的，扣缴义务人未按照规定期限解缴税款的，税务机关除责令限期缴纳外，从滞纳税款之日起，按日加收滞纳税款万分之五的滞纳金。加收滞纳金的起止时间，为法律、行政法规规定或者税务机关依照法律、行政法规的规定确定的税款缴纳期限届满次日起至纳税人、扣缴义务人实际缴纳或者解缴税款之日止。

企业交纳滞纳金的会计处理为：

借：营业外支出——罚款支出

　　贷：银行存款

以下两种情况不收滞纳金：

1. 因预缴原因而少缴的税款，不涉及滞纳金问题；

2. 经税务机关批准延期进行纳税申报的，在其核准的延期期限内，不收滞纳金。

六、补交偷税款的会计处理

税收征管法规定，对纳税人偷税的，由税务机关追缴其不缴或者少缴的税款、滞纳金，并处不缴或者少缴的税款百分之五十以上五倍以下的罚款；构成犯罪的，依法追究刑事责任。

（一）因偷税而补交以前年度企业所得税税款的会计处理

按现行会计制度规定，企业因偷税而按税法规定应补交的以前年度的企业所得税，应视同重大会计差错的规定进行会计处理。

1. 会计制度规定，本期发现的与前期相关的重大会计差错，如影响损益，应当将其对损益的影响数调增当期的期初留存收益，会计报表其他相关项目的期初数也一并调整；如不影响损益，应当调整会计报表相关项目的期初数。

2. 企业会计准则规定，企业应采用追溯重述法更正重要的前期差错。追溯重述法，是指在发现前期差错时，视同该项前期差错从未发生过，从而对财务报表相关项目进行更正的方法。前期差错更正的所得税影响，适用《企业会计准则第18号——所得税》。

企业因偷税而按税法规定应补交的以前年度的企业所得税的具体会计处理方法，请详见本章第二节之四（一）。

（二）因偷税而交纳罚款等的会计处理

企业因偷税而支付的罚款、滞纳金，应计入支付当期的营业外支出，不得调整前期损益。其会计分录为：

借：营业外支出——罚款支出

　　贷：银行存款

第三节　企业公益性捐赠的会计处理方法

在企业经营中，往往会有公益性捐赠的业务发生，并涉及相关的税收问题，因而也需要会计来反映。

一、企业捐赠的税收规定

1. 增值税法规规定，将自产、委托加工或购买的货物无偿赠送他人，视同销售。所谓视同销售，就是说有一些业务虽然没有对外销售取得货款，和正常的销售业务有一定的区别，但具有销售的性质。

2. 消费税法规规定，纳税人自产自用的应税消费品用于连续生产应税消费品的，不纳税；于移送使用时纳税。

“用于其他方面的”，是指纳税人用于生产非应税消费品和在建工程，管理部门，非生产机构，提供劳务，以及用于馈赠、赞助、集资、广告、样品、职工福利、奖励等方面的应税消费品。

3. 企业所得税法规定，企业发生的公益性捐赠支出，在年度利润总额12%以内的部分，准予在计算应纳税所得额时扣除。这里所称之公益性捐赠，是指企业通过公益性社会团体或者县级以上人民政府及其部门，用于《中华人民共和国公益事业捐赠法》规定的公益事业的捐赠。这里所称之年度利润总额，是指企业依照国家统一会计制度的规定计算的大于零的数额。

二、企业公益性捐赠的会计处理方法

按会计准则和企业会计制度规定，捐赠支出在“营业外支出”科目中核算。当企业实际发生捐赠支出时，应作如下会计分录：

借：营业外支出

　　贷：银行存款等

企业的公益性捐赠，可以是现金，也可以是货物等。捐赠的如果是现金，其贷方科目为“银行存款”；如果是非现金，其贷方科目应视其具体情况而定。

三、企业公益性捐赠现金的会计处理步骤

当企业以现金形式实际发生符合税法规定的公益性捐赠时，其会计处理步骤为：

1. 按规定会计方法做会计分录。

2. 企业应纳税所得额的调整。

3. 做调整所得税费用的会计分录。

案例：东方股份有限公司2009年度的利润总额为500万元，无其他纳税调整事项，会计所得与应税所得相等，企业所得税的适用税率为25%，该年公司通过市民政局向灾区捐款60万元，按规定进行会计处理。

1. 做捐赠支出的会计分录

借：营业外支出　　　600000

　　贷：银行存款　　　　　600000

2. 计算企业应纳税所得额的调整额。按税法规定，企业发生的公益性捐赠支出，在年度利润总额12%以内的部分，准予在计算应纳税所得额时扣除。该公司公益性捐赠的可扣除限额为：

$500 \times 12\% = 60$（万元）

由于捐赠额等于可扣除限额，故可全部在税前扣除。

3. 公司2009年的所得税会计处理

（1）应纳税所得额 = 5000000 − 600000 = 4400000（元）

（2）应纳税额 = 4400000 × 25% = 1100000（元）

（3）应纳企业所得税的会计分录为：

借：所得税费用　　1100000

　　贷：应交税金（费）——应交所得税　　1100000

四、企业公益性捐赠自产货物的会计处理步骤

当企业以货物形式实际发生符合税法规定的公益性捐赠时，其会计处理步骤为：

1. 按税法规定，企业自产货物用于捐赠的，视同销售，应缴纳增值税、消费税，故首先应计算缴纳增值税和消费税。

2. 按规定会计方法做捐赠自产货物的会计分录。

3. 企业应纳税所得额的调整。

4. 做调整所得税费用的会计分录。

案例：2009年，红星啤酒厂通过市民政部门向灾区捐赠其自产产品啤酒100吨，其成本价为18万元，市价为40万元。该年该企业会计利润总额为2000万元，企业所得税适用税率为25%。计算2009年该企业应纳所得税税额，并做相应的会计分录。

1. 按税法规定，捐赠自产货物视同销售，因此，首先计算企业此笔捐赠应缴纳的增值税和消费税及其附加税费。

（1）企业适用增值税税率17%，其应缴纳的增值税为：

$400000 \times 17\% = 68000$（元）

（2）企业适用消费税税率为每吨220元，其应缴纳的消费税为：

$100 \times 220 = 22000$（元）

（3）企业适用城市维护建设税税率为7%，其应缴纳的城市维护建设税为：

$(68000 + 22000) \times 7\% = 6300$（元）

（4）企业适用教育费附加费率为3%，其应缴纳的教育费附加为：

$(68000 + 22000) \times 3\% = 2700$（元）

2. 根据上述计算结果，做相应的会计处理，其会计分录为：

借：营业外支出　　279000

　　贷：库存商品　　180000

　　　　应交税金（费）——应交增值税（销项税额）　　68000

　　　　　　　　　　　——应交消费税　　22000

　　　　　　　　　　　——应交城市维护建设税　　6300

　　　　　　　　　　　——应交教育费附加　　2700

3. 因捐赠而发生的企业的纳税调整金额。因捐赠货物或其他资产而发生的纳税调整包括因视同销售而增加的应纳税所得额调整和因捐赠而发生的企业应纳税所得额的调整两部分。

（1）因视同销售而增加的应纳税所得额调整，其计算公式及计算结果为：

企业视同销售纳税调整金额=按税法规定确认的捐赠资产的公允价值－［按税法规定确定的捐赠资产的成本（或原价）－按税法规定确认的已计提的累计折旧（或累计摊销额）］－捐赠过程中发生的相关费用及缴纳的可从应纳税所得额中扣除的除企业所得税以外的相关税费

根据上述计算公式，本例视同销售货物的应交增值税，不在减除的范围之内，因此，其因视同销售而增加的应纳税所得额为：

企业视同销售纳税调整金额＝公允价值 400000－货物成本 180000－应交消费税 22000－应缴城市维护建设税 6300－应交教育费附加 2700＝189000（元）

（2）因捐赠而发生的企业应纳税所得额的调整，其计算公式及计算结果为：

企业捐赠纳税调整金额＝按会计规定因捐赠计入当期营业外支出的金额－按税法规定允许税前扣除的公益性捐赠金额

本例属于公益性捐赠，在年度利润总额 12%以内的部分税前扣除。企业因捐赠计入“营业外支出”总金额为 279000 元，在税法规定的扣除限额（2000 万元×12%＝240 万元）之内，故可全额扣除。

企业捐赠纳税调整金额＝279000 元

（3）纳税调整合计计算公式及计算结果为：

因捐赠而发生的纳税调整金额＝企业视同销售纳税调整金额＋企业捐赠纳税调整金额

本例在因视同销售而调增应纳税所得额和因公益性捐赠而调减应纳税所得额的情况下，其计算结果为：

因捐赠而发生的纳税调整金额＝189000（调增）－279000（调减）＝－90000（元）

4. 根据上述计算结果，计算当期应纳税所得额，并做相应的会计分录

当期应纳税所得额＝企业按会计准则或会计制度计算的利润总额±纳税调整金额

本例因公益性捐赠，使应纳税所得额小于利润总额，为：

应纳税所得额＝20000000－90000＝19910000（元）

应纳所得税税额＝19910000×25%＝4977500（元）

企业应交所得税的会计分录为：

借：所得税费用　　　　　　　4977500

　　贷：应交税金（费）　　　　　　　4977500

第四节　增设跨市县总分机构企业所得税科目

根据一些地方拟比照《财政部、国家税务总局、中国人民银行关于印发〈跨省市总分机构企业所得税分配及预算管理暂行办法〉的通知》（财预〔2008〕10 号），对省区域内跨市县经营企业缴纳的所得税收入进行地区间分配的意见，现对《2008 年政府收支分类科目》101 类“税收收入”中有关科目作如下修订（财预〔2008〕37 号）：

1. 新增 10104 款“企业所得税”44 项“跨市县分支机构预缴所得税”，科目说明为“中央与地方共用收入科目。反映按有关省制定的跨市县总分机构企业所得税分配及预算管理办法，分支机构预缴的企业所得税”。

下设 01 目“国有企业分支机构预缴所得税”、02 目“股份制企业分支机构预缴所得税”、

03 目“港澳台和外商投资企业分支机构预缴所得税”、99 目“其他企业分支机构预缴所得税”，科目说明均为“中央与地方共用收入科目”。

2. 新增 10104 款“企业所得税”45 项“跨市县总机构预缴所得税”，科目说明为“中央与地方共用收入科目，反映按有关省制定的跨市县总分机构企业所得税分配及预算管理办法，由总机构预缴的企业所得税”。

下设 01 目“国有企业总机构预缴所得税”、02 目“股份制企业总机构预缴所得税”、03 目“港澳台和外商投资企业总机构预缴所得税”、99 目“其他企业总机构预缴所得税”，科目说明均为“中央与地方共用收入科目”。

3. 新增 10104 款“企业所得税”46 项“跨市县总机构汇算清缴所得税”，科目说明为“中央与地方共用收入科目。反映按有关省制定的跨市县总分机构企业所得税分配及预算管理办法，在汇算清缴时，由总机构补缴的企业所得税和按规定办理的多缴税款退税”。

下设 01 目“国有企业总机构汇算清缴所得税”、02 目“股份制企业总机构汇算清缴所得税”、03 目“港澳台和外商投资企业总机构汇算清缴所得税”、99 目“其他企业总机构汇算清缴所得税”，科目说明均为“中央与地方共用收入科目”。

4. 新增 10104 款“企业所得税”47 项“省以下企业所得税待分配收入”，科目说明为“地方收入科目。反映按有关省跨市县总分机构企业所得税分配及预算管理办法规定的企业所得税待分配收入。在地方财政统计跨市县总分机构企业所得税收入时，对本科目不作统计，以免重复计算”。

下设 01 目“国有企业所得税待分配收入”、02 目“股份制企业所得税待分配收入”、03 目“港澳台和外商投资企业所得税待分配收入”、99 目“其他企业所得税待分配收入”，科目说明均为“地方收入科目”。

5. 新增 10105 款“企业所得税退税”36 项“跨市县总分机构企业所得税退税”，反映财政部门按“先征后退”政策审批退库的跨市县总分机构企业所得税（不包括按规定办理的多缴税款退税）。

下设 01 目“国有跨市县总分机构企业所得税退税”、02 目“股份制跨市县总分机构企业所得税退税”、03 目“港澳台和外商投资跨市县总分机构企业所得税退税”、99 目“其他跨市县总分机构企业所得税退税”，科目说明均为“中央与地方共用收入科目”。

6. 跨市县经营企业所得税税款滞纳金、罚没收入适用 1010450 项“企业所得税税款滞纳金、罚没收入”。

7. 以上科目，从缴纳 2008 年企业所得税开始执行。既跨省市又跨市县经营的总分机构企业在缴纳所得税时，按《财政部　国家税务总局　中国人民银行关于印发〈跨省市总分机构企业所得税分配及预算管理暂行办法〉的通知》（财预〔2008〕10 号）文件执行。请相关地方制订跨市县总分机构企业所得税分配及预算管理办法，并进一步明确上述科目具体使用。涉及调库的，国库和税务部门应当及时办理调库手续。

第三十三章 节约税收①

新企业所得税法将于2008年1月1日起实施，这不仅对企业会计决算有影响，而且，对企业将来的规划也有着深刻的影响，故应引起我们的高度重视。

节约税收简称节税，是人们合法省钱的一种方法。

第一节 正确认识节税

在市场经济条件下，企业、个人与政府之间的关系就是税收关系。如果人们都能认识到这一点，那么，中国的企业、个人以及社会经济都将获得空前的发展！

税收是公共商品的价格。税收价格，对政府来说，表现为财政收入；对纳税人来说，则表现为支出。故税收是企业和个人的成本费用。市场经济贯穿的是"效率原则"，而税收遵循的则是"税收法律主义"——有税法才能征税，无税法则不能征税。在市场经济条件下，这两个基本规则综合地影响着人们：纳税人通过对税收法规的选择运用，合法或者不违法地节省税收，以达成增加其净收入之目标。所以，中国与其他市场经济国家一样，随着经济的发展，节税观念也逐渐为各方所接受。

社会是经济的社会，人是经济的人。"聪明的纳税"或者"合法的节税"是许多人的理想。人自来到世上以后，虽然税收和死亡不可避免，但仍然还是在不断地想长寿，想少缴税。因此，人生最重要的事情之一，就是关注税收问题，进行税收核算。当把繁杂的税务与实际应用结合起来的时候，你就是在运用税务机关也同意的节税方法。

如果说纳税是人民应尽的义务，那么，节税则是人民应享有的权利。省税有三种方法，即偷税、避税和节税，但只有节税才是纳税人应该选择的。这是因为，节税是合法或者不违法地少缴税。

如果要说得更全面一点，节税则是指纳税人在了解税收法规与节税方法和税收规划技术之后，利用政府在税收法规中赋予纳税人的税收减免的鼓励（税收优惠政策）或选用税法规定的机会，以及运用价格进行税收转嫁，通过最适当的安排与抉择，而获取减轻税负的效益的一种行为。节税行为，既符合法律规范，也符合道德规范。按照税收法规，纳税人既有纳税的义务，也有节税的权利。节税不等于避税和偷税。节税是在国家税收法规之下，合法地运用规定，节省下属于你自己的钱。因为，缴税所多付的每一分钱，除了损失这一分钱本身之外，还损失了这一分钱替你赚钱的潜力。因此，你要想尽办法，尽量保有能运用的钱，使

① 刘心一、刘从戎著：《税收规划——节税的原理、方法和策略》，经济管理出版社，2006年5月第1版。

你在投资市场中有更多的能量。

节税有两招：熟悉税法和进行税收规划。作为一个企业或者个人，如果不了解税法规定，那就无法去妥善运用税法来保护自己的金钱，因而造成不必要的损失。

了解税法，可以让你节省很多的钱。纳税是人们永远难以逃避的义务，所以，作为现代人，必须对税法有所了解，随时掌握税收信息。事实上，要合法有效地节税，必须从日常做起，随时注意各种节税的方法和渠道，并规划得当。否则，当真正遇到问题时，恐怕就很难在事后予以补救了。

税收法规看起来比较繁琐，其实不然。税收立法的基本要求是要让每个人都能明白税法条款。然而许多人却因欠缺税法知识，竟对其敬而远之。要知道，我们所能花费的钱，只是政府课税后的剩余部分。即使是这部分，在继续使用的过程中，也同时还伴有许多税收缴款。譬如，当你买了一件漂亮衣服的时候，就在不知不觉中缴了增值税及其附加。虽然个人总是一个税收负担者，但在实际中却也还存在着一个多缴或者少缴的问题。因此，任何用于投资或者消费的钱，都必须在事前仔细考虑自己缴税的百分比，考虑节税。否则，净收益率低，或者入不敷出，就是做了错误的投资或选择。

节税知识是低风险高报酬的投资。只要花点时间掌握节税知识和要点，就可节省下可观的税收，获得相当确定的节税收益。有时，节税比在市场上打拼更重要！

同时，节税必须要有税收规划。所谓税收规划，就是在发生事情之前把税收事务安排好。或者说，税收规划就是考量了税收因素的企业规划或个人规划。规划于事前，节税在事中！

节税和税收规划，既有系统的理论问题，也有众多的实际问题。理论改变观念，指导一般，是方法论，可以用它去解决许多实际问题。但节税又是实实在在的，税收规划也必须具有操作性，使节税不但合法，而且有效。本书根据中国的税收环境，综合世界之经验，从实用出发，将理论与实际紧密结合起来，以利大家积极参与国内外的经济竞争，并取而胜之。

第二节　节税原理

节税是有规律可循的。

一、节税的规律性

原理是带有普遍性的、最基本的、可以作为其他规律的基础的规律；具有普遍意义的道理。和其他事物一样，节税也有它自己的原理。

由于经济活动的多样性，以及税收法规的复杂性，使纳税人的节税方法和节税策略也似乎层出不穷，于是就给人们造成了一种困惑：节税无处不在，但又无从下手！其实，世界上的任何事物都有它自己的规律性，掌握了规律性，也就一通百通！纳税人的节税活动也一样。节税虽极具实用性和操作性，为了避免走弯路，因而它更需要理论来指导。是故，所谓的节税原理，就是指节税的普遍道理。知晓了节税原理，就等于掌握了最基本的节税方法和节税策略。

二、各节税原理之间的关系

在《税收规划——节税的原理、方法和策略》（经济管理出版社，2006 年 5 月第 1 版）一书中，我们曾系统地介绍了 11 个节税原理，即选择节税原理、绝对节税原理、递延节税原理、税基节税原理、税率节税原理、税额节税原理、转移节税原理、价格节税原理、汇率节税原理、风险节税原理和税负转嫁节税原理等，并介绍了这些节税原理之间的关系。

各节税原理之间的关系，可用图 33-1 来简明表示：

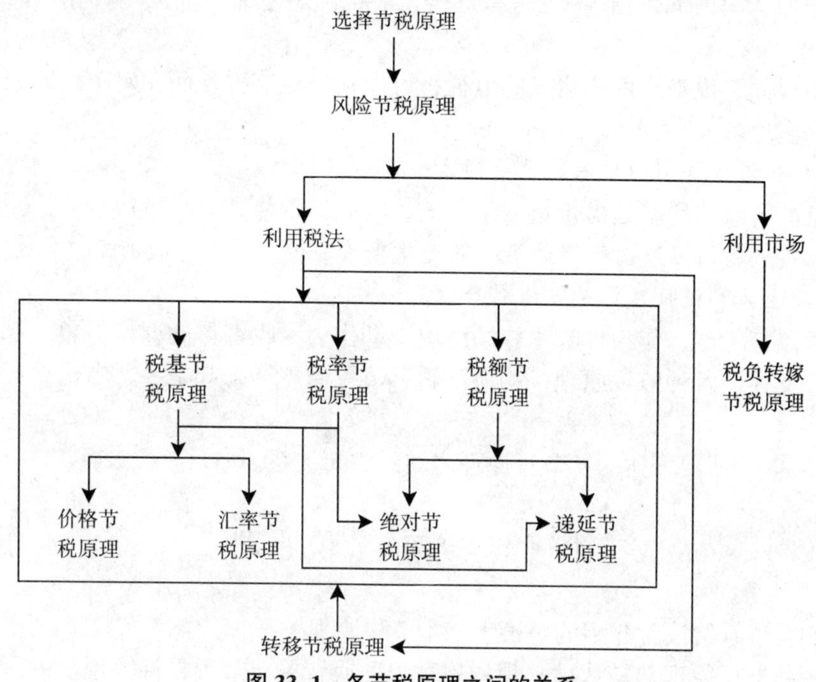

图 33-1 各节税原理之间的关系

（一）有选择才能节税

一切节税效果，均是通过对纳税方案进行选择的结果。如果没有选择的余地，或者说，只有一个纳税方案，那就不存在节税的可能。因此，在各节税原理中，选择节税原理是最基本的原理。

（二）节税是有风险的

"天有不测风云，人有旦夕祸福！"这是人们对风险的描述。可以这样说，在人类的活动中，处处隐藏着"危险"。节税活动也一样。因此，在进行税收规划时，应充分考虑所能遇到的风险，并设法将其减少到最低程度。有人说，可以做到"零风险"，这不过只是一个极端的例子。由于税收规划均需考虑风险，故风险节税原理也是一个普遍的原理。在运用其他原理节税时，亦应同时运用风险节税原理。

（三）利用税法和利用市场是节税的两条基本途径

利用税法节税，是依照税法规定，减少或免缴应纳税额，来达成节税之目标；而利用市场节税，则是将自己缴纳了的税负，通过价格方式转嫁出去给别人负担，从而减轻自己的税负。对纳税人来说，这两种节税方式都可采用。

（四）节税的基本环节

由于应纳税额等于税基乘以税率，故"应纳税额"、"税基"和"税率"就成为节税的三个主要环节。减免税或出口退税可以使应纳税额减少，增加税前扣除或税前排除可以使税基缩小，优惠税率或低税率可以使适用税率降低，最终，均可减少或者免纳应纳税额，而达成节税目标。

（五）节税的绝对性和递延性

纳税人在节税活动中，不仅要注意应纳税额的直接减少，还应注意因税收递延缴纳而获得的资金利息收入（时间价值），也只有这样，节税思路才能更加宽阔，相对的节税和绝对的节税都要。

通过应纳税额、税基或税率达成的节税，可以是绝对节税，而相对节税，只有通过税基和应纳税额来实现。

（六）价格和汇率是制约税基的重要因素

从价计征的税收，税基是由价格来量度的，因此，价格和汇率就成为决定税基的重要因素。这样，纳税人就可以通过价格或汇率的变化来改变税基，以达成节税之目标。

（七）税收主体和税收客体是可以转移的

从纳税地点来考察，作为税收主体的纳税人和作为税收客体的课税对象，都是可以转移的。或者说，上述的各种节税原理，均应与转移节税原理结合起来一并考虑，以达成最佳的节税效果。

这就是图 33-1 所要表达的各节税原理之间的主要关系。

第三节　整体节税原理

现在我们要继续给读者介绍的是第十二个节税原理。

上述的一些节税原理都是从独立规划项目角度或者单一节税目标来说明的。然而，在实际经济生活中，并非都是如此。由于经济活动的相关性，往往需要进行整体税收规划(integral tax planning)，以达成整体节税之目标。所谓整体税收规划，是指在税收规划时，把利益攸关之原本各自独立规划项目，作为一个综合整体来考量，以求其整体税负为最低或者为最佳。不言而喻，整体税收规划的目标就是整体节税。一个人是如此，一个企业也是如此。

一、单一节税与整体节税

人们在日常的经济生活中，其节税行为可以是个别的，也可以是整体的。

（一）单一节税

单一节税是纳税人对独立规划项目或采用某一个节税要素来单独达成其节税之目标的节税方法。例如，某一企业利用某一税收优惠政策来进行节税。

由于单一节税比较直接、简单、容易，而且也无需更多的节税技术，因此，纳税人的注意力大多放在单一节税上。并且，在实际的税收规划中，纳税人采用单一节税方案往往比采用整体节税方案多得多。

在中国的现在，单一节税的影响主要表现在税种之间，即一种税收的节税会直接导致其他税种也相应节税。最直观的例子是：商品劳务税的减免税，可导致城市维护建设税和教育费附加的相应减免。节税的这种“波及效应”，虽不属于整体节税的范畴，但它却是纳税人必须关切的，因为，这种效应可带来更大的节税效益。

单一节税是整体节税的基础。对一个企业、一个个人或一个经济事项来说，单一节税总是整体节税之基础。在某种程度上说，无单一节税即无整体节税。

(二) 整体节税

整体是相对于个别而言。整体节税是更大范围、更大规模、更高层次的节税。整体节税需要利用多种节税要素，或者，需要将各利益关联方有机地联系起来，是许多纳税人或许多节税要素的共同节税，因之，其节税范围广大，节税技术很高，节税额也更大。

同时，由于可供纳税人选择的节税要素有许多，节税的方法也不止一个，为了谋求税后利润的最大化，纳税人往往会同时采用多种节税要素及方法（以下简称“节税要素”），即将它们有机地组合起来一并使用。在节税方向和节税风险上，这些节税要素可能一致，可能不太一致，也可能完全不一致，因此，它们之间会相互影响，并导致节税效果的缩减。

整体税收规划的应用范围非常广泛，通常包括关联企业之间，企业与个人之间，经济活动相关者之间，交易双方之间，业务执行者之间，家族之间，各财务活动之间，各税种、税目之间，各节税要素之间，以及总公司与分公司、母公司与子公司之间，汇总纳税人之间，汇总纳税人内部各组成企业之间，跨国纳税人在国家之间的交易安排等。[①]

(三) 单一节税与整体节税的选择

在单一节税与整体节税的选择上，应把握的原则是：如果单一节税的效益高，并且风险低或者相近，应选择单一节税；否则，应选择整体节税，然后，再通过对各整体节税方案的选择来确定执行方案。

那么，纳税人应如何组合利用节税要素，或者，应如何将利益攸关各方安排好，以谋取整体税后利润最大化呢？这就是整体节税原理所要回答的问题。

二、整体节税原理

所谓整体节税原理，是指在一定时期内和一定条件下，通过对经济活动中利益相关各方的适当安排，或者，通过多种节税要素和方法的组合利用，使纳税人的节税额或者税后利润最大化，并使其节税风险最小化的一种节税原理。

由整体节税原理可知，在整体节税中，影响节税效果的是各利益相关方或各种节税要素之间的相互影响，那么，纳税人在整体节税时应作何种考量呢？

(一) 相关关系

1. 相关关系的概念。一切客观事物都是相互联系的。而且，每一事物的运动都是和它周围的其他事物相互联系、相互影响着的。客观现象间的相互联系，可以通过一定的数量关系反映出来。例如，投入与产出之间，消费品需求量与居民收入水平之间，应纳税额与节税额之间，等等，都存在着一定的相互依存关系。

因此，所谓相关关系，是指客观现象之间存在的相互依存的关系。相关关系有两个特点：一是现象之间确实存在着数量上的依存关系。如果一个现象发生数量上的变化，另一个现象也会伴随着发生数量上的变化。例如税率的降低，应纳税额就会减少；减免税越多，节税效果就越好；以及税基与税率之间的关系等等，都具有数量上的相互依存关系。在相互依存的两个变量中，可以根据研究的目的，把其中的一个变量（即一般作为变化根据的变量）确定为自变量，把随自变量变化而发生对应变化的变量作为因变量。例如，把税基作为自变量，应纳税额则为因变量。

二是现象之间数量上的关系的不确定性。相关关系属于变量之间的一种不完全确定的关

① 方卫平：《税务筹划》，上海财经大学出版社，2001 年 4 月第 1 版。

系。这就意味着，一个变量虽然受另一个变量的影响，但却并不由这个变量完全确定。例如，应纳税额与税基虽然存在着一定的依存关系，但同时还会受税率、税收优惠等因素变动的影响。

由此可见，相关关系是现象之间确实存在的，但其相关关系数值是不完全确定的相互依存关系。

2. 相关关系的分类。这里只介绍与整体节税原理有直接关系的两种分类。

（1）根据相关关系的程度分类。

①不相关。如果两个变量彼此的数量变化互相独立。那么，这种关系为不相关。

②完全相关。如果一个变量的数量变化由另一个变量的数量变化所唯一确定，那么，这时两个变量之间的关系为完全相关。

③不完全相关。如果两个变量之间的关系介于不相关和完全相关之间，则称之为不完全相关。大多数相关关系属于不完全相关。

（2）根据变量之间的相互方向分类。

①正相关。这是指两个变量之间的变化方向一致，都是增长趋势或者下降趋势。例如，应纳税额伴随着税基的增加而增加。

②负相关。这是指两个变量的变化趋势相反，一个变量下降而另一个变量则上升，或者，一个变量上升而另一个变量则下降。例如，节税额与应纳税额的关系，节税额越大则应纳税额就越小。

（二）在整体节税中，应考量各种节税要素的相关性

1. 节税要素的相关性。各种节税要素的相关性通常由相关系数 ρ 来表示，相关系数的上限为 1，下限为-1，并且，其相关系数必须符合 $-1 \leqslant \rho \leqslant 1$ 这个区间。相关系数 ρ 表示两种节税要素相关的性质，即正相关或者负相关，以及相关的强弱程度。其具体判断为：

（1）当 $0 \leqslant \rho \leqslant 1$ 时，表示两种节税要素正相关。这就是说，当一种节税要素节省税收时，另一种节税要素也能节省税收；或者，相反地，当一种节税要素不能节省税收时，另一种节税要素也不能节省税收。

（2）当 $\rho = 1$ 时，表示两种节税要素完全正相关。这就是说，当一种节税要素节省一定比例的税收，如 10%时；另一种节税要素也能节省相同比例的税收，如 10%。

（3）当 $-1 \leqslant \rho \leqslant 0$ 时，表示两种节税要素负相关。这就是说，当一种节税要素节省税收时，会使另一种节税要素无效或者反而增加税收。例如，增值税的免税可增加企业所得税的应纳税额。

（4）当 $\rho = -1$ 时，表示两种节税要素完全负相关。

（5）当 $\rho = 0$ 时，表示两种节税要素不相关。

2. 两种节税要素相关系数的计算。两种节税要素的相关系数，只有通过计算才能求得，其计算公式为：

$$\rho_{AB} = \sum_{i=1}^{n} \left(\frac{S_{Ai} - E_A}{\sigma_A} \right) \left(\frac{S_{Bi} - E_B}{\sigma_B} \right) P_{ABi}$$

式中：

n 为情况的个数；

S_{Ai} 为节税要素 A 在第 i 种情况时的节税额；

S_{Bi} 为节税要素 B 在第 i 种情况时的节税额；

P_{ABi} 为在第 i 种情况时节税要素 A 和 B 的共同概率；

E_A 为节税要素 A 的节税期望值；

E_B 为节税要素 B 的节税期望值；

σ_A 为节税要素 A 的标准离差；

σ_B 为节税要素 B 的标准离差。

（三）在整体节税中，须计算多种节税要素的整体节税期望值（率）

多种节税要素的整体节税期望值（率）是在整体节税中各种节税要素的个别期望值（率）的加权平均数，其加权的权数是各节税要素的节税额相对应的未节税前的应纳税额之间的比例。其计算公式如下：

$$E_s = \sum_{X=A,\ B,\ C,\ \cdots\cdots}^{m} W_x E_x$$

式中：

E_s 为整体节税的期望值（率）；

m 为节税要素的数量；

W_x 为各种节税要素相对应的应纳税额之间的比例；

E_x 为单个节税要素的节税期望值；

X 为各种节税要素（X = A，B，C，……）。

（四）在整体节税中，要考量节税风险

整体节税中的风险，需通过计算整体节税标准离差来求得。计算整体节税标准离差，不像计算整体节税期望值（率）那样采用加权平均法。由于一种节税要素的风险与另一种节税要素的风险，往往在一定程度上，会有不同程度地相互抵消，因而使多种节税要素的风险会低于各种节税要素风险的加权平均值，因此，须用上述的相关系数来计算。两种节税要素的整体节税标准离差 σ_p 的计算公式如下：

$$\sigma_p = \sqrt{W_A^2 \sigma_A^2 + W_B^2 \sigma_B^2 + 2W_A W_B \rho_{AB} \sigma_A \sigma_B}$$

如果是三种以上的节税要素的整体节税，其整体节税标准离差的计算公式，可依上述计算公式予以类推。

（五）多种节税要素的整体节税原则

多种节税要素的整体节税原则是：

1. 整体节税的期望值（率），越大越好；

2. 整体节税的标准离差，越小越好；

3. 相关系数越小越好，如果能接近 –1 就最好，因为，相关系数越小，其所反映的整体节税风险程度的组合节税标准离差就越小。

三、两种负相关节税要素的整体节税

假定一个纳税人采用 A、B 两种节税要素：

当 A 节税要素的节税额 $S_{A1} = 100$ 万元时，其概率 $P_{A1} = 0.2$；节税额 $S_{A2} = 80$ 万元时，其概率 $P_{A2} = 0.6$；节税额 $S_{A3} = -20$ 万元时，其概率 $P_{A3} = 0.2$。

当 B 节税要素的节税额 $S_{B1} = -50$ 万元时，其概率 $P_{B1} = 0.2$；节税额 $S_{B2} = 0$ 万元时，其概

率 $P_{B2}=0.6$；节税额 $S_{B3}=80$ 万元时，其概率 $P_{B3}=0.2$。

与这两种节税要素相对应的应纳税额之间的比例为 0.5：0.5，该纳税人在一定时期内的税前所得相同，那么，在同时考量组合节税的相关性及其风险的情况下，利用这两个节税要素的整体节税方案是否可行呢？现作如下的分析：

1. 计算整体节税中各节税要素的期望值。

（1）A 节税要素的期望值。

$$E_A=\sum_{i=1}^{n} S_{Ai}P_{Ai}=100\times0.2+80\times0.6+(-20)\times0.2=64\ （万元）$$

（2）B 节税要素的期望值。

$$E_B=\sum_{i=1}^{n} S_{Bi}P_{Bi}=(-50)\times0.2+0\times0.6+80\times0.2=6\ （万元）$$

2. 计算整体节税中各节税要素的标准离差。

（1）A 节税要素的标准离差。

$$\sigma_A=\sqrt{(100-64)^2\times0.2+(80-64)^2\times0.6+(-20-64)^2\times0.2}=42.7\ （万元）$$

（2）B 节税要素的标准离差。

$$\sigma_B=\sqrt{(-50-6)^2\times0.2+(0-6)^2\times0.6+(80-6)^2\times0.2}=41.8\ （万元）$$

3. 计算整体节税中两种节税要素的相关系数。

$$\rho_{AB}=\frac{100-64}{42.7}\times\frac{-50-6}{41.8}\times0.2+\frac{80-64}{42.7}\times\frac{0-6}{41.8}\times0.6+\frac{-20-64}{42.7}\times\frac{80-6}{41.8}\times0.2=-0.955$$

上述计算结果表明，整体节税中 A、B 两种节税要素的相关系数 $\rho_{AB}=-0.955$，即为 $-1\leqslant-0.955\leqslant0$，表示两种节税要素负相关。这就是说，当一种节税要素节省税收时，会使另一种节税要素无效或者反而增加税收。或者说，这两种节税要素的负相关系数很高，几近于-1，从而说明，如果将这两种节税要素组合起来进行节税，会使它们之间的节税功能呈反方向变动，并大大地减少节税效果。我们可以通过下列计算来进一步证明这一点。

4. 计算整体节税的期望值。

$$E_s=64\times0.5+6\times0.5=35\ （万元）$$

计算结果表明，整体节税的期望值 35 万元，大大低于 A 节税要素的期望值 64 万元，从而说明整体节税的效果很差。

5. 计算整体节税的标准离差。

$$\sigma_p=\sqrt{(0.5)^2(42.7)^2+(0.5)^2(41.8)^2+2\times0.5\times0.5\times(-0.955)\times42.7\times41.8}=6.4\ （万元）$$

上述计算表明，整体节税的标准离差为 6.4 万元，既小于 A 节税要素的标准离差 42.7 万元，也小于 B 节税要素的标准离差 41.8 万元，还小于 A、B 两种节税要素的标准离差的加权平均值 42.3（$42.7\times0.5+41.8\times0.5$）万元，说明这两种节税要素几乎呈完全负相关，其风险也随之相互抵消，因此，这种组合风险较低。

综合来看，由于两种节税要素几乎是完全负相关，虽然也降低了节税风险，但就其节税效果来看，还不如 A 节税要素的个别节税额多，同时，整体节税还会带来一笔费用，故此种整体节税方案不可取。

四、两种正相关节税要素的整体节税

假定一个纳税人采用 A、C 两种节税要素：

当 A 节税要素的节税额 $S_{A1}=100$ 万元时，其概率 $P_{A1}=0.2$；节税额 $S_{A2}=80$ 万元时，其概率 $P_{A2}=0.6$；节税额 $S_{A3}=-20$ 万元时，其概率 $P_{A3}=0.2$。

当 C 节税要素的节税额 $S_{C1}=50$ 万元时，其概率 $P_{C1}=0.2$；节税额 $S_{C2}=30$ 万元时，其概率 $P_{C2}=0.6$；节税额 $S_{C3}=-40$ 万元时，其概率 $P_{C3}=0.2$。

与这两种节税要素相对应的应纳税额之间的比例为 0.5∶0.5，该纳税人在一定时期内的税前所得相同，那么，在同时考量组合节税的相关性及其风险的情况下，利用这两个节税要素的整体节税方案是否可行呢？现作如下的分析：

1. 计算整体节税中各节税要素的期望值。

（1）A 节税要素的期望值。

$$E_A=\sum_{i=1}^{n}S_{Ai}P_{Ai}=100\times0.2+80\times0.6+(-20)\times0.2=64\text{（万元）}$$

（2）C 节税要素的期望值。

$$E_C=\sum_{i=1}^{n}S_{Ci}P_{Ci}=50\times0.2+30\times0.6+(-40)\times0.2=20\text{（万元）}$$

2. 计算整体节税中各节税要素的标准离差。

（1）A 节税要素的标准离差。

$$\sigma_A=\sqrt{(100-64)^2\times0.2+(80-64)^2\times0.6+(-20-64)^2\times0.2}=42.7\text{（万元）}$$

（2）C 节税要素的标准离差。

$$\sigma_C=\sqrt{(50-6)^2\times0.2+(30-20)^2\times0.6+(-40-20)^2\times0.2}=31\text{（万元）}$$

3. 计算整体节税中两种节税要素的相关系数。

$$\rho_{AC}=\frac{100-64}{42.7}\times\frac{50-20}{31}\times0.2+\frac{80-64}{42.7}\times\frac{30-20}{31}\times0.6+\frac{-20-64}{42.7}\times\frac{-40-20}{31}\times0.2=0.997$$

上述计算结果表明，整体节税中 A、C 两种节税要素的相关系数 $\rho_{AC}=0.997$，即为 $0\leqslant0.997\leqslant1$ 时，表示两种节税要素正相关。这就是说，当一种节税要素节省税收时，另一种节税要素也能节省税收；或者，相反地，当一种节税要素不能节省税收时，另一种节税要素也不能节省税收。或者说，这两种节税要素的正相关系数很高，几近于 1，从而说明，如果将这两种节税要素组合起来进行节税，会使它们之间的节税功能得到加强，并大大地提高节税效果。我们可以通过下列计算来进一步证明这一点。

4. 计算整体节税的期望值。

$E_s=64\times0.5+31\times0.5=47.5$（万元）

计算结果表明，整体节税的期望值 47.5 万元，虽低于 A 节税要素的期望值 64 万元，但却大大高于 C 节税要素的期望值 20 万元，从而说明整体节税的效果较好。

5. 计算组合节税的标准离差。

$$\sigma_p=\sqrt{(0.5)^2\,(42.7)^2+(0.5)^2\,(31)^2+2\times0.5\times0.5\times0.997\times42.7\times31}=36.8\text{（万元）}$$

上述计算表明，整体节税的标准离差为 36.8 万元，低于 A 节税要素的标准离差 42.7 万元，但却高于 C 节税要素的标准离差 31 万元，与 A、C 两种节税要素的标准离差的加权平

均值 36.85（$42.7\times0.5+31\times0.5$）万元相近，说明这两种节税要素几乎呈完全正相关，其风险不能相互抵消，因此，这种组合风险较高。

综合来看，由于两种节税要素几乎是完全正相关，整体节税虽然比 A 节税要素的风险低一些，但就总的节税效果来看，还不如 A 节税要素的个别节税额多，同时，整体节税还会带来一笔费用，对高风险偏好的纳税人而言，此种整体节税方案不可取；对持“中庸之道”的纳税人来说，这是一个不错的方案。

五、整体节税方案的选择

前面我们虽然说明了整体节税方案在负相关或正相关情况下的选择，但如果要在两个整体节税方案中进行选择时，则另有方法。例如，当有两个整体节税方案可供某一个纳税人进行选择：方案一为 A、B 节税要素的整体节税方案；方案二为 A、C 节税要素的整体节税方案，具体情况在上述的二和三中，那么，纳税人应选择哪个方案为好呢？其一般步骤如下：

1. 比较节税方案的整体节税期望值（E_s）。

（1）方案一的整体节税期望值，$E_1=35$ 万元。

（2）方案二的整体节税期望值，$E_2=47.5$ 万元。

上述计算表明，方案二的节税期望值 47.5 万元大于方案一的节税期望值 35 万元。由于两个整体节税方案的节税期望值不同，其风险程度须用标准离差率来比较。

2. 比较节税方案的整体节税标准离差（σ_P）。

（1）方案一的整体节税标准离差，$\sigma_1=6.4$ 万元。

（2）方案二的整体节税标准离差，$\sigma_2=36.8$ 万元。

3. 比较节税方案的整体节税标准离差率（V，$V=\sigma_P/E_s$）。

（1）方案一的整体节税标准离差率，$V_1=6.4\div35\times100\%=18.3\%$。

（2）方案二的整体节税标准离差率，$V_2=36.8\div47.5\times100\%=77.5\%$。

通过上述的计算表明，节税方案一的节税标准离差率为 18.3%，节税方案二的节税标准离差率为 77.5%，或者说，节税方案二的标准离差率是方案一的 4.2（77.5%÷18.3%）倍，即节税方案二的节税风险非常之大。在这种情况下，风险偏好高的纳税人，可选择方案二；风险偏好低的纳税人，最好选择方案一，比较稳妥。

第四节　节税的客观条件

节税不但要有主观条件，更需要有客观条件。这些客观条件，就是税收法规给纳税人规定的一些条件，凡符合这些条件者，就可以节税，否则，就不行。那么，企业到底具备一些什么样的客观条件才能少缴税呢？

一、怎样才能少缴税呢

为了更好地理解节税的客观条件，首先必须了解缴纳税额的计算方法，并通过它揭示出一个普遍道理。这个道理，比资本市场中的“低价买进，高价卖出”更具有实际意义，更具有操作性。

大家知道，应缴税款是按税法规定用加减乘除计算出来的。由于计算税款不需要什么高等数学，只需要会算术就行了，故稍微有点文化的人就可以胜任。如果纳税人要想少缴税，则可用如下定律：在算式中，当然是加和乘的数字越小越好，减和除的数字越大越好。因此，凡要节税者，均可通过变动算式中的“数”来达成。譬如，利用如下的一些方式：

1. 用较低的税率。
2. 缩小课税基础，如税收法规允许的增加费用或者减少收入，缩小课税所得。
3. 合理归属所得年度，以避免累进税率、延迟缴税年度、避免盈亏无法互抵。
4. 增加免税项目。
5. 避免错误受罚，等等。

二、节税的客观条件

由上可知，有机会改变计税公式内的数字时，才有机会节税，据此，就有了下面的一些节税客观条件。

（一）同一涉税事项在税法上有两种以上规定可以选择

1. 对一件涉税事项，如果在税法上只有一种规定，即无税收方案的选择机会，纳税人就只能遵照税法规定办理，无法进行税收规划。例如，企业职工的工资，在减除800元的费用后，如果有应纳税所得额，则由会计部门自动代扣代缴，并在其工资单上列明，职工个人别无其他选择，这部分也就无法节税和进行税收规划了。

2. 如一件涉税事项，在税法上有两种以上的规定可供选择，就可节税和进行税收规划。

在税法规定中，对同一涉税事项，常常因约束条件的不同而有不同的税务处理方法，并在税负上表现为轻重之别，从而为纳税人在税收法规的选择利用上提供了可能，因此，这种“税法规定”差异就为节税和税收规划创造了条件。

例如，按增值税税收法规的规定，纳税人兼营不同税率的货物或者应税劳务，应当分别核算不同税率货物或者应税劳务的销售额。未分别核算销售额的，从高适用税率。很显然，纳税人兼营不同税率的货物或者应税劳务，应当选择分别核算不同税率货物或者应税劳务的销售额，以免从高适用税率，而达到节税的目的。

同时，税收法规虽在不断地完善，但仍难避免覆盖面上的空白点、衔接上的间隙处和掌握尺度上的模棱两可等，也同样为纳税人提供了不同的纳税方案。

在税法上有两种以上的规定可供选择的条件下，所进行的节税和税收规划，其节税目的表现为“税负最低”。

（二）完成一件涉税事项有两种以上的方法

在许多情况下，完成一件涉税事项可能有两种以上的方法，而不同的方法又有与之相对应的不同税法规定，并表现为税负的轻重，这样，纳税人对实现涉税事项的“方法”就有了选择的可能，即通过选择“方法”来选择“税法规定”，因此，这种“方法”差异就为节税和税收规划创造了条件。

这时节税的要求就不能是消极的“税负最低”，而是积极要求税后所得现值为最高，否则企业经营亏损不必缴税，将成为最佳的节税方式。

完成一件涉税事项有两种以上的方法的例子不少，如机器设备可以采取“租赁”，也可以采取“购买”；可以购买进口设备，也可以购买国产设备。又如，公司经营所需资金可来自股东投资、向股东借款、向银行贷款等方式。在完成一件涉税事情有两种以上的方法可供选择的时候，各种方法所得的结果均不相同，于是就可以进行节税和税收规划。

（三）在投资和生产经营活动中有低税点可供选择

所谓“低税点”，是指税负较低的经济事项。包括投资税负较轻的地区、生产经营形式和收入项目，以及因税法对收入和费用处理方式上的差异，而引起的低税负的筹资方式等。各国税制均不同程度地存在各类低税点。具体来说有如下四个方面：

1. 有税收优惠政策可供选择。税收既是组织财政收入的主要手段，又是国家进行宏观调控的主要工具。为此，国家制定了许多税收优惠政策，并成为税制的组成要素。因此，在每一种税的税收制度中，都列有税收优惠条款，包含许多税收优惠政策，以供纳税人选择使用。

享受税收优惠的纳税人，其税收负担往往比一般纳税人为低，或者说，其收益相对较高。因此，纳税人利用税收优惠政策，是一条最易节税的途径和方法。各国的税收制度不尽相同，其税收优惠政策也多不一样，这不但给国内纳税人，也给跨国纳税人以选择的机会，并利用税负较轻的地区、生产经营形式和收入项目，即所谓的"低税点"之一，来达成节税之目的。

随着税收优惠政策的落实，对纳税人而言，是依法少缴纳了应缴的税收，是一种收益；对征税人而言，是将应收税收依法让渡给纳税人了，是一种财政支出，即税式支出。由此可见，纳税人所得到的税收优惠，从本质上说是政府给予的利益。这种利益，是在税收法规中载明了的，人人均可选用。或者说，不用白不用。因此利用税收优惠政策，也是纳税人节税的最明了且最有效的方法之一。

税收优惠政策的形式有多种，但各国的情况却不尽相同。中国现行的税收优惠形式有：税额减免、起征点、税收扣除、优惠税率、优惠退税、盈亏互抵、税收抵免、税收递延、加速折旧等。这些税收优惠形式将在下面专门予以介绍。

譬如，在企业所得税的税制中就规定有许多税收优惠政策，下面仅择其一：

国务院批准的高新技术产业开发区内的企业，经有关部门认定为高新技术企业的，可减按 15%的税率征收所得税。国务院批准的高新技术产业开发区内新办的高新技术企业，自投产年度起免征所得税两年。

上述政策表明，政府鼓励高新技术产业开发区内的高新技术企业的成立和发展，是一种政策导向。

利用税收优惠政策进行节税有三种基本途径：一是现行税收法规中载明了的，即有了条件；二是现行税收法规中没有的，但通过努力是可以达到的，即没有条件，可创造条件；三是特事特办。可以这样认为，利用现行税收优惠政策，是通过税收法规执行来达成节税；而创造条件节税，则是通过税收立法来实现节税。或者说，后者是前者的起因，所有的税收优惠政策都是对政治、经济、社会方方面面的滞后反映，即各方面向政府如实反映情况；而前者则是后者的结果。因此，相比较而言，立法节税比执法节税更重要。

如何通过立法来节税呢？通常，从经济问题的产生一直到问题的解决，会有五种时间落后现象，依序分别是认知落后、行政落后、决策落后、执行落后和效验落后。

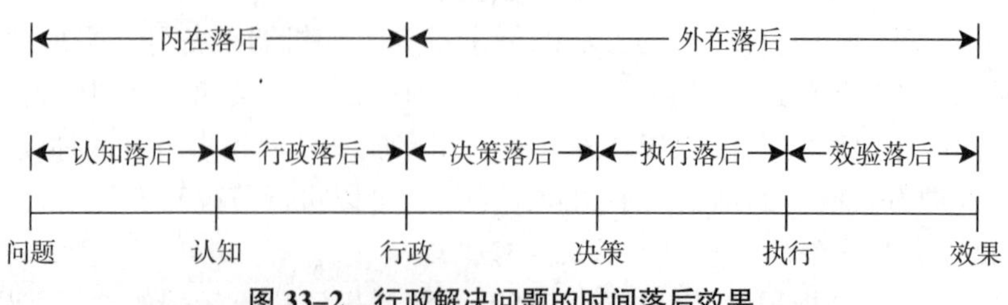

图 33-2 行政解决问题的时间落后效果

由经济问题产生一直到行政部门知晓问题的存在，通常会有一段时间的间隔，为认知落后。而行政部门在知晓问题的存在之后，从收集资料、调查研究开始，到拟定对策方案，为行政落后。认知落后与行政落后乃是问题的研判阶段，合称为内在落后。在各种方案拟定之后，到行政部门决定去解决问题，无论是以法律、法规或规章来从事决策的工作，都有一段时间的耽搁，为决策落后。在决策之后，交付有关执行部门去贯彻，为执行落后。从开始执行之后，一直到效果的显现，为效验落后。决策落后、执行落后和效验落后合称为外在落后。

就内在落后而言，行政部门在未做任何决策之前的认知落后与行政落后，涉及的只是有关问题信息传递与研究工作。为此，当同类企业纳税人在生产经营活动中遭受不公平或不明确的税收政策，使其税负过高而影响企业发展时，应通过各种途径反映实际情况，譬如详细地向税务机关反映，使其尽早知晓经济问题，争取国家出台新政策或对有关政策予以明确，以减轻企业税收成本。

就外在落后而言，税收政策的决策与执行通常需通过立法机关的同意方能交付税务机关付诸实施。企业纳税人亦可通过多种渠道来加速这种进程。

除了上述的法定税收优惠以外，企业还有可能得到特批的税收优惠。这就需要向有权税务机关提出减免税申请。譬如，对国家大剧院的减免税，就是如此。

2. 有税收协定优惠待遇可供利用。税收协定是伴随着经济全球化和国际经济合作而产生的，其主要目的是为了避免和消除跨国纳税人的重复课税，促进国际间的资金流动、贸易往来和科学技术交流。税收协定适用的税种范围一般为直接税，如所得税、财产税等，间接税则不包括在其中。如果说利用税收优惠政策是就一国的国内税来说的，那么，税收协定优惠则是就国际税收来说的。涉及跨国经营的居民企业的税收协定优惠待遇条件主要包括以下四个方面（见表 33-1）：

表 33-1　　税收协定优惠待遇的条件

序号	优惠条件	比较项目	在中国与有关外国没有签订税收协定的情况下	在中国与有关外国签订有税收协定的情况下
1	常设机构原则	中国企业在有关外国进行营业活动而取得的所得	按照有关外国的税法规定，由有关外国征收所得税；一般说来，有所得，有关外国就要征税	一般规定，中国企业跨国经营利润只在中国征税，但如果中国企业在有关外国（收入来源地）的经营活动构成了常设机构，则有关外国可以征收企业所得税
2	股息、利息、特许权使用费	中国企业从有关外国取得的股息、利息、特许权使用费等收入	按照有关外国税法规定的税率征收预提所得税	有关外国按照税收协定规定的限制税率征收预提所得税；有的为免税，因此其主要节税方法是享受预提所得税的低税率或免税优惠等
3	税收抵免	中国企业在有关外国缴纳的税收在中国的抵免规定	一般为限额抵免	一般为限额抵免，部分税收协定规定全额抵免以及税收饶让
4	无差别待遇和相互协商程序	中国在有关外国税收待遇和争议的解决	无差别待遇只作为一种国际惯例；没有双方国家的税务主管部门进行协商解决争议的机制和程序规定	有“无差别待遇”和“相互协商程序”的规定，有利于解决税收分歧和税收争议

一般说来，与外国签订税收协定最多的国家，即税收协定网络密级的国家，如荷兰、瑞士、塞浦路斯等，对投资者更有利。因为，跨国企业可以充分利用税收协定网络按照上述的四个条件来进行税收规划。

3. 利用中国内地与香港地区、澳门地区的“税务安排”和“CEPA”中的税收优惠。中国内地与香港地区、澳门地区分别订有《内地与香港特别行政区关于对所得避免双重征税的安排》、《内地与澳门特别行政区关于对所得避免双重征税的安排》和“CEPA”（以下简称“税务安排”），在这种税务安排中，含有一些税收优惠规定，纳税人，特别是香港地区、澳门地区的纳税人，可利用来为其节税。

譬如，在内地与香港地区签订的税务安排中的“第二条海运、空运和陆运”中规定：一方企业在另一方以船舶、飞机或陆运车辆经营的运输业务所取得的收入和利润，该另一方应予免税（在内地，包括营业税）。这样，由于香港地区没有营业税，且所得税的税率也比内地低得多，因此，香港地区的有关纳税人就可利用该条款，开展规定的运输业务，而达成节税之目的。

4. 从税务处理方式中寻找低税点。另一个低税点，则可利用税法中对收入和费用的处理方式上的差异来寻得。例如，有的国家对企业支付的利息，可以在所得税前作为费用予以扣除，从而缩小税基，减轻税负；而企业支付的股息则不得在税前列支。由此，纳税人在对外国投资时，在筹资中，往往因借款比发行股票或使用自有资金来得有效，而偏好借款投资，设法扩大债务与产权的比例，即“资本淡化”。

又如，依中国税收法规，在计征企业所得税时，在工资的列支标准上，基本上有三种规定：一是按实列支，如外商投资企业和软件生产企业等；二是实行工效挂钩企业的工资扣除办法；三是计税工资。由于多计列工资费用，可相应减少应纳税所得额，故其中的办法一和二属低税点。

（四）国际间的税收待遇存在差异

由于国家之间的税收制度不同，因而存在税收负担的差异，导致多种纳税方案的形成，这就为节税提供了条件。

（五）可以避免重复课税和补税

这包括国内避免重复课税和补税以及国际避免重复课税和补税两种情况。

1. 国内避免重复课税和补税。由于纳税人在国内跨地区的生产经营活动，以及各地区之间的税负差异和税收优惠政策差异，以及对分回利润的税收处理，会产生重复课税现象，但有相应的税收政策可供选择。

2. 国际避免重复课税和补税。在国际税收中，在避免税收方面，有两种截然相反的情况：一是政府的安排，通过税收协定或本国的涉外税收制度，来避免国际重复课税，并为跨国纳税人所利用；二是跨国纳税人通过个人或企业纳税手续的人为安排，利用税法的漏洞、特例和缺陷，以规避或减轻其纳税义务的避税行为。上述两种避税情况是要加以区别的。跨国纳税人运用税收法规和税收协定的规定来减轻税负，是对税收法规和税收协定的具体规定的一种选择，既合乎法律标准，又符合立法精神，也符合道德标准，属节税范围。由于其在国际税收中的重要地位，应该单独介绍。

（六）可以设立信托产品

有人说：“信托在应用范围上可与人类的想象力媲美”，于是，每个人都可以依据信托的特性订立量身定做的信托合同，将信托的功能发挥到极致。一般来说，由于设立信托产品可以把现在的所得变为将来的所得，把自己的所得变为他人的所得，而节省个人所得税和遗产税等。

1. 信托的含义。何谓信托，简言之，信托是一种财产管理制度。或者说，信托就是把自己的财产委托给别人管理。不过，财产虽然是由别人在管理，但其管理所产生的利益却归委托人所指定的受益人享有。信托最早起源于英国的 USE 制度，它是用来避税或逃避法律管制而设计的。以受托者而言，就是"受人之托，代人理财"的意思。这种制度发源于英国，现在已经遍布全世界，美国、德国、日本、韩国等许多国家都在采用，并且还将其发扬光大。事实表明，各国信托业务的发展都很快。为什么？这不但是因为信托天生就有节税的功能，而且还由于信托财产有所谓的独立性，于是，许多人或企业主都在利用信托制度来规划子女教育基金、创业基金来积累财富，使之富过三代，或者，成立企业职工养老金信托等。因此，无论是企业，抑或是个人，都从这种制度安排中受益良多。

2. 中国信托法。中国在 2001 年 10 月通过信托法。其中有几个概念需要明确：

（1）要有信托的主体。就是要有委托人、受托人和受益人。

（2）要有信托财产。这一点很重要。信托就是要请人管理财产，没有财产，也就不需要什么信托了。而且，财产必须确实存在，而不可以是期待中的财产。以及，财产必须是合法的财产。

（3）信托财产要能够转移给受托人，并且，是真正的转移。

（4）信托目的要合法。如果是以信托来作非法的行为，信托就会被认为无效。

（5）要采取书面形式。就是要订立信托合同。必须注意的是，如果受托人是私人，信托合同用口头表示也可以，当然最好还是订立书面合同；如果受托人是信托公司，就一定要订立书面合同。

（6）信托财产如果是办理登记的，对这种信托财产设立信托时，就可依法办理登记。现在中国法定要登记的财产，主要有：土地、房屋、机动车辆、船舶、航空器、机器设备、林木等。

3. 信托财产的独立性。信托为什么很好用，主要就是信托财产有一个特性，那就是信托财产的独立性。

信托财产的独立性在于，当委托人将信托财产委托出去之后，这些财产就不属于委托人的财产了，而是在受托人名义下。受托人虽然因为信托合同取得了信托财产，并可占有、使用和处分这些财产，但是财产的收益并不是由受托人享用，而是归受益人享有。受托人只是名义上的所有权人。这些财产不是受托人的真正财产。

按照中国的信托法第 16 条的规定，信托财产要与受托人自己的财产区别开来。受托人的财产是受托人的财产，信托财产表面上是受托人的财产，实质上不归入受托人财产。所以，受托人也不用担心他的债权人来查封信托财产。这是一方面。而另一方面，委托人的债权人也查封不到这些财产，因为，信托财产是已经转给受托人的财产，不在委托人名义之下了。上述这些含义，在中国信托法中已有十分明确的规定：信托财产也与委托人自己的其他没有设立信托的财产区别开来（中国信托法第 15 条）；原则上，信托当事人的债权人是不可以对信托财产强制执行的（中国信托法第 17 条）。

这就是说，当你的某笔财产一旦信托出去之后，债权人要拿到的机会就非常之小了，这是因为，法律障碍太多了。

根据信托法及信托的独立性，我们可以设立信托产品，以减少税收缴款，或者延迟纳税，达成节税之目的。

（七）有税收法规认可的会计方法可供选择

税务会计与财务会计是既有联系又有区别的两种会计制度。税务会计处理的是政府与纳税人之间的税收关系，而财务会计处理的则是企业的全部管理活动。纳税人在计税过程中，当税务会计与财务会计发生矛盾时，应以税法规定为准；当没有税法规定，只有财务会计规定时，应执行财务会计的规定。如表 33–2 所示：

表 33–2　　税务会计与财务会计在节税中的关系

财务会计规定 / 税务会计规定		财务会计			
		有			无
		相同		不同	
		可选择	无选择		
税务会计	有	在规定内选择	按相同规定办	按税法规定进行选择	按税法规定进行选择
	无	按会计制度规定进行选择	按会计制度规定	按会计规定进行选择	按会计准则自定

在现行的会计制度中，有些规定是有弹性的，有些账务处理可以自由选择，它们也得到税法的认可，这样，不同的会计方法，就会形成不同的纳税方案，从而成为节税的条件。

（八）会计规定与税法规定之间存在差异

在我国，财务会计制度与税法规定（税务会计）在有些地方是不一致的。但在纳税时必须以税法为准。于是，随着市场经济的发展和经济全球化的到来，纳税人开始考虑税收规划问题，即递延确认收入和加速确认成本费用；同时也开始考虑经济纳税问题，即在税法允许的前提下最少纳税和最迟纳税。由此可见，会计规定与税法规定之间的差异，给纳税人节税提供了又一个可选择条件。这将在下面予以详细介绍。

（九）税收可以转嫁

税收转嫁或税收转移，可分为税收负担的转嫁和税收优惠的转移。

1. 税收负担的转嫁。税收负担的转嫁是指纳税人在经济活动中的一种经济现象包括税收转嫁与归宿的全过程。税收负担的转嫁是指纳税人在经济活动中将所缴纳的税款通过一定的形式转嫁给其他人负担的过程。这一过程不断进行的结果，造成了纳税人与负税人的不一致，使纳税人所缴纳的税款的最终负担落在了负税人身上，找到了最终负担点，这就是税收负担的归宿。就原先的纳税人而言，他承受了税收的压力，称之为税收冲击。纳税人转移税负给其他人承担的过程，称为税收转嫁。至于最后真正分配到的税收负担，则称为税收归宿。

税收负担转嫁的方式，一般说来，主要有以下五种：前转、后转、散转（旁转）、消转（转化）和税收资本化（偿本）。除了消转以外，纳税人均可以用来节税。

税收转嫁是通过一定途径实现的，因此，转嫁与否必然受到许多因素的制约，其中最基本的因素有两个：价格和供求弹性。后面将立专节予以介绍。

2. 税收优惠的转移。税收优惠的转移是指纳税人享受到税收优惠之后，税收负担减轻的利益的转向。这有一个过程，并造成税收优惠的最初获得者与最终获得者不尽一致，税收优惠通过转移而转给别人。税收优惠的转移方式与税收负担的转嫁方式相同。

例如，目前世界各国给予中国的关税优惠待遇，主要有普惠制和区域贸易协定优惠。普惠制，是发达国家对从发展中国家或地区输入的商品，给予普遍的、非歧视性的和非互惠的关税优惠待遇。但中国享受普惠制待遇的产品受到的技术性壁垒很多。目前，给予中国普惠制的国家有 36 个，其中欧盟占了 25 个。但随着中国经济的发展，这些国家给予中国的普惠制优惠的产品范围与优惠幅度正在逐步缩小。而区域性贸易关税协议的关税优惠是对等互惠的，且享受普惠制待遇的产品受到的技术性壁垒却很少。因此，企业在进出口货物时，应申请“区域性经济集团互惠原产地证”，其关税可大大降低，有的甚至比最惠国待遇还低。如何利用呢？

1. 货物进口时，应取得有关国家的相关优惠“原产地证”，以享受低关税或零关税待遇。需要注意的，进口企业与外商签约，应将由外商提供原产地证及原厂商发票等单证条款写入合同，以备外方一旦不能提供时可以提出索赔，原产地证不符合填制规范时可要求外方修改等。

2. 货物出口时，基于中方提供相关的优惠“原产地证”，外方在其报关进口时，可以少缴关税，从而相应降低了进口货物的成本，因而，出口企业完全可以在谈判时，将出口货物的价格适当地提高一些，将“节税效益”后转至中方。

（十）未分配利润不再课税

在股份公司中，企业缴纳企业所得税后的利润，即净利润，有的国家税法规定，不分配须课税，有的则无此规定。如果未分配利润不再课税，企业就可根据自身的需要，决定分配与否。因为，不分配不但可以推迟个人所得税的缴纳，而且还能相应地节约一笔资金成本(利息)。这就是未分配利润不再课税是节税的条件之一的道理所在。

在上述十个节税条件中，（一）至（六）是纳税人对税收法规的选择，（七）、（八）则是对会计规定的利用，（九）所介绍的税负转嫁，则是纳税人利用价格手段来减少自己的税收负担，而（十）中的未分配利润不再课税，说的是对未分配利润之分配与否，完全由企业自行决定，没有税收的影响。在本书的以后章节里，它们将不时与读者见面。

凡具备以上十个条件之一的，就可以进行税收规划。但结果如何，就要看自己对税收法规的了解程度，以及事情判断的准确性。

第五节　节税要素及其分类

任何一个事物都是由许多要素所组成，节税这个事物也不例外。凡要节税，就有节税的要素。节税的要素，是构成节税的必要因数，或引起应纳税额发生变化的因数，也就是节税的基本方法。在一个税收规划中，可能只利用某一种节税要素，也可以是同时利用几种节税要素。各节税要素之和，就构成了节税概念的总体。有了节税的条件，并不等于就可以节税，它只预示着节税的可能性。若要把节税的可能性变成现实性，就需要一定的方法，这就是节税的要素。而也只有当纳税人行走在这些途径之上，运用相应的节税方法、工具和手段，并进行税收规划之后，才能达成节税目标。

节税要素，不仅表现在显性税收方面，隐性税收方面也有，还有税收套利等。如何来寻找或分析节税的要素呢？下面将逐一说明。

一、应纳税额的计算方法

无论哪个税种，其应纳税额均是用“+、-、×、÷”计算出来的。应纳税额的一般计算公式为：

应纳税额=税基×税率

如前所述，要想减少应纳税额，其一般方法是，在计税公式中，加数和乘数越小越好，减数和除数越大越好。为此，现将上述公式细化为如下四个公式，从而找出节税的基本要素。

1. 税基-免税项目=应税税基
2. 应税税基-减除项目=课税税基
3. 课税税基×税率=名义应纳税额
4. 名义应纳税额-扣抵税额=实际应纳税额

通过上述这四个计税公式的列示，不难发现，节税要素已经摆在你的面前了。

二、节税要素的分类

各节税要素，虽各有其特质，但在某些方面，一些节税要素又具有其共性，为了让纳税人更好地利用节税要素，我们必须找出它们的共性，即对节税要素进行必要的分类。

我们都知道应纳税额的计算公式为：

应纳税额=税基×税率

它明白地告诉我们，每种税收都是由一个税基和适用于这个税基的税率结构组成的。如果从税收数量的实际计算过程来看，先有税基，然后找出其适用的税率，并按一定的关系进行计算，从而求得税额。同时，可能由于某种政策，如加速折旧的推行，把现在的税基推后为将来的税基，并相应地把现在的税额推后为将来的税额。按这样一种应纳税额的计算流程，就出现了如下计算环节或者计算要素：

税基→税收递延→税率→税额

必须强调的是，应纳税额的计算，还会因纳税人不同和税种不同而有所不同。不过，这种不同也往往包含在税基与税率之中。由于各种原因，节税要素就可以发生在上述的各个环节之中。于是，就相应地出现了税基式节税要素、递延式节税要素、税率式节税要素和税额式节税要素。按此，我们就可以将节税要素进行一定的分类。

三、税基式节税要素

每种税收都是由一个税基和一个使用于这个税基的税率结构组成的。在中国，税基通常又被称为计税依据，表明国家按什么征税和纳税人按什么纳税。税基包括实物量和价值量两类。前者以征税对象的自然实物量作为计税依据，如重量、体积、面积、数目等。后者以征税对象的自然数量与单位价格的乘积作为计税依据，如销售额、营业额等。当然，增值额、所得额、财产额、转移额等也是以价值量来表现的税基。

税基是计算应纳税额的重要依据。在税率一定的条件下，税额与税基呈正相关：税基扩大，税额增加；税基缩小，税额减少。同时，税基的形式又制约着税率和具体比例。一实物量表现的税基一般与定额税率相组合；以价值量表现的税基一般与百分比税率相组合：可以是比例税率，也可以是累进税率，而后者则随着税基等级的提升而提高。

但税基与征税对象数额不总是能保持一致的。这是因为，不但有税基的排除，而且还有税基的扣除。如对企业所得税征税时，征税对象数额是企业的全部所得额，而税基则是从中作了一些扣除之后的余额。因此，利用税基式节税要素，主要是对税基排除和税基扣除的运用。

税基式节税要素包括不在课税范围之内、缩小税基和调节税基、利用或增加减除项目、盈亏互抵和费用加成等。

四、递延式节税要素

依法允许现在的税收到将来缴纳，使纳税人从中得到了免除资金成本的好处，便产生了递延式节税要素。这是由纳税期间引起的，递延式节税要素虽然可以被各种税利用，但在所得税方面却表现得更为明显。

所得税的纳税期间反映的是两个相互关联的问题：第一，作为纳税人在发生纳税义务之后，应缴纳税款的期限的确定以及偏离这一纳税期限的待遇，如前转和后转等；第二，设计出属于适当纳税期间的收入与支出所必需的法则以及偏离这些法则的待遇，如收入的分期申报、费用的延期补偿等。因此，当纳税期间后转，或收入延后申报，或费用提高补偿（扣除），都将产生递延式税式支出，而被纳税人利用为递延式节税要素。

递延式节税要素包括税收递延、加速折旧、加速摊销和税收套利等。

在税收方面，中国当前存在的一个突出问题是欠税。严格地说，欠税是一种不合法的税收递延，即纳税人无偿地长期大量地占用国家税金。但如经主管税务机关的批准，则是合法的。

五、税率式节税要素

税率是应纳税额与课税对象之间的比率，即计算税额的百分比。它是计算税额的尺度，代表课税的深度，关系着干的收入大小和纳税人的负担程度，因而，它是体现税收政策的中心环节。中国的现行税制采用的税率主要有三种：比例税率、累进税率和固定税率。

在税制设计中，只要选定一个税率表，那么，作为税收鼓励或税收补贴而对某些经济活动或纳税人采用了优惠税率，就产生了税式支出。例如增值税的一般税率为17%，而某些纳税人可适用13%时，就等于政府给予了税收补贴。当然，降低或提高某种税的一般税率，只是正规税制结构本身的变化，不会产生税式支出。纳税人利用了这种税式支出，就等于利用了税率式节税要素。

税率式节税要素包括税种的选择、纳税人的选择和降低税率或适用较低税率等，以及增加减免税项目（以税率表现）和税收抵免（以税率表现）等。

六、税额式节税要素

税额式节税要素，是指纳税人通过直接减少其应纳税额的方式而达成节税的因素。它包括利用或增加减免税项目（以税额表现）、增加扣抵税额、积极善用退税规定、税收抵免

表 33–3　　节税要素简表

序号	税基式节税要素	递延式节税要素	税率式节税要素	税额式节税要素
1	不在课税范围之内	税收递延	税种的选择	增加扣抵税额
2	缩小税基	加速折旧	纳税人的选择	利用或增加减免税项目
3	调节税基	加速摊销	利用或增加减免税项目	积极善用退税规定
4	利用或增加减除项目	税收套利	降低税率或适用较低税率	税收抵免（以税额表现）
5	费用加成	利用期权	适用较高的出口退税率	税收饶让
6	盈亏互抵		税收抵免（以税率表现）	
7				
8				

（以税额表现）和税收饶让等节税要素。税额式节税要素实质上是政府的税额式税收优惠政策的体现或税额式税式支出。

税额式节税要素的特点是节税的税额比较直接而明确，且无须通过税基与税率的复杂计算即可得出。

七、各节税要素之间的关系

由于各节税要素的性质有所不同，故在利用节税要素节税时，应注意它们之间的区别与联系。

（一）节税要素的区别

通过上述的节税要素的分类，已经明了了节税要素的区别。由于影响纳税额的节税要素不同，因此，企业可以根据不同的情况，运用不同的节税要素来进行其税收规划。

（二）节税要素的配合

在节税过程中，各节税要素可能互相配合。在运用一种节税要素时，也可能同时运用其他一种或多种节税要素，譬如，缩小税基的同时可以适用优惠税率，而使其节税之效益为最大。

（三）节税要素的相互制约

在节税的过程中，各节税要素也可能相互制约。譬如，从一般意义上说，缩小税基是节税要素，但为使节税效益为最大或更大，在纳税人享受税收假期或减免税的期间内，就不宜缩小税基，而是需要扩大税基。所以，税额式节税要素与税基式节税要素往往是不能同时使用的。

在经济活动的税收规划中，纳税人要做的就是不断地去寻找和选择节税要素。当有了节税要素之后，就等于抓住了头绪，找到了税收规划的切入点，因而，税收规划也就呼之欲出了。

八、节税要素的有序选择

企业状况虽然各有不同，但节税策略并无二致。由上述一系列计算公式可知，节税的基本方法或节税的要素，不外乎纳税人的选择、缩小税基、延后纳税时间、增加免税项目、增加减除项目、降低适用税率和增加扣抵税额等方面。当你在进行税收规划时，可以对下列所述的节税要素进行有序的选择，当某一种节税要素不起作用时，则可转向下面一个，直至满足需要为止。通过这种选择之后，总会有一个方案适合你。事实上，对节税要素的选择过程，就是税收规划的着手点或切入点。

在明了了节税要素的分类之后，为了给纳税人一个深刻的印象，我们将节税要素总体表示在下面的图 33-3 中。

图 33–3 节税要素示意图

第三十四章　企业所得税的节税规划

节税的主要方法之一就是要进行税收规划。

第一节　节税需要制定税收规划

税收规划是纳税人为了节税而进行的一种计划安排。如果要更具体地说，税收规划则是指纳税人在面对多种纳税方案时，从中选择出一个最优方案来，以减轻纳税人的税收负担，或延迟纳税人的纳税时间，以达成降低税收成本或获得应纳税款的时间价值的目的。

一、税收规划的内涵

“税收规划”这一概念，是笔者在1990年引入到国内的，当时把它翻译为“税收筹划”，从此展延开来，直至如今。但随着中国市场经济的发展，以及我们认识的深化，发现这种译法不甚确切，应将其翻译为“税收规划”为好。

税收规划（tax planning）又可称为税收管理（tax management），其目标是节约税收（tax saving）并使纳税人的税后利润为最大。但应明确的是，这里所说的“税收管理”是指纳税人对“缴税”的“税收管理”，而不是税务机关常说的对“征税”的“税务管理”。故所谓税收规划，是指纳税人（包括法人和自然人）在完成某项经济活动或实现某种[①]经济行为时，在税收法规的许可下，如有多种途径和方法可供选择，则可通过寻找最有利的途径和方法，经过事先的周密安排和计划，使其税收负担为最低，从而达成其税后利润为最大之目标。

二、现代企业税收规划

与传统企业规划相比，税收规划可谓之为现代企业税收规划。它们之间的区别与“以产定销”发展到“以销定产”一样，是一个符合历史发展规律的必然结果。“以销定产”的实质，是由市场需求来决定生产。

传统企业规划与现代企业规划之间的差异，主要表现在对“税收”的观念上。前者只是一个“生产经营什么”的附带因素，而后者则是“生产经营什么”的决定因素。也就是说，税负的轻重，决定着企业是否采行此等生产经营活动。这是因为，在市场经济中，市场的基础性作用与政府的宏观调控作用都是不可或缺的，“市场失败”与“政府失败”均可由对方来弥补。于是，企业的生产经营活动不仅受制于市场，也同时受制于政府。这样，对于一个企业来说，为了谋求最大的价值增值，其生产经营活动在由市场决定的同时，还应由“第三者”政府的税收来决定，这就是所谓的“以销、以税定产”，即首先是“以销”，然后是“以税”，最后是“定产”，其次序不可颠倒。可以这样认为：在现代的企业决策中，市场是自变

---

① 卓敏枝等著：《税务会计》，三民书局股份有限公司出版，1988年9月再修订初版。

量，即“第一”自变量；税收因数也由过去的“因变量”而变为现在的“自变量”，即“第二”自变量。这种由“以产定销”到“以销定产”再到“以销、以税定产”的过程，客观地反映了以效益为目标的企业规划观念的演进过程。诚然，当税收因数没有选择余地的时候，它也就不能成为企业规划中的一个前提条件了。

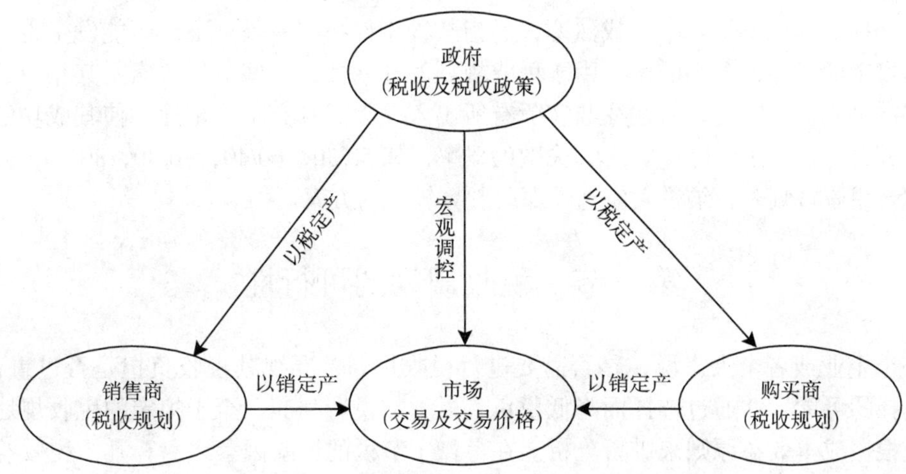

图 34–1　企业生产经营活动中的三方关系（以销、以税定产）

第二节　税收规划的特性

税收规划的特性是指税收规划所特有的性质。

一、合法性和不违法性

合法性又称为适法性，是指税收规划应符合税法规定。而不违法性则包含有更广的意义，它不仅是指税收规划应符合税法规定，还包括那些不在税法规定范围之内的事项或行为，或者说是现时没有税法规定的事项或行为。

二、选择性

选择即挑选。这就是说，在拟定税收规划时，必须要有两种或两种以上的方案可供挑选，以从中选出税负最低和税后利润最大的方案来。否则，如果只有一种方案，无选择的余地，亦即没有税收规划的必要。故此，有些经济事项或经济行为的适法性是不可选择的，或者说，没有节税的空间。

三、计划性

计划是指在工作或行动以前预先拟定的具体内容和步骤。可以说，税收规划是为了节税而精心拟定的一种税收计划。或者说，为了节税必须要在事先制定税收计划。计划于事先，节税在事中。因此，税收规划就自然具有计划性。

由于税收规划具有选择性和计划性，故而就具有了对税收负担的可控性。这种可控性，通常可通过查询税收优惠政策的有无、节税时机的及时运用、纳税申报方式的有效配合，以及对收入与支出的适当控制等来体现。这些控制措施需要事先在计划中予以明确，以期达成预想的节税效果。

四、及时性

有些税收优惠政策往往有时间的规定，即具有时效性。譬如，起始日期、有效日期、终止日期等。在有效期内，纳税人可以享受税收优惠。如果不到或者过了有效期，税收优惠政策将自动失去其法律效用。因此，纳税人应及时利用税收优惠政策，而达成节税之目标。

五、概率性

概率又称之为机率、几率、或然率，是指某种事件在同一条件下，可能发生也可能不发生，表示发生的可能性大小的量。由于税收规划的计划性，一些节税要素及其相应的措施需要预测并在事先进行安排，故往往与实际有所出入，因而具有不确定性，使其成功的概率不可能是百分之百，而往往是一个成功/失败的概率，如 50/50，60/40，70/30，80/20，90/10 等。

在拟定税收规划时，纳税人应选择那些胜算较高的方案。

第三节 税收规划的可行性

对一个企业或者个人来说，是否需要进行税收规划，要视其税收负担是否过重；或者，是否有选择的可能，并通过选择而降低税负，以增加税后利润。至于拟定的税收规划是否可行，则应根据成本效益原则来进行分析。在考量了节税的风险因素之后，凡节税效益大于实施该项税收规划的成本者，即为可行；否则，为不可行。

一、税收规划的动因

税收规划之所以成为纳税人的需要，首先，因为纳税人的税收支出与其收入没有直接的相关性，即所费与所得的直接挂钩，因而造成税收是一种可缴纳可不缴纳的款项，如果有可能合法地免缴或少缴，那当然会乐此不疲！

其次，税收是企业和个人的成本费用，是纳税人收入的减项，按照效益原则，谁都想用较低的成本费用来获得较多的收入，于是，“增收节支”就成了社会上通行的一个原则，政府部门如此，私人部门亦如此；企业如此，个人亦如此。这样，税收规划就成了纳税人热爱之事业。

再次，是由于税负过重的原因。研究表明，边际税率过高既是偷逃税的一个重要原因，也是进行税收规划的一个主要原因。过高的边际税率往往会促使纳税人去积极寻找额外的税收利益。对守法者而言，合法地进行税收规划则就成了他们必然的选择。

就目前中国税收制度而言，有些税种的边际税率有偏高之嫌，这就使得一些纳税人特别偏好税收规划。从企业利润来看，一方面要按 33%的税率缴纳企业所得税；另一方面，税后利润分配给个人时，又需缴纳 20%的个人所得税，事实上，个人的边际税率就达到了 46.4% $\{33\% + (67\% \times 20\%)\}$，这还没有加上工资薪金所得的个人所得税。如要加上，其个人的边际税率将会超过 50%。这种过高的税收负担，就促使税收规划成了纳税人的需要。

总而言之，无论企业的大小，或所得的高低，纳税人都有进行税收规划的愿望。所不同的是，大企业和大公司，或高所得者，由于节税利益之巨大，而更感税收规划之迫切。

二、税收规划的可行性

（一）税收规划的先决条件

不是什么经济事项都可以进行税收规划的，只有满足下列条件时，才有可能考虑税收规划：

节税利益 > 进行税收规划的成本

或

节税利益 > 预期报酬率（即进行税收规划所耗费的金钱的、时间的和精神的代价）

其中，

节税利益 =（经济事项未进行税收规划之前的税收负担 - 该经济事项进行税收规划之后的税收负担）× 节税概率 - 进行该项税收规划所耗费的成本

这就是说，通过税收规划所获得的节税利益，一定要比进行税收规划时所耗费的成本要大，那才是可行的，否则，即不用考虑。

（二）税收规划的研究程序

对一个纳税人来说，是否需要进行税收规划，一般都有一个思考的过程，其基本流程如图 34–2 所示。

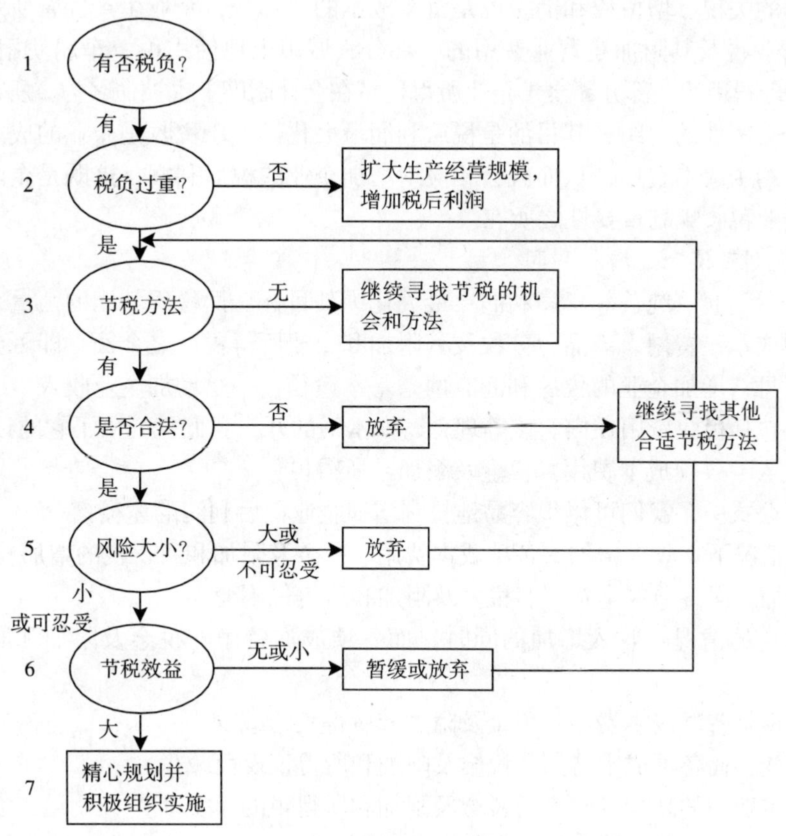

图 34–2　税收规划可行性研究的流程

1. 是否有税收负担？
2. 税收负担是否过重？
3. 有无节税的机会和方法？
4. 节税的方法是否合于税法规定？
5. 节税风险是否可以承受（譬如，因税法规定的变动而不能享受到节税的利益等）？
6. 节税效益如何，是大还是小？

7. 节税效益大，则可行，应着手进行税收规划。

第四节 税收规划的重要性

税收规划对于企业或个人之重要性，可用一句极为概括的话来表达：节省税收支出，增加自己的净收入。至于重要性的大小，不仅取决于企业的大小和所得的高低，还取决于节税额的多少（相对数和绝对数）和节税时间的长短等。同时，税收规划的重要性还会因纳税人的不同而有所不同。

一、税收规划对企业的重要性

前曾叙述，税收是企业的成本费用。而这种成本费用又涉及企业的方方面面。例如，进口货物的关税是存货成本的一部分，进口机器设备的关税和增值税是企业固定资产原值的一部分，进口汽车的关税、增值税和消费税是汽车成本的一部分，企业生产经营所缴纳的增值税、消费税、营业税及其附加是营业费用的一部分，城镇土地使用税、车船使用税、契税、印花税等则是管理费用的一部分，至于企业所得税，在会计制度上也被命名为“所得税费用”。

企业是一个营利性的组织，其目的是税后利润最大化。由于税收是企业的成本费用，节省税收就等于节约了成本费用，从而就会相应地增加企业的税后利润，这既是企业节税的根本动因，也是企业税收规划重要性之所在。

（一）税收规划可使企业增加利润

企业是以税后利润（纯益额、净利润）最大化为其目标。而税后利润的衡量，是以其全部收入减去各项成本、费用、商品劳务税及其附加和企业所得税后之金额，即可分配给股东的利润。由此可见，增加企业的税后利润有两条基本途径：一是增加企业收入；二是减少企业的成本费用，包括税收费用在内。该等理念，在本书的开头我们就列出了它的计算公式：

净利润 = 收入 - 各项成本费用 - 税金及附加 - 所得税

从上述计算公式中，我们可以很容易地找到增加企业税后利润的途径：

(1) 在一般情况下：收入增加 > 各项成本费用、税金及附加和所得税的增加。

(2) 收入增加，而各项成本费用、税金及附加和所得税不变。

(3) 最具效益的情况：收入增加的同时，而各项成本费用、税金及附加和所得税反而减少。

(4) 收入减少 < 各项成本费用、税金及附加和所得税的减少。

(5) 收入不变，而各项成本费用、税金及附加和所得税反而减少。

(6) 各项成本费用的减少 > 收入与税金及附加和所得税的净变动。

(7) 税收规划利益：税金及附加与所得税的减少 > 收入与各项成本费用的净变动。

(8) 税收规划利益：税金及附加与所得税减少，而收入与各项成本费用的差额不变。

例如，按照财税部门的思路，企业所得税的改革，将会降低税率，从现在的比例税率33%降到24%，这样，当企业其他因素不变的时候，它将从中获得应纳税所得额9%（33%-24%）的税收利益。

（二）税收规划可增强企业的竞争力

企业的竞争力是企业之间为了利益而争胜的能力。企业的竞争力虽然由许多因素所决定，但其盈利能力则是其主要方面。对一般企业来说，都面临着市场的激烈竞争。在不考虑其他条件的情况下，如果一个企业善于运用节税策略，并相应地进行税收规划，而另一个企业却无动于衷，那么，进行税收规划的企业将因节税而可降低成本费用，增加税后利润，提高竞争力。

例如，2005 年，某一上市公司因利用“技术改造购买的国产设备可抵免所得税”的税收优惠政策，一年中就少缴纳了所得税款 5.1 亿元，使其税后利润和每股收益大增，这不但提高了该企业的市场形象，股票大涨，还增加了企业的竞争力。

（三）税收规划有利于企业的正确决策

由于税收总是与经济活动密不可分，而经济活动的优劣又往往取决于效益的好坏，故税收就成了现代企业决策中的一个极为重要的因素。在企业规划中，税收对于经济决策的影响，往往可以使一项不利的决策，在考量了税收因素之后变为有利的决策；或者相反，原为有利的决策将变为不利的决策。我们说，税收规划是考量了税收因数之后的企业规划就是这个道理。因此，可以这样认为：未考量税收因数的决策是不科学的。

通常，税收对于经济的影响有如下四种形式：

1. 因税法规定的不同而影响企业决策。例如，累进税率的适用、免税规定、盈亏互抵规定、投资抵免规定、加速折旧规定等均是。

2. 投资本身情况的不同而受税收因素的影响。例如，固定资产的经济耐用年数与名义耐用年数不等、投资程度有多种方案、旧资产的账面价值与报废收入有出入等。

3. 经济活动方式的不同而受税收因素的影响。例如，投资地点的不同、采购方式的不同、销售方式的不同、存货计价方法的不同、低值易耗品摊销方法的不同等。

4. 其他外在因素通过税收的作用影响企业决策。例如，通货膨胀或通货紧缩、汇率上升或汇率下降、税法规定允许办理资产重估价值时、预期政府将会降低税率或提高税率时、企业预期收入的增减将会使适用的税率级距发生变化时等。

实践已经证明，税收规划是包含了税收因素在内的企业规划，并将各种税收因素与非税收因素放在一起考量，从而使企业决策更正确、更为可行。

（四）税收规划有利于企业资金的节省及调度

资金是企业的血脉，生死攸关。通过税收规划而使企业获得的一定的节税额，能给企业的资金调度带来以下两方面的好处：

（1）节税就意味着在降低成本的同时也节省了资金，其结果必然是，企业减少贷款，或者，企业将此节税资金投入到更需要和更有效益的地方去，以获取更大的收益。

（2）如果是通过税收递延而达成的节税，如采行加速折旧、加速摊销、提列准备、在通货膨胀时存货用后进先出法等，使税负减少在前，增加在后，虽然从税款总额上来说没有什么变化，但就其时间价值来说却有所减少，即将前期应缴税款延至后期缴纳，就等于政府给了企业一笔无息贷款，相当于在前期增加了企业的资金，并在整个纳税期间因减少贷款的利息支出而相对增加了资金，而使企业的资金调度更加灵活。

（五）企业规划有利于企业的发展

在投资者新设立一个企业时，事先一般都要拟定企业规划。这时，就应将税收因素考量于其中，即进行税收规划。这是因为，从资金的筹措，到企业的组织形式、投资方向、投资地点等的确定，都无不涉及税收问题。例如，向农业、基础产业、环保产业以及高新技术产业投资，可以享受税收优惠政策，而获得较长时期的节税效果。因此，企业在设立时进行税收规划，不但可以增加企业的竞争能力，还可提高企业应对诸如通货膨胀或通货紧缩以及经济不景气时的能力，降低经营风险，而有利于企业长期稳定地发展。

（六）税收规划可以节省诉讼费用

税收规划的特质之一，就是具有计划性。在税收规划中，无论是积极性节税，还是消极性节税，依照税法规定，对企业可能涉及的一些税收问题，在事先都进行了仔细地分析和判断，考虑了在执行过程中的动态控制措施，并相应地作出了周密的计划安排，因此，可以说，税收规划具有预防性质。这不仅可以避免因经济活动的不合法而受到税务机关的追究和处罚，还可以免除因税收诉讼而需花费的诉讼费用，从而达成消极性节税之目标。

二、税收规划对个人的重要性

按照税收法律主义，政府与纳税人应站在公平、公正与公开的立场，依照税法规定课征与缴纳，且无税法规定者政府则不能课征，纳税人也无需缴纳。这有如契约双方的当事人应按所签订的契约来履行其权利和义务一样。因此，税务机关没有权利离开税法规定随意去多征或少征税款，纳税人也没有义务离开税法规定随意去多交或少缴税款。不过，政府为了某些社会、政治和经济的目的，在税法中规定有一些税收优惠政策，以及某些税收政策的可选性，以利纳税人运用，这就等于说，政府为纳税人提供了节税的机会。于是，个人可以利用这些机会，进行税收规划，以满足其减轻税负的欲望。

（一）税收规划有利于个人科学地进行投资决策

个人和企业一样，在资金运用上有许多选择，但主要的是，将资金投资到收益较高的经济事项中去。为此，他根据自己的投资偏好，除了要考虑报酬率以外，还应考虑税负的轻重，并通过税收规划来作出正确的投资决策。例如，当牛市来临时，人们就会蜂拥地将资金从银行转到股市。这不但是因为股市有了财富效应，而且还是因为买卖股票所得免征个人所得税之故，如此等等。

（二）税收规划有利于个人保有财富

纳税人缴纳税款的过程，就是将自己的部分财富转为政府所有，换言之，税收减少了人民手中的钱财。由于税收的无偿性（非直接偿还性），使纳税人在缴纳税款时往往具有痛苦感，并总是伴有极其强烈的节税欲望。那么，税收规划的目标正好是为了节税，而尽量多地去保有个人的财富。例如，有一些人，利用信托方法来规避个人所得税和遗产税等，来保有自己的财富。

（三）税收规划有利于个人的资金调度

由于个人与企业均属私人部门，故其理财目标是相同的，那就是税后利润为最大。但所不同的是其资金规模，企业比个人要大得多。与企业一样，税收规划对个人来说，亦有利于其资金调度。这是因为，税收规划可通过减轻税负或者税负延后，使纳税个人实实在在地获得了一笔节税额或者一笔无息贷款，并相应减少其对资金的需求和相应增加其资金的可用数量，头寸活络，对个人的资金调度显然是有利的。

（四）税收规划有利于个人利用税收避难机会

这里所说的税收避难机会（tax shelter opportunity）是指，个人或者企业利用经济组织的不同、费用的合法列支以及税法规定的优惠等来进行节税，降低税负，以受其惠。例如，个体工商业户和个人独资企业等，往往在伙食津贴、汽车购买、车贴、交际费、电话费、出差费等方面，通过个人公司将这些费用的列支合法化。

三、税收规划重要性决定其决策层次

由于企业的组织形式或所处行业之不同，或者由于经济事项涉及面的大小，或者由于节税额的多少及时间的长短等，税收规划的决策层次会有所不同。通常，税收规划的层次会与其重要性的大小成正比，即重要性越大，其决策层次就越高；反之，就较低。例如，税收优惠政策往往体现着国家的产业政策或地区政策，如果要享受这些税收优惠，就不仅仅是一个税收问题，而是企业的整体定位的问题，并涉及投资的资金来源、投资方向、投资地点以及税收待遇等诸多的一揽子问题，这种整体性的税收规划，必然会是一种高层次的决策。而对那些不能享受税收优惠政策的企业来说，涉及面较小，则无需这样的整体税收规划，只需考虑如何通过降低税率或缩小税基之个别策略，用较为简单的方法，去达成节税之目标，故决策面较窄，因而决策层次也会较低。

第五节　税收规划的范围

由于税收无所不在，故节税的可能性也无所不在；由于节税的可能性很多，故税收规划的范围亦很广。

其一，无论纳税人还是实际负担税收的负税人，无论企业还是个人，人人都有税收问题，因之均需进行税收规划。

其二，中国是一个复税制的国家，中国现行的税制共有 21 种税，其中适用于外商投资企业的税种有 15 个，各税种均可进行税收规划。

其三，课税的范围很广，包括交易或消费行为、商品和劳务的进出口、各类所得以及财产的取得、使用和转让等；而课税对象则有企业、个人以及所得、商品、劳务和财产等；并且，各种课税对象之间多有关联，有时，同一课税对象，就要征收多种税，通常，一个企业要缴纳 10 多种税收；同时，课税税率又有定额税率、定率税率、比例税率和累进税率之分，适用税率不同，其税负也大相径庭；何况，每一种税不但都有税收优惠政策，而且其形式还很多，因而对其选择的余地就很大，可用性极强。

其四，企业或公司有许多员工，企业与员工之间有时会出现一些共同的税收问题，需在企业与员工之间进行整体税收规划。

其五，在国家间，由于各国税法规定之不同，以及税收协定存在，跨国纳税人从事对外投资、进行国际贸易或在国外工作、居住时，都有一个税收规划问题。

在如此纷繁复杂的税收征纳中，如何能让企业和个人以及两者共同节税，就成了税收规划的目标之所在。从大的方面看，税收规划的范围包括个人税收规划、企业税收规划、整体税收规划和国际税收规划等。

一、个人税收规划

在经济活动中，个人（自然人）既是纳税人，又是负税人。例如，在个人所得税中，个人是纳税人；在购买消费品中，个人是增值税、消费税和营业税等的负税人；在拥有或转让财产时，个人是财产税的纳税人等。因此，个人需要进行税收规划。个人进行税收规划，首先必须了解税收法规及其立法意图，知晓哪些行为是合法的，哪些行为是不违法的，而哪些行为又是违法的；违法了又要受到一些什么处罚，应如何规避税收风险等。个人税收规划的范围很广，涉及个人的所得、消费和财产。例如，个人收入、个人储蓄、个人消费、个人投资、个人购置房地产、接受捐赠和遗赠等，都应事先拟定税收规划，以节省本属于你自己的钱。

二、企业税收规划

企业和公司是一种营利性的组织，进行税收规划是其必然的选择。企业进行税收规划，首先亦必须了解税收法规及其立法意图，知晓哪些行为是合法的，哪些行为是不违法的，而哪些行为又是违法的；违法了又要受到一些什么处罚，应如何规避税收风险等。企业税收规划的范围非常广阔，涉及企业从筹资到清算的整个“寿命周期”。例如，筹资方式、组织形态、营业项目、投资方向、工资发放、行销方式、利润方法、会计方法以及停产清算、缴税时间等，均可进行税收规划，以使企业的税后利润为最大。

三、整体税收规划

所谓整体税收规划，是指在税收规划时，把利益攸关之原本各自独立规划项目，作为一个综合整体来考量，以求其整体税负为最低或者为最佳。不言而喻，整体税收规划的目标就是整体节税。

整体节税是更大范围、更大规模、更高层次的节税。整体节税需要利用多种节税要素，或者需要将各利益关联方有机地联系起来，是许多纳税人或许多节税要素的共同节税，因之，其节税范围广大，节税技术很高，节税额也更大。

四、国际税收规划

跨国纳税人，包括企业和个人，常常需要进行国际税收规划。所谓的国际税收规划(international tax planning)，是指跨国纳税人在跨国进行生产经营活动时，根据母国及所在国的税收法规和税收协定，经过事先的周密安排，使其在国内外的总税负为最低或最适的一种战略性的税收计划。跨国性或国际性是国际税收规划的特质。国际税收规划可以是单一的，也可以是整体的；可以是只涉及两个国家的，也可以是同时涉及多个国家的；可以是单层次的，也可以是多层次的。在许多情况下，国际税收规划往往是整体的和多层次的。

国际税收规划的范围，以投资方向的不同而有如下三方面：

1. 本国投资者（包括法人和自然人）对外国或外地区投资时之税收规划。

2. 外国投资（包括法人和自然人）对本国或本地区投资之税收规划。

3. 本国企业从事进出口贸易时的税收规划。一般包括进口贸易税收规划和出口退税税收规划等。

第六节　税收规划的基本观念

观念就是人的思想意识。而税收规划的观念，就是说看你对它作何认识。一般而言，观念是行动的指南，有了正确的观念，才有好的行动结果。作为一个纳税人，所持税收规划观念的正确与否，决定着节税目标的成败。那么，在进行税收规划时，纳税人应具备一些什么样的观念呢？

一、个人和企业都可利用税收规划

无论企业还是个人，都希望能够节税，因此，不但企业可以利用税收规划，个人也可以利用税收规划。所不同的是，其涉及的广度和深度不同而已。

二、税收是一种可规划的成本

在现实的经济生活中，人们可通过多角度来考察税收。从纳税人（企业和个人）的角度来看，税收是国民应尽的义务，是他们的成本费用；从国家的角度来看，税收是政府的财政收入，是公共商品的价格；就管理会计的观点来看，税收是一种可规划的成本费用，因而有节省的空间。节税，对企业而言，是其税后利润的增加；对个人而言，则是财富的保有或资产的增加。

三、节税之根本全在于合法规划

节税的根本，在于纳税人了解了税法规定之后，对其从事的生产经营所得，从积极和消极两方面入手，在事前予以合法或不违法地进行安排或者计划。并且，在执行过程中，纳税人还应依法办税，及时据实申报，按税法规定取得或填开凭证或发票，依法办理代扣代缴等，以获取维护权益和避免受罚之效果。此乃“不二法门”！有人说得好：“据实申报是福，少缴罚款是赚！”“多一分注意，少一分税款！”这可作为纳税人的座右铭。

四、税收规划方法应具有弹性

由于纳税人所处之环境是经常变化的，税法规定也会经常变更，因此，纳税人需善于应对，以变制变，顺乎变化了的情况。

五、税收规划应兼顾各期间的利益

税收规划利益有短期、中期和长期之分，纳税人应根据具体情况来确定其税收规划期的长短，该长则长，该短则短，不应强求一致。不过，当税收规划利益涉及未来时，则应兼顾各期间的利益，并使其利益总额为最大。由此可见，税收规划不只是一种短期的考量，有时还需要作较长时期的研判，权衡得失，取利大于弊者为之。例如，超额累进税率的适用及其影响，就应做长期考量。

六、税收规划应兼顾各方的利益

纳税人在进行税收规划时，除了需要考虑期间利益以外，尚需考虑其他关联方的利益。这就是说，税收规划是一种整体计划，应使利益攸关者也能从中得到利益，哪怕在某一环节会有所失，只要在总体上利益为最大，并且，此一环节的利亦大于弊，即属可行。例如，母子公司之间、总分公司之间、跨国公司各部分与总体之间、生产经营的上下游之间以及亲属企业之间等的税收规划，均应通盘考虑。

七、税收规划应兼顾各税种的利益

由于中国实施的是复税制，同一个纳税人在同一个纳税期限内，需要缴纳多种税收，因而会产生税基的交叉，并因税基的变化而引起适用税率的变化，影响其他税种应纳税额的变化，故纳税人在进行税收规划时，应顾及各税种的变动方向，并使其节税总额为最大。例如，增值税的减免，可使城市维护建设税和教育费附加同时获得减免，但在无特别规定的情况下，应并入应纳税所得额计算缴纳企业所得税。

八、无论纳税人的大小均应进行税收规划

税收规划不是大纳税人的专利。无论企业的大小或所得的高低，只要你缴纳税收或者负担着税收，就有税收规划的必要。所不同的是，大企业或大所得者所获得的节税利益大，而小企业或小所得者获得的节税利益小而已。这是从绝对数上说的。如果从相对数上说，而小企业或小所得者的节税比例不一定就比大企业或大所得者的要低。这有如股市中的小户、中户和大户一样，小户虽然赚的钱少，但从收益率来考察，小户不一定就比大户低。

九、税收规划只能在法律的范围之内

纳税人在进行税收规划时，其原则是合法或者不违法。不违法有以下两层意思：一是合法，即合乎法律的明文规定；二是，纳税人所进行的生产经营活动，没有现存的法律规范可供遵循，即无所谓合法不合法，也无所谓违法不违法。只有当新的税法规定颁布之后，此种行为才“有法可依”。这种行为虽属节税范畴，但仍应视之为“不违法避税”。由此可见，偷税不是税收规划的范围。

需要进一步说明的是，纳税人只能是缴纳应纳之税，而不应缴纳那些没有税法规定的税款，譬如，各种名目繁多的摊派等，应依法提请行政复议，而不是置之不理，否则，将累累如此，不堪扰之，不堪重负之。由于行政复议能给纳税人减少不合法的损失，因此，行政复议与税收规划之间具有相互补充之作用，其目标都是一致的：为了节税，无论是合法的税款，还是不合法的税款。

十、资料与预测是税收规划成败的关键

拟定税收规划需要许多与之相关的资料，而依据充足资料来进行科学预测，又是税收规划成败的关键。如果资料不充分，或者，预测不科学，都会造成税收规划的失败。该等情况，不能说成是税收规划本身的过错，而应归结为资料准备不足和预测不科学的问题，属于人为的问题。企业如此，个人亦如此。

十一、税收规划没有样板方案

在税收规划中，其步骤是没有选择余地的，基本相同。但税收规划的方法和策略以及其组合，却往往因情况的不同而有所不同。在这里，我们郑重地提醒纳税人，你们切记不要去寻找什么“灵丹妙药”和“济世良方”。甲之税收规划可以节税，但乙仿效之却不一定能够节税。这盖源于企业或个人的具体情况不同，或者，虽然其所具备的条件和所处的环境相当，但税收规划也未必会是完全一致。他山之石虽可攻玉，但只能参考和借鉴，不能照抄照搬；否则，也许攻错，遗憾不已！最好的办法是，根据自身的具体情况，灵活运用节税原理，采取适当的策略，来量身定做一套适合自己的“衣服”。

十二、是税收利益还是经济利益

总的说来，当税收利益与经济利益发生矛盾时，应以经济利益为主。

首先，节税的目标是为了使税后利润为最大，那么，当纳税人纳了税之后其税后利润为最大时，应选择纳税，而不是节税。

其次，当纳税是社会的一项信用指标时，而且该指标能给纳税人带来更大的经济利益时，在税收规划中应同时考虑“经济利益”和“税收利益”。

最后，当为了利国利民，并建立自己（企业或个人）的社会形象时，在税收规划中，应考虑有无可以替代纳税而又可建立社会形象的方法，如捐赠、广告费等。

第七节 税收规划的主要策略

基于税收规划策略产生的渊源，税收规划的主要策略有如下几方面：

一、保证凭证或记录的合法、完整

凭证或记录是会计核算中最有效的证明文件。凭证是会计凭证的简称，它是记录经济业务、明确经济责任的书面证明。凭证有原始凭证和记账凭证；一次凭证和累计凭证。填制和审核会计凭证既是会计核算的一种专门方法，也是税务稽查的重要依据。

保证凭证或记录的完整是税收规划最重要的策略。对纳税人而言，它具有保护或防卫的功能。税务机关是国家的征收单位和执法单位。纳税人的税收规划是否合法或者不违法，不能由自己来判断，而是应由税务机关来确定。这通常需要经过税务审核和税务检查等方式。而审核和检查的基本依据是凭证或记录。因此，保证凭证或记录的完整就成了关键之举。否则，若因未能合法取得或保存凭证或记录不健全，税务机关必将不合法凭证给予剔除，或者，将依法进行核定征收，这样，都会相应缩减税收规划的效果。更有甚者，如果凭证违法，如虚开增值税专用发票，还需担负一定的法律责任。

二、规划收入的实现时间与归向

各项收入或所得是征税对象或计税依据，它直接决定着应纳税额。因此，纳税人欲想取得节税之效果，那首先就应按照税法规定，合法且合理地安排收入或所得的实现时间与归向。一般说来，有如下几方面：

1. 应税收入认定方法上的规划。当会计收入与应税收入不一致时，应以应税收入为准。对企业来说，销售收入的认定以销货点为基准，是故，对预收货款的发货时点，赊销和分期收款方式销售货物的销售合同规定，收到代销单位代销清单的时间，销售应税劳务收讫价款或者取得价款索取的凭据的时间等，均可适当加以控制。

对建筑、安装、装配工程和提供劳务，持续时间超过一年的，按完工进度或完成的工作量确定收入的；为其他企业加工、制造大型机械设备、船舶等，持续时间超过一年的，按完工进度或者完成的工作量确定收入的，将可通过收入的递延来达成节税之目标。

至于对个人而言，其收入或所得，系采用收付实现制，即以收入或支出是否收到或付出资金为标准来确定本期收入或支出的一种会计核算方法。该种方法也被个人所得税法所认定。是故，则应适当控制个人所得取得的时间（月、年）或次数，以达成其节税之目标。

2. 规划所得的实现年度。企业或个人通常拥有一定的投资，包括长期投资和短期投资，有股票、债券、基金和其他股权投资以及其他财产（动产、不动产）等多种形式。它们的共同点之一就是可以根据投资者的需要随时变现。鉴于此，纳税人可规划变现使所得在亏损年度或需要年度实现，以达成企业之目标。例如，在亏损年度，企业可将其持有的股票、债券等的利润兑现，以弥补亏损；或者，转让一定的股权以获利来弥补亏损。这种方法也可用在税收假期之中，以获取更大的税收利益。

3. 规划所得的种类。按所得税法的规定，所得有许多种类，是故，纳税人可以根据各类所得的规定，来规划自己的生产经营活动。例如，对股民个人而言，股票交易，依税法规定，无需缴纳个人所得税，因此，当牛市来临时，证券交易所得就因免税而得到最大限度的节税。同时，如果股票派发股息，预计不能立即填权，且在股息个人所得税大于买卖两次证券交易印花税的情况下，可在除息日前予以出售，其后再如数买回，避领股息，而避免股息的个人所得税，从而获得证券交易所得与印花税之差的净所得。

4. 规划所得的来源或流向。当企业之间存在关联关系时，可适当地利用转让定价或增减生产经营项目的方法，使利润流向亏损企业，或者，流向适用低税率的企业，从而达成节税之目标。

三、充分列计损失、费用和税前扣除项目金额

所得税的计税依据是净所得，即收入减去法定税前扣除项目金额之后的余额。因此，在税收规划中，凡税法规定可以列计的损失、费用和税前扣除项目金额，应最大额度地予以列计扣除。否则，将因少列计而多交所得税。企业合法列计的方法一般有：

1. 提前列计。企业的有些费用，可以在以后年度支出，也可以在当年支出，应提早在当年支出。例如，固定资产的修理支出或改良支出，可及早进行，这样，不但可以提升其使用效率，还可以增加当年度的成本费用，从而相应减少应纳税所得额。

或者，在购买机器设备可享受税收扣抵的情况下，应及早购买，这不但是因为怕政策"过期"，坐失税收优惠以外，还因为，可增加当期的折旧费用，如为贷款购买，其贷款利息，还可以税前列支，并同时减少应纳税所得额。

2. 增加列计。依据税法规定和会计规定，企业只能用备抵法核算坏账损失，计提坏账准备。如果以前年度未计提或者少计提坏账准备，则应在本年度及时足额地予以计提，以相应增加管理费用，减少应纳税所得额。

3. 改变支出形式。企业支付给职工的钱，或者，职工从企业得到的钱，虽然钱的本质一样，但却因支出或收入的形式不同其税负而有所不同，因此，通过改变企业的支出形式，而可达成节税之目标。例如，在股份制公司的章程中，应明确订立董事、监事等的工资薪金和车马费，并规定不论企业是否盈亏均应支付，以代替分红。这样做的好处是，支出由税后变为税前，可以增加税前扣除，而相应减少应纳税所得额。不过，应整体规划企业和个人的所得税负担。

又如，在股份制公司中，在符合公司法和证券法的情况下，企业可进行红利与奖金的转换，通过适当减少年度分红金额，并适当增加年终奖金的发放金额，这不但可以增加税前扣除费用，减少应纳税所得额，还可收激励职工之效果。在此种情况下，企业亦应注意企业与个人的所得税整体规划。

4. 及时报批。有些税收事项，需要在事前向主管税务机关报批，例如，内资企业的财产损失税前扣除须经税务机关审查批准，一律不得自行税前扣除。

税法规定，纳税人发生的财产损失，应及时向所在地主管税务机关报送财产损失税前扣除书面申请，注明财产损失的类型、程度、数量、金额、税前扣除理由和扣除的期限，并填报相关确认审批表（表式由各省级税务机关自行制定）。申请日期，一般不得超过年度终了后 45 日。纳税人确因特殊情况，不能及时申报的，经主管税务机关批准可延期申报，但最迟不得超过年度终了后的 3 个月。超过规定期限的，税务机关不予受理。

最好的办法是在年底到来之前进行财产清查，并及时申报，以免造成不必要的损失。

5. 避免漏记或剔除。在年终决算后，特别是在企业所得税汇算清缴之后，一些企业可税前扣除的项目金额，往往因漏记或遭到税务机关的剔除，多交了所得税，而欷歔不已。这确是一件值得后悔的事情。它反映了企业财务管理的问题。究其原因，有多种多样，有的是因会计手续不健全，有的是因会计处理不当，有的则是未取得合法凭证，有的是应计未计，等等。殊不知，每漏记或剔除 100 元的费用，会相应增加合并税负 46.4 元（企业所得税与个人所得税，详见第一章第七节之二）。

四、充分享受税收优惠待遇

税收优惠政策代表着政府的意图，因此，纳税人利用它，是政府所希望的事情，不但合法，而且合理。这是因为，税收优惠政策是政府宏观政策的一个重要部分。它具有可靠的法律基础和科学的内涵，并给纳税人指出了经济发展的短缺性或瓶颈。事实证明，纳税人充分利用税收优惠政策，已获利良多。不过，其所应注意的是，税收优惠的利用是越早越好，或者说，纳税人应充分利用经济瓶颈，在“供不应求”的条件下，不但要取税收优惠之利，还应去获得价格上的“超额”之利。

五、有效利用分类（离）课税

高度超额累进税率制度，如能适用单一税率的分离课税，对所得高的个人或企业来说，具有明显的节税效果。例如，现行的中国个人所得税制度为分类个人所得税制度，工资薪金所得适用超额累进税率，稿酬所得、劳务报酬所得、特许权使用费所得，利息、股息、红利所得、财产租赁所得、财产转让所得、偶然所得和其他所得适用20%的比例税率，当个人工资薪金所得的适用税率高于20%时，若投资报酬率、风险系数等一样，那么，则可从事稿酬所得、劳务报酬所得等活动，从而达成节税之目标。当企业（公司）所得税也有这种可能时，亦应谋求分离课税之节税策略。

六、适当并充分利用税收递延

税收递延是税收规划的重要策略之一。有的企业或个人，因其表面上没有税额的减免，仅是延迟推后缴纳，而不予重视。实际上，税收递延具有无息贷款和减轻税负的基本功能，且时间越长，其节税效果就越大。例如，加速折旧、加速摊销、提列坏账准备、税收套利、利用期权等，均应充分采用，以收节税之效。

不过，在采用该策略时，应注意超额累进税率带来的不利之处。即在超额累进税率下，如递延所得使适用税率“爬升”，则应减少递延税款的额度，或者，通过相对延长递延期限而使递延税款额度减少，以避免这种“爬升”带来的“负”节税效果。

七、合法降低适用的累进税率

由于许多重要的税种，如企业所得税、个人所得税、土地增值税以及国外一些国家征收的遗产税、赠与税等，采用累进税率，因此，只要降低其适用税率，就可节税。关于这一点，我们在上述的“有效利用分类（离）课税”中已简要作了说明。此外。还有一些节税策略可供纳税人采用。

1. 控制边际所得。中国现行的企业所得税税率，名义上采用的是比例税率，而在实际上，则为全额累进税率：33%、27%和18%。全额累进税率与超额累进税率相比，累进性更强，即达到某一税率级距之后，其税负增加得更多。因此，控制边际所得，以适用较低税率，就成了小企业的首选。

至于中国现行的个人所得税，如工资薪金所得，个体工商户的生产、经营所得和对企事业单位的承包经营、承租经营所得，采用的是超额累进税率，可通过上述的“有效利用分类（离）课税”以及平均法、集中法（详见本书第十三章第一节、第二节）等来达成节税目标。

2. 缩短拥有土地的时间。中国现行的土地增值税，实行四级超率累进税率：增值额未超过扣除项目金额50%的部分，税率为30%；增值额超过扣除项目金额50%、未超过扣除项目金额100%的部分，税率为40%；增值额超过扣除项目金额100%、未超过扣除项目金额200%的部分，税率为50%；增值额超过扣除项目金额200%的部分，税率为60%。土地增值税四级超率累进税率中每级的增值额未超过扣除项目金额的比例，均包括本比例数。因此，土地及其上之建筑物的增值额越大，适用税率就越高，税负就越重。而土地等的增值额，往往取决于土地等持有的时间。它随着通货膨胀而提价，随着土地的稀缺和环境的改善而增值，等等。当前，在不允许房产开发商囤积土地或长期持有土地而不开发的政策下，应采取缩短持有时间和适当扩大规模的策略，以适用低税率。

3. 利用遗产税规定。在课征遗产税、赠与税的情况下，可通过分批赠与、合法分散所得、分散财产权等来降低适用税率。

4. 利用信托。为转移所得和财产，可通过信托方式，减少自己的所得，以适用较低的税率（详见本书第十四章第二节）。

八、审慎利用税法选择权

选择伴随着我们的一生，如影随形！

生活中，我们有数不尽的机会去开怀，也有数不尽的机会去悲伤，你的选择是什么？

节税是人生中一种不可避免的选择，你能积极应对吗？

税法规定很多，涉及方方面面，纳税人可根据自身的情况予以选择利用。此一过程，即税收规划的过程。选择得好，可以减轻税负，否则，将适得其反。例如：

1. 在增值税方面，有纳税人的选择，税种的选择，已使用固定资产销售价格的选择等；

2. 在个人所得税方面，有所得类型的选择，捐赠与否的选择等；

3. 在企业所得税方面，有做何种纳税人的选择，折旧方法的选择，存货计价方法的选择，单独纳税还是汇总纳税等。

九、生产经营方式的适当运用

采用何种方法和形式来进行生产经营活动才最为有效呢？这是许多企业时刻会遇到的问题。由于不同的生产经营方式有不同的税负，因此，企业有选择的必要。例如，在购买原材料时，是向小规模纳税人购买，还是向一般纳税人购买；在产品生产中，是选择高新技术产品，还是传统产品；在出口货物时，是自营出口，还是委托外贸出口；在销售货物时，是直接销售，还是代理销售等。

十、慎选企业的组织形式

税负的轻重与企业的组织形式有关。在现代社会里，企业组织形式一般有独资、合伙和公司等三种组织形式。

按将要出台的新企业所得税法的规定，将企业区分为居民和非居民，并相应承担全面纳税义务和有限纳税义务，即居民企业取得的境内、境外所得，都在本国负有纳税义务，一般称全面纳税义务；非居民企业只就来源于我国境内的所得纳税，一般称有限纳税义务。个人独资和合伙企业不再作为企业所得税的纳税义务人，其经营利润作为投资者个人的收入征收个人所得税。这样，中国的企业组织形式就包括个人独资企业、个人合伙企业、居民企业和非居民企业。

个人独资企业和个人合伙企业，由于只缴纳个人所得税，而无须缴纳企业所得税，故其所得税总负担就要轻得多。至于居民企业和非居民企业，在按规定缴纳了企业所得税之后，其税后利润在分配给个人股东时还需缴纳个人所得税，因而其所得税负担就比较重。为此，纳税人应根据自身的具体情况来选择适合自己的组织形式。

居民企业如公司、有限公司与股份有限公司，且其中的股份有限公司会因所在行业之不同，又形成多种形式。例如，高新技术企业、出口企业、第三产业企业、资源综合利用企业、老少边穷地区企业、劳动就业服务企业、福利企业以及生产性外商投资企业等，因其具体组织形式的不同，所能享受到的税收优惠政策也会有所不同，因此，税负轻重也就有所区别。有时，某一个企业具有多重身份，会同时享受一些税收优惠政策，但只能享受其中“最优”的一项，不能累加。

十一、不同投资来源的利用

按照现行企业所得税法的规定，投资来源不同而有不同的税收待遇。

1. 外商投资设立的企业，享有许多税收优惠，特别是在中国西部地区的投资，还享有地区优惠，即使在将来的企业所得税改革中，这种政策也不会变化，故其政策更加稳定，有利于纳税人选用。

2. 外商投资企业可用其税后利润进行再投资，以获取再投资退税。

3. 个人投资比企业投资好。这是因为，个人投资所得只需缴纳个人所得税，无需缴纳企业所得税。

4. 由于借款投资的利息可以在所得税前列支，故借款投资较好。

十二、利用税法规定的不同

在税法中，对不同的经济事项有着不同的规定，因而，其税收负担也往往会有所不同。例如，企业的整体转让，不征收营业税、增值税，如果企业将固定资产、存货、厂房分别转让，则必须缴纳增值税或营业税。当纳税人不想经营某一企业时，可以通过清算方式来变卖其所有的资产，或通过股权转让来变现，也可以整体转让。现在看来，整体转让比较有利。因为，它无需缴纳增值税或营业税。

在实际经济生活中，这样的例子还有不少，只要我们稍加留意，就可取得不小的节税效果。

第三十五章　企业所得税的节税方法与步骤

企业所得税是对中国境内的企业，就其生产、经营所得和其他所得征收的一种税。企业的生产、经营所得和其他所得，包括来源于中国境内、境外的所得。无论是对纳税人还是征税人来说，企业所得税都是一个主要的税种。因此，企业所得税的节税就显得非常重要。

第一节　应纳税所得额的计算

在本书第二十九章第二节中，我们已经介绍了会计所得与应税所得，为更有利于进行节税，本节将进一步介绍税务会计与企业会计之间的联系。

一、按税务会计计算

纳税人每一纳税年度的收入总额减去准予扣除项目后余额为应纳税所得额。应纳税所得额的计算公式为：

应纳税所得额＝收入总额－准予扣除项目金额　　(1)

企业应纳税所得额的确定，是其收入总额减去税法准予在税前扣除项目的金额。准予扣除项目金额包括：

1. 税前允许列支的成本、费用和损失：

(1) 财务制度规定允许税前列支，税法也规定可以列支的成本、费用和损失。

(2) 财务制度和税法均准予在税前列支的成本、费用和损失，但两者的具体列支标准不同，有差异，在计算应纳税所得额时，要求把企业已按财务制度列支的项目金额按税法规定标准进行调整。这些需要调整的项目，称为纳税调整项目。

2. 税法规定的免税收入。

3. 税法规定准予抵扣应纳税所得额的项目金额。

因此，企业当期的应纳税所得额，等于其收入总额减去税法允许在税前列支的成本、费用和损失及纳税调整项目、免税收入和应抵扣应纳税所得额的项目金额后的余额。于是，上述公式又可写成：

应纳税所得额＝收入总额－税法允许在税前列支的成本、费用和损失－纳税调整项目金额－免税收入－应抵扣应纳税所得额的项目金额　　(2)

其中：

纳税调整项目金额＝纳税调整增加额－纳税调整减少额

二、税务会计与企业财务会计相联系

为使大家更清楚地把上述的税务会计与企业的财务会计联系起来，可将应纳税所得额的计算步骤列示如下：

利润总额 = 收入 − 成本 − 费用 − 损失 − 税金及附加

应纳税所得额 = 利润总额 + 纳税调整增加额 − 纳税调整减少额　　（3）

应纳税额 = 应纳税所得额 × 税率

应缴入库所得税额 = 应纳税额 − 免所得税额 − 抵减税额 + 补税额

第二节　企业所得税的节税方法

在了解了上述企业所得税的基本计算过程之后，就可知晓其节税的基本方法。

一、应税收入最小化

收入是计算企业所得税应纳税额的基础。一般而言，应纳税额与收入呈正相关。但由于税法规定，应税收入可能会大于或者小于收入，这样，纳税人就可利用这种差异来进行节税，即合法地减少应税收入。应税收入越少，应纳税额也就越少。按照现行税法规定，欲使应税收入最小化，其可采取的方法一般有：非应税收入，收入减计，递延收入，分散收入，增加免税所得，以及避免被调整增加收入等，使应税收入金额变小，以求少缴税。

例如，税法规定，企业综合利用资源，生产符合国家产业政策规定的产品所取得的收入，可以在计算应纳税所得额时减计收入。该等税收优惠政策即可使应税收入减少。

二、成本、费用、损失最大化

成本、费用、损失是收入的减项。也就是说，在收入为一定的情况下，成本、费用、损失越大，应税所得就会越小。这就给了纳税人一个节税空间。欲使成本、费用、损失最大化，其方法有：采用资产金额较低的评估方法，避免费用被剔除或调减，提早承认费用，资产重估以增加折旧费用，创造费用（如化股利或红利为利息）等。

不过，应该指出的是，成本、费用、损失是创造收入的前提，如果因减少成本、费用、损失而减少了收入，那将是不合算的。因此，只有在收入不变而减少成本、费用、损失，或者，收入的减少小于成本、费用、损失的减少的情况下，来实现合理合法科学地节税。

例如，税法规定，企业的固定资产由于技术进步等原因，确需加速折旧的，可以缩短折旧年限或者采取加速折旧的方法。采用加速折旧就可增加企业的当期成本，以获税收递延之效。

三、运用税收优惠政策

所谓税收优惠，是指为了配合国家在一定时期的政策、经济和社会目标，在税收方面所相应采取的激励和照顾措施。

在节税方法中，最常用的则是税收优惠政策。它既是节税的要素，又是节税的主要方法。节税与税收优惠的关系是：税收优惠的范围越广，差别越大，方式越多，内容越丰富，则纳税人节税的空间就越大。因此进行节税时必须考虑是否有地区性税收优惠，是否有产业或行业税收优惠政策，减免税期如何确定，对纳税人境外缴纳的税款是否采取避免税收双重征税的措施，如果有，那么又采取一些什么样的方式来给予抵免，等等。

从税收数量的实际计算过程来看，先有税基，然后找出其适用税率，并按一定的关系进行计算，从而求得税额。同时，可能由于某种政策，如加速折旧的推行，把现在的税额推后为将来的税额。按这样一种流程，就出现了如下环节：税基→税率→税额→税收递延。由于各种各样的原因，税收优惠可能发生在各个环节之中，于是相应地出现了税基式税收优惠、税率式税收优惠、税额式税收优惠和递延式税收优惠。

在新企业所得税法中，规定有许多税收优惠政策，其形式主要有：产业优惠，免税收入，减免税规定，优惠税率，民族自治地方的税收优惠，加计扣除，创业投资抵扣，捐赠支出的扣除，加速折旧，企业综合利用资源的收入减计，小型微利企业应纳税所得额减计，税额抵免、弥补亏损等。根据企业所得税法中税收优惠的各种形式，我们可将其归类如表35–1所示。

表 35–1　　　　税收优惠的分类

税收优惠的类别	税收优惠的种类
税基式税收优惠	免税收入、收入减计、税前扣除、加计扣除、费用加成、盈亏互抵、应纳税所得额减计
税率式税收优惠	优惠税率或低税率优惠
税额式税收优惠	税额减免、优惠退税、税收抵免、税收饶让
递延式税收优惠	税收递延、加速折旧、加速摊销

四、免税所得最大化

免税所得或曰免税收入，是指依税法规定免征企业所得税的收入。免税的项目、期限和免税所得的计算，税法都有具体规定，但只要通过适当的选择与规划，就可以增加免税所得，事半而功倍。

减税，换句话说，是部分免税，因此，减税所得也可以最大化。

在新企业所得税法规中，减税、免税是税收优惠政策的主要组成部分，纳税人应当仔细研究，对号入座，充分运用之。

例如，税法规定，企业的下列所得，可以免征、减征企业所得税：

1. 从事农、林、牧、渔业项目的所得；

2. 从事国家重点扶持的公共基础设施项目投资经营的所得；

3. 从事符合条件的环境保护、节能节水项目的所得；

4. 符合条件的技术转让所得；

5. 非居民企业在中国境内未设立机构、场所的，或者虽设立机构、场所但取得的所得与其所设机构、场所没有实际联系的。

五、确认不征税收入

非应税收入或不征税收入，是指企业的这部分收入不在课税范围之内，其效果相当于免税。

例如，税法规定，收入总额中的下列收入为不征税收入：

1. 财政拨款；

2. 依法收取并纳入财政管理的行政事业性收费、政府性基金；

3. 国务院规定的其他不征税收入。

为了节税，对这些不征税收入，企业应持有相关的文件或原始凭证并得到主管税务机关的确认。

六、充分利用加计扣除

加计扣除是指在计算应纳税所得额时，企业的某些费用可以在实际发生额的基础上给予更多的扣减，从而使应纳税所得额相应减少。

例如，税法规定，企业的下列支出，可以在计算应纳税所得额时加计扣除：

1. 开发新技术、新产品、新工艺发生的研究开发费用；

2. 安置残疾人员及国家鼓励安置的其他就业人员所支付的工资。

该等规定就给了纳税人以节税空间。其基本方法是满足所规定的条件，以充分利用这些税收优惠。

七、增加应纳税所得额扣抵

纳税所得额扣抵，是指企业在计算出当期的应纳税所得额之后，再扣抵规定的金额，作为最终的应纳税所得额予以计税。因此，增加应纳税所得额扣抵就可达成节税之目标。

例如，税法规定，创业投资企业从事国家需要重点扶持和鼓励的创业投资，可以按投资额的一定比例抵扣应纳税所得额。

八、税率最低化

在企业所得税的税率表中，有基本税率、低税率和优惠税率等几种，且低税率和优惠税率还有多种。显然，企业如果能适用低税率或者优惠税率，就能节税。因此，企业只要通过适当的选择与规划，就有可能使用较低的税率而达到节税的目的。

例如，税法规定，符合条件的小型微利企业，减按20%的税率征收企业所得税。

国家需要重点扶持的高新技术企业，减按15%的税率征收企业所得税。

九、增加税额抵免

按现行税法的规定，投资机器设备和环保设备，可享受税收扣抵的税收优惠，这将使纳税人的应纳税额减少，其效果与免所得税额相同。

例如，税法规定，企业购置用于环境保护、节能节水、安全生产等专用设备的投资额，可以按一定比例实行税额抵免。

十、避免补税

补税是纳税人已在收入来源地交了税，后又按纳税人所在地的税法规定再交一笔税款。按中国现行税法规定，补税的项目有联营企业利润补税、股息收入补税和境外收益补税等。

另外，企业不要多记收入，少计漏记成本费用及损失，如鉴证为错误，则应补税，从而造成不必要的损失。

第三节 企业所得税的节税步骤

如要节约企业所得税，纳税人应按以下步骤来进行。

一、熟悉税法

进行税收规划，首先要选定负责税收规划的人员。该人应具有相当的经济、财务、会计和税收知识，以及实际经验，特别是要熟悉税法规定和相应的财务会计规定。

二、寻找节税的机会

在熟悉税法之后，应进一步了解企业的业务状况，从中寻找节税机会，比如，企业的设立、厂房的购置、原料的采购、产品的销售等，都有节税的机会。一般来说，节税的机会，可通过对企业的生产经营活动和财务会计报表的分析来寻得。

三、节税策略的决定

在节税机会发现之后，应进一步预测企业未来的业务状况、经济状况，选定税收策略并制定税收规划。例如，免税政策如何利用，厂房是租赁还是购买，选择何种存货计价方法等。

四、税收规划的执行

决定节税策略并制定税收规划之后，应即付诸实施。在执行过程中，应注意原先决定节税策略的原因，尽量发挥原有税收策略的优点。当外部环境或内部状况有变化时，应及时采取必要的措施，以避免税收规划的失败。

五、实施结果的总结

税收规划的实施结果，往往因环境的变化，或税收策略本身的缺陷，或执行人员的疏忽等因素，而导致与预期的目标不完全一致，因此，在每一个税收规划执行完了之后，应及时进行总结，找出成功的经验，检讨发生差异的原因，使今后的税收规划越做越好。

第四节 企业所得税一般节税策略

在这里，我们介绍几种一般的节税策略。

一、居民纳税人和非居民纳税人的选择

按新企业所得税法的规定，纳税人分居民纳税人和非居民纳税人，因此，企业应当根据自身的情况予以选择。

新企业所得税法判定税收上的居民与非居民的标准，在中国将采用“注册地标准”。因此，在中国境内：

1. 法人和自然人的选择。个人合伙企业、个人独资企业、会计师事务所、法律事务所等，一般应选择作自然人，只缴纳个人所得税，不缴纳企业所得税，从而避免重复课税，以达成节税之目标。

2. 母公司所在地的选择。在一般情况下，母公司应设立于低税区，或可享受长期税收优惠政策的地区。

3. 总公司、分公司的选择。新税法规定以公司法人为基本纳税单位，不具备法人资格的单位不是独立的纳税人。企业如将设立在各地的子公司改变为分公司，便使其失去了独立纳税人的资格，而一并由总公司汇总缴纳企业所得税。这样做的好处是：总公司分公司之间、各分公司之间的盈亏可以互抵，大大减小了总应纳税所得额，从而达成节税之目标。

4. 子公司与分公司的选择。

（1）当企业（总公司）处于低税区时，如经济特区，在外地应设立分公司；

（2）当企业（母公司）处于高税区时，如没有税收优惠的一般地区，且外地的适用税率较低，并实施税收饶让时，应设立子公司；

（3）当企业处于高税区时，如没有税收优惠的一般地区，外地的适用税率与本地一样，可视具体情况设立子公司或分公司。

二、实际管理控制地的选择

新税法规定，居民企业是指依法在中国境内成立，或者依照外国（地区）法律成立但实际管理机构在中国境内的企业。因此，外资企业不能像以前那样仅在国外注册即可，而必须根据自身的实际情况，选择实际管理地是设在中国，还是设在国外。

实际管理机构不是车间或办事处，也不是企业日常经营业务管理机构的所在地，而是指那些作出和形成重大企业经营管理决策和决定的地点。具体来说，是指企业的董事会所在地或董事会有关经营决策会议的召集地。

按照该规定，从 2008 年 1 月 1 日起，那些设立在国外，但由中国内地管理和控制的公司就必须就其全球所得在中国缴纳企业所得税。这些公司可能包括在香港上市而在中国内地运营的红筹股企业，以及在中国设立总部的跨国企业。这一规定，将对中国企业的海外投资以及跨国企业是否将总部设在中国而产生重大影响。

为此，外国企业可在董事会中增加一些外国人做董事，董事会会议可在外国召开等。这对于在外国注册而实际是中国资本控制的企业，特别是那些“返程投资”企业来说，就显得十分重要。

三、适用税率的选择

1. 利用优惠税率。如小企业、西部地区、高新技术企业等。

2. 利用新、旧税法的适用税率差异。

3. 利用税率优惠过渡期：一是有年限规定的；二是执行原规定到期为止。注意经济特区等的政策变化。

四、充分利用税收优惠政策

税收优惠的主要形式。在新税法中，税收优惠的主要形式有：减税、免税、优惠税率、加计扣除、投资抵扣、加速折旧、减计收入、税额抵免。

新税法及其相关法规，有许多税收优惠政策，纳税人应根据自身的情况，予以充分利用。

五、安排好税收优惠过渡期

首先必须要了解税法规定，哪些税收优惠有过渡期，哪些没有。其次，要了解税收优惠项目过渡期的长度，即年数。再次，充分利用税收优惠过渡期，合法增加过渡期内的收益。

六、注意税前扣除的项目及标准

计算应纳税所得额时准予扣除的项目，是指与纳税人取得收入有关的成本、费用和损失等。新税法涉及的准予扣除的项目颇多，同时还扩大了成本费用扣除的标准，因此，企业应根据自身的情况，全面规划，严格执行，以实现准予扣除的项目金额最大化。

1. 新税法增加了税前扣除项目。

2. 新税法扩大了税前扣除标准。如捐赠支出的税前扣除标准、广告支出标准等。

3. 新税法取消了某些税前扣除的限制。如，取消了计税工资。这样，就加大了工资及其附加的税前扣除力度，从而大大地缩减了应纳税所得额。

七、注意反避税条款

新税法中的“特别纳税调整”条款，即是反避税条款。它增加了对企业利用避税港、低税区和低税国避税的防范。譬如新增加了“受控外国公司”的内容，即由居民企业，或者由居民企业和中国居民控制的设立在实际税负明显低于规定税率 25%水平的国家（地区）的企业，并非由于合理的经营需要而对利润不作分配或者减少分配的，上述利润中应归属于该居民企业的部分，应当计入该居民企业的当期收入。

过去，一些企业选择避税港、低税区设立公司，把其他地区的利润转移到这里来，并长期不予分配而进行避税，现在，依新税法规定，这种利润中应归属于中国居民企业的部分，应计入中国居民企业的当期应税收入，故纳税人应认真对待。

八、进行国际税收规划

1. 新办的外商投资企业，过渡期满了以后的外商投资企业，以及外国投资者，在新税法实施后，由于不再享有特别的税收优惠政策，为了获取更多的税收利益，应通过国际税收规划来增加全球的税收利益，并在规划中更多地利用国际通行的节税工具。

2. 在经济全球化的大背景下，国内企业走出去已成为必然，因此，在向国外投资之前，应充分利用税收协定优惠和低税国、低税区优惠。

九、预提所得税的规划

对非居民企业，有来源于中国的所得，须征收预提所得税。现行税法规定，外国投资者从投资企业取得的利润，免征所得税，而新税法现在没有明确这种规定。如没规定，则需缴纳20%的预提所得税。同时，还取消了外国投资从投资企业取得的股息、红利免征预提所得税的政策，直接影响到外国投资者的投资利润和将来投资退出的税负。这样，就需要进行国际税收规划。

节税的主要方法是：充分利用国际税收协定中的有关条款，尽量享受低税率优惠。

中国现在已与80多个国家签订了税收协定，与中国香港地区、中国澳门地区还签订了避免双重征税的安排。新企业所得税法规定，中华人民共和国政府同外国政府订立的有关税收的协定与本法有不同规定的，依照协定的规定办理。在税收协定中，多数的预提所得税税率仅为10%，与中国香港地区、中国澳门地区的避免双重征税的安排中，预提所得税税率仅为5%。这就明确地告诉我们，投资者可选择在与中国签订有税收协定，并且其预提所得税税率较低的国家或地区进行注册登记，再由该企业向中国投资，便可享受较低的预提所得税税负。这种办法称为享受税收协定优惠。

例如，某外国公司已在中国境内设立有几家外商投资企业，并有相当的累积盈余。其节税策略是：

1. 如2007年底之前，在境外如中国香港地区设立一家控股公司，那么，在中国境内的外商投资企业可先办理再投资退税，然后将股权转让给中国香港地区的控股公司。

2. 如年底之前不能及时办理再投资退税，或者2007年底之后，也在境外如中国香港地区设立一家控股公司。根据内地与香港特别行政区签订的避免双重征税的安排，对汇往香港企业的利润，预提所得税为5%，比其他国家或地区为低。因此，可在中国香港地区设立控股公司，将内地的外商投资企业利润直接汇往中国香港地区，而达成节省税收之目标。

十、是否可享受税收饶让

跨国企业不仅需要考虑设在哪个国家的税负轻重，而且，还应考虑整体税负的优化。因此，跨国企业的考量，不能仅限于一个企业、一个国家，而是需要进行全球考量。譬如，中国的税收优惠政策，税收协定的相关国是否承认。如不承认，中国有再多的税收优惠，也对外国投资者不发生作用。

十一、关注税收以外的投资条件

新税法将取消或逐步取消一些区域性的税收优惠政策。在这种情况下，投资者的经营策略应更多地关注投资环境，如自然资源的丰度、人才资源的多寡和市场环境的好坏等方面。

附录一　中华人民共和国企业所得税法

中华人民共和国主席令

第六十三号

《中华人民共和国企业所得税法》已由中华人民共和国第十届全国人民代表大会第五次会议于 2007 年 3 月 16 日通过，现予公布，自 2008 年 1 月 1 日起施行。

中华人民共和国主席　胡锦涛

2007 年 3 月 16 日

(2007 年 3 月 16 日第十届全国人民代表大会第五次会议通过)

目　录

第一章　总　则

第一条　在中华人民共和国境内，企业和其他取得收入的组织（以下统称企业）为企业所得税的纳税人，依照本法的规定缴纳企业所得税。

个人独资企业、合伙企业不适用本法。

第二条　企业分为居民企业和非居民企业。

本法所称居民企业，是指依法在中国境内成立，或者依照外国（地区）法律成立但实际管理机构在中国境内的企业。

本法所称非居民企业，是指依照外国（地区）法律成立且实际管理机构不在中国境内，但在中国境内设立机构、场所的，或者在中国境内未设立机构、场所，但有来源于中国境内所得的企业。

第三条　居民企业应当就其来源于中国境内、境外的所得缴纳企业所得税。

非居民企业在中国境内设立机构、场所的，应当就其所设机构、场所取得的来源于中国境内的所得，以及发生在中国境外但与其所设机构、场所有实际联系的所得，缴纳企业所得税。

非居民企业在中国境内未设立机构、场所的，或者虽设立机构、场所但取得的所得与其所设机构、场所没有实际联系的，应当就其来源于中国境内的所得缴纳企业所得税。

第四条 企业所得税的税率为25%。

非居民企业取得本法第三条第三款规定的所得，适用税率为20%。

第二章 应纳税所得额

第五条 企业每一纳税年度的收入总额，减除不征税收入、免税收入、各项扣除以及允许弥补的以前年度亏损后的余额，为应纳税所得额。

第六条 企业以货币形式和非货币形式从各种来源取得的收入，为收入总额。包括：

（一）销售货物收入；

（二）提供劳务收入；

（三）转让财产收入；

（四）股息、红利等权益性投资收益；

（五）利息收入；

（六）租金收入；

（七）特许权使用费收入；

（八）接受捐赠收入；

（九）其他收入。

第七条 收入总额中的下列收入为不征税收入：

（一）财政拨款；

（二）依法收取并纳入财政管理的行政事业性收费、政府性基金；

（三）国务院规定的其他不征税收入。

第八条 企业实际发生的与取得收入有关的、合理的支出，包括成本、费用、税金、损失和其他支出，准予在计算应纳税所得额时扣除。

第九条 企业发生的公益性捐赠支出，在年度利润总额12%以内的部分，准予在计算应纳税所得额时扣除。

第十条 在计算应纳税所得额时，下列支出不得扣除：

（一）向投资者支付的股息、红利等权益性投资收益款项；

（二）企业所得税税款；

（三）税收滞纳金；

（四）罚金、罚款和被没收财物的损失；

（五）本法第九条规定以外的捐赠支出；

（六）赞助支出；

（七）未经核定的准备金支出；

（八）与取得收入无关的其他支出。

第十一条 在计算应纳税所得额时，企业按照规定计算的固定资产折旧，准予扣除。

下列固定资产不得计算折旧扣除：

（一）房屋、建筑物以外未投入使用的固定资产；

（二）以经营租赁方式租入的固定资产；

（三）以融资租赁方式租出的固定资产；

（四）已足额提取折旧仍继续使用的固定资产；

（五）与经营活动无关的固定资产；

（六）单独估价作为固定资产入账的土地；

（七）其他不得计算折旧扣除的固定资产。

第十二条　在计算应纳税所得额时，企业按照规定计算的无形资产摊销费用，准予扣除。

下列无形资产不得计算摊销费用扣除：

（一）自行开发的支出已在计算应纳税所得额时扣除的无形资产；

（二）自创商誉；

（三）与经营活动无关的无形资产；

（四）其他不得计算摊销费用扣除的无形资产。

第十三条　在计算应纳税所得额时，企业发生的下列支出作为长期待摊费用，按照规定摊销的，准予扣除：

（一）已足额提取折旧的固定资产的改建支出；

（二）租入固定资产的改建支出；

（三）固定资产的大修理支出；

（四）其他应当作为长期待摊费用的支出。

第十四条　企业对外投资期间，投资资产的成本在计算应纳税所得额时不得扣除。

第十五条　企业使用或者销售存货，按照规定计算的存货成本，准予在计算应纳税所得额时扣除。

第十六条　企业转让资产，该项资产的净值，准予在计算应纳税所得额时扣除。

第十七条　企业在汇总计算缴纳企业所得税时，其境外营业机构的亏损不得抵减境内营业机构的盈利。

第十八条　企业纳税年度发生的亏损，准予向以后年度结转，用以后年度的所得弥补，但结转年限最长不得超过五年。

第十九条　非居民企业取得本法第三条第三款规定的所得，按照下列方法计算其应纳税所得额：

（一）股息、红利等权益性投资收益和利息、租金、特许权使用费所得，以收入全额为应纳税所得额；

（二）转让财产所得，以收入全额减除财产净值后的余额为应纳税所得额；

（三）其他所得，参照前两项规定的方法计算应纳税所得额。

第二十条　本章规定的收入、扣除的具体范围、标准和资产的税务处理的具体办法，由国务院财政、税务主管部门规定。

第二十一条　在计算应纳税所得额时，企业财务、会计处理办法与税收法律、行政法规的规定不一致的，应当依照税收法律、行政法规的规定计算。

第三章　应纳税额

第二十二条　企业的应纳税所得额乘以适用税率，减除依照本法关于税收优惠的规定减免和抵免的税额后的余额，为应纳税额。

第二十三条　企业取得的下列所得已在境外缴纳的所得税税额，可以从其当期应纳税额中抵免，抵免限额为该项所得依照本法规定计算的应纳税额；超过抵免限额的部分，可以在以后五个年度内，用每年度抵免限额抵免当年应抵税额后的余额进行抵补：

（一）居民企业来源于中国境外的应税所得；

（二）非居民企业在中国境内设立机构、场所，取得发生在中国境外但与该机构、场所有实际联系的应税所得。

第二十四条 居民企业从其直接或者间接控制的外国企业分得的来源于中国境外的股息、红利等权益性投资收益，外国企业在境外实际缴纳的所得税税额中属于该项所得负担的部分，可以作为该居民企业的可抵免境外所得税税额，在本法第二十三条规定的抵免限额内抵免。

第四章 税收优惠

第二十五条 国家对重点扶持和鼓励发展的产业和项目，给予企业所得税优惠。

第二十六条 企业的下列收入为免税收入：

（一）国债利息收入；

（二）符合条件的居民企业之间的股息、红利等权益性投资收益；

（三）在中国境内设立机构、场所的非居民企业从居民企业取得与该机构、场所有实际联系的股息、红利等权益性投资收益；

（四）符合条件的非营利组织的收入。

第二十七条 企业的下列所得，可以免征、减征企业所得税：

（一）从事农、林、牧、渔业项目的所得；

（二）从事国家重点扶持的公共基础设施项目投资经营的所得；

（三）从事符合条件的环境保护、节能节水项目的所得；

（四）符合条件的技术转让所得；

（五）本法第三条第三款规定的所得。

第二十八条 符合条件的小型微利企业，减按20%的税率征收企业所得税。

国家需要重点扶持的高新技术企业，减按15%的税率征收企业所得税。

第二十九条 民族自治地方的自治机关对本民族自治地方的企业应缴纳的企业所得税中属于地方分享的部分，可以决定减征或者免征。自治州、自治县决定减征或者免征的，须报省、自治区、直辖市人民政府批准。

第三十条 企业的下列支出，可以在计算应纳税所得额时加计扣除：

（一）开发新技术、新产品、新工艺发生的研究开发费用；

（二）安置残疾人员及国家鼓励安置的其他就业人员所支付的工资。

第三十一条 创业投资企业从事国家需要重点扶持和鼓励的创业投资，可以按投资额的一定比例抵扣应纳税所得额。

第三十二条 企业的固定资产由于技术进步等原因，确需加速折旧的，可以缩短折旧年限或者采取加速折旧的方法。

第三十三条 企业综合利用资源，生产符合国家产业政策规定的产品所取得的收入，可以在计算应纳税所得额时减计收入。

第三十四条 企业购置用于环境保护、节能节水、安全生产等专用设备的投资额，可以按一定比例实行税额抵免。

第三十五条 本法规定的税收优惠的具体办法，由国务院规定。

第三十六条 根据国民经济和社会发展的需要，或者由于突发事件等原因对企业经营活动产生重大影响的，国务院可以制定企业所得税专项优惠政策，报全国人民代表大会常务委员会备案。

第五章 源泉扣缴

第三十七条 对非居民企业取得本法第三条第三款规定的所得应缴纳的所得税，实行源泉扣缴，以支付人为扣缴义务人。税款由扣缴义务人在每次支付或者到期应支付时，从支付或者到期应支付的款项中扣缴。

第三十八条 对非居民企业在中国境内取得工程作业和劳务所得应缴纳的所得税，税务机关可以指定工程价款或者劳务费的支付人为扣缴义务人。

第三十九条 依照本法第三十七条、第三十八条规定应当扣缴的所得税，扣缴义务人未依法扣缴或者无法履行扣缴义务的，由纳税人在所得发生地缴纳。纳税人未依法缴纳的，税务机关可以从该纳税人在中国境内其他收入项目的支付人应付的款项中，追缴该纳税人的应纳税款。

第四十条 扣缴义务人每次代扣的税款，应当自代扣之日起七日内缴入国库，并向所在地的税务机关报送扣缴企业所得税报告表。

第六章 特别纳税调整

第四十一条 企业与其关联方之间的业务往来，不符合独立交易原则而减少企业或者其关联方应纳税收入或者所得额的，税务机关有权按照合理方法调整。

企业与其关联方共同开发、受让无形资产，或者共同提供、接受劳务发生的成本，在计算应纳税所得额时应当按照独立交易原则进行分摊。

第四十二条 企业可以向税务机关提出与其关联方之间业务往来的定价原则和计算方法，税务机关与企业协商、确认后，达成预约定价安排。

第四十三条 企业向税务机关报送年度企业所得税纳税申报表时，应当就其与关联方之间的业务往来，附送年度关联业务往来报告表。

税务机关在进行关联业务调查时，企业及其关联方，以及与关联业务调查有关的其他企业，应当按照规定提供相关资料。

第四十四条 企业不提供与其关联方之间业务往来资料，或者提供虚假、不完整资料，未能真实反映其关联业务往来情况的，税务机关有权依法核定其应纳税所得额。

第四十五条 由居民企业，或者由居民企业和中国居民控制的设立在实际税负明显低于本法第四条第一款规定税率水平的国家（地区）的企业，并非由于合理的经营需要而对利润不作分配或者减少分配的，上述利润中应归属于该居民企业的部分，应当计入该居民企业的当期收入。

第四十六条 企业从其关联方接受的债权性投资与权益性投资的比例超过规定标准而发生的利息支出，不得在计算应纳税所得额时扣除。

第四十七条 企业实施其他不具有合理商业目的的安排而减少其应纳税收入或者所得额的，税务机关有权按照合理方法调整。

第四十八条 税务机关依照本章规定作出纳税调整，需要补征税款的，应当补征税款，并按照国务院规定加收利息。

第七章 征收管理

第四十九条 企业所得税的征收管理除本法规定外，依照《中华人民共和国税收征收管理法》的规定执行。

第五十条 除税收法律、行政法规另有规定外，居民企业以企业登记注册地为纳税地点；但登记注册地在境外的，以实际管理机构所在地为纳税地点。

居民企业在中国境内设立不具有法人资格的营业机构的，应当汇总计算并缴纳企业所得税。

第五十一条 非居民企业取得本法第三条第二款规定的所得，以机构、场所所在地为纳税地点。非居民企业在中国境内设立两个或者两个以上机构、场所的，经税务机关审核批准，可以选择由其主要机构、场所汇总缴纳企业所得税。

非居民企业取得本法第三条第三款规定的所得，以扣缴义务人所在地为纳税地点。

第五十二条 除国务院另有规定外，企业之间不得合并缴纳企业所得税。

第五十三条 企业所得税按纳税年度计算。纳税年度自公历1月1日起至12月31日止。

企业在一个纳税年度中间开业，或者终止经营活动，使该纳税年度的实际经营期不足十二个月的，应当以其实际经营期为一个纳税年度。

企业依法清算时，应当以清算期间作为一个纳税年度。

第五十四条 企业所得税分月或者分季预缴。

企业应当自月份或者季度终了之日起十五日内，向税务机关报送预缴企业所得税纳税申报表，预缴税款。

企业应当自年度终了之日起五个月内，向税务机关报送年度企业所得税纳税申报表，并汇算清缴，结清应缴应退税款。

企业在报送企业所得税纳税申报表时，应当按照规定附送财务会计报告和其他有关资料。

第五十五条 企业在年度中间终止经营活动的，应当自实际经营终止之日起六十日内，向税务机关办理当期企业所得税汇算清缴。

企业应当在办理注销登记前，就其清算所得向税务机关申报并依法缴纳企业所得税。

第五十六条 依照本法缴纳的企业所得税，以人民币计算。所得以人民币以外的货币计算的，应当折合成人民币计算并缴纳税款。

第八章 附 则

第五十七条 本法公布前已经批准设立的企业，依照当时的税收法律、行政法规规定，享受低税率优惠的，按照国务院规定，可以在本法施行后五年内，逐步过渡到本法规定的税率；享受定期减免税优惠的，按照国务院规定，可以在本法施行后继续享受到期满为止，但因未获利而尚未享受优惠的，优惠期限从本法施行年度起计算。

法律设置的发展对外经济合作和技术交流的特定地区内，以及国务院已规定执行上述地区特殊政策的地区内新设立的国家需要重点扶持的高新技术企业，可以享受过渡性税收优惠，具体办法由国务院规定。

国家已确定的其他鼓励类企业，可以按照国务院规定享受减免税优惠。

第五十八条 中华人民共和国政府同外国政府订立的有关税收的协定与本法有不同规定的，依照协定的规定办理。

第五十九条 国务院根据本法制定实施条例。

第六十条 本法自 2008 年 1 月 1 日起施行。1991 年 4 月 9 日第七届全国人民代表大会第四次会议通过的《中华人民共和国外商投资企业和外国企业所得税法》和 1993 年 12 月 13 日国务院发布的《中华人民共和国企业所得税暂行条例》同时废止。

附录二　中华人民共和国企业所得税法实施条例

中华人民共和国国务院令第512号

《中华人民共和国企业所得税法实施条例》已经2007年11月28日国务院第197次常务会议通过，现予公布，自2008年1月1日起施行。

总理　温家宝

二○○七年十二月六日

第一章　总　则

第一条　根据《中华人民共和国企业所得税法》（以下简称企业所得税法）的规定，制定本条例。

第二条　企业所得税法第一条所称个人独资企业、合伙企业，是指依照中国法律、行政法规成立的个人独资企业、合伙企业。

第三条　企业所得税法第二条所称依法在中国境内成立的企业，包括依照中国法律、行政法规在中国境内成立的企业、事业单位、社会团体以及其他取得收入的组织。

企业所得税法第二条所称依照外国（地区）法律成立的企业，包括依照外国（地区）法律成立的企业和其他取得收入的组织。

第四条　企业所得税法第二条所称实际管理机构，是指对企业的生产经营、人员、账务、财产等实施实质性全面管理和控制的机构。

第五条　企业所得税法第二条第三款所称机构、场所，是指在中国境内从事生产经营活动的机构、场所，包括：

（一）管理机构、营业机构、办事机构；

（二）工厂、农场、开采自然资源的场所；

（三）提供劳务的场所；

（四）从事建筑、安装、装配、修理、勘探等工程作业的场所；

（五）其他从事生产经营活动的机构、场所。

非居民企业委托营业代理人在中国境内从事生产经营活动的，包括委托单位或者个人经常代其签订合同，或者储存、交付货物等，该营业代理人视为非居民企业在中国境内设立的机构、场所。

第六条　企业所得税法第三条所称所得，包括销售货物所得、提供劳务所得、转让财产所得、股息红利等权益性投资所得、利息所得、租金所得、特许权使用费所得、接受捐赠所得和其他所得。

第七条　企业所得税法第三条所称来源于中国境内、境外的所得，按照以下原则确定：

（一）销售货物所得，按照交易活动发生地确定；

（二）提供劳务所得，按照劳务发生地确定；

（三）转让财产所得，不动产转让所得按照不动产所在地确定，动产转让所得按照转让动产的企业或者机构、场所所在地确定，权益性投资资产转让所得按照被投资企业所在地确定；

（四）股息、红利等权益性投资所得，按照分配所得的企业所在地确定；

（五）利息所得、租金所得、特许权使用费所得，按照负担、支付所得的企业或者机构、场所所在地确定，或者按照负担、支付所得的个人的住所地确定；

（六）其他所得，由国务院财政、税务主管部门确定。

第八条　企业所得税法第三条所称实际联系，是指非居民企业在中国境内设立的机构、场所拥有据以取得所得的股权、债权，以及拥有、管理、控制据以取得所得的财产等。

第二章　应纳税所得额

第一节　一般规定

第九条　企业应纳税所得额的计算，以权责发生制为原则，属于当期的收入和费用，不论款项是否收付，均作为当期的收入和费用；不属于当期的收入和费用，即使款项已经在当期收付，均不作为当期的收入和费用。本条例和国务院财政、税务主管部门另有规定的除外。

第十条　企业所得税法第五条所称亏损，是指企业依照企业所得税法和本条例的规定将每一纳税年度的收入总额减除不征税收入、免税收入和各项扣除后小于零的数额。

第十一条　企业所得税法第五十五条所称清算所得，是指企业的全部资产可变现价值或者交易价格减除资产净值、清算费用以及相关税费等后的余额。

投资方企业从被清算企业分得的剩余资产，其中相当于从被清算企业累计未分配利润和累计盈余公积中应当分得的部分，应当确认为股息所得；剩余资产减除上述股息所得后的余额，超过或者低于投资成本的部分，应当确认为投资资产转让所得或者损失。

第二节　收　入

第十二条　企业所得税法第六条所称企业取得收入的货币形式，包括现金、存款、应收账款、应收票据、准备持有至到期的债券投资以及债务的豁免等。

企业所得税法第六条所称企业取得收入的非货币形式，包括固定资产、生物资产、无形资产、股权投资、存货、不准备持有至到期的债券投资、劳务以及有关权益等。

第十三条　企业所得税法第六条所称企业以非货币形式取得的收入，应当按照公允价值确定收入额。

前款所称公允价值，是指按照市场价格确定的价值。

第十四条　企业所得税法第六条第（一）项所称销售货物收入，是指企业销售商品、产品、原材料、包装物、低值易耗品以及其他存货取得的收入。

第十五条　企业所得税法第六条第（二）项所称提供劳务收入，是指企业从事建筑安装、修理修配、交通运输、仓储租赁、金融保险、邮电通信、咨询经纪、文化体育、科学研究、技术服务、教育培训、餐饮住宿、中介代理、卫生保健、社区服务、旅游、娱乐、加工以及其他劳务服务活动取得的收入。

第十六条　企业所得税法第六条第（三）项所称转让财产收入，是指企业转让固定资产、生物资产、无形资产、股权、债权等财产取得的收入。

第十七条 企业所得税法第六条第（四）项所称股息、红利等权益性投资收益，是指企业因权益性投资从被投资方取得的收入。

股息、红利等权益性投资收益，除国务院财政、税务主管部门另有规定外，按照被投资方作出利润分配决定的日期确认收入的实现。

第十八条 企业所得税法第六条第（五）项所称利息收入，是指企业将资金提供他人使用但不构成权益性投资，或者因他人占用本企业资金取得的收入，包括存款利息、贷款利息、债券利息、欠款利息等收入。

利息收入，按照合同约定的债务人应付利息的日期确认收入的实现。

第十九条 企业所得税法第六条第（六）项所称租金收入，是指企业提供固定资产、包装物或者其他有形资产的使用权取得的收入。

租金收入，按照合同约定的承租人应付租金的日期确认收入的实现。

第二十条 企业所得税法第六条第（七）项所称特许权使用费收入，是指企业提供专利权、非专利技术、商标权、著作权以及其他特许权的使用权取得的收入。

特许权使用费收入，按照合同约定的特许权使用人应付特许权使用费的日期确认收入的实现。

第二十一条 企业所得税法第六条第（八）项所称接受捐赠收入，是指企业接受的来自其他企业、组织或者个人无偿给予的货币性资产、非货币性资产。

接受捐赠收入，按照实际收到捐赠资产的日期确认收入的实现。

第二十二条 企业所得税法第六条第（九）项所称其他收入，是指企业取得的除企业所得税法第六条第（一）项至第（八）项规定的收入外的其他收入，包括企业资产溢余收入、逾期未退包装物押金收入、确实无法偿付的应付款项、已作坏账损失处理后又收回的应收款项、债务重组收入、补贴收入、违约金收入、汇兑收益等。

第二十三条 企业的下列生产经营业务可以分期确认收入的实现：

（一）以分期收款方式销售货物的，按照合同约定的收款日期确认收入的实现；

（二）企业受托加工制造大型机械设备、船舶、飞机，以及从事建筑、安装、装配工程业务或者提供其他劳务等，持续时间超过 12 个月的，按照纳税年度内完工进度或者完成的工作量确认收入的实现。

第二十四条 采取产品分成方式取得收入的，按照企业分得产品的日期确认收入的实现，其收入额按照产品的公允价值确定。

第二十五条 企业发生非货币性资产交换，以及将货物、财产、劳务用于捐赠、偿债、赞助、集资、广告、样品、职工福利或者利润分配等用途的，应当视同销售货物、转让财产或者提供劳务，但国务院财政、税务主管部门另有规定的除外。

第二十六条 企业所得税法第七条第（一）项所称财政拨款，是指各级人民政府对纳入预算管理的事业单位、社会团体等组织拨付的财政资金，但国务院和国务院财政、税务主管部门另有规定的除外。

企业所得税法第七条第（二）项所称行政事业性收费，是指依照法律法规等有关规定，按照国务院规定程序批准，在实施社会公共管理，以及在向公民、法人或者其他组织提供特定公共服务过程中，向特定对象收取并纳入财政管理的费用。

企业所得税法第七条第（二）项所称政府性基金，是指企业依照法律、行政法规等有关规定，代政府收取的具有专项用途的财政资金。

企业所得税法第七条第（三）项所称国务院规定的其他不征税收入，是指企业取得的，由国务院财政、税务主管部门规定专项用途并经国务院批准的财政性资金。

第三节　扣　除

第二十七条　企业所得税法第八条所称有关的支出，是指与取得收入直接相关的支出。

企业所得税法第八条所称合理的支出，是指符合生产经营活动常规，应当计入当期损益或者有关资产成本的必要和正常的支出。

第二十八条　企业发生的支出应当区分收益性支出和资本性支出。收益性支出在发生当期直接扣除；资本性支出应当分期扣除或者计入有关资产成本，不得在发生当期直接扣除。

企业的不征税收入用于支出所形成的费用或者财产，不得扣除或者计算对应的折旧、摊销扣除。

除企业所得税法和本条例另有规定外，企业实际发生的成本、费用、税金、损失和其他支出，不得重复扣除。

第二十九条　企业所得税法第八条所称成本，是指企业在生产经营活动中发生的销售成本、销货成本、业务支出以及其他耗费。

第三十条　企业所得税法第八条所称费用，是指企业在生产经营活动中发生的销售费用、管理费用和财务费用，已经计入成本的有关费用除外。

第三十一条　企业所得税法第八条所称税金，是指企业发生的除企业所得税和允许抵扣的增值税以外的各项税金及其附加。

第三十二条　企业所得税法第八条所称损失，是指企业在生产经营活动中发生的固定资产和存货的盘亏、毁损、报废损失，转让财产损失，呆账损失，坏账损失，自然灾害等不可抗力因素造成的损失以及其他损失。

企业发生的损失，减除责任人赔偿和保险赔款后的余额，依照国务院财政、税务主管部门的规定扣除。

企业已经作为损失处理的资产，在以后纳税年度又全部收回或者部分收回时，应当计入当期收入。

第三十三条　企业所得税法第八条所称其他支出，是指除成本、费用、税金、损失外，企业在生产经营活动中发生的与生产经营活动有关的、合理的支出。

第三十四条　企业发生的合理的工资薪金支出，准予扣除。

前款所称工资薪金，是指企业每一纳税年度支付给在本企业任职或者受雇的员工的所有现金形式或者非现金形式的劳动报酬，包括基本工资、奖金、津贴、补贴、年终加薪、加班工资，以及与员工任职或者受雇有关的其他支出。

第三十五条　企业依照国务院有关主管部门或者省级人民政府规定的范围和标准为职工缴纳的基本养老保险费、基本医疗保险费、失业保险费、工伤保险费、生育保险费等基本社会保险费和住房公积金，准予扣除。

企业为投资者或者职工支付的补充养老保险费、补充医疗保险费，在国务院财政、税务主管部门规定的范围和标准内，准予扣除。

第三十六条　除企业依照国家有关规定为特殊工种职工支付的人身安全保险费和国务院财政、税务主管部门规定可以扣除的其他商业保险费外，企业为投资者或者职工支付的商业保险费，不得扣除。

第三十七条 企业在生产经营活动中发生的合理的不需要资本化的借款费用，准予扣除。

企业为购置、建造固定资产、无形资产和经过12个月以上的建造才能达到预定可销售状态的存货发生借款的，在有关资产购置、建造期间发生的合理的借款费用，应当作为资本性支出计入有关资产的成本，并依照本条例的规定扣除。

第三十八条 企业在生产经营活动中发生的下列利息支出，准予扣除：

（一）非金融企业向金融企业借款的利息支出、金融企业的各项存款利息支出和同业拆借利息支出、企业经批准发行债券的利息支出；

（二）非金融企业向非金融企业借款的利息支出，不超过按照金融企业同期同类贷款利率计算的数额的部分。

第三十九条 企业在货币交易中，以及纳税年度终了时将人民币以外的货币性资产、负债按照期末即期人民币汇率中间价折算为人民币时产生的汇兑损失，除已经计入有关资产成本以及与向所有者进行利润分配相关的部分外，准予扣除。

第四十条 企业发生的职工福利费支出，不超过工资薪金总额14%的部分，准予扣除。

第四十一条 企业拨缴的工会经费，不超过工资薪金总额2%的部分，准予扣除。

第四十二条 除国务院财政、税务主管部门另有规定外，企业发生的职工教育经费支出，不超过工资薪金总额2.5%的部分，准予扣除；超过部分，准予在以后纳税年度结转扣除。

第四十三条 企业发生的与生产经营活动有关的业务招待费支出，按照发生额的60%扣除，但最高不得超过当年销售（营业）收入的5‰。

第四十四条 企业发生的符合条件的广告费和业务宣传费支出，除国务院财政、税务主管部门另有规定外，不超过当年销售（营业）收入15%的部分，准予扣除；超过部分，准予在以后纳税年度结转扣除。

第四十五条 企业依照法律、行政法规有关规定提取的用于环境保护、生态恢复等方面的专项资金，准予扣除。上述专项资金提取后改变用途的，不得扣除。

第四十六条 企业参加财产保险，按照规定缴纳的保险费，准予扣除。

第四十七条 企业根据生产经营活动的需要租入固定资产支付的租赁费，按照以下方法扣除：

（一）以经营租赁方式租入固定资产发生的租赁费支出，按照租赁期限均匀扣除；

（二）以融资租赁方式租入固定资产发生的租赁费支出，按照规定构成融资租入固定资产价值的部分应当提取折旧费用，分期扣除。

第四十八条 企业发生的合理的劳动保护支出，准予扣除。

第四十九条 企业之间支付的管理费、企业内营业机构之间支付的租金和特许权使用费，以及非银行企业内营业机构之间支付的利息，不得扣除。

第五十条 非居民企业在中国境内设立的机构、场所，就其中国境外总机构发生的与该机构、场所生产经营有关的费用，能够提供总机构出具的费用汇集范围、定额、分配依据和方法等证明文件，并合理分摊的，准予扣除。

第五十一条 企业所得税法第九条所称公益性捐赠，是指企业通过公益性社会团体或者县级以上人民政府及其部门，用于《中华人民共和国公益事业捐赠法》规定的公益事业的捐赠。

第五十二条 本条例第五十一条所称公益性社会团体，是指同时符合下列条件的基金会、慈善组织等社会团体：

（一）依法登记，具有法人资格；

（二）以发展公益事业为宗旨，且不以营利为目的；

（三）全部资产及其增值为该法人所有；

（四）收益和营运结余主要用于符合该法人设立目的的事业；

（五）终止后的剩余财产不归属任何个人或者营利组织；

（六）不经营与其设立目的无关的业务；

（七）有健全的财务会计制度；

（八）捐赠者不以任何形式参与社会团体财产的分配；

（九）国务院财政、税务主管部门会同国务院民政部门等登记管理部门规定的其他条件。

第五十三条　企业发生的公益性捐赠支出，不超过年度利润总额12%的部分，准予扣除。

年度利润总额，是指企业依照国家统一会计制度的规定计算的年度会计利润。

第五十四条　企业所得税法第十条第（六）项所称赞助支出，是指企业发生的与生产经营活动无关的各种非广告性质支出。

第五十五条　企业所得税法第十条第（七）项所称未经核定的准备金支出，是指不符合国务院财政、税务主管部门规定的各项资产减值准备、风险准备等准备金支出。

第四节　资产的税务处理

第五十六条　企业的各项资产，包括固定资产、生物资产、无形资产、长期待摊费用、投资资产、存货等，以历史成本为计税基础。

前款所称历史成本，是指企业取得该项资产时实际发生的支出。

企业持有各项资产期间资产增值或者减值，除国务院财政、税务主管部门规定可以确认损益外，不得调整该资产的计税基础。

第五十七条　企业所得税法第十一条所称固定资产，是指企业为生产产品、提供劳务、出租或者经营管理而持有的、使用时间超过12个月的非货币性资产，包括房屋、建筑物、机器、机械、运输工具以及其他与生产经营活动有关的设备、器具、工具等。

第五十八条　固定资产按照以下方法确定计税基础：

（一）外购的固定资产，以购买价款和支付的相关税费以及直接归属于使该资产达到预定用途发生的其他支出为计税基础；

（二）自行建造的固定资产，以竣工结算前发生的支出为计税基础；

（三）融资租入的固定资产，以租赁合同约定的付款总额和承租人在签订租赁合同过程中发生的相关费用为计税基础，租赁合同未约定付款总额的，以该资产的公允价值和承租人在签订租赁合同过程中发生的相关费用为计税基础；

（四）盘盈的固定资产，以同类固定资产的重置完全价值为计税基础；

（五）通过捐赠、投资、非货币性资产交换、债务重组等方式取得的固定资产，以该资产的公允价值和支付的相关税费为计税基础；

（六）改建的固定资产，除企业所得税法第十三条第（一）项和第（二）项规定的支出外，以改建过程中发生的改建支出增加计税基础。

第五十九条　固定资产按照直线法计算的折旧，准予扣除。

企业应当自固定资产投入使用月份的次月起计算折旧；停止使用的固定资产，应当自停止使用月份的次月起停止计算折旧。

企业应当根据固定资产的性质和使用情况，合理确定固定资产的预计净残值。固定资产的预计净残值一经确定，不得变更。

第六十条 除国务院财政、税务主管部门另有规定外，固定资产计算折旧的最低年限如下：

（一）房屋、建筑物，为20年；

（二）飞机、火车、轮船、机器、机械和其他生产设备，为10年；

（三）与生产经营活动有关的器具、工具、家具等，为5年；

（四）飞机、火车、轮船以外的运输工具，为4年；

（五）电子设备，为3年。

第六十一条 从事开采石油、天然气等矿产资源的企业，在开始商业性生产前发生的费用和有关固定资产的折耗、折旧方法，由国务院财政、税务主管部门另行规定。

第六十二条 生产性生物资产按照以下方法确定计税基础：

（一）外购的生产性生物资产，以购买价款和支付的相关税费为计税基础；

（二）通过捐赠、投资、非货币性资产交换、债务重组等方式取得的生产性生物资产，以该资产的公允价值和支付的相关税费为计税基础。

前款所称生产性生物资产，是指企业为生产农产品、提供劳务或者出租等而持有的生物资产，包括经济林、薪炭林、产畜和役畜等。

第六十三条 生产性生物资产按照直线法计算的折旧，准予扣除。

企业应当自生产性生物资产投入使用月份的次月起计算折旧；停止使用的生产性生物资产，应当自停止使用月份的次月起停止计算折旧。

企业应当根据生产性生物资产的性质和使用情况，合理确定生产性生物资产的预计净残值。生产性生物资产的预计净残值一经确定，不得变更。

第六十四条 生产性生物资产计算折旧的最低年限如下：

（一）林木类生产性生物资产，为10年；

（二）畜类生产性生物资产，为3年。

第六十五条 企业所得税法第十二条所称无形资产，是指企业为生产产品、提供劳务、出租或者经营管理而持有的、没有实物形态的非货币性长期资产，包括专利权、商标权、著作权、土地使用权、非专利技术、商誉等。

第六十六条 无形资产按照以下方法确定计税基础：

（一）外购的无形资产，以购买价款和支付的相关税费以及直接归属于使该资产达到预定用途发生的其他支出为计税基础；

（二）自行开发的无形资产，以开发过程中该资产符合资本化条件后至达到预定用途前发生的支出为计税基础；

（三）通过捐赠、投资、非货币性资产交换、债务重组等方式取得的无形资产，以该资产的公允价值和支付的相关税费为计税基础。

第六十七条 无形资产按照直线法计算的摊销费用，准予扣除。

无形资产的摊销年限不得低于10年。

作为投资或者受让的无形资产，有关法律规定或者合同约定了使用年限的，可以按照规定或者约定的使用年限分期摊销。

外购商誉的支出，在企业整体转让或者清算时，准予扣除。

第六十八条　企业所得税法第十三条第（一）项和第（二）项所称固定资产的改建支出，是指改变房屋或者建筑物结构、延长使用年限等发生的支出。

企业所得税法第十三条第（一）项规定的支出，按照固定资产预计尚可使用年限分期摊销；第（二）项规定的支出，按照合同约定的剩余租赁期限分期摊销。

改建的固定资产延长使用年限的，除企业所得税法第十三条第（一）项和第（二）项规定外，应当适当延长折旧年限。

第六十九条　企业所得税法第十三条第（三）项所称固定资产的大修理支出，是指同时符合下列条件的支出：

（一）修理支出达到取得固定资产时的计税基础50%以上；

（二）修理后固定资产的使用年限延长2年以上。

企业所得税法第十三条第（三）项规定的支出，按照固定资产尚可使用年限分期摊销。

第七十条　企业所得税法第十三条第（四）项所称其他应当作为长期待摊费用的支出，自支出发生月份的次月起，分期摊销，摊销年限不得低于3年。

第七十一条　企业所得税法第十四条所称投资资产，是指企业对外进行权益性投资和债权性投资形成的资产。

企业在转让或者处置投资资产时，投资资产的成本，准予扣除。

投资资产按照以下方法确定成本：

（一）通过支付现金方式取得的投资资产，以购买价款为成本；

（二）通过支付现金以外的方式取得的投资资产，以该资产的公允价值和支付的相关税费为成本。

第七十二条　企业所得税法第十五条所称存货，是指企业持有以备出售的产品或者商品、处在生产过程中的在产品、在生产或者提供劳务过程中耗用的材料和物料等。

存货按照以下方法确定成本：

（一）通过支付现金方式取得的存货，以购买价款和支付的相关税费为成本；

（二）通过支付现金以外的方式取得的存货，以该存货的公允价值和支付的相关税费为成本；

（三）生产性生物资产收获的农产品，以产出或者采收过程中发生的材料费、人工费和分摊的间接费用等必要支出为成本。

第七十三条　企业使用或者销售的存货的成本计算方法，可以在先进先出法、加权平均法、个别计价法中选用一种。计价方法一经选用，不得随意变更。

第七十四条　企业所得税法第十六条所称资产的净值和第十九条所称财产净值，是指有关资产、财产的计税基础减除已经按照规定扣除的折旧、折耗、摊销、准备金等后的余额。

第七十五条　除国务院财政、税务主管部门另有规定外，企业在重组过程中，应当在交易发生时确认有关资产的转让所得或者损失，相关资产应当按照交易价格重新确定计税基础。

第三章　应纳税额

第七十六条　企业所得税法第二十二条规定的应纳税额的计算公式为：

应纳税额＝应纳税所得额×适用税率－减免税额－抵免税额

公式中的减免税额和抵免税额，是指依照企业所得税法和国务院的税收优惠规定减征、免征和抵免的应纳税额。

第七十七条 企业所得税法第二十三条所称已在境外缴纳的所得税税额，是指企业来源于中国境外的所得依照中国境外税收法律以及相关规定应当缴纳并已经实际缴纳的企业所得税性质的税款。

第七十八条 企业所得税法第二十三条所称抵免限额，是指企业来源于中国境外的所得，依照企业所得税法和本条例的规定计算的应纳税额。除国务院财政、税务主管部门另有规定外，该抵免限额应当分国（地区）不分项计算，计算公式如下：

抵免限额=中国境内、境外所得依照企业所得税法和本条例的规定计算的应纳税总额×来源于某国（地区）的应纳税所得额÷中国境内、境外应纳税所得总额

第七十九条 企业所得税法第二十三条所称5个年度，是指从企业取得的来源于中国境外的所得，已经在中国境外缴纳的企业所得税性质的税额超过抵免限额的当年的次年起连续5个纳税年度。

第八十条 企业所得税法第二十四条所称直接控制，是指居民企业直接持有外国企业20%以上股份。

企业所得税法第二十四条所称间接控制，是指居民企业以间接持股方式持有外国企业20%以上股份，具体认定办法由国务院财政、税务主管部门另行制定。

第八十一条 企业依照企业所得税法第二十三条、第二十四条的规定抵免企业所得税税额时，应当提供中国境外税务机关出具的税款所属年度的有关纳税凭证。

第四章 税收优惠

第八十二条 企业所得税法第二十六条第（一）项所称国债利息收入，是指企业持有国务院财政部门发行的国债取得的利息收入。

第八十三条 企业所得税法第二十六条第（二）项所称符合条件的居民企业之间的股息、红利等权益性投资收益，是指居民企业直接投资于其他居民企业取得的投资收益。企业所得税法第二十六条第（二）项和第（三）项所称股息、红利等权益性投资收益，不包括连续持有居民企业公开发行并上市流通的股票不足12个月取得的投资收益。

第八十四条 企业所得税法第二十六条第（四）项所称符合条件的非营利组织，是指同时符合下列条件的组织：

（一）依法履行非营利组织登记手续；

（二）从事公益性或者非营利性活动；

（三）取得的收入除用于与该组织有关的、合理的支出外，全部用于登记核定或者章程规定的公益性或者非营利性事业；

（四）财产及其孳息不用于分配；

（五）按照登记核定或者章程规定，该组织注销后的剩余财产用于公益性或者非营利性目的，或者由登记管理机关转赠给与该组织性质、宗旨相同的组织，并向社会公告；

（六）投入人对投入该组织的财产不保留或者享有任何财产权利；

（七）工作人员工资福利开支控制在规定的比例内，不变相分配该组织的财产。

前款规定的非营利组织的认定管理办法由国务院财政、税务主管部门会同国务院有关部门制定。

第八十五条　企业所得税法第二十六条第（四）项所称符合条件的非营利组织的收入，不包括非营利组织从事营利性活动取得的收入，但国务院财政、税务主管部门另有规定的除外。

第八十六条　企业所得税法第二十七条第（一）项规定的企业从事农、林、牧、渔业项目的所得，可以免征、减征企业所得税，是指：

（一）企业从事下列项目的所得，免征企业所得税：

1. 蔬菜、谷物、薯类、油料、豆类、棉花、麻类、糖料、水果、坚果的种植；

2. 农作物新品种的选育；

3. 中药材的种植；

4. 林木的培育和种植；

5. 牲畜、家禽的饲养；

6. 林产品的采集；

7. 灌溉、农产品初加工、兽医、农技推广、农机作业和维修等农、林、牧、渔服务业项目；

8. 远洋捕捞。

（二）企业从事下列项目的所得，减半征收企业所得税：

1. 花卉、茶以及其他饮料作物和香料作物的种植；

2. 海水养殖、内陆养殖。

企业从事国家限制和禁止发展的项目，不得享受本条规定的企业所得税优惠。

第八十七条　企业所得税法第二十七条第（二）项所称国家重点扶持的公共基础设施项目，是指《公共基础设施项目企业所得税优惠目录》规定的港口码头、机场、铁路、公路、城市公共交通、电力、水利等项目。

企业从事前款规定的国家重点扶持的公共基础设施项目的投资经营的所得，自项目取得第一笔生产经营收入所属纳税年度起，第一年至第三年免征企业所得税，第四年至第六年减半征收企业所得税。

企业承包经营、承包建设和内部自建自用本条规定的项目，不得享受本条规定的企业所得税优惠。

第八十八条　企业所得税法第二十七条第（三）项所称符合条件的环境保护、节能节水项目，包括公共污水处理、公共垃圾处理、沼气综合开发利用、节能减排技术改造、海水淡化等。项目的具体条件和范围由国务院财政、税务主管部门商国务院有关部门制订，报国务院批准后公布施行。

企业从事前款规定的符合条件的环境保护、节能节水项目的所得，自项目取得第一笔生产经营收入所属纳税年度起，第一年至第三年免征企业所得税，第四年至第六年减半征收企业所得税。

第八十九条　依照本条例第八十七条和第八十八条规定享受减免税优惠的项目，在减免税期限内转让的，受让方自受让之日起，可以在剩余期限内享受规定的减免税优惠；减免税期限届满后转让的，受让方不得就该项目重复享受减免税优惠。

第九十条　企业所得税法第二十七条第（四）项所称符合条件的技术转让所得免征、减征企业所得税，是指一个纳税年度内，居民企业技术转让所得不超过500万元的部分，免征企业所得税；超过500万元的部分，减半征收企业所得税。

第九十一条 非居民企业取得企业所得税法第二十七条第（五）项规定的所得，减按10%的税率征收企业所得税。

下列所得可以免征企业所得税：

（一）外国政府向中国政府提供贷款取得的利息所得；

（二）国际金融组织向中国政府和居民企业提供优惠贷款取得的利息所得；

（三）经国务院批准的其他所得。

第九十二条 企业所得税法第二十八条第一款所称符合条件的小型微利企业，是指从事国家非限制和禁止行业，并符合下列条件的企业：

（一）工业企业，年度应纳税所得额不超过30万元，从业人数不超过100人，资产总额不超过3000万元；

（二）其他企业，年度应纳税所得额不超过30万元，从业人数不超过80人，资产总额不超过1000万元。

第九十三条 企业所得税法第二十八条第二款所称国家需要重点扶持的高新技术企业，是指拥有核心自主知识产权，并同时符合下列条件的企业：

（一）产品（服务）属于《国家重点支持的高新技术领域》规定的范围；

（二）研究开发费用占销售收入的比例不低于规定比例；

（三）高新技术产品（服务）收入占企业总收入的比例不低于规定比例；

（四）科技人员占企业职工总数的比例不低于规定比例；

（五）高新技术企业认定管理办法规定的其他条件。

《国家重点支持的高新技术领域》和高新技术企业认定管理办法由国务院科技、财政、税务主管部门商国务院有关部门制订，报国务院批准后公布施行。

第九十四条 企业所得税法第二十九条所称民族自治地方，是指依照《中华人民共和国民族区域自治法》的规定，实行民族区域自治的自治区、自治州、自治县。

对民族自治地方内国家限制和禁止行业的企业，不得减征或者免征企业所得税。

第九十五条 企业所得税法第三十条第（一）项所称研究开发费用的加计扣除，是指企业为开发新技术、新产品、新工艺发生的研究开发费用，未形成无形资产计入当期损益的，在按照规定据实扣除的基础上，按照研究开发费用的50%加计扣除；形成无形资产的，按照无形资产成本的150%摊销。

第九十六条 企业所得税法第三十条第（二）项所称企业安置残疾人员所支付的工资的加计扣除，是指企业安置残疾人员的，在按照支付给残疾职工工资据实扣除的基础上，按照支付给残疾职工工资的100%加计扣除。残疾人员的范围适用《中华人民共和国残疾人保障法》的有关规定。

企业所得税法第三十条第（二）项所称企业安置国家鼓励安置的其他就业人员所支付的工资的加计扣除办法，由国务院另行规定。

第九十七条 企业所得税法第三十一条所称抵扣应纳税所得额，是指创业投资企业采取股权投资方式投资于未上市的中小高新技术企业2年以上的，可以按照其投资额的70%在股权持有满2年的当年抵扣该创业投资企业的应纳税所得额；当年不足抵扣的，可以在以后纳税年度结转抵扣。

第九十八条　企业所得税法第三十二条所称可以采取缩短折旧年限或者采取加速折旧的方法的固定资产，包括：

（一）由于技术进步，产品更新换代较快的固定资产；

（二）常年处于强震动、高腐蚀状态的固定资产。

采取缩短折旧年限方法的，最低折旧年限不得低于本条例第六十条规定折旧年限的60%；采取加速折旧方法的，可以采取双倍余额递减法或者年数总和法。

第九十九条　企业所得税法第三十三条所称减计收入，是指企业以《资源综合利用企业所得税优惠目录》规定的资源作为主要原材料，生产国家非限制和禁止并符合国家和行业相关标准的产品取得的收入，减按90%计入收入总额。

前款所称原材料占生产产品材料的比例不得低于《资源综合利用企业所得税优惠目录》规定的标准。

第一百条　企业所得税法第三十四条所称税额抵免，是指企业购置并实际使用《环境保护专用设备企业所得税优惠目录》、《节能节水专用设备企业所得税优惠目录》和《安全生产专用设备企业所得税优惠目录》规定的环境保护、节能节水、安全生产等专用设备的，该专用设备的投资额的10%可以从企业当年的应纳税额中抵免；当年不足抵免的，可以在以后5个纳税年度结转抵免。

享受前款规定的企业所得税优惠的企业，应当实际购置并自身实际投入使用前款规定的专用设备；企业购置上述专用设备在5年内转让、出租的，应当停止享受企业所得税优惠，并补缴已经抵免的企业所得税税款。

第一百零一条　本章第八十七条、第九十九条、第一百条规定的企业所得税优惠目录，由国务院财政、税务主管部门商国务院有关部门制订，报国务院批准后公布施行。

第一百零二条　企业同时从事适用不同企业所得税待遇的项目的，其优惠项目应当单独计算所得，并合理分摊企业的期间费用；没有单独计算的，不得享受企业所得税优惠。

第五章　源泉扣缴

第一百零三条　依照企业所得税法对非居民企业应当缴纳的企业所得税实行源泉扣缴的，应当依照企业所得税法第十九条的规定计算应纳税所得额。

企业所得税法第十九条所称收入全额，是指非居民企业向支付人收取的全部价款和价外费用。

第一百零四条　企业所得税法第三十七条所称支付人，是指依照有关法律规定或者合同约定对非居民企业直接负有支付相关款项义务的单位或者个人。

第一百零五条　企业所得税法第三十七条所称支付，包括现金支付、汇拨支付、转账支付和权益兑价支付等货币支付和非货币支付。

企业所得税法第三十七条所称到期应支付的款项，是指支付人按照权责发生制原则应当计入相关成本、费用的应付款项。

第一百零六条　企业所得税法第三十八条规定的可以指定扣缴义务人的情形，包括：

（一）预计工程作业或者提供劳务期限不足一个纳税年度，且有证据表明不履行纳税义务的；

（二）没有办理税务登记或者临时税务登记，且未委托中国境内的代理人履行纳税义务的；

（三）未按照规定期限办理企业所得税纳税申报或者预缴申报的。

前款规定的扣缴义务人，由县级以上税务机关指定，并同时告知扣缴义务人所扣税款的计算依据、计算方法、扣缴期限和扣缴方式。

第一百零七条 企业所得税法第三十九条所称所得发生地，是指依照本条例第七条规定的原则确定的所得发生地。在中国境内存在多处所得发生地的，由纳税人选择其中之一申报缴纳企业所得税。

第一百零八条 企业所得税法第三十九条所称该纳税人在中国境内其他收入，是指该纳税人在中国境内取得的其他各种来源的收入。

税务机关在追缴该纳税人应纳税款时，应当将追缴理由、追缴数额、缴纳期限和缴纳方式等告知该纳税人。

第六章 特别纳税调整

第一百零九条 企业所得税法第四十一条所称关联方，是指与企业有下列关联关系之一的企业、其他组织或者个人：

（一）在资金、经营、购销等方面存在直接或者间接的控制关系；

（二）直接或者间接地同为第三者控制；

（三）在利益上具有相关联的其他关系。

第一百一十条 企业所得税法第四十一条所称独立交易原则，是指没有关联关系的交易各方，按照公平成交价格和营业常规进行业务往来遵循的原则。

第一百一十一条 企业所得税法第四十一条所称合理方法，包括：

（一）可比非受控价格法，是指按照没有关联关系的交易各方进行相同或者类似业务往来的价格进行定价的方法；

（二）再销售价格法，是指按照从关联方购进商品再销售给没有关联关系的交易方的价格，减除相同或者类似业务的销售毛利进行定价的方法；

（三）成本加成法，是指按照成本加合理的费用和利润进行定价的方法；

（四）交易净利润法，是指按照没有关联关系的交易各方进行相同或者类似业务往来取得的净利润水平确定利润的方法；

（五）利润分割法，是指将企业与其关联方的合并利润或者亏损在各方之间采用合理标准进行分配的方法；

（六）其他符合独立交易原则的方法。

第一百一十二条 企业可以依照企业所得税法第四十一条第二款的规定，按照独立交易原则与其关联方分摊共同发生的成本，达成成本分摊协议。

企业与其关联方分摊成本时，应当按照成本与预期收益相配比的原则进行分摊，并在税务机关规定的期限内，按照税务机关的要求报送有关资料。

企业与其关联方分摊成本时违反本条第一款、第二款规定的，其自行分摊的成本不得在计算应纳税所得额时扣除。

第一百一十三条 企业所得税法第四十二条所称预约定价安排，是指企业就其未来年度关联交易的定价原则和计算方法，向税务机关提出申请，与税务机关按照独立交易原则协商、确认后达成的协议。

第一百一十四条 企业所得税法第四十三条所称相关资料，包括：

（一）与关联业务往来有关的价格、费用的制定标准、计算方法和说明等同期资料；

（二）关联业务往来所涉及的财产、财产使用权、劳务等的再销售（转让）价格或者最终销售（转让）价格的相关资料；

（三）与关联业务调查有关的其他企业应当提供的与被调查企业可比的产品价格、定价方式以及利润水平等资料；

（四）其他与关联业务往来有关的资料。

企业所得税法第四十三条所称与关联业务调查有关的其他企业，是指与被调查企业在生产经营内容和方式上相类似的企业。

企业应当在税务机关规定的期限内提供与关联业务往来有关的价格、费用的制定标准、计算方法和说明等资料。关联方以及与关联业务调查有关的其他企业应当在税务机关与其约定的期限内提供相关资料。

第一百一十五条　税务机关依照企业所得税法第四十四条的规定核定企业的应纳税所得额时，可以采用下列方法：

（一）参照同类或者类似企业的利润率水平核定；

（二）按照企业成本加合理的费用和利润的方法核定；

（三）按照关联企业集团整体利润的合理比例核定；

（四）按照其他合理方法核定。

企业对税务机关按照前款规定的方法核定的应纳税所得额有异议的，应当提供相关证据，经税务机关认定后，调整核定的应纳税所得额。

第一百一十六条　企业所得税法第四十五条所称中国居民，是指根据《中华人民共和国个人所得税法》的规定，就其从中国境内、境外取得的所得在中国缴纳个人所得税的个人。

第一百一十七条　企业所得税法第四十五条所称控制，包括：

（一）居民企业或者中国居民直接或者间接单一持有外国企业10%以上有表决权股份，且由其共同持有该外国企业50%以上股份；

（二）居民企业，或者居民企业和中国居民持股比例没有达到第（一）项规定的标准，但在股份、资金、经营、购销等方面对该外国企业构成实质控制。

第一百一十八条　企业所得税法第四十五条所称实际税负明显低于企业所得税法第四条第一款规定税率水平，是指低于企业所得税法第四条第一款规定税率的50%。

第一百一十九条　企业所得税法第四十六条所称债权性投资，是指企业直接或者间接从关联方获得的，需要偿还本金和支付利息或者需要以其他具有支付利息性质的方式予以补偿的融资。

企业间接从关联方获得的债权性投资，包括：

（一）关联方通过无关联第三方提供的债权性投资；

（二）无关联第三方提供的、由关联方担保且负有连带责任的债权性投资；

（三）其他间接从关联方获得的具有负债实质的债权性投资。

企业所得税法第四十六条所称权益性投资，是指企业接受的不需要偿还本金和支付利息，投资人对企业净资产拥有所有权的投资。

企业所得税法第四十六条所称标准，由国务院财政、税务主管部门另行规定。

第一百二十条　企业所得税法第四十七条所称不具有合理商业目的，是指以减少、免除或者推迟缴纳税款为主要目的。

第一百二十一条 税务机关根据税收法律、行政法规的规定，对企业作出特别纳税调整的，应当对补征的税款，自税款所属纳税年度的次年6月1日起至补缴税款之日止的期间，按日加收利息。

前款规定加收的利息，不得在计算应纳税所得额时扣除。

第一百二十二条 企业所得税法第四十八条所称利息，应当按照税款所属纳税年度中国人民银行公布的与补税期间同期的人民币贷款基准利率加5个百分点计算。

企业依照企业所得税法第四十三条和本条例的规定提供有关资料的，可以只按前款规定的人民币贷款基准利率计算利息。

第一百二十三条 企业与其关联方之间的业务往来，不符合独立交易原则，或者企业实施其他不具有合理商业目的的安排的，税务机关有权在该业务发生的纳税年度起10年内，进行纳税调整。

第七章 征收管理

第一百二十四条 企业所得税法第五十条所称企业登记注册地，是指企业依照国家有关规定登记注册的住所地。

第一百二十五条 企业汇总计算并缴纳企业所得税时，应当统一核算应纳税所得额，具体办法由国务院财政、税务主管部门另行制定。

第一百二十六条 企业所得税法第五十一条所称主要机构、场所，应当同时符合下列条件：

（一）对其他各机构、场所的生产经营活动负有监督管理责任；

（二）设有完整的账簿、凭证，能够准确反映各机构、场所的收入、成本、费用和盈亏情况。

第一百二十七条 企业所得税法第五十一条所称经税务机关审核批准，是指经各机构、场所所在地税务机关的共同上级税务机关审核批准。

非居民企业经批准汇总缴纳企业所得税后，需要增设、合并、迁移、关闭机构、场所或者停止机构、场所业务的，应当事先由负责汇总申报缴纳企业所得税的主要机构、场所向其所在地税务机关报告；需要变更汇总缴纳企业所得税的主要机构、场所的，依照前款规定办理。

第一百二十八条 企业所得税分月或者分季预缴，由税务机关具体核定。

企业根据企业所得税法第五十四条规定分月或者分季预缴企业所得税时，应当按照月度或者季度的实际利润额预缴；按照月度或者季度的实际利润额预缴有困难的，可以按照上一纳税年度应纳税所得额的月度或者季度平均额预缴，或者按照经税务机关认可的其他方法预缴。预缴方法一经确定，该纳税年度内不得随意变更。

第一百二十九条 企业在纳税年度内无论盈利或者亏损，都应当依照企业所得税法第五十四条规定的期限，向税务机关报送预缴企业所得税纳税申报表、年度企业所得税纳税申报表、财务会计报告和税务机关规定应当报送的其他有关资料。

第一百三十条 企业所得以人民币以外的货币计算的，预缴企业所得税时，应当按照月度或者季度最后一日的人民币汇率中间价，折合成人民币计算应纳税所得额。年度终了汇算清缴时，对已经按照月度或者季度预缴税款的，不再重新折合计算，只就该纳税年度内未缴纳企业所得税的部分，按照纳税年度最后一日的人民币汇率中间价，折合成人民币计算应纳税所得额。

经税务机关检查确认，企业少计或者多计前款规定的所得的，应当按照检查确认补税或者退税时的上一个月最后一日的人民币汇率中间价，将少计或者多计的所得折合成人民币计算应纳税所得额，再计算应补缴或者应退的税款。

第八章 附 则

第一百三十一条 企业所得税法第五十七条第一款所称本法公布前已经批准设立的企业，是指企业所得税法公布前已经完成登记注册的企业。

第一百三十二条 在香港特别行政区、澳门特别行政区和台湾地区成立的企业，参照适用企业所得税法第二条第二款、第三款的有关规定。

第一百三十三条 本条例自 2008 年 1 月 1 日起施行。1991 年 6 月 30 日国务院发布的《中华人民共和国外商投资企业和外国企业所得税法实施细则》和 1994 年 2 月 4 日财政部发布的《中华人民共和国企业所得税暂行条例实施细则》同时废止。

附录三　国务院法制办、财政部、国家税务总局负责人就《中华人民共和国企业所得税法实施条例》有关问题答记者问

2007 年 12 月 11 日　　来源：国务院办公厅

日前，国务院公布了《中华人民共和国企业所得税法实施条例》（以下简称实施条例）。实施条例将于 2008 年 1 月 1 日正式施行。为便于大家理解实施条例有关内容，国务院法制办、财政部、国家税务总局负责人接受了记者的采访。

问：国务院制定实施条例的背景是什么？

答：2007 年 3 月 16 日，十届全国人大五次会议审议通过《中华人民共和国企业所得税法》（以下简称企业所得税法），统一了内、外资企业所得税制度，并将于 2008 年 1 月 1 日起施行。为了确保企业所得税法的顺利施行，有必要制定实施条例，对企业所得税法的有关规定做进一步细化，并与企业所得税法同步施行。为此，财政部、国家税务总局起草了《中华人民共和国企业所得税法实施条例（送审稿）》（以下简称送审稿）报请国务院审议。国务院法制办就送审稿征求了全国人大相关部门和国务院有关部门，各省、自治区、直辖市和计划单列市人民政府，以及香港、澳门特别行政区政府的意见，并与财政部、国家税务总局共同召开座谈会听取了部分内、外资企业和专家的意见。在此基础上，国务院法制办、财政部、国家税务总局又对送审稿进行了反复研究、修改，形成了《中华人民共和国企业所得税法实施条例（草案）》，报请国务院常务会议审议通过后，以国务院令形式公布施行。

问：实施条例对企业所得税法规定的纳税人做了哪些细化规定？

答：企业所得税法规定，企业和其他取得收入的组织为企业所得税的纳税人。为进一步增强企业所得税法的可操作性，明确企业所得税纳税人的范围，实施条例规定，企业、事业单位、社会团体以及其他取得收入的组织为企业所得税的纳税人。

按照国际通行做法，企业所得税法将纳税人划分为“居民企业”和“非居民企业”，并分别规定其纳税义务，即居民企业就其境内外全部所得纳税；非居民企业就其来源于中国境内所得部分纳税。同时，为了防范企业避税，对依照外国（地区）法律成立但实际管理机构在中国境内的企业也认定为居民企业；非居民企业还应当就其取得的与其在中国境内设立的机构、场所有实际联系的境外所得纳税。为此，实施条例对“实际管理机构”的政策含义做了明确，即指对企业的生产经营、人员、账务、财产等实施实质性全面管理和控制的机构；对非居民企业所设立的“机构、场所”的政策含义也做了明确，即指在中国境内从事生产经营活动的机构、场所，包括管理机构、营业机构、办事机构、工厂、农场、提供劳务的场所、从事工程作业的场所等，并明确非居民企业委托营业代理人在中国境内从事生产经营活动的，包括委托单位和个人经常代其签订合同，或者储存、交付货物等，视为非居民企业在

中国境内设立机构、场所。

问：实施条例对企业所得税法规定的收入作了哪些具体规定?

答：企业所得税法规定，企业以货币形式和非货币形式从各种来源取得的收入，为收入总额。实施条例进一步规定，企业取得收入的货币形式，包括现金、存款、应收账款、应收票据、准备持有至到期的债券投资以及债务的豁免等；企业取得收入的非货币形式，包括固定资产、生物资产、无形资产、股权投资、存货、不准备持有至到期的债券投资、劳务以及有关权益等，企业以非货币形式取得的收入，以公允价值确定收入额。同时，实施条例明确了企业取得的各种形式收入的概念，以及收入实现的确认方法。

问：实施条例对企业支出扣除的原则、范围和标准做了哪些规定?

答：企业所发生的支出，是否准予在税前扣除，以及扣除范围和标准的大小，直接决定着企业应纳税所得额的计算，进而影响到企业应纳税额的大小。企业所得税法第八条规定，企业实际发生的与取得收入有关的、合理的支出，包括成本、费用、税金、损失和其他支出，准予在计算应纳税所得额时扣除。为进一步明确企业支出准予税前扣除的基本原则，实施条例规定，准予企业税前扣除的与取得收入有关的支出，是指与取得收入直接相关的支出；合理的支出，是指符合生产经营活动常规，应当计入当期损益或者有关资产成本的必要和正常的支出。在此基础上，实施条例对企业支出扣除的具体范围和标准，主要作了以下具体规定：

（一）明确了工资薪金支出的税前扣除

老税法对内资企业的工资薪金支出扣除实行计税工资制度，对外资企业实行据实扣除制度，这是造成内、外资企业税负不均的重要原因之一。实施条例统一了企业的工资薪金支出税前扣除政策，规定企业发生的合理的工资薪金支出，准予扣除。对合理的判断，主要从雇员实际提供的服务与报酬总额在数量上是否配比合理进行，凡是符合企业生产经营活动常规而发生的工资薪金支出都可以在税前据实扣除。

（二）具体规定了职工福利费、工会经费、职工教育经费的税前扣除

老税法规定，对企业的职工福利费、工会经费、职工教育经费支出分别按照计税工资总额的14%、2%、1.5%计算扣除。实施条例继续维持了职工福利费和工会经费的扣除标准，但由于计税工资已经放开，实施条例将“计税工资总额”调整为“工资薪金总额”，扣除额也就相应提高。为鼓励企业加强职工教育投入，实施条例规定，除国务院财政、税务主管部门另有规定外，企业发生的职工教育经费支出，不超过工资薪金总额2.5%的部分，准予扣除；超过部分，准予在以后纳税年度结转扣除。

（三）调整了业务招待费的税前扣除

老税法对内、外资企业业务招待费支出实行按销售收入的一定比例限额扣除。考虑到商业招待和个人消费之间难以区分，为加强管理，同时借鉴国际经验，实施条例规定，企业发生的与生产经营活动有关的业务招待费支出，按照发生额的60%扣除，但最高不得超过当年销售（营业）收入的5‰。

（四）统一了广告费和业务宣传费的税前扣除

关于企业发生的广告费和业务宣传费支出的税前扣除，老税法对内资企业实行的是根据不同行业采用不同的比例限制扣除的政策，对外资企业则没有限制。实施条例统一了企业的广告费和业务宣传费支出税前扣除政策，同时，考虑到部分行业和企业广告费和业务宣传费发生情况较为特殊，需要根据其实际情况作出具体规定，实施条例规定，除国务院财政、税

务主管部门另有规定外，广告费和业务宣传费支出不超过当年销售（营业）收入15%的部分，准予扣除；超过部分，准予在以后纳税年度结转扣除。

（五）明确公益性捐赠支出税前扣除的范围和条件

关于公益性捐赠支出扣除，老税法对内资企业采取在比例内扣除的办法（应纳税所得额的3%以内），对外资企业没有比例限制。为统一内、外资企业税负，企业所得税法第九条规定，企业发生的公益性捐赠支出，在年度利润总额12%以内的部分，准予在计算应纳税所得额时扣除。为增强企业所得税法的可操作性，实施条例对公益性捐赠作了界定：公益性捐赠是指企业通过公益性社会团体或者县级以上人民政府及其部门，用于《中华人民共和国公益事业捐赠法》规定的公益事业的捐赠。同时明确规定了公益性社会团体的范围和条件。

问：实施条例对税收优惠作了哪些具体规定？

答：实施条例对企业所得税法规定的税收优惠的范围和办法作了进一步明确，主要内容包括：

（一）关于扶持农、林、牧、渔业发展的税收优惠

企业所得税法第二十七条规定，企业从事农、林、牧、渔业项目的所得可以免征、减征企业所得税。实施条例据此明确：（1）企业从事下列项目的所得，免征企业所得税：①蔬菜、谷物、薯类、油料、豆类、棉花、麻类、糖料、水果、坚果的种植；②农作物新品种的选育；③中药材的种植；④林木的培育和种植；⑤牲畜、家禽的饲养；⑥林产品的采集；⑦灌溉、农产品初加工、兽医、农技推广、农机作业和维修等农、林、牧、渔服务业项目；⑧远洋捕捞。（2）企业从事下列项目的所得，减半征收企业所得税：①花卉、茶以及其他饮料作物和香料作物的种植；②海水养殖、内陆养殖。

（二）关于鼓励基础设施建设的税收优惠

企业所得税法第二十七条规定，企业从事国家重点扶持的公共基础设施项目投资经营的所得可以免征、减征企业所得税。实施条例据此明确，企业从事港口码头、机场、铁路、公路、城市公共交通、电力、水利等项目投资经营所得，自项目取得第一笔生产经营收入所属纳税年度起，给予"三免三减半"的优惠。

（三）关于支持环境保护、节能节水、资源综合利用、安全生产的税收优惠

企业所得税法第二十七条规定，企业从事符合条件的环境保护、节能节水项目的所得可以免征、减征企业所得税。实施条例据此明确，企业从事公共污水处理、公共垃圾处理、沼气综合开发利用、节能减排技术改造、海水淡化等项目的所得，自项目取得第一笔生产经营收入所属纳税年度起，给予"三免三减半"的优惠，具体条件和范围由国务院财政、税务主管部门商国务院有关部门制订，报国务院批准后公布施行。

企业所得税法第三十三条规定，企业综合利用资源，生产符合国家产业政策规定的产品所取得的收入，可以在计算应纳税所得额时减计收入。实施条例据此明确，企业以《资源综合利用企业所得税优惠目录》规定的资源作为主要原材料并符合规定比例，生产国家非限制和禁止并符合国家和行业相关标准的产品取得的收入，减按90%计入收入总额。

企业所得税法第三十四条规定，企业购置用于环境保护、节能节水、安全生产等专用设备的投资额，可以按一定比例实行税额抵免。实施条例据此明确，企业购置并实际使用《环境保护专用设备企业所得税优惠目录》、《节能节水专用设备企业所得税优惠目录》和《安全生产专用设备企业所得税优惠目录》规定的环境保护、节能节水、安全生产等专用设备的，该

专用设备的投资额的10%可以从企业当年的应纳税额中抵免；当年不足抵免的，可以在以后5个纳税年度结转抵免。

（四）关于促进技术创新和科技进步的税收优惠

为了促进技术创新和科技进步，企业所得税法规定了四个方面的税收优惠，实施条例分别作了具体规定：

企业所得税法第二十七条规定，企业符合条件的技术转让所得可以免征、减征企业所得税。实施条例据此明确，一个纳税年度内，居民企业技术转让所得不超过500万元的部分，免征企业所得税；超过500万元的部分，减半征收企业所得税。

企业所得税法第三十条规定，企业开发新技术、新产品、新工艺发生的研究开发费用，可以在计算应纳税所得额时加计扣除。实施条例据此明确，企业的上述研究开发费用在据实扣除的基础上，再加计扣除50%。

企业所得税法第三十一条规定，创业投资企业从事国家需要重点扶持和鼓励的创业投资，可以按投资额的一定比例抵扣应纳税所得额。实施条例据此明确，这一优惠是指创业投资企业采取股权投资方式投资于未上市的中小高新技术企业2年以上的，可以按照其投资额的70%在股权持有满2年的当年抵扣该创业投资企业的应纳税所得额；当年不足抵扣的，可以在以后纳税年度结转抵扣。

企业所得税法第三十二条规定，企业的固定资产由于技术进步等原因，确需加速折旧的，可以缩短折旧年限或者采取加速折旧的方法。实施条例据此明确，可以享受这一优惠的固定资产包括：（1）由于技术进步，产品更新换代较快的固定资产；（2）常年处于强震动、高腐蚀状态的固定资产。

（五）关于符合条件的非营利组织的收入的税收优惠

企业所得税法第二十六条规定，符合条件的非营利组织的收入，为免税收入。实施条例据此从登记程序、活动范围、财产的用途与分配等方面，界定了享受税收优惠的"非营利组织"的条件。同时，考虑到目前按相关管理规定，我国的非营利组织一般不能从事营利性活动，为规范此类组织的活动，防止从事营利性活动可能带来的税收漏洞，实施条例规定，对非营利组织的营利性活动取得的收入，不予免税。

（六）关于非居民企业的预提税所得的税收优惠

企业所得税法第四条规定，未在中国境内设立机构、场所的非居民企业取得的来源于中国境内的所得，以及非居民企业取得的来源于中国境内但与其在中国境内所设机构、场所没有实际联系的所得，适用税率为20%。企业所得税法第二十七条规定，对上述所得，可以免征、减征企业所得税。实施条例据此明确，对上述所得，减按10%的税率征收企业所得税。对外国政府向中国政府提供贷款取得的利息所得、国际金融组织向中国政府和居民企业提供优惠贷款取得的利息所得，以及经国务院批准的其他所得，可以免征企业所得税。

问：实施条例是如何界定小型微利企业和高新技术企业的？

答：企业所得税法第二十八条第一款规定，符合条件的小型微利企业，减按20%的税率征收企业所得税。借鉴国际通行做法，按照便于征管的原则，实施条例规定了小型微利企业的标准：（1）工业企业，年度应纳税所得额不超过30万元，从业人数不超过100人，资产总额不超过3000万元；（2）其他企业，年度应纳税所得额不超过30万元，从业人数不超过80人，资产总额不超过1000万元。与现行优惠政策（内资企业年应纳税所得额3万元以下的减按 18%的税率征税，3 万元至 10 万元的减按 27%的税率征税）相比，优惠范围扩大，优惠力度有较大幅度提高。

企业所得税法第二十八条第二款规定，国家需要重点扶持的高新技术企业，减按 15%的税率征收企业所得税。实施条例将高新技术企业的界定范围，由现行按高新技术产品划分改为按高新技术领域划分，规定产品（服务）应属于《国家重点支持的高新技术领域》的范围，以解决现行政策执行中产品列举不全、覆盖面偏窄、前瞻性欠缺等问题。具体领域范围和认定管理办法由国务院科技、财政、税务主管部门商国务院有关部门制订，报国务院批准后公布施行。同时，实施条例还规定了高新技术企业的认定指标：拥有核心自主知识产权；产品（服务）属于《国家重点支持的高新技术领域》规定的范围；研究开发费用占销售收入的比例、高新技术产品（服务）收入占企业总收入的比例、科技人员占企业职工总数的比例，均不低于规定标准。这样规定，强化以研发比例为核心，税收优惠重点向自主创新型企业倾斜。

问：实施条例在特别纳税调整方面作了哪些具体规定？

答：根据企业所得税法有关特别纳税调整的规定，借鉴国际反避税经验，实施条例对关联交易中的关联方、关联业务的调整方法、独立交易原则、预约定价安排、提供资料义务、核定征收、防范受控外国企业避税、防范资本弱化、一般反避税条款，以及对补征税款加收利息等方面作了明确规定。其中，对进行特别纳税调整需要补征税款的，规定按照税款所属纳税年度与补税期间同期的人民币贷款基准利率加 5 个百分点计算加收利息；对企业按照企业所得税法和实施条例的规定提供有关资料的，可以只按照税款所属纳税年度与补税期间同期的人民币贷款基准利率计算加收利息。

问：为什么实施条例没有对汇总纳税和合并纳税的具体办法作出规定？

答：企业所得税法第五十条和第五十一条分别规定，居民企业在中国境内设立不具有法人资格的营业机构，应当汇总纳税；非居民企业在中国境内设立两个或者两个以上机构、场所的，经税务机关审核批准，可以选择由其主要机构、场所汇总纳税。由此，可能出现地区间税源转移问题，各界都非常关注。由于税源转移处理属于地方财政分配问题，实施条例不宜规定得过细，授权汇总纳税的具体办法由国务院财政、税务主管部门另行制定。实施条例施行后，将根据“统一计算、分级管理、就地预缴、汇总清算、财政分配”的原则，合理确定总分机构所在地政府的分享比例和办法，妥善解决实行企业所得税法后引起的税源转移问题，处理好地区间利益关系。

企业所得税法第五十二条规定，除国务院另有规定外，企业之间不得合并缴纳企业所得税。考虑到企业所得税法实行了法人税制，企业集团内部的母子公司原则上应独立纳税，合并纳税应从严掌握，这样也有利于减缓地区间税源转移问题。因此，没有在实施条例中规定合并纳税的范围和条件，对个别确需合并纳税的，由国务院今后根据实际情况再作具体规定。

问：为什么实施条例没有对过渡性税收优惠政策作出规定？

答：为了保持税收优惠政策的连续性，企业所得税法第五十七条规定了对原依法享受低税率和定期减免税优惠的老企业，法律设置的发展对外经济合作和技术交流的特定地区内，以及国务院已规定执行上述地区特殊政策的地区内新设立的国家需要重点扶持的高新技术企业、国家已确定的其他鼓励类企业，实行过渡性税收优惠政策。考虑到这些过渡性税收优惠政策内容较多，而且属于过渡性措施，为保证实施条例的稳定性，由国务院根据企业所得税法的有关规定另行规定比较妥当，因此实施条例没有对此作具体规定。

附录四　财政部　国家税务总局　中国人民银行关于印发《跨省市总分机构企业所得税分配及预算管理暂行办法》的通知

财预〔2008〕10号

各省、自治区、直辖市、计划单列市财政厅（局），国家税务局，地方税务局，财政部驻各省、自治区、直辖市、计划单列市财政监察专员办事处，中国人民银行上海总部，各分行、营业管理部，省会（首府）城市中心支行，深圳、大连、青岛、厦门、宁波市中心支行：已经被财预〔2008〕37号文件修正经国务院批准，现将《跨省市总分机构企业所得税分配及预算管理暂行办法》印发给你们，请认真贯彻执行。

财政部　国家税务总局　中国人民银行

二〇〇八年一月十五日

跨省市总分机构企业所得税分配及预算管理暂行办法

为了保证《中华人民共和国企业所得税法》的顺利实施，妥善处理地区间利益分配关系，做好跨省市总分机构企业所得税收入的征缴和分配管理工作，特制定本办法。

一、主要内容

（一）基本方法

属于中央与地方共享收入范围的跨省市总分机构企业缴纳的企业所得税，按照统一规范、兼顾总机构和分支机构所在地利益的原则，实行"统一计算、分级管理、就地预缴、汇总清算、财政调库"的处理办法，总分机构统一计算的当期应纳税额的地方分享部分，25%由总机构所在地分享，50%由各分支机构所在地分享，25%按一定比例在各地间进行分配。

统一计算，是指居民企业应统一计算包括各个不具有法人资格营业机构在内的企业全部应纳税所得额、应纳税额。总机构和分支机构适用税率不一致的，应分别计算应纳税所得额、应纳税额，分别按适用税率缴纳。

分级管理，是指居民企业总机构、分支机构，分别由所在地主管税务机关属地进行监督和管理。居民企业总机构、分支机构的所在地主管税务机关都有监管的责任，居民企业总机构、分支机构都要办理税务登记并接受所在地主管税务机关的监管。

就地预缴，是指居民企业总机构、分支机构，应按本办法规定的比例分别就地按月或者按季向所在地主管税务机关申报、预缴企业所得税。

汇总清算，是指在年度终了后，总机构负责进行企业所得税的年度汇算清缴。总分机构企业根据统一计算的年度应纳税所得额、应纳税额，抵减总机构、分支机构当年已就地分期预缴的企业所得税款后，多退少补。

财政调库，是指财政部定期将缴入中央总金库的跨省市总分机构企业所得税待分配收入，按照核定的系数调整至地方金库。

（二）适用范围

跨省市总分机构企业是指跨省（自治区、直辖市和计划单列市，下同）设立不具有法人资格营业机构的企业。

实行就地预缴企业所得税办法的企业暂定为总机构和具有主体生产经营职能的二级分支机构。三级及三级以下分支机构，其经营收入、职工工资和资产总额等统一计入二级机构测算。

属于铁路运输企业（包括广铁集团和大秦铁路公司）、国有邮政企业、中国工商银行股份有限公司、中国农业银行、中国银行股份有限公司、国家开发银行、中国农业发展银行、中国进出口银行、中央汇金投资有限责任公司、中国建设银行股份有限公司、中国建银投资有限责任公司、中国石油天然气股份有限公司、中国石油化工股份有限公司以及海洋石油天然气企业（包括港澳台和外商投资、外国海上石油天然气企业）等企业总分机构缴纳的企业所得税（包括滞纳金、罚款收入）为中央收入，全额上缴中央国库，不实行本办法。

不具有主体生产经营职能且在当地不缴纳营业税、增值税产品售后服务、内部研发、仓储等企业内部辅助性的二级分支机构以及上年度符合条件的小型微利企业及其分支机构，不实行本办法。

在中国境内未跨省市设立不具有法人资格营业机构的居民企业，其企业所得税征收管理及收入分配办法，仍按原规定执行，不实行本办法。

居民企业在中国境外设立不具有法人资格营业机构的，不实行本办法。企业按本办法计算有关分期预缴企业所得税时，其实际利润额、应纳税额及分摊因素数额，均不包括其境外营业机构。

二、预算科目

为满足跨省市总分机构企业所得税税收征管、汇算清缴、退库、调库等需要，对《2008年政府收支分类科目》101类“税收收入”有关科目作如下修订：

（一）在10104款“企业所得税”新增40项“分支机构预缴所得税”、41项“总机构预缴所得税”、42项“总机构汇算清缴所得税”、43项“企业所得税待分配收入”和相关目级科目。将原40项“企业所得税税款滞纳金、罚款收入”代码调整为50，下设目级科目名称和说明不变。

（二）在10105款“企业所得税退税”增设35项“跨省市总分机构企业所得税退税”，反映财政部门按“先征后退”政策审批退库的跨省市总分机构企业所得税（不包括按规定办理的多缴税款退税）。

（三）有关科目说明及其他修改情况见附件。

三、税款预缴

（一）预缴方式

跨省市总分机构企业应根据核定的应纳税额，分别由总机构、分支机构按月或按季就地预缴。

预缴方式一经确定，当年度不得变更。

（二）就地预缴

由总机构根据企业本期累计实际经营结果统一计算企业实际利润额、应纳税额，并分别由总机构、分支机构分期预缴。

1. 分支机构分摊的预缴税款。总机构在每月或每季终了之日起十日内，按照以前年度（1~6月份按上上年，7~12月份按上年）各省市分支机构的经营收入、职工工资和资产总额三个因素，将统一计算的企业当期应纳税额的50%在各分支机构之间进行分摊（总机构所在省市同时设有分支机构的，同样按三个因素分摊），各分支机构根据分摊税款就地办理缴库，所缴纳税款收入由中央与分支机构所在地按60：40分享。分摊时三个因素权重依次为0.35、0.35和0.3。当年新设立的分支机构第二年起参与分摊；当年撤销的分支机构第二年起不参与分摊。

分支机构经营收入，是指企业在销售商品或者提供劳务等经营业务中实现的全部营业收入。其中，生产经营企业经营收入是指生产经营企业销售商品、提供劳务等取得的全部收入；金融企业经营收入是指金融企业取得的利息和手续费等全部收入；保险企业经营收入是指保险企业取得的保费等全部收入。

分支机构职工工资，是指企业为获得职工提供的服务而给予各种形式的报酬及其他相关支出。

分支机构资产总额，是指企业拥有或者控制的除无形资产外能以货币计量的经济资源总额。

各分支机构分摊预缴额按下列公式计算：

各分支机构分摊预缴额=所有分支机构应分摊的预缴总额×该分支机构分摊比例，其中：

所有分支机构应分摊的预缴总额=统一计算的企业当期应纳税额×50%该分支机构分摊比例=（该分支机构经营收入/各分支机构经营收入总额）×0.35+（该分支机构职工工资/各分支机构职工工资总额）×0.35+（该分支机构资产总额/各分支机构资产总额之和）×0.30

以上公式中，分支机构仅指需要参与就地预缴的分支机构。

2. 总机构就地预缴税款。总机构应将统一计算的企业当期应纳税额的25%，就地办理缴库，所缴纳税款收入由中央与总机构所在地按60：40分享。

3. 总机构预缴中央国库税款。总机构应将统一计算的企业当期应纳税额的剩余25%，就地全额缴入中央国库，所缴纳税款收入60%为中央收入，40%由财政部按照2004年至2006年各省市三年实际分享企业所得税占地方分享总额的比例定期向各省市分配。

四、预缴税款缴库程序

（一）分支机构分摊的预缴税款由分支机构办理就地缴库。分支机构所在地税务机关开具税收缴款书，预算科目栏按企业所有制性质对应填写1010440项“分支机构预缴所得税”下的有关目级科目名称及代码，“级次”栏填写“中央60%，地方40%”。

（二）总机构就地预缴税款和总机构预缴中央国库税款由总机构合并办理就地缴库。中央地方分配方式为中央60%，企业所得税待分配收入（暂列中央收入）20%，总机构所在地20%。总机构所在地税务机关开具税收缴款书，预算科目栏按企业所有制性质对应填写1010441项“总机构预缴所得税”下的有关目级科目名称及代码，“级次”栏按上述分配比例填写“中央60%、中央20%（待分配）、地方20%”。

国库部门收到税款后，将其中60%列入中央级1010441项“总机构预缴所得税”下有关目级科目，20%列入中央级1010443项“企业所得税待分配收入”下有关目级科目，20%列入地方级1010441项“总机构预缴所得税”下有关目级科目。

五、汇总清算

各分支机构不进行企业所得税汇算清缴，统一由总机构按照相关规定进行。总机构所在地税务机关根据汇总计算的企业年度全部应纳税额，扣除总机构和各境内分支机构已预缴的税款，多退少补。

（一）补缴的税款由总机构全额就地缴入中央国库，不实行与总机构所在地分享。总机构所在地税务机关开具税收缴款书，预算科目按企业所有制性质对应填写1010442项"总机构汇算清缴所得税"下的有关目级科目名称及代码，"级次"栏填写"中央60%，中央40%（待分配）"。

国库部门收到税款后，按共享收入进行业务处理，将其中60%列入中央级1010442项"总机构汇算清缴所得税"下有关目级科目，40%列入中央级1010443项"企业所得税待分配收入"下有关目级科目。

（二）多缴的税款由总机构所在地税务机关开具收入退还书并按规定办理退库。收入退还书预算科目按企业所有制性质对应填写1010442项"总机构汇算清缴所得税"下的有关目级科目名称及代码，"级次"栏填写"中央60%，中央40%（待分配）"。国库部门办理时，按共享收入进行业务处理，将所退税款的60%列中央级1010442项"总机构汇算清缴所得税"下有关目级科目，40%列中央级1010443项"企业所得税待分配收入"下有关目级科目。

六、财政调库

财政部根据2004年至2006年各省市三年实际分享企业所得税占地方分享总额的比例，定期向中央总金库按目级科目开具分地区调库划款指令，将"企业所得税待分配收入"全额划转至地方金库。地方金库收款后，全额列入地方级1010441项"总机构预缴所得税"下的目级科目办理入库，并通知同级财政部门。

七、其他

（一）跨省市总分机构企业缴纳的所得税税款滞纳金、罚款收入，不实行跨地区分享，按中央与地方60∶40分成比例就地缴库。需要退还的所得税税款滞纳金和罚款收入仍按现行管理办法办理审批退库手续。

（二）财政部于每年1月初按中央总金库截至上年12月31日的跨省市总分机构企业所得税待分配收入进行分配，并在库款报解整理期（1月1日至1月10日）内划转至地方金库；地方金库收到下划资金后，金额纳入上年度地方预算收入。地方财政列入上年度收入决算。各省市分库在12月31日向中央总金库报解最后一份中央预算收入日报表后，整理期内再收纳的跨省市分机构企业缴纳的所得税，统一作为新年度的缴库收入处理。

（三）税务机关与国库部门在办理总机构缴纳的所得税对账时，需要将1010441项"总机构预缴所得税"、42项"总机构汇算清缴所得税"、43项"企业所得税待分配收入"下设的目级科目按级次核对一致。

（四）本办法实施后，缴纳和退还。2007年及以前年度的企业所得税，仍按原办法执行。

（五）本办法自2008年1月1日起执行。《财政部关于印发〈跨地区经营集中缴库的企业所得税地区间分配暂行办法〉的通知》（财预〔2002〕5号）同时废止。《财政部国家税务总局中国人民银行关于所得税收入分享改革后有关预算管理问题的通知》（财预明电〔2001〕3号）中有关跨省市经营企业所得税预算管理的规定同时停止执行。

（六）分配给地方的跨省市总分机构企业所得税收入，以及省区域内跨市县经营企业缴纳的企业所得税收入，可参照本办法制定省以下分配与预算管理办法。

附录五　国家税务总局关于纳税人权利与义务的公告

公告 2009 年第 1 号　　　　　　成文日期：2009 年 11 月 6 日

为便于您全面了解纳税过程中所享有的权利和应尽的义务，帮助您及时、准确地完成纳税事宜，促进您与我们在税收征纳过程中的合作（“您”指纳税人或扣缴义务人，“我们”指税务机关或税务人员。下同），根据《中华人民共和国税收征收管理法》及其实施细则和相关税收法律、行政法规的规定，现就您的权利和义务告知如下：

您的权利

您在履行纳税义务过程中，依法享有下列权利：

一、知情权

您有权向我们了解国家税收法律、行政法规的规定以及与纳税程序有关的情况，包括：现行税收法律、行政法规和税收政策规定；办理税收事项的时间、方式、步骤以及需要提交的资料；应纳税额核定及其他税务行政处理决定的法律依据、事实依据和计算方法；与我们在纳税、处罚和采取强制执行措施时发生争议或纠纷时，您可以采取的法律救济途径及需要满足的条件。

二、保密权

您有权要求我们为您的情况保密。我们将依法为您的商业秘密和个人隐私保密，主要包括您的技术信息、经营信息和您、主要投资人以及经营者不愿公开的个人事项。上述事项，如无法律、行政法规明确规定或者您的许可，我们将不会对外部门、社会公众和其他个人提供。但根据法律规定，税收违法行为信息不属于保密范围。

三、税收监督权

您对我们违反税收法律、行政法规的行为，如税务人员索贿受贿、徇私舞弊、玩忽职守，不征或者少征应征税款，滥用职权多征税款或者故意刁难等，可以进行检举和控告。同时，您对其他纳税人的税收违法行为也有权进行检举。

四、纳税申报方式选择权

您可以直接到办税服务厅办理纳税申报或者报送代扣代缴、代收代缴税款报告表，也可以按照规定采取邮寄、数据电文或者其他方式办理上述申报、报送事项。但采取邮寄或数据电文方式办理上述申报、报送事项的，需经您的主管税务机关批准。

您如采取邮寄方式办理纳税申报，应当使用统一的纳税申报专用信封，并以邮政部门收据作为申报凭据。邮寄申报以寄出的邮戳日期为实际申报日期。

数据电文方式是指我们确定的电话语音、电子数据交换和网络传输等电子方式。您如采用电子方式办理纳税申报，应当按照我们规定的期限和要求保存有关资料，并定期书面报送给我们。

五、申请延期申报权

您如不能按期办理纳税申报或者报送代扣代缴、代收代缴税款报告表，应当在规定的期限内向我们提出书面延期申请，经核准，可在核准的期限内办理。经核准延期办理申报、报送事项的，应当在税法规定的纳税期内按照上期实际缴纳的税额或者我们核定的税额预缴税款，并在核准的延期内办理税款结算。

六、申请延期缴纳税款权

如您因有特殊困难，不能按期缴纳税款的，经省、自治区、直辖市国家税务局、地方税务局批准，可以延期缴纳税款，但是最长不得超过三个月。计划单列市国家税务局、地方税务局可以参照省级税务机关的批准权限，审批您的延期缴纳税款申请。

您满足以下任何一个条件，均可以申请延期缴纳税款：一是因不可抗力，导致您发生较大损失，正常生产经营活动受到较大影响的；二是当期货币资金在扣除应付职工工资、社会保险费后，不足以缴纳税款的。

七、申请退还多缴税款权

对您超过应纳税额缴纳的税款，我们发现后，将自发现之日起 10 日内办理退还手续；如您自结算缴纳税款之日起三年内发现的，可以向我们要求退还多缴的税款并加算银行同期存款利息。我们将自接到您退还申请之日起 30 日内查实并办理退还手续，涉及从国库中退库的，依照法律、行政法规有关国库管理的规定退还。

八、依法享受税收优惠权

您可以依照法律、行政法规的规定书面申请减税、免税。减税、免税的申请须经法律、行政法规规定的减税、免税审查批准机关审批。减税、免税期满，应当自期满次日起恢复纳税。减税、免税条件发生变化的，应当自发生变化之日起 15 日内向我们报告；不再符合减税、免税条件的，应当依法履行纳税义务。

如您享受的税收优惠需要备案的，应当按照税收法律、行政法规和有关政策规定，及时办理事前或事后备案。

九、委托税务代理权

您有权就以下事项委托税务代理人代为办理：办理、变更或者注销税务登记、除增值税专用发票外的发票领购手续、纳税申报或扣缴税款报告、税款缴纳和申请退税、制作涉税文书、审查纳税情况、建账建制、办理财务、税务咨询、申请税务行政复议、提起税务行政诉讼以及国家税务总局规定的其他业务。

十、陈述与申辩权

您对我们作出的决定，享有陈述权、申辩权。如果您有充分的证据证明自己的行为合法，我们就不得对您实施行政处罚；即使您的陈述或申辩不充分合理，我们也会向您解释实施行政处罚的原因。我们不会因您的申辩而加重处罚。

十一、对未出示税务检查证和税务检查通知书的拒绝检查权

我们派出的人员进行税务检查时，应当向您出示税务检查证和税务检查通知书；对未出示税务检查证和税务检查通知书的，您有权拒绝检查。

十二、税收法律救济权

您对我们作出的决定，依法享有申请行政复议、提起行政诉讼、请求国家赔偿等权利。

您、纳税担保人同我们在纳税上发生争议时，必须先依照我们的纳税决定缴纳或者解缴税款及滞纳金或者提供相应的担保，然后可以依法申请行政复议；对行政复议决定不服的，可以依法向人民法院起诉。如您对我们的处罚决定、强制执行措施或者税收保全措施不服的，可以依法申请行政复议，也可以依法向人民法院起诉。

当我们的职务违法行为给您和其他税务当事人的合法权益造成侵害时，您和其他税务当事人可以要求税务行政赔偿。主要包括：一是您在限期内已缴纳税款，我们未立即解除税收保全措施，使您的合法权益遭受损失的；二是我们滥用职权违法采取税收保全措施、强制执行措施或者采取税收保全措施、强制执行措施不当，使您或者纳税担保人的合法权益遭受损失的。

十三、依法要求听证的权利

对您作出规定金额以上罚款的行政处罚之前，我们会向您送达《税务行政处罚事项告知书》，告知您已经查明的违法事实、证据、行政处罚的法律依据和拟将给予的行政处罚。对此，您有权要求举行听证。我们将应您的要求组织听证。如您认为我们指定的听证主持人与本案有直接利害关系，您有权申请主持人回避。

对应当进行听证的案件，我们不组织听证，行政处罚决定不能成立。但您放弃听证权利或者被正当取消听证权利的除外。

十四、索取有关税收凭证的权利

我们征收税款时，必须给您开具完税凭证。扣缴义务人代扣、代收税款时，纳税人要求扣缴义务人开具代扣、代收税款凭证时，扣缴义务人应当开具。

我们扣押商品、货物或者其他财产时，必须开付收据；查封商品、货物或者其他财产时，必须开付清单。

您的义务

依照宪法、税收法律和行政法规的规定，您在纳税过程中负有以下义务：

一、依法进行税务登记的义务

您应当自领取营业执照之日起30日内，持有关证件，向我们申报办理税务登记。税务登记主要包括领取营业执照后的设立登记、税务登记内容发生变化后的变更登记、依法申请停业、复业登记、依法终止纳税义务的注销登记等。

在各类税务登记管理中，您应该根据我们的规定分别提交相关资料，及时办理。同时，您应当按照我们的规定使用税务登记证件。税务登记证件不得转借、涂改、损毁、买卖或者伪造。

二、依法设置账簿、保管账簿和有关资料以及依法开具、使用、取得和保管发票的义务

您应当按照有关法律、行政法规和国务院财政、税务主管部门的规定设置账簿，根据合法、有效凭证记账，进行核算；从事生产、经营的，必须按照国务院财政、税务主管部门规定的保管期限保管账簿、记账凭证、完税凭证及其他有关资料；账簿、记账凭证、完税凭证及其他有关资料不得伪造、变造或者擅自损毁。

此外，您在购销商品、提供或者接受经营服务以及从事其他经营活动中，应当依法开具、使用、取得和保管发票。

三、财务会计制度和会计核算软件备案的义务

您的财务、会计制度或者财务、会计处理办法和会计核算软件，应当报送我们备案。您的财务、会计制度或者财务、会计处理办法与国务院或者国务院财政、税务主管部门有关税收的规定抵触的，应依照国务院或者国务院财政、税务主管部门有关税收的规定计算应纳税款、代扣代缴和代收代缴税款。

四、按照规定安装、使用税控装置的义务

国家根据税收征收管理的需要，积极推广使用税控装置。您应当按照规定安装、使用税控装置，不得损毁或者擅自改动税控装置。如您未按规定安装、使用税控装置，或者损毁或者擅自改动税控装置的，我们将责令您限期改正，并可根据情节轻重处以规定数额内的罚款。

五、按时、如实申报的义务

您必须依照法律、行政法规规定或者我们依照法律、行政法规的规定确定的申报期限、申报内容如实办理纳税申报，报送纳税申报表、财务会计报表以及我们根据实际需要要求您报送的其他纳税资料。

作为扣缴义务人，您必须依照法律、行政法规规定或者我们依照法律、行政法规的规定确定的申报期限、申报内容如实报送代扣代缴、代收代缴税款报告表以及我们根据实际需要要求您报送的其他有关资料。

您即使在纳税期内没有应纳税款，也应当按照规定办理纳税申报。享受减税、免税待遇的，在减税、免税期间应当按照规定办理纳税申报。

六、按时缴纳税款的义务

您应当按照法律、行政法规规定或者我们依照法律、行政法规的规定确定的期限，缴纳或者解缴税款。

未按照规定期限缴纳税款或者未按照规定期限解缴税款的，我们除责令限期缴纳外，从滞纳税款之日起，按日加收滞纳税款万分之五的滞纳金。

七、代扣、代收税款的义务

如您按照法律、行政法规规定负有代扣代缴、代收代缴税款义务，必须依照法律、行政法规的规定履行代扣、代收税款的义务。您依法履行代扣、代收税款义务时，纳税人不得拒绝。纳税人拒绝的，您应当及时报告我们处理。

八、接受依法检查的义务

您有接受我们依法进行税务检查的义务，应主动配合我们按法定程序进行的税务检查，如实地向我们反映自己的生产经营情况和执行财务制度的情况，并按有关规定提供报表和资料，不得隐瞒和弄虚作假，不能阻挠、刁难我们的检查和监督。

九、及时提供信息的义务

您除通过税务登记和纳税申报向我们提供与纳税有关的信息外，还应及时提供其他信息。如您有歇业、经营情况变化、遭受各种灾害等特殊情况的，应及时向我们说明，以便我们依法妥善处理。

十、报告其他涉税信息的义务

为了保障国家税收能够及时、足额征收入库，税收法律还规定了您有义务向我们报告如下涉税信息：

1. 您有义务就您与关联企业之间的业务往来，向当地税务机关提供有关的价格、费用标准等资料。

您有欠税情形而以财产设定抵押、质押的，应当向抵押权人、质权人说明您的欠税情况。

2. 企业合并、分立的报告义务。您有合并、分立情形的，应当向我们报告，并依法缴清税款。合并时未缴清税款的，应当由合并后的纳税人继续履行未履行的纳税义务；分立时未缴清税款的，分立后的纳税人对未履行的纳税义务应当承担连带责任。

3. 报告全部账号的义务。如您从事生产、经营，应当按照国家有关规定，持税务登记证件，在银行或者其他金融机构开立基本存款账户和其他存款账户，并自开立基本存款账户或者其他存款账户之日起 15 日内，向您的主管税务机关书面报告全部账号；发生变化的，应当自变化之日起 15 日内，向您的主管税务机关书面报告。

4. 处分大额财产报告的义务。如您的欠缴税款数额在 5 万元以上，您在处分不动产或者大额资产之前，应当向我们报告。

附录六　文化部　财政部　国家税务总局关于印发《动漫企业认定管理办法（试行）》的通知

文市发〔2008〕51号

各省、自治区、直辖市、计划单列市文化厅（局）、财政厅（局）、国家税务局、地方税务局：

现将《动漫企业认定管理办法（试行）》印发给你们，请遵照执行。

特此通知。

文化部　财政部　国家税务总局

二〇〇八年十二月十八日

动漫企业认定管理办法（试行）

第一章　总　则

第一条　为扶持我国动漫产业发展，落实国家对动漫企业的财税优惠政策，根据《国务院办公厅转发财政部等部门关于推动我国动漫产业发展的若干意见的通知》（国办发（2006）332号，以下简称《通知》）规定，制定本办法。

第二条　按照本办法认定的动漫企业，方可申请享受《通知》规定的有关优惠和扶持政策。

第三条　动漫企业认定管理工作坚持为动漫企业服务、促进动漫产业发展的宗旨，遵循公开、公平、公正的原则。

第四条　本办法所称动漫企业包括：

（一）漫画创作企业；

（二）动画创作、制作企业；

（三）网络动漫（含手机动漫）创作、制作企业；

（四）动漫舞台剧（节）目制作、演出企业；

（五）动漫软件开发企业；

（六）动漫衍生产品研发、设计企业。

第五条　本办法所称动漫产品包括：

（一）漫画：单幅和多格漫画、插画、漫画图书、动画抓帧图书、漫画报刊、漫画原画等；

（二）动画：动画电影、动画电视剧、动画短片、动画音像制品，影视特效中的动画片段，科教、军事、气象、医疗等影视节目中的动画片段等；

（三）网络动漫（含手机动漫）：以计算机互联网和移动通信网等信息网络为主要传播平台，以电脑、手机及各种手持电子设备为接受终端的动画、漫画作品，包括FLASH动画、网络表情、手机动漫等；

（四）动漫舞台剧（节）目：改编自动漫平面与影视等形式作品的舞台演出剧（节）目、采用动漫造型或含有动漫形象的舞台演出剧（节）目等；

（五）动漫软件：漫画平面设计软件、动画制作专用软件、动画后期音视频制作工具软件等；

（六）动漫衍生产品：与动漫形象有关的服装、玩具、文具、电子游戏等。

第二章 认定管理

第六条 文化部、财政部、国家税务总局共同确定全国动漫企业认定管理工作方向，负责指导、管理和监督全国动漫企业及其动漫产品的认定工作，并定期公布通过认定的动漫企业名单。

第七条 全国动漫企业认定管理工作办公室（以下称办公室）设在文化部，主要职责为：

（一）具体组织实施动漫企业认定管理工作；

（二）协调、解决认定及相关政策落实中的重大问题；

（三）组织建设和管理“动漫企业认定管理工作平台”；

（四）负责对已认定的重点动漫企业进行监督检查和年审，根据情况变化和产业发展需要对重点动漫产品、重点动漫企业的具体认定标准进行动态调整；

（五）受理、核实并处理有关举报。

第八条 各省、自治区、直辖市文化行政部门与同级财政、税务部门组成本行政区域动漫企业认定管理机构（以下称省级认定机构），根据本办法开展下列工作：

（一）负责本行政区域内动漫企业及其动漫产品的认定初审工作；

（二）负责向本行政区域内通过认定的动漫企业颁发“动漫企业证书”；

（三）负责对本行政区域内已认定的动漫企业进行监督检查和年审；

（四）受理、核实并处理本行政区域内有关举报，必要时向办公室报告；

（五）办公室委托的其他工作。

第九条 各级认定机构应制订本辖区内的动漫企业认定工作规程，定期召开认定工作会议。推进认定工作电子政务建设，建立高效、便捷的认定工作机制。

动漫企业认定管理工作所需经费由各级认定机构的同级财政部门拨付。

第三章 认定标准

第十条 申请认定为动漫企业的应同时符合以下标准：

（一）在我国境内依法设立的企业；

（二）动漫企业经营动漫产品的主营收入占企业当年总收入的60%以上；

（三）自主开发生产的动漫产品收入占主营收入的50%以上；

（四）具有大学专科以上学历的或通过国家动漫人才专业认证的、从事动漫产品开发或技术服务的专业人员占企业当年职工总数的30%以上，其中研发人员占企业当年职工总数的10%以上；

（五）具有从事动漫产品开发或相应服务等业务所需的技术装备和工作场所；

（六）动漫产品的研究开发经费占企业当年营业收入8%以上；

（七）动漫产品内容积极健康，无法律法规禁止的内容；

（八）企业产权明晰，管理规范，守法经营。

第十一条 自主开发、生产的动漫产品，是指动漫企业自主创作、研发、设计、生产、制作、表演的符合本办法第五条规定的动漫产品（不含动漫衍生产品）；仅对国外动漫创意进行简单外包、简单模仿或简单离岸制造，既无自主知识产权，也无核心竞争力的除外。

第十二条 申请认定为重点动漫产品的应符合以下标准之一：

（一）漫画产品销售年收入在 100 万元（报刊 300 万元）人民币以上或年销售 10 万册（报纸 1000 万份、期刊 100 万册）以上的，动画产品销售年收入在 1000 万元人民币以上的，网络动漫（含手机动漫）产品销售年收入在 100 万元人民币以上的，动漫舞台剧（节）目演出年收入在 100 万元人民币以上或年演出场次 50 场以上的；

（二）动漫产品版权出口年收入 100 万元人民币以上的；

（三）获得国际、国家级专业奖项的；

（四）经省级认定机构、全国性动漫行业协会、国家动漫产业基地等推荐的在思想内涵、艺术风格、技术应用、市场营销、社会影响等方面具有示范意义的动漫产品。

第十三条 符合本办法第十条标准的动漫企业申请认定为重点动漫企业的，应在申报前开发生产出 1 部以上重点动漫产品，并符合以下标准之一：

（一）注册资本 1000 万元人民币以上的；

（二）动漫企业年营业收入 500 万元人民币以上，且连续 2 年不亏损的；

（三）动漫企业的动漫产品版权出口和对外贸易年收入 200 万元人民币以上，且自主知识产权动漫产品出口收入占总收入 30%以上的；

（四）经省级认定机构、全国性动漫行业协会、国家动漫产业基地等推荐的在资金、人员规模、艺术创意、技术应用、市场营销、品牌价值、社会影响等方面具有示范意义的动漫企业。

第四章 认定程序

第十四条 动漫企业认定的程序如下：

（一）企业自我评价及申请

企业认为符合认定标准的，可向省级认定机构提出认定申请。

（二）提交下列申请材料

1. 动漫企业认定申请书；

2. 企业营业执照副本复印件、税务登记证复印件；

3. 法定代表人或者主要负责人的身份证明材料；

4. 企业职工人数、学历结构以及研发人员占企业职工的比例说明；

5. 营业场所产权证明或者租赁意向书（含出租方的产权证明）；

6. 开发、生产、创作、经营的动漫产品列表、销售合同及销售合同约定的款项银行入账证明；

7. 自主开发、生产和拥有自主知识产权的动漫产品的情况说明及有关证明材料（包括版权登记证书或专利证书等知识产权证书的复印件）；

8. 由有关行政机关颁发的从事相关业务所涉及的行政许可证件复印件；

9. 经具有资质的中介机构鉴证的企业财务年度报表（含资产负债表、损益表、现金流量表）等企业经营情况，以及企业年度研究开发费用情况表，并附研究开发活动说明材料；

10. 认定机构要求出具的其他材料。

（三）材料审查、认定与公布

省级认定机构根据本办法，对申请材料进行初审，提出初审意见，将通过初审的动漫企业申请材料报送办公室。

文化部会同财政部、国家税务总局依据本办法第十条规定标准进行审核，审核合格的，由文化部、财政部、国家税务总局联合公布通过认定的动漫企业名单。

省级认定机构根据通过认定的动漫企业名单，向企业颁发“动漫企业证书”并附其本年度动漫产品列表；并根据本办法第五条、第十一条的规定，在动漫产品列表中，对动漫产品属性分类以及是否属于自主开发生产的动漫产品等情况予以标注。

动漫企业设有分支机构的，在企业法人注册地进行申报。

第十五条　已取得“动漫企业证书”的动漫企业生产的动漫产品符合本办法第十二条规定标准的，可向办公室提出申请认定为重点动漫产品，并提交下列材料：

1. 重点动漫产品认定申请书；

2. 企业营业执照副本复印件、税务登记证复印件，“动漫企业证书”复印件；

3. 符合本办法第十二条规定标准的相关证明材料：经具有资质的中介机构鉴证的企业财务年度报表（含资产负债表、损益表、现金流量表）等企业经营情况，并附每项产品销售收入的情况说明；获奖证明复印件或版权出口贸易合同复印件等版权出口收入证明；有关机构的推荐证明；

4. 认定机构要求出具的其他材料。.

办公室收到申报材料后，参照本办法第十四条第三款规定的程序予以审核。符合标准的，由办公室颁发“重点动漫产品文书”。

第十六条　已取得“动漫企业证书”的动漫企业符合本办法第十三条规定标准的，可向办公室提出申请认定为重点动漫企业，并提交下列材料：

1. 重点动漫企业认定申请书；

2. 企业营业执照副本复印件、税务登记证复印件，“动漫企业证书”复印件，“重点动漫产品文书”复印件；

3. 符合本办法第十三条规定标准的相关证明材料：经具有资质的中介机构鉴证的企业近两个会计年度财务报表（含资产负债表、损益表、现金流量表）等企业经营情况或版权出口贸易合同复印件等版权出口收入证明；有关机构的推荐证明；

4. 认定机构要求出具的其他材料。

办公室收到申报材料后，参照本办法第十四条第三款规定的程序予以审核。符合标准的，由文化部会同财政部、国家税务总局联合公布通过认定的重点动漫企业名单，并由办公室颁发“重点动漫企业证书”。

第十七条　动漫企业认定实行年审制度。各级认定机构应按本办法第十条、第十三条规定的标准对已认定并发证的动漫企业、重点动漫企业进行年审。对年度认定合格的企业在证书和年度自主开发生产的动漫产品列表上加盖年审专用章。

不提出年审申请或年度认定不合格的企业，其动漫企业、重点动漫企业资格到期自动失效。

省级认定机构应将对动漫企业的年审情况、年度认定合格及不合格企业名单报办公室备案，并由办公室对外公布。

重点动漫企业通过办公室年审后，不再由省级认定机构进行年审。

第十八条 动漫企业对年审结果有异议的，可在公布后20个工作日内，向办公室提出复核申请。

提请复核的企业应当提交复核申请书及有关证明材料。办公室收到复核申请后，对复核申请调查核实，由文化部、财政部、国家税务总局作出复核决定，通知省级认定机构并公布。

第十九条 经认定的动漫企业经营活动发生变化（如更名、调整、分立、合并、重组等）的，应在15个工作日内，向原发证单位办理变更手续，变化后不符合本办法规定标准的，省级认定机构应报办公室审核同意后，撤销其“动漫企业证书”，终止其资格。不符合本办法规定标准的重点动漫企业，由办公室直接撤销其“重点动漫企业证书”，终止其资格。

动漫企业更名的，原认定机构为其办理变更手续后，重新核发证书，编号不变。

第二十条 经认定的动漫企业、重点动漫企业，凭本年度有效的“动漫企业证书”、“重点动漫企业证书”，以及本年度自主开发生产的动漫产品列表、“重点动漫产品文书”，向主管税务机关申请享受《通知》规定的有关税收优惠政策。

第二十一条 重点动漫产品、重点动漫企业优先享受国家及地方各项财政资金、信贷等方面的扶持政策。

第五章 罚 则

第二十二条 申请认定和已认定的动漫企业有下述情况之一的，一经查实，认定机构停止受理其认定申请，或撤销其证（文）书，终止其资格并予以公布：

（一）在申请认定过程中提供虚假信息的；

（二）有偷税、骗税、抗税等税收违法行为的；

（三）从事制作、生产、销售、传播存在违法内容或盗版侵权动漫产品的，或者使用未经授权许可的动漫产品的；

（四）有其他违法经营行为，受到有关部门处罚的。

被撤销证书的企业，认定机构在3年内不再受理该企业的认定申请。

第二十三条 对被撤销证书和年度认定不合格的动漫企业，同时停止其享受《通知》规定的各项财税优惠政策。

第二十四条 参与动漫企业认定工作的机构和人员对所承担的认定工作负有诚信以及合规义务，并对申报认定企业的有关资料信息负有保密义务。违反动漫企业认定工作相关要求和纪律的，依法追究责任。

第二十五条 对违反本办法规定的省级认定机构，由办公室责令整改。

第六章 附 则

第二十六条 “动漫企业证书”、“重点动漫产品文书”、“重点动漫企业证书”等证书、文书，由办公室统一监制。

第二十七条 按照本办法认定的动漫企业及其自主开发生产的动漫产品享受的财税优惠政策的具体范围、具体内容由财政部、国家税务总局另行发布。

第二十八条 本办法中涉及数字的规定，表述为“以上”的，均含本数字在内。

第二十九条 本办法由文化部、财政部、国家税务总局负责解释。

第三十条 本办法自2009年1月1日起实施。

附录七　企业所得税法规目录

本目录所涉及的文件只与本书的内容相关，共分七类：税法及国务院文件，国务院各部门联发文件，财政部文件，财政部、国家税务总局联发文件，国家税务总局令，国家税务总局文件——国税发文号，国家税务总局文件——国税函文号。每类又按年份及文号顺序由前到后排列，当您欲查找本书内容中所提及的文号全名时，可用本目录。

一、税法及国务院文件

序号	税收法规名称	文号或日期
1	中华人民共和国企业所得税法	2007年3月16日第十届全国人民代表大会第五次会议通过；2007年3月16日中华人民共和国主席令第六十三号公布
2	中华人民共和国企业所得税法实施条例	2007年12月6日中华人民共和国国务院令第512号公布
3	国务院法制办、财政部、国家税务总局负责人就《中华人民共和国企业所得税法实施条例》有关问题答记者问	2007年12月11日
4	国务院关于实施企业所得税过渡优惠政策的通知	国发〔2007〕39号
5	国务院关于经济特区和上海浦东新区新设立高新技术企业实行过渡性税收优惠的通知	国发〔2007〕40号
6	国务院关于支持汶川地震灾后恢复重建政策措施的意见	国发〔2008〕21号

二、国务院各部门联发文件

序号	税收法规名称	文号或日期
1	关于印发《国家规划布局内重点软件企业认定管理办法》的通知	[发改高技（2005）2669号]
2	科技部　财政部　国家税务总局关于印发《高新技术企业认定管理办法》的通知	国科发火〔2008〕172号
3	科学技术部　财政部　国家税务总局关于印发《高新技术企业认定管理工作指引》的通知	国科发火〔2008〕362号
4	国家发展改革委、科技部、财政部、海关总署、国家税务总局第十五批国家认定企业（集团）技术中心及分中心名单	2008年第60号公告
5	国家外汇管理局　国家税务总局关于试行服务贸易对外支付税务备案有关问题的通知	汇发〔2008〕8号
6	科学技术部　财政部　国家税务总局关于认真做好2008年高新技术企业认定管理工作的通知	国科发火〔2008〕705号
7	发展和改革委员会　工业和信息化部　商务部　国家税务总局关于发布2008年度国家规划布局内重点软件企业名单的通知	发改高技〔2008〕3700号
8	文化部　财政部　国家税务总局关于实施《动漫企业认定管理办法（试行）》有关问题的通知	文产发〔2009〕18号

三、财政部文件

序号	文件名称	文号或日期
1	关于增设跨市县总分机构企业所得税科目的通知	财预〔2008〕37号

四、财政部、国家税务总局联发文件

序号	税收法规名称	文号或日期
1	财政部　国家税务总局　海关总署关于西部大开发税收优惠政策问题的通知	财税〔2001〕202号
2	财政部　国家税务总局关于下岗失业人员再就业有关税收政策问题的通知	财税〔2002〕208号
3	财政部　国家税务总局关于下岗失业人员再就业有关税收政策问题的补充通知	财税〔2003〕12号
4	财政部　国家税务总局关于加强下岗失业人员再就业有关营业税优惠政策管理的通知	财税〔2004〕228号
5	财政部　国家税务总局关于下岗失业人员再就业有关税收政策问题的通知	财税〔2005〕186号
6	财政部、国家税务总局关于《中华人民共和国企业所得税法》公布后企业适用税收法律问题的通知	财税〔2007〕115号
7	财政部、国家税务总局关于企业所得税若干优惠政策的通知	财税〔2008〕1号
8	财政部　国家税务总局关于贯彻落实国务院关于实施企业所得税过渡优惠政策有关问题的通知	财税〔2008〕21号
9	财政部　国家税务总局关于廉租住房经济适用住房和住房租赁有关税收政策的通知	财税〔2008〕24号
10	财政部　国家税务总局关于核电行业税收政策有关问题的通知	财税〔2008〕38号
11	关于执行公共基础设施项目企业所得税优惠目录有关问题的通知	财税〔2008〕46号
12	关于执行资源综合利用企业所得税优惠目录有关问题的通知	财税〔2008〕47号
13	关于执行环境保护专用设备企业所得税优惠目录、节能节水专用设备企业所得税优惠目录和安全生产专用设备企业所得税优惠目录有关问题的通知	财税〔2008〕48号
14	财政部　国家税务总局关于认真落实抗震救灾及灾后重建税收政策问题的通知	财税〔2008〕62号
15	财政部　海关总署　国家税务总局关于支持汶川地震灾后恢复重建有关税收政策问题的通知	财税〔2008〕104号
16	财政部　国家税务总局　国家发展改革委关于公布节能节水专用设备企业所得税优惠目录（2008年版）和环境保护委专用设备企业所得税优惠目录（2008年版）的通知	财税〔2008〕115号
17	财政部　国家税务总局　国家发展改革委关于公布公共基础设施项目企业所得税优惠目录（2008年版）的通知	财税〔2008〕116号
18	财政部　国家税务总局　国家发展改革委关于公布资源综合利用企业所得税优惠目录（2008年版）的通知	财税〔2008〕117号
19	财政部　国家税务总局　安全监管总局关于公布《安全生产专用设备企业所得税优惠目录（2008年版）》的通知	财税〔2008〕118号
20	关于试点企业集团缴纳企业所得税有关问题的通知	财税〔2008〕119号
21	财政部　国家税务总局关于企业关联方利息支出税前扣除标准有关税收政策问题的通知	财税〔2008〕121号
22	财政部　国家税务总局关于发布享受企业所得税优惠政策的农产品初加工范围（试行）的通知	财税〔2008〕149号
23	财政部　国家税务总局关于财政性资金、行政事业性收费、政府性基金有关企业所得税政策问题的通知	财税〔2008〕151号
24	财政部　国家税务总局关于合伙企业合伙人所得税问题的通知	财税〔2008〕159号
25	财政部　国家税务总局　民政部关于公益性捐赠税前扣除有关问题的通知	财税〔2008〕160号
26	财政部　国家税务总局关于海峡两岸海上直航营业税和企业所得税政策的通知	财税〔2009〕4号
27	财政部　国家税务总局关于延长下岗失业人员再就业有关税收政策的通知	财税〔2009〕23号
28	财政部　国家税务总局关于补充养老保险费　补充医疗保险费有关企业所得税政策问题的通知	财税〔2009〕27号
29	财政部　国家税务总局关于企业手续费及佣金支出税前扣除政策的通知	财税〔2009〕29号
30	财政部　国家税务总局关于中国清洁发展机制基金及清洁发展机制项目实施企业有关企业所得税政策问题的通知	财税〔2009〕30号

续表

序号	税收法规名称	文号或日期
31	财政部　海关总署　国家税务总局关于支持文化企业发展若干税收政策问题的通知	财税〔2009〕31号
32	财政部　国家税务总局关于证券行业准备金支出企业所得税税前扣除有关问题的通知	财税〔2009〕33号
33	财政部　国家税务总局关于文化体制改革中经营性文化事业单位转制为企业的若干税收优惠政策的通知	财税〔2009〕34号
34	财政部　国家税务总局关于保险公司准备金支出企业所得税税前扣除有关问题的通知	财税〔2009〕48号
35	财政部　国家税务总局关于企业资产损失税前扣除政策的通知	财税〔2009〕57号
36	财政部　国家税务总局关于企业重组业务企业所得税处理若干问题的通知	财税〔2009〕59号
37	财政部　国家税务总局关于中小企业信用担保机构有关准备金税前扣除问题的通知	财税〔2009〕62号
38	财政部　国家税务总局关于金融企业贷款损失准备金企业所得税税前扣除有关问题的通知	财税〔2009〕64号
39	财政部　国家税务总局关于扶持动漫产业发展有关税收政策问题的通知	财税〔2009〕65号
40	财政部　国家税务总局关于执行企业所得税优惠政策若干问题的通知	财税〔2009〕69号
41	财政部　国家税务总局关于安置残疾人员就业有关企业所得税优惠政策问题的通知	财税〔2009〕70号
42	财政部　国家税务总局关于部分行业广告费和业务宣传费税前扣除政策的通知	财税〔2009〕72号
43	财政部　国家税务总局关于专项用途财政性资金有关企业所得税处理问题的通知	财税〔2009〕87号
44	财政部　国家税务总局关于金融企业涉农贷款和中小企业贷款损失准备金税前扣除政策的通知	财税〔2009〕99号
45	财政部　国家税务总局关于保险公司提取农业巨灾风险准备金企业所得税税前扣除问题的通知	财税〔2009〕110号
46	财政部　国家税务总局关于非营利组织企业所得税免税收入问题的通知	财税〔2009〕122号
47	财政部　国家税务总局关于通过公益性群众团体的公益性捐赠税前扣除有关问题的通知	财税〔2009〕124号
48	财政部　国家税务总局关于企业境外所得税收抵免有关问题的通知	财税〔2009〕125号
49	财政部　国家税务总局关于小型微利企业有关企业所得税政策的通知	财税〔2009〕133号
50	财政部　国家税务总局　国家发展改革委关于公布环境保护节能节水项目企业所得税优惠目录（试行）的通知	财税〔2009〕166号
51	财政部　国家税务总局关于汶川地震灾区农村信用社企业所得税有关问题的通知	财税〔2010〕3号

五、国家税务总局令

序号	税收法规名称	文号或日期
1	国家认定企业技术中心管理办法	国家税务总局令第53号发布（2007年4月19日）
2	非居民承包工程作业和提供劳务税收管理暂行办法	国家税务总局令第19号（2009年1月20日）

六、国家税务总局文件——国税发文号

序号	税收法规名称	文号或日期
1	国家税务总局关于落实西部大开发有关税收政策具体实施意见的通知	国税发〔2002〕47号
2	国家税务总局、劳动和社会保障部关于促进下岗失业人员再就业税收政策具体实施意见的通知（第一、二、三、四、六条废止）	国税发〔2002〕160号
3	国家税务总局关于进一步明确若干再就业税收政策问题的通知	国税发〔2003〕119号
4	国家税务总局　劳动和社会保障部关于加强《再就业优惠证》管理推进再就业税收政策落实的通知	国税发〔2005〕46号
5	国家税务总局　劳动和社会保障部关于下岗失业人员再就业有关税收政策具体实施意见的通知	国税发〔2006〕8号
6	国家税务总局关于企业所得税预缴问题的通知	国税发〔2008〕17号

续表

序号	税收法规名称	文号或日期
7	国家税务总局关于外商投资企业和外国企业原有若干税收优惠政策取消后有关事项处理的通知	国税发〔2008〕23号
8	国家税务总局关于印发《跨地区经营汇总纳税企业所得税征收管理暂行办法》的通知	国税发〔2008〕28号
9	国家税务总局关于印发《企业所得税核定征收办法（试行）》的通知	国税发〔2008〕30号
10	国家税务总局关于停止执行企业购买国产设备投资抵免企业所得税政策问题的通知	国税发〔2008〕52号
11	国家税务总局关于国务院第四批取消和调整行政审批项目后涉及简并纳税人涉税资料业务操作处理办法的通知	国税发〔2008〕56号
12	国家税务总局关于母子公司间提供服务支付费用有关企业所得税处理问题的通知	国税发〔2008〕86号
13	国家税务总局关于印发《中华人民共和国企业所得税年度纳税申报表》的通知	国税发〔2008〕101号
14	国家税务总局关于企业所得税减免税管理问题的通知	国税发〔2008〕111号
15	国家税务总局关于印发《中华人民共和国企业年度关联业务往来报告表》的通知	国税发〔2008〕114号
16	国家税务总局关于印发《企业研究开发费用税前扣除管理办法（试行）》的通知	国税发〔2008〕116号
17	国家税务总局关于调整新增企业所得税征管范围问题的通知	国税发〔2008〕120号
18	国家税务总局关于印发《特别纳税调整实施办法（试行）》的通知	国税发〔2009〕2号
19	国家税务总局关于印发《非居民企业所得税源泉扣缴管理暂行办法》的通知	国税发〔2009〕3号
20	国家税务总局关于印发《非居民企业所得税汇算清缴管理办法》的通知	国税发〔2009〕6号
21	国家税务总局关于印发《非居民企业所得税汇算清缴工作规程》的通知	国税发〔2009〕11号
22	国家税务总局关于印发《房地产开发经营业务企业所得税处理办法》的通知	国税发〔2009〕31号
23	国家税务总局关于印发《企业所得税汇算清缴管理办法》的通知	国税发〔2009〕79号
24	国家税务总局关于实施国家重点扶持的公共基础设施项目企业所得税优惠问题的通知	国税发〔2009〕80号
25	国家税务总局关于企业固定资产加速折旧所得税处理有关问题的通知	国税发〔2009〕81号
26	国家税务总局关于境外注册中资控股企业依据实际管理机构标准认定为居民企业有关问题的通知	国税发〔2009〕82号
27	国家税务总局关于实施创业投资企业所得税优惠问题的通知	国税发〔2009〕87号
28	国家税务总局关于印发《企业资产损失税前扣除管理办法》的通知	国税发〔2009〕88号

七、国家税务总局文件——国税函文号

序号	税收法规名称	文号或日期
1	国家税务总局关于印发《新企业所得税法精神宣传提纲》的通知	国税函〔2008〕159号
2	国家税务总局关于印发《中华人民共和国企业所得税月（季）度预缴纳税申报表》等报表的通知	国税函〔2008〕44号
3	国家税务总局关于下发协定股息税率情况一览表的通知	国税函〔2008〕112号
4	国家税务总局关于服务贸易对外支付税收征管有关问题的通知	国税函〔2008〕219号
5	国家税务总局关于小型微利企业所得税预缴问题的通知	国税函〔2008〕251号
6	国家税务总局关于服务贸易对外支付税收征管有关问题的补充通知	国税函〔2008〕258号
7	国家税务总局关于普华永道中天会计师事务所有限公司及其关联机构赞助第29届奥运会有关税收政策问题的通知	国税函〔2008〕286号
8	国家税务总局关于房地产开发企业所得税预缴问题的通知	国税函〔2008〕299号
9	国家税务总局关于外国企业所得税纳税年度有关问题的通知	国税函〔2008〕301号
10	国家税务总局关于填报企业所得税月（季）度预缴纳税申报表有关问题的通知	国税函〔2008〕635号
11	国家税务总局关于非居民企业不享受小型微利企业所得税优惠政策问题的通知	国税函〔2008〕650号
12	国家税务总局关于跨地区经营汇总纳税企业所得税征收管理有关问题的通知	国税函〔2008〕747号
13	关于企业处置资产所得税处理问题的通知	国税函〔2008〕828号

续表

序号	税收法规名称	文号或日期
14	关于贯彻落实从事农、林、牧、渔业项目企业所得税优惠政策有关事项的通知	国税函〔2008〕850号
15	国家税务总局关于确认企业所得税收入若干问题的通知	国税函〔2008〕875号
16	国家税务总局关于中国居民企业向境外H股非居民企业股东派发股息代扣代缴企业所得税有关问题的通知	国税函〔2008〕897号
17	国家税务总局关于跨地区经营外商独资银行汇总纳税问题的通知	国税函〔2008〕958号
18	国家税务总局关于《中华人民共和国企业所得税年度纳税申报表》的补充通知	国税函〔2008〕1081号
19	国家税务总局关于债务重组所得企业所得税处理问题的批复	国税函〔2009〕1号
20	国家税务总局关于企业工资薪金及职工福利费扣除问题的通知	国税函〔2009〕3号
21	国家税务总局关于广西合山煤业有限责任公司取得补偿款有关所得税处理问题的批复	国税函〔2009〕18号
22	国家税务总局关于加强企业所得税预缴工作的通知	国税函〔2009〕34号
23	国家税务总局关于简化判定中国居民股东控制外国企业所在国实际税负的通知	国税函〔2009〕37号
24	国家税务总局关于中国居民企业向QFII支付股息、红利、利息代扣代缴企业所得税有关问题的通知	国税函〔2009〕47号
25	国家税务总局关于明确非居民企业所得税征管范围的补充通知	国税函〔2009〕50号
26	国家税务总局关于做好2008年度企业所得税汇算清缴工作的通知	国税函〔2009〕55号
27	国家税务总局关于企业所得税若干税务事项衔接问题的通知	国税函〔2009〕98号
28	国家税务总局关于企业政策性搬迁或处置收入有关企业所得税处理问题的通知	国税函〔2009〕118号
29	国家税务总局关于企业所得税执行中若干税务处理问题的通知	国税函〔2009〕202号
30	国家税务总局关于实施高新技术企业所得税优惠有关问题的通知	国税函〔2009〕203号
31	国家税务总局关于技术转让所得减免企业所得税有关问题的通知	国税函〔2009〕212号
32	国家税务总局关于跨地区经营汇总纳税企业所得税征收管理若干问题的通知	国税函〔2009〕221号
33	国家税务总局关于企业所得税税收优惠管理问题的补充通知	国税函〔2009〕255号
34	国家税务总局关于加强个人工资薪金所得与企业的工资费用支出比对问题的通知	国税函〔2009〕259号
35	国家税务总局关于企业投资者投资未到位而发生的利息支出企业所得税前扣除问题的批复	国税函〔2009〕312号
36	国家税务总局关于保险公司再保险业务赔款支出税前扣除问题的通知	国税函〔2009〕313号
37	国家税务总局关于中国农业银行重组改制企业所得税有关问题的通知	国税函〔2009〕374号
38	国家税务总局关于股权分置改革中上市公司取得资产及债务豁免对价收入征免所得税问题的批复	国税函〔2009〕375号
39	国家税务总局关于企业所得税核定征收若干问题的通知	国税函〔2009〕377号
40	国家税务总局关于印发《中华人民共和国企业清算所得税申报表》的通知	国税函〔2009〕388号
41	国家税务总局关于非居民企业取得B股等股票股息征收企业所得税问题的批复	国税函〔2009〕394号
42	国家税务总局关于西部大开发企业所得税优惠政策适用目录问题的批复	国税函〔2009〕399号
43	国家税务总局关于资源综合利用有关企业所得税优惠问题的批复	国税函〔2009〕567号
44	国家税务总局关于如何理解和认定税收协定中“受益所有人”的通知	国税函〔2009〕601号
45	国家税务总局关于加强非居民企业股权转让所得企业所得税管理的通知	国税函〔2009〕698号
46	国家税务总局关于企业以前年度未扣除资产损失企业所得税处理问题的通知	国税函〔2009〕772号
47	国家税务总局关于企业向自然人借款的利息支出企业所得税税前扣除问题的通知	国税函〔2009〕777号
48	国家税务总局关于黑龙江垦区国有农场土地承包费缴纳企业所得税问题的批复	国税函〔2009〕779号
49	国家税务总局关于建筑企业所得税征管有关问题的通知	国税函〔2010〕39号